Terminological Series
issued by the
Foreign Office of the Federal Republic of Germany
Volume 1

Terminologische Schriftenreihe,
herausgegeben vom
Auswärtigen Amt der Bundesrepublik Deutschland
Band 1

Série de publications terminologiques
du Ministère des Affaires étrangères de la République fédérale d'Allemagne
tome 1

Publicaciones terminológicas,
editadas por el
Ministerio de Relaciones Exteriores de la República Federal de Alemania
Volumen 1

Терминологическое серийное издание
Министерства иностранных дел
Федеративной Республики Германии
Том 1

W DE G Walter de Gruyter · Berlin · New York 1982

Disarmament Terminology

compiled by the Language Services Division of the
Foreign Office of the Federal Republic of Germany

Terminologie der Abrüstung

zusammengestellt vom Sprachendienst des
Auswärtigen Amts der Bundesrepublik Deutschland

Terminologie du désarmement

établie par les Services linguistiques du
Ministère des Affaires étrangères de la
République fédérale d'Allemagne

Terminología del Desarme

recogida por el Servicio de Idiomas del
Ministerio de Relaciones Exteriores de la
República Federal de Alemania

Терминология разоружения

составлена службой переводов
Министерства иностранных дел
Федеративной Республики Германии

Walter de Gruyter · Berlin · New York 1982

Library of Congress Cataloging in Publication Data

Main entry under title:
Disarmament Terminology.
(Terminological Series ; v. 1 = Terminologische Schriftenreihe ; Bd. 1)
Includes indexes.
1. Disarmament -- Terminology. 2. Atomic weapons and disarmament -- Terminology. I. Germany (Federal Republic of).
Auswärtiges Amt. Sprachendienst. II. Title: Terminologie der Abrüstung. III. Title: Terminologie du désarmement. IV. Title: Terminología del Desarme. V. Title: Terminologii͡a razoruzhenii͡a. VI. Series: Terminological Series ; v. 1.
JX1974.D548 1982 327.1'74'014 82-14931
ISBN 3-11-008858-4

CIP-Kurztitelaufnahme der Deutschen Bibliothek

Disarmament Terminology = Terminologie der Abrüstung / comp. by the Language Services Div. – Berlin ; New York : de Gruyter, 1982.
(Terminological Series ; Vol. 1)
ISBN 3-11-008858-4
NE: Deutschland <Bundesrepublik> / Auswärtiges Amt / Sprachendienst; GT; PT

Printing: Ernst Kieser GmbH, Graphischer Betrieb, Augsburg
Binding: Verlagsbuchbinderei Dieter Mikolai, Berlin.
Printed in Germany

Terms and phrases relating to disarmament, as well as designations of relevant organizations, authorities, conferences, bilateral and multilateral agreements, compiled in English, German, French, Spanish and Russian. Terms in one language can be traced via any of the indexes in the other languages.

Fachtermini, Redewendungen, Bezeichnungen von Organisationen, Behörden, Konferenzen sowie bi- und multilateralen Übereinkünften auf dem Gebiet der Abrüstung in Englisch, Deutsch, Französisch, Spanisch und Russisch. Alle Sprachen sind über Indizes von jeder anderen Sprache aus erschließbar.

Termes techniques, tournures, dénominations d'organisations, d'autorités, de conférences ainsi que de conventions bilatérales et multilatérales dans le domaine du désarmement en anglais, allemand, français, espagnol et russe. Des index permettent de trouver dans toutes les langues les expressions recherchées à partir de chaque autre langue.

Términos especiales, giros, denominaciones de organizaciones, organismos, conferencias, así como convenios bi y multilaterales en el sector del desarme, en alemán, español, francés, inglés, y ruso. Los índices permiten la entrada por todos los idiomas a cualquiera de los demás.

Специфическая терминология, обороты речи, названия организаций, конференций, двусторонних и многосторонних документов в области разоружения на английском, немецком, французском, испанском и русском языках. При помощи индексов можно, исходя из любого языка, найти соответствующее понятие любого другого языка.

How to use the booklet

This five-language glossary contains terms and phrases relating to disarmament, as well as designations of relevant organizations, authorities, conferences, bilateral and multilateral agreements.

The English, French, Spanish and Russian entries are in line with United Nations Terminology Bulletin No. 310 of 17 February 1978. The official German equivalents have been prepared by the Federal Foreign Office in collaboration with the Federal Ministry of Defence.

The base language of the glossary is English. All cross-references and references from abbreviations back to the complete terms therefore set out from English.

Examples: 0432 E combat aircraft
see: armed combat aircraft

0013 E ACDA
see: Arms Control and Disarmament Agency (ACDA)

Abbreviations as well as additional aids for the other languages are included in the respective indexes.

Example: 0017 D akustisch zielsuchender Torpedo

is listed in the German index under both "akustisch" and "Torpedo".

Symbols:

/..../ contains the parent organization, the relevant field or other additional information (date and venue of conferences etc.).

Example: 0337 E buffer distance / nuclear /

(....) contains abbreviations or an explanatory supplementation of the entry.

Example: 0416 E cluster bomb unit (CBU)
D Bombenausstoßgerät (mit Bomben)

In Russian, /..../ is used in both cases.

Hinweise zur Benutzung

Das Glossar „Terminologie der Abrüstung" in fünf Sprachen enthält Fachtermini, Redewendungen, Bezeichnungen von Organisationen, Behörden, Konferenzen sowie bi- und multilateralen Übereinkünften auf dem Gebiet der Abrüstung.

Die Einträge stimmen in den Sprachen Englisch, Französisch, Spanisch und Russisch mit dem von den Vereinten Nationen herausgegebenen „Terminology Bulletin" No. 310 vom 17. Februar 1978 überein. Die amtlichen deutschen Entsprechnungen wurden vom Auswärtigen Amt in Zusammenarbeit mit dem Bundesminister der Verteidigung erarbeitet.

Die Ausgangssprache des Glossars ist Englisch. Entsprechend gehen alle Querverweisungen bzw. Verweisungen von der Abkürzung auf die Vollform jeweils vom Englischen aus.

Beispiele: 0432 E combat aircraft
see: armed combat aircraft

0013 E ACDA
see: Arms Control and Disarmament Agency (ACDA)

Abkürzungen und zusätzliche Suchhilfen sind für die anderen Sprachen in die jeweiligen Indizes eingearbeitet.

Beispiel: 0017 D akustisch zielsuchender Torpedo

ist im deutschen Index unter „akustisch" und unter „Torpedo" aufgeführt.

Zeichenerklärung:

In /..../ stehende Angaben bezeichnen eine übergeordnete Organisation oder ein Sachgebiet oder enthalten sonstige zusätzliche Informationen (Ort und Datum von Konferenzen usw.).

Beispiel: 0337 E buffer distance / nuclear /

In (....) stehende Angaben sind Abkürzungen oder sprachliche Ergänzungen zu dem jeweiligen Eintrag.

Beispiel: 0416 E cluster bomb unit (CBU)
D Bombenausstoßgerät (mit Bomben)

Für das Russische werden in beiden Fällen /..../ benutzt.

Remarques pour l'emploi

Le glossaire «Terminologie du désarmement», publié en cinq langues, contient des termes techniques, des tournures, des dénominations d'organisations, d'autorités, de conférences ainsi que de conventions bilatérales et multilatérales relevant du domaine du désarmement.

Les termes qui figurent en anglais, en français, en espagnol et en russe, sont conformes à ceux publiés par les Nations Unies dans le «Terminology Bulletin» n° 310 du 17 février 1978. Leur traduction officielle en allemand a été établie par le Ministère fédéral des Affaires étrangères en coopération avec le Ministère fédéral de la Défense.

La langue de base du glossaire est l'anglais. C'est donc à partir de l'anglais que sont données toutes les références transversales ainsi que les références allant de l'abréviation à la forme complète.

Exemples: 0432 E combat aircraft
see: armed combat aircraft

0013 E ACDA
see: Arms Control and Disarmament Agency (ACDA)

Les abréviations ainsi que des indications de référence supplémentaires figurent, pour les autres langues, dans les index respectifs.

Exemple: 0017 F torpille à tête chercheuse acoustique

se trouve, dans l'index français, à «torpille« et à «tête chercheuse acoustique».

Légende:

Les indications figurant entre /..../ désignent une organisation supérieure ou une matière déterminée ou contiennent d'autres informations supplémentaires (lieu et date de conférences etc.).

Exemple: 0337 E buffer distance /nuclear/

Les indications figurant entre (....) sont des abréviations ou des compléments linguistiques se rapportant au terme respectif.

Exemple: 0416 E cluster bomb unit (CBU)
D Bombenausstoßgerät (mit Bomben)

Pour le russe, le signe /..../ est utilisé dans les deux cas.

Indicaciones para el manejo

El glosario de «Terminología del Desarme» contiene términos especiales, giros, denominaciones de organizaciones, organismos, conferencias, así como convenios bi y multilaterales en el sector del desarme, en cinco idiomas. Los términos registrados concuerdan en inglés, francés, español, y ruso con el «Terminology Bulletin» No. 310 de 17 de febrero de 1978, publicado por las Naciones Unidas. Las correspondientes traducciones oficiales al alemán han sido elaboradas por el Ministerio Federal de Relaciones Exteriores en cooperación con el Ministerio Federal de Defensa.

El idioma de partida del glosario es el inglés. Igualmente del inglés parten todas las referencias a otros grupos de conceptos, así como de abreviaturas a formas completas.

Ejemplos: 0432 E combat aircraft
see: armed combat aircraft

0013 E ACDA
see: Arms Control and Disarmament Agency (ACDA)

Para los demás idiomas se han introducido en los respectivos índices abreviaturas y ayudas adicionales.

Ejemplo: 0017 S torpedo de autodirección acústica

en el índice español se encuentra bajo «torpedo» y bajo «autodirección acústica».

Símbolos:

Las indicaciones entre /..../ se refieren a una organización superior, o un sector especializado, o bien contienen otras informaciones adicionales (lugar y fecha de conferencias, etc.).

Ejemplo: 0337 E buffer distance / nuclear /

Las indicaciones entre (....) son abreviaciones o complementos idiomáticos a la palabra respectiva.

Ejemplo: 0416 E cluster bomb unit (CBU)
D Bombenausstoßgerät (mit Bomben)

En ruso se emplea en ambos casos /..../.

Как пользоваться документацией

Словарь „Терминология разоружения" содержит специфическую терминологию, обороты речи, названия организаций, учреждений, конференций, а также двусторонних и многосторонних соглашений в области разоружения на пяти языках.

Английские, французские, испанские и русские термины изъяты из терминологического бюллетеня Организации Объединенных Наций („Terminology Bulletin", N° 310 от 17 февраля 1981 г.). Соответствующая немецкая официальная терминология разработана Федеральным министерством иностранных дел совместно с Федеральным министерством обороны.

Исходный язык словаря – английский. Поэтому все ссылки и данные, указывающие на происхождение сокращений, т.е. их полную форму, выражены на английском языке.

Примеры: 0432 E combat aircraft
see: armed combat aircraft

0013 E ACDA
see: Arms Control and Disarmament Agency (ACDA)

Что касается остальных языков, то сокращения и дополнительные ведущие термины, облегчающие нахождение выражений, включены в соответствующий индекс.

Пример: 0012 R ТОЧНОСТЬ СТРЕЛЬБЫ
Ведущими терминами в русском индексе
являются: „ТОЧНОСТЬ" и „СТРЕЛЬБА".

Условные обозначения:

Данные в наклонных скобках/..../ указывают на вышестоящую организацию или тематический раздел либо содержат иные дополнительные сведения (дату и место проведения конференции и т.д.).

Пример: 0337 E buffer distance /nuclear/

Данные в круглых скобках (....) приводят сокращения или языковые дополнения к соответствующим терминам.

Пример: 0416 E cluster bomb unit (CBU)
D Bombenausstossgerät (mit Bomben)

В русском тексте в обоих случаях употребляются наклонные скобки/..../.

Table of Contents

Glossary 1

Index 417
English 417
German 425
French 481
Spanish 531
Russian 583

0001

E A/S
see: anti-submarine (A/S)

0002

E AAA
see: anti-aircraft artillery (AAA)

0003

E AAM
see: air-to-air missile (AAM)

0004

E ABCC
see: Atomic Bomb Casualty Commission (ABCC)

0005

E ABM launcher
see: anti-ballistic missile launcher (ABM launcher)

0006

E ABM missile
see: anti-ballistic missile missile (ABM missile)

0007

E ABM system
see: anti-ballistic missile system (ABM system)

0008

E ABM Treaty
see: Treaty on the Limitation of Anti-Ballistic Missile Systems (ABM Treaty)

0009

E absolute weapon
D absolute Waffe
F arme absolue
S arma absoluta
R АБСОЛЮТНОЕ ОРУЖИЕ

0010

E accident
see: nuclear-weapon accident

0011

E accidental war
D Krieg durch Zufall
F guerre accidentelle
S guerra accidental
R СЛУЧАЙНАЯ ВОЙНА
R ВОЙНА, РАЗРАЗИВШАЯСЯ ИЗ-ЗА НЕПРЕДВИДЕННОГО ИНЦИДЕНТА

0012

E accuracy of fire
D Treffgenauigkeit
F précision du tir
F précision de tir
S precisión del fuego
R ТОЧНОСТЬ СТРЕЛЬБЫ

0013

E ACDA
see: Arms Control and Disarmament Agency (ACDA)

0014

E ack-ack
see: anti-aircraft

0015

E ack-ack fire
see: anti-aircraft fire

0016

E acoustic detector
D Geräuschempfänger
D akustischer Detektor
F détecteur acoustique
S detector acústico
R АКУСТИЧЕСКИЙ ДЕТЕКТОР

0017

E acoustic homing torpedo
D akustisch zielsuchender Torpedo
F torpille à tête chercheuse acoustique
S torpedo de autodirección acústica
R АКУСТИЧЕСКАЯ САМОНАВОДЯЩАЯСЯ ТОРПЕДА

0018

E acoustic wave /detection/
D Schallwelle
F onde acoustique
S onda acústica
R ЗВУКОВАЯ ВОЛНА

0019

E act of aggression
D Angriffshandlung
F acte d'agression
S acto de agresión
R АКТ АГРЕССИИ

0020

E action
see: out of action

0021

E activate, to
D aufstellen
D aktivieren
F activer
S activar
S poner en funcionamiento
R ВВОДИТЬ В СТРОЙ
R УСТАНАВЛИВАТЬ /МИНУ/ В НЕИЗВЛЕКАЕМОЕ ПОЛОЖЕНИЕ

0022

E activation detector /detection/
D Aktivierungsdetektor
F détecteur (de neutrons) par activation
S detector por activación
R АКТИВАЦИОННЫЙ ДЕТЕКТОР

0023

E active armed forces
D aktive Streitkräfte
F armée d'active
S fuerzas armadas activas
R РЕГУЛЯРНЫЕ ВОЙСКА

0024

E active deterrence
D aktive Abschreckung
F dissuasion active
S disuasión activa
R АКТИВНАЯ СТРАТЕГИЯ УСТРАШЕНИЯ

0025

E active electronic countermeasure (ECM)
D aktive elektronische Gegenmassnahme
D aktive ELOGM
F contre-mesure électronique active
S contramedida electrónica activa
R АКТИВНОЕ РАДИОПРОТИВОДЕЙСТВИЕ

0026

E active homing guidance
D aktive Zielsuchlenkung
F guidage actif
S autodirección activa
R АКТИВНОЕ САМОНАВЕДЕНИЕ

0027

E activity
see: neutron-induced activity

0028

E actuated mine
D ausgelöste Mine
F mine armée
S mina activada
R НЕИЗВЛЕКАЕМАЯ МИНА
R МИНА, УСТАНОВЛЕННАЯ В НЕИЗВЛЕКАЕМОЕ ПОЛОЖЕНИЕ

0029

E ACV
see: patrol air cushion vehicle; patrol ACV

0030

E Ad Hoc Advisory Group on Nuclear Explosions for Peaceful Purposes /IAEA/
D Ad-hoc-Beratungsgruppe über Kernsprengungen für friedliche Zwecke
F Groupe consultatif ad hoc sur les explosions nucléaires à des fins pacifiques
S Grupo asesor especial sobre explosiones nucleares con fines pacíficos
R СПЕЦИАЛЬНАЯ КОНСУЛЬТАТИВНАЯ ГРУППА ПО ЯДЕРНЫМ ВЗРЫВАМ В МИРНЫХ ЦЕЛЯХ

0031

E Ad Hoc Committee on the Indian Ocean
D Ad-hoc-Ausschuss für den Indischen Ozean
F Comité spécial de l'océan Indien
S Comité especial del Océano Indico
R СПЕЦИАЛЬНЫЙ КОМИТЕТ ПО ИНДИЙСКОМУ ОКЕАНУ

0032

E Ad Hoc Committee on the Review of the Role of the United Nations in the Field of Disarmament
D Ad-hoc-Ausschuss zur Überprüfung der Rolle der Vereinten Nationen auf dem Gebiet der Abrüstung
F Comité spécial pour l'étude du rôle de l'Organisation des Nations Unies dans le domaine du désarmement
S Comité ad hoc para el examen del papel de las Naciones Unidas en la esfera del desarme
R СПЕЦИАЛЬНЫЙ КОМИТЕТ ПО РАССМОТРЕНИЮ РОЛИ ОРГАНИЗАЦИИ ОБЪЕДИНЕННЫХ НАЦИЙ В ОБЛАСТИ РАЗОРУЖЕНИЯ

0033

E Ad Hoc Committee on the World Disarmament Conference
D Ad-hoc-Ausschuss für die Weltabrüstungskonferenz
F Comité ad hoc pour la Conférence mondiale du désarmement
S Comité ad hoc para la Conferencia Mundial de Desarme
R СПЕЦИАЛЬНЫЙ КОМИТЕТ ДЛЯ ВСЕМИРНОЙ КОНФЕРЕНЦИИ ПО РАЗОРУЖЕНИЮ

0034

E Ad Hoc Group of Qualified Governmental Experts for the Study of the Question of Nuclear-Weapon-Free Zones /CCD/
D Ad-hoc-Gruppe qualifizierter Regierungssachverständiger für die Untersuchung der Frage kernwaffenfreier Zonen
F Groupe spécial d'experts gouvernementaux pour l'étude de la question des zones exemptes d'armes nucléaires
S Grupo ad hoc de expertos gubernamentales calificados para el estudio de la cuestión de las zonas libres de armas nucleares
R СПЕЦИАЛЬНАЯ ГРУППА КВАЛИФИЦИРОВАННЫХ ПРАВИТЕЛЬСТВЕННЫХ ЭКСПЕРТОВ ПО ИССЛЕДОВАНИЮ ВОПРОСА О ЗОНАХ, СВОБОДНЫХ ОТ ЯДЕРНОГО ОРУЖИЯ

0035

E Ad Hoc Group of Scientific Experts to Consider International Co-operative Measures to Detect and to Identify Seismic Events
D Ad-hoc-Gruppe wissenschaftlicher Sachverständiger für die Prüfung von Massnahmen der internationalen Zusammenarbeit bei der Erfassung und Identifizierung seismischer Vorgänge
F Groupe spécial d'experts scientifiques chargé d'examiner des mesures de coopération internationale en vue de la détection et de l'identification d'événements sismiques
S Grupo ad hoc de expertos científicos encargado de examinar las medidas de cooperación internacional para detectar e identificar fenómenos sísmicos
R СПЕЦИАЛЬНАЯ ГРУППА НАУЧНЫХ ЭКСПЕРТОВ ДЛЯ РАССМОТРЕНИЯ МЕР МЕЖДУНАРОДНОГО СОТРУДНИЧЕСТВА ПО ОБНАРУЖЕНИЮ И ИДЕНТИФИКАЦИИ СЕЙСМИЧЕСКИХ ЯВЛЕНИЙ

0036

E Additional Protocol I of the Treaty for the Prohibition of Nuclear Weapons in Latin America
D Zusatzprotokoll I zu dem Vertrag über das Verbot von Kernwaffen in Lateinamerika
F Protocole additionnel I au Traité visant l'interdiction des armes nucléaires en Amérique latine
S Protocolo adicional I del Tratado para la proscripción de las armas nucleares en la América Latina
R ДОПОЛНИТЕЛЬНЫЙ ПРОТОКОЛ I ДОГОВОРА О ЗАПРЕЩЕНИИ ЯДЕРНОГО ОРУЖИЯ В ЛАТИНСКОЙ АМЕРИКЕ

0037

E adequately safeguarded disarmament
D Abrüstung mit angemessenen Garantien
F désarmement comportant des garanties adéquates
S desarme con las garantías necesarias
R ОБЕСПЕЧЕННЫЙ ДОЛЖНЫМИ ГАРАНТИЯМИ ПЛАН РАЗОРУЖЕНИЯ

0038

E adjustment of fire
D Einschiessen
F réglage du tir
S rectificación de tiro
R КОРРЕКТИРОВАНИЕ ОГНЯ

0039

E advance early warning radar
D vorgeschobenes Frühwarnradar
F radar d'alerte avancée
S radar avanzado de alerta temprana
R ПЕРЕДОВАЯ РЛС ДАЛЬНЕГО ОБНАРУЖЕНИЯ

0040

E Advanced Research Program Agency (ARPA) /Department of Defense, USA/
D Advanced Research Program Agency (ARPA)
F Advanced Research Program Agency (ARPA)
S Advanced Research Program Agency (ARPA)
R УПРАВЛЕНИЕ ПО ПРОГРАММЕ НАЧНО-ИССЛЕДОВАТЕЛЬСКИХ РАБОТ

0041

E AEC
see: Atomic Energy Commission (AEC)

0042

E aerial hijacking
D Flugzeugentführung
F détournement d'aéronef
S secuestro de aeronave
R НЕЗАКОННЫЙ ЗАХВАТ САМОЛЕТОВ

0043

E aerial inspection
D Inspektion aus der Luft
F inspection aérienne
S inspección aérea
R ВОЗДУШНАЯ ИНСПЕКЦИЯ

0044

E aerial picket aircraft
D Picket-Luftfahrzeug
F avion d'alerte aérienne avancée
S aeronave de piquete aéreo
R САМОЛЕТ РАДИОЛОКАЦИОННОГО ДОЗОРА

0045

E aerial reconnaissance
D Luftaufklärung
F reconnaissance aérienne
S reconocimiento aéreo
R ВОЗДУШНАЯ РАЗВЕДКА

0046

E aerodynamic lift
D aerodynamischer Auftrieb
F sustentation aérodynamique
S sustentación aerodinámica
R АЭРОДИНАМИЧЕСКАЯ ПОДЪЕМНАЯ СИЛА

0047

E aerodynamic missile
see: air-to-surface aerodynamic missile

0048

E Agency for the Prohibition of Nuclear Weapons in Latin America (OPANAL)
D Agentur für das Verbot von Kernwaffen in Lateinamerika (OPANAL)
F Organisme pour l'interdiction des armes nucléaires en Amérique latine (OPANAL)
S Organismo para la Proscripción de las Armas Nucleares en la América Latina (OPANAL)
R АГЕНТСТВО ПО ЗАПРЕЩЕНИЮ ЯДЕРНОГО ОРУЖИЯ В ЛАТИНСКОЙ АМЕРИКЕ /ОПАНАЛ/

0049

E agent of warfare
D Kampfmittel
F agent de guerre
S elemento de guerra
R СРЕДСТВО ВЕДЕНИЯ ВОЙНЫ

0050

E aggregate yield
see: planned aggregate yield

0051

E aggression
see: act of aggression; non-aggression; unprovoked aggression

0052

E aggressive intentions
D aggressive Absichten
F visées agressives
F desseins agressifs
S intenciones agresivas
R АГРЕССИВНЫЕ НАМЕРЕНИЯ

0053

E aggressive war
D Angriffskrieg
F guerre d'agression
S guerra de agresión
R АГРЕССИВНАЯ ВОЙНА

0054

E agreed force levels
D vereinbarte Truppenstärken
F niveaux convenus des effectifs
S niveles convenidos de los efectivos
R СОГЛАСОВАННЫЕ УРОВНИ ВООРУЖЕННЫХ СИЛ

0055

E agreed levels of armaments
D vereinbarte Rüstungsniveaus
F niveaux convenus des armements
S niveles convenidos de armamentos
R СОГЛАСОВАННЫЕ УРОВНИ ВООРУЖЕНИЙ

0056

E agreed limitations on nuclear arms
D vereinbarte Begrenzung von Kernwaffen
F limitations convenues des armements nucléaires
S limitaciones convenidas de las armas nucleares
R СОГЛАСОВАННЫЕ ОГРАНИЧЕНИЯ ЯДЕРНЫХ ВООРУЖЕНИЙ

0057

E agreed reductions
D vereinbarte Reduzierung
D vereinbarte Verminderung
F réductions convenues
S reducciones convenidas
R СОГЛАСОВАННОЕ СОКРАЩЕНИЕ

0058

E Agreement on Measures to Reduce the Risk of Outbreak of Nuclear War /US-USSR; 30 September 1971; Washington/
D Abkommen über Massnahmen zur Verringerung der Gefahr des Ausbruchs eines Atomkriegs
F Accord relatif à certaines mesures destinées à réduire le risque de déclenchement d'une guerre nucléaire
S Acuerdo sobre las medidas para reducir el riesgo de desencadenar una guerra nuclear
R СОГЛАШЕНИЕ О МЕРАХ ПО УМЕНЬШЕНИЮ ОПАСНОСТИ ВОЗНИКНОВЕНИЯ ЯДЕРНОЙ ВОЙНЫ

0059

E Agreement on the Prevention of Accidental or Unauthorized Use of Nuclear Weapons /France-USSR; 16 July 1976/
D Abkommen über die Verhütung eines zufälligen oder nicht genehmigten Einsatzes von Kernwaffen
F Accord sur la prévention du déclenchement par erreur ou par accident d'armes nucléaires
S Acuerdo sobre la prevención del uso de armas nucleares por equivocación o por accidente
R СОГЛАШЕНИЕ О ПРЕДУПРЕЖДЕНИИ СЛУЧАЙНОГО ИЛИ НЕСАНКЦИОНИРОВАННОГО ПРИМЕНЕНИЯ ЯДЕРНОГО ОРУЖИЯ

0060

E Agreement on the Prevention of Incidents on and over the High Seas /USA-USSR; 25 May 1972; Moscow/
D Abkommen über die Verhütung von Zwischenfällen auf und über der Hohen See
F Accord sur la prévention des incidents en haute-mer et au-dessus de la haute-mer
S Acuerdo sobre la prevención de incidentes en alta mar y sobre la alta mar
R СОГЛАШЕНИЕ О ПРЕДОТВРАЩЕНИИ ИНЦИДЕНТОВ В ОТКРЫТОМ МОРЕ И ВОЗДУШНОМ ПРОСТРАНСТВЕ НАД НИМ

0061

E Agreement on the Prevention of Nuclear War /USA-USSR; 22 June 1973/
D Abkommen über die Verhütung eines Atomkriegs
F Accord sur la prévention d'une guerre nucléaire
S Acuerdo sobre la prevención de la guerra nuclear
R СОГЛАШЕНИЕ О ПРЕДОТВРАЩЕНИИ ЯДЕРНОЙ ВОЙНЫ

0062

E Agreement on the Rescue of Astronauts, the Return of Astronauts and the Return of Objects Launched into Outer Space /22 April 1968/
D Übereinkommen über die Rettung und Rückführung von Raumfahrern sowie die Rückgabe von in den Weltraum gestarteten Gegenständen
F Accord sur le sauvetage des astronautes, le retour des astronautes et la restitution des objets lancés dans l'espace extra-atmosphérique
S Convenio sobre el salvamento y la devolución de astronautas y la restitución de objetos lanzados al espacio ultraterrestre
R СОГЛАШЕНИЕ О СПАСАНИИ КОСМОНАВТОВ, ВОЗВРАЩЕНИИ КОСМОНАВТОВ И ВОЗВРАЩЕНИИ ОБЪЕКТОВ, ЗАПУЩЕННЫХ В КОСМИЧЕСКОЕ ПРОСТРАНСТВО

0063

E aid
see: mutual aid

0064

E aide
see: military aide

0065

E air base
D Luftstützpunkt
F base aérienne
S base aérea
R АВИАЦИОННАЯ БАЗА
R АВИАБАЗА

0066

E air camera
D Luftbildkamera
F appareil de prise de vues aériennes
S aparato fotográfico para tomas aéreas
R АЭРОФОТОАППАРАТ

0067

E air control team
D Fliegerleittrupp
F poste de guidage avancé (PGA)
S puesto de control aéreo
R ГРУППА НАВЕДЕНИЯ ТАКТИЧЕСКОЙ АВИАЦИИ
R КОМАНДА НАВЕДЕНИЯ ТАКТИЧЕСКОЙ АВИАЦИИ

0068

E air control teams network
D Fliegerleitnetz
F réseau des PGA
F réseau des postes de guidage avancés
S red de puestos de control aéreo
R СЕТЬ ГРУПП НАВЕДЕНИЯ ТАКТИЧЕСКОЙ АВИАЦИИ

0069

E air cover
D Luftsicherung
F couverture aérienne
S resguardo aéreo
R АВИАЦИОННОЕ ПРИКРЫТИЕ
R ПРИКРЫТИЕ С ВОЗДУХА

0070

E air cushion vehicle (ACV)
see: patrol air cushion vehicle; patrol ACV

0071

E air defence
D Luftverteidigung (LV)
D Flugabwehr
F défense aérienne
S defensa aérea
R ПРОТИВОВОЗДУШНАЯ ОБОРОНА /ПВО/

0072

E air force
D Luftwaffe
F armée de l'air
F forces aériennes
F aviation
S fuerza aérea
R ВОЕННО-ВОЗДУШНЫЕ СИЛЫ

0073

E air group
see: carrier air group

0074

E air logistical support
D Versorgung aus der Luft
F soutien logistique par air
S apoyo logístico aéreo
R АВИАЦИОННОЕ МАТЕРИАЛЬНО-ТЕХНИЧЕСКОЕ ОБЕСПЕЧЕНИЕ

0075

E air observation
D Luftbeobachtung
F observation aérienne
S observación aérea
R ВОЗДУШНОЕ НАБЛЮДЕНИЕ

0076

E air photo
D Luftbild
F photographie aérienne
S fotografía aérea
R АЭРОФОТОСНИМОК

0077

E air picket
D Picket-Luftfahrzeug
F avion d'alerte aérienne avancée
S piquete aéreo
R ВОЗДУШНЫЙ ДОЗОР
R РАДИОЛОКАЦИОННЫЙ ДОЗОР

0078

E air space
D Luftraum
F espace aérien
S espacio aéreo
R ВОЗДУШНОЕ ПРОСТРАНСТВО

0079

E air strike
D Luftangriff
F attaque aérienne
S ataque aéreo
S incursión aérea
R НАЛЕТ АВИАЦИИ
R УДАР С ВОЗДУХА

0080

E air support
D Luftunterstützung
F appui aérien
S apoyo aéreo
R АВИАЦИОННАЯ ПОДДЕРЖКА

0081

E air supremacy
D Luftherrschaft
F maîtrise de l'air
S dominio del aire
S supremacía aérea
R ПРЕВОСХОДСТВО В ВОЗДУХЕ

0082

E air task force
D Luftwaffenverband
F groupement tactique aérien
S fuerza de tarea aérea
S agrupación táctica aérea
R ОПЕРАТИВНАЯ ГРУППА ВВС

0083

E air watch
D Luftraumüberwachung
F veille-air
F veille aérienne
S vigilancia aérea
R ВЕДЕНИЕ НАБЛЮДЕНИЯ ЗА ВОЗДУХОМ

0084

E air-activated igniter
D durch Luftstrom entsicherter Anzünder
F allumeur activé par air
S espoleta activada por aire
S detonador activado por aire
R ЗАПАЛ, СРАБАТЫВАЮЩИЙ ОТ ВОЗДЕЙСТВИЯ ВОЗДУХА

0085

E airborne
D Luftlande-
D Bord-
D in der Luft befindlich
F aéroporté
F aéromobile
F de bord
F en vol
S aeromóvil
S aerotransportado
S en vuelo
R ВОЗДУШНОДЕСАНТНЫЙ
R НАХОДЯЩИЙСЯ В ВОЗДУХЕ
R БОРТОВОЙ

0086

E airborne alert
D Alarmbereitschaft in der Luft
F alerte en vol
S alerta aérea
R ДЕЖУРСТВО /САМОЛЕТОВ/ В ВОЗДУХЕ

0087

E airborne cavalry
D Luftkavallerie
F cavalerie aéromobile
S caballería aerotransportada
R ВОЗДУШНОДЕСАНТНЫЕ ВОЙСКА, ПЕРЕВОЗИМЫЕ НА ВЕРТОЛЕТАХ
R АЭРОМОБИЛЬНЫЕ ВОЙСКА
R ВОЙСКА ВОЗДУШНОЙ РАЗВЕДКИ

0088

E airborne radar /AWACS system/
D Bordradar
F radar aéroporté
S radar aerotransportado
R САМОЛЕТНАЯ РЛС

0089

E airborne troops
D Luftlandetruppen
F troupes aéroportées
S tropas aerotransportadas
R ВОЗДУШНОДЕСАНТНЫЕ ВОЙСКА

0090

E Airborne Warning and Control System (AWACS)
D Fliegendes LA/LV-Führungs- und Überwachungssystem (AWACS)
F Système aéroporté d'alerte et de contrôle (AWACS)
S Sistema Aerotransportado de Alerta y Control (AWACS)
R СИСТЕМА ДАЛЬНЕГО ОБНАРУЖЕНИЯ И НАВЕДЕНИЯ

0091

E airburst
D Luftdetonation
F explosion fusante
F explosion aérienne
S explosión en el aire
R ВЗРЫВ В ВОЗДУХЕ
R ВОЗДУШНЫЙ ВЗРЫВ
R ВОЗДУШНЫЙ РАЗРЫВ

0092

E airburst
see: nuclear airburst

0093

E aircraft
see: aerial picket aircraft; all-weather aircraft; armed combat aircraft; carrier aircraft; close support aircraft; counter-measures aircraft; early warning aircraft; ground attack aircraft; ground-support aircraft; interceptor aircraft; jet aircraft; launcher aircraft; long distance strategic reconnaissance aircraft; pathfinder aircraft; pilotless aircraft; radar picket aircraft; rotary wing aircraft; strategic combat aircraft; turbo-jet aircraft

0094

E aircraft assisted fire control
D flugzeuggesteuerte Feuerleitung
F réglage du tir par avion
S control de tiro mediante avión
R КОРРЕКТИРОВАНИЕ ОГНЯ С ВОЗДУХА

0095

E aircraft carrier
D Flugzeugträger
F porte-avions
S portaviones
R АВИАНОСЕЦ

0096

E aircraft weapons delivery system
D fliegendes Waffeneinsatzsystem
F système de lancement d'armes d'avion
S sistema de lanzamiento de proyectiles desde aviones
R СИСТЕМА ДОСТАВКИ АВИАЦИОННОГО ОРУЖИЯ

0097

E airdrop
D Abwerfen /ohne Fallschirm/
D Absetzen /mit Fallschirm/
F parachutage
F largage
S lanzamiento aéreo
R СБРАСЫВАНИЕ /ГРУЗА/
R ВЫБРОСКА /ПАРАШЮТИСТОВ/

0098

E airfield
see: alternate airfield; alternative airfield; opportunity airfield

0099

E airhead
D Luftlandekopf
D Luftbrückenkopf
F tête de pont aérienne
S cabeza de puente aérea
R ПЛАЦДАРМ ДЕСАНТИРОВАНИЯ
R АЭРОДРОМ ВЫГРУЗКИ /НА ПЛАЦДАРМЕ, ЗАХВАЧЕННОМ ВОЗДУШНЫМ ДЕСАНТОМ/

0100

E air-launch platform
D fliegende Startplattform
F plateforme de lancement par air
S plataforma de lanzamiento desde el aire
R УСТАНОВКА ДЛЯ ЗАПУСКА В ВОЗДУХЕ
R УСТАНОВКА ДЛЯ ЗАПУСКА С САМОЛЕТА

0101

E air-launched ballistic missile (ALBM)
D luftfahrzeuggestützter ballistischer Flugkörper
F missile balistique lancé par air
S misil balístico lanzado desde el aire
R БАЛЛИСТИЧЕСКАЯ РАКЕТА, ЗАПУСКАЕМАЯ В ВОЗДУХЕ

0102

E air-launched cruise missile (ALCM)
D luftfahrzeuggestützter Marschflugkörper
F missile de croisière lancé par air
S misil de crucero lanzado desde el aire
R КРЫЛАТАЯ РАКЕТА, ЗАПУСКАЕМАЯ В ВОЗДУХЕ

0103

E airlift
D Lufttransport
D Luftbrücke
F pont aérien
S puente aéreo
R ВОЗДУШНЫЕ ПЕРЕВОЗКИ
R ВОЗДУШНЫЙ МОСТ

0104

E airlift, to
D auf dem Luftwege befördern
F transporter par air
F transporter par avion
S transportar por aire /equipos militares, tropas etc./
R ПЕРЕВОЗИТЬ ПО ВОЗДУХУ
R УСТАНОВИТЬ ВОЗДУШНЫЙ МОСТ

0105

E airspace control
D Luftraumkontrolle
F contrôle de l'espace aérien
S control del espacio aéreo
R ГОСПОДСТВО В ВОЗДУХЕ
R КОНТРОЛЬ НАД ВОЗДУШНЫМ ПРОСТРАНСТВОМ

0106

E air-to-air missile (AAM)
D Luft/Luft-Flugkörper
F missile air-air
S misil de aire a aire
R РАКЕТА КЛАССА ВОЗДУХ-ВОЗДУХ

0107

E air-to-surface aerodynamic missile
D aerodynamischer Luft/Boden-Flugkörper
F missile aérodynamique air-surface
S misil aerodinámico de aire a superficie
R КРЫЛАТАЯ РАКЕТА КЛАССА ВОЗДУХ-ЗЕМЛЯ
R САМОЛЕТ-СНАРЯД КЛАССА ВОЗДУХ-ЗЕМЛЯ

0108

E air-to-surface ballistic missile (ASBM)
D ballistischer Luft/Boden-Flugkörper
F missile balistique air-surface
S misil balístico de aire a superficie
R БАЛЛИСТИЧЕСКАЯ РАКЕТА КЛАССА ВОЗДУХ-ЗЕМЛЯ

0109

E air-to-surface missile (ASM)
D Luft/Boden-Flugkörper
F missile air-surface
S misil de aire a superficie
R РАКЕТА КЛАССА ВОЗДУХ-ЗЕМЛЯ

0110

E alarm
see: automatic alarm; point source alarm

0111

E ALBM
see: air-launched ballistic missile (ALBM)

0112

E ALCM
see: air-launched cruise missile (ALCM)

0113

E alert
see: airborne alert

0114

E alliance
see: military alliance

0115

E allocations
see: military allocations

0116

E all-out nuclear war
D totaler Atomkrieg
D totaler Kernwaffenkrieg
F guerre nucléaire totale
S guerra nuclear total
R ТОТАЛЬНАЯ ЯДЕРНАЯ ВОЙНА

0117

E all-out war
see also: total war
D totaler Krieg
F guerre totale
S guerra total
R ТОТАЛЬНАЯ ВОЙНА

0118

E all-weather aircraft
D Allwetterluftfahrzeug
F avion tous temps
S aeronave para todas las condiciones meteorológicas
R ВСЕПОГОДНЫЙ САМОЛЕТ

0119

E all-weather interceptor
D Allwetterabfangjäger
F intercepteur tous temps
S interceptor para todas las condiciones meteorológicas
R ВСЕПОГОДНЫЙ ИСТРЕБИТЕЛЬ-ПЕРЕХВАТЧИК

0120

E all-weather reconnaissance
D Allwetteraufklärung
F reconnaissance tous temps
S reconocimiento en todas las condiciones meteorológicas
R ВСЕПОГОДНАЯ РАЗВЕДКА

0121

E alternate airfield
D Ausweichflugplatz /zivil/
F terrain de dégagement
F terrain de recueil
S campo de aviación eventual
S aeródromo eventual
R ЗАПАСНЫЙ АЭРОДРОМ

0122

E alternative airfield
D Ausweichflugplatz /NATO/
F terrain de déroutement
F terrain de diversion
S campo de aviación alternativo
S aeródromo alternativo
R ЗАПАСНЫЙ АЭРОДРОМ
R ПРОМЕЖУТОЧНЫЙ АЭРОДРОМ

0123

E AMM
see: anti-missile missile (AMM)

0124

E ammo
see: ammunition

0125

E ammunition
see: nuclear ammunition

0126

E ammunition
E ammo
D Munition
F munition(s)
S municiones
R БОЕПРИПАСЫ

0127

E ammunition ship
D Munitionstransporter
F ravitailleur de munitions
S buque transporte de municiones
R ТРАНСПОРТ БОЕПРИПАСОВ

0128

E amphibious craft
D Amphibienfahrzeug
F navire amphibie
S embarcación anfibia
R ДЕСАНТНО-ВЫСАДОЧНОЕ СУДНО

0129

E amplified verification
D erweiterte Verifizierung
F vérification élargie
S verificación ampliada
R РАСШИРЕННАЯ ПРОВЕРКА

0130

E amplitude
see: high amplitude

0131

E amplitude spectrum /detection/
D Amplitudenspektrum
F spectre d'amplitude
S espectro de amplitud
R АМПЛИТУДНЫЙ СПЕКТР

0132

E analysis
see: multi-array analysis

0133

E anaseismic onset /detection/
D anaseismische Bewegung
F mouvement anaséismique (premier)
S inicio de un movimiento anasísmico
R НАЧАЛО ВЕРТИКАЛЬНЫХ ПЕРЕМЕЩЕНИЙ /О ПОДЗЕМНЫХ ТОЛЧКАХ/

0134

E anchorage
see: holding anchorage

0135

E anomalies
see: chromosome anomalies

0136

E anomalous event /detection/
D anomales Ereignis
F événement anormal
S hecho anómalo
S fenómeno anómalo
R АНОМАЛЬНОЕ ЯДЕРНОЕ ПРЕВРАЩЕНИЕ

0137

E anomalous motion /detection/
D anomale Bewegung
F mouvement anormal
S movimiento anómalo
R АНОМАЛЬНОЕ ДВИЖЕНИЕ

0138

E Antarctic Treaty /1959/
D Antarktis-Vertrag
F Traité sur l'Antarctique
S Tratado Antártico
R ДОГОВОР ОБ АНТАРКТИКЕ

0139

E anti-airborne minefield
D Minensperre gegen Luftlandeangriffe
F champ de mines contre opérations aéroportées
S campo minado contra operaciones aerotransportadas
S terreno minado contra operaciones aerotransportadas
R ПРОТИВОДЕСАНТНОЕ МИННОЕ ПОЛЕ

0140

E anti-aircraft
E ack-ack
D Flugabwehr-
D Fla-
F antiaérien
S baterías antiaéreas
R ЗЕНИТНЫЙ
R ПРОТИВОВОЗДУШНЫЙ

0141

E anti-aircraft artillery (AAA)
D Fla-Artillerie
F artillerie antiaérienne (AAA)
S artillería antiaérea
R ЗЕНИТНАЯ АРТИЛЛЕРИЯ

0142

E anti-aircraft fire
E ack-ack fire
D Fla-Feuer
F tir antiaérien
S fuego antiaéreo
R ЗЕНИТНЫЙ ОГОНЬ

0143

E anti-aircraft missile
D Fla-Flugkörper
D Flugabwehrkörper
F missile antiaérien
S misil antiaéreo
R ЗЕНИТНАЯ РАКЕТА

0144

E anti-ballistic missile launcher (ABM launcher)
D Startgerät für Flugkörperabwehr-Flugkörper
F dispositif de lancement de missiles antimissiles (balistiques)
S lanzamisiles antibalísticos
S lanzador de misiles antibalísticos
R ПУСКОВАЯ УСТАНОВКА ДЛЯ ЗАПУСКА ПРОТИВОРАКЕТ

0145

E anti-ballistic missile missile (ABM missile)
D Abwehrflugkörper gegen ballistische Flugkörper
D ABM-Flugkörper
F missile antimissile (balistique) (missile AM)
S misil antimisil balístico
R ПРОТИВОРАКЕТА /ДЛЯ БОРЬБЫ С БАЛЛИСТИЧЕСКИМИ РАКЕТАМИ/

0146

E anti-ballistic missile system (ABM system)
D System zur Abwehr ballistischer Flugkörper
D Abwehrsystem gegen ballistische Flugkörper
D ABM-System
F système de missiles antimissiles (balistiques) (système AM)
S sistema de misiles antibalísticos
R ПРОТИВОРАКЕТНЫЙ КОМПЛЕКС

0147

E anticrop weapon
D ernteschädigender Stoff
F arme anticultures
S arma para destruir cultivos agrícolas
R ОРУЖИЕ ДЛЯ УНИЧТОЖЕНИЯ РАСТЕНИЙ

0148

E anti-forces
D gegen militärische Ziele gerichtet
D gegen Streitkräfte gerichtet
F antiforces
S antifuerza
R ПРОТИВОСТОЯЩИЕ СИЛЫ

0149

E anti-forces weapons
D gegen Streitkräfte gerichtete Waffen
D Counterforce-Waffen
F armes antiforces
S armas antifuerza
R ОРУЖИЕ ДЛЯ ПОРАЖЕНИЯ ПРОТИВОСТОЯЩИХ СИЛ

0150

E anti-materiel weapon
D materialschädigender Stoff
F arme antimatériel
S arma antimaterial
R ОРУЖИЕ ДЛЯ ПОРАЖЕНИЯ БОЕВОЙ ТЕХНИКИ

0151

E anti-missile missile (AMM)
D Flugkörperabwehrflugkörper
F missile antimissile (missile AM)
S misil antimisil
R ПРОТИВОРАКЕТА

0152

E anti-missile weapons system
D Flugkörperabwehr-Waffensystem
F système d'armes antimissiles
S sistema de armas antimisiles
R ПРОТИВОРАКЕТНАЯ СИСТЕМА ОРУЖИЯ

0153

E anti-personnel mine
D Schützenabwehrmine
F mine antipersonnel
S mina antipersonal
R ПРОТИВОПЕХОТНАЯ МИНА

0154

E anti-personnel weapon
D Waffe zur Bekämpfung lebender Ziele
F arme antipersonnel
S arma antipersonal
R ОРУЖИЕ ДЛЯ ПОРАЖЕНИЯ ЖИВОЙ СИЛЫ

0155

E antiradar missile
D Radarbekämpfungsflugkörper
F missile antiradar
S misil antiradar
R ПРОТИВОРАДИОЛОКАЦИОННАЯ РАКЕТА

0156

E anti-satellite laser beam
D Satellitenabwehr-Laserstrahl
F rayon laser antisatellite
S rayo laser antisatélite
R ПРОТИВОСПУТНИКОВЫЙ ЛАЗЕРНЫЙ ЛУЧ

0157

E anti-satellite weapon
D Satellitenabwehrwaffe
F arme antisatellite
S arma antisatélite
R ОРУЖИЕ ДЛЯ БОРЬБЫ СО СПУТНИКАМИ
R ПРОТИВОСПУТНИКОВОЕ ОРУЖИЕ

0158

E anti-ship missile
D Seezielflugkörper
F missile antinavire
S misil antibuque
R ПРОТИВОКОРАБЕЛЬНАЯ РАКЕТА

0159

E anti-submarine (A/S)
D U-Boot-Bekämpfungs-
D U-Boot-Abwehr-
D U-Jagd-
F anti-sous-marin (ASM)
S antisubmarino
R ПРОТИВОЛОДОЧНЫЙ

0160

E anti-submarine frigate
D U-Boot-Abwehr-Fregatte
D U-Jagd-Fregatte
F escorteur-frégate
S fragata antisubmarina
R СТОРОЖЕВОЙ КОРАБЛЬ ПЛО

0161

E anti-submarine missile
D U-Jagd-Flugkörper
F missile anti-sous-marins
S misil antisubmarino
R ПРОТИВОЛОДОЧНАЯ РАКЕТА

0162

E anti-submarine rocket
D U-Jagd-Rakete
F roquette anti-sous-marins
S cohete antisubmarino
R ПРОТИВОЛОДОЧНАЯ РАКЕТА-ТОРПЕДА

0163

E anti-submarine warfare (ASW)
D Kriegführung gegen U-Boote
D U-Boot-Abwehr
F guerre anti-sous-marins
S guerra antisubmarina
R ПРОТИВОЛОДОЧНАЯ ОБОРОНА /ПЛО/

0164

E anti-tank
D Panzerabwehr-
F antichar
S antitanque
R ПРОТИВОТАНКОВЫЙ

0165

E anti-tank fire
D Panzerabwehrfeuer
F tir antichar
S fuego antitanque
R ПРОТИВОТАНКОВЫЙ ОГОНЬ

0166

E anti-tank guided weapons (ATGW)
D Panzerabwehrlenkwaffen
F armes antichars guidées
S armas antitanque dirigidas
R ПРОТИВОТАНКОВОЕ УПРАВЛЯЕМОЕ ОРУЖИЕ

0167

E anti-tank gun
D Panzerabwehrkanone (PAK)
F canon antichar
S cañón antitanque
R ПРОТИВОТАНКОВАЯ ПУШКА
R ПРОТИВОТАНКОВОЕ ОРУДИЕ

0168

E anti-tank mine
D Panzerabwehrmine
F mine antichar
S mina antitanque
R ПРОТИВОТАНКОВАЯ МИНА

0169

E anti-tank missile
D Panzerabwehrflugkörper
F missile antichar
S misil antitanque
R ПРОТИВОТАНКОВАЯ РАКЕТА

0170

E anti-tank round /of fire/
D Panzerabwehrgeschoss
F coup de pièce antichar
S disparo antitanque
R ВЫСТРЕЛ ПО ТАНКУ
R ПРОТИВОТАНКОВЫЙ СНАРЯД

0171

E anti-tank weapon
see: light anti-tank weapon

0172

E APC
see: armoured personnel carrier (APC)

0173

E apparent arrival vector /detection/
D scheinbarer Ankunftsvektor
F vecteur d'arrivée apparent
S vector de llegada aparente
R ВЕКТОР ВЕРОЯТНОГО ПРИХОДА /О ФАЗЕ/

0174

E apparent velocity /detection/
D scheinbare Geschwindigkeit
F vitesse apparente
S velocidad aparente
R КАЖУЩАЯСЯ СКОРОСТЬ

0175

E area
see: loading area; logistic area; objective area

0176

E area bombing
D Flächenbombardierung
F bombardement sur zone
S bombardeo de área
R БОМБОМЕТАНИЕ ПО ПЛОЩАДИ

0177

E area defence
(defence of a wide geographical area)
D Raumverteidigung
F défense de zone
S defensa de zona
R ПОЗИЦИОННАЯ ОБОРОНА
R ОБОРОНА РАЙОНА

0178

E area of militarily significant radioactive fall-out
D Gebiet militärisch bedeutsamen radioaktiven Niederschlags
F zone de retombée radioactive d'importance militaire
S zona de precipitación radiactiva de importancia militar
R РАЙОН РАДИОАКТИВНОГО ЗАРАЖЕНИЯ, ИМЕЮЩЕГО ВОЕННОЕ ЗНАЧЕНИЕ

0179

E area target
D Flächenziel
F objectif non-ponctuel
S blanco zona
R ПЛОЩАДНАЯ ЦЕЛЬ

0180

E arm
see: side arm

0181

E armament
see: offensive armament

0182

E armaments
see: agreed levels of armaments; burden of armaments; conventional armaments; regulation of armaments

0183

E armaments industry
E arms industry
D Rüstungsindustrie
F industrie d'armement
F industrie des armements
S industria de armamentos
R ОРУЖЕЙНАЯ ПРОМЫШЛЕННОСТЬ

0184

E armaments system
see: offensive armaments system

0185

E armaments truce
D Rüstungs-Stillhalteabkommen
D Rüstungsstillstand
F trêve des armements
S tregua de armamentos
R ПЕРЕМИРИЕ В ВООРУЖЕНИЯХ

0186

E armed attack /UN Charter/
D bewaffneter Angriff
F agression armée
S ataque armado
R ВООРУЖЕННОЕ НАПАДЕНИЕ

0187

E armed combat aircraft
D bewaffnetes Kampfflugzeug
F avion d'armes
S avión de combate armado
R ВООРУЖЕННЫЙ БОЕВОЙ САМОЛЕТ

0188

E armed conflict
D bewaffneter Konflikt
F conflit armé
S conflicto armado
R ВООРУЖЕННЫЙ КОНФЛИКТ

0189

E armed conflicts
see: humanitarian rules relating to armed conflicts

0190

E armed force
D Streitkraft
F force armée
S fuerza armada
R ВОЙСКА

0191

E armed force
see: use of armed force

0192

E armed forces
see: active armed forces

0193

E armed neutrality
D bewaffnete Neutralität
F neutralité armée
S neutralidad armada
R ВООРУЖЕННЫЙ НЕЙТРАЛИТЕТ

0194

E armoured personnel carrier (APC)
D gepanzerter Mannschaftstransportwagen
F véhicule blindé de transport de troupes (VTT)
S vehículo blindado de transporte de tropas
R БРОНЕТРАНСПОРТЕР

0195

E armoured troop carrier
D gepanzerter Truppentransporter
F transport de troupes blindé
S transporte blindado de tropas
R БРОНЕТРАНСПОРТЕР

0196

E arms
see: small arms

0197

E arms control
D Rüstungskontrolle
F limitation des armements
S limitación de los armamentos
R КОНТРОЛЬ НАД ВООРУЖЕНИЯМИ

0198

E arms control
see: nuclear arms control negotiations

0199

E Arms Control and Disarmament Agency (ACDA) /USA/
D Behörde für Rüstungskontrolle und Abrüstung (ACDA)
F Arms Control and Disarmament Agency (ACDA)
S Organismo de Control de Armamentos y de Desarme (ACDA)
R АГЕНТСТВО ПО РАЗОРУЖЕНИЮ И КОНТРОЛЮ НАД ВООРУЖЕНИЕМ

0200

E arms control negotiations
see: nuclear arms control negotiations

0201

E arms embargo
D Waffenembargo
F embargo sur les armes
F embargo sur les armements
F embargo sur les fournitures d'armes
S embargo de armas
R ЭМБАРГО НА ОРУЖИЕ
R ЭМБАРГО НА ПОСТАВКИ ОРУЖИЯ

0202

E arms exports
D Waffenexporte
F exportations d'armes
S exportaciones de armas
R ЭКСПОРТ ОРУЖИЯ

0203

E arms industry
see: armaments industry

0204

E arms limitation
D Rüstungsbegrenzung
F limitation des armements
S limitación de armamentos
R ОГРАНИЧЕНИЕ ВООРУЖЕНИЙ

0205

E arms production agreement
see: joint arms production agreement

0206

E arms programme
D Rüstungsprogramm
F programme d'armements
S programa de armamentos
R ПРОГРАММА ВООРУЖЕНИЙ

0207

E arms race
D Wettrüsten
D Rüstungswettlauf
F course aux armements
S carrera de armamentos
R ГОНКА ВООРУЖЕНИЙ

0208

E arms race
see: intensification of the arms race; nuclear arms race

0209

E arms sales
D Waffenverkäufe
F ventes d'armes
S ventas de armas
R ПРОДАЖА ОРУЖИЯ

0210

E arms stability
D Rüstungsstabilität
F stabilité des armements
S estabilidad de los armamentos
R СТАБИЛЬНОСТЬ ВООРУЖЕНИЙ

0211

E arms system
D Waffensystem
F système d'armes
S sistema de armas
R СИСТЕМА ОРУЖИЯ

0212

E arms trade
D Waffenhandel
F commerce des armes
S tráfico de armas
S comercio de armas
R ТОРГОВЛЯ ОРУЖИЕМ

0213

E army
D Heer /Teilstreitkraft/
D Armee /Truppenkörper/
F armée de terre /grande unité/
F armée
S ejército
R АРМИЯ
R СУХОПУТНЫЕ ВОЙСКА

0214

E army group
D Armeegruppe
F groupe d'armées
S grupo de ejércitos
R ГРУППА АРМИЙ

0215

E army light observation helicopter (LOH)
D leichter Beobachtungshubschrauber des Heeres
F hélicoptère léger d'observation de l'armée de terre (HLO)
S helicóptero liviano de observación /ejército/
S helicóptero ligero de observación /ejército/
R АРМЕЙСКИЙ ЛЕГКИЙ КОРРЕКТИРОВОЧНО-РАЗВЕДЫВАТЕЛЬНЫЙ ВЕРТОЛЕТ

0216

E ARPA
see: Advanced Research Program Agency (ARPA)

0217

E array /detection/
D Array
(Anordnung von Seismographen)
F nappe
F ensemble
S complejo (sismográfico)
R СТАНЦИЯ ГРУППИРОВАНИЯ СЕЙСМОПРИЕМНИКОВ
R СИСТЕМА

0218

E array
see: crossed array

0219

E array analysis
see: multi-array analysis

0220

E array with short and long period systems (SPLP) /detection/
D Array mit kurz- und langperiodischen seismographischen Systemen
F ensemble équipé de systèmes de courte et de longue période (SPLP)
S complejo de sismógrafos con sistemas de período corto y largo (SPLP)
R СГРУППИРОВАННЫЕ СТАНЦИИ ДЛЯ РЕГИСТРАЦИИ КОРОТКИХ И ДЛИННЫХ ПЕРИОДОВ

0221

E arrival /detection/
D Ankunft
D Eintreffen
F arrivée
F signal
S llegada /de fases/
R ПОСТУПЛЕНИЕ /СИГНАЛА/

0222

E arrival time /detection/
D Ankunftszeit
D Eintreffzeit
F heure d'arrivée
S tiempo de llegada /de fases/
R ВРЕМЯ ПОСТУПЛЕНИЯ СИГНАЛА

0223

E arrival vector /detection/
D Ankunftsvektor (von seismischen Wellen)
F vecteur d'arrivée
S vector de llegada (de fases de un fenómeno sísmico)
R ВЕКТОР ПРИХОДА ФАЗЫ

0224

E arsenal
D Rüstungsbestände
D Waffenbestände
F arsenal
S arsenal
R АРСЕНАЛ

0225

E arsenal
see: conventional arsenal; nuclear arsenal

0226

E artillery
D Artillerie
F artillerie
S artillería
R АРТИЛЛЕРИЯ

0227

E artillery
see: atomic artillery; heavy artillery

0228

E artillery fire
D Artilleriefeuer
F tir d'artillerie
S fuego de artillería
R АРТИЛЛЕРИЙСКИЙ ОГОНЬ

0229

E artillery fire plan table
D Artillerie-Feuerplan
F plan de feux d'artillerie
S plan de fuego de artillería
R ПЛАН ВЕДЕНИЯ АРТИЛЛЕРИЙСКОГО ОГНЯ

0230

E artillery round (of fire)
D Schuss Artilleriemunition
F coup de pièce d'artillerie
S descarga de artillería
R ВЫСТРЕЛ /ИЗ АРТИЛЛЕРИЙСКОГО ОРУДИЯ/
R КОМПЛЕКТ ВЫСТРЕЛА

0231

E aseismic area /detection/
D seismisch inaktives Gebiet
F région aséismique
S región asísmica
R АНТИСЕЙСМИЧЕСКИЙ РАЙОН

0232

E ASM
see: air-to-surface missile (ASM)

0233

E ASPB
see: assault support patrol boat (ASPB)

0234

E aspect change /radar/
D Echoschwankung /Radar/
F fluctuation d'écho
S variación de eco
R ИЗМЕНЕНИЕ ОРИЕНТАЦИИ ЦЕЛИ В ПРОСТРАНСТВЕ

0235

E asphyxiating
D erstickend /Eigenschaft/
F asphyxiant
S asfixiante
R УДУШАЮЩЕГО ДЕЙСТВИЯ

0236

E assailant
D Angreifer
F assaillant
S atacante
R АТАКУЮЩИЙ
R НАПАДАЮЩАЯ СТОРОНА

0237

E assault landing ship
D Sturmlandungsboot
F transport de chalands de débarquement
S buque de desembarco de asalto
R ДЕСАНТНЫЙ КОРАБЛЬ

0238

E assault ship
D Landungsschiff
F navire d'assaut
S buque de asalto
R КОРАБЛЬ ПЕРВОГО ЭШЕЛОНА ДЕСАНТА

0239

E assault support patrol boat (ASPB)
D Landungs-Unterstützungsboot
F vedette de soutien
S lancha patrullera de apoyo
R СТОРОЖЕВОЙ КАТЕР ПОДДЕРЖКИ МОРСКОГО ДЕСАНТА

0240

E assessment
see: logistic assessment

0241

E assistance programme
see: military assistance programme

0242

E assured destruction
D sichergestellte Vernichtung
F destruction assurée
S destrucción segura
R НЕИЗБЕЖНАЯ ЛИКВИДАЦИЯ

0243

E ASW
see: anti-submarine warfare (ASW)

0244

E asymmetrical reductions /armed forces/
D asymmetrische (Truppen-)Verminderungen
F réductions asymétriques
S reducciones asimétricas
R АСИММЕТРИЧНЫЕ СОКРАЩЕНИЯ

0245

E ATGW
see: anti-tank guided weapons (ATGW)

0246

E atmosphere
see: radioactive atmosphere

0247

E atmospheric explosions
D Explosionen in der Atmosphäre
F explosions dans l'atmosphère
S explosiones en la atmósfera
R ВЗРЫВЫ В АТМОСФЕРЕ

0248

E atmospheric nuclear weapon testing
D Kernwaffenversuche in der Atmosphäre
F essai(s) dans l'atmosphère d'armes nucléaires
S ensayos de armas nucleares en la atmósfera
R ИСПЫТАНИЕ ЯДЕРНОГО ОРУЖИЯ В АТМОСФЕРЕ

0249

E atomic artillery
D Atomartillerie
F artillerie atomique
S artillería atómica
R АТОМНАЯ АРТИЛЛЕРИЯ

0250

E atomic bomb
D Atombombe
F bombe atomique
S bomba atómica
R АТОМНАЯ БОМБА

0251

E Atomic Bomb Casualty Commission (ABCC)
D Kommission für die Opfer von Atombomben
F Commission des victimes des bombes atomiques
S Comisión relativa a las víctimas de bombas atómicas
R КОМИССИЯ ПО УЧЕТУ ПОСТРАДАВШИХ ОТ АТОМНОЙ БОМБЫ

0252

E atomic bomb survivor
D Überlebender einer Atomexplosion
F survivant de la bombe atomique
S sobreviviente de la bomba atómica
R ОСТАВШИЙСЯ В ЖИВЫХ В ВОЙНЕ С ПРИМЕНЕНИЕМ АТОМНОГО ОРУЖИЯ

0253

E atomic energy
see: peaceful applications of atomic energy

0254

E Atomic Energy Commission (AEC)
D Atomenergiekommission
F Commission de l'énergie atomique
S Comisión de Energía Atómica (CEA)
R КОМИССИЯ ПО АТОМНОЙ ЭНЕРГИИ

0255

E atomic energy, international control of
see: international control of atomic energy

0256

E atomic radiation
D ionisierende Strahlung
F rayonnements ionisants
S radiación atómica
R АТОМНАЯ РАДИАЦИЯ

0257

E atomic weapon
D Kernwaffe
F arme atomique
S arma atómica
R АТОМНОЕ ОРУЖИЕ

0258

E atomic weapons
see: prohibition of atomic weapons

0259

E attack
see: armed attack; diversionary attack; ground attack; massive nuclear attack; nuclear attack; pre-emptive attack; pre-emptive strike; saturation attack; sneak attack

0260

E attrition
see: war of attrition

0261

E automatic alarm
D automatischer Alarm
D automatisches Alarmsystem
F alerte automatique
S alarma automática
R АВТОМАТИЧЕСКАЯ ПОДАЧА СИГНАЛА ТРЕВОГИ

0262

E automatic control system
D automatische Steueranlage
F conduite et pilotage automatiques
S sistema de control automático
R АВТОМАТИЧЕСКАЯ СИСТЕМА УПРАВЛЕНИЯ

0263

E automatic search jammer
D automatisches Such/Stör-Gerät
F brouilleur à poursuite automatique
S aparato de interferencia automática
R АВТОМАТИЧЕСКИЙ ПЕРЕДАТЧИК ПОМЕХ СТАНЦИЯМ ОБНАРУЖЕНИЯ

0264

E AWACS
see: Airborne Warning and Control System (AWACS)

0265

E azimuth
D Azimut
D Seitenwinkel gegen Nord
F azimut
S azimut
S acimut
R АЗИМУТ

0266

E background count /detection/
D Dunkelstoss (auf dem Strahlenspürgerät)
F effet parasite de fond
S recuento de fondo
S conteo de fondo
R СЧЕТ, ОБУСЛОВЛЕННЫЙ ФОНОМ

0267

E background radiation
D Hintergrundstrahlung
F rayonnement ionisant naturel
S radiación de fondo
R ФОНОВОЕ ИЗЛУЧЕНИЕ

0268

E background seismic noise /detection/
D mikroseismische Bodenunruhe
F bruit de fond microséismique
F agitation continentale
S ruido sísmico de fondo
R ФОНОВЫЙ СЕЙСМИЧЕСКИЙ ШУМ

0269

E bacteriological (biological) weapons
D bakteriologische (biologische) Waffen
F armes bactériologiques (biologiques)
S armas bacteriológicas (biológicas)
R БАКТЕРИОЛОГИЧЕСКОЕ /БИОЛОГИЧЕСКОЕ/ ОРУЖИЕ

0270

E balanced withdrawal
see: progressive and balanced withdrawal

0271

E ballistic missile
D ballistischer Flugkörper (BFK)
F missile balistique
S misil balístico
R БАЛЛИСТИЧЕСКАЯ РАКЕТА

0272

E ballistic missile
see: air-to-surface ballistic missile

0273

E ballistic missile defence system (BMD system)
D System zur Abwehr ballistischer Flugkörper
D Abwehrsystem gegen ballistische Flugkörper
F système de défense anti-missile (balistique)
S sistema de defensa contra misiles balísticos
R СИСТЕМА ОБОРОНЫ ОТ БАЛЛИСТИЧЕСКИХ РАКЕТ

0274

E ballistic-missile submarine
D BFK-U-Boot
D U-Boot mit ballistischen Flugkörpern
F sous-marin armé de missiles balistiques
S submarino lanzamisiles balísticos
R ПОДВОДНАЯ ЛОДКА-РАКЕТОНОСЕЦ

0275

E ban /on weapon tests/
D Verbot
F interdiction
S prohibición
S proscripción
R ЗАПРЕЩЕНИЕ /ИСПЫТАНИЙ/

0276

E ban
see: nuclear weapon test ban

0277

E barrage
see: creeping barrage

0278

E barrage jamming
D breitbandiges Stören
F brouillage en barrage
S interferencia en barrera
R ЗАГРАДИТЕЛЬНАЯ РАДИОПОМЕХА

0279

E base
see: air base; military base; soft missile base

0280

E Basic Principles of Negotiations on the Further Limitation of Strategic Offensive Arms /USA-USSR; 21 June 1973/
D Grundprinzipien der Verhandlungen über die weitere Begrenzung von strategischen Offensivwaffen
F Principes fondamentaux régissant les négociations sur une nouvelle limitation des armements stratégiques offensifs
S Principios básicos de las Negociaciones sobre nuevas limitaciones de las armas ofensivas estratégicas
R ОСНОВНЫЕ ПРИНЦИПЫ ПЕРЕГОВОРОВ О ДАЛЬНЕЙШЕМ ОГРАНИЧЕНИИ СТРАТЕГИЧЕСКИХ НАСТУПАТЕЛЬНЫХ ВООРУЖЕНИЙ

0281

E battlefield nuclear weapons
D nukleare Gefechtsfeldwaffen
F armes nucléaires tactiques
S armas nucleares tácticas
R ТАКТИЧЕСКОЕ ЯДЕРНОЕ ОРУЖИЕ

0282

E battleship
D Schlachtschiff
F cuirassé
S acorazado
R ЛИНЕЙНЫЙ КОРАБЛЬ

0283

E bazooka (rocket launcher)
D Bazooka (Panzerabwehrrakete)
F bazooka (lance-roquettes)
S bazuca (lanzacohetes antitanque)
R БАЗУКА
R РЕАКТИВНЫЙ ПРОТИВОТАНКОВЫЙ ГРАНАТОМЕТ "БАЗУКА"
R ПУСКОВАЯ УСТАНОВКА

0284

E bazooka shell
D Bazooka-Rakete
F roquette
S granada de bazuca
R СНАРЯД РЕАКТИВНОГО ПРОТИВОТАНКОВОГО ГРАНАТОМЕТА "БАЗУКА"

0285

E biological agent of warfare
D biologischer Kampfstoff
F agent biologique de guerre
S elemento biológico de guerra
S agente biológico de guerra
R БИОЛОГИЧЕСКОЕ СРЕДСТВО ВЕДЕНИЯ ВОЙНЫ

0286

E biological effectiveness
see: relative biological effectiveness

0287

E biological warfare
D biologische Kriegführung
F guerre biologique
S guerra biológica
R БИОЛОГИЧЕСКАЯ ВОЙНА

0288

E biological weapon
D biologische Waffe
F arme biologique
S arma biológica
R БИОЛОГИЧЕСКОЕ ОРУЖИЕ

0289

E biological weapons
see: bacteriological (biological) weapons

0290

E Biological Weapons Convention
see: Review Conference of the Parties to the Biological Weapons Convention

0291

E biomedical reactor
D biologisch-medizinischer Bestrahlungsreaktor
F réacteur de radiobiologie
S reactor radiobiológico
R РАДИОБИОЛОГИЧЕСКИЙ РЕАКТОР

0292

E black box
D black box
D schwarzer Kasten
F boîte noire
S caja negra
R РАДИОЛОКАЦИОННЫЙ БОМБАРДИРОВОЧНЫЙ ПРИЦЕЛ
R АВТОПИЛОТ
R САМОЛЕТНАЯ РЛС

0293

E blank out, to
D austasten
F masquer
F couvrir
F brouiller
S interferir
S suprimir señales electrónicas
R ПЕРЕБИВАТЬ
R ЗАГЛУШАТЬ

0294

E blanket overflight clearance
D pauschale Überfluggenehmigung
F autorisation générale de survol
S autorización general de sobrevuelo
R ОБЩЕЕ РАЗРЕШЕНИЕ НА ПОЛЕТ /НАД ПРЕПЯТСТВИЕМ/

0295

E blast
D Blast
D Explosionsdruck
D Gasschlag
F souffle
S explosión
R ВЗРЫВ
R ВЗРЫВНАЯ ВОЛНА
R УДАРНАЯ ВОЛНА

0296

E blast effect
D Explosionsdruckwirkung
D Blastwirkung
F déflagration
F souffle
S efecto de la onda de choque
R ДЕЙСТВИЕ УДАРНОЙ ВОЛНЫ

0297

E blast protection
D Explosionsdruckschutz
F protection contre les effets du souffle
S protección contra la onda de choque
S protección contra explosiones
R ЗАЩИТА ОТ ДЕЙСТВИЯ УДАРНОЙ ВОЛНЫ

0298

E blast wave
D Blastwelle
D Explosionsdruckwelle
D Druckwelle
D Stosswelle
F onde de choc
S onda explosiva
R УДАРНАЯ ВОЛНА

0299

E blast weapon
D explosionsdruckerzeugende Waffe
F arme explosive
F arme à effet de souffle
S arma explosiva
R ОРУЖИЕ ВЗРЫВНОГО ДЕЙСТВИЯ

0300

E blind a satellite, to
D blenden, einen Satelliten
F aveugler un satellite
S cegar un satélite
R ОСЛЕПЛЯТЬ СПУТНИК

0301

E blind bombing zone
D Bombenblindwurfzone
F zone de bombardement sans restriction
S zona de bombardeo ciego
R ЗОНА НЕОГРАНИЧЕННЫХ ДЕЙСТВИЙ БОМБАРДИРОВОЧНОЙ АВИАЦИИ

0302

E blind flying
D Instrumentenflug
F vol sans visibilité
F vol aux instruments
S vuelo ciego
S vuelo por instrumentos
R ПОЛЕТ ПО ПРИБОРАМ
R СЛЕПОЙ ПОЛЕТ

0303

E blind smart bomb
D gelenkte Bombe
(durch Laser, IR, TV)
F bombe autoguidée aveugle
S bomba autodirigida ciega
R БОМБА, НАВОДЯЩАЯСЯ ПО ПРИБОРАМ

0304

E blister agents
D Hautkampfstoffe
F agents vésicants
F vésicants
S agentes vesicantes
R КОЖНО-НАРЫВНЫЕ ОВ

0305

E blister gas
D gasförmiger Hautkampfstoff
F gaz (toxique) vésicant
S gas vesicante
R ОВ КОЖНО-НАРЫВНОГО ДЕЙСТВИЯ

0306

E Blitzkrieg
see: nuclear Blitzkrieg

0307

E bloc
see: military bloc

0308

E blueprint
see: military blueprint

0309

E BMD system
see: ballistic missile defence system (BMD system)

0310

E boat
see: assault support patrol boat (ASPB); seaward defence boat

0311

E body wave /detection/
D Raumwelle
F onde de volume
S onda interna
R ОБЪЕМНАЯ ВОЛНА

0312

E body-wave magnitude /detection/
D Raumwellen-Magnitude
F magnitude de l'onde de volume
S magnitud de ondas internas
R РАЗМЕРЫ ОБЪЕМНОЙ ВОЛНЫ

0313

E boiling water reactor
D Siedewasserreaktor
F réacteur à eau bouillante
S reactor de agua hirviente
R КИПЯЩИЙ РЕАКТОР

0314

E bomb
see: atomic bomb; blind smart bomb; concussion bomb; delayed-action bomb; dirty bomb; flare bomb; high explosive bomb; illuminating bomb; incendiary bomb; Molotov cocktail bomb; mortar bomb; napalm bomb; neutron bomb; photoflash bomb; plutonium bomb; scatter bomb; fragmentation bomb; smart bomb

0315

E bomb release point
D Bombenauslösepunkt
F point de largage de bombes
S punto de lanzamiento de las bombas
R ТОЧКА СБРАСЫВАНИЯ БОМБ

0316

E bomber
D Bomber
F bombardier
S bombardero
R БОМБАРДИРОВЩИК

0317

E bomber
see: fighter-bomber; heavy bomber; light bomber; medium bomber

0318

E bombing
D Bombenwurf
D Bombardierung
F bombardement (aérien)
S bombardeo
R БОМБЕЖКА
R БОМБОМЕТАНИЕ

0319

E bombing
see: area bombing; saturation bombing

0320

E bombing area
D Bombenzielgebiet
F zone de bombardement
S zona de bombardeo
R ЗОНА БОМБАРДИРОВКИ

0321

E bombing errors
D Bombenwurffehler
F écarts de bombardement
S errores de bombardeo
R ОШИБКИ В БОМБОМЕТАНИИ

0322

E bombing zone
see: blind bombing zone

0323

E bomblet
D Kleinbombe
F bombette
S bomba de calibre pequeño
R БОМБА МАЛОГО КАЛИБРА

0324

E booby trap
D versteckte Ladung
F piège
S trampa explosiva
R МИНА-ЛОВУШКА
R МИНА СЮРПРИЗ

0325

E bow-mounted sonar
D Bugsonar
F sonar d'étrave
S sonar de proa
R ГИДРОАКУСТИЧЕСКИЙ ПРИБОР, УСТАНОВЛЕННЫЙ В НОСОВОЙ ЧАСТИ

0326

E boycott
D Boykott
F boycottage
(boycott à ne pas employer)
S boicot
S boicoteo
R БОЙКОТ

0327

E breach of peace
D Friedensbruch
F rupture de la paix
S quebrantamiento de la paz
R НАРУШЕНИЕ МИРА

0328

E breaching
D Räumen einer Gasse
D Schlagen einer Bresche
F ouverture de brèche
F dégagement de brèche
S apertura de brecha
S rompimiento de brecha
S apertura de paso
R ПРОДЕЛЫВАНИЕ ПРОХОДОВ /В ЗАГРАЖДЕНИЯХ/
R ПРЕОДОЛЕНИЕ /ЗАГРАЖДЕНИЙ/
R ПРОРЫВ /ОБОРОНЫ/

0329

E breakaway (of shockwave) /detection/
D Ablösung der Stosswelle
F séparation de l'onde de choc
S separación de la onda de choque
R ОТРЫВ
R ОТВЕТВЛЕНИЕ

0330

E breeder
see: commercial breeder

0331

E brigdehead
D Brückenkopf
F tête de pont
S cabeza de puente
R ПЛАЦДАРМ
R ПРЕДМОСТНОЕ УКРЕПЛЕНИЕ

0332

E brinkmanship
D Kunst der Politik am Rande des Krieges
F stratégie du bord de l'abîme
F stratégie du risque calculé maximum
S política de riesgo máximo calculado (brinkmanship)
R ПОЛИТИКА БАЛАНСИРОВАНИЯ НА ГРАНИ ВОЙНЫ

0333

E broad band seismogram /detection/
D Breitbandseismogramm
F séismogramme à large bande
S sismograma de banda ancha
R ШИРОКОДИАПАЗОННАЯ СЕЙСМОГРАММА

0334

E broad band seismograph
D Breitbandseismograph
F séismographe à large bande
S sismógrafo de banda ancha
R СЕЙСМОПРИЕМНИК С ШИРОКИМ ДИАПАЗОНОМ
R СЕЙСМОСТАНЦИЯ С ШИРОКИМ ДИАПАЗОНОМ

0335

E budget
see: military budget

0336

E budgets
see: military expenditures and budgets; reduction of military budgets

0337

E buffer distance /nuclear/
D Pufferabstand /Kernwaffen/
F marge de sécurité
S distancia neutralizadora
R БУФЕРНОЕ РАССТОЯНИЕ /ДЛЯ ОБЕСПЕЧЕНИЯ БЕЗОПАСНОСТИ СВОИХ ВОЙСК ПРИ ЯДЕРНОМ УДАРЕ ПО ПРОТИВНИКУ/

0338

E build-up
see: military build-up

0339

E build-up of military forces
D Aufbau (von Kräften)
D Aufstellung (von Kräften)
F renforcement des forces militaires (et de police)
S aumento de las fuerzas militares
R НАРАЩИВАНИЕ ВОЕННОЙ СИЛЫ

0340

E build-up of military strength
D Aufbau der Militärkraft
F accroissement de la puissance militaire
S aumento del poderío militar
R НАРАЩИВАНИЕ ВОЕННОЙ МОЩИ

0341

E build-up of military weapons
D Aufbau militärischer Waffen
D Aufstellung militärischer Waffen
F accroissement de l'arsenal militaire
S aumento del material militar
R НАКОПЛЕНИЕ ОРУЖИЯ

0342

E bullet
D Geschoss
(unter 20 mm Kaliber)
F balle
S bala
R ПУЛЯ

0343

E bullet
see: rifle bullet

0344

E bunker
D Bunker
F blockhaus
F abri fortifié
S casamata
S refugio fortificado
R ЗАКРЫТОЕ ОБОРОНИТЕЛЬНОЕ СООРУЖЕНИЕ /ДОС, ДЗОС/
R БУНКЕР
R УБЕЖИЩЕ /КОТЛОВАННОГО ТИПА/

0345

E burden of armaments
D Rüstungslast
F fardeau des armements
S carga de los armamentos
R БРЕМЯ ВООРУЖЕНИЙ

0346

E burn
see: second-degree burn

0347

E burst
see: machine-gun burst; optimum height of burst

0348

E burst height
see: safe burst height

0349

E BW Convention
see: Convention on the Prohibition of the Development, Production and Stockpiling of Bacteriological (Biological) and Toxin Weapons and on Their Destruction

0350

E C in C
see: Commander-in-Chief

0351

E calibration instruments
D Kalibriergeräte
F appareils d'étalonnage
S instrumentos de calibración
R ЭТАЛОНЫ
R ЭТАЛОННЫЕ ПРИБОРЫ
R ЭТАЛОННЫЕ ИНСТРУМЕНТЫ

0352

E calibre
D Kaliber
F calibre
S calibre
R КАЛИБР

0353

E camera
see: air camera; low light level camera

0354

E camouflage
see: radar camouflage

0355

E cannon-launched guided projectile (CLGP)
D Rohrwaffen-Lenkgeschoss
F projectile d'artillerie guidé
S proyectil de artillería dirigido
R УПРАВЛЯЕМЫЙ АРТИЛЛЕРИЙСКИЙ СНАРЯД

0356

E capabilities
see: enemy capabilities

0357

E capability
see: military capability; nuclear capability; nuclear deterrence capability; operational capability; penetration capability; second-strike capability

0358

E capsule
D Kapsel
F capsule
S cápsula
R КАПСУЛА
R КАПСЮЛЬ

0359

E car
see: scout car

0360

E carcinogenesis
see: radiation carcinogenesis

0361

E cargo helicopter
D Transporthubschrauber
F hélicoptère de transport
S helicóptero de carga
R ГРУЗОВОЙ ВЕРТОЛЕТ

0362

E carpet bombing
D Teppichbombardierung
D Bombenteppichwurf
F tapis de bombes
S bombardeo de área
S bombardeo de saturación
R СЕРИЙНОЕ БОМБОМЕТАНИЕ ПО ПЛОЩАДИ

0363

E carriage
see: gun carriage

0364

E carriage (of a gun)
E mount
D Lafette
F affût (de canon)
S cureña
R ЛАФЕТ
R ОРУДИЙНЫЙ СТАНОК

0365

E carrier
D Transportmittel
D Transportfahrzeug
F véhicule de transport
F transporteur
S vehículo de transporte
S aeronave de transporte
S embarcación de transporte
S transporte (buque)
R ТРАНСПОРТНОЕ СРЕДСТВО
R ТРАНСПОРТЕР
R ТРАНСПОРТНЫЙ САМОЛЕТ
R АВИАНОСЕЦ

0366

E carrier
see: aircraft carrier; armoured troop carrier; commando carrier; helicopter carrier

0367

E carrier air group
D Trägerflugzeuggruppe
F groupe aérien embarqué
S grupo aéreo de portaaviones
R АВИАНОСНАЯ АВИАЦИОННАЯ ГРУППА

0368

E carrier aircraft
D Trägerflugzeug
F avion embarqué
S avión de portaaviones
R САМОЛЕТ-РАКЕТОНОСЕЦ
R ТРАНСПОРТНО-ДЕСАНТНЫЙ САМОЛЕТ
R ПАЛУБНЫЙ САМОЛЕТ

0369

E carrier controlled approach system
see: radar for a carrier controlled approach system

0370

E casing (of an explosive device)
D Gehäuse
D Hülle
D Mantel
F enveloppe (d'une bombe)
F étui (d'une cartouche)
S cubierta
S envuelta
R КОРПУС /ВЗРЫВНОГО УСТРОЙСТВА/

0371

E catastrophe
see: nuclear catastrophe

0372

E cavalry
see: airborne cavalry

0373

E CB weapons
see: chemical and bacteriological weapons (CB weapons)

0374

E CBU
see: cluster bomb unit (CBU)

0375

E CBW
see: chemical and biological warfare (CBW)

0376

E CCD
see: Conference of the Committee on Disarmament (CCD)

0377

E CDP
see: comprehensive disarmament plan (CDP)

0378

E cease fire
D Feuereinstellung
F cessez-le-feu
S cese del fuego
S cesación del fuego
R ПРЕКРАЩЕНИЕ ВОЕННЫХ ДЕЙСТВИЙ
R ПРЕКРАЩЕНИЕ ОГНЯ
R ПЕРЕМИРИЕ

0379

E ceiling
D Höchstzahlen
D Obergrenze
F plafond
S límite máximo
R ПРЕДЕЛ
R ПОТОЛОК

0380

E cells
see: somatic cells

0381

E central systems
D zentrale Systeme
F systèmes centraux
S sistemas centrales
R ЦЕНТРАЛЬНЫЕ СИСТЕМЫ

0382

E Centre for Disarmament
see also: United Nations Centre for Disarmament
D Abrüstungszentrum
F Centre pour le désarmement
S Centro para el Desarme
R ЦЕНТР ПО РАЗОРУЖЕНИЮ

0383

E CEP
see: circular error probable (CEP)

0384

E CERN
see: European Organization for Nuclear Research (CERN)

0385

E cessation of the nuclear arms race
D Einstellung des nuklearen Wettrüstens
F cessation de la course aux armements nucléaires
S cesación de la carrera de armamentos nucleares
R ПРЕКРАЩЕНИЕ ГОНКИ ЯДЕРНЫХ ВООРУЖЕНИЙ

0386

E challenge
see: verification by challenge

0387

E change
see: aspect change

0388

E characteristics
see: response characteristics

0389

E charge
see: destruction charge; neutron charge

0390

E charged particle
D geladenes Teilchen
F particule chargée
S partícula cargada
R ЗАРЯЖЕННАЯ ЧАСТИЦА

0391

E check point
D Kontrollpunkt
F point de contrôle
S punto de control
R КОНТРОЛЬНЫЙ ПУНКТ
R КОНТРОЛЬНО-ПРОВЕРОЧНЫЙ ПУНКТ

0392

E chemical agents
see: lethal chemical agents

0393

E chemical and bacteriological weapons (CB weapons)
D chemische und biologische Waffen (CB-Waffen)
F armes chimiques et bactériologiques (armes CB)
S armas químicas y bacteriológicas
R ХИМИЧЕСКОЕ И БАКТЕРИОЛОГИЧЕСКОЕ ОРУЖИЕ

0394

E chemical and biological warfare (CBW)
D chemische und biologische Kriegführung
F guerre chimique et biologique
S guerra química y biológica
R ВЕДЕНИЕ ВОЙНЫ С ПРИМЕНЕНИЕМ ХИМИЧЕСКОГО И БИОЛОГИЧЕСКОГО ОРУЖИЯ

0395

E chemical warfare agent (CWA)
D chemischer Kampfstoff
F agent toxique
F agent chimique
S agente de guerra química (AGQ)
R ХИМИЧЕСКОЕ СРЕДСТВО ВЕДЕНИЯ ВОЙНЫ

0396

E chemical warfare (CW)
D chemische Kriegführung
F guerre chimique
S guerra química
R ХИМИЧЕСКАЯ ВОЙНА

0397

E chemical weapons
D chemische Waffen
F armes chimiques
S armas químicas
R ХИМИЧЕСКОЕ ОРУЖИЕ

0398

E chief of staff
D Stabschef
D Chef des Stabes
F chef d'état-major
S jefe de estado mayor
R НАЧАЛЬНИК ШТАБА

0399

E choking gas
D gasförmiger Lungenkampfstoff
F gaz suffocant
S gas asfixiante
R ОВ УДУШАЮЩЕГО ДЕЙСТВИЯ

0400

E chopper
see: helicopter

0401

E chromosome anomalies
D Chromosomenaberration
D Chromosomenanomalie
F aberrations chromosomiques
S anomalías del cromosoma
R ХРОМОСОМНЫЕ АНОМАЛИИ

0402

E circular error probable (CEP)
D Streukreisradius
(Radius des Kreises, in dem 50 Prozent der Treffer liegen)
F écart probable circulaire
S error circular probable
R ВЕРОЯТНАЯ РАДИАЛЬНАЯ ОШИБКА

0403

E civil defence
D Zivilschutz
F défense civile
S defensa civil
R ГРАЖДАНСКАЯ ОБОРОНА

0404

E civil nuclear facilities
D Kernenergieeinrichtungen für friedliche Zwecke
F installations nucléaires civiles
S instalaciones nucleares civiles
R ГРАЖДАНСКИЕ ЯДЕРНЫЕ УСТАНОВКИ

0405

E civilian preparedness for war
D Vorbereitungen im zivilen Bereich für den Kriegsfall
F préparation civile pour le temps de guerre
S estado de preparación de la población civil para la guerra
R ПОДГОТОВЛЕННОСТЬ ГРАЖДАНСКОГО НАСЕЛЕНИЯ К ВОЙНЕ

0406

E clandestine operations
D nachrichtendienstliche Operationen
D geheime Operationen
F missions clandestines
S operaciones clandestinas
R ПЕРЕБРОСКА ЛИЧНОГО СОСТАВА И ГРУЗОВ НА ТЕРРИТОРИЮ ПРОТИВНИКА

0407

E clean (nuclear) weapon
D saubere Kernwaffe
F arme propre
S arma nuclear "limpia"
R ЧИСТОЕ ЯДЕРНОЕ ОРУЖИЕ

0408

E CLGP
see: cannon-launched guided projectile (CLGP)

0409

E close air support
D Luftnahunterstützung
F appui aérien rapproché
S apoyo aéreo cercano
R НЕПОСРЕДСТВЕННАЯ АВИАЦИОННАЯ ПОДДЕРЖКА

0410

E close combat
D Kampf auf kurze Entfernung
D Nahkampf
F combat rapproché
S combate cuerpo a cuerpo
R БЛИЖНИЙ БОЙ
R РУКОПАШНЫЙ БОЙ

0411

E close support
D Nahunterstützung
F soutien rapproché
F appui rapproché
S apoyo cercano
R НЕПОСРЕДСТВЕННАЯ ПОДДЕРЖКА
R СОПРОВОЖДЕНИЕ

0412

E close support aircraft
D Erdkampfflugzeug
F avion d'appui rapproché
S avión de apoyo cercano
R АВИАЦИЯ НЕПОСРЕДСТВЕННОЙ ПОДДЕРЖКИ

0413

E close supporting fire
D Nahunterstützungsfeuer
F tir d'appui rapproché
S fuego de apoyo cercano
R НЕПОСРЕДСТВЕННАЯ ОГНЕВАЯ ПОДДЕРЖКА

0414

E close-in fall-out
see also: local fall-out
D radioaktiver Niederschlag im Nahbereich
F retombée proche
S precipitación radiactiva local
R ВЫПАДЕНИЕ РАДИОАКТИВНЫХ ОСАДКОВ В НЕПОСРЕДСТВЕННОЙ БЛИЗОСТИ ОТ ЭПИЦЕНТРА ЯДЕРНОГО ВЗРЫВА

0415

E club
see: Nuclear Club

0416

E cluster bomb unit (CBU)
D Bombenausstossgerät (mit Bomben)
F bombe-grappe
S unidad de bombas en haz
S unidad de bombas en racimo
R КАССЕТНАЯ БОМБА

0417

E cluster units
D Bombenbündel
F unités en grappe
F groupement
S unidades en haz
S unidades en racimo
R ГРУППИРОВКА

0418

E clutter
see: radar clutter

0419

E CM
see: counter-measure (CM)

0420

E coastal battery
D Küstenbatterie
F batterie côtière
S batería costera
R БАТАРЕЯ БЕРЕГОВОЙ АРТИЛЛЕРИИ

0421

E coastal escort vessel
D Küstengeleitboot
F aviso
F escorteur côtier
S buque escolta costera
R БЕРЕГОВОЙ СТОРОЖЕВОЙ КОРАБЛЬ
R ЭСКОРТНЫЙ КОРАБЛЬ

0422

E coastal minelayer
D Küstenminenleger
F mouilleur de mines côtier
S siembraminas costero
R БАЗОВЫЙ МИННЫЙ ЗАГРАДИТЕЛЬ

0423

E coastal minesweeper
D Küstenminensuchboot
F dragueur de mines côtier
S barreminas costero
R БАЗОВЫЙ ТРАЛЬЩИК

0424

E coexistence
see: peaceful coexistence

0425

E cold launch
D Kaltstart /FK/
F catapultage
F lancement à froid
S lanzamiento en frío
R ПУСК РАКЕТЫ С ЗАПУСКОМ ДВИГАТЕЛЯ ПОСЛЕ ОТДЕЛЕНИЯ ОТ НОСИТЕЛЯ

0426

E cold war
D Kalter Krieg
F guerre froide
S guerra fría
R ХОЛОДНАЯ ВОЙНА

0427

E collateral damage
D Nebenschaden
F dommages collatéraux
F dommages indirects
S daño colateral
S lesión colateral
R СОПУТСТВУЮЩИЕ ПОТЕРИ

0428

E collateral measures
D flankierende Massnahmen
F mesures connexes
S medidas conexas
R СОПУТСТВУЮЩИЕ МЕРЫ

0429

E collective measure
D Kollektivmassnahme
F mesure collective
S medida colectiva
R КОЛЛЕКТИВНАЯ МЕРА

0430

E collective security
D kollektive Sicherheit
F sécurité collective
S seguridad colectiva
R КОЛЛЕКТИВНАЯ БЕЗОПАСНОСТЬ

0431

E collective self-defence
D kollektive Selbstverteidigung
F légitime défense collective
S legítima defensa colectiva
R КОЛЛЕКТИВНАЯ САМООБОРОНА

0432

E combat aircraft
see: armed combat aircraft

0433

E combat unit
D Kampftruppenteil
F unité de combat
S unidad de combate
R БОЕВОЕ ПОДРАЗДЕЛЕНИЕ
R БОЕВАЯ ЧАСТЬ /В ОТЛИЧИЕ ОТ ЧАСТЕЙ ТЫЛА/

0434

E combat vessel
D Kampfschiff
F bâtiment de combat
F navire de combat
S buque de combate
R БОЕВОЙ КОРАБЛЬ

0435

E combined arms team
D gemischter Gefechtsverband
F groupement interarmes
S grupo de armas combinadas
S equipo de armas combinadas
R ОБЩЕВОЙСКОВОЕ СОЕДИНЕНИЕ
R СМЕШАННАЯ ГРУППА
R ВЗАИМОДЕЙСТВИЕ РОДОВ ВОЙСК

0436

E combined force
D interalliierte Streitkraft
F force combinée
S fuerza combinada
R ОБЩЕВОЙСКОВОЕ СОЕДИНЕНИЕ
R ОБЪЕДИНЕННАЯ ГРУППА ВОЙСК

0437

E combined staff
D interalliierter Stab
F état-major interallié /OTAN/
F état-major combiné
S estado mayor combinado
R ОБЪЕДИНЕННЫЙ ШТАБ

0438

E come under fire, to
D unter Beschuss geraten
F essuyer un tir
S ser objeto de disparos
R ПОПАСТЬ ПОД ОБСТРЕЛ

0439

E Commander-in-Chief
E C in C
D Oberbefehlshaber
F Commandant en chef
S Comandante en Jefe
R КОМАНДУЮЩИЙ
R ГЛАВНОКОМАНДУЮЩИЙ

0440

E commando
(unit or soldier)
D Kommando
F commando
(1. petit groupe armé ou terroriste; 2. membre d'un tel groupe)
S comando
R ДЕСАНТНО-ДИВЕРСИОННЫЕ ВОЙСКА МОРСКОЙ ПЕХОТЫ "КОМАНДОС"

0441

E commando carrier
D Transportfahrzeug für Kommandounternehmen
F transport de commando
S transporte de comandos
R ВЕРТОЛЕТОНОСЕЦ, ИМЕЮЩИЙ НА БОРТУ ДЕСАНТНО-ДИВЕРСИОННЫЕ ЧАСТИ "КОМАНДОС"
R ТРАНСПОРТНОЕ СРЕДСТВО ПО ПЕРЕВОЗКЕ ЧАСТЕЙ "КОМАНДОС"

0442

E commercial breeder
D industriell genutzter Brutreaktor
F surrégénérateur industriel
S regenerador industrial
R ПРОМЫШЛЕННЫЙ РЕАКТОР-РАЗМНОЖИТЕЛЬ

0443

E Commission for Conventional Armaments /1947-1952/
D Kommission für konventionelle Rüstung
F Commission des armements de type classique
S Comisión de Armamentos de Tipo Corriente
R КОМИССИЯ ПО ВООРУЖЕНИЯМ ОБЫЧНОГО ТИПА

0444

E Committee on the Peaceful Uses of Outer Space (COPUOS)
D Ausschuss für die friedliche Nutzung des Weltraums
F Comité des utilisations pacifiques de l'espace extra-atmosphérique
S Comisión sobre la utilización del espacio ultraterrestre con fines pacíficos
R КОМИТЕТ ПО ИСПОЛЬЗОВАНИЮ КОСМИЧЕСКОГО ПРОСТРАНСТВА В МИРНЫХ ЦЕЛЯХ /КИКОМЦ/

0445

E Committee on the Peaceful Uses of the Sea-Bed and the Ocean Floor beyond the Limits of National Jurisdiction
D Ausschuss für die friedliche Nutzung des Meeresbodens und des Meeresuntergrunds ausserhalb des nationalen Hoheitsbereichs
F Comité des utilisations pacifiques du fond des mers et des océans au-delà des limites de la juridiction nationale
S Comisión sobre la utilización con fines pacíficos de los fondos marinos y oceánicos fuera de los límites de la jurisdicción nacional
R КОМИТЕТ ПО МИРНОМУ ИСПОЛЬЗОВАНИЮ ДНА МОРЕЙ И ОКЕАНОВ ЗА ПРЕДЕЛАМИ ДЕЙСТВИЯ НАЦИОНАЛЬНОЙ ЮРИСДИКЦИИ

0446

E communications centre
D Fernmeldezentrale
D Fernmeldezentrum
F centre de transmissions
S centro de comunicaciones
R УЗЕЛ СВЯЗИ

0447

E communications link
see: direct communications link

0448

E communications satellite
D Fernmeldesatellit
F satellite de communications
S satélite de comunicaciones
R СПУТНИК СВЯЗИ

0449

E complex
see: military-industrial complex (MIC)

0450

E component
see: low-toxic component; non-toxic component

0451

E comprehensive disarmament
D allgemeine Abrüstung
D umfassende Abrüstung
F désarmement général
S desarme general
R ВСЕОБЪЕМЛЮЩЕЕ РАЗОРУЖЕНИЕ

0452

E comprehensive disarmament plan (CDP)
D allgemeiner Abrüstungsplan
D umfassender Abrüstungsplan
F plan général de désarmement
S plan de desarme general
R ВСЕОБЪЕМЛЮЩИЙ ПЛАН РАЗОРУЖЕНИЯ

0453

E comprehensive programme of disarmament
D umfassendes Abrüstungsprogramm
F programme détaillé de désarmement
S programa general de desarme
S programa global de desarme
R ВСЕОБЪЕМЛЮЩАЯ ПРОГРАММА РАЗОРУЖЕНИЯ

0454

E comprehensive test ban (CTB)
E comprehensive nuclear test ban (CTB)
D umfassender Teststopp
D umfassender Versuchsstopp
F interdiction complète des essais (nucléaires)
S prohibición completa de los ensayos (nucleares)
R ВСЕОБЪЕМЛЮЩЕЕ ЗАПРЕЩЕНИЕ ЯДЕРНЫХ ИСПЫТАНИЙ

0455

E concentrated fire
D konzentriertes Feuer
F tirs de concentration
S fuego concentrado
R СОСРЕДОТОЧЕННЫЙ ОГОНЬ

0456

E concentrated shelling
D konzentriertes Feuer
F concentration de feux d'artillerie
S fuego concentrado de artillería
R СОСРЕДОТОЧЕННЫЙ АРТИЛЛЕРИЙСКИЙ ОГОНЬ

0457

E concentration of troops
D Truppenkonzentration
F concentration de troupes
S concentración de tropas
R КОНЦЕНТРАЦИЯ ВОЙСК

0458

E concussion bomb
D Bombe mit Detonationsdruckzündung
F bombe fusante à aérosol
S bomba de concusión
R БОМБА ДИСТАНЦИОННОГО ДЕЙСТВИЯ

0459

E cone
see: nose cone

0460

E Conference of Experts to Study the Possibility of Detecting Violations of a Possible Agreement on the Suspension of Nuclear Tests
D Sachverständigenkonferenz für die Prüfung von Möglichkeiten zur Aufdeckung von Verletzungen einer etwaigen Übereinkunft über die Aussetzung von Kernwaffenversuchen
F Conférence d'experts chargée d'étudier la possibilité de déceler les violations d'un accord éventuel sur la suspension des essais nucléaires
S Conferencia de expertos para estudiar las possibilidades de descubrir las violaciones de cualquier acuerdo sobre la suspensión de pruebas nucleares
R СОВЕЩАНИЕ ЭКСПЕРТОВ ПО ИЗУЧЕНИЮ ВОЗМОЖНОСТИ ВЫЯВЛЕНИЯ НАРУШЕНИЙ ВОЗМОЖНОГО СОГЛАШЕНИЯ О ПРИОСТАНОВКЕ ЯДЕРНЫХ ИСПЫТАНИЙ

0461

E Conference of Government Experts on Weapons that May Cause Unnecessary Suffering or Have Indiscriminate Effects /ICRC; 24 September-18 October 1974; Lucerne/
D Konferenz der Regierungssachverständigen über Waffen, die unnötige Leiden verursachen oder unterschiedslos wirken können
F Conférence d'experts gouvernementaux sur les armes de nature à causer des maux superflus ou à frapper sans discrimination
S Conferencia de expertos gubernamentales sobre las armas que puedan causar sufrimientos innecesarios o tener efectos indiscriminados
R КОНФЕРЕНЦИЯ ПРАВИТЕЛЬСТВЕННЫХ ЭКСПЕРТОВ ПО ВОПРОСУ О ПРИМЕНЕНИИ НЕКОТОРЫХ ТИПОВ ОБЫЧНОГО ОРУЖИЯ, КОТОРЫЕ МОГУТ ПРИЧИНЯТЬ ИЗЛИШНИЕ СТРАДАНИЯ ИЛИ ИМЕТЬ НЕИЗБИРАТЕЛЬНОЕ ДЕЙСТВИЕ

0462

E Conference of Governmental Experts on the Reaffirmation and Development of International Humanitarian Law Applicable in Armed Conflicts
D Konferenz der Regierungssachverständigen über die Neubestätigung und Weiterentwicklung des in bewaffneten Konflikten anwendbaren humanitären Völkerrechts
F Conférence d'experts gouvernementaux sur la réaffirmation et le développement du droit international humanitaire applicable dans les conflits armés
S Conferencia de expertos gubernamentales sobre la reafirmación y el desarrollo del derecho internacional humanitario aplicable en los conflictos armados
R КОНФЕРЕНЦИЯ ПРАВИТЕЛЬСТВЕННЫХ ЭКСПЕРТОВ ПО ВОПРОСУ О ПОДТВЕРЖДЕНИИ И РАЗВИТИИ МЕЖДУНАРОДНОГО ГУМАНИТАРНОГО ПРАВА, ПРИМЕНЯЕМОГО В ПЕРИОД ВООРУЖЕННЫХ КОНФЛИКТОВ

0463

E Conference of Non-Nuclear Weapon States /29 August-28 September 1968; Geneva/
D Konferenz der Nichtkernwaffenstaaten
F Conférence d'Etats non dotés d'armes nucléaires
S Conferencia de Estados que no poseen armas nucleares
R КОНФЕРЕНЦИЯ ГОСУДАРСТВ, НЕ ОБЛАДАЮЩИХ ЯДЕРНЫМ ОРУЖИЕМ

0464

E Conference of the Committee on Disarmament (CCD) (since 1979: Committee on Disarmament [CD])
D Konferenz des Abrüstungsausschusses (CCD) (seit 1979: Abrüstungsausschuss [CD])
F Conférence du Comité du désarmement (CCD) (depuis 1979: Comité du désarmement [CD])
S Conferencia del Comité de Desarme (CCD) (desde 1979: Comité de Desarme [CD])
R СОВЕЩАНИЕ КОМИТЕТА ПО РАЗОРУЖЕНИЮ /СКР/ (С 1979 Г.: КОМИТЕТ ПО РАЗОРУЖЕНИЮ / КР/)

0465

E Conference of the Eighteen-Nation Committee on Disarmament
D Konferenz des Achtzehn-Mächte-Abrüstungsausschusses
F Conférence du Comité des dix-huit puissances sur le désarmement
S Conferencia del Comité de Desarme de Dieciocho Naciones
R СОВЕЩАНИЕ КОМИТЕТА ВОСЕМНАДЦАТИ ГОСУДАРСТВ ПО РАЗОРУЖЕНИЮ

0466

E Conference on Security and Co-operation in Europe (CSCE) /3 July 1973; Helsinki. 18 September 1973 - 21 July 1975; Geneva. 1 August 1975; Helsinki./
D Konferenz über Sicherheit und Zusammenarbeit in Europa (KSZE)
F Conférence sur la sécurité et la coopération en Europe (CSCE)
S Conferencia sobre la Seguridad y la Cooperación en Europa (CSCE)
R СОВЕЩАНИЕ ПО БЕЗОПАСНОСТИ И СОТРУДНИЧЕСТВУ В ЕВРОПЕ

0467

E Conference on the Discontinuance of Nuclear Weapons Tests
D Konferenz über die Aussetzung von Kernwaffenversuchen
F Conférence sur la cessation des essais d'armes nucléaires
S Conferencia sobre la cesación de los ensayos con armas nucleares
R СОВЕЩАНИЕ ПО ПРЕКРАЩЕНИЮ ИСПЫТАНИЙ ЯДЕРНОГО ОРУЖИЯ

0468

E confined explosion
D Explosion einer verdämmten Ladung
F explosion contenue
S explosión circunscrita
R ВЗРЫВ В ОГРАНИЧЕННОМ ПРОСТРАНСТВЕ

0469

E conflict
see: armed conflict; nuclear conflict

0470

E confrontation
D Konfrontation
F affrontement
S confrontación
R ПРОТИВОСТОЯНИЕ
R ВЗАИМНОЕ ПРОТИВОПОСТАВЛЕНИЕ СИЛ
R УГРОЗА ПРИМЕНЕНИЯ СИЛЫ
R КОНФЛИКТ

0471

E conscripts
D Wehrdienstpflichtige
D Wehrpflichtige
F soldats de la conscription
F soldats du contingent
S reclutas
S conscriptos
R ПРИЗЫВНИКИ

0472

E Consultative Group of Experts on the Economic and Social Consequences of Disarmament
D Beratungsgruppe von Sachverständigen über die wirtschaftlichen und sozialen Folgen des Abrüstens
F Groupe consultatif d'experts sur les conséquences économiques et sociales du désarmement
S Grupo consultivo de expertos sobre las consecuencias económicas y sociales del desarme
R КОНСУЛЬТАТИВНАЯ ГРУППА ЭКСПЕРТОВ ПО ЭКОНОМИЧЕСКИМ И СОЦИАЛЬНЫМ ПОСЛЕДСТВИЯМ РАЗОРУЖЕНИЯ

0473

E contact herbicides
D Kontakt-Herbizide
F désherbants de contact
F herbicides de contact
S herbicidas de contacto
R ГЕРБИЦИДЫ КОНТАКТНОГО ДЕЙСТВИЯ

0474

E contact party
D Verbindungstrupp
F détachement de contact
S destacamento de contacto
R АВАРИЙНО-РЕМОНТНАЯ КОМАНДА

0475

E containment
D Eindämmungspolitik
F arrêt
S contención
R СДЕРЖИВАНИЕ /НАПР. ВОЙСК ПРОТИВНИКА/
R СДЕРЖИВАЮЩИЕ ДЕЙСТВИЯ

0476

E contaminated zone
D kontaminiertes Gelände
F zone contaminée
S zona contaminada
R УЧАСТОК ЗАРАЖЕНИЯ /НАПР. РАДИОАКТИВНЫМИ ВЕЩЕСТВАМИ/

0477

E contamination
see: radioactive contamination; residual contamination; risk of nuclear contamination; spot contamination

0478

E contamination control line
D Kontaminationsüberwachungslinie
F ligne de contrôle de contamination
S línea de control de contaminación
R ЛИНИЯ КОНТРОЛЯ ЗАРАЖЕНИЯ РАДИОАКТИВНЫМИ ВЕЩЕСТВАМИ

0479

E continental path /detection/
D kontinentaler Wellenweg /seismische Wellen/
F trajectoire continentale
F trajet continental
S trayectoria continental
R КОНТИНЕНТАЛЬНАЯ ТРАЕКТОРИЯ

0480

E contingent
D Kontingent
F contingent
S contingente
R КОНТИНГЕНТ

0481

E control
see: airspace control; arms control; effective international control; fire control; general and complete disarmament under effective international control; international system of control and inspection; photogrammetric control; remote control

0482

E control and reporting system
D Radarflugmelde- und -leitsystem
F réseau de détection et contrôle
S sistema de control e información
S red de control e información
R СИСТЕМА ОПОВЕЩЕНИЯ И НАВЕДЕНИЯ /ИСТРЕБИТЕЛЕЙ/

0483

E control line
see: contamination control line

0484

E control negotiations
see: nuclear arms control negotiations

0485

E control of disarmament
D Abrüstungskontrolle
F contrôle du désarmement
S control del desarme
R КОНТРОЛЬ В ОБЛАСТИ РАЗОРУЖЕНИЯ

0486

E control organ
D Kontrollorgan
F organe de contrôle
S órgano de control
R КОНТРОЛЬНЫЙ ОРГАН

0487

E control post
D Kontrollposten
F poste de contrôle
S puesto de control
R КОНТРОЛЬНЫЙ ПОСТ
R ПУНКТ УПРАВЛЕНИЯ /ОГНЕМ/
R ПУНКТ НАВЕДЕНИЯ

0488

E control system /verification/
D Kontrollsystem
F système de contrôle
S sistema de control
R СИСТЕМА КОНТРОЛЯ

0489

E control system
(for the stability of a rocket, missile, projectile, launcher)
D Steuerungssystem /FK/
D Flugregelsystem /FK/
D Überwachungssystem /FK/
F système de contrôle
F système de commande
S sistema de control
R СИСТЕМА УПРАВЛЕНИЯ
R СИСТЕМА НАВЕДЕНИЯ
R СИСТЕМА РЕГУЛИРОВАНИЯ
R СЛЕДЯЩАЯ СИСТЕМА
R МОДУЛЯТОР

0490

E control system
see: automatic control system; fire control system

0491

E controlled counterforce war
D abgewogener Krieg gegen Streitkräfte
F guerre anti-force circonscrite
S guerra antifuerza restringida
R ВЕДЕНИЕ БОЕВЫХ ДЕЙСТВИЙ С КОНТРОЛИРУЕМЫМ ИСПОЛЬЗОВАНИЕМ КОНТРСИЛЫ

0492

E controlled response
D abgewogene Reaktion
F contre-action circonscrite
S reacción limitada
S reacción controlada
R КОНТРОЛИРУЕМОЕ РЕАГИРОВАНИЕ

0493

E Convention on the Continental Shelf /29 April 1958; Geneva/
D Übereinkommen über den Festlandsockel
F Convention sur le plateau continental
S Convención sobre la plataforma continental
R КОНВЕНЦИЯ О КОНТИНЕНТАЛЬНОМ ШЕЛЬФЕ

0494

E Convention on the High Seas /29 April 1958; Geneva/
D Übereinkommen über die Hohe See
F Convention sur la haute mer
S Convención sobre la alta mar
R КОНВЕНЦИЯ ОБ ОТКРЫТОМ МОРЕ

0495

E Convention on the Liability of Operators of Nuclear Ships /25 May 1962; Brussels/
D Übereinkommen über die Haftung der Inhaber von Reaktorschiffen
F Convention relative à la responsabilité des exploitants de navires nucléaires
S Convención sobre la responsabilidad de los explotadores de buques nucleares
R КОНВЕНЦИЯ ОБ ОТВЕТСТВЕННОСТИ ОПЕРАТОРОВ ЯДЕРНЫХ СУДОВ

0496

E Convention on the Prohibition of Military or Any Other
Hostile Use of Environmental Modification Techniques /also
known as: ENMOD Convention/
D Übereinkommen über das Verbot der militärischen oder
sonstigen feindlichen Verwendung umweltverändernder Techniken
F Convention sur l'interdiction d'utiliser des techniques de
modification de l'environnement à des fins militaires ou
toutes autres fins hostiles
S Convención sobre la prohibición de utilizar técnicas de
modificación ambiental con fines militares u otros fines
hostiles
R КОНВЕНЦИЯ О ЗАПРЕЩЕНИИ ВОЕННОГО ИЛИ ЛЮБОГО ИНОГО ВРАЖДЕБНОГО
ИСПОЛЬЗОВАНИЯ СРЕДСТВ ВОЗДЕЙСТВИЯ НА ПРИРОДНУЮ СРЕДУ

0497

E Convention on the Prohibition of the Development, Production
and Stockpiling of Bacteriological (Biological) and Toxin
Weapons and on Their Destruction /10 April 1972; London,
Moscow, Washington; also known as: BW Convention/
D Übereinkommen über das Verbot der Entwicklung, Herstellung
und Lagerung bakteriologischer (biologischer) Waffen und von
Toxinwaffen sowie über die Vernichtung solcher Waffen
F Convention sur l'interdiction de la mise au point, de la
fabrication et du stockage des armes bactériologiques
(biologiques) ou à toxines et sur leur destruction
S Convención sobre la prohibición del desarrollo, la
producción y el almacenamiento de armas bacteriológicas
(biológicas) y toxínicas y sobre su destrucción
R КОНВЕНЦИЯ О ЗАПРЕЩЕНИИ РАЗРАБОТКИ, ПРОИЗВОДСТВА И НАКОПЛЕНИЯ
ЗАПАСОВ БАКТЕРИОЛОГИЧЕСКОГО /БИОЛОГИЧЕСКОГО/ И ТОКСИННОГО
ОРУЖИЯ И ОБ ИХ УНИЧТОЖЕНИИ

0498

E Convention on the Territorial Sea and the Contiguous Zone
/29 April 1958; Geneva/
D Übereinkommen über das Küstenmeer und die Anschlusszone
F Convention sur la mer territoriale et la zone contiguë
S Convención sobre el mar territorial y la zona contigua
R КОНВЕНЦИЯ О ТЕРРИТОРИАЛЬНОМ МОРЕ И ПРИЛЕЖАЩЕЙ ЗОНЕ

0499

E Convention on Third Party Liability in the Field of Nuclear Energy /29 July 1960; Paris/
D Übereinkommen über die Haftung gegenüber Dritten auf dem Gebiet der Kernenergie
F Convention sur la responsabilité civile dans le domaine de l'énergie nucléaire
S Convenio acerca de la responsabilidad civil en materia de energía nuclear
R КОНВЕНЦИЯ ОБ ОТВЕТСТВЕННОСТИ ПЕРЕД ТРЕТЬЕЙ СТОРОНОЙ В ОБЛАСТИ ЯДЕРНОЙ ЭНЕРГИИ

0500

E Convention Relating to Civil Liability in the Field of Maritime Carriage of Nuclear Material /17 December 1971; Brussels/
D Übereinkommen über die zivilrechtliche Haftung bei der Beförderung von Kernmaterial auf See
F Convention relative à la responsabilité civile dans le domaine du transport maritime de matières nucléaires
S Convenio relativo a la responsabilidad civil en la esfera del transporte marítimo de materiales nucleares
R КОНВЕНЦИЯ О ГРАЖДАНСКОЙ ОТВЕТСТВЕННОСТИ В ОБЛАСТИ МОРСКИХ ПЕРЕВОЗОК ЯДЕРНЫХ МАТЕРИАЛОВ

0501

E conventional armaments
D konventionelle Rüstung
F armements classiques
F armements de type classique
S armamentos de tipo corriente
S armamentos convencionales
R ВООРУЖЕНИЯ ОБЫЧНОГО ТИПА

0502

E conventional arsenal
D Bestände an konventionellen Waffen
F arsenal classique
S arsenal de armamentos de tipo corriente
S arsenal de armamentos convencionales
R АРСЕНАЛ ОБЫЧНОГО ВООРУЖЕНИЯ
R АРСЕНАЛ ВООРУЖЕНИЙ ОБЫЧНОГО ТИПА

0503

E conventional deterrence
D konventionelle Abschreckung
F dissuasion classique
S disuasión con armas de tipo corriente
S disuasión con armas convencionales
S disuasión convencional
R ОБЫЧНЫЕ СРЕДСТВА УСТРАШЕНИЯ

0504

E conventional operational forces
D konventionelle Einsatzkräfte
F forces classiques opérationnelles
S fuerzas operacionales convencionales
R БОЕВЫЕ СИЛЫ, ОСНАЩЕННЫЕ ОБЫЧНЫМ ОРУЖИЕМ

0505

E conventional weapons
D konventionelle Waffen
F armes classiques
S armas de tipo corriente
S armas convencionales
R ОБЫЧНОЕ ОРУЖИЕ

0506

E conventionally powered submarine
D U-Boot mit konventionellem Antrieb
F sous-marin à propulsion classique
S submarino con sistema ordinario de propulsión
S submarino de propulsión corriente
R ПОДВОДНАЯ ЛОДКА, ПРИВОДИМАЯ В ДЕЙСТВИЕ ОБЫЧНЫМИ ДВИГАТЕЛЯМИ /Т.Е. НЕ НА ЯДЕРНОМ ТОПЛИВЕ/

0507

E COPUOS
see: Committee on the Peaceful Uses of Outer Space (COPUOS)

0508

E costs
see: logistic costs

0509

E countdown
D Countdown
F compte à rebours
S cuenta descendente
S cuenta atrás
S cuenta regresiva
R СЧЕТ ВРЕМЕНИ ГОТОВНОСТИ

0510

E counterbattery fire
D Artilleriebekämpfung
F tir de contre-batterie
S fuego de contrabatería
R КОНТРБАТАРЕЙНАЯ БОРЬБА

0511

E countercity strategy
D gegen Grossstädte gerichtete Strategie
D gegen Bevölkerungszentren gerichtete Strategie
D Countercity-Strategie
F stratégie anti-cités
F stratégie contre-villes
S estrategia contraciudades
R СТРАТЕГИЯ НАНЕСЕНИЯ УДАРОВ ПО КРУПНЫМ НАСЕЛЕННЫМ ПУНКТАМ

0512

E countercity strike
D Schlag gegen Bevölkerungszentren
D Countercity-Schlag
D Countercity-Atomschlag
D Atomschlag gegen Bevölkerungszentren
F frappe anti-cités
F frappe contre-villes
S ataque de contraciudades
R НАНЕСЕНИЕ УДАРА ПО КРУПНЫМ НАСЕЛЕННЫМ ПУНКТАМ
R НАНЕСЕНИЕ УДАРА ПО КРУПНЫМ ГОРОДАМ

0513

E counter-deterrence
D gegen Abschreckungspotential gerichtete Strategie
F contre-dissuasion
S contradisuasión
R КОНТРСРЕДСТВО УСТРАШЕНИЯ

0514

E counter-espionage
D Spionageabwehr
F contre-espionnage
S contraespionaje
R КОНТРШПИОНАЖ
R КОНТРРАЗВЕДКА

0515

E counterforce capability
D Potential zur Bekämpfung von Streitkräften
D Counterforce-Potential
F capacité contre-forces
S capacidad de contrafuerza
R ВОЗМОЖНОСТЬ ИСПОЛЬЗОВАНИЯ КОНТРСИЛЫ

0516

E counterforce strategy
D gegen Streitkräfte gerichtete Strategie
D Counterforce-Strategie
F stratégie contre-forces
S estrategia de contrafuerza
R СТРАТЕГИЯ КОНТРСИЛЫ

0517

E counterforce strike
D Schlag gegen strategische Streitkräfte
D Counterforce-Schlag
D Counterforce-Atomschlag
D atomarer Schlag gegen strategische Streitkräfte
F frappe contre-forces
S ataque de contrafuerza
R УДАР ПО БАЗАМ СРЕДСТВ НАПАДЕНИЯ ПРОТИВНИКА
R УДАР ПО КОНТРСИЛЕ

0518

E counter-guerilla war
D Bekämpfung von Guerillas
F guerre contre-guerilla
F procédés contre-guerilla
F opérations contre-guerilla
S guerra contraguerrillas
S operaciones de contraguerrilla
R БОЕВЫЕ ДЕЙСТВИЯ ПРОТИВ ПАРТИЗАН

0519

E counter-insurgency measures
D Bekämpfung von Aufständen
F mesures anti-insurrectionnelles
F mesures anti-subversives
S medidas antisubversivas
R ДЕЙСТВИЯ ПРОТИВ ПАРТИЗАН

0520

E counter-insurgency war
D Bekämpfung von Aufständen
F guerre anti-insurrectionnelle
F guerre anti-subversive
S guerra de contrasubversión
S guerra antisubversiva
S operaciones antisubversivas
R БОЕВЫЕ ДЕЙСТВИЯ ПРОТИВ ПАРТИЗАН
R БОЕВЫЕ ДЕЙСТВИЯ ПО ПОДАВЛЕНИЮ МЯТЕЖНЫХ ВЫСТУПЛЕНИЙ

0521

E counter-measure (CM)
D Gegenmassnahme /ELOKA/
F contre-mesure (CM)
S contramedidas
R КОНТРМЕРА
R РАДИОРАЗВЕДКА И РАДИОПРОТИВОДЕЙСТВИЕ
R РАЗВЕДКА И ПРОТИВОДЕЙСТВИЕ

0522

E counter-measures aircraft
D ELOGM-Flugzeug
F avion de contre-mesures
S avión de contramedidas
R САМОЛЕТ РАДИОПРОТИВОДЕЙСТВИЯ

0523

E counter-subversion
D Bekämpfung von subversiven Tätigkeiten
D Bekämpfung von Untergrundtätigkeiten
F contre-subversion
S contrasubversión
R БОРЬБА С ПОДРЫВНОЙ ДЕЯТЕЛЬНОСТЬЮ ПРОТИВНИКА

0524

E counter-value capability
D Kampfpotential zum Einsatz in Ballungsräumen
F capacité contre-valeurs
S capacidad de contravalor
R ВОЗМОЖНОСТЬ НАНЕСТИ БОЛЬШЕ ПОТЕРЬ ПРОТИВНИКУ ПО СРАВНЕНИЮ С ЕГО ВОЗМОЖНОСТЬЮ ОТВЕТНОГО УДАРА

0525

E counter-value strike
D Schlag gegen Ballungsräume
D Atomschlag gegen Ballungsräume
F frappe contre-valeurs
S ataque de contravalores
R УДАР ПО ОСНОВНЫМ ИСТОЧНИКАМ МОЩИ ПРОТИВНИКА

0526

E counting procedures
see: radiation counting procedures

0527

E coupling efficiency /detection/
D Kopplungswirksamkeit
F rendement de couplage
S eficiencia del acoplamiento
R ЭФФЕКТИВНОСТЬ СОЕДИНЕНИЯ

0528

E coupling medium /detection/
D Ankopplungsmedium
F milieu à couplage
S medio de acoplamiento
R СВЯЗЫВАЮЩАЯ СРЕДА

0529

E cover
see: air cover

0530

E coverage
see: photographic intelligence coverage; radar coverage

0531

E covering fire
D Feuerschutz
F tir de protection
S fuego de cobertura
R ПРИКРЫВАЮЩИЙ ОГОНЬ

0532

E cps
see: cycle per second (cps); hertz (Hz)

0533

E craft
D Wasserfahrzeug
F embarcation
F engin
F péniche
S embarcación
S nave
R КОРАБЛЬ, КОРАБЛИ
R СУДНО, СУДА
R ПЛАВУЧЕЕ СРЕДСТВО

0534

E craft
see: amphibious craft; maintenance and repair craft; mechanized landing craft; river patrol craft

0535

E cratering explosion
D Explosion mit Kraterbildung
F explosion avec formation de cratère
S explosión con formación de cráter
R ФУГАСНЫЙ ВЗРЫВ
R ВЗРЫВ С ОБРАЗОВАНИЕМ ВОРОНОК

0536

E credibility
D Glaubwürdigkeit
F crédibilité
S credibilidad
R ДОСТОВЕРНОСТЬ /НАПР. ИНФОРМАЦИИ, РАЗВЕДАННЫХ, СВЕДЕНИЙ/

0537

E credibility
see: deterrence credibility

0538

E credible first strike capability
D glaubhafte Fähigkeit zum ersten (Atom-)Schlag
F capacité convaincante de première frappe
S capacidad creíble de primer golpe
S capacidad convincente de primer golpe
R РЕАЛЬНАЯ ВОЗМОЖНОСТЬ НАНЕСЕНИЯ ПЕРВОГО УДАРА

0539

E creeping barrage
D Feuerwalze
F barrage roulant
S barrera de fuego progresiva
R ПОЛЗУЩИЙ ОГНЕВОЙ ВАЛ

0540

E crisis-prevention strategy
D Strategie der Krisenverhütung
F stratégie de prévention des crises
S estrategia de prevención de crisis
R СТРАТЕГИЯ ПРЕДОТВРАЩЕНИЯ КРИЗИСА

0541

E criterion of identification /detection/
D Kriterium
D Merkmal
F critère d'identification
S criterio de identificación
R КРИТЕРИЙ ОПОЗНАНИЯ

0542

E cross-country vehicle
D Geländefahrzeug
F véhicule tout terrain
S vehículo todo terreno
R АВТОМОБИЛЬ ПОВЫШЕННОЙ ПРОХОДИМОСТИ
R ВЕЗДЕХОД

0543

E crossed array /detection/
D kreuzförmig angeordnetes Array
D kreuzförmiges Array
F ensemble en croix
S complejo cruzado
R КРЕСТООБРАЗНАЯ СЛОЖНАЯ АНТЕННА

0544

E crossing point
D Übergangsstelle
F point de passage
S punto de cruce
S punto de paso
R УЧАСТОК ПЕРЕПРАВЫ

0545

E cruise missile (CM)
D Marschflugkörper
F missile de croisière
S misil de crucero
R КРЫЛАТАЯ РАКЕТА

0546

E cruise missile submarine
see: nuclear-powered cruise missile submarine

0547

E cruiser
D Kreuzer
F croiseur
S crucero
R КРЕЙСЕР

0548

E CSCE
see: Conference on Security and Co-operation in Europe (CSCE)

0549

E CTB
see: comprehensive test ban (CTB); comprehensive nuclear test ban (CTB)

0550

E curve
see: response curve

0551

E CW
see: chemical warfare (CW)

0552

E CWA
see: chemical warfare agent (CWA)

0553

E cycle
see: nuclear fuel cycle

0554

E cycle per second (cps)
E hertz (Hz)
D Hertz (Hz)
F hertz (Hz)
S ciclo por segundo (cps)
R ГЕРЦ /ГЦ/
R ОБОРОТ/ОВ/ В СЕКУНДУ

0555

E damage
see: nuclear damage; probability of damage; radiation damage

0556

E debris
see: weapon debris

0557

E decay /radioactivity/
D Zerfall
F décroissance
S desintegración
R РАСПАД

0558

E decay curves /radioactivity/
D Zerfallskurven
F courbes de décroissance
S curvas de desintegración
R КРИВЫЕ РАСПАДА

0559

E decay rate /radioactivity/
D Zerfallsrate
F vitesse de décroissance (radioactive)
S velocidad de desintegración
R СКОРОСТЬ РАСПАДА

0560

E Decision of the Steering Committee of the European Nuclear Energy Agency on the Exclusion of Small Quantities of Nuclear Substances from the Application of the Convention on Third Party Liability in the Field of Nuclear Energy /26 November 1964/
D Beschluss des Direktionsausschusses der Europäischen Kernernergie-Agentur über den Ausschluss kleiner Mengen von Kernmaterialien von der Anwendung des Übereinkommens über die Haftung gegenüber Dritten auf dem Gebiet der Kernenergie
F Décision du Comité de direction de l'Agence européenne pour l'énergie nucléaire portant sur l'exclusion de petites quantités de substances nucléaires du champ d'application de la Convention sur la responsabilité civile dans le domaine de l'énergie nucléaire
S Decisión del Comité de dirección de la Agencia Europea para la Energía Nuclear relativa a la exclusión de cantidades pequeñas de sustancias nucleares de la aplicación del Convenio acerca de la responsabilidad civil en materia de energía nuclear
R ПОСТАНОВЛЕНИЕ РУКОВОДЯЩЕГО КОМИТЕТА ЕВРОПЕЙСКОГО АГЕНТСТВА ПО ЯДЕРНОЙ ЭНЕРГИИ ОБ ИСКЛЮЧЕНИИ НЕБОЛЬШИХ КОЛИЧЕСТВ ЯДЕРНЫХ ВЕЩЕСТВ ИЗ СФЕРЫ ПРИМЕНЕНИЯ КОНВЕНЦИИ ОБ ОТВЕТСТВЕННОСТИ ПЕРЕД ТРЕТЬЕЙ СТОРОНОЙ В ОБЛАСТИ ЯДЕРНОЙ ЭНЕРГИИ

0561

E decisions
see: mutually acceptable decisions

0562

E Declaration of Ayacucho
see also: Declaration on the Strengthening of International Security
D Erklärung von Ayacucho
F Déclaration d'Ayacucho
S Declaración de Ayacucho
R ДЕКЛАРАЦИЯ АЙЯКУЧО

0563

E Declaration of Legal Principles Governing the Activities of States in the Exploration and Use of Outer Space
D Erklärung über die Rechtsgrundsätze für das Verhalten von Staaten bei der Erforschung und Nutzung des Weltraums
F Déclaration des principes juridiques régissant les activités des Etats en matière d'exploration et d'utilisation de l'espace extra-atmosphérique
S Declaración de los principios jurídicos que deben regir las actividades de los estados en la exploración y utilización del espacio ultraterrestre
R ДЕКЛАРАЦИЯ ПРАВОВЫХ ПРИНЦИПОВ, РЕГУЛИРУЮЩИХ ДЕЯТЕЛЬНОСТЬ ГОСУДАРСТВ ПО ИССЛЕДОВАНИЮ И ИСПОЛЬЗОВАНИЮ КОСМИЧЕСКОГО ПРОСТРАНСТВА

0564

E Declaration of Principles Governing the Sea-Bed and the Ocean Floor, and the Subsoil Thereof, beyond the Limits of National Jurisdiction
D Erklärung von Grundsätzen für den Meeresboden und den Meeresuntergrund ausserhalb des nationalen Hoheitsbereichs
F Déclaration des principes régissant le fond des mers et des océans, ainsi que leur sous-sol, au-delà des limites de la juridiction nationale
S Declaración de principios que regulan los fondos marinos y oceánicos y su subsuelo, fuera de los límites de la jurisdicción nacional
R ДЕКЛАРАЦИЯ ПРИНЦИПОВ, РЕГУЛИРУЮЩИХ РЕЖИМ ДНА МОРЕЙ И ОКЕАНОВ И ЕГО НЕДР ЗА ПРЕДЕЛАМИ ДЕЙСТВИЯ НАЦИОНАЛЬНОЙ ЮРИСДИКЦИИ

0565

E Declaration of the Conference of Non-Nuclear-Weapon States /September 1968/
D Erklärung der Konferenz der Nichtkernwaffenstaaten
F Déclaration de la Conférence d'Etats non dotés d'armes nucléaires
S Declaración de la Conferencia de Estados que no poseen armas nucleares
R ДЕКЛАРАЦИЯ КОНФЕРЕНЦИИ ГОСУДАРСТВ, НЕ ОБЛАДАЮЩИХ ЯДЕРНЫМ ОРУЖИЕМ

0566

E Declaration of the Indian Ocean as a zone of peace
D Erklärung des Indischen Ozeans zur Friedenszone
F Déclaration faisant de l'océan Indien une zone de paix
S Declaración del Océano Indico como zona de paz
R ОБЪЯВЛЕНИЕ ИНДИЙСКОГО ОКЕАНА ЗОНОЙ МИРА

0567

E Declaration on Principles of International Law concerning Friendly Relations and Co-operation among States in accordance with the Charter of the United Nations
D Erklärung über völkerrechtliche Grundsätze für freundschaftliche Beziehungen und Zusammenarbeit zwischen den Staaten im Sinne der Charta der Vereinten Nationen
F Déclaration relative aux principes du droit international touchant les relations amicales et la coopération entre les Etats conformément à la Charte des Nations Unies
S Declaración sobre los principios de derecho internacional referentes a las relaciones de amistad y a la cooperación entre los Estados de conformidad con la Carta de las Naciones Unidas
R ДЕКЛАРАЦИЯ О ПРИНЦИПАХ МЕЖДУНАРОДНОГО ПРАВА, КАСАЮЩИХСЯ ДРУЖЕСТВЕННЫХ ОТНОШЕНИЙ И СОТРУДНИЧЕСТВА МЕЖДУ ГОСУДАРСТВАМИ В СООТВЕТСТВИИ С УСТАВОМ ОРГАНИЗАЦИИ ОБЪЕДИНЕННЫХ НАЦИЙ

0568

E Declaration on the Denuclearization of Africa
D Erklärung über die Entnuklearisierung Afrikas
F Déclaration sur la dénucléarisation de l'Afrique
S Declaración sobre la desnuclearización de Africa
R ДЕКЛАРАЦИЯ О СОЗДАНИИ БЕЗЪЯДЕРНОЙ ЗОНЫ В АФРИКЕ

0569

E Declaration on the Inadmissibility of Intervention in the Domestic Affairs of States and the Protection of Their Independence and Sovereignty
D Erklärung über die Unzulässigkeit der Einmischung in die inneren Angelegenheiten von Staaten und über den Schutz ihrer Unabhängigkeit und Souveränität
F Déclaration sur l'inadmissibilité de l'intervention dans les affaires intérieures des Etats et la protection de leur indépendance et de leur souveraineté
S Declaración sobre la inadmisibilidad de la intervención en los asuntos internos de los Estados y protección de su independencia y soberanía
R ДЕКЛАРАЦИЯ О НЕДОПУСТИМОСТИ ВМЕШАТЕЛЬСТВА ВО ВНУТРЕННИЕ ДЕЛА ГОСУДАРСТВ, ОБ ОГРАЖДЕНИИ ИХ НЕЗАВИСИМОСТИ И СУВЕРЕНИТЕТА

0570

E Declaration on the Prohibition of the Use of Nuclear and Thermonuclear Weapons
D Erklärung über das Verbot des Einsatzes nuklearer und thermonuklearer Waffen
F Déclaration sur l'interdiction de l'emploi des armes nucléaires et thermonucléaires
S Declaración sobre la prohibición del uso de las armas nucleares y termonucleares
R ДЕКЛАРАЦИЯ О ЗАПРЕЩЕНИИ ПРИМЕНЕНИЯ ЯДЕРНОГО И ТЕРМОЯДЕРНОГО ОРУЖИЯ

0571

E Declaration on the Strengthening of International Security /Bolivia, Peru, Venezuela, Panama, Argentina, Chile, Colombia, Ecuador; 9 December 1974; Lima; also known as: Declaration of Ayacucho/
D Erklärung über die Festigung der internationalen Sicherheit
F Déclaration sur le renforcement de la sécurité internationale
S Declaración sobre el fortalecimiento de la seguridad internacional
R ДЕКЛАРАЦИЯ ОБ УКРЕПЛЕНИИ МЕЖДУНАРОДНОЙ БЕЗОПАСНОСТИ

0572

E Declaration on the Use of Scientific and Technological Progress in the Interests of Peace and for the Benefit of Mankind
D Erklärung über die Nutzung des wissenschaftlichen und technologischen Fortschritts im Interesse des Friedens und zum Wohl der Menschheit
F Déclaration sur l'utilisation du progrès de la science et de la technique dans l'intérêt de la paix et au profit de l'humanité
S Declaración sobre la utilización del progreso científico y tecnológico en interés de la paz y en beneficio de la humanidad
R ДЕКЛАРАЦИЯ ОБ ИСПОЛЬЗОВАНИИ НАУЧНО-ТЕХНИЧЕСКОГО ПРОГРЕССА В ИНТЕРЕСАХ МИРА И НА БЛАГО ЧЕЛОВЕЧЕСТВА

0573

E decontaminant
D Dekontaminationsmittel
F décontaminant
S descontaminante
R ДЕГАЗИРУЮЩЕЕ ВЕЩЕСТВО
R ДЕЗАКТИВИРУЮЩИЙ АГЕНТ
R ДЕЗАКТИВАТОР

0574

E decontamination
D Dekontamination
F décontamination
S descontaminación
R ОБЕЗЗАРАЖИВАНИЕ
R ДЕЗАКТИВАЦИЯ

0575

E decontamination
see: personal decontamination

0576

E decoupled clandestine test
D entkoppelter geheimer Versuch
F essai découplé clandestin
S ensayo clandestino desacoplado
R СКРЫТОЕ ИСПЫТАНИЕ С ПРИМЕНЕНИЕМ МЕТОДОВ ОСЛАБЛЕНИЯ ВЗРЫВНОЙ ВОЛНЫ

0577

E decoupled testing
D entkoppelter Versuch
F essai découplé
S ensayo desacoplado
R ПРОВЕДЕНИЕ ИСПЫТАНИЙ С ПРИМЕНЕНИЕМ МЕТОДОВ ОСЛАБЛЕНИЯ ВЗРЫВНОЙ ВОЛНЫ

0578

E decoupling
D Entkopplung
F découplage
S desacoplamiento
R ИСКУССТВЕННОЕ ОСЛАБЛЕНИЕ СЕЙСМИЧЕСКОГО СИГНАЛА

0579

E decoy
D Täuschziel
D Köder
F leurre
S señuelo
R МАКЕТ
R ЛОЖНАЯ ЦЕЛЬ
R ЛОЖНОЕ СООРУЖЕНИЕ
R СРЕДСТВО АКТИВНОЙ МАСКИРОВКИ
R ЛОВУШКА

0580

E decoy ship
D Täuschungsschiff
D U-Boot-Falle
F navire-piège
S buque señuelo
R КОРАБЛЬ-ЛОВУШКА

0581

E deep supporting fire
D Fernunterstützungsfeuer
F appui feu en profondeur
S fuego de apoyo lejano
R ДАЛЬНЯЯ ОГНЕВАЯ ПОДДЕРЖКА

0582

E de-escalation
D Deeskalation
F désescalade
S desescalada
R ДЕЭСКАЛАЦИЯ

0583

E defence
see: area defence; civil defence; linear defence; mine defence; national defence; nuclear defence; point defence; radiological defence

0584

E defence expenditure
D Verteidigungsausgaben
F dépenses de défense
S gastos de defensa
R РАСХОДЫ НА ОБОРОНУ

0585

E defence in depth
D Verteidigung in der Tiefe
F défense en profondeur
S defensa en profundidad
R ЭШЕЛОНИРОВАННАЯ ОБОРОНА

0586

E defence satellite
D Satellit für Verteidigungszwecke
F satellite de défense
S satélite de defensa
R СПУТНИК ВОЕННОГО НАЗНАЧЕНИЯ

0587

E defence stores
D Verteidigungsgerät
F matériels défensifs
S materiales de defensa
S pertrechos de defensa
R ИМУЩЕСТВО ДЛЯ ОБОРОНИТЕЛЬНЫХ РАБОТ

0588

E defensive strategic nuclear-weapon systems
see: limitation of offensive and defensive strategic nuclear-weapon systems

0589

E defensive strategic nuclear-weapon systems
D defensive strategische Kernwaffensysteme
F systèmes défensifs d'armes nucléaires stratégiques
S sistemas defensivos de armas nucleares estratégicas
R ОБОРОНИТЕЛЬНЫЕ СИСТЕМЫ СТРАТЕГИЧЕСКОГО ЯДЕРНОГО ОРУЖИЯ

0590

E defoliant
D Entlaubungsmittel
F défoliant
S defoliante
R ДЕФОЛИАНТ

0591

E delay /detection/
D Verzögerung
F retard
F délai
F décalage
S retardo
S demora
R ЗАДЕРЖКА

0592

E delayed radiation effect
D verzögerte Strahlenwirkung
F effet à retardement des rayonnements
S efecto retardado de la radiación
R ЗАМЕДЛЕННОЕ РАДИАЦИОННОЕ ДЕЙСТВИЕ

0593

E delayed support
D verzögerte Unterstützung
F soutien différé
S apoyo diferido
S apoyo aplazado
S apoyo retardado
R ОТСРОЧЕННАЯ ПОДДЕРЖКА

0594

E delayed-action bomb
D Bombe mit verzögerter Zündung
F bombe à retardement
S bomba de acción retardada
R БОМБА ЗАМЕДЛЕННОГО ДЕЙСТВИЯ

0595

E delayed-action weapon
D Waffe mit verzögerter Zündung
F arme à retardement
S arma de acción retardada
R БОЕВОЕ СРЕДСТВО ЗАМЕДЛЕННОГО ДЕЙСТВИЯ

0596

E deliberate crossing
D Überwinden eines Gewässers nach Vorbereitung
F franchissement préparé
S cruce deliberado
R ФОРСИРОВАНИЕ ВОДНОГО РУБЕЖА С ПЛАНОМЕРНОЙ ПОДГОТОВКОЙ

0597

E delivery vehicle
D Einsatzmittel
D Trägerwaffe
F vecteur
S vector
S vehículo portador
R СРЕДСТВО ДОСТАВКИ /БОЕПРИПАСА К ЦЕЛИ/
R НОСИТЕЛЬ

0598

E delivery vehicle
see: strategic delivery vehicle; vector

0599

E demilitarization
D Entmilitarisierung
F démilitarisation
S desmilitarización
R ДЕМИЛИТАРИЗАЦИЯ

0600

E demilitarization of the sea-bed
D Entmilitarisierung des Meeresbodens
F démilitarisation du fond des mers
S desmilitarización de los fondos marinos
R ДЕМИЛИТАРИЗАЦИЯ МОРСКОГО ДНА

0601

E demilitarized zone
D entmilitarisierte Zone
F zone démilitarisée
S zona desmilitarizada
R ДЕМИЛИТАРИЗОВАННАЯ ЗОНА

0602

E demobilization
D Demobilisierung
F démobilisation
S desmovilización
R ДЕМОБИЛИЗАЦИЯ

0603

E demolition party
D Sprengtrupp
F groupe de destruction
S grupo de demolición
S destacamento de demolición
R КОМАНДА ПОДРЫВНИКОВ

0604

E denuclearization
D Errichtung von kernwaffenfreien Zonen
D Schaffung von kernwaffenfreien Zonen
F dénucléarisation
S desnuclearización
R СОЗДАНИЕ БЕЗЪЯДЕРНОЙ ЗОНЫ

0605

E denuclearized zone
D kernwaffenfreie Zone
F zone dénucléarisée
S zona desnuclearizada
R БЕЗЪЯДЕРНАЯ ЗОНА
R ЗОНА, СВОБОДНАЯ ОТ ЯДЕРНОГО ОРУЖИЯ

0606

E denuclearized zone
see: militarily denuclearized zone

0607

E deployment
D Dislozierung
F mise en place
F déploiement des forces
F dispositif
S despliegue
S emplazamiento
S disposición (de las fuerzas)
R РАЗВЕРТЫВАНИЕ
R ПЕРЕГРУППИРОВКА
R ДИСЛОКАЦИЯ
R ПЕРЕДИСЛОКАЦИЯ
R РАСКРЫТИЕ /ПАРАШЮТА/

0608

E deployment of new nuclear warheads
D Dislozierung von weiteren nuklearen Gefechtsköpfen
F mise en place de nouvelles ogives nucléaires
S instalación de nuevas ojivas nucleares
R РАЗМЕЩЕНИЕ НОВЫХ ЯДЕРНЫХ БОЕГОЛОВОК

0609

E depot
D Depot
F base
F dépôt
F centre
S depósito
R СКЛАД

0610

E desiccant
D Trockenmittel
F dessiccant
S desecante
R ОСУШИТЕЛЬ

0611

E destroyer
D Zerstörer
F destroyer
S destructor
R ЭСКАДРЕННЫЙ МИНОНОСЕЦ

0612

E destroyer
see: guided missile destroyer; radar picket destroyer

0613

E destruction
see: mass destruction

0614

E destruction, assured
see: assured destruction

0615

E destruction charge
D Zerstörladung
F charge de destruction
S carga de destrucción
S carga de demolición
R ПОДРЫВНОЙ ЗАРЯД

0616

E destructive war
D Vernichtungskrieg
F guerre de destruction
S guerra de destrucción
R ОПУСТОШИТЕЛЬНАЯ ВОЙНА

0617

E detection
D Erfassung
D Ortung
F détection
S detección
R ОБНАРУЖЕНИЕ

0618

E detection
see: routine detection

0619

E detection and pursuit capability
D Zielerfassungs- und -verfolgungsmittel
F capacité de détection et de poursuite
S capacidad de detección y persecución
R ВОЗМОЖНОСТИ ОБНАРУЖЕНИЯ И ПРЕСЛЕДОВАНИЯ

0620

E detection and tracking system
D Zielerfassungs- und -verfolgungssystem
F système de détection et de poursuite
S sistema de detección y rastreo
S sistema de seguimiento
R СИСТЕМА ОБНАРУЖЕНИЯ И СЛЕЖЕНИЯ ЗА ЦЕЛЬЮ

0621

E detection capability
D Erfassungsvermögen
F capacité de détection
S capacidad de detección
R СПОСОБНОСТЬ ОБНАРУЖЕНИЯ
R СПОСОБНОСТЬ РАСПОЗНАВАНИЯ

0622

E detection kit
E detector kit
D Kampfstoffspürsatz
F trousse de détection
S equipo de detección
R ГАЗООПРЕДЕЛИТЕЛЬ

0623

E detection probability
D Erfassungswahrscheinlichkeit
D Entdeckungswahrscheinlichkeit
F probabilité de détection
S probabilidad de detección
R ВЕРОЯТНОСТЬ ОБНАРУЖЕНИЯ

0624

E detection range
D Entdeckungsreichweite
D Erfassungsreichweite
D Ortungsreichweite
F portée de détection
S alcance de detección
R ДАЛЬНОСТЬ ОБНАРУЖЕНИЯ

0625

E detection system
D Erfassungssystem
D Ortungssystem
D Spürsystem /ABC-Waffen/
F système de détection
S sistema de detección
R СИСТЕМА ОБНАРУЖЕНИЯ

0626

E detection threshold
D Erfassungsschwelle
F seuil de détection
S umbral de detección
R ПОРОГ ОБНАРУЖЕНИЯ

0627

E detector
D Detektor
D Empfänger
D Sensor
F détecteur
S detector
R ДЕТЕКТОР

0628

E detector
see: acoustic detector; activation detector; photographic detector; seismic detector

0629

E detector kit
see: detection kit

0630

E détente
D Entspannung
F détente
S distensión
R РАЗРЯДКА
R ПОЛИТИКА РАЗРЯДКИ

0631

E determination
see: epicentral determination

0632

E deterrence
D Abschreckung
F dissuasion
S disuasión
R СРЕДСТВО УСТРАШЕНИЯ
R СРЕДСТВО, УДЕРЖИВАЮЩЕЕ ПРОТИВНИКА ОТ НАПАДЕНИЯ

0633

E deterrence
see: active deterrence; conventional deterrence; counter-deterrence; nuclear deterrence

0634

E deterrence capability
D Abschreckungspotential
F capacité de dissuasion
F capacité dissuasive
S capacidad de disuasión
R ВОЗМОЖНОСТИ СРЕДСТВ УСТРАШЕНИЯ

0635

E deterrence capability
see: nuclear deterrence capability

0636

E deterrence credibility
D Glaubwürdigkeit der Abschreckung
F crédibilité de la dissuasion
S credibilidad de disuasión
R СТЕПЕНЬ ЭФФЕКТИВНОСТИ СРЕДСТВ, УДЕРЖИВАЮЩИХ ПРОТИВНИКА ОТ НАПАДЕНИЯ

0637

E deterrent
D Abschreckungspotential
F force de dissuasion
F agent de dissuasion
F arme de dissuasion
S fuerza disuasiva
S fuerza de disuasión
R СРЕДСТВО УСТРАШЕНИЯ
R СРЕДСТВО, УДЕРЖИВАЮЩЕЕ ПРОТИВНИКА ОТ НАПАДЕНИЯ

0638

E deterrent
see: independent deterrent; nuclear deterrent

0639

E development (of weapons)
D Entwicklung (von Waffen)
F mise au point
S desarrollo
S perfeccionamiento
R РАЗРАБОТКА

0640

E development of new nuclear weapons
D Entwicklung neuer Kernwaffen
F mise au point de nouvelles armes nucléaires
S desarrollo de nuevas armas nucleares
R РАЗРАБОТКА НОВОГО ЯДЕРНОГО ОРУЖИЯ

0641

E development, production and stockpiling (DPS)
D Entwicklung, Fertigung und Bevorratung
F mise au point, fabrication et stockage
S desarrollo, producción y almacenamiento
R РАЗРАБОТКА, ПРОИЗВОДСТВО И НАКОПЛЕНИЕ /НАПР. ЯДЕРНОГО ОРУЖИЯ/

0642

E development testing
D Entwicklungsprüfung
F essais de mise au point
S ensayos de desarrollo
R ДОВОДОЧНЫЕ ИСПЫТАНИЯ
R ЗАВОДСКИЕ ИСПЫТАНИЯ

0643

E device
see: nuclear explosive device

0644

E Diesel-Powered Attack Submarine (SS)
D U-Jagd-U-Boot mit Dieselantrieb
F sous-marin d'attaque à propulsion diesel
S submarino diesel de ataque
R ДИЗЕЛЬНАЯ ТОРПЕДНАЯ ПОДВОДНАЯ ЛОДКА

0645

E Diesel-Powered Ballistic Missile Submarine (SSB)
D BFK-U-Boot mit Dieselantrieb
(BFK: ballistischer Flugkörper)
F sous-marin (à propulsion) diesel armé de missiles balistiques
S submarino diesel lanzamisiles balísticos
R ДИЗЕЛЬНАЯ ПОДВОДНАЯ ЛОДКА-РАКЕТОНОСЕЦ

0646

E Diesel-Powered Cruise Missile Submarine (SSG)
D Marschflugkörper-U-Boot mit Dieselantrieb
F sous-marin (à propulsion) diesel armé de missiles de croisière
S submarino diesel lanzamisiles de crucero
R ДИЗЕЛЬНАЯ ПОДВОДНАЯ ЛОДКА, ОБОРУДОВАННАЯ ДЛЯ ЗАПУСКА КРЫЛАТЫХ РАКЕТ

0647

E Diplomatic Conference on the Reaffirmation and Development of International Humanitarian Law Applicable in Armed Conflicts
D Diplomatische Konferenz über die Neubestätigung und Weiterentwicklung des in bewaffneten Konflikten anwendbaren humanitären Völkerrechts
F Conférence diplomatique sur la réaffirmation et le développement du droit international humanitaire applicable dans les conflits armés
S Conferencia diplomática sobre la reafirmación y el desarrollo del derecho internacional humanitario aplicable en los conflictos armados
R ДИПЛОМАТИЧЕСКАЯ КОНФЕРЕНЦИЯ ПО ВОПРОСУ О ПОДТВЕРЖДЕНИИ И РАЗВИТИИ МЕЖДУНАРОДНОГО ГУМАНИТАРНОГО ПРАВА, ПРИМЕНЯЕМОГО В ПЕРИОД ВООРУЖЕННЫХ КОНФЛИКТОВ

0648

E direct air support
D unmittelbare Luftunterstützung
F appui aérien direct
S apoyo aéreo directo
R НЕПОСРЕДСТВЕННАЯ АВИАЦИОННАЯ ПОДДЕРЖКА

0649

E direct communication link
D direkte Fernmeldeverbindung
F ligne de communication directe
S línea de comunicaciones directa
R ЛИНИЯ ПРЯМОЙ СВЯЗИ

0650

E direct hit
D Treffer
D Volltreffer
F coup au but
S impacto directo
R ПРЯМОЕ ПОПАДАНИЕ

0651

E direct support
D unmittelbare Unterstützung
F soutien direct
S apoyo directo
R НЕПОСРЕДСТВЕННАЯ ПОДДЕРЖКА
R НЕПОСРЕДСТВЕННОЕ ОБЕСПЕЧЕНИЕ /СЛУЖБАМИ ТЫЛА/

0652

E dirty bomb /nuclear/
D schmutzige Bombe
F bombe "sale"
S bomba "sucia"
R ГРЯЗНАЯ БОМБА

0653

E disability
see: reversible disability

0654

E disarmament
D Abrüstung
F désarmement
S desarme
R РАЗОРУЖЕНИЕ

0655

E disarmament
see: adequately safeguarded disarmament; comprehensive disarmament; comprehensive programme of disarmament; effectively controlled disarmament; inspection of disarmament; nuclear disarmament; partial measures of disarmament; partial disarmament measures; problem of disarmament; process of disarmament

0656

E Disarmament Affairs Division
D Abteilung für Abrüstungsfragen
F Division des affaires concernant le désarmement
S División de Asuntos de Desarme
R ОТДЕЛ ПО ВОПРОСАМ РАЗОРУЖЕНИЯ

0657

E disarmament agreement
D Abrüstungsabkommen /bilateral/
D Abrüstungsübereinkommen /multilateral/
F accord sur le désarmement
S acuerdo de desarme
R СОГЛАШЕНИЕ О РАЗОРУЖЕНИИ

0658

E Disarmament Commission
(1952 - 1965; refounded in 1979)
D Abrüstungskommission
F Commission du désarmement
S Comisión de Desarme
R КОМИССИЯ ПО РАЗОРУЖЕНИЮ

0659

E Disarmament Committee
D Abrüstungsausschuss
F Comité du désarmement
S Comité de Desarme
R КОМИТЕТ ПО РАЗОРУЖЕНИЮ

0660

E Disarmament Decade
D Abrüstungsdekade
F Décennie du désarmement
S Decenio para el Desarme
R ДЕСЯТИЛЕТИЕ РАЗОРУЖЕНИЯ

0661

E disarmament dividend
D Abrüstungsdividende
F dividende du désarmement
S dividendo del desarme
R СРЕДСТВА, СЭКОНОМЛЕННЫЕ В РЕЗУЛЬТАТЕ РАЗОРУЖЕНИЯ

0662

E disarmament efforts
D Abrüstungsbemühungen
F efforts de désarmement
S esfuerzos de desarme
R ДЕЯТЕЛЬНОСТЬ В ОБЛАСТИ РАЗОРУЖЕНИЯ

0663

E disarmament measure
D Abrüstungsmassnahme
F mesure de désarmement
S medida de desarme
R МЕРЫ ПО РАЗОРУЖЕНИЮ

0664

E disarmament negotiations
D Abrüstungsverhandlungen
F négociations sur le désarmement
F négociations relatives au désarmement
S negociaciones sobre el desarme
R ПЕРЕГОВОРЫ О РАЗОРУЖЕНИИ

0665

E disarmament problem
D Abrüstungsproblem
F problème du désarmement
S problema del desarme
R ПРОБЛЕМА РАЗОРУЖЕНИЯ

0666

E disarmament question
D Abrüstungsfrage
F question du désarmement
S cuestión del desarme
R ВОПРОС О РАЗОРУЖЕНИИ

0667

E disarmament under effective international control
see: general and complete disarmament under effective international control

0668

E disarmament under strict international control
see: general and complete disarmament under strict international control

0669

E disarmed mine
D unscharf gestellte Mine
F mine neutralisée
S mina desactivada
S mina neutralizada
R ОБЕЗВРЕЖЕННАЯ МИНА

0670

E disbanding /military forces/
D Auflösung /von Truppenteilen/
F licenciement
F démobilisation
S licenciamiento
S desmovilización
R РАСФОРМИРОВАНИЕ /НАПР. АРМИИ/

0671

E discontinuance
D Aussetzung
F arrêt
F cessation
F suspension
S suspensión
S interrupción
S cesación
R ПРЕКРАЩЕНИЕ

0672

E discontinuance of nuclear weapon tests
D Aussetzung von Kernwaffenversuchen
D Aussetzung von Kernsprengkörperversuchen
F cessation des essais d'armes nucléaires
S cesación de los ensayos con armas nucleares
R ПРЕКРАЩЕНИЕ ИСПЫТАНИЙ ЯДЕРНОГО ОРУЖИЯ

0673

E discriminant /detection/
D Diskriminante
F discriminant
S discriminante
R ДИСКРИМИНАНТ

0674

E discrimination /detection/
D Auflösung
D Auflösungsvermögen
F discrimination
F identification
S discriminación
S identificación
S diferenciación
R РАЗЛИЧЕНИЕ /НАПР. СЕЙСМИЧЕСКИХ ЯВЛЕНИЙ/
R РАСПОЗНАВАНИЕ
R ОПОЗНАВАНИЕ /НАПР. О РЛС/

0675

E discrimination
see: seismic discrimination

0676

E discrimination threshold /detection/
D Auflösungsschwelle
F seuil de discrimination
F seuil d'identification
S umbral de discriminación
S umbral de identificación
S umbral de diferenciación
R ПОРОГ ОБНАРУЖЕНИЯ

0677

E disease-producing
D pathogen
F pathogène
S patógeno
R ПАТОГЕННЫЙ

0678

E disengagement
D Entflechtung
(Auseinanderrücken der Blöcke)
F dégagement
F décrochage
S desprendimiento
S separación
R ВЫХОД ИЗ БОЯ
R ОТРЫВ ОТ ПРОТИВНИКА
R ВЗАИМНЫЙ ВЫВОД ВООРУЖЕННЫХ СИЛ ГОСУДАРСТВ /ИЗ ОПРЕДЕЛЕННОЙ ЗОНЫ/

0679

E dismantling /military bases/
D Abbruch
D Abreissen
D Demontage
F démantèlement
S desmantelamiento
R ДЕМОНТАЖ

0680

E dismantling /missiles, weapons/
D Unbrauchbarmachen /Waffen, Flugkörper/
F démontage
S desmontaje
R ДЕМОНТАЖ

0681

E disputes
see: pacific settlement of disputes

0682

E dissemination (of nuclear arms)
D Verbreitung (von Kernwaffen)
D Weitergabe (von Kernwaffen)
F dissémination
S diseminación
R РАСПРОСТРАНЕНИЕ

0683

E distance of epicentre /detection/
D Epizentralentfernung
F distance de l'épicentre
S distancia del epicentro
R РАССТОЯНИЕ ОТ ЭПИЦЕНТРА

0684

E distributed fire
D Flächenfeuer
F tir de zone
S fuego distribuido
R СТРЕЛЬБА ПО ПЛОЩАДИ

0685

E disturbances
see: seismic disturbances

0686

E dive bombing
D Bombenwurf aus dem Sturzflug
F bombardement en piqué
S bombardeo en picada
R БОМБОМЕТАНИЕ С ПИКИРОВАНИЯ

0687

E diversionary attack
D Ablenkungsangriff
F attaque de diversion
S ataque de diversión
R ОТВЛЕКАЮЩИЙ УДАР
R ДЕМОНСТРАЦИЯ

0688

E dividend
see: disarmament dividend

0689

E dose
see: per capita dose

0690

E dosimetry
(measurement of radiation doses)
D Dosimetrie
F dosimétrie
S dosimetría
R ДОЗИМЕТРИЯ

0691

E downwind (of target)
D in Windzugrichtung (vom Ziel aus gesehen)
F sous le vent (de l'objectif)
S a favor del viento (respecto del objetivo)
R ПО ВЕТРУ /ПО ОТНОШЕНИЮ К ЦЕЛИ/

0692

E DPS
see: development, production and stockpiling (DPS)

0693

E draft agreement on the prohibition of the development and manufacture of new types of weapons of mass destruction and new systems of such weapons /submitted by USSR/
D Entwurf eines Übereinkommens über das Verbot der Entwicklung und Herstellung neuer Massenvernichtungswaffen und -waffensysteme
F projet d'accord sur l'interdiction de la mise au point et de la fabrication de nouveaux types d'armes de destruction massive et de nouveaux systèmes de telles armes
S proyecto de acuerdo sobre la prohibición del desarrollo y de la fabricación de nuevos tipos de armas de destrucción en masa y de nuevos sistemas de tales armas
R ПРОЕКТ СОГЛАШЕНИЯ О ЗАПРЕЩЕНИИ РАЗРАБОТКИ И ПРОИЗВОДСТВА НОВЫХ ВИДОВ ОРУЖИЯ МАССОВОГО УНИЧТОЖЕНИЯ И НОВЫХ СИСТЕМ ТАКОГО ОРУЖИЯ

0694

E draft convention for the prohibition of biological methods of warfare /submitted by UK to CCD, 18 August 1970/
D Entwurf eines Übereinkommens über das Verbot biologischer Methoden der Kriegführung
F projet de convention sur l'interdiction des moyens de guerre biologiques
S proyecto de convención para la prohibición de los medios de guerra biológicos
R ПРОЕКТ КОНВЕНЦИИ О ЗАПРЕЩЕНИИ БИОЛОГИЧЕСКИХ СРЕДСТВ ВЕДЕНИЯ ВОЙНЫ

0695

E draft convention on the prohibition of action to influence the environment and climate for military and other purposes incompatible with the maintenance of international security, human well-being and health /submitted by USSR/

D Entwurf eines Übereinkommens über das Verbot von Massnahmen zur Beeinflussung der Umwelt und des Klimas für militärische und sonstige Zwecke, die mit der Erhaltung der internationalen Sicherheit und des Wohlbefindens und der Gesundheit des Menschen unvereinbar sind

F projet de convention sur l'interdiction d'agir sur l'environnement et le climat à des fins militaires et autres incompatibles avec le maintien de la sécurité internationale, le bien-être et la santé de l'être humain

S proyecto de convención sobre la prohibición de influir en el medio ambiente y en el clima con fines militares y de otra índole que sean incompatibles con el mantenimiento de la seguridad internacional, el bienestar y la salud de los seres humanos

R ПРОЕКТ КОНВЕНЦИИ О ЗАПРЕЩЕНИИ ВОЗДЕЙСТВИЯ НА ПРИРОДНУЮ СРЕДУ И КЛИМАТ В ВОЕННЫХ И ИНЫХ ЦЕЛЯХ, НЕ СОВМЕСТИМЫХ С ИНТЕРЕСАМИ ОБЕСПЕЧЕНИЯ МЕЖДУНАРОДНОЙ БЕЗОПАСНОСТИ, БЛАГОСОСТОЯНИЯ И ЗДОРОВЬЯ ЛЮДЕЙ

0696

E draft convention on the prohibition of the use of nuclear weapons

D Entwurf eines Übereinkommens über das Verbot der Anwendung von Kernwaffen

F projet de convention sur l'interdiction de l'emploi des armes nucléaires

S proyecto de convenio sobre la prohibición del uso de las armas nucleares

R ПРОЕКТ КОНВЕНЦИИ О ЗАПРЕЩЕНИИ ПРИМЕНЕНИЯ ЯДЕРНОГО ОРУЖИЯ

0697

E draft treaty on general and complete disarmament under strict international control /submitted by USSR, 15 March 1962/

D Entwurf eines Vertrags über allgemeine und vollständige Abrüstung unter strenger internationaler Kontrolle

F projet de traité sur le désarmement général et complet sous un strict contrôle international

S proyecto de tratado de desarme general y completo bajo estricto control internacional

R ПРОЕКТ ДОГОВОРА О ВСЕОБЩЕМ И ПОЛНОМ РАЗОРУЖЕНИИ ПОД СТРОГИМ МЕЖДУНАРОДНЫМ КОНТРОЛЕМ

0698

E draft treaty on the complete and general prohibition of nuclear weapon tests /submitted by USSR/
D Entwurf eines Vertrags über das vollständige und allgemeine Verbot von Kernwaffenversuchen
F projet de traité sur l'interdiction complète et générale des essais d'armes nucléaires
S proyecto de tratado sobre la prohibición completa y general de los ensayos con armas nucleares
R ПРОЕКТ ДОГОВОРА О ПОЛНОМ И ВСЕОБЩЕМ ЗАПРЕЩЕНИИ ИСПЫТАНИЙ ЯДЕРНОГО ОРУЖИЯ

0699

E draft world treaty on the non-use of force in international relations /submitted by USSR/
D Entwurf eines Weltvertrags über die Nichtanwendung von Gewalt in den internationalen Beziehungen
F projet de traité mondial sur le non-recours à la force dans les relations internationales
S proyecto de tratado mundial sobre la no utilización de la fuerza en las relaciones internacionales
R ПРОЕКТ ВСЕМИРНОГО ДОГОВОРА О НЕПРИМЕНЕНИИ СИЛЫ В МЕЖДУНАРОДНЫХ ОТНОШЕНИЯХ

0700

E drifting mine
D Treibmine
F mine dérivante
S mina de deriva
R ДРЕЙФУЮЩАЯ МИНА
R ПЛАВУЧАЯ МИНА

0701

E drone
D Drohne
F avion sans pilote
F drone
S drone
S zángano
(avión teledirigido o autodirigido)
R ТЕЛЕУПРАВЛЯЕМЫЙ САМОЛЕТ
R БЕСПИЛОТНОЕ СРЕДСТВО НАПАДЕНИЯ ИЛИ РАЗВЕДКИ

0702

E drone minesweeper
D ferngelenktes Minensuchboot
F vedette de dragage sans pilote
S barreminas teledirigido
S barreminas autodirigido
R ТЕЛЕУПРАВЛЯЕМЫЙ МИННЫЙ ТРАЛЬЩИК

0703

E drop zone
D Absetzplatz
D Abwurfplatz
F zone de saut
F zone de largage
S zona de lanzamiento
R ЗОНА ДЕСАНТИРОВАНИЯ /ВОЙСК ИЛИ ТЕХНИКИ/ БЕСПОСАДОЧНЫМ СПОСОБОМ
R ЗОНА ВЫБРОСКИ ДЕСАНТА

0704

E dump
see: munitions dump

0705

E early warning
D Frühwarnung
F alerte avancée
S alerta temprana
S alerta avanzada
R РАННЕЕ ОБНАРУЖЕНИЕ
R РАННЕЕ ОПОВЕЩЕНИЕ

0706

E early warning aircraft
D Frühwarnflugzeug
F avion d'alerte avancée
S avión de alerta temprana
R ПАТРУЛЬНЫЙ САМОЛЕТ ДАЛЬНЕГО ОБНАРУЖЕНИЯ

0707

E early warning radar
see: advance early warning radar

0708

E early warning system
D Frühwarnsystem
F système d'alerte avancée
S sistema de alerta temprana
R СИСТЕМА РАННЕГО ОПОВЕЩЕНИЯ

0709

E earth noise /detection/
D Bodenunruhe
F bruit microséismique
F agitation continentale
S ruido telúrico
S ruido terrestre
R СЕЙСМИЧЕСКИЙ ШУМ

0710

E earthquake
see: interfering earthquake

0711

E ECCM
see: electronic counter-countermeasures (ECCM)

0712

E echo
see: radar echo

0713

E ECM
see: active electronic countermeasure (ECM); electronic countermeasures (ECM)

0714

E economic mobilization
D wirtschaftliche Mobilisierung
F mobilisation économique
S movilización económica
R ЭКОНОМИЧЕСКАЯ МОБИЛИЗАЦИЯ

0715

E economic warfare
D Wirtschaftskriegführung
F guerre économique
S guerra económica
R ТОРГОВАЯ ВОЙНА

0716

E effective international control
D wirksame internationale Kontrolle
F contrôle international efficace
S control internacional eficaz
R ЭФФЕКТИВНЫЙ МЕЖДУНАРОДНЫЙ КОНТРОЛЬ

0717

E effective safeguards
D wirksame Sicherungsmassnahmen
F garanties efficaces
S salvaguardias eficaces
R ЭФФЕКТИВНЫЕ ГАРАНТИИ

0718

E effectively controlled disarmament
D wirksam kontrollierte Abrüstung
F désarmement sous contrôle efficace
S desarme eficazmente controlado
S desarme bajo control eficaz
R ЭФФЕКТИВНО КОНТРОЛИРУЕМОЕ РАЗОРУЖЕНИЕ

0719

E effects
see: path effects; radioactive effects

0720

E Eighteen-Nation Committee on Disarmament (ENDC)
D Achtzehn-Mächte-Abrüstungsausschuss
F Comité des dix-huit puissances sur le désarmement
S Comité de Desarme de Dieciocho Naciones (CDDN)
R КОМИТЕТ ВОСЕМНАДЦАТИ ГОСУДАРСТВ ПО РАЗОРУЖЕНИЮ

0721

E electric igniter fuse
D elektrischer Zünder
F allumeur électrique
F détonateur électrique
S espoleta eléctrica
S detonador eléctrico
R ЭЛЕКТРОЗАПАЛ

0722

E electromagnetic wave /detection/
D elektromagnetische Welle
F onde électromagnétique
S onda electromagnética
R ЭЛЕКТРОМАГНИТНАЯ ВОЛНА

0723

E electronic counter-countermeasures (ECCM)
D elektronische Schutzmassnahmen (ELOSM)
F contre-contre-mesures électroniques
S anticontramedidas electrónicas
R МЕРЫ БОРЬБЫ С РАДИОРАЗВЕДКОЙ И РАДИОПРОТИВОДЕЙСТВИЕМ

0724

E electronic countermeasures (ECM)
D elektronische Gegenmassnahmen (ELOGM)
F contre-mesures électroniques
S contramedidas electrónicas
R РАДИОРАЗВЕДКА И РАДИОПРОТИВОДЕЙСТВИЕ

0725

E electronic deception
D elektronische Täuschung
F déception électronique
S engaño electrónico
R ДЕЗОРИЕНТАЦИЯ РАДИОТЕХНИЧЕСКИХ СРЕДСТВ ПРОТИВНИКА
R РАДИОЛОКАЦИОННАЯ МАСКИРОВКА

0726

E electronic ignition device
D elektronische Zündvorrichtung
F dispositif électronique de mise à feu
F détonateur électronique
S detonador electrónico
R ДИСТАНЦИОННАЯ ТРУБКА
R ВЗРЫВАТЕЛЬ /ЭЛЕКТРОННЫЙ/

0727

E electronic jamming
D elektronisches Stören
F brouillage électronique
S interferencia electrónica
R РАДИОПРОТИВОДЕЙСТВИЕ
R СОЗДАНИЕ АКТИВНЫХ ПОМЕХ РАДИОТЕХНИЧЕСКИМ СРЕДСТВАМ

0728

E electronic warfare equipment
D Gerät für elektronische Kampfführung
D ELOKA-Gerät
F matériel de détection électromagnétique
S equipo de guerra electrónica
R АППАРАТУРА РАДИОПРОТИВОДЕЙСТВИЯ

0729

E embargo
see: arms embargo

0730

E emergency drill
D Notfallausbildung
F exercice d'alerte
S ensayo de alarma
S simulacro de alarma
R УЧЕНИЕ ПО ТРЕВОГЕ

0731

E emergency risk /nuclear/
D Notrisiko /nuklear/
F risque exceptionnel
S riesgo excepcional
R РИСК ПЕРВОЙ СТЕПЕНИ

0732

E emplaced flame-thrower
D eingebauter Flammenwerfer
F lance-flammes mis en position
S lanzallamas emplazado
R ТРАНШЕЙНЫЙ ОГНЕМЕТ

0733

E emplacement
D ausgebaute Stellung
D Kampfstand
D Instellungbringen
D Anbringung (von Kernwaffen)
F emplacement
F mise en batterie /canon/
S emplazamiento
S instalación
R ОКОП /ОГНЕВОГО СРЕДСТВА/
R ОБОРУДОВАННАЯ ОП
R УСТАНОВКА НА ПОЗИЦИИ

0734

E EMT
see: equivalent megatonnage (EMT)

0735

E ENDC
see: Eighteen-Nation Committee on Disarmament (ENDC)

0736

E ENEA
see: European Nuclear Energy Agency (ENEA)

0737

E enemy
D Gegner
D Feind
F ennemi (subst. ou adj.)
F adversaire (subst.)
F adverse (adj.)
S enemigo
R ВРАЖЕСКИЙ
R ПРОТИВНИК

0738

E enemy capabilities
D Möglichkeiten des Feindes
F capacités de l'ennemi
S posibilidades del enemigo
R ВОЗМОЖНОСТИ ПРОТИВНИКА
R ВОЗМОЖНЫЕ ДЕЙСТВИЯ ПРОТИВНИКА

0739

E energy
see: nuclear energy; nuclear power; release of energy; seismic wave energy

0740

E engagement
D Gefecht
D Bekämpfung
F engagement
F accrochage
S combate
S acción
R СРАЖЕНИЕ
R БОЙ
R СТОЛКНОВЕНИЕ
R СТЫЧКА
R ПЕРЕСТРЕЛКА
R ВЕДЕНИЕ ОГНЯ

0741

E engagement
see: meeting engagement

0742

E engineering
see: military engineering

0743

E enlist, to (oneself)
D verpflichten, sich (zum Wehrdienst)
F s'engager
S alistarse
S engancharse
R ПОСТУПАТЬ НА ВОЕННУЮ СЛУЖБУ
R ЗАЧИСЛЯТЬСЯ

0744

E ENMOD Convention
see: Convention on the Prohibition of Military or Any Other Hostile Use of Environment

0745

E enrichment
see: uranium enrichment

0746

E enrichment plant
D Anreicherungsanlage
F usine d'enrichissement
S planta de enriquecimiento
R ОБОГАТИТЕЛЬНАЯ УСТАНОВКА

0747

E environmental modification techniques
D Umweltveränderungsverfahren
F techniques de modification de l'environnement
S técnicas de modificación ambiental
S técnicas de alteración ecológica
R СРЕДСТВА ВОЗДЕЙСТВИЯ НА ОКРУЖАЮЩУЮ СРЕДУ

0748

E environmental warfare
D umweltbeeinflussende Kriegführung
D Umweltkriegführung
F guerre mésologique
F guerre écologique
S guerra ecológica
R ВОЗДЕЙСТВИЕ НА ОКРУЖАЮЩУЮ СРЕДУ В ВОЕННЫХ ЦЕЛЯХ

0749

E epicentral determination
D Epizentralbestimmung
F détermination de l'épicentre
S determinación del epicentro
R ОПРЕДЕЛЕНИЕ ЭПИЦЕНТРА ВЗРЫВА

0750

E epicentral distance
D Epizentralentfernung
F distance épicentrale
S distancia epicentral
R РАССТОЯНИЕ ОТ ЭПИЦЕНТРА

0751

E epicentre
D Epizentrum
F épicentre
S epicentro
R ЭПИЦЕНТР

0752

E equivalence
see: essential equivalence

0753

E equivalent megatonnage (EMT)
D äquivalenter Megatonnenwert
F équivalent mégatonnage
S equivalente en megatones
R ЭКВИВАЛЕНТ В МЕГАТОННАХ

0754

E error
see: location error; probable error

0755

E errors
see: bombing errors

0756

E escalation
D Eskalation
F escalade
S escalada
S escalación
R ЭСКАЛАЦИЯ

0757

E escort
see: fast anti-submarine escort; fleet escort

0758

E escort patrol
D Geleitboot
F patrouille d'escorte
S patrulla de escolta
R ГРУППА СОПРОВОЖДЕНИЯ

0759

E escort vessel
see: coastal escort vessel

0760

E essential equivalence /reduction of armaments/
D wesentliche Gleichwertigkeit
F équivalence essentielle
S equivalencia esencial
R ПРИНЦИПИАЛЬНОЕ РАВЕНСТВО /НАПР. В ЯДЕРНЫХ СИЛАХ И СРЕДСТВАХ/

0761

E EURATOM
see: European Atomic Energy Community (EURATOM)

0762

E European Atomic Energy Community (EURATOM)
D Europäische Atomgemeinschaft (EAG/EURATOM)
F Communauté européenne de l'énergie atomique (EURATOM)
S Comunidad Europea de Energía Atómica (EURATOM)
R ЕВРОПЕЙСКОЕ СООБЩЕСТВО ПО АТОМНОЙ ЭНЕРГИИ /ЕВРАТОМ/

0763

E European Nuclear Energy Agency (ENEA)
D Europäische Kernenergie-Agentur
F Agence européenne pour l'énergie nucléaire
S Organismo Europeo de Energía Nuclear (OEEN)
R ЕВРОПЕЙСКОЕ АГЕНТСТВО ПО ЯДЕРНОЙ ЭНЕРГИИ/ЕААЭ/

0764

E European Organization for Nuclear Research (CERN)
D Europäische Organisation für kernphysikalische Forschung (CERN)
F Organisation européenne pour la recherche nucléaire (CERN)
S Organización Europea de Investigaciones Nucleares (CERN)
R ЕВРОПЕЙСКАЯ ОРГАНИЗАЦИЯ ПО ЯДЕРНЫМ ИССЛЕДОВАНИЯМ /ЦЕРН/

0765

E evasion /detection/
D Ausweichen
F dissimulation
S evasión
R УКЛОНЕНИЕ /НАПР. ОТ КОНТРОЛЯ/

0766

E evasion methods
D Verschleierungsmethoden
F méthodes de déception
F méthodes de camouflage
S métodos de evasión
S técnicas de evasión
R ВЫХОД ИЗ-ПОД УДАРА
R УКЛОНЕНИЕ ОТ ВСТРЕЧИ С ПРОТИВНИКОМ

0767

E evasion tactics /detection/
D Verschleierungstaktik
F manoeuvres de dissimulation
S tácticas evasivas
S técnicas de disimulación
S maniobras para eludir la detección
R ТАКТИКА ВЫХОДА ИЗ-ПОД УДАРА

0768

E evasive explosions
D verschleierte Explosionen
F explosions camouflées
F explosions dissimulées
S explosiones evasivas
S explosiones disimuladas
R СКРЫТЫЕ ВЗРЫВЫ

0769

E event /detection/
D Ereignis
F événement
S suceso
S hecho
S fenómeno
R ЯВЛЕНИЕ

0770

E event
see: anomalous event; mixed event; seismic event

0771

E exchange of fire
D Feuerwechsel
F échange de feux
S intercambio de fuego
R ПЕРЕСТРЕЛКА
R АРТИЛЛЕРИЙСКАЯ ДУЭЛЬ
R ОГНЕВОЙ БОЙ

0772

E exchange of seismological data
D Austausch seismischer Daten
F échanges de données séismologiques
S intercambio de datos sismológicos
R ОБМЕН СЕЙСМИЧЕСКИМИ ДАННЫМИ

0773

E existing stocks of nuclear weapons
D vorhandene Kernwaffenvorräte
F stocks d'armes nucléaires existants
S reservas existentes de armas nucleares
R СУЩЕСТВУЮЩИЕ ЗАПАСЫ ЯДЕРНОГО ОРУЖИЯ

0774

E experimental explosions of nuclear weapons
D Kernwaffenversuchsexplosionen
F explosions expérimentales d'armes nucléaires
S explosiones experimentales de armas nucleares
R ЭКСПЕРИМЕНТАЛЬНЫЕ ВЗРЫВЫ ЯДЕРНОГО ОРУЖИЯ

0775

E experimental guided missile ship
D Flugkörperversuchsschiff
F bâtiment d'expérimentation lance-missiles
S buque experimental lanzamisiles dirigidos
R ЭКСПЕРИМЕНТАЛЬНЫЙ КОРАБЛЬ-РАКЕТОНОСЕЦ

0776

E explosion
D Explosion
F explosion
F tir
S explosión
R ВЗРЫВ

0777

E explosion
see: cratering explosion; group explosion; low-yield explosion; nuclear-weapon test explosion

0778

E explosions
see: atmospheric explosions; evasive explosions; monitoring of explosions; multiple explosions; Peaceful Nuclear Explosions (PNE)

0779

E explosive device
see: nuclear explosive device

0780

E exports
see: arms exports

0781

E exposure
see: radiation exposure

0782

E extended deterrence
D erweiterte Abschreckung
F dissuasion étendue
S disuasión comprensiva
S disuasión ampliada
R УСИЛЕННЫЕ СРЕДСТВА УСТРАШЕНИЯ

0783

E facility
see: launching facility; military facility; monitoring facility

0784

E fail-safe procedure /atomic energy/
D ausfallsicheres Verfahren
F système à sûreté intégrée
S autoprotección
R НАДЕЖНЫЙ В РАБОТЕ

0785

E fail-safe procedure /strategic air mission/
D ausfallsicheres Verfahren
F procédure fail-safe
S procedimiento de contraorden automática
R БЕЗОПАСНАЯ ПРОЦЕДУРА /НАПР. В УПРАВЛЕНИИ РАКЕТОЙ/

0786

E fall-out
see: close-in fall-out; local fall-out; long-range fall-out; radioactive fall-out

0788

E fall-out contours
D Linien gleicher Dosisleistung
D Isoaktinen
F courbes d'isointensité
S contornos de la precipitación radiactiva
R ГРАНИЦЫ РАЙОНА ВЫПАДЕНИЯ РАДИОАКТИВНЫХ ОСАДКОВ

0789

E fall-out pattern
D Gebiet radioaktiven Niederschlags
D Fallout-Gebiet
F diagramme des retombées radioactives
S configuración de la precipitación radiactiva
R ФОРМА РАЙОНА РАДИОАКТИВНОГО ЗАРАЖЕНИЯ

0790

E fall-out wind vector plot
D Windvektordiagramm
F graphique de vectorisation des vents pour le calcul des retombées
S diagrama vectorial del viento radiactivo
R ВЕКТОРНАЯ ДИАГРАММА НАПРАВЛЕНИЯ И СИЛЫ ВЕТРА /ДЛЯ ПРОГНОЗИРОВАНИЯ РАДИАЦИОННОЙ ОБСТАНОВКИ/

0791

E fast anti-submarine escort
D schnelles U-Abwehrgeleitboot
F escorteur rapide anti-sous-marin
S escolta rápida antisubmarina
R БЫСТРОХОДНЫЙ ЭСКОРТНЫЙ КОРАБЛЬ ПЛО

0792

E fast escort
D schnelles Geleitboot
F escorteur rapide
S escolta rápida
R БЫСТРОХОДНЫЙ ЭСКОРТНЫЙ КОРАБЛЬ

0793

E fast frigate
D schnelle Fregatte
F escorteur-frégate
S fragata rápida
S fragata ligera
R БЫСТРОХОДНЫЙ СТОРОЖЕВОЙ КОРАБЛЬ
R БЫСТРОХОДНЫЙ ФРЕГАТ

0794

E fast missile patrol boat
D Flugkörperschnellboot
F vedette rapide lance-missiles
S lancha patrullera rápida lanzamisiles
R БЫСТРОХОДНЫЙ СТОРОЖЕВОЙ КАТЕР, ОСНАЩЕННЫЙ РАКЕТНЫМ ОРУЖИЕМ /ИСП. ДЛЯ МОРСКОЙ ПОГРАНИЧНОЙ ОХРАНЫ/

0795

E fast patrol boat (FPB)
D Schnellboot
F vedette rapide
S lancha patrullera rápida
R БЫСТРОХОДНЫЙ СТОРОЖЕВОЙ КАТЕР

0796

E fast patrol craft
D Schnellboot
F vedette rapide
S lancha patrullera rápida
R БЫСТРОХОДНЫЙ СТОРОЖЕВОЙ КОРАБЛЬ /США/

0797

E fast-breeder reactor
D schneller Brutreaktor
D schneller Brüter
F réacteur surrégénérateur rapide
S reactor reproductor de neutrones rápidos
R РЕАКТОР-РАЗМНОЖИТЕЛЬ НА БЫСТРЫХ НЕЙТРОНАХ

0798

E FAX
see: fuel-air explosive (FAX)

0799

E FBS
see: Forward-Based Systems (FBS)

0800

E fighter
D Jäger
D Jagdflugzeug
F chasseur
F avion de chasse
S avión de caza
S caza
R ИСТРЕБИТЕЛЬ

0801

E fighter cover
D Jagdschutz
F couverture de chasse
S cobertura de caza
R ИСТРЕБИТЕЛЬНОЕ ПРИКРЫТИЕ

0802

E fighter-bomber
D Jagdbomber
F chasseur bombardier
S caza bombardero
R ИСТРЕБИТЕЛЬ-БОМБАРДИРОВЩИК

0803

E fighter-interceptor
D Abfangjäger
F intercepteur
S caza interceptor
R ИСТРЕБИТЕЛЬ-ПЕРЕХВАТЧИК

0804

E filter
see: high-pass filter; low-pass filter

0805

E Final Act of the International Conference on Civil Liability for Nuclear Damage /1963, Vienna/
D Schlussakte der Internationalen Konferenz über die zivilrechtliche Haftung für nukleare Schäden
F Acte final de la Conférence internationale sur la responsabilité civile en matière de dommages nucléaires
S Acta final de la Conferencia internacional sobre responsabilidad civil por daños nucleares
R ЗАКЛЮЧИТЕЛЬНЫЙ АКТ МЕЖДУНАРОДНОЙ КОНФЕРЕНЦИИ ПО ГРАЖДАНСКОЙ ОТВЕТСТВЕННОСТИ ЗА ЯДЕРНЫЙ УЩЕРБ

0806

E Final Act of the International Legal Conference on Maritime Carriage of Nuclear Substances /1971/
D Schlussakte der Internationalen Rechtskonferenz über die Beförderung von Kernmaterial auf See
F Acte final de la Conférence juridique internationale sur le transport par mer des substances nucléaires
S Acta final de la Conferencia jurídica internacional sobre el transporte marítimo de sustancias nucleares
R ЗАКЛЮЧИТЕЛЬНЫЙ АКТ МЕЖДУНАРОДНОЙ ЮРИДИЧЕСКОЙ КОНФЕРЕНЦИИ ПО МОРСКИМ ПЕРЕВОЗКАМ ЯДЕРНЫХ ВЕЩЕСТВ

0807

E Final Document of the Conference of Non-Nuclear-Weapon States
D Schlussdokument der Konferenz der Nichtkernwaffenstaaten
F Document final de la Conférence d'Etats non dotés d'armes nucléaires
S Documento final de la Conferencia de Estados que no poseen armas nucleares
R ЗАКЛЮЧИТЕЛЬНЫЙ ДОКУМЕНТ КОНФЕРЕНЦИИ ГОСУДАРСТВ, НЕ ОБЛАДАЮЩИХ ЯДЕРНЫМ ОРУЖИЕМ

0808

E finder
see: pathfinder

0809

E finite deterrence
D begrenzte Abschreckung
F dissuasion définie
S disuasión limitada
R ПОСЛЕДНЕЕ СРЕДСТВО УСТРАШЕНИЯ

0810

E fin-stabilized projectile
D leitwerkstabilisiertes Geschoss
F projectile empenné
S proyectil estabilizado con aletas
R ОПЕРЕННЫЙ СНАРЯД

0811

E fire
see: accuracy of fire; adjustment of fire; anti-aircraft fire; ack-ack fire; anti-tank fire; artillery fire; to come under fire; concentrated fire; counterbattery fire; covering fire; distributed fire; exchange of fire; flank protective fire; grazing fire; harassing fire; interdiction fire; light fire; light machine-gun fire; mortar fire; neutralization fire; preparation fire; rate of fire; rifle fire; rocket fire; sporadic fire; starter-fire

0812

E fire air support
D Feuerunterstützung aus der Luft
D Luftunterstützung durch Feuer
F appui aérien feu
S fuego de apoyo aéreo
R ОГНЕВАЯ АВИАЦИОННАЯ ПОДДЕРЖКА

0813

E fire control
D Feuerleitung
F conduite de tir
S control de tiro
R УПРАВЛЕНИЕ ОГНЕМ

0814

E fire control
see: aircraft assisted fire control

0815

E fire control radar
D Radarfeuerleitung
F radar de conduite de tir
F radar de tir
S radar de control de tiro
R РЛС ОРУДИЙНОЙ НАВОДКИ

0816

E fire control system
D Feuerleitanlage
F télépointeur
S sistema de control de tiro
R СИСТЕМА УПРАВЛЕНИЯ ОГНЕМ

0817

E fire plan table
see: artillery fire plan table

0818

E fire-power
D Feuerkraft
F puissance de feu
S potencia de fuego
R ОГНЕВАЯ МОЩЬ
R ОГНЕВЫЕ СРЕДСТВА
R СИЛА ОГНЯ

0819

E fire-storm
D Feuersturm
F tempête de feu
S tormenta de fuego
R УРАГАННЫЙ ОГОНЬ
R ОГНЕННЫЙ ШТОРМ /ПРИ ЯДЕРНОМ ВЗРЫВЕ/

0820

E firing
D Feuern
F tir, tirs
S fuego
S tiro
S disparo
R ВЕДЕНИЕ ОГНЯ

0821

E first motion /detection/
D initiale Bodenbewegung
F mouvement initial
F premier mouvement
S movimiento inicial
S primer movimiento
R ПЕРВОЕ ДВИЖЕНИЕ

0822

E first strike
D erster Atomschlag
D erster Schlag
F première frappe
F frappe en premier
S primer golpe
S ataque inicial
R ПЕРВЫЙ УДАР

0823

E first strike capability
D Fähigkeit zum ersten Atomschlag
D Fähigkeit zum ersten Schlag
F capacité de première frappe
S capacidad de primer golpe
R ВОЗМОЖНОСТЬ ДЛЯ НАНЕСЕНИЯ ПЕРВОГО УДАРА

0824

E first strike strategy
D Strategie des ersten Atomschlags
D Strategie des ersten Schlags
F stratégie de première frappe
S estrategia de primer golpe
R СТРАТЕГИЯ НАНЕСЕНИЯ УДАРА ПЕРВЫМ

0825

E fission
D Kernspaltung
F fission
S fisión
R ДЕЛЕНИЕ

0826

E fissionable material
D spaltbares Material
F matières fissiles
F produits fissiles
S materiales fisionables
R РАСЩЕПЛЯЮЩИЕСЯ МАТЕРИАЛЫ

0827

E fissionable material
see: special fissionable material

0828

E fixed launching pad
D ortsfester Starttisch
F plate-forme fixe de lancement
S plataforma fija de lanzamiento
R СТАЦИОНАРНАЯ СТАРТОВАЯ ПЛОЩАДКА

0829

E flame-thrower
D Flammenwerfer
F lance-flammes
S lanzallamas
R ОГНЕМЕТ

0830

E flame-thrower
see: emplaced flame-thrower

0831

E flame-thrower filling
D Flammenwerferfüllung
F charge pour lance-flammes
S carga de lanzallamas
R СНАРЯЖЕНИЕ ОГНЕМЕТОВ

0832

E flank protective fire
D Flankenfeuer
F tir de flanquement
S fuego de protección de flanco
R ОГОНЬ ДЛЯ ПРИКРЫТИЯ ФЛАНГОВ

0833

E flare bomb
D Leuchtbombe
F bombe éclairante
S bomba lumínica
S bengala
R СВЕТЯЩАЯСЯ БОМБА

0834

E fleet escort
D Flottengeleitboot
F escorteur d'escadre
S escolta de escuadra
R ЭСКАДРЕННЫЙ ЭСКОРТНЫЙ КОРАБЛЬ

0835

E fleet tanker
D Flottentanker
F pétrolier ravitailleur d'escadre
S petrolero de escuadra
R ТАНКЕР
R НАЛИВНОЕ СУДНО

0836

E flexible response
D flexible Reaktion
F riposte graduée
F riposte à la mesure
S réplica variable
S réplica flexible
R ГИБКОЕ РЕАГИРОВАНИЕ /НА ДЕЙСТВИЯ ПРОТИВНИКА/

0837

E flight
see: overflight

0838

E FOBS
see: fractional orbital bombardment system (FOBS)

0839

E force
see: air task force; armed force; non-use of force

0840

E force levels
see: agreed force levels

0841

E forces
see: nuclear forces

0842

E forward defence
D Vorneverteidigung
F défense avancée
F stratégie de l'avant
S defensa avanzada
R ОБОРОНА ПЕРЕДНЕГО КРАЯ

0843

E Forward-Based Systems (FBS)
D vorne dislozierte Waffensysteme
F systèmes de l'avant
F systèmes avancés
S sistemas de base avanzada
R СИСТЕМЫ ПЕРЕДОВОГО БАЗИРОВАНИЯ

0844

E FPB
see: fast patrol boat (FPB)

0845

E fractional orbital bombardment system (FOBS)
D Flugkörpersystem mit partieller Umlaufbahn
F système de bombardement à orbite fractionnaire
S sistema de bombardeo de órbita fraccionaria
R ЧАСТИЧНАЯ ОРБИТАЛЬНАЯ СИСТЕМА БОМБОМЕТАНИЯ

0846

E fragment
see: shell fragment

0847

E fragmentation bomb
see: scatter bomb

0848

E fragmentation grenade
D Splittergranate
F grenade à fragmentation
S granada de fragmentación
R ОСКОЛОЧНАЯ ГРАНАТА

0849

E fragmentation shell
D Splittergeschoss
F obus à fragmentation
S granada de fragmentación
R ОСКОЛОЧНЫЙ СНАРЯД

0850

E fragmentation weapon
D Waffe mit Splitterwirkung
F arme à fragmentation
S arma de fragmentación
R ОРУЖИЕ ОСКОЛОЧНОГО ДЕЙСТВИЯ

0851

E free drop
D Abwerfen /ohne Fallschirm/
F largage en chute libre
S lanzamiento libre
R БЕСПАРАШЮТНОЕ СБРАСЫВАНИЕ ГРУЗОВ

0852

E free rocket
D ungelenkte Rakete
F fusée libre
S cohete autónomo
S cohete libre
R НЕУПРАВЛЯЕМАЯ РАКЕТА

0853

E frigate
see: anti-submarine frigate; fast frigate; guided missile frigate; patrol frigate

0854

E frogman
D Froschmann
F homme-grenouille
S hombre rana
R ЛЕГКОВОДОЛАЗ

0855

E fuel
see: nuclear fuel

0856

E fuel cycle
D Brennstoffkreislauf
F cycle du combustible
S ciclo del combustible
R ТОПЛИВНЫЙ ЦИКЛ

0857

E fuel cycle
see: nuclear fuel cycle

0858

E fuel cycle centre
see: multinational fuel cycle centre

0859

E fuel-air explosive (FAX)
D Brennstoff/Luftgemischsprengsystem
F explosif combustible-air
S explosivo de combustible y aire
R ТОПЛИВНО-ВОЗДУШНОЕ ВЗРЫВЧАТОЕ ВЕЩЕСТВО

0860

E fuelling vehicle
D Tankwagen
F avitailleur
S vehículo de aprovisionamiento de combustible
R АВТОТОПЛИВОЗАПРАВЩИК

0861

E fuse
see: electric igniter fuse

0862

E fusion
D Kernfusion
F fusion
S fusión
R СЛИЯНИЕ
R СИНТЕЗ

0863

E game
see: war game

0864

E gamma dose rate
see: terrestrial gamma dose rate

0865

E gamma rays
D Gammastrahlen
F rayons gamma
S rayos gamma
R ГАММА-ЛУЧИ
R ГАММА-ИЗЛУЧЕНИЕ

0866

E gap
see: minefield gap

0867

E gap filler radar
D Lückenfüller-Radar
F radar de couverture complémentaire
S radar de cobertura complementaria
R ВСПОМОГАТЕЛЬНАЯ ПРОМЕЖУТОЧНАЯ РЛС

0868

E gas
see: blister gas; choking gas; nerve gas; noble gas; war gas

0869

E gas cloud
D Gaswolke
F nuage de gaz
S nube de gas
R ГАЗОВОЕ ОБЛАКО

0870

E gas warfare
D Gaskrieg
F guerre des gaz
S guerra de gases
R ХИМИЧЕСКАЯ ВОЙНА

0871

E gas-proof
D gasdicht
F imperméable aux gaz
S a prueba de gas
R ГАЗОНЕПРОНИЦАЕМЫЙ

0872

E GCA system
see: ground control approach system (GCA system)

0873

E GCD
see: general and complete disarmament (GCD)

0874

E gene mutation
D Genmutation
F mutation génétique
S mutación genética
R МУТАЦИЯ ГЕНОВ

0875

E general and complete disarmament (GCD)
D allgemeine und vollständige Abrüstung
F désarmement général et complet
S desarme general y completo
R ВСЕОБЩЕЕ И ПОЛНОЕ РАЗОРУЖЕНИЕ

0876

E general and complete disarmament under effective international control
D allgemeine und vollständige Abrüstung unter wirksamer internationaler Kontrolle
F désarmement général et complet sous contrôle international efficace
S desarme general y completo bajo un sistema de control internacional eficaz
R ВСЕОБЩЕЕ И ПОЛНОЕ РАЗОРУЖЕНИЕ ПОД ЭФФЕКТИВНЫМ МЕЖДУНАРОДНЫМ КОНТРОЛЕМ

0877

E general and complete disarmament under strict international control
D allgemeine und vollständige Abrüstung unter strenger internationaler Kontrolle
F désarmement général et complet sous un strict contrôle international
S desarme general y completo bajo estricto control internacional
R ВСЕОБЩЕЕ И ПОЛНОЕ РАЗОРУЖЕНИЕ ПОД СТРОГИМ МЕЖДУНАРОДНЫМ КОНТРОЛЕМ

0878

E general purpose vehicle (GP vehicle)
D Mehrzweckfahrzeug
F véhicule tous usages
S vehículo de uso general
R ТРАНСПОРТНОЕ СРЕДСТВО ОБЩЕГО НАЗНАЧЕНИЯ

0879

E general staff
D Generalstab
F état-major
F état-major général
S estado mayor general
R ГЕНЕРАЛЬНЫЙ ШТАБ
R ОБЩАЯ ЧАСТЬ ШТАБА
R ОБЩИЙ ШТАБ

0880

E genetic damage
D genetischer Schaden
F dommage génétique
S lesión genética
R ГЕНЕТИЧЕСКИЙ УЩЕРБ

0881

E genetic radio-sensitivity
D genetische Strahlenempfindlichkeit
F radiosensibilité génétique
S radiosensibilidad genética
R ГЕНЕТИЧЕСКАЯ ЧУВСТВИТЕЛЬНОСТЬ К ОБЛУЧЕНИЮ

0882

E genetically-significant dose (GSD)
D genetisch signifikante Dosis
F dose génétiquement significative (DGS)
S dosis genéticamente importante
S dosis con efecto genético
R ДОЗА, ВЫЗЫВАЮЩАЯ ГЕНЕТИЧЕСКИЕ ИЗМЕНЕНИЯ

0883

E Geneva Convention for the Amelioration of the Condition of the Wounded and Sick in Armed Forces in the Field /12 August 1949/
D Genfer Abkommen zur Verbesserung des Loses der Verwundeten und Kranken der Streitkräfte im Felde
F Convention de Genève pour l'amélioration du sort des blessés et des malades dans les forces armées en campagne
S Convenio de Ginebra para mejorar la suerte de los heridos y enfermos en las fuerzas armadas en campaña
R ЖЕНЕВСКАЯ КОНВЕНЦИЯ ОБ УЛУЧШЕНИИ УЧАСТИ РАНЕНЫХ И БОЛЬНЫХ В ДЕЙСТВУЮЩИХ АРМИЯХ

0884

E Geneva Convention for the Amelioration of the Condition of the Wounded, Sick and Shipwrecked Members of Armed Forces at Sea /12 August 1949/
D Genfer Abkommen zur Verbesserung des Loses der Verwundeten, Kranken und Schiffbrüchigen der Streitkräfte zur See
F Convention de Genève pour l'amélioration du sort des blessés, des malades et des naufragés des forces armées sur mer
S Convenio de Ginebra para mejorar la suerte de los heridos, enfermos y náufragos de las fuerzas armadas en el mar
R ЖЕНЕВСКАЯ КОНВЕНЦИЯ ОБ УЛУЧШЕНИИ УЧАСТИ РАНЕНЫХ, БОЛЬНЫХ И ЛИЦ, ПОТЕРПЕВШИХ КОРАБЛЕКРУШЕНИЕ, ИЗ СОСТАВА ВООРУЖЕННЫХ СИЛ НА МОРЕ

0885

E Geneva Convention relative to the Protection of Civilian Persons in Time of War /12 August 1949/
D Genfer Abkommen zum Schutze von Zivilpersonen in Kriegszeiten
F Convention de Genève relative à la protection des personnes civiles en temps de guerre
S Convenio de Ginebra relativo a la protección de personas civiles en tiempo de guerra
R ЖЕНЕВСКАЯ КОНВЕНЦИЯ О ЗАЩИТЕ ГРАЖДАНСКОГО НАСЕЛЕНИЯ ВО ВРЕМЯ ВОЙНЫ

0886

E Geneva Convention relative to the Treatment of Prisoners of War /12 August 1949/
D Genfer Abkommen über die Behandlung der Kriegsgefangenen
F Convention de Genève relative au traitement des prisonniers de guerre
S Convenio de Ginebra relativo al trato de los prisioneros de guerra
R ЖЕНЕВСКАЯ КОНВЕНЦИЯ ОБ ОБРАЩЕНИИ С ВОЕННОПЛЕННЫМИ

0887

E Geneva Conventions of 1949
D Genfer Abkommen von 1949
F Conventions de Genève de 1949
S Convenios de Ginebra de 1949
R ЖЕНЕВСКИЕ КОНВЕНЦИИ 1949 ГОДА

0888

E germ warfare
D bakteriologische Kriegführung
F guerre microbienne
S guerra microbiana
R БАКТЕРИОЛОГИЧЕСКАЯ /БИОЛОГИЧЕСКАЯ/ ВОЙНА

0889

E GHz
see: gigahertz (GHz)

0890

E gigahertz (GHz)
(one thousand million cycles per second)
D Gigahertz (GHz)
F gigahertz (GHz)
S gigahertzio (GHz)
R ГИГАГЕРЦ /ГГ/

0891

E glide path
D Gleitweg
F trajectoire de descente
S trayectoria de planeo
R ТРАЕКТОРИЯ ПЛАНИРОВАНИЯ

0892

E GP vehicle
see: general purpose vehicle (GP vehicle)

0893

E GR
see: grid reference (GR)

0894

E graduated deterrence
D abgestufte Abschreckung
F dissuasion graduée
S disuasión graduada
R ДИФФЕРЕНЦИРОВАННЫЙ ОТВЕТНЫЙ УДАР

0895

E grand strategy /UK/
see: total strategy

0896

E grazing fire
D Bestreichungsfeuer
F tir rasant
S tiro rasante
R НАСТИЛЬНЫЙ ОГОНЬ

0897

E grenade
see: fragmentation grenade; rifle grenade

0898

E grid reference (GR)
D Gitterkoordinaten
F point (du quadrillage)
S punto del cuadriculado
R КООРДИНАТЫ /ПО КООРДИНАТНОЙ СЕТКЕ/
R КВАДРАТ КАРТЫ

0899

E ground attack
D Erdangriff /Landstreitkräfte/
D Luft/Boden-Angriff /Luftstreitkräfte/
F attaque au sol
S ataque por tierra
S ataque terrestre
R АТАКА НАЗЕМНЫХ ЦЕЛЕЙ
R ШТУРМОВАЯ АТАКА

0900

E ground attack aircraft
D Erdkampfflugzeug
F avion d'attaque au sol
S avión de ataque contra blancos terrestres
R ИСТРЕБИТЕЛЬ-БОМБАРДИРОВЩИК
R ШТУРМОВИК

0901

E ground burst
D Bodendetonation
F explosion au sol
F explosion percutante
S explosión en tierra
R НАЗЕМНЫЙ ВЗРЫВ
R РАЗРЫВ НА ПОВЕРХНОСТИ ЗЕМЛИ

0902

E ground control approach system (GCA system)
D GCA-Anflugsystem
F système d'atterrissage par guidage radar
S sistema de aproximación dirigida desde tierra
R СИСТЕМА УПРАВЛЕНИЯ ПОСАДКОЙ САМОЛЕТОВ С ЗЕМЛИ

0903

E ground controlled interception
D GCI-Verfahren
D vom Boden geleitetes Abfangen
F interception contrôlée du sol
S intercepción controlada desde tierra
R НАВЕДЕНИЕ ИСТРЕБИТЕЛЕЙ-ПЕРЕХВАТЧИКОВ С ЗЕМЛИ

0904

E ground inspection
see: mobile ground inspection

0905

E ground-support aircraft
D Erdkampfunterstützungsflugzeug
F aviation d'accompagnement
F avion(s) d'accompagnement
S avión de apoyo a fuerzas terrestres
R АВИАЦИЯ ПОДДЕРЖКИ НАЗЕМНЫХ ВОЙСК

0906

E ground-to-air missile
D Boden/Luft-Flugkörper
F missile sol-air
S misil de tierra a aire
R ЗЕНИТНАЯ РАКЕТА

0907

E ground-to-ground ballistic tactical missile
D taktischer ballistischer Boden/Boden-Flugkörper
F missile sol-sol balistique tactique (SSBT)
S misil balístico táctico de tierra a tierra
R БАЛЛИСТИЧЕСКАЯ ТАКТИЧЕСКАЯ РАКЕТА КЛАССА ЗЕМЛЯ-ЗЕМЛЯ

0908

E ground-to-ground guided weapon system
D Boden/Boden-Lenkwaffensystem
F systèmes d'armes guidées sol-sol
S sistema de misiles dirigidos de tierra a tierra
R СИСТЕМА УПРАВЛЯЕМОГО ОРУЖИЯ КЛАССА ЗЕМЛЯ-ЗЕМЛЯ

0909

E ground-to-ground missile
D Boden/Boden-Flugkörper
F missile sol-sol
S misil de tierra a tierra
R РАКЕТА КЛАССА ЗЕМЛЯ-ЗЕМЛЯ

0910

E ground-to-ground silo-launched ballistic missile
D silogestützter ballistischer Boden/Boden-Flugkörper
F missile sol-sol balistique stratégique (SSBS)
S misil balístico de tierra a tierra lanzado desde silos
R БАЛЛИСТИЧЕСКАЯ РАКЕТА КЛАССА ЗЕМЛЯ-ЗЕМЛЯ, ЗАПУСКАЕМАЯ ИЗ ВЕРТИКАЛЬНОЙ ШАХТЫ

0911

E ground-zero
(the ground directly below a nuclear explosion)
D Nullpunkt
F point zéro
S punto cero
R ЭПИЦЕНТР /ЯДЕРНОГО ВЗРЫВА/

0912

E group explosion
D Gruppenexplosion
F explosion groupée
S explosión múltiple
R ГРУППОВОЙ ВЗРЫВ

0913

E Group of Consultant Experts on the Economic and Social Consequences of the Arms Race and Military Expenditures
D Sachverständigengruppe für die wirtschaftlichen und sozialen Folgen des Wettrüstens und der Militärausgaben
F Groupe d'experts consultants sur les conséquences économiques et sociales de la course aux armements et des dépenses militaires
S Grupo consultivo de expertos sobre las consecuencias económicas y sociales de la carrera de armamentos y de los gastos militares
R ГРУППА ЭКСПЕРТОВ-КОНСУЛЬТАНТОВ ПО ЭКОНОМИЧЕСКИМ И СОЦИАЛЬНЫМ ПОСЛЕДСТВИЯМ ГОНКИ ВООРУЖЕНИЙ И ВОЕННЫХ РАСХОДОВ

0914

E Group of Consultant Experts on the Reduction of Military Budgets
D Sachverständigengruppe für die Kürzung der Militärhaushalte
F Groupe de consultants qualifiés chargé d'étudier la réduction des budgets militaires
S Grupo de expertos consultores sobre la reducción de los presupuestos militares
R ГРУППА ЭКСПЕРТОВ-КОНСУЛЬТАНТОВ ПО СОКРАЩЕНИЮ ВОЕННЫХ БЮДЖЕТОВ

0915

E Group of Experts on the Economic and Social Consequences of Disarmament
D Sachverständigengruppe für die wirtschaftlichen und sozialen Folgen des Abrüstens
F Groupe d'experts chargé d'étudier les conséquences économiques et sociales du désarmement
S Grupo de expertos sobre las consecuencias económicas y sociales del desarme
R ГРУППА ЭКСПЕРТОВ ПО ЭКОНОМИЧЕСКИМ И СОЦИАЛЬНЫМ ПОСЛЕДСТВИЯМ РАЗОРУЖЕНИЯ

0916

E Group of Exporting Countries of Nuclear Technology and Materials
D Gruppe der Kerntechnik und -material exportierenden Länder
F Groupe des pays exportateurs de techniques et matières nucléaires
S Grupo de países exportadores de tecnología y materiales nucleares
R ГРУППА СТРАН-ЭКСПОРТЕРОВ ЯДЕРНОЙ ТЕХНОЛОГИИ И МАТЕРИАЛОВ

0917

E GSD
see: genetically-significant dose (GSD)

0918

E guerilla
D Guerilla
D Guerillakampf
F guérilla
F guerre de partisans
F troupe de partisans
F partisan
F guérillero
S guerrillero
S combatiente irregular
S guerra de guerrillas
R ПАРТИЗАН
R СОЛДАТ ДЕСАНТНО-ДИВЕРСИОННЫХ СИЛ

0919

E guerilla warfare
D Guerillakampf
F guérilla
F guerre de partisans
S guerra de guerrillas
R ПАРТИЗАНСКАЯ ВОЙНА
R ДЕСАНТНО-ДИВЕРСИОННЫЕ ДЕЙСТВИЯ

0920

E guidance
see: active homing guidance; midcourse guidance; in-flight guidance; radar-command guidance

0921

E guidance gyroscope
D Lenkkreisel
F gyroscope de guidage
S giroscopio de dirección
R ГИРОСКОП НАВЕДЕНИЯ

0922

E guidance system
D Lenksystem
F système de guidage
F système d'autoguidage
S sistema de dirección
R СИСТЕМА НАВЕДЕНИЯ

0923

E guidance system
see: inertial guidance system

0924

E guided missile
D Lenkflugkörper
F missile guidé
S misil dirigido
R УПРАВЛЯЕМАЯ РАКЕТА

0925

E guided missile destroyer
D Flugkörperzerstörer
F destroyer lance-missiles
S destructor portamisiles dirigidos
R ЭСКАДРЕННЫЙ МИНОНОСЕЦ-РАКЕТОНОСЕЦ

0926

E guided missile frigate
D Flugkörperfregatte
F frégate lance-missiles
S fragata portamisiles dirigidos
R ФРЕГАТ-РАКЕТОНОСЕЦ

0927

E guided missile ship
see: experimental guided missile ship

0928

E guided weapon
D Lenkwaffe
F arme téléguidée
S arma teledirigida
R УПРАВЛЯЕМОЕ ОРУЖИЕ

0929

E guided weapon
see: surface-to-air guided weapon

0930

E guided weapon system
see: ground-to-ground guided weapon system

0931

E guiding device
D Lenkvorrichtung
F autodirecteur
F tête chercheuse
S dispositivo de dirección
R УСТРОЙСТВО НАВЕДЕНИЯ

0932

E gun
see: anti-tank gun; recoilless gun; self-propelled gun

0933

E gun carriage
D Lafette
F affût (mobile)
S cureña
R ЛАФЕТ
R ОРУДИЙНЫЙ СТАНОК

0934

E gunboat
D Kanonenboot
F canonnière
S cañonera
R КАНОНЕРСКАЯ ЛОДКА

0935

E gyroscope
see: guidance gyroscope

0936

E H bomb
see: hydrogen bomb (H bomb)

0937

E half-life /detection/
D Halbwertzeit
F période (radioactive)
S período de semidesintegración
S semivida
R ПЕРИОД ПОЛУРАСПАДА

0938

E harassing fire
D Störfeuer
F tir de harcèlement
S fuego de hostigamiento
R БЕСПОКОЯЩИЙ ОГОНЬ

0939

E hard missile base
D verbunkerte Flugkörperstellung
F base bétonnée pour missiles
S base protegida de misiles
S base dura de misiles
R РАКЕТНАЯ БАЗА, ОБОРУДОВАННАЯ В ПРОТИВОЯДЕРНОМ ОТНОШЕНИИ

0940

E hard rock /detection/
D schwerer Fels
D Felsgestein
F roche dure
S roca dura
R КРЕПКАЯ ПОРОДА

0941

E hardened site /missiles/
D verbunkerte Stellung
D verbunkerte Abschussbasis
F site protégé
S emplazamiento protegido
S base dura
R ПОЗИЦИЯ, ОБОРУДОВАННАЯ В ПРОТИВОЯДЕРНОМ ОТНОШЕНИИ

0942

E hasty defence
D improvisierte Verteidigung
F défense improvisée
S defensa improvisada
S defensa rápida
R ОБОРОНА НА ПОСПЕШНО ОБОРУДОВАННЫХ ПОЗИЦИЯХ

0943

E hazard
D Gefährdung
D Risiko
F risque
F danger
S peligro
S riesgo
R ОПАСНОСТЬ

0944

E hazard
see: radiological hazard

0945

E hazard of radiation
D Strahlungsgefahr
F danger d'irradiation
S peligro de radiación
R ОПАСНОСТЬ РАДИАЦИИ

0946

E head of a missile
D Flugkörperkopf
F tête de missile
F ogive
S ojiva de misil
S cono de misil
S cabeza de misil
R ГОЛОВНАЯ ЧАСТЬ РАКЕТЫ

0947

E Headquarters forward echelon (HQ forward echelon)
D vordere Führungsstaffel
F PC avancé
S puesto de comando avanzado (PC avanzado)
R ПЕРВЫЙ ЭШЕЛОН ШТАБА

0948

E Headquarters rear echelon (HQ rear echelon)
D rückwärtige Führungsstaffel
F PC arrière
S puesto de comando de retaguardia (PC de retaguardia)
R ВТОРОЙ ЭШЕЛОН ШТАБА

0949

E Health Aspects of Chemical and Biological Weapons /report of WHO group of consultants; published in English and French only/
D Gesundheitliche Aspekte der chemischen und biologischen Waffen
F Santé publique et armes chimiques et biologiques
S Aspectos de las armas químicas y bacteriológicas relacionados con la salud
R ВОЗДЕЙСТВИЕ ХИМИЧЕСКОГО И БИОЛОГИЧЕСКОГО ОРУЖИЯ НА ЗДОРОВЬЕ ЛЮДЕЙ /ДОКЛАД О ВОЗДЕЙСТВИИ ХИМИЧЕСКОГО И БИОЛОГИЧЕСКОГО ОРУЖИЯ НА ЗДОРОВЬЕ ЛЮДЕЙ/

0950

E HEAT projectile
see: high-explosive anti-tank projectile (HEAT)

0951

E heavy artillery
D schwere Artillerie
F artillerie lourde
S artillería pesada
R ТЯЖЕЛАЯ АРТИЛЛЕРИЯ

0952

E heavy bomber
D schwerer Bomber
F bombardier lourd
S bombardero pesado
R ТЯЖЕЛЫЙ БОМБАРДИРОВЩИК

0953

E heavy machine-gun
D schwere Maschinenwaffe
F mitrailleuse lourde
S ametralladora pesada
R ТЯЖЕЛЫЙ ПУЛЕМЕТ

0954

E heavy missile
D schwerer Flugkörper
F missile lourd
S misil pesado
R ТЯЖЕЛАЯ РАКЕТА
R РАКЕТА БОЛЬШОЙ МОЩНОСТИ

0955

E heavy tank
D schwerer Panzer
F char lourd
S tanque pesado
R ТЯЖЕЛЫЙ ТАНК

0956

E heavy-water reactor
D Schwerwasserreaktor
F réacteur à eau lourde
S reactor de agua pesada
R ТЯЖЕЛОВОДНЫЙ РЕАКТОР

0957

E height finder radar
D Höhenmessradar
F radar d'altimétrie
S radar de altimetría
S radar altimétrico
R РЛС ОПРЕДЕЛЕНИЯ ВЫСОТЫ ЦЕЛИ

0958

E helicopter
see: army light observation helicopter (LOH); cargo helicopter; turbofan helicopter

0959

E helicopter
E chopper
D Hubschrauber
F hélicoptère
S helicóptero
R ВЕРТОЛЕТ

0960

E helicopter carrier
D Hubschrauberträger
F porte-hélicoptères
S portahelicópteros
R ВЕРТОЛЕТОНОСЕЦ

0961

E herbicides
D Herbizide
F désherbants
F herbicides
S herbicidas
R ГЕРБИЦИДЫ

0962

E herbicides
see: soil herbicides

0963

E hertz (Hz)
D Hertz
F hertz (Hz)
S hertzio (Hz)
R ГЕРЦ /ГЦ/

0964

E hidden stock
D verborgene Vorräte
F stock caché
S arsenal oculto
R СКРЫТЫЕ ЗАПАСЫ

0965

E high amplitude /detection/
D grosse Amplitude
F grande amplitude
S gran amplitud
R БОЛЬШАЯ АМПЛИТУДА

0966

E high explosive bomb
D Sprengbombe
F bombe explosive
S bomba de alto poder explosivo
R ФУГАСНАЯ БОМБА
R ФУГАСНАЯ МИНА /К МИНОМЕТУ/

0967

E high explosive shell
D Sprenggeschoss
F obus explosif
S granada de alto poder explosivo
R ОСКОЛОЧНО-ФУГАСНЫЙ СНАРЯД
R ОСКОЛОЧНО-ФУГАСНАЯ ГРАНАТА
R БРИЗАНТНАЯ ГРАНАТА

0968

E high/low altitude airborne radar defence
D fliegendes LV-Radarsystem für grosse/geringe Höhen
F radar de défense aérienne haute/basse altitude
S defensa mediante radar aerotransportado a gran/baja altura
R САМОЛЕТНАЯ РАДИОЛОКАЦИОННАЯ ОБОРОНА ПРОТИВ ВЫСОТНЫХ/МАЛОВЫСОТНЫХ ЦЕЛЕЙ

0969

E high technology
D hochentwickelte Technik
D hoher Stand der Technik
F technique de pointe
S alto tecnología
S tecnología avanzada
R ВЫСОКИЙ ТЕХНОЛОГИЧЕСКИЙ УРОВЕНЬ

0970

E high-explosive anti-tank projectile (HEAT)
D Panzerabwehrsprenggeschoss
F projectile perforant
F projectile de rupture
S proyectil antitanque de alto poder explosivo
R КУМУЛЯТИВНЫЙ ПРОТИВОТАНКОВЫЙ СНАРЯД

0971

E high-pass filter
D Hochpass(filter)
F filtre passe-haut
S filtro de paso alto
R ФИЛЬТР ПРОПУСКАНИЯ ВЕРХНИХ ЧАСТОТ

0972

E high-velocity projectile
D Hochgeschwindigkeitsgeschoss
F projectile à grande vitesse
S proyectil de alta velocidad
R СНАРЯД С ВЫСОКОЙ НАЧАЛЬНОЙ СКОРОСТЬЮ

0973

E high-yield test
D Test mit hohem kt-Wert
F explosion de forte puissance
S explosión experimental de alta potencia
R ИСПЫТАНИЕ ОРУЖИЯ БОЛЬШОЙ МОЩНОСТИ

0974

E hijacker
D Flugzeugentführer
F auteur du détournement
F pirate de l'air
S secuestrador de aeronaves
R ЛИЦО, ПЫТАЮЩЕЕСЯ НЕЗАКОННО ЗАХВАТИТЬ САМОЛЕТ
R УГОНЩИК САМОЛЕТА

0975

E hijacking
see: aerial hijacking

0976

E hit
D Treffer
F coup
S golpe
S impacto
R ПОПАДАНИЕ
R РАЗРЫВ /СНАРЯДА/

0977

E hit
see: direct hit

0978

E holding anchorage
D Ausweichankerplatz
F mouillage d'attente
S fondeadero de espera
R ПОСТАНОВКА НА ЯКОРЬ

0979

E hole
E breach
E cavity
D Loch
D Öffnung
D Lücke
D Bresche
F perforation
F brêche
F cavité
S perforación
S brecha
S cavidad
R ПРОБОИНА
R БРЕШЬ
R ОТВЕРСТИЕ
R ГЛАЗОК

0980

E home in on, to (of a homing device)
D zielsuchen
F diriger (se) automatiquement sur
S autodirigirse
S dirigirse (el proyectil) automáticamente hacia
R НАВОДИТЬ НА ЦЕЛЬ

0981

E homing device
see: infra-red homing device

0982

E homing device
E homing head
D Zielsuchgerät
F autodirecteur
F tête chercheuse
S dispositivo de autodirección
R ГОЛОВКА САМОНАВЕДЕНИЯ

0983

E homing guidance
D Zielsuchlenkung
D automatische Zielansteuerung
F autoguidage
F radioralliement
S autodirección
R САМОНАВЕДЕНИЕ
R СИСТЕМА САМОНАВЕДЕНИЯ

0984

E homing guidance
see: active homing guidance; semi-active homing guidance

0985

E homing head
see: homing device

0986

E homing torpedo
see: acoustic homing torpedo

0987

E horizontal proliferation
D horizontale Verbreitung
F prolifération horizontale
S proliferación horizontal
R ГОРИЗОНТАЛЬНОЕ РАСПРОСТРАНЕНИЕ /НАПР. О ЯДЕРНОМ ОРУЖИИ/

0988

E horizontal seismograph /detection/
D horizontaler Seismograph
F séismographe horizontal
S sismógrafo horizontal
R ГОРИЗОНТАЛЬНЫЙ СЕЙСМОГРАФ

0989

E hot spot /nuclear/
D heisse Stelle
F point chaud
F zone chaude
S zona de gran radiactividad
R УЧАСТОК С ВЫСОКИМ УРОВНЕМ РАДИАЦИИ

0990

E howitzer
D Haubitze
F obusier
S howitzer
S obús
R ГАУБИЦА

0991

E HQ forward echelon
see: Headquarters forward echelon (HQ forward echelon)

0992

E HQ rear echelon
see: Headquarters rear echelon (HQ rear echelon)

0993

E humanitarian law
see: international humanitarian law

0994

E humanitarian rules relating to armed conflicts
D humanitäre Regeln für bewaffnete Konflikte
F règles humanitaires relatives aux conflits armés
S normas humanitarias relativas a los conflictos armados
R ГУМАНИТАРНОЕ ПРАВО, ПРИМЕНЯЕМОЕ В ПЕРИОД ВООРУЖЕННЫХ КОНФЛИКТОВ

0995

E hunter
see: minehunter

0996

E hunter submarine
see: nuclear-powered hunter submarine

0997

E hunter-killer satellite
see: killer satellite

0998

E hydrofoil
D Tragflügel
D Tragflügelboot
F hydroptère
S hidroplano
R КАТЕР НА ПОДВОДНЫХ КРЫЛЬЯХ

0999

E hydrogen bomb (H bomb)
D Wasserstoffbombe
F bombe à hydrogène
S bomba de hidrógeno
R ВОДОРОДНАЯ БОМБА

1000

E Hz
see: hertz (Hz)

1001

E IAEA
see: International Atomic Energy Agency (IAEA)

1002

E ICBM
see: intercontinental ballistic missile (ICBM)

1003

E ICRC
see: International Committee of the Red Cross (ICRC)

1004

E ICRP
see: International Commission on Radiation Protection (ICRP)

1005

E ICRU
see: International Commission on Radiological Units and Measurements (ICRU)

1006

E identification /detection/
D Identifizierung
F identification
F discrimination
S identificación
R ИДЕНТИФИКАЦИЯ /ВЗРЫВОВ/
R РАСПОЗНАВАНИЕ

1007

E identification capability /detection/
D Identifizierungsfähigkeit
F capacité d'identification
S capacidad de identificación
R СПОСОБНОСТЬ ИДЕНТИФИЦИРОВАТЬ

1008

E identification probability /detection/
D Identifizierungswahrscheinlichkeit
F probabilité d'identification
S probabilidad de identificación
R ВЕРОЯТНОСТЬ ИДЕНТИФИКАЦИИ

1009

E identification techniques /detection/
D Identifizierungsverfahren
F techniques d'identification
S técnicas de identificación
R СРЕДСТВА ИДЕНТИФИКАЦИИ

1010

E identification threshold /detection/
D Nachweisgrenze
F seuil d'identification
S umbral de identificación
R ПОРОГ ИДЕНТИФИКАЦИИ

1011

E igniter
see: air-activated igniter

1012

E ignition device
see: electronic ignition device

1013

E IISS
see: International Institute of Strategic Studies (IISS)

1014

E illuminating bomb
D Leuchtbombe
F bombe éclairante
S bomba de iluminación
S bomba lumínica
R СВЕТЯЩАЯ АВИАБОМБА
R ОСВЕТИТЕЛЬНАЯ МИНА

1015

E impact area
D Aufschlaggebiet
F zone d'impact(s)
S área de impactos
R ПОРАЖАЕМЫЙ РАЙОН
R ЗОНА РАЗРЫВОВ
R ОБЪЕКТ АТАКИ

1016

E impact fuse
D Aufschlagzünder
F fusée percutante
S espoleta de impacto
R ВЗРЫВАТЕЛЬ УДАРНОГО ДЕЙСТВИЯ

1017

E implosion weapon /nuclear/
D Implosionswaffe
F arme à implosion
S arma de implosión
R ИМПЛОЗИВНОЕ ЯДЕРНОЕ ОРУЖИЕ

1018

E in phase
see: phased

1019

E incapacitating agent
D kampfunfähigmachender Stoff
F incapacitant
F agent incapacitant
S agente incapacitante
R ОВ, ПРИВОДЯЩЕЕ К ПОТЕРЕ БОЕСПОСОБНОСТИ

1020

E incendiary bomb
D Brandbombe
F bombe incendiaire
S bomba incendiaria
R ЗАЖИГАТЕЛЬНАЯ БОМБА

1021

E incendiary weapon
D Brandwaffe
D Waffe mit Brandwirkung
F arme incendiaire
S arma incendiaria
R ЗАЖИГАТЕЛЬНОЕ ОРУЖИЕ

1022

E incendiary weapons
see: non-use of incendiary weapons

1023

E incident
see: nuclear incident

1024

E incompetent rock
D nicht druckfestes Gestein
D nicht standfestes Gestein
F roche dysharmonique
S roca blanda
S capa incompetente
R НЕПРОЧНАЯ ГОРНАЯ ПОРОДА

1025

E independent deterrent
D unabhängiges Abschreckungspotential
F force de dissuasion indépendante
S fuerza disuasiva independiente
R САМОСТОЯТЕЛЬНОЕ СРЕДСТВО УСТРАШЕНИЯ

1026

E individual self-defence
D individuelle Selbstverteidigung
F légitime défense individuelle
S legítima defensa individual
R ИНДИВИДУАЛЬНАЯ САМООБОРОНА

1027

E industry
see: armaments industry; arms industry

1028

E inertial guidance system
D Trägheitslenksystem
F système de guidage par inertie
S sistema de dirección por inercia
R ИНЕРЦИАЛЬНАЯ СИСТЕМА НАВЕДЕНИЯ

1029

E infantry
see: mechanized infantry

1030

E INFCE
see: International Nuclear Fuel Cycle Evaluation (INFCE)

1031

E infectious unit
D Infektionsdosis
F dose infectante
S dosis infecciosa
R ИНФЕКЦИОННАЯ ДОЗА

1032

E infiltration
D Infiltration
D Einsickern
F infiltration
S infiltración
R ПРОНИКНОВЕНИЕ В РАСПОЛОЖЕНИЕ ПРОТИВНИКА

1033

E infiltrator
D Infiltrant
F élément infiltré
S agente infiltrado
S infiltrador
R ПРОСОЧИВШИЙСЯ ПРОТИВНИК
R ПРОСОЧИВШЕЕСЯ ПОДРАЗДЕЛЕНИЕ ПРОТИВНИКА

1034

E in-flight guidance
see: midcourse guidance

1035

E infra-red homing device
D Infrarot-Zielsuchknopf
F tête chercheuse à infrarouge
S dispositivo de autodirección por rayos infrarrojos
R ИНФРАКРАСНАЯ ГОЛОВКА САМОНАВЕДЕНИЯ

1036

E infra-red sensor
D Infrarotsensor
F capteur infrarouge
F détecteur infrarouge
F senseur infrarouge
S sensor por rayos infrarrojos
R ИНФРАКРАСНЫЙ ДАТЧИК

1037

E infra-red television
D Infrarot-Fernsehen
F télévision infrarouge
S televisión infrarroja
R ИНФРАКРАСНОЕ ТЕЛЕВИДЕНИЕ

1038

E inherent right of self-defence
D naturgegebenes Recht auf Selbstverteidigung
F droit naturel de légitime défense
S derecho natural de legítima defensa
R НЕОТЪЕМЛЕМОЕ ПРАВО НА САМООБОРОНУ

1039

E INIS
see: International Nuclear Information System (INIS)

1040

E initial issue
(first combat supply)
D Erstausstattung
F dotation initiale
S entrega inicial
R ПЕРВОНАЧАЛЬНАЯ ВЫДАЧА ИМУЩЕСТВА

1041

E initial radiation /nuclear/
D Anfangsstrahlung
F rayonnement initial
S radiación inicial
R ПРОНИКАЮЩАЯ РАДИАЦИЯ
R МГНОВЕННОЕ ЯДЕРНОЕ ИЗЛУЧЕНИЕ

1042

E inshore minesweeper
D Binnenminensuchboot
F dragueur de rade et d'estuaire
S barreminas costero
S dragaminas costero
R РЕЙДОВЫЙ ТРАЛЬЩИК

1043

E inspection
D Inspektion
F inspection
S inspección
S verificación
S vigilancia
R ИНСПЕКЦИЯ
R ПРОВЕРКА

1044

E inspection
see: aerial inspection; international system of control and inspection; mobile ground inspection; on-site inspection; open inspection; pre-launch inspection

1045

E inspection by invitation
D Inspektion nach Aufforderung
F inspection sur invitation
S inspección por invitación
R ИНСПЕКЦИЯ ПУТЕМ НАПРАВЛЕНИЯ ПРИГЛАШЕНИЯ

1046

E inspection of disarmament
D Abrüstungsinspektion
F inspection du désarmement
S inspección del desarme
R ИНСПЕКЦИЯ В ОБЛАСТИ РАЗОРУЖЕНИЯ

1047

E inspection post
D Inspektionsposten
F poste de contrôle
S puesto de inspección
R ИНСПЕКЦИОННЫЙ ПОСТ

1048

E inspection system
D Inspektionssystem
F système d'inspection
S sistema de inspección
R СИСТЕМА ИНСПЕКЦИИ

1049

E installation
see: nuclear installation

1050

E instant agent
D Kampfstoff mit sofortiger Wirkung
F agent à effet instantané
S agente de efecto instantáneo
R ОВ МГНОВЕННОГО ДЕЙСТВИЯ

1051

E instrument
see: monitoring instrument

1052

E instrument landing system
D Instrumentenlandesystem
F dispositif d'atterrissage aux instruments
S sistema de aterrizaje por instrumentos
R СИСТЕМА ПОСАДКИ ПО ПРИБОРАМ
R СИСТЕМА СЛЕПОЙ ПОСАДКИ

1053

E instruments
see: calibration instruments; measuring instruments

1054

E intelligence
D Erkenntnisse
F renseignement
S inteligencia
S información
S datos
R РАЗВЕДКА
R РАЗВЕДЫВАТЕЛЬНЫЕ ДАННЫЕ

1055

E intelligence
see: photographic intelligence

1056

E intensification of the arms race
D Intensivierung des Wettrüstens
F intensification de la course aux armements
S intensificación de la carrera de armamentos
R УСИЛЕНИЕ ГОНКИ ВООРУЖЕНИЙ

1057

E intensity
see: radiation intensity

1058

E interception
D Abfangen
F interception
S intercepción
R ПЕРЕХВАТ
R РАДИОПЕРЕХВАТ

1059

E interception
see: ground controlled interception

1060

E interceptor
D Abfangjäger
F intercepteur
S interceptor
R ИСТРЕБИТЕЛЬ-ПЕРЕХВАТЧИК
R РАКЕТА-ПЕРЕХВАТЧИК
R ЗЕНИТНАЯ РАКЕТА

1061

E interceptor
see: all-weather interceptor; fighter-interceptor

1062

E interceptor aircraft
D Abfangjäger
F intercepteur
S avión interceptor
R ИСТРЕБИТЕЛЬ-ПЕРЕХВАТЧИК

1063

E interceptor missile
D Abfangflugkörper
F missile intercepteur
S misil interceptor
R РАКЕТА-ПЕРЕХВАТЧИК

1064

E intercontinental ballistic missile (ICBM)
D interkontinentaler ballistischer Flugkörper
F missile balistique intercontinental
S misil balístico intercontinental
R МЕЖКОНТИНЕНТАЛЬНАЯ БАЛЛИСТИЧЕСКАЯ РАКЕТА

1065

E intercontinental missile
D interkontinentaler Flugkörper
F missile intercontinental
S misil intercontinental
R МЕЖКОНТИНЕНТАЛЬНАЯ РАКЕТА

1066

E interdiction
see: overflight interdiction

1067

E interdiction fire
D Abriegelungsfeuer
F tir d'interdiction
S fuego de interdicción
R ОГОНЬ НА ВОСПРЕЩЕНИЕ

1068

E interfering earthquake /detection/
D überlagerndes Erdbeben
F tremblement de terre gênant la détection
S movimiento sísmico interferente
R ЗЕМЛЕТРЯСЕНИЕ, СОЗДАЮЩЕЕ ПОМЕХИ

1069

E Interim Agreement on certain measures with respect to the limitation of strategic offensive arms /26 May 1972/
D Interimsabkommen über bestimmte Massnahmen hinsichtlich der Begrenzung strategischer Offensivwaffen
F Accord intérimaire relatif à certaines mesures concernant la limitation des armes stratégiques offensives
S Acuerdo provisional sobre ciertas medidas relativas a la limitación de las armas ofensivas estratégicas
R ВРЕМЕННОЕ СОГЛАШЕНИЕ О НЕКОТОРЫХ МЕРАХ В ОБЛАСТИ ОГРАНИЧЕНИЯ СТРАТЕГИЧЕСКИХ НАСТУПАТЕЛЬНЫХ ВООРУЖЕНИЙ

1070

E intermediate range ballistic missile (IRBM) (1500-4000 miles)
D ballistischer Flugkörper grosser Reichweite
F missile balistique de portée intermédiaire
S misil balístico de alcance intermedio
R БАЛЛИСТИЧЕСКАЯ РАКЕТА СРЕДНЕЙ ДАЛЬНОСТИ

1071

E International Atomic Energy Agency (IAEA)
D Internationale Atomenergie-Organisation (IAEO)
F Agence internationale de l'énergie atomique (AIEA)
S Organismo Internacional de Energía Atómica (OIEA)
R МЕЖДУНАРОДНОЕ АГЕНТСТВО ПО АТОМНОЙ ЭНЕРГИИ /МАГАТЭ/

1072

E International Atomic Energy Agency safeguards system
D IAEO-Sicherungssystem
D Sicherungssystem der Internationalen Atomenergie-Organisation
F système de garanties de l'Agence internationale de l'énergie atomique
S sistema de salvaguardias del Organismo Internacional de Energía Atómica
R СИСТЕМА ГАРАНТИЙ МЕЖДУНАРОДНОГО АГЕНТСТВА ПО АТОМНОЙ ЭНЕРГИИ

1073

E International Commission on Radiological Protection (ICRP)
D Internationale Strahlenschutzkommission
F Commission internationale de protection contre les radiations (CIPR)
S Comisión Internacional de Protección Radiológica (CIPR)
R МЕЖДУНАРОДНАЯ КОМИССИЯ ПО ЗАЩИТЕ ОТ РАДИОАКТИВНОГО ИЗЛУЧЕНИЯ

1074

E International Commission on Radiological Units and Measurements (ICRU)
D Internationale Kommission für radiologische Einheiten und Strahlenmessung
F Commission internationale des unités et des mesures de radiation (CIUMR)
S Comisión Internacional de Unidades y Medidas de la Radiación (CIUMR)
R МЕЖДУНАРОДНАЯ КОМИССИЯ ПО РАДИОЛОГИЧЕСКИМ ЕДИНИЦАМ И ИЗМЕРЕНИЯМ /МКРЕИ/

1075

E International Committee of the Red Cross (ICRC)
D Internationales Komitee vom Roten Kreuz (IKRK)
F Comité international de la Croix-Rouge (CICR)
S Comité Internacional de la Cruz Roja (CICR)
R МЕЖДУНАРОДНЫЙ КОМИТЕТ КРАСНОГО КРЕСТА /МККК/

1076

E International Conference on Civil Liability for Nuclear Damage /29 April - 19 May 1963; Vienna/
D Internationale Konferenz über die zivilrechtliche Haftung für nukleare Schäden
F Conférence internationale sur la responsabilité civile en matière de dommages nucléaires
S Conferencia internacional sobre la responsabilidad civil por daños nucleares
R МЕЖДУНАРОДНАЯ КОНФЕРЕНЦИЯ ПО ГРАЖДАНСКОЙ ОТВЕТСТВЕННОСТИ ЗА ЯДЕРНЫЙ УЩЕРБ

1077

E International Conference on Nuclear Power and its Fuel Cycle /2-13 May 1977; Salzburg/
D Internationale Konferenz über die Kernkraft und ihren Brennstoffkreislauf
F Conférence internationale sur l'énergie d'origine nucléaire et son cycle du combustible
S Conferencia internacional sobre la energía nucleoeléctrica y su ciclo del combustible
R МЕЖДУНАРОДНАЯ КОНФЕРЕНЦИЯ ПО ЯДЕРНОЙ ЭНЕРГЕТИКЕ И ЕЕ ТОПЛИВНОМУ ЦИКЛУ

1078

E International Conference on the Peaceful Uses of Atomic Energy /8-20 August 1955; Geneva/
D Internationale Konferenz über die friedliche Nutzung der Kernenergie
F Conférence internationale sur l'utilisation de l'énergie atomique à des fins pacifiques
S Conferencia internacional sobre la utilización de la energía atómica con fines pacíficos
R МЕЖДУНАРОДНАЯ КОНФЕРЕНЦИЯ ПО ПРИМЕНЕНИЮ АТОМНОЙ ЭНЕРГИИ В МИРНЫХ ЦЕЛЯХ

1079

E international control of atomic energy
D internationale Atomenergiekontrolle
F contrôle international de l'énergie atomique
S control internacional de la energía atómica
R МЕЖДУНАРОДНЫЙ КОНТРОЛЬ НАД АТОМНОЙ ЭНЕРГИЕЙ

1080

E International Disarmament Organization /proposed by US and USSR/
D Internationale Abrüstungsorganisation
F Organisation internationale du désarmement
S Organización Internacional de Desarme
R МЕЖДУНАРОДНАЯ ОРГАНИЗАЦИЯ ПО РАЗОРУЖЕНИЮ

1081

E international disputes
D internationale Streitigkeiten
F différends internationaux
S controversias internacionales
S litigios internacionales
S conflictos internacionales
R МЕЖДУНАРОДНЫЕ СПОРЫ

1082

E international humanitarian law
D humanitäres Völkerrecht
F droit international humanitaire
S derecho internacional humanitario
R ГУМАНИТАРНОЕ МЕЖДУНАРОДНОЕ ПРАВО

1083

E International Institute of Strategic Studies (IISS)
D Internationales Institut für strategische Studien
F Institut international d'études stratégiques (IIES)
S Instituto Internacional de Estudios Estratégicos (IIEE)
R МЕЖДУНАРОДНЫЙ ИНСТИТУТ СТРАТЕГИЧЕСКИХ ИССЛЕДОВАНИЙ

1084

E International Legal Conference on Maritime Carriage of Nuclear Substances /1971/
D Internationale Rechtskonferenz über die Beförderung von Kernmaterial auf See
F Conférence juridique internationale sur le transport par mer des substances nucléaires
S Conferencia jurídica internacional sobre el transporte marítimo de sustancias nucleares
R МЕЖДУНАРОДНАЯ ЮРИДИЧЕСКАЯ КОНФЕРЕНЦИЯ ПО МОРСКИМ ПЕРЕВОЗКАМ ЯДЕРНЫХ ВЕЩЕСТВ

1085

E International Nuclear Fuel Cycle Evaluation (INFCE)
D Internationale Bewertung des Kernbrennstoffkreislaufs (INFCE)
F Programme international d'évaluation du cycle du combustible nucléaire (INFCE)
S Evaluación Internacional del Ciclaje de los Combustibles Nucleares (EICCN)
R МЕЖДУНАРОДНАЯ ОЦЕНКА ЯДЕРНОГО ТОПЛИВНОГО ЦИКЛА

1086

E International Nuclear Information System (INIS)
D Internationales Kernenergie-Informationssystem (INIS)
F Système international de documentation nucléaire (INIS)
S Sistema Internacional de Documentación Nuclear (INIS)
R МЕЖДУНАРОДНАЯ СИСТЕМА ЯДЕРНОЙ ИНФОРМАЦИИ /ИНИС/

1087

E international peace and security
D Weltfrieden und internationale Sicherheit
F paix et sécurité internationales
S paz y seguridad internacionales
R МЕЖДУНАРОДНЫЙ МИР И БЕЗОПАСНОСТЬ

1088

E International Seismological Centre
D Internationales seismologisches Zentrum
F Centre séismologique international (CSI)
S Centro Sismológico Internacional (CSI)
R МЕЖДУНАРОДНЫЙ СЕЙСМОЛОГИЧЕСКИЙ ЦЕНТР

1089

E international system of control and inspection
D internationales Kontroll- und Inspektionssystem
F système international de contrôle et d'inspection
S sistema internacional de control e inspección
R МЕЖДУНАРОДНАЯ СИСТЕМА КОНТРОЛЯ И ИНСПЕКЦИИ

1090

E international tensions
D internationale Spannungen
F tension internationale
S tirantez internacional
S tensión internacional
R МЕЖДУНАРОДНАЯ НАПРЯЖЕННОСТЬ

1091

E International Working Group on Fast Reactors
D Internationale Arbeitsgruppe für Schnellneutronenreaktoren
F Groupe de travail international sur les réacteurs à neutrons rapides
S Grupo internacional de trabajo sobre reactores rápidos
R МЕЖДУНАРОДНАЯ РАБОЧАЯ ГРУППА ПО БЫСТРЫМ РЕАКТОРАМ

1092

E intervention capability
D Interventionspotential
F capacité d'intervention
S capacidad de intervención
R СПОСОБНОСТЬ К ИНТЕРВЕНЦИИ
R СПОСОБНОСТЬ К ВМЕШАТЕЛЬСТВУ

1093

E intrawar deterrence
D Abschreckung während eines Krieges
F stratégie de dissuasion
F stratégie de guerre
S disuasión antiescalada
R СТРАТЕГИЯ УСТРАШЕНИЯ
R СТРАТЕГИЯ ОГРАНИЧЕНИЯ КОНФЛИКТА

1094

E invitation
see: inspection by invitation

1095

E ionizing radiation
D ionisierende Strahlung
F rayonnement ionisant
F rayonnements ionisants
S radiación ionizante
R ИОНИЗИРУЮЩЕЕ ИЗЛУЧЕНИЕ

1096

E IRBM
see: intermediate range ballistic missile (IRBM)

1097

E irritant
see: lung irritant; respiratory irritant; sensory irritant

1098

E isotope
see: radioactive isotope

1099

E jammer
see: automatic search jammer; repeater-jammer

1100

E jamming
D Stören /ELOKA/
F brouillage
S interferencia
R АКТИВНЫЕ ПОМЕХИ /НАПР. РАДИОЛОКАЦИОННЫМ СТАНЦИЯМ/

1101

E jamming
see: barrage jamming; electronic jamming; spot jamming

1102

E jet aircraft
D Strahlflugzeug
F avion à réaction
S avión de propulsión por chorro
S avión de reacción
R РЕАКТИВНЫЙ САМОЛЕТ
R РЕАКТИВНЫЕ САМОЛЕТЫ

1103

E joint arms production agreement
D Abkommen über gemeinsame Rüstungsproduktion
F accord de coproduction d'armements
S acuerdo de coproducción de armamentos
R СОГЛАШЕНИЕ О СОВМЕСТНОМ ПРОИЗВОДСТВЕ ОРУЖИЯ

1104

E Joint Consultative Commission /USA-USSR/
D Gemeinsame Beratungskommission
F Commission consultative mixte
S Comisión Consultiva Mixta
R СОВМЕСТНАЯ КОНСУЛЬТАТИВНАЯ КОМИССИЯ

1105

E Joint statement on agreed principles for disarmament negotiations /USA-USSR/
D Gemeinsame Erklärung über vereinbarte Grundsätze für Abrüstungsverhandlungen
F Déclaration commune sur les principes convenus pour les négociations relatives au désarmement
S Declaración conjunta de los principios convenidos para las negociaciones de desarme
R СОВМЕСТНОЕ ЗАЯВЛЕНИЕ О СОГЛАСОВАННЫХ ПРИНЦИПАХ ДЛЯ ПЕРЕГОВОРОВ О РАЗОРУЖЕНИИ

1106

E key point
D empfindlicher Punkt
D entscheidender Punkt
F point sensible
S punto clave
R ВАЖНЫЙ ПУНКТ

1107

E key terrain
D Schlüsselgelände
D entscheidender Geländeteil
F position clé
S sector clave
S sector crítico
R КОМАНДНЫЙ УЧАСТОК МЕСТНОСТИ

1108

E kill probability
D Vernichtungswahrscheinlichkeit
F probabilité de destruction
S probabilidad de destrucción
R ВЕРОЯТНОСТЬ ПОРАЖЕНИЯ

1109

E killer satellite
(also known as: hunter-killer satellite)
D Jagdsatellit
D Kampfsatellit
D Killersatellit
F satellite "tueur"
S satélite "matador"
R СПУТНИК ДЛЯ УНИЧТОЖЕНИЯ КОСМИЧЕСКИХ АППАРАТОВ

1110

E kiloton (Kt)
(equivalent to 1,000 tons of TNT)
D Kilotonne (kt)
F kilotonne (kt)
S kilotón
R КИЛОТОННА

1111

E kiloton weapon
D kt-Waffe
F arme kilotonnique
S arma kilotónica
R ЯДЕРНОЕ ОРУЖИЕ МОЩНОСТЬЮ В ОДНУ КИЛОТОННУ

1112

E knife rest
D Spanischer Reiter
F cheval de frise
S caballo de frisa
R РОГАТКА

1113

E Kt
see: kiloton (Kt)

1114

E L wave
see: Love wave (L wave)

1115

E lacrimator
see: tear gas

1116

E land mine
D Landmine
F mine terrestre
S mina terrestre
R НАЗЕМНАЯ ИНЖЕНЕРНАЯ МИНА

1117

E land-based intercontinental missile
D landgestützter interkontinentaler Flugkörper
F missile intercontinental basé à terre
S misil intercontinental de base terrestre
R МЕЖКОНТИНЕНТАЛЬНАЯ РАКЕТА НАЗЕМНОГО БАЗИРОВАНИЯ

1118

E landing force
D Landungsverband
F force de débarquement
S fuerza de desembarco
R ВОЗДУШНОДЕСАНТНЫЕ ВОЙСКА
R ДЕСАНТ

1119

E landing ship
see: assault landing ship

1120

E landing system, instrument
see: instrument landing system

1121

E lanwair systems (land-water-air)
D Land/Wasser/Luft-Systeme
F systèmes TERMERAIR (terre-mer-air)
S sistemas lanwair (de misiles "tierra-mar-aire")
R СИСТЕМЫ ТИПА ЗЕМЛЯ-ВОДА-ВОЗДУХ

1122

E large array /detection/
D Grossarray
F nappe de grandes dimensions
F grand ensemble séismologique
S gran complejo sismográfico
R ОБШИРНЫЙ СЕЙСМИЧЕСКИЙ КОМПЛЕКС

1123

E laser
(light amplification by stimulated emission of radiation)
D Laser
F laser
S láser
R ЛАЗЕР
R ЛАЗЕРНОЕ СРЕДСТВО

1124

E laser beam
see: anti-satellite laser beam

1125

E laser rangefinder
D Laserentfernungsmessgerät
F télémètre laser
F télémètre à laser
S telémetro de láser
R ЛАЗЕРНЫЙ ДАЛЬНОМЕР

1126

E laser technology
D Lasertechnik
F technologie laser
F technologie du laser
S tecnología de láser
R ЛАЗЕРНАЯ ТЕХНИКА

1127

E launch
see: patrol launch

1128

E launch vehicle
D Startfahrzeug
F lanceur
S vehículo lanzamisiles
S vehículo de lanzamiento
R РАКЕТА-НОСИТЕЛЬ

1129

E launcher
D Startgerät
F table de lancement
F dispositif de lancement
S lanzamisiles
R ПУСКОВАЯ УСТАНОВКА

1130

E launcher
see: portable multiple rocket launcher; rifle grenade launcher; rocket launcher

1131

E launcher aircraft
D Trägerluftfahrzeug
F avion lanceur
S avión lanzamisiles
R САМОЛЕТ-РАКЕТОНОСЕЦ
R САМОЛЕТ-НОСИТЕЛЬ

1132

E launching facility
D Startvorrichtung
F installation de lancement
S instalación de lanzamiento
R СТАЦИОНАРНЫЙ СТАРТОВЫЙ КОМПЛЕКС
R ПУСКОВАЯ УСТАНОВКА

1133

E launching pad
see: fixed launching pad; mobile launching pad

1134

E launching pad
E launch pad
D Starttisch
F plate-forme de lancement
F aire de lancement
S plataforma de lanzamiento
R СТАРТОВАЯ ПЛОЩАДКА

1135

E launching platform
D Startplattform
F plate-forme de lancement
S plataforma de lanzamiento
R ПУСКОВАЯ ПЛАТФОРМА

1136

E launching rail
D Startschiene
F tour de lancement
S torre de lanzamiento
R РЕЛЬСОВАЯ НАПРАВЛЯЮЩАЯ ПУ

1137

E launching ramp
D Rampe
D Startrampe
F rampe de lancement
S rampa de lanzamiento
R НАКЛОННАЯ ПУ
R НАПРАВЛЯЮЩАЯ ПУ

1138

E launching site
D Flugkörper-Feuerstellung
F site de lancement
S instalación de lanzamiento
R СТАРТОВАЯ ПОЗИЦИЯ
R ПУСКОВОЙ КОМПЛЕКС
R СТАЦИОНАРНАЯ ПУ

1139

E lay mines, to
D Landminen verlegen
D Unterwasserminen legen
F poser des mines (terrestres)
F mouiller des mines (en mer)
S colocar minas
R СТАВИТЬ МИНЫ

1140

E layer
see: minelayer

1141

E leap-frog advance
see also: advance by bounds
D sprungweises Vorgehen
D überschlagender Einsatz
F progression par bonds
S progresión de escalón
S progresión escalonada
R ПРОДВИЖЕНИЕ СКАЧКАМИ

1142

E Legal Sub-Committee /COPUOS/
D Unterausschuss Recht
F Sous-Comité juridique
S Subcomisión de asuntos jurídicos
R ПРАВОВОЙ ПОДКОМИТЕТ

1143

E lethal chemical agents
D tödliche chemische Kampfstoffe
F agents chimiques létaux
S agentes químicos letales
R ХИМИЧЕСКОЕ ОВ СМЕРТЕЛЬНОГО ДЕЙСТВИЯ

1144

E lethal radiation dose
D tödliche Strahlungsdosis
F dose d'irradiation létale
F dose d'irradiation mortelle
S dosis letal de radiación
R СМЕРТЕЛЬНАЯ ДОЗА ОБЛУЧЕНИЯ

1145

E lethal weapon
D tödliche Waffe
F arme meurtrière
S arma letal
S arma mortífera
R СМЕРТОНОСНОЕ ОРУЖИЕ

1146

E lethality
D Vernichtungswirkung
D Tödlichkeit
F pouvoir meurtrier
S poder letal
S poder mortífero
R ПОРАЖАЮЩЕЕ ДЕЙСТВИЕ
R УБОЙНАЯ СИЛА

1147

E level of radioactivity
D Strahlungspegel
F niveau de radioactivité
S nivel de radiactividad
R УРОВЕНЬ РАДИОАКТИВНОСТИ

1148

E liberated territory
D befreites Gebiet
F territoire libéré
S territorio liberado
R ОСВОБОЖДЕННАЯ ТЕРРИТОРИЯ

1149

E liberation war
D Befreiungskrieg
F guerre de libération
S guerra de liberación
R ОСВОБОДИТЕЛЬНАЯ ВОЙНА

1150

E light anti-tank weapon
D leichte Panzerabwehrwaffe
F arme antichar légère
S arma antitanque ligera
R РУЧНОЙ ПРОТИВОТАНКОВЫЙ ГРАНАТОМЕТ

1151

E light bomber
D leichter Bomber
F bombardier léger
S bombardero liviano
S bombardero ligero
R ЛЕГКИЙ БОМБАРДИРОВЩИК

1152

E light fire
D leichtes Feuer
F tir clairsemé
S fuego raleado
R РЕДКИЙ ОГОНЬ

1153

E light firearm
D leichte Feuerwaffe
F arme légère
S arma de fuego liviana
S arma de fuego ligero
R ЛЕГКОЕ ОГНЕСТРЕЛЬНОЕ ОРУЖИЕ
R ЛЕГКОЕ ОРУЖИЕ

1154

E light machine-gun
D leichtes Maschinengewehr
F fusil-mitrailleur
S ametralladora ligero
S ametralladora liviana
R РУЧНОЙ ПУЛЕМЕТ
R ЛЕГКИЙ ПУЛЕМЕТ

1155

E light machine-gun fire
D leichtes Maschinengewehrfeuer
F tir de fusil mitrailleur
S fuego de ametralladora liviana
S fuego de ametralladora ligero
R ОГОНЬ ИЗ РУЧНОГО ПУЛЕМЕТА

1156

E light tank
D leichter Panzer
F char léger
S tanque liviano
S tanque ligero
R ЛЕГКИЙ ТАНК

1157

E light-water reactor
D Leichtwasserreaktor
F réacteur à eau légère
S reactor de agua ligera
S reactor de agua ordinaria
R РЕАКТОР НА ЛЕГКОЙ ВОДЕ

1158

E limitation
see: arms limitation

1159

E limitation of offensive and defensive strategic nuclear-weapon systems
D Begrenzung der offensiven und defensiven strategischen Kernwaffensysteme
F limitation des systèmes offensifs et défensifs d'armes nucléaires stratégiques
S limitación de los sistemas ofensivos y defensivos de armas nucleares estratégicas
R ОГРАНИЧЕНИЕ НАСТУПАТЕЛЬНЫХ И ОБОРОНИТЕЛЬНЫХ СИСТЕМ СТРАТЕГИЧЕСКОГО ЯДЕРНОГО ОРУЖИЯ

1160

E limitations on nuclear arms
see: agreed limitations on nuclear arms

1161

E limited nuclear response
D begrenzte atomare Reaktion
F riposte nucléaire limitée
S réplica nuclear limitada
S reacción nuclear limitada
R ОТВЕТНЫЙ ЯДЕРНЫЙ УДАР ОГРАНИЧЕННОЙ МОЩНОСТИ

1162

E limited nuclear retaliation
D begrenzte nukleare Vergeltung
F riposte nucléaire limitée
S represalia nuclear limitada
R ОТВЕТНЫЙ ЯДЕРНЫЙ УДАР ОГРАНИЧЕННОЙ МОЩНОСТИ

1163

E limited strategic war
D begrenzter strategischer Krieg
F guerre nucléaire limitée
S guerra estratégica limitada
R ОГРАНИЧЕННЫЕ СТРАТЕГИЧЕСКИЕ БОЕВЫЕ ДЕЙСТВИЯ

1164

E line
see: no-fire line

1165

E linear defence
D lineare Verteidigung
F défense linéaire
S defensa lineal
R ЛИНЕЙНАЯ ОБОРОНА

1166

E loading area
D Verladeplatz
F zone d'embarquement
S zona de embarque
S zona de embarco
R РАЙОН ПОГРУЗКИ

1167

E local fall-out
E close-in fall-out
D örtlicher radioaktiver Niederschlag
F retombée locale
S precipitación (radiactiva) local
R НЕПОСРЕДСТВЕННОЕ ВЫПАДЕНИЕ РАДИОАКТИВНЫХ ОСАДКОВ /В РАЙОНЕ ЯДЕРНОГО ВЗРЫВА/

1168

E localized target
D geortetes Ziel
F objectif ponctuel
S objetivo localizado
R ТОЧЕЧНАЯ ЦЕЛЬ

1169

E location
D Standort
F emplacement
F position
S localización
S situación
S ubicación
R МЕСТОПОЛОЖЕНИЕ
R МЕСТО РАСПОЛОЖЕНИЯ
R РАСПОЛОЖЕНИЕ
R РАЗМЕЩЕНИЕ

1170

E location error
D Ortungsfehler
F erreur de localisation
S error de localización
R ОШИБКА В ОПРЕДЕЛЕНИИ ПОЛОЖЕНИЯ

1171

E location radar
see: mortar location radar

1172

E location threshold /detection/
D Ortungsschwelle
F seuil de localisation
S umbral de localización
R ПОРОГ ОБНАРУЖЕНИЯ

1173

E logistic area
D Versorgungsraum
F zone de déploiement logistique
S zona logística
R ТЫЛОВОЙ РАЙОН
R ТЫЛ

1174

E logistic assessment
D Beurteilung der logistischen Voraussetzungen
F estimation logistique
S evaluación logística
R ОЦЕНКА СЛУЖБЫ ТЫЛА

1175

E logistic costs
D logistische Kosten
F coût du soutien logistique
F coût du dispositif logistique
F dépenses logistiques
S gastos logísticos
R РАСХОДЫ НА ОБЕСПЕЧЕНИЕ РАБОТЫ СЛУЖБ ТЫЛА

1176

E logistic support ship
D Versorgungsschiff
F bâtiment de soutien logistique
S buque de apoyo logístico
R СУДНО СНАБЖЕНИЯ

1177

E logistical support
D logistische Unterstützung
F soutien logistique
S apoyo logístico
R МАТЕРИАЛЬНО-ТЕХНИЧЕСКОЕ ОБЕСПЕЧЕНИЕ

1178

E logistical support
see: air logistical support

1179

E logistics
D Logistik
F logistique
S logística
R ТЫЛ И СНАБЖЕНИЕ
R МАТЕРИАЛЬНО-ТЕХНИЧЕСКОЕ ОБЕСПЕЧЕНИЕ
R РАБОТА ТЫЛА

1180

E LOH
see: army light observation helicopter (LOH)

1181

E London Club
D Londoner Club
F Club de Londres
S Club de Londres
R ЛОНДОНСКИЙ КЛУБ

1182

E long distance strategic reconnaissance aircraft
D strategischer Fernaufklärer
F avion de reconnaissance stratégique à grande distance
S avión de reconocimiento estratégico de gran alcance
R САМОЛЕТ СТРАТЕГИЧЕСКОЙ ДАЛЬНЕЙ РАЗВЕДКИ

1183

E long-period seismograph /detection/
D langperiodischer Seismograph
F séismographe de longue période
S sismógrafo de período largo
R ДЛИННОПЕРИОДНЫЙ СЕЙСМОГРАФ

1184

E long-period waves /detection/
D langperiodische Wellen
F ondes à longue période
S ondas de período largo
R ДЛИННОПЕРИОДНЫЕ ВОЛНЫ

1185

E long-range air surveillance
D Luftraumfernüberwachung
F veille aérienne /grande distance/
S vigilancia aérea de gran alcance
R ДЕЖУРНАЯ РАДИОЛОКАЦИОННАЯ СТАНЦИЯ ВОЗДУШНОГО НАБЛЮДЕНИЯ
R НАБЛЮДЕНИЕ ЗА ВОЗДУХОМ С ПОМОЩЬЮ РАДИОЛОКАЦИОННОЙ СТАНЦИИ

1186

E long-range air surveillance radar
D Luftraumfernüberwachungsradar
F radar de veille aérienne /grande distance/
S radar de vigilancia aérea de gran alcance
R РЛС ДАЛЬНЕГО ДЕЙСТВИЯ

1187

E long-range ballistic missile (LRBM)
D ballistischer Langstreckenflugkörper
F missile balistique à longue portée
S misil balístico de gran alcance
R БАЛЛИСТИЧЕСКАЯ РАКЕТА ДАЛЬНЕГО ДЕЙСТВИЯ

1188

E long-range fall-out
D langfristiger radioaktiver Niederschlag
F retombée à grande portée
S precipitación (radiactiva) de gran alcance
R РАДИОАКТИВНОЕ ЗАГРЯЗНЕНИЕ РАЙОНА БОЛЬШОГО РАДИУСА

1189

E Love wave (L wave) /detection; named after A.E. Love/
D Love-Welle /Seismik/
F onde de Love (onde L)
S onda de Love (onda L)
R ВОЛНА ЛАВ

1190

E low coupling medium /detection/
D Medium mit niedrigem Kopplungsfaktor
F milieu à faible couplage
S medio de bajo acoplamiento
R СЛАБОСВЯЗАННАЯ СРЕДА

1191

E low light level camera
D Restlichtkamera
F caméra à bas niveau de lumière
S cámara fotográfica de bajo nivel de iluminación
R ФОТОКАМЕРА, РАБОТАЮЩАЯ ПРИ НЕЗНАЧИТЕЛЬНОЙ ИНТЕНСИВНОСТИ СВЕТА

1192

E low-pass filter
D Tiefpassfilter
D Tiefpass
F filtre passe-bas
S filtro de paso bajo
R ФИЛЬТР НИЖНИХ ЧАСТОТ

1193

E low-toxic component
D Bestandteil mit geringer Toxizität
F composé faiblement toxique
S componente levemente tóxico
R МАЛОТОКСИЧНЫЙ КОМПОНЕНТ

1194

E low-yield explosion
D Explosion mit niedrigem kt-Wert
F explosion de faible puissance
S explosión de baja potencia
R ВЗРЫВ МАЛОЙ МОЩНОСТИ

1195

E LRBM
see: long-range ballistic missile (LRBM)

1196

E lung irritant
D Lungenreizstoff
F irritant (pulmonaire)
F gaz irritant (pulmonaire)
S irritante pulmonar
R ОВ РАЗДРАЖАЮЩЕГО ДЕЙСТВИЯ

1197

E lying-in-wait
D Auflauern
D Hinterhalt
F guet-apens
S emboscada
R ВЫЖИДАНИЕ
R ЗАСАДА

1198

E Mach front /detection/
D Machsche Front
F front de Mach
S frente de la onda de Mach
R ФРОНТ СВЕРХЗВУКОВОЙ УДАРНОЙ ВОЛНЫ

1199

E Mach stem /detection/
D Machscher Stamm
F avant de l'onde de choc
S onda de Mach
R УДАРНАЯ ВОЛНА /ПРИ ВОЗДУШНОМ ЯДЕРНОМ ВЗРЫВЕ/

1200

E machine-gun
D Maschinengewehr (MG)
F arme automatique
F mitrailleuse
S ametralladora
R ПУЛЕМЕТ

1201

E machine-gun
see: heavy machine-gun; light machine-gun; medium machine-gun

1202

E machine-gun burst
D MG-Feuerstoss
F rafale d'arme automatique
S ráfaga de ametralladora
R ПУЛЕМЕТНАЯ ОЧЕРЕДЬ

1203

E machine-gun round
D MG-Schuss
F coup d'arme automatique
S descarga completa de ametralladora
R ВЫСТРЕЛ ИЗ ПУЛЕМЕТА

1204

E MAD
see: mutual assured destruction (MAD)

1205

E magazine
D Magazin
F chargeur
S cargador
R МАГАЗИН
R ПИСТОЛЕТНАЯ ОБОЙМА

1206

E magnification /detection/
D Vergrösserung /Seismograph/
F amplification
S amplificación
R УВЕЛИЧЕНИЕ
R УСИЛЕНИЕ

1207

E magnitude
D Magnitude
F magnitude
S magnitud
R ВЕЛИЧИНА

1208

E magnitude threshold /detection/
D Magnitudenschwelle
F seuil de magnitude
S umbral de magnitud
R ПОРОГ ВЕЛИЧИНЫ

1209

E main line of resistance
D Hauptwiderstandslinie
F ligne principale de résistance
S línea principal de resistencia
R ГЛАВНАЯ ПОЛОСА ОБОРОНЫ

1210

E maintain the balance, to
D Gleichgewicht aufrechterhalten, das
F maintenir l'équilibre
S mantener el equilibrio
R СОХРАНЯТЬ РАВЕНСТВО

1211

E maintenance and repair craft
D Werkstattschiff
F engin de débarquement-atelier
S embarcación-taller de mantenimiento y reparación
R ПЛАВУЧАЯ СУДОРЕМОНТНАЯ МАСТЕРСКАЯ

1212

E maintenance of international peace and security
D Wahrung des Weltfriedens und der internationalen Sicherheit
F maintien de la paix et de la sécurité internationales
S mantenimiento de la paz y la seguridad internacionales
R ПОДДЕРЖАНИЕ МЕЖДУНАРОДНОГО МИРА И БЕЗОПАСНОСТИ

1213

E maintenance ship
D Tender
F bâtiment base
F navire d'entretien
S buque taller
R ПЛАВУЧАЯ БАЗА
R ПЛАВУЧАЯ СУДОРЕМОНТНАЯ МАСТЕРСКАЯ

1214

E maintenance supplies
D Materialerhaltungsartikel
F maintenances
S materiales de reparación
S materiales de mantenimiento
R МАТЕРИАЛЬНО-ТЕХНИЧЕСКОЕ ОБЕСПЕЧЕНИЕ

1215

E maintenance unit
D Instandsetzungstruppenteil
F unité de maintenance
S unidad de mantenimiento
R РЕМОНТНАЯ ЧАСТЬ

1216

E major weapons
D Hauptwaffen
F armes majeures
S armas principales
R ОСНОВНЫЕ ВИДЫ ВООРУЖЕНИЯ

1217

E mandatory arms embargo
D zwingendes Waffenembargo
F embargo obligatoire sur les armes
S embargo de armas obligatorio
R ОБЯЗАТЕЛЬНОЕ ЭМБАРГО НА ПОСТАВКУ ОРУЖИЯ

1218

E manned military position
D bemannte militärische Stellung
F position militaire armée
S posición militar guarnecida
R ОБСЛУЖИВАЕМАЯ ЛИЧНЫМ СОСТАВОМ ПОЗИЦИЯ

1219

E manoeuvrable re-entry vehicle (MARV)
D manövrierbarer Wiedereintrittskörper
F corps de rentrée manoeuvrable
S vehículo maniobrable de reentrada
R МАНЕВРИРУЮЩАЯ РАКЕТА С РАЗДЕЛЯЮЩИМИСЯ ГОЛОВНЫМИ ЧАСТЯМИ /РГЧ/

1220

E man-rad
D Mann-rad
F homme-rad
S rad-hombre
R ЧЕЛОВЕКО-РАД

1221

E margin
see: operational margin

1222

E marking
see: minefield marking

1223

E MARV
see: manoeuvrable re-entry vehicle (MARV)

1224

E mask
see: protective mask

1225

E mass destruction
D Massenvernichtung
F destruction massive
S destrucción en masa
R МАССОВОЕ УНИЧТОЖЕНИЕ

1226

E mass destruction
see: prohibition and elimination of all types of weapons of mass destruction; weapon of mass destruction; weapon of war and mass destruction

1227

E massive nuclear attack
D massierter Atomangriff
D massierter Kernwaffenangriff
F attaque nucléaire massive
S ataque nuclear en gran escala
R МАССИРОВАННЫЙ ЯДЕРНЫЙ УДАР

1228

E massive retaliation
D massive Vergeltung
F représailles massives
S represalia masiva
R МАССИРОВАННЫЙ ОТВЕТНЫЙ УДАР

1229

E master event /detection/
D Hauptereignis
F événement de référence
S hecho de referencia
S acontecimiento de referencia
R ОСНОВНОЙ ЯДЕРНЫЙ ВЗРЫВ

1230

E matching response
D angemessene Reaktion
F riposte proportionnelle
S reacción proporcional
S réplica proporcional
R РЕАКЦИЯ СООТВЕТСТВУЮЩЕЙ СИЛЫ

1231

E maximum effective range
D wirksame grösste Reichweite
F portée efficace maximale
S alcance eficaz máximo
R ПРЕДЕЛЬНАЯ ДАЛЬНОСТЬ ДЕЙСТВИТЕЛЬНОГО ОГНЯ

1232

E maximum permissible dose /radioactivity/
D Meldedosis
F dose maximale acceptable
S dosis máxima permisible
R ПРЕДЕЛЬНО ДОПУСТИМАЯ ДОЗА ОБЛУЧЕНИЯ

1233

E mb (Ms) method /detection/
D mb:Ms-Methode
F critère mb/Ms
S método mb (Ms)
R МЕТОД mb (Ms)

1234

E MBFR
see: mutual and balanced force reductions (MBFR)

1235

E means
see: peaceful means

1236

E means of delivery
E vectors
D Einsatzmittel
F vecteurs
S vectores
R СРЕДСТВА ДОСТАВКИ /НАПР. ЯДЕРНЫХ БОЕГОЛОВОК/ К ЦЕЛИ

1237

E measure
see: disarmament measure

1238

E measures on strengthening security
D Massnahmen zur Stärkung der Sicherheit
F mesures visant à renforcer la sécurité
S medidas para reforzar la seguridad
R МЕРЫ ПО УКРЕПЛЕНИЮ БЕЗОПАСНОСТИ

1239

E measuring instruments /detection/
D Messgeräte
D Messinstrumente
F appareils de mesure
S instrumentos de medición
R ИЗМЕРИТЕЛЬНЫЕ ПРИБОРЫ

1240

E mechanized infantry
D mechanisierte Infanterie
D Panzergrenadiere /Bundeswehr/
F infanterie mécanisée
S infantería mecanizada
R МОТОПЕХОТА

1241

E mechanized landing craft
D Landungsboot für Kettenfahrzeuge
F chaland transport de matériel (CTM)
S embarcación de desembarco de material
R ДЕСАНТНЫЙ КАТЕР ДЛЯ ПЕРЕВОЗКИ БОЕВОЙ ТЕХНИКИ

1242

E mechanized unit
D mechanisierter Truppenteil
D Panzergrenadier-Truppenteil /Bundeswehr/
F unité mécanisée
S unidad mecanizada
R МЕХАНИЗИРОВАННАЯ ЧАСТЬ
R МЕХАНИЗИРОВАННОЕ ПОДРАЗДЕЛЕНИЕ

1243

E median lethal dose /nuclear and chemical/
D mittlere tödliche Dosis
F dose létale moyenne
S dosis letal media
R СРЕДНЯЯ СМЕРТЕЛЬНАЯ ДОЗА

1244

E medical corps
D Sanitätsdienst
F service de santé
S servicio de sanidad
S cuerpo de sanidad
R ВОЕННО-МЕДИЦИНСКАЯ СЛУЖБА

1245

E Medical Internal Radiation Dose Committee
D Medizinischer Ausschuss für interne Strahlenbelastung
F Comité médical des doses internes de rayonnement
S Comité médico sobre dosis de radiación interna
R МЕДИЦИНСКИЙ КОМИТЕТ ПО ДОЗАМ ВНУТРЕННЕГО ОБЛУЧЕНИЯ

1246

E medium bomber
D mittlerer Bomber
F bombardier moyen
S bombardero mediano
R СРЕДНИЙ БОМБАРДИРОВЩИК

1247

E medium machine-gun
D mittelschweres Maschinengewehr
F mitrailleuse
S ametralladora semipesada
R СТАНКОВЫЙ ПУЛЕМЕТ

1248

E medium range ballistic missile (MRBM)
(500-1500 miles)
D ballistischer Mittelstreckenflugkörper
F missile balistique à moyen portée
S misil balístico de mediano alcance
R БАЛЛИСТИЧЕСКАЯ РАКЕТА СРЕДНЕЙ ДАЛЬНОСТИ

1249

E medium range surface-to-air system
D Boden/Luft-Waffensystem mittlerer Reichweite
F système surface-air à moyenne portée (SAMP)
S sistema de misiles de superficie a aire de mediano
alcance
R ЗЕНИТНЫЙ БОЕВОЙ /РАКЕТНЫЙ/ КОМПЛЕКС СРЕДНЕГО ДЕЙСТВИЯ

1250

E medium tank
D mittelschwerer Panzer
F char moyen
S tanque mediano
R СРЕДНИЙ ТАНК

1251

E meeting engagement
D Begegnungsgefecht
F combat de rencontre
S combate de encuentro
R ВСТРЕЧНЫЙ БОЙ

1252

E megaton
(equivalent to 1 million tons of TNT)
D Megatonne (Mt)
F mégatonne
S megatón
R МЕГАТОННА /ЕД. ИЗМЕРЕНИЯ КАЛИБРА ЯДЕРНОГО ОРУЖИЯ/

1253

E megaton weapon
D Mt-Sprengkörper
F arme mégatonnique
S arma megatónica
R ЯДЕРНОЕ ОРУЖИЕ МОЩНОСТЬЮ В МЕГАТОННУ

1254

E megatonnage
see: equivalent megatonnage (EMT)

1255

E Megawatt (MW)
D Megawatt (MW)
F mégawatt (MW)
S megavatio (MW)
R МЕГАВАТТ /МВТ/

1256

E Memorandum of Understanding regarding the establishment of a direct communications link /USA-USSR; 20 June 1963; Geneva/
D Vereinbarung über die Errichtung einer direkten Kommunikationsverbindung
F Mémorandum d'accord relatif à l'établissement d'une ligne de communications directe
S Memorando de entendimiento acerca del establecimiento de una línea de comunicaciones directa
R МЕМОРАНДУМ О ДОГОВОРЕННОСТИ ОБ УСТАНОВЛЕНИИ ЛИНИИ ПРЯМОЙ СВЯЗИ

1257

E methods
see: non-seismological methods

1258

E MIA
see: missing in action (MIA)

1259

E MIC
see: military-industrial complex (MIC)

1260

E microbial agent
D mikrobischer Kampfstoff
F agent microbiologique
S agente microbiano
R МИКРОБИОЛОГИЧЕСКОЕ СРЕДСТВО

1261

E micro-organism
D Mikroorganismus
F micro-organisme
S microorganismo
R МИКРООРГАНИЗМ

1262

E microseismic noise /detection/
D mikroseismische Unruhe
F bruit microséismique
S ruido microsísmico
R МИКРОСЕЙСМИЧЕСКИЙ ШУМ

1263

E midcourse guidance
E in-flight guidance
D Marschphasenlenkung
F guidage "en vol"
S dirección "en vuelo"
R НАВЕДЕНИЕ НА СРЕДНЕМ УЧАСТКЕ ТРАЕКТОРИИ

1264

E Mid-term review of the Disarmament Decade
D Halbzeitüberprüfung der Abrüstungsdekade
F examen à mi-parcours de la Décennie du désarmement
S examen de mitad de período del Decenio para el Desarme
R СРЕДНЕСРОЧНЫЙ ОБЗОР ДЕСЯТИЛЕТИЯ РАЗОРУЖЕНИЯ

1265

E militarily denuclearized zone
D kernwaffenfreie Zone
F zone militairement dénucléarisée
S zona militarmente desnuclearizada
R ЗОНА, СВОБОДНАЯ ОТ ЯДЕРНОГО ОРУЖИЯ

1266

E military advantages
see: one-sided military advantages

1267

E military aide
D Adjutant
F aide militaire
S ayudante
S ayudante de campo
R ВОЕННЫЙ АДЪЮТАНТ

1268

E military alliance
D Militärbündnis
F alliance militaire
S alianza militar
R ОБОРОНИТЕЛЬНЫЙ СОЮЗ
R ВОЕННЫЙ СОЮЗ

1269

E military allocations
D Zuweisung von Haushaltsmitteln für Verteidigungszwecke
F crédits militaires
S partidas para gastos militares
R ВОЕННЫЕ АССИГНОВАНИЯ

1270

E military assistance programme
D Militärhilfeprogramm
F programme d'assistance militaire
S programa de asistencia militar
R ПРОГРАММА ВОЕННОЙ ПОМОЩИ

1271

E military base
D Militärstützpunkt
F base militaire
S base militar
R ВОЕННАЯ БАЗА

1272

E military bloc
D Militärblock
F bloc militaire
S bloque militar
R ВОЕННЫЙ БЛОК

1273

E military blueprint
D militärischer Plan
F plan militaire
S plano militar
R ПЛАН ВОЕННОЙ ОРГАНИЗАЦИИ

1274

E military budget
D Militärhaushalt
F budget militaire
F budget des armées
S presupuesto militar
R ВОЕННЫЙ БЮДЖЕТ

1275

E military budgets
see: reduction of military budgets

1276

E military build-up
D militärischer Aufbau
F accroissement de la puissance militaire
F renforcement des forces militaires
F accroissement de l'arsenal militaire
S aumento del poderío militar
R НАРАЩИВАНИЕ ВОЕННОГО ПОТЕНЦИАЛА

1277

E military capability
D militärisches Potential
F puissance militaire
S poderío militar
S recursos militares
S posibilidades militares
R ВОЕННЫЙ ПОТЕНЦИАЛ

1278

E military détente
D militärische Entspannung
F détente militaire
S distensión militar
R ВОЕННАЯ РАЗРЯДКА

1279

E military engineering
D Pionierwesen
F génie militaire
S ingeniería militar
R ВОЕННО-ИНЖЕНЕРНОЕ ДЕЛО

1280

E military equipment
D militärisches Gerät
F matériel militaire
S material militar
S pertrechos
R ВОЕННАЯ ТЕХНИКА
R БОЕВАЯ ТЕХНИКА

1281

E military expenditures and budgets
D Militärausgaben und -haushalte
F dépenses et budgets militaires
S gastos y presupuestos militares
R ВОЕННЫЕ РАСХОДЫ И БЮДЖЕТЫ

1282

E military facility
D militärische Einrichtung
F installation militaire
S instalación militar
R ВОЕННОЕ СООРУЖЕНИЕ

1283

E military forces
see: build-up of military forces

1284

E military objective
D militärisches Ziel
F objectif militaire
S objetivo militar
R ВОЕННЫЙ ОБЪЕКТ

1285

E military personnel
D Militärpersonal
F personnel militaire
S personal militar
R ВОЕННОСЛУЖАЩИЕ

1286

E military position
see: manned military position

1287

E military potential
D militärisches Potential
F potentiel militaire
S poderío militar
S fuerza militar
S recursos militares
R ВОЕННЫЙ ПОТЕНЦИАЛ

1288

E military spending
D Militärausgaben
F dépenses militaires
S gastos militares
R ВОЕННЫЕ РАСХОДЫ

1289

E Military Staff Committee
D Generalstabsausschuss
F Comité d'état-major
S Comité de Estado Mayor
R ВОЕННО-ШТАБНОЙ КОМИТЕТ

1290

E military strength
see: build-up of military strength

1291

E military technology
D Wehrtechnik
F technologie militaire
S tecnología militar
R ВОЕННАЯ ТЕХНИКА

1292

E military weapons
see: build-up of military weapons

1293

E military-industrial complex (MIC)
D militärisch-industrieller Komplex
F complexe militaro-industriel
S complejo militar-industrial
R ВОЕННО-ПРОМЫШЛЕННЫЙ КОМПЛЕКС

1294

E mine
D Mine
F mine
S mina
R МИНА
R ФУГАС

1295

E mine
see: actuated mine; anti-personnel mine; anti-tank mine; disarmed mine; drifting mine; land mine; oscillating mine; pop-up land mine

1296

E mine clearance
E mine sweeping
D Minenräumen
F déminage
S despejo de minas
S barrido de minas
R РАЗМИНИРОВАНИЕ

1297

E mine counter-measures ship
D Minenabwehrschiff
F chasseur de mines de contre-mesures
S buque contraminas
R ПЛАВУЧАЯ БАЗА МИННОТРАЛЬНЫХ СИЛ

1298

E mine defence
D Verteidigung mit Minensperren
F emploi défensif des mines
S sistemas defensivos de minas
R ПРИМЕНЕНИЕ МИННОВЗРЫВНЫХ ЗАГРАЖДЕНИЙ В ОБОРОНЕ

1299

E mine sweeping
see: mine clearance

1300

E minefield
see: anti-airborne minefield; phony minefield

1301

E minefield gap
D Lücke in einer Minensperre
F trouée dans un champ de mines
S brecha en terrenos minados
S brecha en campos de minas
R УЧАСТОК, СВОБОДНЫЙ ОТ МИН В МИННОМ ПОЛЕ
R РАЗМИНИРОВАННЫЙ УЧАСТОК

1302

E minefield marking
D Minensperrenkennzeichnung
F marquage des champs de mines
S marcado de terrenos minados
S demarcación de terrenos minados
S señales de terrenos minados
R ОБОЗНАЧЕНИЕ МИННОГО ПОЛЯ

1303

E minehunter
D Minenjagdboot
F chasseur de mines
S cazaminas
R ТРАЛЬЩИК-ИСКАТЕЛЬ МИН

1304

E minelayer
D Minenleger
F mouilleur de mines
S siembraminas
S buque minador
R МИННЫЙ РАСКЛАДЧИК
R МИННЫЙ ЗАГРАДИТЕЛЬ

1305

E minelayer
see: coastal minelayer

1306

E mines
see: lay mines, to

1307

E minesweeper
D Minensuchboot
F dragueur de mines
S barreminas
R МИННЫЙ ТРАЛЬЩИК

1308

E minesweeper
see: coastal minesweeper; drone minesweeper; inshore minesweeper

1309

E miniaturization
D Miniaturisierung
F miniaturisation
S miniaturización
R МИНИАТЮРИЗАЦИЯ

1310

E mininuke
D Mini-Kernsprengkörper
F mininuke
S mininuke
R ЯДЕРНОЕ ОРУЖИЕ НЕБОЛЬШОЙ МОЩНОСТИ
R ЯДЕРНОЕ МИНИ-ОРУЖИЕ

1311

E minor weapons
D Nebenwaffen
F armes secondaires
S armas menores
R ВТОРОСТЕПЕННЫЕ ВИДЫ ВООРУЖЕНИЯ

1312

E MIRV
see: multiple independently targetable re-entry vehicle (MIRV)

1313

E mirving
D Umrüstung auf MIRV-Gefechtskopf
F mirvage
S mirvización
R РАЗВЕРТЫВАНИЕ СИСТЕМЫ МИРВ

1314

E missile
D Flugkörper (FK)
F missile
S misil
R PAKETA
R РЕАКТИВНЫЙ СНАРЯД

1315

E missile
see: air-to-surface aerodynamic missile; air-to-surface ballistic missile; anti-aircraft missile; anti-ballistic missile missile (ABM missile); anti-radar missile; anti-ship missile; anti-submarine missile; anti-tank missile; ballistic missile; cruise missile; ground-to-air missile; ground-to-ground missile; guided missile; heavy missile; interceptor missile; intercontinental missile; land-based intercontinental missile; operational missile; sea-air missile; short-range ballistic missile; shoulder-launched missile; submarine-launched intercontinental missile; submarine-launched missile; subsurface-to-subsurface missile; subsurface-to-surface strategic missile; surface-to-sea missile; surface-to-subsurface missile; tactical missile; two-storey missile; underwater-to-surface missile; wireguided missile

1316

E missile base
see: hard missile base; soft missile base

1317

E missile ship
D Flugkörperschiff
F navire lance-missiles
S buque lanzamisiles
R КОРАБЛЬ-РАКЕТОНОСЕЦ

1318

E missile site radar (MSR)
D Flugkörperstellungsradar
D MSR-Radar
F radar de site de missiles
S radar para protección de emplazamientos de misiles
R РЛС НА СТАРТОВОЙ ПОЗИЦИИ

1319

E missile system
see: offensive missile system; undersea long-range missile system; underwater long-range missile system (ULMS)

1320

E missile warhead
see: warhead

1321

E missing in action (MIA)
D vermisst
F disparu au combat
S desaparecido en combate
R ПРОПАВЩИЙ БЕЗ ВЕСТИ В БОЮ

1322

E mission
see: operational mission

1323

E mixed event /detection/
D gemischtes Ereignis
F événement mixte
S fenómeno mixto
R СМЕШЕННОЕ ЯВЛЕНИЕ

1324

E mobile defence
D beweglich geführte Verteidigung
F défense mobile
S defensa móvil
R МОБИЛЬНАЯ ОБОРОНА

1325

E mobile ground inspection
D bewegliche Bodeninspektion
F inspection mobile au sol
S inspección terrestre móvil
R ПЕРЕДВИЖНАЯ НАЗЕМНАЯ ИНСПЕКЦИЯ

1326

E mobile launching pad
D beweglicher Starttisch
F plate-forme de lancement mobile
S plataforma móvil de lanzamiento
R ПОДВИЖНАЯ СТАРТОВАЯ ПЛОЩАДКА

1327

E moderate risk
D mittleres Risiko
F risque modéré
S riesgo moderado
R УМЕРЕННЫЙ РИСК

1328

E modern large ballistic missile /SALT/
D moderner grosser ballistischer Flugkörper
F grand missile balistique moderne
S misil balístico moderno de gran potencia
R СОВРЕМЕННАЯ БАЛЛИСТИЧЕСКАЯ РАКЕТА БОЛЬШОЙ МОЩНОСТИ

1329

E modern weapons
D moderne Waffen
F armes modernes
S armas modernas
R СОВРЕМЕННЫЕ ВИДЫ ОРУЖИЯ

1330

E Molotov cocktail bomb
D Molotow-Cocktail
F cocktail Molotov
S bomba Molotov
S cóctel Molotov
R БУТЫЛКА С ЗАЖИГАТЕЛЬНОЙ СМЕСЬЮ

1331

E monitoring
D Überwachung
F écoute
F monitorage
F surveillance
F détection (nucléaire)
S observación
S vigilancia
S detección
S control (de explosiones nucleares)
R КОНТРОЛЬ
R НЕПРЕРЫВНОЕ НАБЛЮДЕНИЕ
R ПОДСЛУШИВАНИЕ
R РАДИОПЕРЕХВАТ

1332

E monitoring
see: radiological monitoring; seismological monitoring

1333

E monitoring facility
D Überwachungseinrichtung
F table d'écoute
F poste d'écoute /renseignement/
F installation(s) de surveillance /détection/
S instalación de vigilancia
S instalación de control
S instalación de detección
R КОНТРОЛЬНОЕ ОБОРУДОВАНИЕ
R КОНТРОЛЬНАЯ АППАРАТУРА

1334

E monitoring instrument
D Strahlenüberwachungsgerät
F instrument de détection
S dispositivo de detección
S dispositivo de vigilancia
R КОНТРОЛЬНЫЙ ПРИБОР
R МОНИТОР

1335

E monitoring networks
see: seismograph monitoring networks

1336

E monitoring of explosions
D Überwachung von Explosionen
F détection des explosions
S detección de explosiones
R КОНТРОЛЬ НАД ПРОВЕДЕНИЕМ ВЗРЫВОВ

1337

E mopping-up operation
D Säuberungsoperation
F opération de ratissage
F opération de nettoyage
S operación de limpieza
R ОПЕРАЦИЯ ПО ПРОЧЕСЫВАНИЮ

1338

E moratorium
D Moratorium
F moratoire
S moratoria
R МОРАТОРИЙ

1339

E moratorium on testing and deployment of new offensive and defensive strategic nuclear-weapon systems
D Moratorium über Erprobung und Dislozierung neuer offensiver und defensiver strategischer Kernwaffensysteme
F moratoire sur l'expérimentation et la mise en place de nouveaux systèmes offensifs et défensifs d'armes nucléaires stratégiques
S moratoria sobre el ensayo y emplazamiento de nuevos sistemas de armas nucleares estratégicas ofensivas y defensivas
R МОРАТОРИЙ НА ДАЛЬНЕЙШЕЕ ИСПЫТАНИЕ И РАЗВЕРТЫВАНИЕ НОВЫХ НАСТУПАТЕЛЬНЫХ И ОБОРОНИТЕЛЬНЫХ СИСТЕМ СТРАТЕГИЧЕСКОГО ЯДЕРНОГО ОРУЖИЯ

1340

E mortar
D Mörser
F mortier
S mortero
R МИНОМЕТ

1341

E mortar
see: rifled mortar

1342

E mortar bomb
D Mörserpatrone
F projectile de mortier
S granada de mortero
R МИНОМЕТНАЯ МИНА

1343

E mortar fire
D Mörserfeuer
F tir de mortier
S fuego de mortero
R МИНОМЕТНЫЙ ОГОНЬ

1344

E mortar location radar
D Mörserortungsradar
F radar antimortier
S radar de localización de morteros
R РЛС ЗАСЕЧКИ МИНОМЕТНЫХ БАТАРЕЙ ПРОТИВНИКА
R КОНТРМИНОМЕТНЫЙ РАДИОЛОКАТОР

1345

E mortar round (of fire)
D Mörserschuss
F coup de mortier
S tiro de mortero
R МИНОМЕТНАЯ МИНА

1346

E mortar shell
D Mörserpatrone
F obus de mortier
S granada de mortero
R МИНОМЕТНАЯ МИНА

1347

E motion
see: anomalous motion; particle motion

1348

E motor patrol craft
D Wachboot
F vedette
S lancha patrullera
R МОТОРНЫЙ КАТЕР
R КАТЕР БЕРЕГОВОЙ ОХРАНЫ

1349

E mount /artillery/
D Lafette
F affût
S afuste
R УСТАНОВКА
R СТАНОК
R СИСТЕМА

1350

E mount
see: carriage (of a gun)

1351

E moving target
D sich bewegendes Ziel
D bewegliches Ziel
F cible mobile
S objetivo móvil
S blanco móvil
R ДВИЖУЩАЯСЯ ЦЕЛЬ

1352

E MRBM
see: medium range ballistic missile (MRBM)

1353

E MRCA
see: multi-role combat aircraft (MRCA)

1354

E MRV
see: multiple re-entry vehicle (MRV)

1355

E MSR
see: missile site radar (MSR)

1356

E multi-array analysis /detection/
D Mehrfacharray-Analyse
F analyse multi-ensembles
S análisis de datos obtenidos de complejos sismográficos múltiples
R АНАЛИЗ РЯДА СЕЙСМИЧЕСКИХ ДАННЫХ

1357

E multinational fuel cycle centre
D multinationales Zentrum zur Überwachung des Kernbrennstoffkreislaufs
F centre multinational du cycle du combustible
S centro multinacional del ciclo del combustible
R МНОГОНАЦИОНАЛЬНЫЙ ЦЕНТР ТОПЛИВНОГО ЦИКЛА

1358

E multipathing /detection/
D Mehrwegeortung
F trajets multiples
S trayectorias múltiples
R МНОГОКАНАЛЬНОЕ ОБНАРУЖЕНИЕ

1359

E multiple explosions
D Mehrfachexplosionen
F explosions multiples
S explosiones múltiples
R ГРУППОВЫЕ ВЗРЫВЫ

1360

E multiple independently targetable re-entry vehicle (MIRV)
D MIRV
D mehrfache gegen getrennte Ziele ansetzbare Wiedereintrittskörper (MIRV)
F vecteur à têtes multiples indépendamment guidées
S vehículo de reentradas múltiples dirigidas independientemente
R РАКЕТА С РАЗДЕЛЯЮЩИМИСЯ ГОЛОВНЫМИ ЧАСТЯМИ ИНДИВИДУАЛЬНОГО НАВЕДЕНИЯ НА ЦЕЛЬ
R РАКЕТА МИРВ

1361

E multiple re-entry vehicle (MRV)
D Wiedereintrittskörper mit mehreren Gefechtsköpfen (MRV)
F corps de rentrée multiple
S vehículo de reentradas múltiples
R РАКЕТА С РАЗДЕЛЯЮЩИМИСЯ ГОЛОВНЫМИ ЧАСТЯМИ /РГЧ/

1362

E multiplexing
D Multiplextechnik
D Mehrfachausnutzung
F multiplexage
S emisión multiplex
R ЧАСТОТНОЕ УПЛОТНЕНИЕ

1363

E multi-purpose radar
D Mehrzweckradar
F radar multifonctions
S radar de función múltiple
R МНОГОЦЕЛЕВАЯ РЛС

1364

E multi-role combat aircraft (MRCA)
D Mehrzweckkampfflugzeug
D MRCA /Flugzeugtyp/
F chasseur polyvalent
S avión de caza polivalente
R МНОГОЦЕЛЕВОЙ БОЕВОЙ САМОЛЕТ

1365

E munitions dump
D Munitionslager
F dépôt de munitions
S depósito de municiones
R СКЛАД БОЕПРИПАСОВ

1366

E mutagenic
D mutagen
F mutagène
S mutagénico
R МУТАГЕННЫЙ

1367

E mutation
see: gene mutation

1368

E mutations
see: radiation-induced somatic mutations

1369

E mutual aid
D gegenseitige Hilfe
F aide mutuelle
S ayuda mutua
R ВЗАИМНАЯ ПОМОЩЬ

1370

E mutual and balanced force reductions (MBFR)
D beiderseitige (und) ausgewogene Truppenverminderungen (MBFR)
F réductions mutuelles et équilibrées des forces (MBFR)
S reducciones mutuas y equilibradas de las fuerzas
R ВЗАИМНОЕ И СБАЛАНСИРОВАННОЕ СОКРАЩЕНИЕ ВООРУЖЕННЫХ СИЛ

1371

E mutual assured destruction (MAD) /US/
D beiderseitige sichergestellte Vernichtung
F destruction mutuelle assurée
S destrucción recíproca segura
R ПРИНЦИП НЕИЗБЕЖНОГО ВЗАИМНОГО УНИЧТОЖЕНИЯ

1372

E mutual reductions
D beiderseitige Verminderungen (von Truppen)
F réductions mutuelles
S reducciones mutuas
S reducciones recíprocas
S reducciones paralelas
R ВЗАИМНЫЕ СОКРАЩЕНИЯ

1373

E mutually acceptable decisions
D beiderseitig annehmbare Entscheidungen
F décisions mutuellement acceptables
S decisiones mutuamente aceptables
R ВЗАИМОПРИЕМЛЕМЫЕ РЕШЕНИЯ

1374

E muzzle velocity
D Anfangsgeschwindigkeit (Vo)
D Mündungsgeschwindigkeit (Vo)
F vitesse initiale
S velocidad inicial
R НАЧАЛЬНАЯ СКОРОСТЬ

1375

E MW
see: Megawatt (MW)

1376

E napalm
D Napalm
F napalm
S napalm
R НАПАЛМ

1377

E Napalm and Other Incendiary Weapons and All Aspects of Their Possible Use /report of the Secretary-General/
D Napalm und andere Brandwaffen sowie alle Aspekte ihres möglichen Einsatzes
F Le napalm et les autres armes incendiaires et tous les aspects de leur emploi éventuel
S El napalm y otras armas incendiarias y todos los aspectos de su eventual empleo
R НАПАЛМ И ДРУГОЕ ЗАЖИГАТЕЛЬНОЕ ОРУЖИЕ И ВСЕ АСПЕКТЫ ИХ ВОЗМОЖНОГО ПРИМЕНЕНИЯ

1378

E napalm bomb
D Napalmbombe
F bombe au napalm
S bomba de napalm
R НАПАЛМОВАЯ БОМБА

1379

E napalm bombing
D Bombardierung mit Napalm
F bombardement au napalm
S bombardeo con napalm
R БОМБАРДИРОВКА НАПАЛМОМ

1380

E national defence
D nationale Verteidigung
D Landesverteidigung
F défense nationale
S defensa nacional
R НАЦИОНАЛЬНАЯ ОБОРОНА
R ОБОРОНА СТРАНЫ

1381

E national security
D nationale Sicherheit
F sécurité nationale
S seguridad nacional
R НАЦИОНАЛЬНАЯ БЕЗОПАСНОСТЬ

1382

E national strategy /US/
see: total strategy

1383

E NATO
see: North Atlantic Treaty Organization (NATO)

1384

E navigation radar
D Navigationsradar
F radar de navigation
S radar de navegación
R НАВИГАЦИОННАЯ РЛС

1385

E NBC agents
see: nuclear, bacteriological and chemical agents (NBC agents)

1386

E NDV
see: nuclear delivery vehicle (NDV)

1387

E negligible risk
D nicht ins Gewicht fallendes Risiko
D geringes Risiko
F risque négligeable
S riesgo desdeñable
S riesgo insignificante
R НЕЗНАЧИТЕЛЬНЫЙ РИСК

1388

E negotiations
see: disarmament negotiations

1389

E nephrotoxicity
D Nephrotoxizität
F néphrotoxicité
S nefrotoxicidad
R НЕФРОТОКСИЧНОСТЬ

1390

E nerve gas
D Nervenkampfstoff
F gaz neurotoxique
S gas neurotóxico
R ОВ НЕРВНО-ПАРАЛИТИЧЕСКОГО ДЕЙСТВИЯ

1391

E netting
see: radar netting

1392

E network
see: air control teams network; seismic station network

1393

E neutrality
see: armed neutrality; nuclear neutrality

1394

E neutralization fire
D Niederhaltungsfeuer
F tir de neutralisation
S fuego de neutralización
R ОГОНЬ НА ПОДАВЛЕНИЕ

1395

E neutron bomb
D Neutronenbombe
F bombe à neutrons
S bomba neutrónica
R НЕЙТРОННАЯ БОМБА

1396

E neutron charge
D Neutronenladung
F charge de neutrons
S carga neutrónica
R НЕЙТРОННЫЙ ЗАРЯД

1397

E neutron warhead
D Neutronengefechtskopf
F ogive à neutrons
S ojiva neutrónica
R НЕЙТРОННАЯ БОЕГОЛОВКА

1398

E neutron-induced activity
D neutroneninduzierte Strahlung
F activité induite par les neutrons
S actividad inducida por neutrones
R РАДИОАКТИВНОСТЬ, НАВЕДЕННАЯ С ПОМОЩЬЮ НЕЙТРОНОВ

1399

E Nevada test site (NTS)
D Kernwaffenversuchsgelände Nevada
F polygone d'essais du Nevada
S polígono de ensayos de Nevada
R ИСПЫТАТЕЛЬНЫЙ ПОЛИГОН В ШТАТЕ НЕВАДА

1400

E new techniques of uranium enrichment
D neue Urananreicherungsverfahren
F nouvelles techniques d'enrichissement de l'uranium
S nuevas técnicas de enriquecimiento del uranio
R НОВАЯ ТЕХНОЛОГИЯ ОБОГАЩЕНИЯ УРАНА

1401

E nitrogen mustard
D Stickstofflost
F moutarde à l'azote
F ypérite azotée
S nitrógeno mostaza
S mostaza nitrogenada
R АЗОТНО-ГОРЧИЧНЫЙ ГАЗ

1402

E NNWS
see: non-nuclear-weapon States (NNWS)

1403

E noble gas
D Edelgas
F gaz rare
S gas noble
R ИНЕРТНЫЙ ГАЗ

1404

E no-cities strategy
D Strategie der Aussparung von Bevölkerungszentren
F stratégie contre-forces
F stratégie d'évitement
S estrategia de "no ciudades"
R УКЛОНЕНИЕ ОТ ПОРАЖЕНИЯ ГОРОДОВ /КАК ВИД СТРАТЕГИИ/

1405

E no-fire line
D Feuersicherheitslinie
F ligne de sécurité
S línea de seguridad
S límite de seguridad de fuego
R РУБЕЖ БЕЗОПАСНОСТИ ВЕДЕНИЯ ОГНЯ

1406

E noise
see: seismic noise

1407

E nominal weapon
(maximum yield: 20 kilotons)
D nomineller Kernsprengkörper
F arme de puissance nominale
S arma de potencia nominal
R НОМИНАЛЬНОЕ ЯДЕРНОЕ ОРУЖИЕ

1408

E non-aggression
D Nichtangriff
F non-agression
S no agresión
R НЕНАПАДЕНИЕ

1409

E non-central systems
D nichtzentrale Systeme
F systèmes non-centraux
S sistemas no centrales
R НЕЦЕНТРАЛЬНЫЕ СИСТЕМЫ

1410

E non-dissemination of nuclear arms
D Nichtverbreitung von Kernwaffen
F non-dissémination des armes nucléaires
S no diseminación de armas nucleares
R НЕРАСПРОСТРАНЕНИЕ ЯДЕРНОГО ОРУЖИЯ

1411

E non-military purposes
see: non-weapons purposes

1412

E non-nuclear State
D Nichtnuklearstaat
F Etat non-nucléaire
S Estado que no posee armas nucleares
S Estado no nuclear
R ГОСУДАРСТВО, НЕ ОБЛАДАЮЩЕЕ ЯДЕРНЫМ ОРУЖИЕМ

1413

E non-nuclear-weapon States (NNWS)
D Nichtkernwaffenstaaten
F Etats non dotés d'armes nucléaires (ENDAN)
S Estados que no poseen armas nucleares
S Estados no poseedores de armas nucleares
R ГОСУДАРСТВА, НЕ ОБЛАДАЮЩИЕ ЯДЕРНЫМ ОРУЖИЕМ

1414

E non-proliferation
D Nichtverbreitung
F non-prolifération
S no proliferación
R НЕРАСПРОСТРАНЕНИЕ

1415

E non-proliferation of nuclear weapons
D Nichtverbreitung von Kernwaffen
F non-prolifération des armes nucléaires
S no proliferación de las armas nucleares
R НЕРАСПРОСТРАНЕНИЕ ЯДЕРНОГО ОРУЖИЯ

1416

E Non-Proliferation Treaty (NPT)
see also: Treaty on the Non-Proliferation of Nuclear Weapons (NPT)
D Nichtverbreitungsvertrag (NV-Vertrag)
F Traité sur la non-prolifération (TNP)
S Tratado sobre la no proliferación (TNP)
R ДОГОВОР О НЕРАСПРОСТРАНЕНИИ

1417

E non-seismological methods /detection/
D nichtseismische Verfahren
F méthodes non-séismologiques
S métodos no sismológicos
R НЕСЕЙСМИЧЕСКИЕ МЕТОДЫ

1418

E non-toxic component
D nicht-giftiger Bestandteil
D nicht-toxischer Bestandteil
F composé non-toxique
S componente no tóxico
R НЕТОКСИЧНЫЙ КОМПОНЕНТ

1419

E non-use of force
D Nichtanwendung von Gewalt
D Gewaltverzicht
F non-recours à la force
S no uso de la fuerza
R НЕПРИМЕНЕНИЕ СИЛЫ

1420

E non-use of incendiary weapons
D Nichtanwendung von Brandwaffen
F non-emploi des armes incendiaires
S no utilización de armas incendiarias
R НЕПРИМЕНЕНИЕ ЗАЖИГАТЕЛЬНОГО ОРУЖИЯ

1421

E non-weapons purposes
E non-military purposes
D nichtmilitärische Zwecke
F fins non-militaires
S fines no militares
R ЦЕЛИ, НЕ СВЯЗАННЫЕ С ПРОИЗВОДСТВОМ ОРУЖИЯ
R НЕВОЕННЫЕ ЦЕЛИ

1422

E North Atlantic Treaty /4 April 1949, Washington/
D Nordatlantikvertrag
F Traité de l'Atlantique Nord
S Tratado del Atlántico del Norte
R СЕВЕРОАТЛАНТИЧЕСКИЙ ДОГОВОР

1423

E North Atlantic Treaty Organization (NATO)
D Nordatlantikvertrags-Organisation (NATO)
F Organisation du Traité de l'Atlantique Nord (OTAN)
S Organización del Tratado del Atlántico del Norte (OTAN)
R ОРГАНИЗАЦИЯ СЕВЕРОАТЛАНТИЧЕСКОГО ДОГОВОРА /НАТО/

1424

E nose cone
D Bugkegel
F coiffe /de fusée-sonde/
F pointe /charge utile/
S cono delantero
S cono de la ojiva
R ГОЛОВНАЯ ЧАСТЬ
R НОСОВОЙ КОНУС

1425

E NPT
see: Non-Proliferation Treaty (NPT); Treaty on the Non-Proliferation of Nuclear Weapons (NPT)

1426

E NPT Review Conference
see also: Review Conference of the Parties to the Treaty on the Non-Proliferation of Nuclear Weapons
D Konferenz zur Überprüfung des Nichtverbreitungsvertrags
F Conférence des parties chargée de l'examen du Traité sur la non-prolifération des armes nucléaires
S Conferencia de las partes encargada del examen del TNP
R КОНФЕРЕНЦИЯ УЧАСТНИКОВ ДОГОВОРА О НЕРАСПРОСТРАНЕНИИ ЯДЕРНОГО ОРУЖИЯ ПО РАССМОТРЕНИЮ ДЕЙСТВИЯ ЭТОГО ДОГОВОРА

1427

E NTS
see: Nevada test site (NTS)

1428

E nuclear airburst
D atomare Luftdetonation
D Luftdetonation eines Kernsprengkörpers
F explosion nucléaire aérienne
S explosión nuclear en el aire
R ВОЗДУШНЫЙ ЯДЕРНЫЙ ВЗРЫВ

1429

E nuclear ammunition
D Atommunition
F munitions nucléaires
S municiones nucleares
R ЯДЕРНЫЙ БОЕПРИПАС

1430

E nuclear armament
D nukleare Rüstung
D nukleare Bewaffnung
F armement nucléaire
S armamento nuclear
R ЯДЕРНОЕ ВООРУЖЕНИЕ

1431

E nuclear arms
see: agreed limitations on nuclear arms;
non-dissemination of nuclear arms

1432

E nuclear arms control negotiations
D Verhandlungen über eine Begrenzung der nuklearen Rüstung
F négotiations sur la limitation des armements nucléaires
S negociaciones sobre el control de las armas nucleares
R ПЕРЕГОВОРЫ О КОНТРОЛЕ НАД ЯДЕРНЫМ ОРУЖИЕМ

1433

E nuclear arms race
D nukleares Wettrüsten
F course aux armements nucléaires
S carrera de armamentos nucleares
R ГОНКА ЯДЕРНЫХ ВООРУЖЕНИЙ

1434

E nuclear arms race
see: cessation of the nuclear arms race

1435

E nuclear arsenal
see also: nuclear panoply
D Kernwaffenbestände
F arsenal nucléaire
S arsenal nuclear
R ЯДЕРНЫЙ АРСЕНАЛ

1436

E nuclear attack
D Atomangriff
F attaque nucléaire
S ataque nuclear
R ЯДЕРНОЕ НАПАДЕНИЕ
R ЯДЕРНЫЙ УДАР

1437

E nuclear, bacteriological and chemical agents (NBC agents)
D ABC-Kampfmittel
F agents nucléaires, bactériologiques et chimiques (agents NBC)
S agentes nucleares, bacteriológicos y químicos (agentes NBQ)
R ЯДЕРНЫЕ, БАКТЕРИОЛОГИЧЕСКИЕ И ХИМИЧЕСКИЕ СРЕДСТВА

1438

E nuclear Blitzkrieg
D nuklearer Blitzkrieg
F Blitzkrieg nucléaire
S blitzkrieg nuclear
R МОЛНИЕНОСНАЯ ЯДЕРНАЯ ВОЙНА

1439

E nuclear capability
D nukleares Potential
F capacité nucléaire
S poderío nuclear
R ЯДЕРНЫЙ ПОТЕНЦИАЛ

1440

E nuclear catastrophe
D nukleare Katastrophe
F catastrophe nucléaire
S catástrofe nuclear
R ЯДЕРНАЯ КАТАСТРОФА

1441

E Nuclear Club
D Club der Atommächte
F club nucléaire
S club nuclear
R КЛУБ ЯДЕРНЫХ ДЕРЖАВ

1442

E nuclear conflict
D nuklearer Konflikt
F conflit nucléaire
S conflicto nuclear
R ЯДЕРНЫЙ КОНФЛИКТ

1443

E nuclear damage
D nuklearer Schaden
F dommage nucléaire
S daños nucleares
R УЩЕРБ, НАНЕСЕННЫЙ В РЕЗУЛЬТАТЕ ПРИМЕНЕНИЯ ЯДЕРНОГО ОРУЖИЯ

1444

E nuclear defence
D Schutz gegen nukleare Kampfmittel
F défense nucléaire
S defensa nuclear
S defensa contra ataques nucleares
R ПРОТИВОЯДЕРНАЯ ЗАЩИТА

1445

E nuclear delivery vehicle (NDV)
D Kernwaffeneinsatzmittel
D Kernwaffenträger
F vecteur nucléaire
S vector nuclear
S vehículo portador de armas nucleares
R СРЕДСТВО ДОСТАВКИ ЯДЕРНОГО БОЕПРИПАСА К ЦЕЛИ

1446

E nuclear deterrence
D nukleare Abschreckung
F dissuasion nucléaire
S disuasión nuclear
R УСТРАШЕНИЕ ПРОТИВНИКА ЯДЕРНЫМ ОРУЖИЕМ

1447

E nuclear deterrence capability
D nukleares Abschreckungspotential
F capacité de dissuasion nucléaire
S capacidad de disuasión nuclear
R ВОЗМОЖНОСТИ В ОБЛАСТИ УСТРАШЕНИЯ ПРОТИВНИКА ЯДЕРНЫМ ОРУЖИЕМ

1448

E nuclear deterrent
D nukleares Abschreckungspotential
F force nucléaire de dissuasion
S fuerza nuclear de disuasión
S disuasivo nuclear
R СРЕДСТВО ЯДЕРНОГО УСТРАШЕНИЯ

1449

E nuclear disarmament
D nukleare Abrüstung
F désarmement nucléaire
S desarme nuclear
R ЯДЕРНОЕ РАЗОРУЖЕНИЕ

1450

E nuclear energy
D Kernenergie
F énergie nucléaire
S energía nuclear
R ЯДЕРНАЯ ЭНЕРГИЯ

1451

E nuclear energy
see: nuclear power; peaceful uses of nuclear energy

1452

E nuclear equivalence
D nukleare Gleichwertigkeit
F parité nucléaire
F équilibre nucléaire
S equivalencia nuclear
R ЯДЕРНАЯ ЭКВИВАЛЕНТНОСТЬ
R РАВЕНСТВО СИЛ В ОТНОШЕНИИ ЯДЕРНОГО ОРУЖИЯ

1453

E nuclear explosions for peaceful purposes
D Kernsprengungen für friedliche Zwecke
D Kernexplosionen für friedliche Zwecke
F explosions nucléaires à des fins pacifiques
S explosiones nucleares con fines pacíficos
R ЯДЕРНЫЕ ВЗРЫВЫ В МИРНЫХ ЦЕЛЯХ

1454

E nuclear explosive device
D Kernsprengkörper
F dispositif explosif nucléaire
S dispositivo explosivo nuclear
S artefacto explosivo nuclear
R ЯДЕРНОЕ ВЗРЫВНОЕ УСТРОЙСТВО

1455

E nuclear facilities
see: civil nuclear facilities

1456

E nuclear forces
D atomare Streitkräfte
D nukleare Streitkräfte
F forces nucléaires
S fuerzas nucleares
R ЯДЕРНЫЕ СИЛЫ

1457

E nuclear fuel
D Kernbrennstoff
F combustible nucléaire
S combustible nuclear
R ЯДЕРНОЕ ТОПЛИВО

1458

E nuclear fuel cycle
D Kernbrennstoffkreislauf
F cycle du combustible nucléaire
S ciclo del combustible nuclear
R ЦИКЛ ЯДЕРНОГО ТОПЛИВА

1459

E nuclear incident
D atomarer Zwischenfall
F incident nucléaire
S incidente nuclear
R ЯДЕРНЫЙ ИНЦИДЕНТ

1460

E nuclear installation
D Kernanlage
D Kernenergieanlage
F installation nucléaire
S instalación nuclear
R ЯДЕРНАЯ УСТАНОВКА

1461

E nuclear material
D Kernmaterial
F matière(s) nucléaire(s)
S materiales nucleares
S sustancias nucleares
R ЯДЕРНЫЙ МАТЕРИАЛ

1462

E nuclear material
see: processing of nuclear material; storage of nuclear material

1463

E nuclear missile
see: tactical nuclear missile

1464

E nuclear neutrality
D nukleare Neutralität
F neutralité nucléaire
S neutralidad nuclear
R ЯДЕРНЫЙ НЕЙТРАЛИТЕТ

1465

E nuclear non-proliferation
D Nichtverbreitung von Kernwaffen
F non-prolifération nucléaire
S no proliferación nuclear
R НЕРАСПРОСТРАНЕНИЕ ЯДЕРНОГО ОРУЖИЯ

1466

E nuclear panoply
see also: nuclear arsenal
D Kernwaffenbestände
F panoplie nucléaire
F arsenal nucléaire
S arsenal nuclear
S panoplia nuclear
R ЯДЕРНЫЙ АРСЕНАЛ

1467

E nuclear parity
D nukleare Parität
F parité nucléaire
F équilibre nucléaire
S paridad nuclear
S equilibrio nuclear
R ЯДЕРНОЕ РАВНОВЕСИЕ

1468

E nuclear parity
see: strategic nuclear parity

1469

E nuclear pollution
D radioaktive Verschmutzung
F pollution nucléaire
S contaminación nuclear
R ЗАГРЯЗНЕНИЕ РАДИОАКТИВНЫМИ ОСАДКАМИ

1470

E nuclear Power
D Atommacht
F puissance nucléaire
S potencia nuclear
R ЯДЕРНАЯ ДЕРЖАВА

1471

E nuclear power
E nuclear energy
D Kernkraft
F énergie nucléaire
S energía nuclear
S energía nucleoeléctrica
R ЯДЕРНАЯ ЭНЕРГИЯ

1472

E nuclear proliferation
D Verbreitung von Kernwaffen
F prolifération nucléaire
S proliferación nuclear
R РАСПРОСТРАНЕНИЕ ЯДЕРНОГО ОРУЖИЯ

1473

E nuclear reactor
D Kernreaktor
F réacteur nucléaire
S reactor nuclear
R ЯДЕРНЫЙ РЕАКТОР

1474

E nuclear ship
E nuclear-powered ship
D Schiff mit Atomantrieb
D Atomschiff
F navire nucléaire
F bâtiment nucléaire
S buque nuclear
S nave de propulsión nuclear
R КОРАБЛЬ С АТОМНОЙ СИЛОВОЙ УСТАНОВКОЙ

1475

E nuclear State
D Nuklearstaat
F Etat nucléaire
S Estado nuclear
R ЯДЕРНОЕ ГОСУДАРСТВО

1476

E nuclear stockpile
D Kernwaffenvorrat
F parc nucléaire
S parque nuclear
R ЗАПАС ЯДЕРНОГО ОРУЖИЯ

1477

E nuclear strike force
D atomarer Einsatzverband
F force de frappe nucléaire
S fuerza de ataque nuclear
R ЯДЕРНАЯ УДАРНАЯ МОЩЬ /НАПР. РАКЕТНО-ЯДЕРНОГО ОРУЖИЯ/

1478

E nuclear submarine
E nuclear-powered submarine
D Atom-U-Boot
D U-Boot mit Atomantrieb
D atomgetriebenes U-Boot
F sous-marin nucléaire
S submarino nuclear
R АТОМНАЯ ПОДВОДНАЯ ЛОДКА

1479

E nuclear superiority
D nukleare Überlegenheit
F supériorité nucléaire
S superioridad nuclear
R ЯДЕРНОЕ ПРЕВОСХОДСТВО

1480

E nuclear technology
D Kerntechnik
F technologie nucléaire
S tecnología nuclear
R ЯДЕРНАЯ ТЕХНОЛОГИЯ

1481

E nuclear test
D Atomexplosionstest
F essai nucléaire
S ensayo nuclear
R ИСПЫТАНИЕ ЯДЕРНОГО ОРУЖИЯ

1482

E nuclear threat
D atomare Bedrohung
F menace nucléaire
S amenaza nuclear
R УГРОЗА ПРИМЕНЕНИЯ ЯДЕРНОГО ОРУЖИЯ

1483

E nuclear umbrella
D Atomschirm
F parapluie nucléaire
S sombrilla nuclear
R ЯДЕРНЫЙ ЗОНТ

1484

E nuclear war
see: all-out nuclear war

1485

E nuclear warfare
D Atomkriegführung
F guerre nucléaire
S guerra nuclear
R ЯДЕРНАЯ ВОЙНА
R ВОЙНА С ПРИМЕНЕНИЕМ ЯДЕРНОГО ОРУЖИЯ

1486

E nuclear warhead
D atomarer Gefechtskopf
F tête nucléaire
F ogive nucléaire
F ogive atomique
S ojiva nuclear
S cono nuclear
S carga nuclear
R ЯДЕРНАЯ БОЕГОЛОВКА

1487

E nuclear warheads
see: deployment of new nuclear warheads

1488

E nuclear weapon
D Kernwaffe
D Kernsprengkörper
F arme nucléaire
S arma nuclear
R ЯДЕРНОЕ ОРУЖИЕ

1489

E nuclear weapon
see: operational nuclear weapons

1490

E nuclear weapon testing
see: atmospheric nuclear weapon testing

1491

E nuclear weapon tests
see: discontinuance of nuclear weapon tests

1492

E nuclear weaponry
D Kernwaffenarsenal
F armes nucléaires
S armas nucleares
S armamento nuclear
R ЯДЕРНОЕ ОРУЖИЕ

1493

E nuclear weapons
see: battlefield nuclear weapons; development of new nuclear weapons; existing stocks of nuclear weapons; experimental explosions of nuclear weapons; non-proliferation of nuclear weapons; proliferation of nuclear weapons; reduction of strategic nuclear weapons; safeguards against the proliferation of nuclear weapons

1494

E nuclear yield
D Detonationswert (kt-Wert)
F puissance d'une explosion nucléaire
S potencia de una explosión nuclear
R МОЩНОСТЬ ЯДЕРНОГО БОЕПРИПАСА

1495

E Nuclear-Powered Attack Submarine (SSR)
D U-Jagd-U-Boot mit Atomantrieb
F sous-marin d'attaque à propulsion nucléaire
S submarino nuclear de ataque
R АТОМНАЯ ТОРПЕДНАЯ ПОДВОДНАЯ ЛОДКА

1496

E Nuclear-Powered Ballistic Missile Submarine (SSBN)
D BFK-U-Boot mit Atomantrieb
F sous-marin lance-missiles à propulsion nucléaire
S submarino nuclear lanzamisiles balísticos
R АТОМНАЯ ПОДВОДНАЯ ЛОДКА, ВООРУЖЕННАЯ БАЛЛИСТИЧЕСКИМИ РАКЕТАМИ

1497

E nuclear-powered cruise missile submarine (SSGN)
D Marschflugkörper-U-Boot mit Atomantrieb
D atomgetriebenes MFK-U-Boot
F sous-marin nucléaire armé de missiles de croisière
S submarino nuclear lanzamisiles de crucero
R АТОМНАЯ ПОДВОДНАЯ ЛОДКА, ВООРУЖЕННАЯ КРЫЛАТЫМИ РАКЕТАМИ

1499

E nuclear-powered hunter submarine
D atomgetriebenes U-Jagd-U-Boot
F sous-marin de chasse à propulsion nucléaire
S submarino nuclear de caza
R АТОМНАЯ ПРОТИВОЛОДОЧНАЯ ПОДВОДНАЯ ЛОДКА
R АТОМНАЯ ПОДВОДНАЯ ЛОДКА ПЛО

1500

E nuclear-powered ship
see: nuclear ship

1501

E nuclear-powered submarine
see: nuclear submarine

1502

E nuclear-weapon accident
D Kernwaffenunfall
F accident d'arme nucléaire
S accidente de arma nuclear
R ЧРЕЗВЫЧАЙНОЕ ПРОИСШЕСТВИЕ С ЯДЕРНЫМ ОРУЖИЕМ, СОПРОВОЖДАЮЩЕЕСЯ ЧЕЛОВЕЧЕСКИМИ ЖЕРТВАМИ

1503

E nuclear-weapon Power
D Nuklearmacht
F puissance dotée d'armes nucléaires
S Potencia nuclear
S Potencia poseedora de armas nucleares
R ДЕРЖАВА, ОБЛАДАЮЩАЯ ЯДЕРНЫМ ОРУЖИЕМ

1504

E nuclear-weapon States (NWS)
D Kernwaffenstaaten
F Etats dotés d'armes nucléaires
S Estados que poseen armas nucleares
S Estados poseedores de armas nucleares
R ГОСУДАРСТВА, ОБЛАДАЮЩИЕ ЯДЕРНЫМ ОРУЖИЕМ

1505

E nuclear-weapon systems
see: defensive strategic nuclear-weapon systems

1506

E nuclear-weapon test
D Kernwaffenversuch
F essai d'une arme nucléaire
S ensayo de un arma nuclear
R ИСПЫТАНИЕ ЯДЕРНОГО ОРУЖИЯ

1507

E nuclear-weapon test ban
D Kernwaffenversuchsstopp
F interdiction des essais d'armes nucléaires
S prohibición de los ensayos de armas nucleares
R ЗАПРЕЩЕНИЕ ИСПЫТАНИЙ ЯДЕРНОГО ОРУЖИЯ

1508

E nuclear-weapon test explosion
D Kernwaffenversuchsexplosion
F explosion expérimentale d'une arme nucléaire
S explosión experimental de un arma nuclear
R ИСПЫТАТЕЛЬНЫЙ ВЗРЫВ ЯДЕРНОГО ОРУЖИЯ

1509

E nuclear-weapon-free zone
D kernwaffenfreie Zone
F zone exempte d'armes nucléaires
S zona libre de armas nucleares
R ЗОНА, СВОБОДНАЯ ОТ ЯДЕРНОГО ОРУЖИЯ
R БЕЗЪЯДЕРНАЯ ЗОНА

1510

E nuclide
see: radio-nuclide

1511

E nuke
D Kernwaffe
D Kernsprengkörper
F arme nucléaire
S arma nuclear
R ЯДЕРНОЕ ОРУЖИЕ /РАЗГ./

1512

E NWS
see: nuclear-weapon States (NWS)

1513

E objective
see: military objective

1514

E objective area
D Zielgebiet
F zone de l'objectif
S área del objetivo
R РАЙОН ЦЕЛИ

1515

E oblique air photograph
D Geneigtluftbild
F photographie aérienne oblique
S fotografía aérea oblicua
R ПЕРСПЕКТИВНЫЙ АЭРОФОТОСНИМОК

1516

E obscured signal
D verdecktes Signal
F signal brouillé
F signal masqué
S señal interferida
S señal encubierta
R НЕЯСНЫЙ СИГНАЛ
R ТРУДНОРАСПОЗНАВАЕМЫЙ СИГНАЛ

1517

E observation
see: air observation; seismic observation

1518

E observations
see: on-site observations

1519

E occupation (of a territory)
D Besetzung
F occupation
S ocupación
R ОККУПАЦИЯ

1520

E offensive armament
D Offensivwaffen
F armement offensif
S armamento ofensivo
R НАСТУПАТЕЛЬНОЕ ОРУЖИЕ

1521

E offensive armaments system
D offensives Waffensystem
F système d'armements offensifs
S sistema de armamentos ofensivos
R СИСТЕМА НАСТУПАТЕЛЬНОГО ОРУЖИЯ

1522

E offensive missile system
D offensives Flugkörpersystem
F système de missiles offensifs
S sistema de misiles ofensivos
R СИСТЕМА РАКЕТ ДЛЯ НАСТУПАТЕЛЬНЫХ ДЕЙСТВИЙ

1523

E offensive strategic arms limitation
D Begrenzung strategischer Offensivwaffen
F limitation des armes stratégiques offensives
S limitación de las armas estratégicas ofensivas
R ОГРАНИЧЕНИЕ НАСТУПАТЕЛЬНЫХ СТРАТЕГИЧЕСКИХ ВООРУЖЕНИЙ

1524

E offensive strategic nuclear-weapon delivery system
D offensives strategisches Kernwaffeneinsatzmittel
F système stratégique offensif de vecteurs d'armes nucléaires
S sistema de vectores de armas nucleares estratégicas ofensivas
R СИСТЕМА ДОСТАВКИ НАСТУПАТЕЛЬНОГО СТРАТЕГИЧЕСКОГО ЯДЕРНОГО ОРУЖИЯ

1525

E offensive strategic nuclear-weapon systems
see: limitation of offensive and defensive strategic nuclear-weapon systems

1526

E offset distance
D Nullpunktverlegung
F distance de décentrement
S distancia de desvío
R ОТКЛОНЕНИЕ ЭПИЦЕНТРА /ЯДЕРНОГО ВЗРЫВА/ ОТ ЦЕЛИ

1527

E on call
D auf Abruf
D auf Anforderung
F à la demande
S a petición
R ПО ВЫЗОВУ
R ПО ТРЕБОВАНИЮ
R В ГОТОВНОСТИ

1528

E one-sided military advantages
D einseitige militärische Vorteile
F avantages militaires unilatéraux
S ventajas militares unilaterales
R ОДНОСТОРОННИЕ ВОЕННЫЕ ПРЕИМУЩЕСТВА

1529

E onset
see: anaseismic onset

1530

E onset time /detection/
D Reaktionszeit
F délai de réaction
S tiempo de iniciación
R ВРЕМЯ ДО НАЧАЛА РЕАКЦИИ

1531

E on-site inspection
D Inspektion an Ort und Stelle
F inspection sur place
S inspección in situ
S inspección sobre el terreno
R ИНСПЕКТИРОВАНИЕ /ЯДЕРНОГО ОРУЖИЯ/ В МЕСТАХ ПРОИЗВОДСТВА И НА ПОЗИЦИЯХ

1532

E on-site observations
D Beobachtungen an Ort und Stelle
F observations sur place
S observaciones in situ
R НАБЛЮДЕНИЯ НА МЕСТЕ

1533

E on-site verification
D Verifizierung an Ort und Stelle
F vérification sur place
S verificación in situ
S verificación sobre el terreno
R ПРОВЕРКА НА МЕСТЕ

1534

E OPANAL
see: Agency for the Prohibition of Nuclear Weapons in Latin America (OPANAL)

1535

E open inspection
D offene Inspektion
F libre inspection
S libre inspección
R ОТКРЫТАЯ ИНСПЕКЦИЯ

1536

E operation
see: mopping-up operation

1537

E operational
D Einsatz-
D einsatzbereit
D einsatzfähig
D operativ
F opérationnel
S operacional
S en servicio
S funcional
R ОПЕРАТИВНЫЙ
R БОЕВОЙ
R НАХОДЯЩИЙСЯ НА ВООРУЖЕНИИ
R ДЕЙСТВУЮЩИЙ
R В ИСПРАВНОМ СОСТОЯНИИ

1538

E operational capability
D Einsatzfähigkeit
F capacité opérationnelle
S capacidad operativa
S capacidad operacional
R БОЕСПОСОБНОСТЬ
R БОЕВЫЕ ВОЗМОЖНОСТИ

1539

E operational forces
see: conventional operational forces

1540

E operational margin
D operativer Spielraum
F profondeur de manoeuvre
S margen operacional
S margen de operación
R ЗАПАС МАНЕВРЕННОСТИ

1541

E operational missile
D einsatzbereiter Flugkörper
F missile opérationnel
S misil operacional
R БОЕВАЯ РАКЕТА
R РАКЕТА, ПРИНЯТАЯ НА ВООРУЖЕНИЕ

1542

E operational mission
D Kampfeinsatz
D Einsatzauftrag
F mission opérationnelle
S misión operacional
R БОЕВАЯ ЗАДАЧА

1543

E operational nuclear weapons
D einsatzbereite Kernwaffen
F armes nucléaires opérationnelles
S armas nucleares operacionales
R ЯДЕРНОЕ ОРУЖИЕ ОПЕРАТИВНО-ТАКТИЧЕСКОГО НАЗНАЧЕНИЯ

1544

E operational readiness
D Einsatzbereitschaft
F préparation opérationnelle
S estado de preparación operacional
R БОЕВАЯ ГОТОВНОСТЬ

1545

E operational services and supplies
D operative Dienst- und Sachleistungen
F services et fournitures de campagne
S servicios y abastecimientos de campaña
R ОПЕРАТИВНОЕ ОБСЛУЖИВАНИЕ И РЕЗЕРВ МАТЕРИАЛЬНЫХ СРЕДСТВ /НАПР. НА ТВД/

1546

E operations
see: peace-keeping operations

1547

E opportunity airfield
D Behelfsflugplatz
F terrain de circonstance
S aeródromo de oportunidad
R ВРЕМЕННЫЙ АЭРОДРОМ

1548

E opportunity target
D Gelegenheitsziel
F objectif inopiné
F objectif occasionnel
S blanco de oportunidad
R ВНЕПЛАНОВАЯ ЦЕЛЬ

1549

E opposing party
D gegnerische Partei
D Streitpartei
F partie adverse
F adversaire
S adversario
S antagonista
R ПРОТИВОБОРСТВУЮЩАЯ СТОРОНА

1550

E optimum height of burst
D optimale Detonationshöhe
F hauteur-type d'explosion
S altura óptima de explosión
R ОПТИМАЛЬНАЯ ВЫСОТА ВЗРЫВА

1551

E Optional Protocol Concerning the Compulsory Settlement of Disputes /2l April 1963; Vienna/
D Fakultativprotokoll über die obligatorische Beilegung von Streitigkeiten
F Protocole de signature facultative concernant le règlement obligatoire des différends
S Protocolo facultativo sobre jurisdicción obligatoria para la solución de controversias
R ФАКУЛЬТАТИВНЫЙ ПРОТОКОЛ ОТНОСИТЕЛЬНО ОБЯЗАТЕЛЬНОГО УРЕГУЛИРОВАНИЯ СПОРОВ

1552

E organ
see: control organ

1553

E Organizing Conference of the International Nuclear Fuel Cycle Evaluation /19-21 October 1977; Washington/
D Vorbereitungskonferenz für die internationale Bewertung des Kernbrennstoffkreislaufs
F Conférence d'organisation du Programme international d'évaluation du cycle du combustible nucléaire
S Conferencia organizadora de la evaluación internacional del ciclaje de los combustibles nucleares
R ОРГАНИЗАЦИОННАЯ КОНФЕРЕНЦИЯ ПО МЕЖДУНАРОДНОЙ ОЦЕНКЕ ЯДЕРНОГО ТОПЛИВНОГО ЦИКЛА

1554

E oscillating mine
D Gezeitenmine
F mine ludion
S mina de tipo oscilatorio
R МИНА, ПЛАВАЮЩАЯ НА ЗАДАННОЙ ГЛУБИНЕ

1555

E out of action
D nicht einsatzfähig
D ausser Gefecht
F hors de combat
S fuera de combate
S fuera de servicio
S inutilizado
R ВЫВЕДЕННЫЙ ИЗ СТРОЯ

1556

E Outer Space Treaty
see also: Treaty on Principles Governing the Activities of States in the Exploration and Use of Outer Space, including the Moon and Other Celestial Bodies
D Weltraum-Vertrag
F Traité sur l'espace extra-atmosphérique
S Tratado sobre el Espacio Ultraterrestre
R ДОГОВОР О КОСМИЧЕСКОМ ПРОСТРАНСТВЕ

1557

E outflank, to
D umgehen (taktisch)
F déborder
S flanquear
S desbordar
S envolver
R ОБХОДИТЬ ФЛАНГ
R ОХВАТЫВАТЬ ФЛАНГ
R ВЫХОДИТЬ ВО ФЛАНГ

1558

E Outline of Basic Provisions of a Treaty on General and Complete Disarmament in a Peaceful World /USA/
D Überblick über die grundlegenden Bestimmungen eines Vertrags über allgemeine und vollständige Abrüstung in einer friedlichen Welt
F Grandes lignes des dispositions fondamentales d'un traité sur le désarmement général et complet dans un monde pacifique
S Bosquejo de las disposiciones básicas de un tratado de desarme general y completo en un mundo pacífico
R КРАТКОЕ ИЗЛОЖЕНИЕ ОСНОВНЫХ ПОЛОЖЕНИЙ ДОГОВОРА О ВСЕОБЩЕМ И ПОЛНОМ РАЗОРУЖЕНИИ В УСЛОВИЯХ МИРА ВО ВСЕМ МИРЕ

1559

E outpost
D Feldposten
F avant-poste
S puesto de avanzada
S puesto avanzado
R ОХРАНЕНИЕ

1560

E outstation
D vorgeschobene Station
F poste avancé
S puesto de avanzada
S estación avanzada
R ОТДАЛЕННЫЙ ГАРНИЗОН

1561

E over hit /artillery/
D Weitschuss
F coup long
S impacto excesivo
R ПЕРЕЛЕТ

1562

E overflight
D Überflug
F survol
S sobrevuelo
R ПЕРЕЛЕТ

1563

E overflight clearance
see: blanket overflight clearance

1564

E overflight interdiction
D Überflugverbot
F interdiction de survol
S prohibición de sobrevuelo
R ВОСПРЕЩЕНИЕ ПЕРЕЛЕТА

1565

E overkill capability
D Overkill-Potential
D überschüssiges Vernichtungspotential
F capacité de surdestruction
S capacidad de destrucción excesiva
S capacidad de sobredestrucción
R СПОСОБНОСТЬ К МНОГОКРАТНОМУ УНИЧТОЖЕНИЮ

1566

E overpressure
see also: peak overpressure
D Überdruck
D Detonationsdruck
F surpression
S presión explosiva
R ИЗБЫТОЧНОЕ ДАВЛЕНИЕ
R ПОВЫШЕНИЕ ДАВЛЕНИЯ /ПРИ ЯДЕРНОМ ВЗРЫВЕ/

1567

E P wave /detection/
(P: primary)
D P-Welle
F onde P
S onda P
R ВОЛНА P

1568

E pacific settlement of disputes
D friedliche Beilegung von Streitigkeiten
F règlement pacifique des différends
S arreglo pacífico de controversias
R МИРНОЕ РАЗРЕШЕНИЕ СПОРОВ

1569

E pad
see: launching pad; launch pad

1570

E panoply
see: nuclear panoply

1571

E PAR
see: Perimeter Acquisition Radar (PAR)

1572

E parachute
see: reserve parachute; supply parachute; supply chute

1573

E paratroops
E paratroopers
D Fallschirmjägertruppe
F parachutistes
S paracaidistas
R ПАРАШЮТИСТЫ

1574

E parity
see: nuclear parity

1575

E partial measures of disarmament
E partial disarmament measures
D Massnahmen für eine teilweise Abrüstung
D Teilabrüstungsmassnahmen
F mesures partielles de désarmement
S medidas parciales de desarme
R ЧАСТИЧНЫЕ МЕРОПРИЯТИЯ ПО РАЗОРУЖЕНИЮ

1576

E Partial Test Ban Treaty (PTBT)
see also: Treaty banning nuclear weapon tests in the atmosphere, in outer space and under water
D Teilstopp-Vertrag
F Traité d'interdiction partielle des essais nucléaires
S Tratado de prohibición parcial de pruebas
R ДОГОВОР О ЧАСТИЧНОМ ЗАПРЕЩЕНИИ ИСПЫТАНИЙ ЯДЕРНОГО ОРУЖИЯ

1577

E particle motion
D Teilchenbewegung
F mouvement des particules
S movimiento de partículas
R ДВИЖЕНИЕ ЧАСТИЦ

1578

E party
D Trupp
D Team
F équipe
F groupe
S partida
S grupo
R КОМАНДА
R ГРУППА
R ОТРЯД
R ПАРТИЯ

1579

E party
see: relief party

1580

E pass
D Anflug
D Vorbeiflug
F passage
S pasada
R ЗАХОД НА ЦЕЛЬ

1581

E pass
D Passierschein
F permission de courte durée
S pase
S permiso
R ПРОПУСК
R УВОЛЬНИТЕЛЬНАЯ

1582

E passage
see: right of passage

1583

E passive ECM
D passive elektronische Gegenmassnahme
D passive ELOGM
F contre-mesure électronique passive
S contramedida electrónica pasiva
R ПАССИВНЫЕ МЕРЫ РАДИОПРОТИВОДЕЙСТВИЯ

1584

E path
see: continental path

1585

E path
E trajectory
D Bahn
D Flugbahn
F trajectoire
F trajet (de propagation)
S trayectoria
R ПУТЬ
R ТРАЕКТОРИЯ

1586

E path effects
D Bahneffekte
F effets de trajectoire
F effets de trajet
S efectos de trayectoria
R ВЛИЯНИЕ ТРАЕКТОРИИ

1587

E pathfinder
D Pfadfinder
F orienteur-marqueur
S precursor
R САМОЛЕТ НАВЕДЕНИЯ
R ПАРАШЮТИСТ, СБРАСЫВАЕМЫЙ В РАЙОН ДЕСАНТИРОВАНИЯ ДЛЯ ПОДАЧИ СИГНАЛОВ

1588

E pathfinder aircraft
D Pfadfinderflugzeug
F avion marqueur
S aeronave precursora
R САМОЛЕТ НАВЕДЕНИЯ

1589

E pathogen
D Krankheitserreger
F agent pathogène
S agente patógeno
R ПАТОГЕН /МИКРООРГАНИЗМ, ВЫЗЫВАЮЩИЙ ЗАБОЛЕВАНИЕ/

1590

E pathology of radiation damage
D Pathologie der Strahlenschäden
F pathologie des radiolésions
S patología de las radiolesiones
R ПАТОЛОГИЧЕСКИЕ ИЗМЕНЕНИЯ В РЕЗУЛЬТАТЕ ПОРАЖЕНИЯ РАДИОАКТИВНЫМ ИЗЛУЧЕНИЕМ

1591

E patrol
D Spähtrupp
D Streife
D Patrouille
D Stosstrupp
F patrouille
S patrulla
R ПАТРУЛЬ
R РАЗВЕДГРУППА

1592

E patrol
see: relief patrol

1593

E patrol ACV
see: patrol air cushion vehicle

1594

E patrol air cushion vehicle (patrol ACV)
D Patrouillen-Luftkissenfahrzeug
F patrouilleur sur coussin d'air
S aerodeslizador de patrulla
R ПАТРУЛЬНАЯ МАШИНА НА ВОЗДУШНОЙ ПОДУШКЕ

1595

E patrol boat
D Wachboot
F patrouilleur
S lancha patrullera
R СТОРОЖЕВОЙ КАТЕР

1596

E patrol boat
see: assault support patrol boat (ASPB); fast missile patrol boat

1597

E patrol craft
see: motor patrol craft

1598

E patrol frigate
D Patrouillenfregatte
F escorteur-patrouilleur
S fragata de patrulla
R СТОРОЖЕВОЙ ФРЕГАТ

1599

E patrol launch
D Wachboot
F patrouilleur
S lancha patrullera
R МАЛЫЙ КОРАБЛЬ ПЛО

1600

E patrol torpedo boat (PT boat)
D Torpedoschnellboot
F vedette lance-torpilles
S lancha torpedera de patrulla
R ТОРПЕДНЫЙ КАТЕР

1601

E patrol vessel
D Patrouillenfahrzeug
F patrouilleur
S buque patrullero
R ДОЗОРНЫЙ КАТЕР
R СТОРОЖЕВОЙ КАТЕР
R ПАТРУЛЬНОЕ СУДНО

1602

E patrol vessel
see: seaward defence patrol vessel

1603

E payload
D Nutzlast
F charge utile
S carga útil
R ПОЛЕЗНЫЙ ГРУЗ
R ПОЛЕЗНАЯ НАГРУЗКА
R БОЕВОЙ ЗАРЯД /РАКЕТЫ/

1604

E PDE
see: preliminary determination of epicentres (PDE)

1605

E peace
see: breach of peace; threat to the peace

1606

E peace and security
see: maintenance of international peace and security

1607

E peaceful applications of atomic energy
D friedliche Nutzung der Kernenergie
F applications pacifiques de l'énergie atomique
S aplicaciones pacíficas de la energía atómica
R ПРИМЕНЕНИЕ АТОМНОЙ ЭНЕРГИИ В МИРНЫХ ЦЕЛЯХ

1608

E peaceful coexistence
D friedliche Koexistenz
F coexistence pacifique
S coexistencia pacífica
R МИРНОЕ СОСУЩЕСТВОВАНИЕ

1609

E peaceful means
D friedliche Mittel
F moyens pacifiques
S medios pacíficos
R МИРНЫЕ СРЕДСТВА

1610

E Peaceful Nuclear Explosions (PNE)
D Kernsprengungen für friedliche Zwecke
F explosions nucléaires pacifiques (ENP)
S explosiones nucleares con fines pacíficos (ENP)
R МИРНЫЕ ЯДЕРНЫЕ ВЗРЫВЫ /МЯВ/
R ЯДЕРНЫЕ ВЗРЫВЫ В МИРНЫХ ЦЕЛЯХ

1611

E peaceful purposes
D friedliche Zwecke
F fins pacifiques
S fines pacíficos
R МИРНЫЕ ЦЕЛИ

1612

E peaceful purposes
see: nuclear explosions for peaceful purposes

1613

E peaceful use of the sea-bed
D friedliche Nutzung des Meeresbodens
F utilisation pacifique du fond des mers
S utilización de los fondos marinos con fines pacíficos
R МИРНОЕ ОСВОЕНИЕ МОРСКОГО ДНА

1614

E peaceful uses of nuclear energy
D friedliche Nutzung der Kernenergie
F utilisations pacifiques de l'énergie nucléaire
S utilización de la energía nuclear con fines pacíficos
R ИСПОЛЬЗОВАНИЕ ЯДЕРНОЙ ЭНЕРГИИ В МИРНЫХ ЦЕЛЯХ

1615

E peace-keeping
D Erhaltung des Friedens
F maintien de la paix
S mantenimiento de la paz
R ВОПРОС ПОДДЕРЖАНИЯ МИРА

1616

E peace-keeping operations
D friedenssichernde Massnahmen
F opérations de maintien de la paix
S operaciones de mantenimiento de la paz
R ОПЕРАЦИИ ПО ПОДДЕРЖАНИЮ МИРА

1617

E peace-loving States
D friedliebende Staaten
F Etats pacifiques
S Estados amantes de la paz
R МИРОЛЮБИВЫЕ ГОСУДАРСТВА

1618

E peak overpressure
D Spitzenüberdruck
D Überdruckspitze
F surpression de crête
S presión explosiva máxima
R МАКСИМАЛЬНОЕ ИЗБЫТОЧНОЕ ДАВЛЕНИЕ
R ПИКОВОЕ ИЗБЫТОЧНОЕ ДАВЛЕНИЕ

1619

E PEN AIDS
see: Penetration Aids (PEN AIDS)

1620

E Penetration Aids (PEN AIDS)
D Eindringhilfen
F aides à la pénétration
S ayudas a la penetración
R СРЕДСТВА ОБЕСПЕЧЕНИЯ ПРОРЫВА ПВО

1621

E penetration capability
D Durchdringungsfähigkeit
D Durchschlagsvermögen /Geschoss/
D Eindringvermögen /Bombe/
F capacité de pénétration
S capacidad de penetración
R СПОСОБНОСТЬ ПРОНИКНОВЕНИЯ /НАПР. В ОБОРОНУ ПРОТИВНИКА/

1622

E per capita dose /radiation/
D Pro-Kopf-Dosis
F dose par habitant
S dosis por persona
S dosis per capita
R ДОЗА РАДИОАКТИВНОГО ОБЛУЧЕНИЯ НА ЧЕЛОВЕКА

1623

E perfidious weapons
see: treacherous weapons

1624

E Perimeter Acquisition Radar (PAR)
D Zielerfassungsradar grosser Reichweite
D PAR-Radar
F radar d'acquisition de périmètre
S radar de adquisición de perímetro
S radar de captación de perímetro
R РЛС ОБНАРУЖЕНИЯ НА ПЕРЕДНЕМ КРАЕ /ПРИ КРУГОВОЙ ОБОРОНЕ/

1625

E personal decontamination
D persönliche Dekontamination
F décontamination individuelle
S descontaminación personal
S descontaminación de personas
R ПРОВОДИМАЯ ОДИНОЧНЫМ СОЛДАТОМ ДЕГАЗАЦИЯ /ДЕЗАКТИВАЦИЯ/

1626

E personnel
see: military personnel

1627

E personnel carrier
see: unarmoured personnel carrier

1628

E personnel reaction time /nuclear/
D Reaktionszeit des Personals
F temps de réaction du personnel
S tiempo de reacción del personal
R ВРЕМЯ РЕАГИРОВАНИЯ ЛИЧНОГО СОСТАВА /ПОСЛЕ ОПОВЕЩЕНИЯ О НАПАДЕНИИ/

1629

E PGM
see: precision guided munitions (PGM)

1630

E phase
D Phase
F phase
F train d'ondes
S fase
R ФАЗА
R ЭТАП

1631

E phase velocity
D Phasengeschwindigkeit
F vitesse de phase
S velocidad de fase
R ФАЗОВАЯ СКОРОСТЬ

1632

E phased
E in phase
D phasengleich
F en phase
S en fase
S fasado
R РАЗДЕЛЕННЫЙ НА ЭТАПЫ
R ФАЗИРОВАННЫЙ
R ПОСТЕПЕННЫЙ

1633

E phony minefield
D Scheinminenfeld /Unterwasserminen/
D Scheinminensperre /Landminen/
F faux champ de mines
S campo minado simulado
R ЛОЖНОЕ МИННОЕ ПОЛЕ

1634

E phosgene
D Phosgen
F phosgène
S fosgeno
R ФОСГЕН

1635

E photo
see: air photo

1636

E photoflash bomb
D Blitzlichtbombe
F bombe photo-éclair
S bomba iluminógena
R ФОТОГРАФИЧЕСКАЯ АВИАЦИОННАЯ БОМБА

1637

E photogrammetric control
D photogrammetrisch bestimmtes Punktsystem
F cheminement photographique
S control fotogramétrico
R ФОТОГРАММЕТРИЧЕСКИЙ КОНТРОЛЬ

1638

E photograph
see: oblique air photograph

1639

E photographic detector
D photographischer Detektor
F détecteur photographique
S detector fotográfico
R ФОТОЭМУЛЬСИОННЫЙ ДЕТЕКТОР
R ФОТОГРАФИЧЕСКИЙ ДЕТЕКТОР

1640

E photographic intelligence
D Bildauswertungsergebnisse
D Erkenntnisse aus der Bildaufklärung
F renseignement photographique
S información fotográfica
R ФОТОРАЗВЕДКА

1641

E photographic intelligence coverage
D durch Bildaufklärung erfasster Bereich
F couverture de reconnaissance photographique
S cobertura de la información fotográfica
R АЭРОФОТОГРАФИЧЕСКОЕ ОБЕСПЕЧЕНИЕ В РАЗВЕДЫВАТЕЛЬНЫХ ЦЕЛЯХ

1642

E physical security
D materielle Sicherheit
F sécurité personnelle
S seguridad personal
S seguridad física
R НЕПОСРЕДСТВЕННОЕ ОХРАНЕНИЕ

1643

E picket
see: aerial picket aircraft; air picket; radar picket

1644

E pillbox
D Kampfstand
F casemate
S casamata
R ЗАКРЫТОЕ ОГНЕВОЕ СООРУЖЕНИЕ

1645

E pilotless aircraft
D unbemanntes Luftfahrzeug
F avion sans pilote
S avión sin piloto
R САМОЛЕТ-СНАРЯД
R БЕСПИЛОТНЫЙ САМОЛЕТ
R КРЫЛАТАЯ РАКЕТА

1646

E plane
see: rocket-plane; scout plane

1647

E planned aggregate yield
D vorgesehener Gesamtdetonationswert
F puissance globale prévue
S potencia combinada prevista
R ПЛАНИРУЕМАЯ СУММАРНАЯ МОЩНОСТЬ

1648

E planned resupply
D geplante Weiterversorgung
F ravitaillement préorganisé
S reabastecimiento planificado
R ПЛАНИРУЕМОЕ ПОПОЛНЕНИЕ ЗАПАСА

1649

E platform
see: launching platform

1650

E platform, air-launch
see: air-launch platform

1651

E platoon
D Zug
F section
S sección
R ВЗВОД

1652

E plutonium bomb
D Plutoniumbombe
F bombe au plutonium
S bomba de plutonio
R ПЛУТОНИЕВАЯ БОМБА

1653

E PNE
see: Peaceful Nuclear Explosions (PNE)

1654

E point defence
D Punktverteidigung
D Objektschutz
F défense ponctuelle
S defensa puntual
R ОБОРОНА ПУНКТА

1655

E point sampling device
D Punkt-Stichprobennahmegerät
F dispositif à prélèvement ponctuel
S dispositivo de muestreo puntiforme
R УСТРОЙСТВО ДЛЯ ВЗЯТИЯ ПРОБ В ОДНОЙ ТОЧКЕ

1656

E point source alarm
D Punktquellen-Alarmsystem
F dispositif d'alerte à prélèvement ponctuel
S alarma de fuente puntual
R СИГНАЛ ТИПА ТОЧЕЧНЫЙ ИСТОЧНИК /О РАДИОАКТИВНОСТИ/

1657

E point target
D Punktziel
F objectif ponctuel
S blanco punto
R ТОЧЕЧНАЯ ЦЕЛЬ
R МАЛОРАЗМЕРНАЯ ЦЕЛЬ

1658

E point-to-point
D Punkt-zu-Punkt (-Fernmeldeverbindung)
F poste à poste
S de punto a punto
R ОТ ПУНКТА ДО ПУНКТА
R ПО ПРЯМОЙ СВЯЗИ
R БЕЗ ПОСАДКИ В ПРОМЕЖУТОЧНЫХ ПУНКТАХ

1659

E political settlement
D politische Lösung
D Beilegung auf politischem Wege
F règlement politique
S arreglo político
R ПОЛИТИЧЕСКОЕ УРЕГУЛИРОВАНИЕ

1660

E pollution
see: nuclear pollution

1661

E population
see: radiation-resistant population

1662

E pop-up land mine
D Springmine
F mine terrestre à explosion immédiate
S mina terrestre de explosión inmediata
R ВНЕЗАПНО ВЗРЫВАЮЩАЯСЯ МИНА

1663

E portable multiple rocket launcher
D tragbares Mehrfachraketenstartgerät
F lanceur
F lance-roquettes multirampes portatif
S lanzacohetes múltiple portátil
R МАЛОГАБАРИТНАЯ ПУ С НЕСКОЛЬКИМИ НАПРАВЛЯЮЩИМИ
R МАЛОГАБАРИТНЫЙ МНОГОСТВОЛЬНЫЙ РЕАКТИВНЫЙ МИНОМЕТ

1664

E positioned
D in Stellung
F posté
S puesto en posición
R РАСПОЛОЖЕННЫЙ

1665

E positioning
D Instellungbringen
F mise en batterie
S puesta en posición
S posicionamiento
R РАЗМЕЩЕНИЕ НА ОГНЕВОЙ ПОЗИЦИИ
R РАЗМЕЩЕНИЕ БОЕВОЙ ТЕХНИКИ

1666

E post
see: control post; inspection post; outpost

1667

E potential
see: military potential

1668

E POW compound
see: Prisoner of War compound (POW compound)

1669

E power
see: nuclear power; nuclear energy

1670

E Power
see: nuclear-weapon Power

1671

E pP phase /detection/
D Phase PP
F phase pP
S fase pP
R ФАЗА pP

1672

E precision approach radar
D Präzisionsanflugradar
F radar d'approche de précision
S radar de aproximación de precisión
R РЛС ТОЧНОГО ОПРЕДЕЛЕНИЯ КООРДИНАТ

1673

E precision guided munitions (PGM)
D präzisionsgelenkte Waffen
F munitions guidées avec précision
S municiones dirigidas con precisión
R УПРАВЛЯЕМЫЙ СНАРЯД С ВЫСОКОЙ ТОЧНОСТЬЮ ПРИЦЕЛИВАНИЯ

1674

E predictor
D Vorhaltrechner
F pointeur
S predictor
S calculador de tiro
R ПРИБОР УПРАВЛЕНИЯ АРТИЛЛЕРИЙСКИМ ЗЕНИТНЫМ ОГНЕМ

1675

E pre-emptive attack
E pre-emptive strike
D präemptiver Angriff
D präemptiver Schlag
F ataque préemptive
S ataque preventivo
S ataque anticipado
R УПРЕЖДАЮЩИЙ УДАР

1676

E pre-launch inspection
D Inspektion vor dem Start
F inspection avant le lancement
S inspección antes del lanzamiento
R ИНСПЕКЦИЯ ДО ЗАПУСКА

1677

E preliminary determination of epicentres (PDE)
D vorläufige Bestimmung von Epizentren
F détermination préliminaire des épicentres
S determinación preliminar de epicentros
R ПРЕДВАРИТЕЛЬНОЕ ОПРЕДЕЛЕНИЕ ЭПИЦЕНТРОВ

1678

E preparation fire
D Feuervorbereitung
F tir de préparation
S fuego de preparación
R АРТИЛЛЕРИЙСКАЯ ПОДГОТОВКА

1679

E Preparatory Committee for the Conference of Non-Nuclear-Weapon States
D Ausschuss zur Vorbereitung der Konferenz der Nichtkernwaffenstaaten
F Comité préparatoire de la Conférence d'Etat non dotés d'armes nucléaires
S Comité preparatorio de la Conferencia de Estados que no poseen armas nucleares
R ПОДГОТОВИТЕЛЬНЫЙ КОМИТЕТ КОНФЕРЕНЦИИ ГОСУДАРСТВ, НЕ ОБЛАДАЮЩИХ ЯДЕРНЫМ ОРУЖИЕМ

1680

E Preparatory Committee for the Special Session of the General Assembly Devoted to Disarmament
D Ausschuss zur Vorbereitung der Ausserordentlichen Tagung der Generalversammlung über Abrüstung
F Comité préparatoire de la Session extraordinaire de l'Assemblée générale consacrée au désarmement
S Comité preparatorio del Período extraordinario de sesiones de la Asamblea General dedicado al desarme
R ПОДГОТОВИТЕЛЬНЫЙ КОМИТЕТ ДЛЯ СПЕЦИАЛЬНОЙ СЕССИИ ГЕНЕРАЛЬНОЙ АССАМБЛЕИ, ПОСВЯЩЕННОЙ РАЗОРУЖЕНИЮ

1681

E Preparatory Committee of the Review Conference of the Parties to the Treaty on the Non-Proliferation of Nuclear Weapons
D Ausschuss zur Vorbereitung der Konferenz der Vertragsparteien zur Überprüfung des Vertrags über die Nichtverbreitung von Kernwaffen
F Comité préparatoire de la Conférence des parties chargée de l'examen du Traité sur la non-prolifération des armes nucléaires
S Comisión preparatoria de la Conferencia de las partes encargada del examen del Tratado sobre la no proliferación de las armas nucleares
R ПОДГОТОВИТЕЛЬНЫЙ КОМИТЕТ КОНФЕРЕНЦИИ УЧАСТНИКОВ ДОГОВОРА О НЕРАСПРОСТРАНЕНИИ ЯДЕРНОГО ОРУЖИЯ ПО РАССМОТРЕНИЮ ДЕЙСТВИЯ ЭТОГО ДОГОВОРА

1682

E preparedness
D Einsatzbereitschaft
F capacité opérationnelle
F préparation
S estado de preparación
R БОЕВАЯ ГОТОВНОСТЬ

1683

E pre-position, to
D bereitstellen (einsatznah)
F mettre en place
S tomar posiciones de antemano
R ЗАРАНЕЕ РАЗМЕЩАТЬ НА ПОЗИЦИИ
R УСТАНАВЛИВАТЬ НА ПОЗИЦИИ

1684

E pressure front /nuclear/
D Stossfront
F front de l'onde de surpression
S frente de la onda de presión
R ФРОНТ ДАВЛЕНИЯ

1685

E prevention measure
D Verhütungsmassnahme
F mesure de prévention
S medida preventiva
S medida de prevención
R ПРЕВЕНТИВНАЯ МЕРА

1686

E preventive war
D Präventivkrieg
F guerre préventive
S guerra preventiva
R ПРЕВЕНТИВНАЯ ВОЙНА

1687

E primary wave
see: P wave

1688

E Prisoner of War compound (POW compound)
D Kriegsgefangenenlager
F bloc de prisonniers de guerre
S sección de un campo de prisioneros de guerra
R ПОЛЕВОЙ ЛАГЕРЬ ВОЕННОПЛЕННЫХ

1689

E probability
see: kill probability

1690

E probability of damage
D Schadenswahrscheinlichkeit
F dégâts probables
S probabilidad de daños
R ВЕРОЯТНОСТЬ ПОРАЖЕНИЯ

1691

E probable error
D wahrscheinliche Streuung
F écart probable
S error probable
R ВЕРОЯТНАЯ ОШИБКА
R ВЕРОЯТНОЕ ОТКЛОНЕНИЕ

1692

E problem of disarmament
D Abrüstungsproblem
F problème du désarmement
S problema del desarme
R ПРОБЛЕМА РАЗОРУЖЕНИЯ

1693

E procedure
see: fail-safe procedure

1694

E process of disarmament
D Abrüstungsprozess
F processus de désarmement
S proceso de desarme
R ПРОЦЕСС РАЗОРУЖЕНИЯ

1695

E processing
see: signal processing

1696

E processing of nuclear material
D Wiederaufarbeitung von Kernmaterial
F traitement des matières nucléaires
S elaboración de materiales nucleares
R ОБРАБОТКА ЯДЕРНЫХ МАТЕРИАЛОВ

1697

E programme
see: arms programme

1698

E Programme for Peace and International Co-operation
D Programm für Frieden und internationale Zusammenarbeit
F Programme pour la paix et la coopération internationales
S Programa para la paz y la cooperación internacional
R ПРОГРАММА МИРА И МЕЖДУНАРОДНОГО СОТРУДНИЧЕСТВА

1699

E progressive and balanced withdrawal
D stufenweiser und ausgewogener Abzug
F retrait progressif et équilibré
S retirada gradual y equilibrada
R ПОСТЕПЕННЫЙ И РАВНОМЕРНЫЙ ВЫВОД ВОЙСК

1700

E prohibition and elimination of all types of weapons of mass destruction
D Verbot und Beseitigung aller Arten von Massenvernichtungswaffen
F interdiction et élimination de tous les types d'armes de destruction massive
S prohibición y eliminación de todos los tipos de armas de destrucción en masa
R ЗАПРЕЩЕНИЕ И ЛИКВИДАЦИЯ ВСЕХ ВИДОВ ОРУЖИЯ МАССОВОГО УНИЧТОЖЕНИЯ

1701

E prohibition of atomic weapons
D Kernwaffenverbot
F interdiction des armes atomiques
F armes atomiques, interdiction des
S prohibición de las armas atómicas
R ЗАПРЕЩЕНИЕ АТОМНОГО ОРУЖИЯ

1702

E projectile
D Geschoss
F projectile
S proyectil
R СНАРЯД

1703

E projectile
see: fin-stabilized projectile; high-velocity projectile

1704

E proliferation
D Verbreitung
F prolifération
S proliferación
R РАСПРОСТРАНЕНИЕ /НАПР. ЯДЕРНОГО ОРУЖИЯ/

1705

E proliferation
see: horizontal proliferation; non-proliferation; nuclear non-proliferation; nuclear proliferation; vertical proliferation

1706

E proliferation of nuclear weapons
D Verbreitung von Kernwaffen
F prolifération des armes nucléaires
S proliferación de las armas nucleares
R РАСПРОСТРАНЕНИЕ ЯДЕРНОГО ОРУЖИЯ

1707

E proliferation of nuclear weapons
see: non-proliferation of nuclear weapons; safeguards against the proliferation of nuclear weapons

1708

E propagation
D Ausbreitung
F propagation
S propagación
R РАСПРОСТРАНЕНИЕ

1709

E propagation
see: velocity of propagation

1710

E propagation path
D Ausbreitungsweg
F trajectoire
F trajet
S trayectoria de propagación
R ТРАЕКТОРИЯ РАСПРОСТРАНЕНИЯ

1711

E propellant
D Treibstoff
D Treibladungspulver
D Treibladung
F ergol
F propergol
F charge propulsive
S propulsor
R МЕТАТЕЛЬНОЕ ВЗРЫВЧАТОЕ ВЕЩЕСТВО
R МЕТАТЕЛЬНЫЙ ЗАРЯД
R БОЕВОЙ ЗАРЯД
R РАКЕТНОЕ ТОПЛИВО

1712

E protective mask
D Schutzmaske
F masque de protection
F masque à gaz
S máscara protectora
R ПРОТИВОГАЗ

1713

E Protocol I (Protocol Additional to the Geneva Conventions of 12 August 1949, and relating to the protection of victims of international armed conflicts) /adopted by the Diplomatic Conference on the Reaffirmation and Development of International Humanitarian Law Applicable in Armed Conflicts; 4th session, 8 June 1977/
D Protokoll I (Zusatzprotokoll zu den Genfer Abkommen vom 12. August 1949 über den Schutz der Opfer internationaler bewaffneter Konflikte) /angenommen von der Diplomatischen Konferenz über die Neubestätigung und Weiterentwicklung des in bewaffneten Konflikten anwendbaren humanitären Völkerrechts, 4. Tagung, 8. Juni 1977/
F Protocole I (Protocole additionnel aux Conventions de Genève du 11 août 1949 relatif à la protection des victimes des conflits armés internationaux)
S Protocolo I (Protocolo adicional a los Convenios de Ginebra del 12 de agosto de 1949 relativo a la protección de las víctimas de los conflictos armados internacionales)
R ПРОТОКОЛ I /ДОПОЛНИТЕЛЬНЫЙ ПРОТОКОЛ К ЖЕНЕВСКИМ КОНВЕНЦИЯМ ОТ 12 АВГУСТА 1949 ГОДА, КАСАЮЩИЙСЯ ЗАЩИТЫ ЖЕРТВ МЕЖДУНАРОДНЫХ ВООРУЖЕННЫХ КОНФЛИКТОВ/

1714

E Protocol II (Protocol Additional to the Geneva Conventions of 12 August 1949, and relating to the protection of victims of non-international armed conflicts) /adopted by the Diplomatic Conference on the Reaffirmation and Development of International Humanitarian Law Applicable in Armed Conflicts; 4th session, 8 June 1977/

D Protokoll II (Zusatzprotokoll zu den Genfer Abkommen vom 12. August 1949 über den Schutz der Opfer nicht internationaler bewaffneter Konflikte) /angenommen von der Diplomatischen Konferenz über die Neubestätigung und Weiterentwicklung des in bewaffneten Konflikten anwendbaren humanitären Völkerrechts, 4. Tagung, 8. Juni 1977/

F Protocole II (Protocole additionnel aux Conventions de Genève du 12 août 1949 relatif à la protection des victimes des conflits armés non-internationaux)

S Protocolo II (Protocolo adicional a los Convenios de Ginebra del 12 de agosto de 1949 relativo a la protección de las víctimas de los conflictos armados no internacionales)

R ПРОТОКОЛ II /ДОПОЛНИТЕЛЬНЫЙ ПРОТОКОЛ К ЖЕНЕВСКИМ КОНВЕНЦИЯМ ОТ 12 АВГУСТА 1949 ГОДА, КАСАЮЩИЙСЯ ЗАЩИТЫ ЖЕРТВ НЕМЕЖДУНАРОДНЫХ ВООРУЖЕННЫХ КОНФЛИКТОВ/

1715

E Protocol for the Prohibition of the Use in War of Asphyxiating, Poisonous or Other Gases, and of Bacteriological Methods of Warfare /17 June 1925; Geneva/

D Protokoll über das Verbot der Verwendung von erstickenden, giftigen oder ähnlichen Gasen sowie von bakteriologischen Mitteln im Kriege

F Protocole concernant la prohibition d'emploi à la guerre de gaz asphyxiants, toxiques ou similaires et de moyens bactériologiques

S Protocolo relativo a la prohibición del empleo en la guerra de gases asfixiantes, tóxicos o similares y de medios bacteriológicos

R ПРОТОКОЛ О ЗАПРЕЩЕНИИ ПРИМЕНЕНИЯ НА ВОЙНЕ УДУШЛИВЫХ, ЯДОВИТЫХ ИЛИ ДРУГИХ ПОДОБНЫХ ГАЗОВ И БАКТЕРИОЛОГИЧЕСКИХ СРЕДСТВ

1716

E Protocol to the Agreement on the Prevention of Incidents on and over the High Seas /USA-USSR; 22 May 1973; Washington/

D Protokoll zu dem Abkommen über die Verhütung von Zwischenfällen auf und über der Hohen See

F Protocole à l'Accord pour la prévention des incidents en haute-mer et au-dessus de la haute-mer

S Protocolo al Acuerdo sobre la prevención de incidentes en alta mar y sobre la alta mar

R ПРОТОКОЛ К СОГЛАШЕНИЮ О ПРЕДОТВРАЩЕНИИ ИНЦИДЕНТОВ В ОТКРЫТОМ МОРЕ И В ВОЗДУШНОМ ПРОСТРАНСТВЕ НАД НИМ

1717

E Protocol to the Interim Agreement on certain measures with respect to the limitation of strategic offensive arms
D Protokoll zu dem Interimsabkommen über bestimmte Massnahmen hinsichtlich der Begrenzung strategischer Offensivwaffen
F Protocole à l'Accord intérimaire relatif à certaines mesures concernant la limitation des armes stratégiques offensives
S Protocolo al Acuerdo provisional sobre ciertas medidas relativas a la limitación de las armas ofensivas estratégicas
R ПРОТОКОЛ К ВРЕМЕННОМУ СОГЛАШЕНИЮ О НЕКОТОРЫХ МЕРАХ В ОБЛАСТИ ОГРАНИЧЕНИЯ СТРАТЕГИЧЕСКИХ НАСТУПАТЕЛЬНЫХ ВООРУЖЕНИЙ

1718

E Protocol to the Treaty on the Limitation of Anti-Ballistic Missile Systems /1974/
D Protokoll zu dem Vertrag über die Begrenzung der Systeme zur Abwehr ballistischer Flugkörper
F Protocole au Traité sur la limitation des systèmes de missiles antimissiles
S Protocolo al Tratado sobre la limitación de los sistemas de misiles antibalísticos
R ПРОТОКОЛ К ДОГОВОРУ ОБ ОГРАНИЧЕНИИ СИСТЕМ ПРОТИВОРАКЕТНОЙ ОБОРОНЫ

1719

E Protocol to the Treaty on the Limitation of Underground Nuclear Weapon Tests /USA-USSR; 3 July 1974; Moscow/
D Protokoll zu dem Vertrag über die Begrenzung unterirdischer Kernwaffenversuche
F Protocole au Traité sur la limitation des essais souterrains d'armes nucléaires
S Protocolo al Tratado sobre la limitación de los ensayos subterráneos con armas nucleares
R ПРОТОКОЛ К ДОГОВОРУ ОБ ОГРАНИЧЕНИИ ПОДЗЕМНЫХ ИСПЫТАНИЙ ЯДЕРНОГО ОРУЖИЯ

1720

E Protocol to the Treaty on Underground Nuclear Explosions for Peaceful Purposes /USA-USSR/
D Protokoll zu dem Vertrag über unterirdische Kernsprengungen für friedliche Zwecke
F Protocole au Traité sur les explosions nucléaires souterraines à des fins pacifiques
S Protocolo al Tratado sobre las explosiones nucleares subterráneas con fines pacíficos
R ПРОТОКОЛ К ДОГОВОРУ О ПОДЗЕМНЫХ ЯДЕРНЫХ ВЗРЫВАХ В МИРНЫХ ЦЕЛЯХ

1721

E psychological action
D psychologische Aktion
F action psychologique
S acción psicológica
R ПСИХОЛОГИЧЕСКОЕ ДЕЙСТВИЕ

1722

E psychological warfare
D psychologische Verteidigung
D psychologische Kriegführung
F guerre psychologique
S guerra psicológica
R ПСИХОЛОГИЧЕСКАЯ ВОЙНА

1723

E psychological warfare
see: strategic psychological warfare

1724

E PT boat
see: patrol torpedo boat (PT boat)

1725

E PTBT
see: Partial Test Ban Treaty (PTBT)

1726

E Pugwash Conference
D Pugwash-Konferenz
F Conférence Pugwash
S Conferencia Pugwash
R ПАГУОШСКАЯ КОНФЕРЕНЦИЯ

1727

E pulse
D Impuls
D Puls
F signal
F impulsion
S impulsión
S impulso
S señal
R ПУЛЬС
R ВИБРАЦИЯ
R БИЕНИЕ
R ИМПУЛЬС

1728

E pulse
see: signal pulse

1729

E pursuit
D Verfolgung
F poursuite
S persecución
S caza
R ПРЕСЛЕДОВАНИЕ

1730

E pursuit capability
see: detection and pursuit capability

1731

E Q wave
D Love-Welle /angewandte Seismik/
F onde Q
S onda Q
R ВОЛНА Q

1732

E R wave
see: Rayleigh wave (R wave)

1733

E race
see: arms race; nuclear arms race

1734

E rad
D Rad
F rad
S rad
R РАД

1735

E radar (radio detecting and ranging)
D Radar
F radar
S radar
R РАДИОЛОКАЦИОННАЯ СТАНЦИЯ /РЛС/
R РАДИОЛОКАТОР

1736

E radar
see: advance early warning radar; airborne radar; fire control radar; gap filler radar; height finder radar; long-range air surveillance radar; mortar location radar; multi-purpose radar; navigation radar; precision approach radar; recognition and identification radar; surface surveillance radar; surveillance radar; three-dimensional search radar; tracking radar

1737

E radar camouflage
D Radartarnung
F camouflage-radar
S camuflaje de radar
R ПРОТИВОРАДИОЛОКАЦИОННАЯ МАСКИРОВКА

1738

E radar clutter
D unerwünschte Radarechos
F interférence radar
S interferencia de radar
S perturbación radárica
R ОТРАЖЕНИЯ ОТ МЕСТНЫХ ПРЕДМЕТОВ
R МЕСТНЫЕ ПОМЕХИ

1739

E radar coverage
D Radarerfassungsbereich
F couverture radar
S cobertura de radar
R ПРЕДЕЛЫ ДОСЯГАЕМОСТИ РЛС

1740

E radar defence
see: high/low altitude airborne radar defence

1741

E radar echo
D Radarecho
F écho radar
S eco de radar
R ЭХОСИГНАЛ

1742

E radar fire
D Schiessen nach Radar
F tir au radar
S fuego por radar
R ОГОНЬ, УПРАВЛЯЕМЫЙ С ПОМОЩЬЮ РЛС

1743

E radar for a carrier controlled approach system
D Flugzeugträger-Anflugradarsystem
F radar d'appontage
S radar de aproximación controlado desde portaaviones
R РЛС ДЛЯ ЗАХОДА НА ПОСАДКУ ПО СИГНАЛАМ С АВИАНОСЦА

1744

E radar miles
D Radarmeilen
F milles
(distance mesurée au radar)
S millas
(distancia medida por radar)
R РАССТОЯНИЕ В МИЛЯХ, ОПРЕДЕЛЕННОЕ РАДИОЛОКАЦИОННЫМ ДАЛЬНОМЕРОМ

1745

E radar netting
D Radarnetze
F réseau radar
S red de estaciones de radar
R ОРГАНИЗАЦИЯ СЕТИ РЛС

1746

E radar operator
D Radarbediener
F radariste
S operador de radar
R ОПЕРАТОР РЛС

1747

E radar picket
D Radarpicket
D bewegliche vorgeschobene Radarstation
F piquet radar
F surveillance-radar
S defensa de radar
S piquete de radar
R РАДИОЛОКАЦИОННЫЙ ДОЗОР

1748

E radar picket aircraft
D Radar-Picket-Luftfahrzeug
D Radar-Frühwarnflugzeug
F avion de surveillance radar
S avión de defensa de radar
S avión piquete de radar
R САМОЛЕТ РАДИОЛОКАЦИОННОГО ДОЗОРА

1749

E radar picket destroyer
D Radar-Picket-Zerstörer
F destroyer de surveillance radar
S destructor de defensa de radar
S destructor piquete de radar
R ЭСКАДРЕННЫЙ МИНОНОСЕЦ РАДИОЛОКАЦИОННОГО ДОЗОРА

1750

E radar-command guidance
D Radarlenkung
F autoguidage par radar
S dispositivo de dirección por radar
R РАДИОЛОКАЦИОННОЕ КОМАНДНОЕ НАВЕДЕНИЕ

1751

E radiation
D Strahlung
F rayonnement
S radiación
R ИЗЛУЧЕНИЕ
R РАДИАЦИЯ
R ОБЛУЧЕНИЕ

1752

E radiation
see: atomic radiation; background radiation; hazard of radiation; ionizing radiation; residual radiation; surface-wave radiation; ultraviolet radiation

1753

E radiation carcinogenesis
see also: radiation-induced carcinogenesis
D Strahlenkarzinogenese
F radiocancérogenèse
F cancérogenèse radio-induite
S carcinogénesis radioinducida
R РАКОВЫЕ ЗАБОЛЕВАНИЯ, ВЫЗВАННЫЕ РАДИАЦИЕЙ

1754

E radiation counting procedures
D Strahlenmessverfahren
F méthodes de mesure des radiations
S procedimientos para medir la radiación
R СПОСОБЫ ИЗМЕРЕНИЯ РАДИАЦИИ

1755

E radiation damage
D Strahlenschaden
F dégâts par rayonnement
F dommage(s) radio-induit(s)
F radiolésions
S daño por radiación
S lesión por radiación
S radiolesión
R ПОРАЖЕНИЕ РАДИОАКТИВНЫМ ИЗЛУЧЕНИЕМ

1756

E radiation damage
see: pathology of radiation damage

1757

E radiation dose
D Strahlungsdosis
F dose d'irradiation
S dosis de radiación
S dosis radiactiva
R ДОЗА РАДИОАКТИВНОГО ОБЛУЧЕНИЯ

1758

E radiation dose
see: lethal radiation dose

1759

E radiation dose rate
D Dosisleistung
F intensité de la dose absorbée
S intensidad de la dosis radiactiva
R МОЩНОСТЬ ДОЗЫ РАДИОАКТИВНОГО ОБЛУЧЕНИЯ

1760

E radiation effect
see: delayed radiation effect

1761

E radiation exposure
D Strahlenbelastung
F irradiation
S exposición a la radiación
R РАДИОАКТИВНОЕ ОБЛУЧЕНИЕ

1762

E radiation intensity
D Strahlungsintensität
D Strahlungsstärke
F intensité du rayonnement
S intensidad de radiación
R УРОВЕНЬ РАДИАЦИИ
R ИНТЕНСИВНОСТЬ ИЗЛУЧЕНИЯ

1763

E radiation level
D Strahlungspegel
F intensité du rayonnement
S nivel de radiación
R УРОВЕНЬ РАДИАЦИИ

1764

E radiation scattering
D Streuung von Strahlen
F diffusion du rayonnement
S difusión de la radiación
R РАССЕЯННОЕ ОБЛУЧЕНИЕ

1765

E radiation sickness
D Strahlenkrankheit
F radiotoxémie
F maladie des rayons
S radiopatía
S radiotoxemia
R ЛУЧЕВАЯ БОЛЕЗНЬ

1766

E radiation-induced somatic mutations
D strahlungsbedingte Mutationen
F mutations somatiques radio-induites
S mutaciones somáticas radioinducidas
R СОМАТИЧЕСКИЕ МУТАЦИИ, ВЫЗВАННЫЕ РАДИАЦИЕЙ

1767

E radiation-resistant population
D strahlungsresistente Population
F population radiorésistante
S población resistente a la radiación
R НАСЕЛЕНИЕ, ЗАЩИЩЕННОЕ ОТ РАДИОАКТИВНОГО ИЗЛУЧЕНИЯ

1768

E radio detection
D Funkerfassung
F détection radioélectrique
S detección por radio
R ОБНАРУЖЕНИЕ ПРИ ПОМОЩИ РАДИОТЕХНИЧЕСКИХ СРЕДСТВ
R РАДИОТЕХНИЧЕСКАЯ РАЗВЕДКА

1769

E radioactive agent
D radioaktiver Kampfstoff
F agent radioactif
S agente radiactivo
R РАДИОАКТИВНОЕ ВЕЩЕСТВО

1770

E radioactive atmosphere
D radioaktive Atmosphäre
F atmosphère radioactive
S atmósfera radiactiva
R РАДИОАКТИВНАЯ АТМОСФЕРА

1771

E radioactive contamination
D Verstrahlung
D radioaktive Verseuchung
D radioaktive Kontamination
F contamination radioactive
S contaminación radiactiva
R РАДИОАКТИВНОЕ ЗАГРЯЗНЕНИЕ
R РАДИОАКТИВНОЕ ЗАРАЖЕНИЕ

1772

E radioactive effects
D radioaktive Wirkungen
F effets radioactifs
S efectos radiactivos
R РАДИОАКТИВНОЕ ВОЗДЕЙСТВИЕ

1773

E radioactive fall-out
D radioaktiver Niederschlag
F retombées radioactives
S precipitación radiactiva
R ВЫПАДЕНИЕ РАДИОАКТИВНЫХ ОСАДКОВ

1774

E radioactive fall-out
see: area of militarily significant radioactive fall-out

1775

E radioactive isotope
D radioaktives Isotop
D Radioisotop
F isotope radioactif
S isótopo radiactivo
R РАДИОАКТИВНЫЙ ИЗОТОП

1776

E radioactive products or waste
D radioaktive Erzeugnisse oder Abfälle
F produits ou déchets radioactifs
S productos o desechos radiactivos
R РАДИОАКТИВНЫЕ ПРОДУКТЫ ИЛИ ОТХОДЫ

1777

E radioactivity
D Radioaktivität
F radioactivité
S radiactividad
R РАДИОАКТИВНОСТЬ

1778

E radioactivity
see: level of radioactivity

1779

E radioactivity concentration guide
D Richtlinien über Strahlungskonzentration
F barême de radio-concentration
S escala de concentración radiactiva
R РАСЧЕТНАЯ ТАБЛИЦА КОНЦЕНТРАЦИИ РАДИОАКТИВНОГО ЗАРАЖЕНИЯ

1780

E radiological defence
D radiologische Abwehr
D Abwehrmassnahmen gegen Strahlengefahren
F défense radiologique
S defensa radiológica
R ПРОТИВОРАДИАЦИОННАЯ ЗАЩИТА
R ЗАЩИТА ОТ РАДИОЛОГИЧЕСКОГО ОРУЖИЯ

1781

E radiological hazard
D Strahlengefährdung
F danger radiologique
S peligro radiológico
R РАДИОАКТИВНАЯ ОПАСНОСТЬ

1782

E radiological methods of warfare
D radiologische Methoden der Kriegführung
F moyens de guerre radiologiques
S métodos de guerra radiológica
R ИСПОЛЬЗОВАНИЕ МЕТОДОВ РАДИОЛОГИЧЕСКОЙ ВОЙНЫ
R ПРИМЕНЕНИЕ БРВ

1783

E radiological monitoring
D radiologische Überwachung
F surveillance de la radioactivité
F détection de la radioactivité
S inspección radiológica
R РАДИАЦИОННАЯ РАЗВЕДКА
R ДОЗИМЕТРИЧЕСКИЙ КОНТРОЛЬ

1784

E radiological operations
D radiologische Operationen
F opérations radiologiques
S operaciones radiológicas
R ПРИМЕНЕНИЕ РАДИОЛОГИЧЕСКОГО ОРУЖИЯ

1785

E radiological warfare
D radiologische Kriegführung
F guerre radiologique
S guerra radiológica
R РАДИОЛОГИЧЕСКАЯ ВОЙНА

1786

E radio-nuclide
D Radionuklid
F radionucléide
S radionucleido
R РАДИОАКТИВНЫЙ ИЗОТОП

1787

E radio-sensitivity
see: genetic radio-sensitivity

1788

E radius of safety
D Sicherheitsradius
F rayon de sécurité
S radio de seguridad
R ДАЛЬНОСТЬ БЕЗОПАСНОГО УДАЛЕНИЯ

1789

E radome
D Radom
D Antennenverkleidung
F radôme
S radomo
R ОБТЕКАТЕЛЬ АНТЕННЫ РЛС

1790

E raid
D Handstreich
D Überfall
D unerwarteter Angriff
D überfallartiger Angriff
F raid
F incursion
F coup de main
S incursión
R ПОИСК
R РЕЙД
R НАЛЕТ

1791

E rail
see: launching rail

1792

E rain-out
D Washout
D radioaktiver Niederschlag durch Regen
F pluie radioactive
S precipitación radiactiva
S material radiactivo precipitado
R РАДИОАКТИВНЫЙ ДОЖДЬ

1793

E ramp
see: launching ramp

1794

E range
D Reichweite
D Entfernung
D Fahrstrecke
D Schiessplatz
F portée /obus, missile/
F autonomie /véhicule/
F distance
F champ de tir
S alcance
S radio de acción
R ДАЛЬНОСТЬ
R РАДИУС ДЕЙСТВИЯ /НАПР. РАКЕТЫ/

1795

E range
see: detection range; maximum effective range

1796

E range error probable (REP)
D wahrscheinliche Abweichung nach der Länge
F écart probable en portée
S error probable de alcance
R ВЕРОЯТНОЕ ОТКЛОНЕНИЕ ПО ДАЛЬНОСТИ

1797

E range finder
D Entfernungsmessgerät
F télémètre
S telémetro
R ДАЛЬНОМЕР

1798

E range finding
D Entfernungsmessung
F télémétrie
S telemetría
R ОПРЕДЕЛЕНИЕ ДАЛЬНОСТИ

1799

E range resolution
D Entfernungsauflösung
D Entfernungsauflösungsvermögen
F pouvoir séparateur en portée
S resolución en distancia
R РАЗРЕШАЮЩАЯ СПОСОБНОСТЬ ПО ДАЛЬНОСТИ

1800

E rangefinder
see: laser rangefinder

1801

E rate
see: radiation dose rate

1802

E rate of fire
D Feuergeschwindigkeit
F cadence de tir
S cadencia de tiro
S velocidad de fuego
S velocidad de tiro
R СКОРОСТЬ СТРЕЛЬБЫ
R ТЕМП ОГНЯ
R РЕЖИМ ОГНЯ

1803

E ratio
see: signal-to-noise ratio

1804

E Rayleigh wave (R wave) /detection/
(named after Lord Rayleigh)
D Rayleigh-Welle
F onde de Rayleigh (onde R)
S onda de Rayleigh (onda R)
R ВОЛНА РЕЙЛИ /ВОЛНА R/

1805

E reaction time
see: personnel reaction time

1806

E reactor
D Reaktor
D Kernreaktor
F réacteur
S reactor
R РЕАКТОР

1807

E reactor
see: biomedical reactor; boiling water reactor; fast-breeder reactor; heavy-water reactor; light-water reactor; nuclear reactor

1808

E readiness
see: operational readiness

1809

E rearmament
D Aufrüstung
D Wiederaufrüstung
D Wiederbewaffnung
F réarmement
S rearme
R ПЕРЕВООРУЖЕНИЕ

1810

E recognition and identification radar
D Erkennungs- und Identifizierungsradar
F radar de repérage et d'identification
S radar de reconocimiento e identificación
R РЛС СИСТЕМЫ ОПОЗНАНИЯ

1811

E recoilless gun
D Leichtgeschütz
F canon sans recul
S cañón sin retroceso
R БЕЗОТКАТНОЕ ОРУДИЕ

1812

E recoilless rifle
D rückstossfreie Rohrwaffe
F fusil sans recul
S fusil sin retroceso
R БЕЗОТКАТНОЕ ОРУДИЕ

1813

E recoilless weapon
D rückstossfreie Waffe
F arme sans recul
S arma sin retroceso
R БЕЗОТКАТНОЕ ОРУЖИЕ

1814

E recoilless weapon round (of fire)
D Patrone für rückstossfreie Waffe
F coup sans recul
S descarga completa de arma sin retroceso
R ВЫСТРЕЛ ИЗ БЕЗОТКАТНОГО ОРУДИЯ

1815

E reconnaissance
D Aufklärung
F reconnaissance
S reconocimiento
R РАЗВЕДКА
R РЕКОГНОСЦИРОВКА

1816

E reconnaissance
see: aerial reconnaissance; all-weather reconnaissance; satellite reconnaissance

1817

E reconnaissance satellite
D Aufklärungssatellit
F satellite de reconnaissance
S satélite de reconocimiento
R РАЗВЕДЫВАТЕЛЬНЫЙ СПУТНИК

1818

E record
see: seismic record

1819

E recovery tank
D Bergepanzer
F char de dépannage
S tanque de recuperación (de vehículos averiados)
R АВАРИЙНО-РЕМОНТНЫЙ ТАНК

1820

E reduction of military budgets
D Kürzung der Militärhaushalte
F réduction des budgets militaires
S reducción de los presupuestos militares
R СОКРАЩЕНИЕ ВОЕННЫХ БЮДЖЕТОВ

1821

E reduction of strategic nuclear weapons
D Verminderung strategischer Kernwaffen
F réduction des armements stratégiques nucléaires
S reducción de los armamentos nucleares estratégicos
R СОКРАЩЕНИЕ СТРАТЕГИЧЕСКОГО ЯДЕРНОГО ОРУЖИЯ

1822

E reductions
see: agreed reductions; asymmetrical reductions; mutual reductions

1823

E re-entry vehicle (RV)
D Wiedereintrittskörper
D Wiedereintrittsfahrzeug
F corps de rentrée
S vehículo de reentrada
R БОЕВАЯ ЧАСТЬ, ВХОДЯЩАЯ В ПЛОТНЫЕ СЛОИ АТМОСФЕРЫ

1824

E régime
see: safeguards régime

1825

E regulation of armaments
D Rüstungsregelung
F réglementations des armements
S regulación de los armamentos
R РЕГУЛИРОВАНИЕ ВООРУЖЕНИЙ

1826

E relative biological effectiveness
D relative biologische Wirksamkeit
F efficacité biologique relative
S eficacia biológica relativa
R ОТНОСИТЕЛЬНАЯ БИОЛОГИЧЕСКАЯ ЭФФЕКТИВНОСТЬ

1827

E relaxation of tension
D Nachlassen der Spannung
D Entspannung
F diminution de la tension
S relajación de la tensión
S disminución de la tirantez
R ОСЛАБЛЕНИЕ НАПРЯЖЕННОСТИ

1828

E release of energy /detection/
D Energiefreisetzung
F libération d'énergie
S liberación de energía
R ОСВОБОЖДЕНИЕ ЭНЕРГИИ

1829

E release point
see: bomb release point

1830

E relief
D Entsatz
D Ablösung
F relève
S relevo
R СМЕНА

1831

E relief party
D Entsatzkräfte
D Ablösungskräfte
F équipe de relève
S grupo de relevo
R ЗАПАСНАЯ ГРУППА

1832

E relief patrol
D Ablösungsstreife
F patrouille de relève
S patrulla de relevo
R ЗАПАСНОЙ ДОЗОР

1833

E remote control
D Fernsteuerung
D Fernlenkung
F télécommande
F téléguidage
F commande à distance
S control remoto
S teleguía
R ДИСТАНЦИОННОЕ УПРАВЛЕНИЕ

1834

E remote sensing
D Fernabtastung
F télédétection
S teledetección
R ДИСТАНЦИОННОЕ ЗОНДИРОВАНИЕ С ПОМОЩЬЮ СПУТНИКОВ

1835

E render-safe technique
D Verfahren zur Unschädlichmachung (von Munition)
F technique de désamorçage
S técnica de desactivación
R МЕТОДЫ ОБЕЗВРЕЖИВАНИЯ

1836

E REP
see: range error probable (REP)

1837

E repair ship
D Werkstattschiff
F navire-atelier
S buque taller
R ПЛАВУЧАЯ СУДОРЕМОНТНАЯ МАСТЕРСКАЯ

1838

E repeater-jammer
D Täuschantwortsender /ELOKA/
F brouilleur-répéteur
S perturbador repetidor
R ПЕРЕДАТЧИК ОТВЕТНЫХ ПОМЕХ

1839

E replacement
D Ergänzung
D Auffüllung
D Ersetzung
F recomplètement
S reemplazo
S reposición
R ЗАМЕНА
R ПОПОЛНЕНИЕ /В ЛИЧНОМ СОСТАВЕ/
R ВОЗМЕЩЕНИЕ ВОЙСКАМ МАТЕРИАЛЬНЫХ СРЕДСТВ

1840

E replenishment ship
D Versorger
D Versorgungsschiff
F ravitailleur à la mer
S buque de reaprovisionamiento
R ПЛАВУЧАЯ БАЗА
R СУДНО ПОПОЛНЕНИЯ ЗАПАСОВ
R ЗАПРАВЩИК

1841

E reserve
D Reserve
F réserve
S reserva
R РЕЗЕРВ
R ВТОРОЙ ЭШЕЛОН
R ЗАПАС
R ЯДРО /АВАНГАРДА/

1842

E reserve parachute
D Reservefallschirm
F parachute ventral
S paracaídas de reserva
R ЗАПАСНОЙ ПАРАШЮТ

1843

E residual contamination
D Restkontamination
F contamination résiduelle
S contaminación residual
R РАДИОАКТИВНОЕ ЗАРАЖЕНИЕ ЗА СЧЕТ ОСТАТОЧНОЙ РАДИАЦИИ

1844

E residual radiation
D Rückstandsstrahlung
F rayonnement résiduel
S radiación residual
R ОСТАТОЧНАЯ РАДИАЦИЯ

1845

E resistance
see: main line of resistance

1846

E resolution
see: range resolution

1847

E Resolution of the Board of Governors Concerning the Establishment of Maximum Limits for the Exclusion of Small Quantities of Nuclear Material from the Application of the Vienna Convention on Civil Liability for Nuclear Damage /IAEA; adopted 11 September 1964/
D Entschliessung des Gouverneursrats über die Festlegung von Höchstgrenzen für den Ausschluss kleiner Mengen von Kernmaterialien von der Anwendung des Wiener Übereinkommens über die zivilrechtliche Haftung für nukleare Schäden
F Résolution du Conseil des Gouverneurs concernant l'établissement de limites maxima pour l'exclusion de petites quantités de matières nucléaires du champ d'application de la Convention de Vienne sur la responsabilité civile en matière de dommages nucléaires
S Resolución de la Junta de Gobernadores sobre el establecimiento de límites máximos para la exclusión de cantidades pequeñas de sustancias nucleares de la aplicación de la Convención de Viena sobre responsabilidad civil por daños nucleares
R РЕЗОЛЮЦИЯ СОВЕТА УПРАВЛЯЮЩИХ ОТНОСИТЕЛЬНО ОПРЕДЕЛЕНИЯ МАКСИМАЛЬНЫХ ПРЕДЕЛОВ ДЛЯ ИСКЛЮЧЕНИЯ НЕБОЛЬШИХ КОЛИЧЕСТВ ЯДЕРНЫХ МАТЕРИАЛОВ ИЗ СФЕРЫ ПРИМЕНЕНИЯ ВЕНСКОЙ КОНВЕНЦИИ О ГРАЖДАНСКОЙ ОТВЕТСТВЕННОСТИ ЗА ЯДЕРНЫЙ УЩЕРБ

1848

E respiratory irritant
D Atemreizstoff
F irritant des voies respiratoires
S irritante de las vías respiratorias
R ОВ, РАЗДРАЖАЮЩЕЕ ДЫХАТЕЛЬНЫЕ ПУТИ

1849

E response
D Reaktion
F riposte
S reacción
S respuesta
S réplica
R ОТВЕТ
R РЕАКЦИЯ
R ЧУВСТВИТЕЛЬНОСТЬ /ПРИБОРА/

1850

E response
see: flexible response; limited nuclear response; matching response

1851

E response characteristics
D Ansprechcharakteristika
D Ansprechmerkmale
D Ansprechverhalten /Unterwasserminen/
F courbe de réponse
S características de respuesta
R ЧАСТОТНЫЕ ХАРАКТЕРИСТИКИ /ЧУВСТВИТЕЛЬНОСТИ/

1852

E response curve (of a seismograph)
D Kennlinie (eines Seismographen)
D Frequenzgangkurve
F courbe de réponse
F courbe d'amplification
S curva de respuesta
R ХАРАКТЕРИСТИКА ЧУВСТВИТЕЛЬНОСТИ

1853

E rest
see: knife rest

1854

E resupply
see: planned resupply

1855

E retaliation
D Vergeltung
F représailles
S represalia
R ОТВЕТНЫЙ УДАР
R ОТВЕТНЫЕ ДЕЙСТВИЯ

1856

E retaliation
see: limited nuclear retaliation; massive retaliation

1857

E retaliation forces
D Vergeltungskräfte
F forces de représailles
S fuerzas de represalia
R СИЛЫ ДЛЯ НАНЕСЕНИЯ ОТВЕТНОГО УДАРА

1858

E reversible disability
D reversible Invalidität
F invalidité réversible
F incapacité réversible
S invalidez reversible
S incapacidad reversible
R ВЫВЕДЕННЫЙ ИЗ СТРОЯ /НА НЕКОТОРОЕ ВРЕМЯ/

1859

E Review Conference of the Parties to the Biological Weapons Convention
D Konferenz der Vertragsparteien zur Überprüfung des Übereinkommens über biologische Waffen
F Conférence d'examen des parties à la Convention sur les armes biologiques
S Conferencia de las partes en la Convención sobre armas biológicas
R КОНФЕРЕНЦИЯ УЧАСТНИКОВ КОНВЕНЦИИ О ЗАПРЕЩЕНИИ БИОЛОГИЧЕСКОГО ОРУЖИЯ ПО РАССМОТРЕНИЮ ДЕЙСТВИЯ КОНВЕНЦИИ

1860

E Review Conference of the Parties to the Sea-Bed Treaty
D Konferenz der Vertragsparteien zur Überprüfung des Meeresbodenvertrags
F Conférence d'examen des parties au Traité concernant le fond des mers et des océans
S Conferencia de las partes en el Tratado de los fondos marinos
R КОНФЕРЕНЦИЯ УЧАСТНИКОВ ДОГОВОРА ПО МОРСКОМУ ДНУ ПО РАССМОТРЕНИЮ ДЕЙСТВИЯ ДОГОВОРА

1861

E Review Conference of the Parties to the Treaty on the Non-Proliferation of Nuclear Weapons /also known as: NPT Review Conference/
D Konferenz der Vertragsparteien zur Überprüfung des Vertrags über die Nichtverbreitung von Kernwaffen
F Conférence des parties chargée de l'examen du Traité sur la non-prolifération des armes nucléaires
S Conferencia de las partes encargada del examen del Tratado sobre la no proliferación de las armas nucleares
R КОНФЕРЕНЦИЯ УЧАСТНИКОВ ДОГОВОРА О НЕРАСПРОСТРАНЕНИИ ЯДЕРНОГО ОРУЖИЯ ПО РАССМОТРЕНИЮ ДЕЙСТВИЯ ЭТОГО ДОГОВОРА

1862

E Review Conference of the Parties to the Treaty on the Prohibition of the Emplacement of Nuclear Weapons and Other Weapons of Mass Destruction on the Sea-Bed and the Ocean Floor and in the Subsoil Thereof /20 June-1 July 1977; Geneva/
D Konferenz der Vertragsparteien zur Überprüfung des Vertrags über das Verbot der Anbringung von Kernwaffen und anderen Massenvernichtungswaffen auf dem Meeresboden und im Meeresuntergrund
F Conférence des parties chargée de l'examen du Traité interdisant de placer des armes nucléaires et d'autres armes de destruction massive sur le fond des mers et des océans ainsi que dans leur sous-sol
S Conferencia de las partes encargada del examen del Tratado sobre prohibición de emplazar armas nucleares y otras armas de destrucción en masa en los fondos marinos y oceánicos y su subsuelo
R КОНФЕРЕНЦИЯ УЧАСТНИКОВ ДОГОВОРА О ЗАПРЕЩЕНИИ РАЗМЕЩЕНИЯ НА ДНЕ МОРЕЙ И ОКЕАНОВ И В ЕГО НЕДРАХ ЯДЕРНОГО ОРУЖИЯ И ДРУГИХ ВИДОВ ОРУЖИЯ МАССОВОГО УНИЧТОЖЕНИЯ ПО РАССМОТРЕНИЮ ДЕЙСТВИЯ ДОГОВОРА

1863

E revolutionary war
D Revolutionskrieg
F guerre révolutionnaire
S guerra revolucionaria
R РЕВОЛЮЦИОННАЯ ВОЙНА

1864

E rickettsia
D Rickettsie
F rickettsies
S rickettsias
R РИККЕТСИИ

1865

E rifle
D Gewehr
F fusil
S fusil
R НАРЕЗНОЕ ОГНЕВОЕ СРЕДСТВО
R ВИНТОВКА

1866

E rifle
see: recoilless rifle; self-loading rifle; semi-automatic rifle

1867

E rifle bullet
D Gewehrgeschoss
F balle de fusil
S bala de fusil
R ВИНТОВОЧНАЯ ПУЛЯ

1868

E rifle fire
D Gewehrfeuer
F tir de fusil
S fuego de fusil
R РУЖЕЙНЫЙ ОГОНЬ

1869

E rifle grenade
D Gewehrgranate
F grenade à fusil
S granada de fusil
R ВИНТОВОЧНАЯ ГРАНАТА

1870

E rifle grenade launcher
D Gewehrgranatgerät
F lance-grenades à fusil
S fusil lanzagranadas
R ВИНТОВОЧНЫЙ ГРАНАТОМЕТ

1871

E rifle shot
D Gewehrschuss
F coup de fusil
S tiro de fusil
R РУЖЕЙНЫЙ ВЫСТРЕЛ

1872

E rifled mortar
D Mörser mit gezogenem Rohr
F mortier rayé
S mortero estriado
R НАРЕЗНОЙ МИНОМЕТ

1873

E right of collective self-defence
D Recht der kollektiven Selbstverteidigung
F droit de légitime défense collective
S derecho de legítima defensa colectiva
R ПРАВО НА КОЛЛЕКТИВНУЮ САМООБОРОНУ

1874

E right of individual self-defence
D Recht der individuellen Selbstverteidigung
F droit de légitime défense individuelle
S derecho de legítima defensa individual
R ПРАВО НА ИНДИВИДУАЛЬНУЮ САМООБОРОНУ

1875

E right of passage
D Durchmarschrechte
F droit de passage
S derecho de paso
R ПРАВО ПРОХОДА

1876

E right of self-defence
D Selbstverteidigungsrecht
F droit de légitime défense
S derecho de legítima defensa
R ПРАВО НА САМООБОРОНУ

1877

E riot-control agent
D Reizstoff zur Bekämpfung von Unruhen
F agent anti-émeute
F agent chimique antisubversif
S agente para la represión de disturbios
R ХИМИЧЕСКОЕ СРЕДСТВО, ИСПОЛЬЗУЕМОЕ ПРИ ПОДАВЛЕНИИ БЕСПОРЯДКОВ

1878

E risk of nuclear contamination
D Verstrahlungsgefahr
F risque de contamination nucléaire
S riesgo de contaminación nuclear
R ОПАСНОСТЬ ЯДЕРНОГО ЗАРАЖЕНИЯ

1879

E risk of war
D Kriegsgefahr
F risque de guerre
S riesgo de guerra
R ОПАСНОСТЬ ВОЗНИКНОВЕНИЯ ВОЙНЫ

1880

E river patrol craft
D Flusspatrouillenboot
F patrouilleur fluvial
S lancha patrullera fluvial
R РЕЧНОЙ СТОРОЖЕВОЙ КАТЕР БЕРЕГОВОЙ ОХРАНЫ

1881

E rock
see: hard rock

1882

E rocket
D Rakete
F roquette
F engin
F fusée
S cohete
R РАКЕТА
R НЕУПРАВЛЕННАЯ РАКЕТА
R РАКЕТНЫЙ ДВИГАТЕЛЬ

1883

E rocket
see: anti-submarine rocket; free rocket; shaped-charge rocket

1884

E rocket engine
D Raketentriebwerk
F moteur-fusée
S motor de cohete
R РАКЕТНЫЙ ДВИГАТЕЛЬ

1885

E rocket fire
D Raketenfeuer
F tir de roquettes
S fuego de cohetes
R СТРЕЛЬБА РАКЕТАМИ
R ПУСК РАКЕТЫ

1886

E rocket launcher
D Raketenstartgerät
F lance-roquettes
S lanzacohetes
R ПУСКОВАЯ УСТАНОВКА
R РЕАКТИВНЫЙ ГРАНАТОМЕТ

1887

E rocket launcher
see: bazooka

1888

E rocket salvo
D Raketensalve
F salve de roquettes
S salva de cohetes
S fuego nutrido de cohetes
R РАКЕТНЫЙ ЗАЛП

1889

E rocket-plane
D Raketenflugzeug
F avion-fusée
S avión cohete
R САМОЛЕТ С РАКЕТНЫМ ДВИГАТЕЛЕМ

1890

E roentgen
D Röntgen
F roentgen
S roentgen
R РЕНТГЕН

1891

E rotary wing aircraft
D Drehflügler
F avion à voilure tournante
S avión de superficie sustentadora giratoria
S autogiro
S aeronave de alas rotatorias
R ВЕРТОЛЕТ
R ВЕРТОЛЕТЫ
R ВЕРТОЛЕТНАЯ АВИАЦИЯ

1892

E round (of fire)
D Schuss
F coup
S tiro
S descarga completa de un arma
R ВЫСТРЕЛ
R КОМПЛЕКТ ВЫСТРЕЛА
R ПАТРОН

1893

E round
see: anti-tank round; artillery round; recoilless weapon round

1894

E rounds of ammunition
D Schuss
F cartouches
S cartuchos
R ВЫСТРЕЛ
R КОМПЛЕКТ ВЫСТРЕЛА
R ПАТРОН

1895

E routine detection
D planmässige Erfassung
F détection courante
S detección ordinaria
R ОБЫЧНЫЙ СПОСОБ ОБНАРУЖЕНИЯ

1896

E RV
see: re-entry vehicle (RV)

1897

E S wave /detection/
(S: secondary)
D S-Welle
D Scherungswelle
F onde S
S onda S
R ВОЛНА S

1898

E S wave - P wave (S-P) /detection/
D S-Welle - P-Welle
F intervalle d'arrivée onde P - onde S
S intervalo de llegada onda P - onda S
R ИНТЕРВАЛ ПРИХОДА ВОЛНА P - ВОЛНА S

1899

E SAAC
see: Seismic Array Analysis Center (SAAC)

1900

E sabot
D Treibspiegel
F sabot
S sabot
R ПОДКАЛИБЕРНЫЙ СНАРЯД

1901

E SAC
see: Strategic Air Command (SAC)

1902

E safe burst height
D sichere Detonationshöhe
F hauteur d'éclatement de sécurité
S altura de explosión sin peligro
R БЕЗОПАСНАЯ ВЫСОТА ВЗРЫВА

1903

E safeguards
see: effective safeguards

1904

E safeguards against the proliferation of nuclear weapons
D Sicherungsmassnahmen gegen die Verbreitung von Kernwaffen
F garanties contre la prolifération des armes nucléaires
S salvaguardias contra la proliferación de las armas nucleares
R ГАРАНТИИ НЕРАСПРОСТРАНЕНИЯ ЯДЕРНОГО ОРУЖИЯ

1905

E safeguards régime
D Sicherungssystem
F régime des garanties
S régimen de salvaguardias
R РЕЖИМ ГАРАНТИЙ

1906

E safeguards system
see: International Atomic Energy Agency safeguards system

1907

E SAGSI
see: Standing Advisory Group on Safeguards Implementation (SAGSI)

1908

E sales
see: arms sales

1909

E SALT
see: Strategic Arms Limitation Talks (SALT)

1910

E SALT agreements
see also: strategic arms limitation agreements
D SALT-Vereinbarungen
F accords SALT
S acuerdos SALT
R СОГЛАШЕНИЯ В РАМКАХ СОЛТ
R СОГЛАШЕНИЯ В РАМКАХ ОСВ

1911

E SALT I
D SALT I
F SALT I
S SALT I
R СОЛТ I
R ОСВ-1

1912

E SALT talks
see also: Strategic Arms Limitation Talks
D SALT-Gespräche
D SALT-Verhandlungen
F négociations SALT
F pourparlers SALT
F entretiens SALT
S negociaciones SALT
R ПЕРЕГОВОРЫ СОЛТ
R ПЕРЕГОВОРЫ ОСВ

1913

E salted weapon
D unsauberer Kernsprengkörper
F arme dopée
S arma de alta radiactividad residual (salted weapon)
R ОРУЖИЕ С ИНТЕНСИВНЫМ ОБРАЗОВАНИЕМ РАДИОАКТИВНЫХ ОСАДКОВ

1914

E salvo
see: rocket salvo

1915

E SAM
see: surface-to-air missile (SAM)

1916

E sampling
D Probenahme
F prélèvement
F échantillonnage
S muestreo
R ВЗЯТИЕ ПРОБ

1917

E sampling device
see: point sampling device

1918

E SASP
see: seismometer array station processor (SASP)

1919

E satellite
see: blind a satellite, to; communications satellite; defence satellite; killer satellite; reconnaissance satellite

1920

E satellite reconnaissance
D Satellitenaufklärung
F reconnaissance par satellite
S reconocimiento por satélite
R РАЗВЕДКА С ПОМОЩЬЮ СПУТНИКОВ

1921

E saturation attack
D Sättigungsangriff
F attaque saturante
S ataque de saturación
R БОМБОВЫЙ УДАР СО СПЛОШНЫМ ПОРАЖЕНИЕМ

1922

E saturation bombing
D Sättigungsbombardierung
F bombardement de saturation
S bombardeo de saturación
R ПЛОЩАДНОЕ БОМБОМЕТАНИЕ СО СПЛОШНЫМ ПОРАЖЕНИЕМ

1923

E SBT
see: Sea-bed Treaty (SBT)

1924

E scale of operations
D Ausmass der Operationen
F envergure des opérations
S escala de las operaciones
S envergadura de las operaciones
R МАСШТАБЫ ВЕДЕНИЯ ВОЕННЫХ ОПЕРАЦИЙ

1925

E scanning /radar/
D Abtasten /Radar, Sonar/
F balayage
S exploración electrónica
S escudriñamiento electrónico
R СКАНИРОВАНИЕ
R ПОИСК
R РАЗВЕРТКА
R ДВИЖЕНИЕ ЛУЧА РЛС

1926

E scatter bomb
E fragmentation bomb
D Splitterbombe
F bombe à fragmentation
S bomba de dispersión
S bomba de fragmentación
R АВИАЦИОННАЯ ОСКОЛОЧНАЯ БОМБА С БОЛЬШОЙ ПЛОЩАДЬЮ ПОРАЖЕНИЯ

1927

E scattering
see: radiation scattering

1928

E scattering area
D Auflockerungsraum
F zone de dispersion
S zona de dispersión
R РАЙОН РАССЕЯНИЯ
R РАЙОН РАЗБРОСА

1929

E scatter-type (bomb)
D Streu-
F type dispersant
S de dispersión
R ВНАБРОС /НАПР. О МИНИРОВАНИИ/

1930

E scout car
D Spähpanzer
F véhicule blindé de reconnaissance
S vehículo de reconocimiento
R РАЗВЕДЫВАТЕЛЬНЫЙ АВТОМОБИЛЬ

1931

E scout plane
D Aufklärungsflugzeug
F avion de reconnaissance
S avión de reconocimiento
R САМОЛЕТ-РАЗВЕДЧИК
R ПОИСКОВО-РАЗВЕДЫВАТЕЛЬНЫЙ САМОЛЕТ ВМС

1932

E SCP
see: small-calibre projectile (SCP)

1933

E scramble
D Alarmstart
F ordre de décollage immédiat
S orden de despegue inmediato
R ВЗЛЕТ ИСТРЕБИТЕЛЕЙ-ПЕРЕХВАТЧИКОВ ПО ТРЕВОГЕ

1934

E SD
see: standard deviation (SD)

1935

E sea surveillance
D Seeraumüberwachung
F surveillance maritime
S vigilancia marítima
S vigilancia del mar
R МОРСКОЕ НАБЛЮДЕНИЕ

1936

E sea-air missile
D See/Luft-Flugkörper
F missile mer-air
S misil de mar a aire
R РАКЕТА КЛАССА КОРАБЛЬ-ВОЗДУХ

1937

E sea-bed
see: peaceful use of the sea-bed

1938

E Sea-Bed Treaty
see: Review Conference of the Parties to the Sea-Bed Treaty

1939

E Sea-Bed Treaty (SBT)
see also: Treaty on the Prohibition of the Emplacement of Nuclear Weapons and Other Weapons of Mass Destruction on the Sea-Bed and the Ocean Floor and in the Subsoil Thereof
D Meeresbodenvertrag
F Traité relatif au fond des mers
S Tratado sobre los fondos marinos
R ДОГОВОР, КАСАЮЩИЙСЯ ДНА МОРЕЙ И ОКЕАНОВ

1940

E sea-launched ballistic missile (SLBM)
D seegestützter ballistischer Flugkörper
F missile balistique lancé par mer
S misil balístico lanzado desde el mar
R БАЛЛИСТИЧЕСКАЯ РАКЕТА, ЗАПУСКАЕМАЯ С МОРСКОЙ ПУ

1941

E sealed cabin
D abgedichtete Kabine
D Druckkabine
F cabine étanche
S cabina sellada
S camarote estanco
R ГЕРМЕТИЧЕСКАЯ КАБИНА

1942

E search jammer
see: automatic search jammer

1943

E SEATO
see: South-East Asia Treaty Organization (SEATO)

1944

E seaward defence boat
D Küstenschutzboot
F vedette de défense côtière
S embarcación de defensa costera
R МАЛЫЙ КОРАБЛЬ ПЛО

1945

E seaward defence patrol vessel
D Küstenschutzpatroler
F patrouilleur de défense côtière
F patrouilleur côtier
S nave patrullera de defensa costera
R ДОЗОРНЫЙ КАТЕР

1946

E seaward patrol craft
D Küstenwachboot
F vedette de surveillance côtière
S lancha de vigilancia costera
R СТОРОЖЕВОЙ КАТЕР

1947

E second generation weapon
D Waffe der zweiten Generation
F arme de la deuxième génération
S arma de segunda generación
R ОРУЖИЕ ВТОРОГО ПОКОЛЕНИЯ

1948

E second strike
D zweiter Schlag
D zweiter Atomschlag
F deuxième frappe
F riposte nucléaire
F frappe en second
S segundo golpe
S contragolpe
S réplica (nuclear)
R ОТВЕТНЫЙ УДАР
R ПЕРВЫЙ КОНТРУДАР

1949

E secondary wave
see: S wave

1950

E second-degree burn
D Verbrennung zweiten Grades
F brûlure du deuxième degré
S quemadura de segundo grado
R ОЖОГ ВТОРОЙ СТЕПЕНИ

1951

E second-strike capability
D Fähigkeit zum zweiten Schlag
D Fähigkeit zum zweiten Atomschlag
F capacité de seconde frappe
F capacité de deuxième frappe
S capacidad de segundo golpe
S capacidad de contragolpe
S capacidad de réplica (nuclear)
R ВОЗМОЖНОСТЬ НАНЕСЕНИЯ ОТВЕТНОГО УДАРА
R ВОЗМОЖНОСТЬ НАНЕСЕНИЯ ПЕРВОГО КОНТРУДАРА

1952

E second-strike strategy
D Strategie des zweiten Schlags
D Strategie des zweiten Atomschlags
F stratégie de frappe en second
F stratégie de deuxième frappe
S estrategia de segundo golpe
S estrategia de contragolpe
S estrategia de réplica (nuclear)
R СТРАТЕГИЯ ВЫЖИДАНИЯ НАПАДЕНИЯ ПРОТИВНИКА ДЛЯ НАНЕСЕНИЯ ОТВЕТНОГО УДАРА

1953

E security
D Sicherheit
F sécurité
S seguridad
R БЕЗОПАСНОСТЬ

1954

E security
see: international peace and security; maintenance of international peace and security; measures on strengthening security; national security; physical security

1955

E Security Council /UN/
D Sicherheitsrat
F Conseil de sécurité
S Consejo de Seguridad
R СОВЕТ БЕЗОПАСНОСТИ

1956

E seismic area
D seismisch aktives Gebiet
F région séismique
S zona sísmica
S región sísmica
R СЕЙСМИЧЕСКИЙ РАЙОН

1957

E seismic array
D seismisches Array
F nappe de séismographes
F ensemble de séismographes
S complejo sismográfico
S complejo de sismógrafos
R СТАНЦИЯ ГРУППИРОВАНИЯ СЕЙСМОПРИЕМНИКОВ

1958

E Seismic Array Analysis Center (SAAC) /Washington/
D Seismic Array Analysis Center (SAAC)
F Seismic Array Analysis Center (SAAC)
S Centro de Análisis de los Complejos Sismográficos
R ЦЕНТР АНАЛИЗА СЕЙСМИЧЕСКИХ ДАННЫХ

1959

E seismic coupling
D seismische Kopplung
F couplage séismique
S acoplamiento sísmico
R СЕЙСМИЧЕСКОЕ ВЗАИМОДЕЙСТВИЕ

1960

E seismic data
E seismological data
D seismische Daten
F données séismologiques
S datos sismológicos
R СЕЙСМИЧЕСКИЕ ДАННЫЕ

1961

E seismic detection
D Nachweis mit seismischen Mitteln
D Entdeckung aufgrund seismischer Verfahren
F détection séismologique
S detección sismológica
R СЕЙСМИЧЕСКОЕ ОБНАРУЖЕНИЕ

1962

E seismic detector
D seismischer Detektor
F détecteur séismique
S detector sísmico
R СЕЙСМИЧЕСКИЙ ДЕТЕКТОР

1963

E seismic discrimination
D seismische Unterscheidung
F discrimination séismologique
S discriminación seismológica
R РАЗЛИЧЕНИЕ СЕЙСМИЧЕСКИХ ЯВЛЕНИЙ

1964

E seismic disturbances
D seismische Störungen
F perturbations séismiques
S perturbaciones sísmicas
R СЕЙСМИЧЕСКИЕ ВОЗМУЩЕНИЯ

1965

E seismic event
D seismischer Vorgang
F événement séismique
S fenómeno sísmico
R СЕЙСМИЧЕСКОЕ ЯВЛЕНИЕ

1966

E seismic network
D seismisches Netz
D seismisches Stationsnetz
F réseau séismologique
S red sismográfica
R СЕЙСМИЧЕСКАЯ СЕТЬ

1967

E seismic noise
D seismische Unruhe
F bruit microséismique
S ruido sísmico
R СЕЙСМИЧЕСКИЕ ШУМЫ

1968

E seismic noise
see: background seismic noise

1969

E seismic observation
D seismische Beobachtung
F observation séismologique
S observación sismológica
R СЕЙСМИЧЕСКОЕ НАБЛЮДЕНИЕ

1970

E seismic record
D seismische Aufzeichnung
F enregistrement séismique
S registro sísmico
R ЗАПИСЬ СЕЙСМИЧЕСКИХ ДАННЫХ

1971

E seismic signals
D seismische Signale
F signaux séismiques
S señales sísmicas
R СЕЙСМИЧЕСКИЕ СИГНАЛЫ

1972

E seismic station
E seismological station
D seismische Station
D Erdbebenstation
F station séismologique
S estación sismológica
R СЕЙСМИЧЕСКАЯ СТАНЦИЯ

1973

E seismic station network
D seismisches Stationsnetz
F réseau de stations séismologiques
S red de estaciones sismológicas
R СЕТЬ СЕЙСМИЧЕСКИХ СТАНЦИЙ

1974

E seismic wave energy
D seismische Wellenenergie
F énergie des ondes séismiques
S energía de las ondas sísmicas
R ЭНЕРГИЯ СЕЙСМИЧЕСКОЙ ВОЛНЫ

1975

E seismically quiet period
D seismisch ruhige Periode
F période de calme séismique
S período de calma sísmica
R СЕЙСМИЧЕСКИ СПОКОЙНЫЙ ПЕРИОД

1976

E seismicity
D Seismizität
F séismicité
S sismicidad
R ПРОЯВЛЕНИЕ СЕЙСМИЧЕСКИХ ЯВЛЕНИЙ

1977

E seismogram
D Seismogramm
F séismogramme
S sismograma
R СЕЙСМОГРАММА

1978

E seismogram
see: broad band seismogram

1979

E seismograph
D Seismograph
F séismographe
S sismógrafo
R СЕЙСМОГРАФ

1980

E seismograph
see: broad band seismograph; horizontal seismograph; vertical seismograph

1981

E seismograph monitoring networks
see also: seismograph
D seismographische Überwachungsnetze
F réseaux de surveillance séismographique
S redes de vigilancia por sismógrafos
R СЕЙСМИЧЕСКИЕ КОНТРОЛИРУЮЩИЕ СЕТИ

1982

E seismological data
see: exchange of seismological data; seismic data

1983

E seismological methods
see: non-seismological methods

1984

E seismological monitoring
D seismologische Überwachung
F surveillance séismologique
S vigilancia sismológica
R СЕЙСМОЛОГИЧЕСКИЙ КОНТРОЛЬ

1985

E seismological station
see: seismic station

1986

E seismometer array station processor (SASP)
D Prozessor für Seismometerarray-Messwerte
F processeur de station d'ensemble séismologique (SASP)
S dispositivo de elaboración de datos de la estación sismográfica (SASP)
R СЕЙСМОПРОЦЕССОР

1987

E selectivity /detection/
D Selektionsvermögen
D Abstimmschärfe
D Selektivität
D Trennschärfe
D Selektionsgüte
F sélectivité
S selectividad
R СЕЛЕКТИВНОСТЬ
R ИЗБИРАТЕЛЬНОСТЬ

1988

E self-defence
see: collective self-defence; inherent right of self-defence; right of collective self-defence; right of individual self-defence; right of self-defence

1989

E self-loading rifle
D Selbstladegewehr
F fusil automatique
S fusil automático
R САМОЗАРЯДНАЯ ВИНТОВКА

1990

E self-propelled gun
D Geschütz auf Selbstfahrlafette
F canon automoteur
S cañón automotor
S cañón automóvil
R САМОХОДНО-АРТИЛЛЕРИЙСКАЯ УСТАНОВКА

1991

E semi-active homing guidance
D halbaktive Zielsuchlenkung
F guidage semi-actif
S autodirección semiactiva
R ПОЛУАКТИВНОЕ САМОНАВЕДЕНИЕ

1992

E semi-automatic rifle
D halbautomatisches Gewehr
F fusil semi-automatique
S fusil semiautomático
R САМОЗАРЯДНАЯ ВИНТОВКА

1993

E sensitivity
D Sensitivität
D Empfindlichkeit
F sensibilité
S sensibilidad
R ЧУВСТВИТЕЛЬНОСТЬ

1994

E sensor
D Sensor
D Messfühler
F détecteur
F capteur
S sensor
S detector
S dispositivo de detección
R ЧУВСТВИТЕЛЬНЫЙ ЭЛЕМЕНТ
R ДАТЧИК
R ВОСПРИНИМАЮЩИЙ ЭЛЕМЕНТ

1995

E sensory irritant
D Sinnesreizstoff
F irritant sensoriel
F irritant des sens
S irritante sensorial
R ОВ, ПОРАЖАЮЩЕЕ ОРГАНЫ ЧУВСТВ

1996

E services and supplies
see: operational services and supplies

1997

E servicing
D Wartung
F entretien courant
F service courant
S mantenimiento
R ОБСЛУЖИВАНИЕ

1998

E settlement
see: political settlement

1999

E settlement of disputes
see: pacific settlement of disputes

2000

E shallow earthquakes /detection/
D Flachherdbeben
D Flachbeben
F tremblement de terre à faible profondeur
S terremotos poco profundos
R ПОВЕРХНОСТНОЕ ЗЕМЛЕТРЯСЕНИЕ

2001

E shaped-charge rocket
D Rakete mit Hohlladungsgefechtskopf
F roquette à charge creuse
S cohete de carga hueca
R РАКЕТА С КУМУЛЯТИВНЫМ ЗАРЯДОМ

2002

E shear of magnetic field
D Scherspannung eines Magnetfeldes
F cisaillement du champ magnétique
S corte del campo magnético
R СДВИГ МАГНИТНОГО ПОЛЯ

2003

E shear strength /of a magnetic field/
D Scherfestigkeit
F résistance au cisaillement
S resistencia al corte
R ПРОЧНОСТЬ НА СДВИГ

2004

E shell
see: fragmentation shell; high explosive shell; motar shell; star shell

2005

E shell a target, to /artillery/
D ein Ziel beschiessen
F bombarder un objectif /artillerie/
S bombardear un objetivo /con piezas de artillería/
R ОБСТРЕЛИВАТЬ ЦЕЛЬ /АРТИЛЛЕРИЙСКИМ ОГНЕМ/

2006

E shell fragment
D Splitter
F éclat d'obus
S fragmento de obús
S esquirla de obús
R ОСКОЛОК СНАРЯДА

2007

E shelling /artillery/
D Beschuss
F bombardement /d'artillerie/
S bombardeo /de artillería/
R АРТИЛЛЕРИЙСКИЙ ОБСТРЕЛ
R МИНОМЕТНЫЙ ОБСТРЕЛ

2008

E shelling
see: concentrated shelling

2009

E shelter
D Schutzbau
D Schutzraum
F abri
S refugio
R БОМБОУБЕЖИЩЕ
R УБЕЖИЩЕ
R УКРЫТИЕ

2010

E shield
D Schild
F bouclier
S escudo
R ЩИТ
R ЭКРАН
R ШИРМА
R ПРИКРЫТИЕ /НАПР. ВОЙСКОВОЕ/

2011

E shielding /nuclear/
D Abschirmung (gegen Strahlen)
F blindage
F écran de protection
S protección (mediante disuasión nuclear)
R ЗАЩИТНАЯ ТОЛЩА
R ЗАЩИТА
R ЭКРАНИРОВКА

2012

E ship
see: ammunition ship; assault landing ship; assault ship; logistic support ship; mine counter-measures ship; missile ship; nuclear ship; nuclear-powerd ship; repair ship; replenishment ship

2013

E shock /detection/
D Schlag
D Stoss
D Erschütterung
F secousse
F choc
F ébranlement
S choque
S conmoción
S sacudida
R УДАР
R ТОЛЧОК /НАПР. ЗЕМЛИ/

2014

E shock front /detection/
D Stosswellenfront
F front de choc
S frente de onda de choque
R ФРОНТ УДАРНОЙ ВОЛНЫ

2015

E shock wave /detection/
D Stosswelle
D Luftstosswelle
F onde de choc
S onda de choque
R УДАРНАЯ ВОЛНА

2016

E short hit /artillery/
D Kurzschuss
F coup court
S tiro corto (de una pieza de artillería)
R НЕДОЛЕТ

2017

E short period (sp)
D Kurzzeit-
F courte période
S de corto período
R КОРОТКИЙ ПЕРИОД

2018

E short take-off and landing aircraft (STOL)
D Kurzstartflugzeug
D Kurzstarter
F avion à décollage et atterrissage courts (ADAC)
S avión de despegue y aterrizaje cortos
R САМОЛЕТ С НЕБОЛЬШИМ РАЗБЕГОМ ДЛЯ ВЗЛЕТА И ПОСАДКИ

2019

E short-range ballistic missile
D ballistischer Kurzstreckenflugkörper
F missile balistique à courte portée
S misil balístico de corto alcance
R БАЛЛИСТИЧЕСКАЯ РАКЕТА БЛИЖНЕГО ДЕЙСТВИЯ

2020

E shot
see: rifle shot

2021

E shot point /detection/
D Abfeuerpunkt
F lieu du tir
F point de tir
S punto de impacto
R ОЧАГ СЕЙСМИЧЕСКОГО ВЗРЫВА

2022

E shoulder-launched missile
D Fliegerfaust
D von der Schulter abgefeuerter Flugkörper
F missile antiaérien portatif
S misil disparado desde el hombro
R РАКЕТА, ЗАПУСКАЕМАЯ С ПЛЕЧА

2023

E shrapnel
D Schrapnell
F obus à balles
F shrapnel
S metralla
R ШРАПНЕЛЬ

2024

E sickness
see: radiation sickness

2025

E side arm
D Seitenwaffe
F arme de défense
S arma de cinturón
R ОРУЖИЕ, НОСИМОЕ НА ПОЯСНОМ РЕМНЕ

2026

E signal
see: obscured signal

2027

E signal
E signals
D Signal
D Signale
F transmissions
F signal /détection/
S señal
S señales
R СИГНАЛ
R ЗНАК
R СИГНАЛЫ

2028

E signal processing /detection/
D Signalaufbereitung
F traitement du signal
S elaboración de las señales recibidas
R ОБРАБОТКА СИГНАЛОВ

2029

E signal pulse /detection/
D Signalimpuls
D impulsförmiges Signal
F impulsion
S impulso de las señales
S cadencia de las señales
R ИМРУЛЬС СИГНАЛА

2030

E signal strength /detection/
D Signalstärke
F puissance des signaux
F intensité des signaux
S intensidad de las señales
R ИНТЕНСИВНОСТЬ СИГНАЛА
R СИЛА СИГНАЛА

2031

E signals
see: seismic signals

2032

E signal-to-noise ratio /detection/
D Signal/Rausch-Verhältnis
D Nutz/Stör-Verhältnis
D Signal/Stör-Abstand
F rapport signal/bruit
S relación señal-ruido
R ОТНОШЕНИЕ СИГНАЛ-ШУМ

2033

E silo
D Silo
F silo
S silo
R ШАХТА /ДЛЯ ЗАПУСКА РАКЕТ/

2034

E single jet trainer
D einstrahliger Trainer
F avion d'entraînement monoréacteur
S avión monorreactor de adiestramiento
R РЕАКТИВНЫЙ ТРЕНАЖЕР НА ОДНОГО ЧЕЛОВЕКА

2035

E SIPRI
see: Stockholm International Peace Research Institute (SIPRI)

2036

E site
D Stellung
D Lager
D Feuerstellung
F site
S lugar
S emplazamiento
R ПЛОЩАДКА

2037

E site
see: hardened site; launching site

2038

E SLBM
see: sea-launched ballistic missile (SLBM);
submarine-launched ballistic missile (SLBM)

2039

E small arms
D Handfeuerwaffen /bis 15 mm/
D Kleinwaffen /bis 30 mm/
F armes individuelles
S armas ligeras
S armas portátiles
R СТРЕЛКОВОЕ ОРУЖИЕ
R РУЧНОЕ ОРУЖИЕ

2040

E small-calibre projectile (SCP)
D kleinkalibriges Geschoss
F projectile de petit calibre
S proyectil de pequeño calibre
R МЕЛКОКАЛИБЕРНЫЙ СНАРЯД

2041

E smart bomb
D gelenkte Bombe
(durch Laser, IR, TV)
F bombe autoguidée
S bomba autodirigida
R САМОНАВОДЯЩАЯСЯ БОМБА

2042

E sneak attack
D Schleichangriff
F attaque par surprise
S ataque alevoso
S ataque por sorpresa
R ВНЕЗАПНОЕ НАПАДЕНИЕ /УДАР, НАЛЕТ/

2043

E soft missile base
D nichtverbunkerte Flugkörperstellung
F base de lancement de missiles non protégée
S base no protegida de lanzamiento de misiles
S base blanda de misiles
R УЯЗВИМАЯ РАКЕТНАЯ БАЗА

2044

E soil herbicides
D Boden-Herbizide
F désherbants appliqués au sol
F herbicides appliqués au sol
S herbicidas aplicados al suelo
R ПОЧВЕННЫЕ ГЕРБИЦИДЫ

2045

E somatic cells
D somatische Zellen
D Körperzellen
F cellules somatiques
S células somáticas
R СОМАТИЧЕСКИЕ КЛЕТКИ

2046

E somatic mutations
see: radiation-induced somatic mutations

2047

E sonar (sound navigation and ranging)
D Sonar
D Ultraschall-Unterwasserortungsverfahren
F sonar
S sonar
R ГИДРОАКУСТИЧЕСКИЙ ПРИБОР
R ГИДРОЛОКАЦИОННАЯ СТАНЦИЯ
R ГИДРОЛОКАТОР

2048

E sonar
see: bow-mounted sonar; towed sonar

2049

E sophisticated weapons
D hochentwickelte Waffen
F armes perfectionnées
S armas perfeccionadas
S armas de técnica avanzada
R НОВЕЙШИЕ ВИДЫ СЛОЖНОГО ОРУЖИЯ

2050

E sophistication
D hoher Entwicklungsstand
D Weiterentwicklung
F sophistication
S mejora
S perfeccionamiento
S técnica avanzada
R УСЛОЖНЕНИЕ ХАРАКТЕРА И КОНСТРУКЦИИ БОЕВОЙ ТЕХНИКИ

2051

E South-East Asia Treaty Organization (SEATO)
D Südostasienvertrags-Organisation (SEATO)
F Organisation du Traité de (défense collective pour) l'Asie du Sud-Est (OTASE)
S Organización del Tratado de Asia del Sudeste (OTASE)
R ОРГАНИЗАЦИЯ ДОГОВОРА ЮГО-ВОСТОЧНОЙ АЗИИ /СЕАТО/

2052

E S-P
see: S wave - P wave (S-P)

2053

E sp
see: short period (sp)

2054

E sP phase /detection/
D Phase Sp
F phase sP
S fase sP
R ФАЗА sP

2055

E space
see: air space

2056

E space vehicle
D Raumfahrzeug
F véhicule spatial
S vehículo espacial
R КОСМИЧЕСКИЙ КОРАБЛЬ

2057

E Special Committee on Peace-keeping Operations
D Sonderausschuss für friedenssichernde Massnahmen
F Comité spécial des opérations de maintien de la paix
S Comité especial de operaciones de mantenimiento de la paz
R СПЕЦИАЛЬНЫЙ КОМИТЕТ ПО ОПЕРАЦИЯМ ПО ПОДДЕРЖАНИЮ МИРА

2058

E Special Committee on the Distribution of the Funds Released as a Result of the Reduction of Military Budgets
D Sonderausschuss für die Verteilung der durch die Kürzung der Militärhaushalte freiwerdenden Mittel
F Comité spécial de la répartition des fonds libérés par la réduction des budgets militaires
S Comité especial para la distribución de los fondos liberados como resultado de la reducción de los presupuestos militares
R СПЕЦИАЛЬНЫЙ КОМИТЕТ ДЛЯ РАСПРЕДЕЛЕНИЯ СРЕДСТВ, ОТЧИСЛЯЕМЫХ ОТ СОКРАЩЕНИЯ ВОЕННЫХ БЮДЖЕТОВ

2059

E special fissionable material
D spezielles spaltbares Material
F produits fissiles spéciaux
F matières fissiles spéciales
S materiales fisionables especiales
R СПЕЦИАЛЬНЫЕ РАСЩЕПЛЯЮЩИЕСЯ МАТЕРИАЛЫ

2060

E Special Session of the General Assembly devoted to Disarmament
D Ausserordentliche Tagung der Generalversammlung über Abrüstung
F Session extraordinaire de l'Assemblée générale consacrée au désarmement
S Período extraordinario de sesiones de la Asamblea General dedicado al desarme
R СПЕЦИАЛЬНАЯ СЕССИЯ ГЕНЕРАЛЬНОЙ АССАМБЛЕИ, ПОСВЯЩЕННАЯ РАЗОРУЖЕНИЮ

2061

E spectrum
see: amplitude spectrum

2062

E spending
see: military spending

2063

E SPLP
see: Array with short and long period systems (SPLP)

2064

E sporadic fire
D sporadisches Feuer
F tir sporadique
S fuego esporádico
R БЕСПОРЯДОЧНЫЙ ОГОНЬ

2065

E spot contamination
D örtliche Kontamination
F contamination locale
S contaminación localizada
R РАДИОАКТИВНОЕ ЗАРАЖЕНИЕ УЧАСТКА

2066

E spot height
D Höhenpunkt (auf der Karte)
F point coté
S cota
R ОТМЕТКА ВЫСОТЫ

2067

E spot jamming
D Schmalbandstören /ELOKA/
F brouillage sélectif
S interferencia de canal o frecuencia
R СОЗДАНИЕ ПРИЦЕЛЬНЫХ ПОМЕХ РАДИОТЕХНИЧЕСКИМ СРЕДСТВАМ

2068

E spray the target, to
D Sprühangriff (auf das Ziel)
F arroser l'objectif
S rociar el blanco
R УСИЛЕННО ОБСТРЕЛИВАТЬ ЦЕЛЬ
R ПОЛИВАТЬ СВИНЦОМ

2069

E spread of nuclear weapons
D Verbreitung von Kernwaffen
F dissémination des armes nucléaires
S difusión de las armas nucleares
R РАСПРОСТРАНЕНИЕ ЯДЕРНОГО ОРУЖИЯ

2070

E SS
see: Diesel-Powered Attack Submarine (SS)

2071

E SSB
see: Diesel-Powered Ballistic Missile Submarine (SSB)

2072

E SSBN
see: Nuclear-Powered Ballistic Missile Submarine (SSBN)

2073

E SSG
see: Diesel-Powered Cruise Missile Submarine (SSG)

2074

E SSGN
see: Nuclear-Powered Cruise Missile Submarine (SSGN)

2075

E SSM
see: surface-to-surface missile (SSM)

2076

E SSR
see: Nuclear-Powered Attack Submarine (SSR)

2077

E stability
see: arms stability

2078

E staging area
D Durchgangsraum
D Sammelraum
F zone de stationnement
F zone d'étape
S área de estacionamiento
R РАЙОН СОСРЕДОТОЧЕНИЯ ВОЙСК

2079

E standard deviation (SD)
D Standardabweichung
F écart-type
S desviación típica
S desviación característica
R СРЕДНЕЕ КВАДРАТИЧНОЕ ОТКЛОНЕНИЕ
R СТАНДАРТНОЕ ОТКЛОНЕНИЕ

2080

E standardization
D Standardisierung
F standardisation
S tipificación
S estandarización
R СТАНДАРТИЗАЦИЯ

2081

E Standing Advisory Group on Safeguards Implementation (SAGSI) /IAEA/
D Ständige Beratungsgruppe für die Durchführung von Sicherungsmassnahmen
F Groupe consultatif permanent sur l'application des garanties
S Grupo asesor permanente sobre aplicación de salvaguardias
R ПОСТОЯННАЯ КОНСУЛЬТАТИВНАЯ ГРУППА ПО ОСУЩЕСТВЛЕНИЮ ГАРАНТИЙ

2082

E Standing Consultative Commission
D Ständige Beratungskommission
F Commission consultative permanente
S Comisión consultiva permanente
R ПОСТОЯННАЯ КОНСУЛЬТАТИВНАЯ КОМИССИЯ

2083

E stand-still truce
D Stillhalteabkommen
F trêve avec maintien en l'état
S tregua con inmovilización de fuerzas
R ВРЕМЕННОЕ ПЕРЕМИРИЕ

2084

E star shell
D Leuchtgeschoss
F obus éclairant
S bengala de estrella
R ОСВЕТИТЕЛЬНЫЙ СНАРЯД

2085

E starter-fire
D Anzünder
F allumeur
S inflamador
R ВОСПЛАМЕНИТЕЛЬ
R ВЗРЫВАТЕЛЬ /МИНЫ/

2086

E starter-fire composition
D Anzündmischung
F composition d'allumage
S composición del inflamador
R ВОСПЛАМЕНЯЮЩИЙ СОСТАВ

2087

E State
see: non-nuclear State

2088

E state of war
D Kriegszustand
F état de guerre
S estado de guerra
R СОСТОЯНИЕ ВОЙНЫ

2089

E States
see: peace-loving States

2090

E station
see: outstation; seismic station; seismological station

2091

E station network
see: seismic station network

2092

E station, to /armed forces/
D stationieren /Streitkräfte/
F stationner
S estacionar
R РАСПОЛАГАТЬ
R РАЗМЕЩАТЬ

2093

E stationary target
D stehendes Ziel /Gegensatz: sich bewegendes Ziel/
D unbewegliches Ziel /Gegensatz: bewegliches Ziel/
F cible fixe
S blanco estacionario
R НЕПОДВИЖНАЯ ЦЕЛЬ

2094

E steered-array systems /detection/
D gesteuerte Array-Systeme
F réseaux d'ensembles orientés
S sistemas de complejos orientables
R СИСТЕМЫ УПРАВЛЯЕМЫХ АНТЕННЫХ РЕШЕТОК

2095

E stem
see: Mach stem

2096

E Sten gun
D Sten-Maschinenpistole
F mitraillette Sten
S metralleta Sten
S pistola ametralladora Sten
R ПИСТОЛЕТ-ПУЛЕМЕТ СТЕН
R АВТОМАТ СТЕН

2097

E stick /paratroop squad/
D Springerreihe
F équipe de saut
F groupe de saut
S grupo de paracaidistas
S unidad de paracaidistas
R СЕРИЯ БОМБ
R СНАРЯДЫ ОДНОГО ЗАЛПА
R СВЯЗКА ГРАНАТ
R ШАШКА /ВВ/
R ПЕРИСКОП
R ГРУППА ПАРАШЮТИСТОВ

2098

E stock
see: hidden stock

2099

E Stockholm International Peace Research Institute (SIPRI)
D Internationales Stockholmer Institut für Friedensforschung
F Stockholm International Peace Research Institute (SIPRI)
S Instituto Internacional de Estocolmo para la Investigación de la Paz (SIPRI)
R МЕЖДУНАРОДНЫЙ ИНСТИТУТ ПО ИССЛЕДОВАНИЮ ВОПРОСОВ МИРА В СТОКГОЛЬМЕ

2100

E stockpile
see: nuclear stockpile

2101

E stockpile, to
D Vorräte anlegen
F stocker
S acumular
R НАКАПЛИВАТЬ

2102

E stockpiling of arms
D Anlegen von Waffenvorräten
F stockage des armes
S acumulación de armamentos
R НАКОПЛЕНИЕ ВООРУЖЕНИЙ

2103

E STOL
see: short take-off and landing aircraft (STOL)

2104

E storage
D Lagerung
F stockage
F entreposage
S almacenamiento
R ХРАНЕНИЕ

2105

E storage of nuclear material
D Lagerung von Kernmaterial
F stockage de matières nucléaires
S almacenamiento de materiales nucleares
R ХРАНЕНИЕ ЯДЕРНЫХ МАТЕРИАЛОВ

2106

E store carrier
D Transporter für allgemeine Versorgungsgüter
F transport de matériel et de vivres
S transporte de material y víveres
R СУХОГРУЗНЫЙ ТРАНСПОРТ

2107

E strafe, to
D im Tiefangriff angreifen
F mitrailler au sol
F mitrailler à basse altitude
S ametrallar
S hostigar (desde el aire)
R АТАКОВАТЬ С БРЕЮЩЕГО ПОЛЕТА
R ОБСТРЕЛИВАТЬ

2108

E strafing burst
D Feuerstoss /Bordwaffen/
F rafale de mitrailleuse
S ráfaga de ametralladora (desde el aire)
R ШКВАЛ БЕГЛОГО ОГНЯ С БРЕЮЩЕГО ПОЛЕТА
R ОГОНЬ ОЧЕРЕДЯМИ С БРЕЮЩЕГО ПОЛЕТА

2109

E strategic advantage
D strategischer Vorteil
F avantage stratégique
S ventaja estratégica
R СТРАТЕГИЧЕСКОЕ ПРЕИМУЩЕСТВО

2110

E Strategic Air Command (SAC)
D strategisches Luftwaffenkommando
F commandement des forces aériennes stratégiques
S comando de las fuerzas aéreas estratégicas
R СТРАТЕГИЧЕСКОЕ АВИАЦИОННОЕ КОМАНДОВАНИЕ

2111

E strategic arms limitation
D Begrenzung strategischer Waffen
F limitation des armements stratégiques
S limitación de las armas estratégicas
R ОГРАНИЧЕНИЕ СТРАТЕГИЧЕСКИХ ВООРУЖЕНИЙ

2112

E strategic arms limitation
see: offensive strategic arms limitation

2113

E strategic arms limitation agreements
D Vereinbarungen über eine (die) Begrenzung strategischer Waffen
F accords sur la limitation des armes stratégiques
S acuerdos sobre la limitación de las armas estratégicas
R СОГЛАШЕНИЯ ОБ ОГРАНИЧЕНИИ СТРАТЕГИЧЕСКИХ ВООРУЖЕНИЙ

2114

E Strategic Arms Limitation Talks (SALT)
D Gespräche über die Begrenzung strategischer Waffen (SALT)
D Verhandlungen über die Begrenzung strategischer Waffen (SALT)
F négociations sur la limitation des armes stratégiques (SALT)
F pourparlers sur la limitation des armes stratégiques (SALT)
F entretiens sur la limitation des armes stratégiques (SALT)
S negociaciones sobre la limitación de las armas estratégicas (SALT)
R ПЕРЕГОВОРЫ ОБ ОГРАНИЧЕНИИ СТРАТЕГИЧЕСКИХ ВООРУЖЕНИЙ /СОЛТ, ОСВ/

2115

E strategic balance
D strategisches Gleichgewicht
F équilibre stratégique
S equilibrio estratégico
R РАВЕНСТВО СТРАТЕГИЧЕСКИХ СИЛ

2116

E strategic build-up
D strategischer Aufbau
D Aufbau strategischer Kräfte
F renforcement de l'arsenal stratégique
F accroissement de la puissance stratégique
S aumento del poderío estratégico
R НАРАЩИВАНИЕ СТРАТЕГИЧЕСКИХ СИЛ

2117

E strategic combat aircraft
D strategisches Kampfflugzeug
F avion stratégique de combat
S avión de combate de las fuerzas aéreas estratégicas
R БОЕВОЙ САМОЛЕТ СТРАТЕГИЧЕСКОЙ АВИАЦИИ
R БОЕВЫЕ САМОЛЕТЫ СТРАТЕГИЧЕСКОЙ АВИАЦИИ

2118

E strategic concentration
D strategischer Aufmarsch
F concentration stratégique
S concentración estratégica
R СТРАТЕГИЧЕСКОЕ СОСРЕДОТОЧЕНИЕ

2119

E strategic concept
D strategische Konzeption
F conception stratégique
S concepto estratégico
R СТРАТЕГИЧЕСКАЯ КОНЦЕПЦИЯ

2120

E strategic delivery vehicle
D strategisches Einsatzmittel
D strategischer Waffenträger
F vecteur stratégique
S vector estratégico
R СРЕДСТВО ДОСТАВКИ СТРАТЕГИЧЕСКОГО ОРУЖИЯ К ЦЕЛИ

2121

E strategic mobility
D strategische Beweglichkeit
F mobilité stratégique
S movilidad estratégica
R СТРАТЕГИЧЕСКАЯ ПОДВИЖНОСТЬ

2122

E strategic nuclear force
D strategische Nuklearstreitmacht
F force nucléaire stratégique (FNS)
S fuerza nuclear estratégica
R СИЛЫ ДЛЯ НАНЕСЕНИЯ СТРАТЕГИЧЕСКИХ ЯДЕРНЫХ УДАРОВ

2123

E strategic nuclear parity
D strategische nukleare Parität
F parité nucléaire stratégique
S paridad nuclear estratégica
R СТРАТЕГИЧЕСКОЕ ЯДЕРНОЕ РАВЕНСТВО

2124

E strategic nuclear superiority
D strategische nukleare Überlegenheit
F supériorité nucléaire stratégique
S superioridad nuclear estratégica
R СТРАТЕГИЧЕСКОЕ ЯДЕРНОЕ ПРЕВОСХОДСТВО

2125

E strategic nuclear weapon
D strategischer Kernsprengkörper
F arme nucléaire stratégique
S arma nuclear estratégica
R СТРАТЕГИЧЕСКОЕ ЯДЕРНОЕ ОРУЖИЕ

2126

E strategic nuclear weapons
see: reduction of strategic nuclear weapons

2127

E strategic nuclear weapon systems
D strategische Kernwaffensysteme
F systèmes d'armes nucléaires stratégiques
S sistemas de armas nucleares estratégicas
R СИСТЕМЫ СТРАТЕГИЧЕСКОГО ЯДЕРНОГО ОРУЖИЯ
R СТРАТЕГИЧЕСКОЕ ЯДЕРНОЕ ОРУЖИЕ, СИСТЕМЫ СТРАТЕГИЧЕСКОГО ЯДЕРНОГО ОРУЖИЯ

2128

E strategic nuclear weapon systems
see: limitation of offensive and defensive strategic nuclear weapon systems

2129

E strategic offensive nuclear delivery vehicles
D strategische offensive Kernwaffeneinsatzmittel
F vecteurs d'armes nucléaires offensives stratégiques
S vectores de armas nucleares ofensivas estratégicas
R СРЕДСТВА ДОСТАВКИ СТРАТЕГИЧЕСКОГО И НАСТУПАТЕЛЬНОГО ЯДЕРНОГО ОРУЖИЯ /К ЦЕЛИ/

2130

E strategic psychological warfare
D strategische psychologische Kriegführung
F guerre psychologique stratégique
S guerra psicológica estratégica
R СТРАТЕГИЧЕСКАЯ ПСИХОЛОГИЧЕСКАЯ ВОЙНА

2131

E strategic reconnaissance aircraft
D strategischer Aufklärer
F avion de reconnaissance stratégique
S avión de reconocimiento estratégico
R СТРАТЕГИЧЕСКИЙ РАЗВЕДЫВАТЕЛЬНЫЙ САМОЛЕТ

2132

E strategic stability
D strategische Stabilität
F stabilité stratégique
S estabilidad estratégica
R СТРАТЕГИЧЕСКАЯ УСТОЙЧИВОСТЬ

2133

E strategic striking force /French nuclear force/
D strategischer Eingreifverband
F force de frappe stratégique
S fuerza estratégica de ataque
R СИЛЫ ДЛЯ НАНЕСЕНИЯ СТРАТЕГИЧЕСКИХ УДАРОВ

2134

E strategic superiority
D strategische Überlegenheit
F supériorité stratégique
S superioridad estratégica
R СТРАТЕГИЧЕСКОЕ ПРЕВОСХОДСТВО

2135

E strategic triad
see also: triad
D strategische Triade
F triade stratégique
S triada estratégica
R СТРАТЕГИЧЕСКАЯ ТРИАДА

2136

E strategic war
see: limited strategic war

2137

E strategic warning
D strategische Warnung
F alerte stratégique
S alerta estratégica
R СТРАТЕГИЧЕСКОЕ ОПОВЕЩЕНИЕ

2138

E strategy
D Strategie
F stratégie
S estrategia
R СТРАТЕГИЯ

2139

E strategy
see: counterforce strategy; crisis-prevention strategy; no-cities strategy; second-strike strategy

2140

E strength
see: signal strength

2141

E strength of the armed forces
D Stärke der Streitkräfte
F effectifs des forces armées
F effectifs militaires
S efectivos de las fuerzas armadas
R ЧИСЛЕННОСТЬ ВООРУЖЕННЫХ СИЛ

2142

E strengthen universal peace, to
D Weltfrieden festigen, den
F consolider la paix du monde
S fortalecer la paz mundial
R УПРОЧИТЬ МЕЖДУНАРОДНЫЙ МИР

2143

E strike
see: air strike; countercity strike; counterforce strike; countervalue strike; first strike; pre-emptive attack; pre-emptive strike; second strike

2144

E strike accuracy /nuclear/
D Genauigkeit des Atomschlags
D Treffgenauigkeit des Atomschlags
F précision de frappe
S precisión de ataque
R ТОЧНОСТЬ ПОПАДАНИЯ

2145

E strike-back capability
D Gegenschlagpotential
D Fähigkeit zum Gegenschlag
F capacité de riposte
S capacidad de contragolpe
S capacidad de contraataque
S capacidad de réplica
R ВОЗМОЖНОСТЬ НАНЕСЕНИЯ ОТВЕТНОГО УДАРА

2146

E striking force
see: strategic striking force

2147

E strong point
D befestigte Feldstellung
D Stützpunkt
F point d'appui
S punto fuerte
R ОПОРНЫЙ ПУНКТ

2148

E sub-calibre shell
D unterkalibriges Geschoss
D Unterkalibergeschoss
F obus sous-calibré
S granada de calibre reducido
R ПОДКАЛИБЕРНЫЙ СНАРЯД

2149

E Sub-Committee of the Disarmament Commission
D Unterausschuss der Abrüstungskommission
F Sous-Comité de la Commission du désarmement
S Subcomisión de la Comisión de Desarme
R ПОДКОМИТЕТ КОМИССИИ ПО РАЗОРУЖЕНИЮ

2150

E Sub-Committee on a Treaty for the Discontinuance of Nuclear Weapon Tests
D Unterausschuss für die Ausarbeitung eines Vertrags über die Aussetzung von Kernwaffenversuchen
F Sous-Comité chargé d'étudier la question d'un traité pour la cessation des essais d'armes nucléaires
S Subcomité para estudiar el tratado sobre la cesación de los ensayos con armas nucleares
R ПОДКОМИТЕТ ПО ДОГОВОРУ О ПРЕКРАЩЕНИИ ИСПЫТАНИЙ ЯДЕРНОГО ОРУЖИЯ

2151

E sub-kiloton weapon
D Kernsprengkörper im Sub-kt-Bereich
F arme subkilotonnique
S arma subkilotónica
R ЯДЕРНОЕ ОРУЖИЕ С ТРОТИЛОВЫМ ЭКВИВАЛЕНТОМ МЕНЬШЕ 1 КТ

2152

E sub-machine-gun
D Maschinenpistole
F pistolet mitrailleur
S metralleta
S pistola ametralladora
R АВТОМАТ
R ПИСТОЛЕТ-ПУЛЕМЕТ

2153

E submarine
D U-Boot
F sous-marin
S submarino
R ПОДВОДНАЯ ЛОДКА

2154

E submarine
see: ballistic-missile submarine; conventionally powerd submarine; nuclear submarine; nuclear-powered submarine; nuclear-powered cruise missile submarine; nuclear-powered hunter submarine

2155

E submarine base
D U-Boot-Stützpunkt
F base de sous-marins
S base de submarinos
R БАЗА ПОДВОДНЫХ ЛОДОК

2156

E submarine chaser
D U-Boot-Jäger
F chasseur de sous-marin
S cazasubmarinos
R КОРАБЛЬ ПЛО
R МОРСКОЙ ОХОТНИК

2157

E submarine-killer submarine
D U-Jagd-U-Boot
F sous-marin chasseur de sous-marin
S submarino cazasubmarinos
R ПРОТИВОЛОДОЧНАЯ ПОДВОДНАЯ ЛОДКА

2158

E submarine-launched ballistic missile (SLBM)
D U-Boot-gestützter ballistischer Flugkörper
F missile balistique lancé par sous-marin
S misil balístico lanzado desde submarinos
R БАЛЛИСТИЧЕСКАЯ РАКЕТА, ЗАПУСКАЕМАЯ С ПОДВОДНОЙ ЛОДКИ

2159

E submarine-launched cruise missile
D U-Boot-gestützter Marschflugkörper
F missile de croisière lancé par sous-marin
S misil de crucero lanzado desde submarinos
R КРЫЛАТАЯ РАКЕТА, ЗАПУСКАЕМАЯ С ПОДВОДНОЙ ЛОДКИ

2160

E submarine-launched intercontinental missile
D U-Boot-gestützter interkontinentaler Flugkörper
F missile intercontinental lancé par sous-marin
S misil intercontinental lanzado desde submarinos
R МЕЖКОНТИНЕНТАЛЬНАЯ РАКЕТА, ЗАПУСКАЕМАЯ С ПОДВОДНОЙ ЛОДКИ

2161

E submarine-launched missile
D U-Boot-gestützter Flugkörper
F missile lancé par sous-marin
S misil lanzado desde submarinos
R РАКЕТА, ЗАПУСКАЕМАЯ С ПОДВОДНОЙ ЛОДКИ

2162

E subsonic speed
D Unterschallgeschwindigkeit
F vitesse subsonique
S velocidad subsónica
R ДОЗВУКОВАЯ СКОРОСТЬ

2163

E subsurface-to-subsurface missile
D Unterwasser/Unterwasser-Flugkörper
F missile sous-marin anti-sous-marin
S misil submarino antisubmarino
R РАКЕТА-ТОРПЕДА КЛАССА ПОДВОДНАЯ ЛОДКА-ЗЕМЛЯ

2164

E subsurface-to-surface strategic missile
D strategischer Unterwasser/Überwasser-Flugkörper
F missile mer-sol balistique stratégique (MSBS)
S misil estratégico de subsuperficie a superficie
R СТРАТЕГИЧЕСКАЯ РАКЕТА-ТОРПЕДА КЛАССА ПОДВОДНАЯ ЛОДКА-ПОДВОДНАЯ ЦЕЛЬ

2165

E subversion
see: counter-subversion

2166

E subversive action
D subversive Tätigkeit
D Untergrundtätigkeit
F action subversive
S actividad subversiva
R ДИВЕРСИОННЫЕ ДЕЙСТВИЯ

2167

E superiority
see: nuclear superiority

2168

E super-power
D Supermacht
F super-puissance
F sur-puissance
F super-grand
S superpotencia
R СВЕРХДЕРЖАВА

2169

E supersonic speed
D Überschallgeschwindigkeit
F vitesse supersonique
S velocidad supersónica
R СВЕРХЗВУКОВАЯ СКОРОСТЬ

2170

E supplies
see: maintenance supplies

2171

E supply
D Versorgung
D Nachschub
F ravitaillement
F approvisionnements
S aprovisionamiento
S provisiones
S suministros
R ПОСТАВКИ
R СНАБЖЕНИЕ

2172

E supply chute
see: supply parachute

2173

E supply parachute
E supply chute
D Lastenfallschirm
F parachute à matériel
S paracaídas de abastecimiento
R ГРУЗОВОЙ ПАРАШЮТ

2174

E supply ship
D Versorger
D Versorgungsschiff
F navire ravitailleur
S buque de reabastecimiento
R СУДНО СНАБЖЕНИЯ

2175

E support
D Unterstützung
F appui
F soutien
S apoyo
R ПОДДЕРЖКА
R МАТЕРИАЛЬНО-ТЕХНИЧЕСКОЕ ОБЕСПЕЧЕНИЕ

2176

E support
see: air logistical support; air support; close support; direct support; fire air support; logistical support

2177

E support patrol boat
see: assault support patrol boat (ASPB)

2178

E support ship
see: logistic support ship

2179

E support unit
D Unterstützungsverband
F unité de soutien
S unidad de apoyo
R ПОДДЕРЖИВАЮЩЕЕ ПОДРАЗДЕЛЕНИЕ

2180

E supporting fire
D Feuerunterstützung
D Unterstützungsfeuer
F tir d'appui
S fuego de apoyo
R ОГНЕВАЯ ПОДДЕРЖКА

2181

E supremacy
see: air supremacy

2182

E surface explosions
D Bodendetonation
F explosions en surface
S explosiones sobre la superficie
R НАЗЕМНЫЕ ВЗРЫВЫ

2183

E surface surveillance radar
D Überwasser-Überwachungsradar
F radar de veille surface
S radar de vigilancia de superficie
R НАЗЕМНАЯ РЛС ОБНАРУЖЕНИЯ

2184

E surface vs. body-wave discriminant /detection/
D Diskriminante Oberflächenwelle/Raumwelle
F discriminant onde de surface/onde de volume
S discriminante entre onda de superficie y onda interna
R ДИСКРИМИНАНТ ФУНКЦИИ ПОВЕРХНОСТНОЙ ОТ ОБЪЕМНОЙ ВОЛНЫ

2185

E surface warship
D Überwasserkriegsschiff
F bâtiment de surface
F navire de guerre de surface
S buque de guerra de superficie
R НАДВОДНЫЙ ВОЕННЫЙ КОРАБЛЬ

2186

E surface wave /detection/
D Oberflächenwelle
F onde de surface
S onda de superficie
R ПОВЕРХНОСТНАЯ ВОЛНА

2187

E surface-to-air guided weapon
D Boden/Luft-Lenkwaffe
F engin guidé sol-air
S misil dirigido de superficie a aire
R ЗЕНИТНАЯ УПРАВЛЯЕМАЯ РАКЕТА

2188

E surface-to-air missile (SAM)
D Boden/Luft-Flugkörper
F missile surface-air
S misil de superficie a aire
R РАКЕТА КЛАССА ЗЕМЛЯ-ВОЗДУХ

2189

E surface-to-sea missile
D Land/See-Flugkörper
F missile surface-sous-marin
S misil de superficie a mar
R РАКЕТА КЛАССА ЗЕМЛЯ-КОРАБЛЬ
R РАКЕТА КЛАССА КОРАБЛЬ-МОРСКАЯ ЦЕЛЬ

2190

E surface-to-subsurface missile
D Schiff/Unterwasser-Flugkörper
D Überwasser/Unterwasser-Flugkörper
F missile surface-anti-sous-marin
S misil de superficie a subsuperficie
S misil de superficie antisubmarino
R РАКЕТА КЛАССА КОРАБЛЬ-ПОДВОДНАЯ ЛОДКА
R РАКЕТА КЛАССА ЗЕМЛЯ-ПОДВОДНАЯ ЛОДКА

2191

E surface-to-surface missile (SSM)
D Boden/Boden-Flugkörper
D Schiff/Schiff-Flugkörper
F missile sol-sol
F missile mer-mer
S misil de tierra a tierra
S misil de superficie a superficie
S misil de mar a mar
R РАКЕТА КЛАССА ЗЕМЛЯ-ЗЕМЛЯ
R РАКЕТА КЛАССА КОРАБЛЬ-КОРАБЛЬ

2192

E surface-wave radiation /detection/
D Oberflächenwellenstrahlung
F rayonnement des ondes de surface
S radiación de ondas de superficie
R ИЗЛУЧЕНИЕ ПОВЕРХНОСТНОЙ ВОЛНЫ

2193

E surgical unit
D chirurgische Einheit
F antenne chirurgicale
S unidad quirúrgica
R ХИРУРГИЧЕСКАЯ ЛЕТУЧКА
R ПЕРЕДОВОЙ ХИРУРГИЧЕСКИЙ ОТРЯД

2194

E surprise attack
D Überraschungsangriff
F attaque par surprise
S ataque por sorpresa
S ataque sorpresivo
R ВНЕЗАПНОЕ НАПАДЕНИЕ

2195

E surveillance
see: sea surveillance

2196

E surveillance, long-range air
see: long-range air surveillance

2197

E surveillance radar
D Überwachungsradar
D Rundsichtradar
D Überwachungsradargerät
F radar de veille
F radar de surveillance
S radar de vigilancia
R РЛС ОБНАРУЖЕНИЯ

2198

E surveillance radar
see: surface surveillance radar

2199

E survival
D Überleben
F survie
S supervivencia
R ВЫЖИВАНИЕ

2200

E survivor
see: atomic bomb survivor

2201

E susceptible population
D anfällige Bevölkerung
D verletzbare Bevölkerung
F population réceptive
F population sensible
S población susceptible
R УЯЗВИМОЕ НАСЕЛЕНИЕ

2202

E suspension of nuclear and thermo-nuclear tests
D Aussetzung nuklearer und thermonuklearer Versuche
F suspension des essais nucléaires et thermonucléaires
S suspensión de los ensayos nucleares y termonucleares
R ПРИОСТАНОВКА ЯДЕРНЫХ И ТЕРМОЯДЕРНЫХ ИСПЫТАНИЙ

2203

E sustained rate of fire
D Dauerfeuer
F cadence normale de tir
S cadencia sostenida de fuego
R ПРАКТИЧЕСКАЯ СКОРОСТРЕЛЬНОСТЬ

2204

E system
D System
D Anlage
D Anordnung
F système
F réseau
S sistema
R СИСТЕМА
R КОМПЛЕКС

2205

E system
see: arms system; control system

2206

E system of defence against ballistic missiles
D Abwehrsystem gegen ballistische Flugkörper
F système de défense contre les missiles balistiques
S sistema de defensa contra misiles balísticos
R ОБОРОНИТЕЛЬНЫЙ БОЕВОЙ КОМПЛЕКС ОТ БАЛЛИСТИЧЕСКИХ РАКЕТ

2207

E systemic effects /CBW/
D systemische Wirkungen
F effets toxiques généraux
S efectos tóxicos generales
R ЭФФЕКТЫ ОБЩЕГО ОТРАВЛЕНИЯ

2208

E systemic poisons
D systemische Gifte
F toxiques généraux
S tóxicos generales
R ЯДЫ ОБЩЕГО ДЕЙСТВИЯ

2209

E systems
see: non-central systems

2210

E tactical
D taktisch
F tactique
S táctico
R ТАКТИЧЕСКИЙ
R ОПЕРАТИВНЫЙ

2211

E tactical air command
D taktisches Luftwaffenkommando
F commandement aérien tactique
S comando aéreo táctico
R ТАКТИЧЕСКОЕ АВИАЦИОННОЕ КОМАНДОВАНИЕ

2212

E tactical air support
D taktische Luftunterstützung
F appui aérien tactique
S apoyo aéreo táctico
R ТАКТИЧЕСКАЯ АВИАЦИОННАЯ ПОДДЕРЖКА

2213

E tactical missile
D taktischer Flugkörper
F missile tactique
S misil táctico
R РАКЕТА ТАКТИЧЕСКОГО НАЗНАЧЕНИЯ

2214

E tactical nuclear missile
D taktischer Flugkörper mit Atomgefechtskopf
F missile nucléaire tactique
S misil nuclear táctico
R РАКЕТНО-ЯДЕРНОЕ СРЕДСТВО ТАКТИЧЕСКОГО НАЗНАЧЕНИЯ

2215

E tactical nuclear weapon
D taktischer Kernsprengkörper
F arme nucléaire tactique (ANT)
S arma nuclear táctica
R ЯДЕРНОЕ ОРУЖИЕ ТАКТИЧЕСКОГО НАЗНАЧЕНИЯ

2216

E tactical nuclear weapons
see: theatre nuclear weapons

2217

E tactical reserve
D taktische Reserve
F réserves tactiques
S reserva táctica
R ТАКТИЧЕСКИЙ РЕЗЕРВ

2218

E tactical warning
D taktische Warnung
F alerte tactique
S prevención táctica
R ОПОВЕЩЕНИЕ О НАЧАЛЕ НАПАДЕНИЯ

2219

E tactical weapons
D taktische Waffen
F armes tactiques
S armas tácticas
R ТАКТИЧЕСКОЕ ОРУЖИЕ

2220

E tactics
see: evasion tactics

2221

E tank
D Panzer
F char
S tanque
R ТАНК

2222

E tank
see: heavy tank; light tank; medium tank; recovery tank; wrecker tank

2223

E tank battalion
D Panzerbataillon
F régiment de chars
S batallón de tanques
R ТАНКОВЫЙ БАТАЛЬОН

2224

E tank destroyer
D Jagdpanzer
F chasseur de chars
S cañón automóvil antitanque
R ПРОТИВОТАНКОВОЕ СРЕДСТВО
R ИСТРЕБИТЕЛЬ ТАНКОВ
R САМОХОДНОЕ ПРОТИВОТАНКОВОЕ ОРУДИЕ

2225

E tank fire
D Panzerschiessen
F tir de char
S fuego de tanques
R ТАНКОВЫЙ ОГОНЬ

2226

E tank landing craft
D Panzerlandungsboot
F chaland porte-chars
S embarcación para desembarco de tanques
R БОЛЬШОЙ ТАНКО-ДЕСАНТНЫЙ КОРАБЛЬ
R ТАНКО-ДЕСАНТНОЕ СРЕДСТВО /СРЕДСТВА/

2227

E tank landing ship
D Panzerlandungsschiff
F bâtiment de débarquement de chars
S buque para desembarco de tanques
R ТАНКО-ДЕСАНТНЫЙ КОРАБЛЬ

2228

E tank round
D Panzermunition
F coup de pièce de char
S tiros de tanque
R ВЫСТРЕЛ ИЗ ТАНКА

2229

E tank shell
D Panzergeschoss
F obus de char
S granada de tanque
R СНАРЯД ТАНКОВОЙ ПУШКИ

2230

E tank squadron
D Panzerkompanie
F escadron de chars
S escuadrón de tanques
R ТАНКОВЫЙ БАТАЛЬОН /БР./

2231

E tanker
D Betriebsstofftransporter
F pétrolier
S petrolero
R ТАНКИСТ
R САМОЛЕТ-ЗАПРАВЩИК
R ТАНКЕР

2232

E tanker
see: fleet tanker; underway replenishment tanker

2233

E target
D Ziel
D Angriffsziel
F objectif
F cible
F but
S blanco
S objetivo
R ОБЪЕКТ
R ЦЕЛЬ
R МИШЕНЬ
R ЗАДАЧА

2234

E target
see: area target; localized target; moving target; opportunity target; point target; shell a target, to; spray the target, to; stationary target; upwind of target

2235

E target area
D Zielgebiet
F objectif
S zona objetivo
R РАЙОН ЦЕЛИ

2236

E target area bombardment
D Bombardierung des Zielgebiets
F bombardement sur cible
S bombardeo de zonas objetivos
R БОМБАРДИРОВКА РАЙОНА ЦЕЛИ

2237

E target hit
D Treffer im Ziel
F coup au but
S impacto en el blanco
R ПОПАДАНИЕ В ЦЕЛЬ

2238

E target response /nuclear/
D Wirkung im Ziel
F effets sur l'objectif
S efectos en hombres y materiales
R ХАРАКТЕР ДЕЙСТВИЯ НА ЦЕЛЬ ПОРАЖАЮЩИХ ФАКТОРОВ

2239

E target seeking device
D Zielsucheinrichtung
F tête chercheuse
S dispositivo buscablancos
R УСТРОЙСТВО САМОНАВЕДЕНИЯ

2240

E target-rocket
D Zielrakete
D Zieldarstellungsrakete
F engin-cible
S cohete blanco
R РАКЕТА-ЦЕЛЬ

2241

E task air force
D Luftwaffen-Einsatzverband
F groupe tactique aérien
S agrupación táctica aérea
R ОПЕРАТИВНАЯ АВИАЦИОННАЯ ГРУППА

2242

E task force
D gemischter Gefechtsverband
D Kampfgruppe
D Einsatzverband
F groupement tactique
F force d'intervention
S fuerza de tarea
S contingente de operaciones
R ВРЕМЕННАЯ ОПЕРАТИВНАЯ ТАКТИЧЕСКАЯ ГРУППА

2243

E task force
see: air task force

2244

E team
see: air control team

2245

E tear gas
E lacrimator
D Tränengas
F gaz lacrimogène
S gas lacrimógeno
R ОВ СЛЕЗОТОЧИВОГО ДЕЙСТВИЯ

2246

E technology
see: high technology; laser technology; military technology; nuclear technology

2247

E technology for nuclear weapons
D Kernwaffentechnik
F technologie des armes nucléaires
S tecnología de las armas nucleares
R ТЕХНОЛОГИЯ ЯДЕРНОГО ОРУЖИЯ

2248

E TEL
see: transporter-erector-launcher (TEL)

2249

E telemetry
D Telemetrie
F télémesure
S telemetría
R ТЕЛЕМЕТРИЯ

2250

E teleseismic distance
(up to 10,000 kilometers)
D teleseismische Distanz
F distance téléséismique
S distancia telesísmica
R ТЕЛЕСЕЙСМИЧЕСКОЕ РАССТОЯНИЕ

2251

E teleseismic methods /detection/
D teleseismische Methoden
F méthodes téléséismiques
S métodos telesísmicos
R ТЕЛЕСЕЙСМИЧЕСКИЕ МЕТОДЫ

2252

E television
see: infra-red television

2253

E tender
D Tender /Wasserfahrzeug/
F ravitailleur
S avión auxiliar
S embarcación auxiliar
S buque nodriza
R ПЛАВУЧАЯ БАЗА
R ЗАПРАВЩИК

2254

E Ten-Nation Committee on Disarmament
D Zehn-Mächte-Abrüstungsausschuss
F Comité des dix puissances sur le désarmement
S Comité de Desarme de las Diez Potencias
R КОМИТЕТ ДЕСЯТИ ГОСУДАРСТВ ПО РАЗОРУЖЕНИЮ

2255

E tension
see: relaxation of tension

2256

E tensions, international
see: international tensions

2257

E terrain
see: key terrain

2258

E terrestrial gamma dose rate
D Dosierung der terrestrischen Gammastrahlen
F débit de dose de rayonnement gamma terrestre
S intensidad de la dosis de radiación gamma terrestre
R МОЩНОСТЬ ДОЗЫ ПОЧВЕННОГО ГАММА-ИЗЛУЧЕНИЯ

2259

E territorial integrity
D territoriale Unversehrtheit
F intégrité territoriale
S integridad territorial
R ТЕРРИТОРИАЛЬНАЯ ЦЕЛОСТНОСТЬ

2260

E territory
see: liberated territory

2262

E test
see: decoupled clandestine test; high-yield test; nuclear test; nuclear-weapon test

2263

E test explosion
D Versuchsexplosion
F explosion expérimentale
S explosión de ensayo
S explosión de prueba
R ИСПЫТАТЕЛЬНЫЙ ВЗРЫВ

2264

E test shot
D Prüfschuss
D Versuchsschiessen
D Versuchsstart /Flugkörper/
F tir expérimental
S tiro de ensayo
S tiro de prueba
R ЭКСПЕРИМЕНТАЛЬНЫЙ ЗАПУСК
R ИСПЫТАТЕЛЬНЫЙ ВЗРЫВ /ЯДЕРНОГО ОРУЖИЯ/

2265

E test site
D Erprobungsstelle
F polygone d'essais
F polygone de tir
S campo de ensayos
S polígono de ensayos
R ПОЛИГОН

2266

E test site
see: Nevada test site (NTS)

2267

E testing
see: atmospheric nuclear weapon testing; development testing

2268

E tests
see: suspension of nuclear and thermo-nuclear tests

2269

E theatre nuclear weapons
E tactical nuclear weapons
see also: mininuke
D taktische Kernwaffen
D taktische Kernsprengkörper
F armes nucléaires tactiques
S armas nucleares tácticas
R ТАКТИЧЕСКОЕ ЯДЕРНОЕ ОРУЖИЕ

2270

E theatre of war
D Kriegsschauplatz
F théâtre de guerre
S teatro de guerra
S teatro de operaciones
R ТЕАТР ВОЕННЫХ ДЕЙСТВИЙ

2271

E thermal exposure
D wirksame thermische Strahlung
F effet thermique
S exposición térmica
R ТЕПЛОВОЕ ОБЛУЧЕНИЕ

2272

E thermal radiation of a nuclear explosion
D thermische Strahlung einer Kernsprengung
F rayonnement thermique d'une explosion nucléaire
S radiación térmica de una explosión nuclear
R ТЕПЛОВОЕ ИЗЛУЧЕНИЕ ЯДЕРНОГО ВЗРЫВА

2273

E thermographic detector
D Wärmebilddetektor
F détecteur thermographique
S detector termográfico
R ТЕРМОГРАФИЧЕСКИЙ ДЕТЕКТОР

2274

E thermo-nuclear weapon
D thermonuklearer Sprengkörper
F arme thermonucléaire
S arma termonuclear
R ТЕРМОЯДЕРНОЕ ОРУЖИЕ

2275

E threat
see: nuclear threat

2276

E threat of force
D Gewaltandrohung
F menace de la force
S amenaza de la fuerza
R УГРОЗА СИЛОЙ

2277

E threat of war
D Kriegsdrohung
D Kriegsgefahr
F menace de la guerre
S amenaza de guerra
R УГРОЗА ВОЙНЫ

2278

E threat or use of force
D Androhung oder Anwendung von Gewalt
F menace ou emploi de la force
S amenaza o uso de la fuerza
R УГРОЗА СИЛОЙ ИЛИ ПРИМЕНЕНИЕ СИЛЫ

2279

E threat to the peace
D Bedrohung des Friedens
F menace contre la paix
S amenaza a la paz
R УГРОЗА МИРУ

2280

E three-dimensional search radar
D Drei-D-Suchradar
F radar tridimensionnel
S radar de exploración tridimensional
R ТРЕХКООРДИНАТНАЯ РЛС ОБНАРУЖЕНИЯ

2281

E threshold
D Schwelle
D Schwellenwert
F seuil
S umbral
R ПОРОГ
R ПРЕДЕЛ
R ПОРОГОВАЯ ВЕЛИЧИНА

2282

E threshold
see: discrimination threshold; location threshold; magnitude threshold

2283

E Threshold Test Ban Treaty
see: Treaty on the Limitation of Underground Nuclear Weapon Tests

2284

E throw-weight
D Wurfgewicht
F capacité d'emport
S peso lanzable
R МАКСИМАЛЬНАЯ ПОЛЕЗНАЯ НАГРУЗКА /НАПР. ПРИ ИСПЫТАНИИ РАКЕТЫ/

2285

E time of origin
D taktische Zeit der Spruchfreigabe
F heure origine
S hora de expedición
R ВРЕМЯ ПРОИСХОЖДЕНИЯ

2286

E time on target /artillery/
D Zeit im Ziel
F heure sur l'objectif
S sincronización sobre el objetivo
R ВРЕМЯ ПОЯВЛЕНИЯ САМОЛЕТА НАД ЦЕЛЬЮ
R ВРЕМЯ ОБСТРЕЛА ЦЕЛИ

2287

E time over target (TOT) /aviation/
D Zeit über Ziel
F heure sur l'objectif (HSO)
S hora sobre el objetivo
R ВРЕМЯ ПРЕБЫВАНИЯ НАД ЦЕЛЬЮ

2288

E time-delay weapons
D Waffen mit verzögerter Zündung
F armes à retardement
S armas de acción retardada
R ОРУЖИЕ ЗАМЕДЛЕННОГО ДЕЙСТВИЯ

2289

E time-distance curve /detection/
D Zeit/Distanz-Kurve
F courbe des durées de propagation
S curva de tiempo-distancia
R КРИВАЯ ВРЕМЕНИ РАСПРОСТРАНЕНИЯ

2290

E TNT equivalent
(TNT: trinitrotoluene)
D TNT-Äquivalent
F équivalence TNT
S equivalente en TNT
R ТРОТИЛОВЫЙ ЭКВИВАЛЕНТ

2291

E tommy gun
D Maschinenpistole
F pistolet mitrailleur
S pistola ametralladora
S metralleta
R ПИСТОЛЕТ-ПУЛЕМЕТ ТОМПСОНА
R АВТОМАТ ТОМПСОНА

2292

E torpedo
D Torpedo
F torpille
S torpedo
R ТОРПЕДА

2293

E torpedo
see: acoustic homing torpedo

2294

E torpedo boat
D Torpedoboot
F vedette lance-torpilles
S lancha torpedera
R ТОРПЕДНЫЙ КАТЕР

2295

E torpedo recovery craft
D Torpedofangboot
F bâtiment pour le relevage des torpilles
S embarcación para la recuperación de torpedos
R ТОРПЕДОЛОВ

2296

E torpedo tube
D Torpedorohr
F tube lance-torpilles
S tubo lanzatorpedos
R ТОРПЕДНЫЙ АППАРАТ

2297

E TOT
see: time over target (TOT)

2298

E total strategy
E national strategy /US/
E grand strategy /UK/
D Gesamtstrategie
F stratégie totale
S estrategia total
S estrategia general
R ОБЩАЯ СТРАТЕГИЯ

2299

E tour of duty
D Dienstzeit
F tour
F temps de service
S turno
S tiempo de servicio
R СРОК СЛУЖБЫ

2300

E towed sonar
D Schleppsonar
F sonar remorqué
S sonar remolcado
S sonar de remolque
R БУКСИРУЕМЫЙ ГИДРОЛОКАТОР

2301

E toxic chemical agents
D giftige chemische Kampfstoffe
D toxische chemische Kampfstoffe
F agents chimiques toxiques
S agentes químicos tóxicos
R БОЕВЫЕ ОТПРАВЛЯЮЩИЕ ВЕЩЕСТВА

2302

E toxic component
see: non-toxic component

2303

E toxicity
D Giftigkeit
D Toxizität
F toxicité
S toxicidad
R ТОКСИЧНОСТЬ

2304

E toxicity determination
D Toxizitätsbestimmung
F détermination de la toxicité
S determinación de la toxicidad
R ОПРЕДЕЛЕНИЕ УРОВНЯ ТОКСИЧНОСТИ

2305

E toxicological verification
D toxikologische Verifizierung
F vérification toxicologique
S verificación toxicológica
R ТОКСИКОЛОГИЧЕСКИЙ КОНТРОЛЬ

2306

E toxin
D Toxin
F toxine
S toxina
R ТОКСИН

2307

E tracer
D Leuchtspur
F balle traçante
F balle traceuse
F obus traçant
F traceur (radioactif)
S trazador
R ТРАССИРУЮЩИЙ СНАРЯД
R ТРАССИРУЮЩАЯ ПУЛЯ

2308

E tracer shell
D Leuchtspurgeschoss
F obus traçant
S granada trazadora
R ТРАССИРУЮЩИЙ СНАРЯД

2309

E track
D Zielspur /auf Radarschirm/
D Flugspur
D Flugweg
D Flugbahn /FK/
D Suchkurs /Minenjagd/
D Wurfkurs /Minenlegen/
F piste
F route effective /d'un avion, d'un navire/
F chenille
F sillage /d'une torpille/
S trayectoria
S trayecto
S rastro
S carril
S oruga
R ТРАЕКТОРИЯ ПОЛЕТА

2310

E tracked vehicle
D Kettenfahrzeug
F véhicule chenillé
S vehículo sobre orugas
R ГУСЕНИЧНАЯ МАШИНА

2311

E tracker
D Zielverfolgungsgerät
F suiveur
S perseguidor
S rastreador
S seguidor
S tracker
R РЛС СЛЕЖЕНИЯ

2312

E tracking
D Zielverfolgung
F poursuite
S localización
S seguimiento
S persecución
S rastreo
R СЛЕЖЕНИЕ /ЗА ЦЕЛЬЮ/
R СОПРОВОЖДЕНИЕ /ЦЕЛИ/

2313

E tracking radar
D Zielverfolgungsradar
F radar de poursuite
F radar de conduite de tir
S radar de persecución
S radar de rastreo
S radar de localización
R РЛС СОПРОВОЖДЕНИЯ /ЦЕЛИ/

2314

E tracking system
D Zielverfolgungssystem
F système de poursuite
S sistema de persecución
S sistema de rastreo
S sistema de localización
R СИСТЕМА СОПРОВОЖДЕНИЯ /ЦЕЛИ/

2315

E tracking system
see: detection and tracking system

2316

E trade
see: arms trade

2317

E trainer
see: single jet trainer

2318

E training
D Ausbildung
F entraînement
F instruction
F formation
S adiestramiento
S instrucción
S formación
R БОЕВАЯ ПОДГОТОВКА
R ТРЕНИРОВКА
R НАВЕДЕНИЕ

2319

E training centre
D Ausbildungszentrum
F centre d'instruction
S centro de instrucción
S centro de adiestramiento
S centro de formación
R УЧЕБНЫЙ ЦЕНТР

2320

E training period
D Ausbildungszeit
F stage
F période d'instruction
S período de instrucción
S período de adiestramiento
S período de formación
R УЧЕБНЫЙ СБОР
R ПЕРИОД ОБУЧЕНИЯ

2321

E trajectory
see: path

2322

E transfer of nuclear weapons
D Weitergabe von Kernwaffen
F transfert des armes nucléaires
S transferencia de armas nucleares
R ПЕРЕДАЧА ЯДЕРНОГО ОРУЖИЯ

2323

E transport ship
D Transporter
F navire transport ravitailleur
S buque transporte
R ТРАНСПОРТНОЕ СУДНО
R ТРАНСПОРТ

2324

E transporter-erector-launcher (TEL)
D Transporter-Aufrichter-Starter /FK/
F transporteur-érecteur-lanceur
S transportador-erector-lanzador
R ТРАНСПОРТЕР-УСТАНОВЩИК-ПУСКОВАЯ /СТАРТОВАЯ/ УСТАНОВКА

2325

E travel time /detection/
D Laufzeit /Wellen/
F durée de propagation
S tiempo de propagación
R ПЕРИОД РАСПРОСТРАНЕНИЯ

2326

E treacherous weapons
E perfidious weapons
D heimtückische Waffen
F armes perfides
S armas traicioneras
S armas pérfidas
R ВЕРОЛОМНОЕ ОРУЖИЕ

2327

E Treaty Banning Nuclear Weapon Tests in the Atmosphere, in Outer Space and under Water /UK-USA-USSR; 5 August 1963; Moscow; also known as: Partial Test Ban Treaty (PTBT)/
D Vertrag über das Verbot von Kernwaffenversuchen in der Atmosphäre, im Weltraum und unter Wasser
F Traité interdisant les essais d'armes nucléaires dans l'atmosphère, dans l'espace extra-atmosphérique et sous l'eau
S Tratado por el que se prohiben los ensayos con armas nucleares en la atmósfera, el espacio ultraterrestre y debajo del agua
R ДОГОВОР О ЗАПРЕЩЕНИИ ИСПЫТАНИЙ ЯДЕРНОГО ОРУЖИЯ В АТМОСФЕРЕ, В КОСМИЧЕСКОМ ПРОСТРАНСТВЕ И ПОД ВОДОЙ

2328

E Treaty for the Discontinuance of Nuclear Weapon Tests, Sub-Committee on a
see: Sub-Committee on a Treaty for the Discontinuance of Nuclear Weapon Tests

2329

E Treaty for the Prohibition of Nuclear Weapons in Latin America /also known as: Treaty of Tlatelolco/
D Vertrag über das Verbot von Kernwaffen in Lateinamerika
F Traité visant l'interdiction des armes nucléaires en Amérique latine
S Tratado para la proscripción de las armas nucleares en la América Latina
R ДОГОВОР О ЗАПРЕЩЕНИИ ЯДЕРНОГО ОРУЖИЯ В ЛАТИНСКОЙ АМЕРИКЕ

2330

E Treaty of Tlatelolco
see also: Treaty for the Prohibition of Nuclear Weapons in Latin America
D Tlatelolco-Vertrag
F Traité de Tlatelolco
S Tratado de Tlatelolco
R ДОГОВОР ТЛАТЕЛОЛКО

2331

E Treaty on Principles Governing the Activities of States in the Exploration and Use of Outer Space, including the Moon and Other Celestial Bodies /27 January 1967; London, Moscow, Washington; also known as: Outer Space Treaty/
D Vertrag über die Grundsätze zur Regelung der Tätigkeiten von Staaten bei der Erforschung und Nutzung des Weltraums einschliesslich des Mondes und anderer Himmelskörper
F Traité sur les principes régissant les activités des Etats en matières d'exploration et d'utilisation de l'espace extra-atmosphérique, y compris la lune et les autres corps célestes
S Tratado sobre los principios que deben regir las actividades de los Estados en la exploración y utilización del espacio ultraterrestre, incluso la luna y otros cuerpos celestes
R ДОГОВОР О ПРИНЦИПАХ ДЕЯТЕЛЬНОСТИ ГОСУДАРСТВ ПО ИССЛЕДОВАНИЮ И ИСПОЛЬЗОВАНИЮ КОСМИЧЕСКОГО ПРОСТРАНСТВА, ВКЛЮЧАЯ ЛУНУ И ДРУГИЕ НЕБЕСНЫЕ ТЕЛА

2332

E Treaty on the Limitation of Anti-Ballistic Missile Systems /USA-USSR; 26 May 1972; also known as: ABM Treaty/
D Vertrag über die Begrenzung der Systeme zur Abwehr ballistischer Flugkörper
F Traité sur la limitation des systèmes de missiles antimissiles
S Tratado sobre la limitación de los sistemas de misiles antibalísticos
R ДОГОВОР ОБ ОГРАНИЧЕНИИ СИСТЕМ ПРОТИВОРАКЕТНОЙ ОБОРОНЫ

2333

E Treaty on the Limitation of Underground Nuclear Weapon Tests /USA-USSR; 3 July 1974; Moscow; also known as: Threshold Test Ban Treaty (TTBT)/
D Vertrag über die Begrenzung unterirdischer Kernwaffenversuche
F Traité sur la limitation des essais souterrains d'armes nucléaires
S Tratado sobre la limitación de los ensayos subterráneos con armas nucleares
R ДОГОВОР ОБ ОГРАНИЧЕНИИ ПОДЗЕМНЫХ ИСПЫТАНИЙ ЯДЕРНОГО ОРУЖИЯ

2334

E Treaty on the Non-Proliferation of Nuclear Weapons /1 July 1968; London, Moscow, Washington; also known as: Non-Proliferaton Treaty (NPT)/
D Vertrag über die Nichtverbreitung von Kernwaffen
F Traité sur la non-prolifération des armes nucléaires (TNP)
S Tratado sobre la no proliferación de las armas nucleares (TNP)
R ДОГОВОР О НЕРАСПРОСТРАНЕНИИ ЯДЕРНОГО ОРУЖИЯ

2335

E Treaty on the Prohibition of the Emplacement of Nuclear Weapons and Other Weapons of Mass Destruction on the Sea-Bed and the Ocean Floor and in the Subsoil Thereof /11 February 1971; London, Moscow, Washington; also known as: Sea-Bed Treaty (SBT)/
D Vertrag über das Verbot der Anbringung von Kernwaffen und anderen Massenvernichtungswaffen auf dem Meeresboden und im Meeresuntergrund
F Traité interdisant de placer des armes nucléaires et d'autres armes de destruction massive sur le fond des mers et des océans ainsi que dans leur sous-sol
S Tratado sobre prohibición de emplazar armas nucleares y otras armas de destrucción en masa en los fondos marinos y oceánicos y su subsuelo
R ДОГОВОР О ЗАПРЕЩЕНИИ РАЗМЕЩЕНИЯ НА ДНЕ МОРЕЙ И ОКЕАНОВ И В ЕГО НЕДРАХ ЯДЕРНОГО ОРУЖИЯ И ДРУГИХ ВИДОВ ОРУЖИЯ МАССОВОГО УНИЧТОЖЕНИЯ

2336

E Treaty on Underground Nuclear Explosions for Peaceful Purposes /USA-USSR; 28 May 1976/
D Vertrag über unterirdische Kernsprengungen für friedliche Zwecke
F Traité sur les explosions nucléaires souterraines à des fins pacifiques
S Tratado sobre las explosiones nucleares subterráneas con fines pacíficos
R ДОГОВОР О ПОДЗЕМНЫХ ЯДЕРНЫХ ВЗРЫВАХ В МИРНЫХ ЦЕЛЯХ

2337

E triad
D Triade
F triade
S triada
R ТРЕХЭЛЕМЕНТНАЯ СТРУКТУРА

2338

E troop carrier
see: armoured troop carrier

2339

E troop ship
D Truppentransporter
F transport de troupes
S buque transporte de tropas
R ТРАНСПОРТ
R ДЕСАНТНЫЙ ВЕРТОЛЕТ

2340

E troops
see: airborne troops; concentration of troops

2341

E trouble spot
D Krisengebiet
D Krisenherd
F point chaud
F point névralgique
S foco de tensión
S lugar de la avería
R ОЧАГ ВОЙНЫ
R РАЙОН ВЕРОЯТНЫХ БОЕВЫХ ДЕЙСТВИЙ

2342

E truce
see: armaments truce; stand-still truce

2343

E TTBT
see: Treaty on the Limitation of Underground Nuclear Weapon Tests

2344

E turbofan helicopter
D Hubschrauber mit Mantelstromtriebwerk
F hélicoptère à turbine
S helicóptero de turbina
R ВЕРТОЛЕТ С ТУРБОВЕНТИЛЯТОРНЫМ ДВИГАТЕЛЕМ

2345

E turbo-jet aircraft
D Luftfahrzeug mit Turbostrahlantrieb
F avion à turboréacteur
S avión de turborreactor
R ТУРБОРЕАКТИВНЫЙ САМОЛЕТ

2346

E turbo-prop aircraft
D Luftfahrzeug mit Turbopropantrieb
F avion à turbopropulseur
S avión de turbohélice
R ТУРБОВИНТОВОЙ САМОЛЕТ

2347

E twin-jet fighter
D zweistrahliges Jagdflugzeug
F biréacteur de combat
S avión birreactor de caza
S caza birreactor
R ИСТРЕБИТЕЛЬ С ДВУМЯ РЕАКТИВНЫМИ ДВИГАТЕЛЯМИ

2348

E two-storey missile
D zweistufiger Flugkörper
F missile bi-étage
S misil de dos etapas
S misil bietápico
R ДВУХСТУПЕНЧАТАЯ РАКЕТА

2349

E U-235
see: weapon grade U-235

2350

E ULMS
see: undersea long-range missile system; underwater long-range missile system (ULMS)

2351

E ultimate weapon
see also: absolute weapon
D absolute Waffe
F arme absolue
S arma absoluta
R АБСОЛЮТНОЕ ОРУЖИЕ

2352

E ultraviolet radiation
D ultraviolette Strahlung
F rayonnement ultraviolet
S radiación ultravioleta
R УЛЬТРАФИОЛЕТОВОЕ ИЗЛУЧЕНИЕ

2353

E umbrella
see: nuclear umbrella

2354

E unacceptable damage
D untragbarer Schaden
F dommages inacceptables
S daños inaceptables
R НЕПРИЕМЛЕМЫЙ УРОН

2355

E unarmoured personnel carrier
D ungepanzerter Mannschaftstransportwagen
F véhicule non-blindé de transport de troupes
S vehículo no blindado de transporte de personal
R НЕБРОНИРОВАННЫЙ ТРАНСПОРТЕР ДЛЯ ПЕРЕВОЗКИ ЛИЧНОГО СОСТАВА

2356

E UNCD
see: United Nations Centre for Disarmament (UNCD)

2357

E unconventional warfare
D unkonventionelle Kriegführung
F guerre non-classique
F guerre non-conventionnelle
S guerra de tipo no tradicional
R НЕОБЫЧНАЯ ВОЙНА
R ДЕЙСТВИЯ С ПРИМЕНЕНИЕМ СПЕЦИАЛЬНЫХ ВИДОВ ОРУЖИЯ И ТАКТИКИ

2358

E underground explosion
D unterirdische Explosion
F explosion souterraine
F tir souterrain
S explosión subterránea
R ПОДЗЕМНЫЙ ВЗРЫВ

2359

E underground nuclear weapon test
D unterirdischer Kernwaffenversuch
F essai souterrain d'armes nucléaires
S ensayo subterráneo con armas nucleares
R ПОДЗЕМНОЕ ИСПЫТАНИЕ ЯДЕРНОГО ОРУЖИЯ

2360

E undersea long-range missile system (ULMS)
E underwater long-range missile system (ULMS)
D unterwassergestütztes Flugkörpersystem grosser Reichweite
F système de missiles sous-marins à longue portée
S sistema de misiles submarinos de gran alcance
R СИСТЕМА РАКЕТ ДАЛЬНЕГО ДЕЙСТВИЯ, ЗАПУСКАЕМЫХ ИЗ ПОДВОДНОГО ПОЛОЖЕНИЯ

2362

E underwater long-range missile system
see: undersea long-range missile system (ULMS)

2363

E underwater-to-surface missile
D Unterwasser/Boden-Flugkörper
D Unterwasser/Überwasser-Flugkörper
F missile mer-surface
S misil de submarino a superficie
R РАКЕТА КЛАССА ПОДВОДНАЯ ЛОДКА-КОРАБЛЬ
R РАКЕТА КЛАССА ПОДВОДНАЯ ЛОДКА-ЗЕМЛЯ

2364

E underway replenishment tanker
D Flottentanker
F pétrolier ravitailleur d'escadre
S petrolero de reaprovisionamiento en el mar
R ТАНКЕР-ЗАПРАВЩИК НА ХОДУ В МОРЕ

2365

E UNDOF
see: United Nations Disengagement Observer Force (UNDOF)

2366

E UNFICYP
see: United Nations Peace-keeping Force in Cyprus (UNFICYP)

2367

E United Nations Centre for Disarmament (UNCD) /also known as: Centre for Disarmament/
D Abrüstungszentrum der Vereinten Nationen
F Centre des Nations Unies pour le désarmement
S Centro de las Naciones Unidas para el Desarme
R ЦЕНТР ОРГАНИЗАЦИИ ОБЪЕДИНЕННЫХ НАЦИЙ ПО РАЗОРУЖЕНИЮ

2368

E United Nations Disarmament Yearbook
D Abrüstungsjahrbuch der Vereinten Nationen
F Annuaire des Nations Unies sur le désarmement
S Anuario de las Naciones Unidas sobre Desarme
R ЕЖЕГОДНИК ОРГАНИЗАЦИИ ОБЪЕДИНЕННЫХ НАЦИЙ ПО РАЗОРУЖЕНИЮ

2369

E United Nations Disengagement Observer Force (UNDOF)
D Beobachtertruppe der Vereinten Nationen für die Truppenentflechtung (UNDOF)
F Force des Nations Unies chargée d'observer le dégagement (FNUOD)
S Fuerza de las Naciones Unidas de Observación de la Separación (FNUOS)
R СИЛЫ ОРГАНИЗАЦИИ ОБЪЕДИНЕННЫХ НАЦИЙ ПО НАБЛЮДЕНИЮ ЗА РАЗЪЕДИНЕНИЕМ /ЮНДОФ/

2370

E United Nations Peace-keeping Force in Cyprus (UNFICYP)
D Friedenstruppe der Vereinten Nationen in Zypern (UNFICYP)
F Force des Nations Unies chargée du maintien de la paix à Chypre
S Fuerza de las Naciones Unidas para el Mantenimiento de la Paz en Chipre (UNFICYP)
R ВООРУЖЕННЫЕ СИЛЫ ОРГАНИЗАЦИИ ОБЪЕДИНЕННЫХ НАЦИЙ ПО ПОДДЕРЖАНИЮ МИРА НА КИПРЕ /ВСООНК/

2371

E United Nations Scientific Advisory Committee
D Beratender wissenschaftlicher Ausschuss der Vereinten Nationen
F Comité consultatif scientifique des Nations Unies
S Comité científico consultivo de las Naciones Unidas
R НАУЧНО-КОНСУЛЬТАТИВНЫЙ КОМИТЕТ ОРГАНИЗАЦИИ ОБЪЕДИНЕННЫХ НАЦИЙ

2372

E United Nations Scientific Committee on the Effects of Atomic Radiation (UNSCEAR)
D Wissenschaftlicher Ausschuss der Vereinten Nationen für die Auswirkungen der ionisierenden Strahlung
F Comité scientifique des Nations Unies pour l'étude des effets des rayonnements ionisants
S Comité científico de las Naciones Unidas para el estudio de los efectos de las radiaciones atómicas
R НАУЧНЫЙ КОМИТЕТ ОРГАНИЗАЦИИ ОБЪЕДИНЕННЫХ НАЦИЙ ПО ДЕЙСТВИЮ АТОМНОЙ РАДИАЦИИ

2373

E United Nations Truce Supervision Organization (UNTSO)
D Organ der Vereinten Nationen zur Überwachung des Waffenstillstands (UNTSO)
F Organisme des Nations Unies chargé de la surveillance de la trêve (ONUST)
S Organismo de las Naciones Unidas para la Vigilancia de la Tregua (ONUVT)
R ОРГАН ООН ПО НАБЛЮДЕНИЮ ЗА ВЫПОЛНЕНИЕМ УСЛОВИЙ ПЕРЕМИРИЯ /ОНВУП/

2374

E unprovoked aggression
D nichtprovozierter Angriff
F agression non-provoquée
S agresión no provocada
R НЕСПРОВОЦИРОВАННАЯ АГРЕССИЯ

2375

E UNSCEAR
see: United Nations Scientific Committee on the Effects of Atomic Radiation (UNSCEAR)

2376

E UNTSO
see: United Nations Truce Supervision Organization (UNTSO)

2377

E upwind of target
D Windrichtung, in /vom Ziel aus gesehen/
F au vent de l'objectif
S contra el viento respecto al objetivo
R ПРОТИВ ВЕТРА ПО ОТНОШЕНИЮ К ЦЕЛИ

2378

E uranium enrichment
D Urananreicherung
F enrichissement de l'uranium
S enriquecimiento del uranio
R ОБОГАЩЕНИЕ УРАНА

2379

E uranium enrichment
see: new techniques of uranium enrichment

2380

E uranium enrichment plant
D Urananreicherungsanlage
F usine d'enrichissement de l'uranium
S planta de enriquecimiento del uranio
R УСТАНОВКА ПО ОБОГАЩЕНИЮ УРАНА

2381

E use of armed force
D Waffengewalt
F emploi de la force armée
S uso de la fuerza armada
R ПРИМЕНЕНИЕ ВООРУЖЕННЫХ СИЛ

2382

E use of force
see: threat or use of force

2383

E use of nuclear energy for peaceful purposes
D Verwendung der Kernenergie für friedliche Zwecke
F utilisation de l'énergie nucléaire à des fins pacifiques
S utilización de la energía nuclear con fines pacíficos
R ИСПОЛЬЗОВАНИЕ ЯДЕРНОЙ ЭНЕРГИИ В МИРНЫХ ЦЕЛЯХ

2384

E V-agent
E V-nerve agent
D V-Kampfstoff
F agent V
F agent neurotoxique
S agente neurotóxico
R ОВ НЕРВНО-ПАРАЛИТИЧЕСКОГО ДЕЙСТВИЯ

2385

E vector
see: arrival vector

2386

E vector
E delivery vehicle
D Vektor
F vecteur
S vector
R ВЕКТОР

2387

E vectors
see: means of delivery

2388

E vehicle
D Fahrzeug
D Träger
F véhicule
F vecteur
S vehículo
R СРЕДСТВО ПЕРЕДВИЖЕНИЯ
R ТРАНСПОРТНОЕ СРЕДСТВО
R МАШИНА

2389

E vehicle
see: cross-country vehicle; fuelling vehicle; launch vehicle; space vehicle

2390

E VELA program /ARPA/
D VELA-Programm
F programme VELA
S programa VELA
R ПРОГРАММА ВЕЛА

2391

E velocity
see: apparent velocity; muzzle velocity; phase velocity

2392

E velocity of propagation /detection/
D Ausbreitungsgeschwindigkeit
F vitesse de propagation
S velocidad de propagación
R СКОРОСТЬ РАСПРОСТРАНЕНИЯ

2393

E verification
see: amplified verification; on-site verification

2394

E verification by challenge
D Nachprüfung durch Herausforderung
F vérification par mise en demeure
S verificación por exigencia de parte interesada
S verificación por reclamación
R ПРОВЕРКА ПО ТРЕБОВАНИЮ

2395

E verification panel (VP) /SALT/
D Nachprüfungsausschuss
F comité de vérification
S grupo de verificación
R ГРУППА ПРОВЕРКИ

2396

E verification procedures
D Nachprüfungsverfahren
F procédures de vérification
S procedimientos de verificación
R МЕТОДЫ КОНТРОЛЯ

2397

E verification system
D Verifizierungssystem
F système de vérification
S sistema de verificación
R СИСТЕМА КОНТРОЛЯ

2398

E vertical proliferation
D vertikale Verbreitung
(Anhäufung von Kernwaffen)
F prolifération verticale
S proliferación vertical
R ВЕРТИКАЛЬНОЕ РАСПРОСТРАНЕНИЕ

2399

E vertical seismograph
D vertikaler Seismograph
F séismographe vertical
S sismógrafo vertical
R ВЕРТИКАЛЬНЫЙ СЕЙСМОГРАФ

2400

E vertical take-off and landing aircraft (VTOL)
D Vertikalstarter
D VTOL-Flugzeug
F avion à décollage et atterrissage verticaux (ADAV)
S avión de despegue y aterrizaje verticales
R САМОЛЕТ ВЕРТИКАЛЬНОГО ВЗЛЕТА И ПОСАДКИ

2401

E very long-period experiment (VLPE) /detection/
D Versuchsreihe mit sehr langen Perioden
F programme expérimental à très longue période
S programa experimental de período ultralargo
R ЭКСПЕРИМЕНТ СО СВЕРХДЛИННОПЕРИОДНЫМИ СЕЙСМОГРАФАМИ

2402

E vesicant
D blasenziehender Kampfstoff
F vésicant
S vesicante
R ОВ КОЖНО-НАРЫВНОГО ДЕЙСТВИЯ

2403

E vessel
see: combat vessel; patrol vessel

2404

E Vienna Convention on Civil Liability for Nuclear Damage /21 May 1963/
D Wiener Übereinkommen über die zivilrechtliche Haftung für nukleare Schäden
F Convention de Vienne relative à la responsabilité civile en matière de dommages nucléaires
S Convención de Viena sobre responsabilidad civil por daños nucleares
R ВЕНСКАЯ КОНВЕНЦИЯ О ГРАЖДАНСКОЙ ОТВЕТСТВЕННОСТИ ЗА ЯДЕРНЫЙ УЩЕРБ

2405

E Vladivostok Agreement /USA-USSR; 24 November 1974/
D Abkommen von Wladiwostok
F Accord de Vladivostok
S Acuerdo de Vladivostok
R СОГЛАШЕНИЕ, ПОДПИСАННОЕ ВО ВЛАДИВОСТОКЕ

2406

E VLPE
see: very long-period experiment (VLPE)

2407

E V-nerve agent
see: V-agent

2408

E vomiting agent
D Nasen- und Rachenreizstoff
D Brechreizstoff
F vomitif
S vomitivo
S emético
R ОВ РВОТНОГО ДЕЙСТВИЯ

2409

E VP
see: verification panel (VP)

2410

E VTOL
see: vertical take-off and landing aircraft (VTOL)

2411

E vulnerability
D Verwundbarkeit
F vulnérabilité
S vulnerabilidad
R УЯЗВИМОСТЬ

2412

E vulnerable point
D verwundbarer Punkt
F point vulnérable
S punto vulnerable
R УЯЗВИМЫЙ ПУНКТ

2413

E war
see: accidental war; aggressive war; all-out war; civilian preparedness for war; cold war; counter-guerilla war; counter-insurgency war; destructive war; liberation war; preventive war; risk of war; state of war

2414

E war game
D Planübung mit zwei Parteien
F jeu de guerre
S juego de guerra
S simulacro de guerra
R ВОЕННАЯ ИГРА

2415

E war gas
D chemischer Kampfstoff
F gaz de combat
S gas para uso de guerra
R БОЕВОЕ ОТРАВЛЯЮЩЕЕ ВЕЩЕСТВО /БОВ/

2416

E war of attrition
D Abnutzungskrieg
F guerre d'usure
S guerra de agotamiento
R ВОЙНА НА ИСТОЩЕНИЕ

2417

E warfare
see: agent of warfare; biological agent of warfare; biological warfare; economic warfare; environmental warfare; germ warfare; guerilla warfare; nuclear warfare; radiological methods of warfare; radiological warfare; unconventional warfare

2418

E warhead
see: neutron warhead; nuclear warhead

2419

E warhead
E missile warhead
D Flugkörpergefechtskopf
D Gefechtskopf
F tête
F ogive (de missile ou fusée)
S cabeza
S cono
S ojiva (del misil)
R БОЕГОЛОВКА /НАПР. РАКЕТЫ/

2420

E warning
D Warnung
F alerte
F mise en garde
S alerta
R ПРЕДУПРЕЖДЕНИЕ
R ОПОВЕЩЕНИЕ

2421

E warning system
see: early warning system

2422

E Warsaw Treaty Organization
D Organisation des Warschauer Vertrags
F Organisation du Pacte de Varsovie
S Organización del Tratado de Varsovia
R ОРГАНИЗАЦИЯ ВАРШАВСКОГО ДОГОВОРА

2423

E warship
D Kriegsschiff
F navire de guerre
S buque de guerra
R ВОЕННЫЙ КОРАБЛЬ

2424

E waste
see: radioactive products or waste

2425

E water carrier
D Frischwassertanker
D Wassertanker
F navire-citerne à eau
S buque cisterna
R ВОДОНАЛИВНОЕ СУДНО

2426

E wave
D Welle
F onde
S onda
R ВОЛНА

2427

E wave
see: acoustic wave

2428

E wave energy
see: seismic wave energy

2429

E wave form
D Wellenform
F forme d'onde
S forma de onda
R ФОРМА ВОЛНЫ

2430

E WDC
see: Word Disarmament Conference (WDC)

2431

E weapon
D Waffe
F arme
S arma
R ОРУЖИЕ

2432

E weapon
see: absolute weapon; anticrop weapon; anti-materiel weapon; anti-personnel weapon; anti-satellite weapon; atomic weapon; biological weapon; blast weapon; chemical weapons; guided weapon; implosion weapon; incendiary weapon; kiloton weapon; lethal weapon; light anti-tank weapon; megaton weapon; nuclear weapon; prohibition of atomic weapons; proliferation of nuclear weapons; recoilless weapon; strategic nuclear weapon; treacherous weapons; perfidious weapons; ultimate weapon

2433

E weapon debris /nuclear/
D Detonationstrümmer (eines Kernsprengkörpers)
F résidus d'arme nucléaire
S residuo de arma nuclear
S desecho de arma nuclear
R ПРОДУКТЫ ЯДЕРНОГО ВЗРЫВА

2434

E weapon grade U-235
D Uran-235-Kernsprengkörper
F uranium 235 militaire
S U-235 apto para utilizaciones bélicas
R U-235, ПРИГОДНЫЙ ДЛЯ ИСПОЛЬЗОВАНИЯ В ВОЕННЫХ ЦЕЛЯХ

2435

E weapon of mass destruction
D Massenvernichtungswaffe
F arme de destruction massive
S arma de destrucción en masa
R ОРУЖИЕ МАССОВОГО УНИЧТОЖЕНИЯ

2436

E weapon of war and mass destruction
D Kriegs- und Massenvernichtungswaffe
F arme de guerre et de destruction massive
S arma de guerra y de destrucción en masa
R ОРУЖИЕ, ПРИМЕНЯЕМОЕ ДЛЯ ВОЙНЫ И МАССОВОГО УНИЧТОЖЕНИЯ

2437

E weapon-free zone
see: nuclear-weapon-free zone

2438

E weaponry
see: nuclear weaponry

2439

E weapons
see: anti-forces weapons; conventional weapons; minor weapons; modern weapons; sophisticated weapons; spread of nuclear weapons

2440

E weapons delivery system
see: aircraft weapons delivery system

2441

E weapons of mass destruction
see: prohibition and elimination of all types of weapons of mass destruction

2442

E weapons system
D Waffensystem
F système d'armes
S sistema de armamentos
R СИСТЕМА ОРУЖИЯ

2443

E weapons system
see: anti-missile weapons system

2444

E Weapons that May Cause Unnecessary Suffering or Have Indiscriminate Effects /study by an international group of experts under the ICRC/
D Waffen, die unnötige Leiden verursachen oder unterschiedslos wirken können
F Armes de nature à causer des maux superflus ou à frapper sans discrimination
S Armas que pueden causar sufrimientos innecesarios o tener efectos indiscriminados
R ОРУЖИЕ, КОТОРОЕ МОЖЕТ ПРИЧИНЯТЬ ИЗЛИШНИЕ СТРАДАНИЯ ИЛИ ИМЕТЬ НЕИЗБИРАТЕЛЬНОЕ ДЕЙСТВИЕ

2445

E white phosphorus (WP)
D weisser Phosphor
D gelber Phosphor
F phosphore blanc
S fósforo blanco
R БЕЛЫЙ ФОСФОР

2446

E wireguided missile
D drahtgelenkter Flugkörper
F engin téléguidé par fil
F engin filoguidé
S misil dirigido por sistema alámbrico
R РАКЕТА, УПРАВЛЯЕМАЯ ПО ПРОВОДАМ

2447

E withdrawal
see: progressive and balanced withdrawal

2448

E withdrawal action
D Absetzbewegung
D Rückzugsgefecht
F manoeuvre de repli
S maniobra de retirada
R ОТХОД
R БОЙ С ОТХОДОМ

2449

E World Disarmament Conference (WDC)
D Weltabrüstungskonferenz
F Conférence mondiale du désarmement (CMD)
S Conferencia Mundial de Desarme
R ВСЕМИРНАЯ КОНФЕРЕНЦИЯ ПО РАЗОРУЖЕНИЮ /ВКР/

2450

E World-Wide Standard Seismograph Network (WWSSN)
D Weltstandard-Seismographennetz (WWSSN)
F Réseau mondial des stations sismologiques de premier ordre (WWSSN)
S Red Mundial de Sismogramas Normalizados (WWSSN)
R ВСЕМИРНАЯ СЕЙСМОГРАФИЧЕСКАЯ СТАНДАРТНАЯ СИСТЕМА /ВССС/

2451

E WP
see: white phosphorus (WP)

2452

E wrecker tank
D Bergepanzer
F char de dépannage
S tanque taller
R МАШИНА ДЛЯ ЭВАКУАЦИИ ПОВРЕЖДЕННОЙ ТЕХНИКИ

2453

E WWSSN
see: World-Wide Standard Seismograph Network (WWSSN)

2454

E yield /nuclear/
D Detonationswert
F puissance
S potencia
R МОЩНОСТЬ

2455

E yield
see: nuclear yield; planned aggregate yield

2456

E zone
D Zone
F zone
F secteur
S zona
R ЗОНА
R ПОЯС
R ПОЛОСА

2457

E zone
see: contaminated zone; denuclearized zone

2458

E zone of peace
D Friedenszone
F zone de paix
S zona de paz
R ЗОНА МИРА

2459

E Zorin-McCloy agreements /1961/
D McCloy/Zorin-Abkommen
F accords Zorine-McCloy
S acuerdos Zorin-McCloy
R СОГЛАШЕНИЯ ЗОРИНА-МАККЛОЯ

Abrüstung-Index Englisch

Abrüstung-Index Deutsch

Abrüstung-Index Französisch

Abrüstung-Index Spanisch

Abrüstung-Index Russisch

aerodynamic missile, air-to-surface 0107
agent, instant 1050
agent, microbial 1260
agent of warfare, biological 0285
aggression, act of 0019
Agreement on the Prevention of Incidents on and over the High Seas, Protocol to the . 1716
air support, direct 0648
air surveillance, long-range 1185
air surveillance radar, long-range 1186
airborne radar defence, high/low altitude 0968
aircraft, close support 0412
aircraft, ground attack 0900
aircraft, ground-support 0905
airfield, alternate 0121
airfield, alternative 0122
alarm, automatic 0261
alert, airborne 0086
allocations, military 1269
amplitude, high 0965
anti-submarine escort, fast 0791
anti-tank projectile, high-explosive 0970
anti-tank weapon, light 1150
armament, nuclear 1430
armaments, agreed levels of 0055
armed forces, active 0023
arms race, intensification of the 1056
artillery, anti-aircraft 0141
assistance programme, military 1270
Attack Submarine, Diesel-Powered 0644

bacteriological weapons, chemical and 0393
balance, to maintain the 1210
ballistic missile, air launched 0101
ballistic missile, air-to-surface 0108
ballistic missile, intercontinental 1064
ballistic missile, intermediate range 1070
ballistic missile, long-range 1187
ballistic missile, medium range 1248
Ballistic Missile Submarine, Diesel-Powered 0645
ballistic tactical missile, ground-to-ground 0907
biological warfare, chemical and 0394
Blitzkrieg, nuclear 1438
bomb, high explosive 0966
bomb, illuminating 1014
bomb, incendiary 1020
bomber, heavy 0952
bomber, light 1151

bomber, medium 1246
breeder, commercial 0442
burst, machine-gun 1202

camera, low light level 1191
capability, military 1277
capability, nuclear 1439
catastrophe, nuclear 1440
cavalry, airborne 0087
chemical agents, lethal 1143
Civil Liability for Nuclear Damage, International Conference on 1076
communication link, direct 0649
Compulsory Settlement of Disputes, Optional Protocol Concerning the 1551
Conference on Civil Liability for Nuclear Damage, International 1076
Conference on Maritime Carriage of Nuclear Substances, International Legal 1084
Conference on Nuclear Power and its Fuel Cycle, International 1077
Conference on the Peaceful Uses of Atomic Energy, International 1078
conflict, nuclear 1442
control, effective international 0716
control system, automatic 0262
Convention for the Amelioration of the Condition of the Wounded and Sick in Armed Forces in the Field, Geneva 0883
Convention for the Amelioration of the Condition of the Wounded, Sick and Shipwrecked Members of Armed Forces at Sea, Geneva 0884
Convention relative to the Protection of Civilian Persons in Time of War, Geneva 0885
Convention relative to the Treatment of Prisoners of War, Geneva 0886
COPUOS 0444
counter-countermeasures, electronic 0723
countermeasures, electronic 0724
cruise missile, air-launched 0102
Cruise Missile Submarine, Diesel-Powered 0646

damage, nuclear 1443
deception, electronic 0725
decisions, mutually acceptable 1373
defence, mobile 1324
destruction, assured 0242
destruction, mutual assured 1371
detector, acoustic 0016
detector, activation 0022
détente, military 1278
deterrence, active 0024
deterrence, conventional 0503
deterrence, extended 0782
deterrence, finite 0809
deterrence, graduated 0894
deterrence, intrawar 1093
deterrent, independent 1025
device, guiding 0931
direct communications link, Memorandum of Understanding regarding the establishment of a 1256

disarmament, adequately safeguarded 0037
disarmament, comprehensive 0451
disarmament, effectively controlled 0718
disarmament plan, comprehensive 0452
disputes, international 1081
dose, maximum permissible 1232

early warning radar, advance 0039
earthquake, interfering 1068
Economic and Social Consequences of Disarmament, Consultative Group of Experts on the 0472
Economic and Social Consequences of Disarmament, Group of Experts on the 0915
Economic and Social Consequences of the Arms Race and Military Expenditures, Group of Consultant Experts on the 0913
electronic countermeasure, active 0025
embargo, mandatory arms 1217
epicentre, distance of 0683
equivalence, essential 0760
escort, fast 0792
escort, fleet 0834
expenditures and budgets, military 1281
explosion, confined 0468
explosion, cratering 0535
explosion, low-yield 1194
explosions, atmospheric 0247
explosions, evasive 0768
explosions, monitoring of 1336
Exporting Countries of Nuclear Technology and Materials, Group of 0916

facility, military 1282
fall-out, close-in 1167
fall-out, local 1167
fall-out, long-range 1188
Fast Reactors, International Working Group on 1091
filter, high-pass /detection/ 0971
filter, low-pass 1192
fire, accuracy of 0012
fire, adjustment of 0038
fire, anti-tank 0165
fire, close supporting 0413
fire, concentrated 0455
fire control, aircraft assisted 0094
fire, flank protective 0832
fire, grazing 0896
fire, light 1152
firearm, light 1153
first strike capability, credible 0538
flame-thrower, emplaced 0732
force levels, agreed 0054
forward echelon, Headquarters 0947
frigate, anti-submarine 0160

frigate, fast 0793
fuel cycle centre, multinational 1357

grenade, fragmentation 0848
ground inspection, mobile 1325
guided weapon system, ground-to-ground 0908
gun, anti-tank 0167

helicopter, army light observation 0215
helicopter, cargo 0361
hijacking, aerial 0042
homing device, infra-red 1035
homing guidance, active 0026
humanitarian law, international 1082

igniter, air-activated 0084
igniter fuse, electric 0721
ignition device, electronic 0726
Indian Ocean, Ad Hoc Committee on the 0031
infantry, mechanized 1240
inspection, aerial 0043
interception, ground controlled 0903
intercontinental missile, land-based 1117
Interim Agreement on certain measures with respect to the limitation of strategic offensive arms, Protocol to the 1717

jamming, electronic 0727

landing craft, mechanized 1241
large ballistic missile, modern 1328
laser beam, anti-satellite 0156
launching pad, mobile 1326
lethal dose, median 1243
lift, aerodynamic 0046
limitation of strategic offensive arms, Interim Agreement on certain measures with respect to the 1069
limitations on nuclear arms, agreed 0056
logistical support, air 0074

machine-gun fire, light 1155
machine-gun, heavy 0953
machine-gun, light 1154
machine-gun, medium 1247
megatonnage, equivalent 0753
military forces, build-up of 0339
military position, manned 1218
military strength, build-up of 0340
military weapons, build-up of 0341
mine, actuated 0028
mine, anti-personnel 0153

mine, anti-tank 0168
mine, disarmed 0669
mine, drifting 0700
minefield, anti-airborne 0139
minesweeper, drone 0702
minesweeper, inshore 1042
missile, air-to-air 0106
missile, air-to-surface 0109
missile, anti-aircraft 0143
missile, anti-radar 0155
missile, anti-ship 0158
missile, anti-submarine 0161
missile, anti-tank 0169
missile, ground-to-air 0906
missile, ground-to-ground 0909
missile, heavy 0954
missile, intercontinental 1065
missile ship, experimental guided 0775

neutrality, armed 0193
non-proliferation, nuclear 1465
nuclear arms race, cessation of the 0385
nuclear attack, massive 1227
Nuclear Explosions for Peaceful Purposes, Ad Hoc Advisory Group on 0030
Nuclear Fuel Cycle Evaluation, International 1085
nuclear response, limited 1161
nuclear retaliation, limited 1162
nuclear test ban, comprehensive 0454
nuclear war, all-out 0116
Nuclear-Weapon-Free Zones, Ad Hoc Group of Qualified Governmental Experts for the Study of the Question of 0034
nuclear weapon testing, atmospheric 0248
nuclear weapon tests, discontinuance of 0672
nuclear weapons, existing stocks of 0773
nuclear weapons, experimental explosions of 0774

offensive and defensive strategic nuclear-weapon systems, moratorium on testing and deployment of new 1339
operational forces, conventional 0504
orbital bombardment system, fractional 0845
overflight clearance, blanket 0294

pad, fixed launching 0828
patrol boat, fast 0795
patrol boat, fast missile 0794
patrol craft, fast 0796
Peace-keeping Operations, Special Committee on 2057
personnel carrier, armoured 0194
phase, in 1632
picket aircraft, aerial 0044

platform, air-launch . . . 0100
platform, launching . . . 1135
preparedness for war, civilian . . . 0405
programme of disarmament, comprehensive . . . 0453
Prohibition of the Use in War of Asphyxiating, Poisonous or Other Gases, and of Bacteriological Methods of Warfare, Protocol for the . . . 1715
projectile, cannon-launched guided . . . 0355
projectile, fin-stabilized . . . 0810
projectile, high-velocity . . . 0972
proliferation, horizontal . . . 0987

radar, gap filler . . . 0867
radar, height finder . . . 0957
radar, missile site . . . 1318
radar, multi-purpose . . . 1363
radar, navigation . . . 1384
radiation dose, lethal . . . 1144
radiation effect, delayed . . . 0592
radiation, hazard of . . . 0945
radiation, initial . . . 1041
radiation, ionizing . . . 1095
radio-sensitivity, genetic . . . 0881
radioactive fall-out, area of militarily significant . . . 0178
radioactivity, level of . . . 1147
Radiological Protection, International Commission on . . . 1073
Radiological Units and Measurements, International Commission on . . . 1074
rail, launching . . . 1136
ramp, launching . . . 1137
range, maximum effective . . . 1231
rangefinder, laser . . . 1125
re-entry vehicle, manoeuvrable . . . 1219
re-entry vehicle, multiple . . . 1361
reactor, biomedical . . . 0291
reactor, boiling water . . . 0313
reactor, fast-breeder . . . 0797
reactor, heavy water . . . 0956
reactor, light-water . . . 1157
rear echelon, Headquarters . . . 0948
reconnaissance, aerial . . . 0045
Red Cross, International Committee of the . . . 1075
Reduction of Military Budgets, Group of Consultant Experts on the . . . 0914
reductions, agreed . . . 0057
reductions, asymmetrical . . . 0244
resistance, main line of . . . 1209
response, matching . . . 1230
retaliation, massive . . . 1228
risk, moderate . . . 1327
risk, negligible . . . 1387
rock, incompetent /detection/ . . . 1024
rocket, anti-submarine . . . 0162
rocket, free . . . 0852

Role of the United Nations in the Field of Disarmament, Ad Hoc Committee on the Review of the 0032
round, anti-tank 0170
round, machine-gun 1203

safeguards, effective 0717
safeguards system, International Atomic Energy Agency 1072
search jammer, automatic 0263
Seismic Events, Ad Hoc Group of Scientific Experts to Consider International Co-operative Measures to Detect and to Identify 0035
seismogram, broad band 0333
seismograph, broad band 0334
seismograph, long-period 1183
self-defence, individual 1026
self-defence, inherent right of 1038
sensor, infra-red 1036
shell, fragmentation 0849
shell, high explosive 0967
shelling, concentrated 0456
silo-launched ballistic missile, ground-to-ground 0910
site, launching 1138
sonar, bow-mounted 0325
strategic nuclear-weapon systems, limitation of offensive and defensive 1159
strategic offensive arms, Interim Agreement on certain measures with respect to the limitation of 1069
strategic reconnaissance aircraft, long distance 1182
strategic war, limited 1163
strengthening security, measures on 1238
submarine, conventionally powered 0506
support, direct 0651
surface-to-air system, medium range 1249
survivor, atomic bomb 0252
system of control and inspection, international 1089

tank, heavy 0955
tank, light 1156
tank, medium 1250
target, localized 1168
target, moving 1351
task force, air 0082
television, infra-red 1037
tensions, international 1090
test ban, comprehensive 0454
test, high-yield 0973
torpedo, acoustic homing 0017
Treaty for the Prohibition of Nuclear Weapons in Latin America, Additional Protocol I of the 0036
Treaty on General and Complete Disarmament in a Peaceful World, Outline of Basic Provisions of a 1558
Treaty on the Limitation of Anti-Ballistic Missile Systems, Protocol to the 1718
Treaty on the Limitation of Underground Nuclear Weapon Tests, Protocol to the 1719

Treaty on Underground Nuclear Explosions for Peaceful Purposes, Protocol to the . . . 1720
troop carrier, armoured . . . 0195

unit, mechanized . . . 1242

vector, apparent arrival . . . 0173
velocity, apparent . . . 0174
velocity, muzzle . . . 1374
verification, amplified . . . 0129

war, accidental . . . 0011
war, all-out . . . 0117
warfare, anti-submarine . . . 0163
warfare, chemical . . . 0396
warfare, chemical and biological . . . 0394
warfare, environmental . . . 0748
warfare equipment, electronic . . . 0728
warfare, germ . . . 0888
warfare, psychological . . . 1722
warhead, neutron . . . 1397
wave, acoustic . . . 0018
wave, electromagnetic . . . 0722
waves, long-period . . . 1184
weapon, absolute . . . 0009
weapon, anti-personnel . . . 0154
weapon, anti-satellite . . . 0157
weapons, anti-tank guided . . . 0166
weapons delivery system, aircraft . . . 0096
weapons, perfidious . . . 2326
wind vector plot, fall-out . . . 0790
World Disarmament Conference, Ad Hoc Committee on the . . . 0033

Abbruch 0679
ABC-Kampfmittel 1437
Abfälle, radioaktive Erzeugnisse oder 1776
Abfangen 1058
Abfangen, vom Boden geleitetes 0903
Abfangflugkörper 1063
Abfangjäger 0803 1060 1062
Abfeuerpunkt 2021
abgedichtete Kabine 1941
abgestufte Abschreckung 0894
abgewogene Reaktion 0492
abgewogener Krieg gegen Streitkräfte 0491
Abkommen über die Verhütung eines Atomkriegs 0061
Abkommen über die Verhütung eines zufälligen oder nicht genehmigten Einsatzes von Kernwaffen 0059
Abkommen über die Verhütung von Zwischenfällen auf und über der Hohen See 0060
Abkommen über gemeinsame Rüstungsproduktion 1103
Abkommen über Massnahmen zur Verringerung der Gefahr des Ausbruchs eines Atomkriegs 0058
Abkommen von Wladiwostok 2405
Ablenkungsangriff 0687
Ablösung 1830
Ablösung der Stosswelle 0329
Ablösungskräfte 1831
Ablösungsstreife 1832
ABM-Flugkörper 0145
ABM-System 0146
Abnutzungskrieg 2416
Abreissen 0679
Abriegelungsfeuer 1067
Abrüstung 0654
Abrüstung, allgemeine 0451
Abrüstung, Massnahmen für eine teilweise 1575
Abrüstung mit angemessenen Garantien 0037
Abrüstung, nukleare 1449
Abrüstung, umfassende 0451
Abrüstung, wirksam kontrollierte 0718
Abrüstungsabkommen /bilateral/ 0657
Abrüstungsausschuss 0659
Abrüstungsausschuss, Konferenz des Abrüstungsausschusses (CCD) 0464
Abrüstungsbemühungen 0662
Abrüstungsdekade 0660
Abrüstungsdividende 0661
Abrüstungsfrage 0666
Abrüstungsinspektion 1046
Abrüstungsjahrbuch der Vereinten Nationen 2368
Abrüstungskommission 0658

Abrüstungskontrolle 0485
Abrüstungsmassnahme 0663
Abrüstungsplan, allgemeiner 0452
Abrüstungsplan, umfassender 0452
Abrüstungsproblem 0665 1692
Abrüstungsprogramm, umfassendes 0453
Abrüstungsprozess 1694
Abrüstungsübereinkommen /multilateral/ 0657
Abrüstungsverhandlungen 0664
Abrüstungszentrum 0382
Abrüstungszentrum der Vereinten Nationen 2367
Abruf, auf 1527
Abschirmung (gegen Strahlen) 2011
Abschreckung 0632
Abschreckung, abgestufte 0894
Abschreckung, aktive 0024
Abschreckung, begrenzte 0809
Abschreckung, erweiterte 0782
Abschreckung, Glaubwürdigkeit der 0636
Abschreckung, konventionelle 0503
Abschreckung, nukleare 1446
Abschreckung während eines Krieges 1093
Abschreckungspotential 0634 0637
Abschreckungspotential, gegen Abschreckungspotential gerichtete Strategie 0513
Abschreckungspotential, nukleares 1447 1448
Abschreckungspotential, unabhängiges 1025
Abschussbasis, verbunkerte 0941
Absetzbewegung 2448
Absetzen /mit Fallschirm/ 0097
Absetzplatz 0703
absolute Waffe 0009 2351
Abstimmschärfe 1987
Abtasten /Radar, Sonar/ 1925
Abteilung für Abrüstungsfragen 0656
Abwehr, radiologische 1780
Abwehrflugkörper gegen ballistische Flugkörper 0145
Abwehrmassnahmen gegen Strahlengefahren 1780
Abwehrsystem gegen ballistische Flugkörper 0146 0273 2206
Abwerfen /ohne Fallschirm/ 0097 0851
Abwurfplatz 0703
Abzug, stufenweiser und ausgewogener 1699
ACDA 0199
Achtzehn-Mächte-Abrüstungsausschuss 0720
Ad-hoc-Ausschuss für den Indischen Ozean 0031
Ad-hoc-Ausschuss für die Weltabrüstungskonferenz 0033
Ad-hoc-Ausschuss zur Überprüfung der Rolle der Vereinten Nationen auf dem Gebiet der Abrüstung 0032
Ad-hoc-Beratungsgruppe über Kernsprengungen für friedliche Zwecke 0030
Ad-hoc-Gruppe qualifizierter Regierungssachverständiger für die Untersuchung der Frage kernwaffenfreier Zonen 0034

Ad-hoc-Gruppe wissenschaftlicher Sachverständiger für die Prüfung von Massnahmen der internationalen Zusammenarbeit bei der Erfassung und Identifizierung seismischer Vorgänge 0035
Adjutant 1267
Advanced Research Program Agency (ARPA) 0040
Äquivalent, TNT- 2290
äquivalenter Megatonnenwert 0753
aerodynamischer Auftrieb 0046
aerodynamischer Luft/Boden-Flugkörper 0107
Agentur für das Verbot von Kernwaffen in Lateinamerika (OPANAL) 0048
aggressive Absichten 0052
aktive Abschreckung 0024
aktive elektronische Gegenmassnahme 0025
aktive ELOGM 0025
aktive Streitkräfte 0023
aktive Zielsuchlenkung 0026
aktivieren 0021
Aktivierungsdetektor 0022
akustisch zielsuchender Torpedo 0017
akustischer Detektor 0016
Alarm, automatischer 0261
Alarmbereitschaft in der Luft 0086
Alarmstart 1933
Alarmsystem, automatisches 0261
Alarmsystem, Punktquellen- 1656
allgemeine Abrüstung 0451
allgemeine und vollständige Abrüstung 0875
allgemeine und vollständige Abrüstung unter strenger internationaler Kontrolle 0877
allgemeine und vollständige Abrüstung unter wirksamer internationaler Kontrolle 0876
allgemeine Versorgungsgüter, Transporter für 2106
allgemeiner Abrüstungsplan 0452
Allwetterabfangjäger 0119
Allwetteraufklärung 0120
Allwetterluftfahrzeug 0118
Amphibienfahrzeug 0128
Amplitude, grosse 0965
Amplitudenspektrum 0131
anaseismische Bewegung 0133
Anbringung (von Kernwaffen) 0733
Androhung oder Anwendung von Gewalt 2278
anfällige Bevölkerung 2201
Anfangsgeschwindigkeit (Vo) 1374
Anfangsstrahlung 1041
Anflug 1580
Anflugradarsystem, Flugzeugträger- 1743
Anflugsystem, GCA- 0902
Anforderung, auf 1527
angemessene Garantien, Abrüstung mit angemessenen Garantien 0037
angemessene Reaktion 1230
Angreifer 0236
Angriff, nichtprovozierter 2374

Angriff, präemptiver . . . 1675
Angriff, überfallartiger . . . 1790
Angriff, unerwarteter . . . 1790
Angriffshandlung . . . 0019
Angriffskrieg . . . 0053
Angriffsziel . . . 2233
Ankopplungsmedium . . . 0528
Ankunft . . . 0221
Ankunftsvektor, scheinbarer . . . 0173
Ankunftsvektor (von seismischen Wellen) . . . 0223
Ankunftszeit . . . 0222
Anlage . . . 2204
Anlegen von Waffenvorräten . . . 2102
anomale Bewegung . . . 0137
anomales Ereignis . . . 0136
Anordnung . . . 2204
Anreicherungsanlage . . . 0746
Ansprechcharakteristika . . . 1851
Ansprechmerkmale . . . 1851
Ansprechverhalten /Unterwasserminen/ . . . 1851
Antarktis-Vertrag . . . 0138
Antennenverkleidung . . . 1789
Anwendung von Gewalt, Androhung oder . . . 2278
Anzünder . . . 2085
Anzünder, durch Luftstrom entsicherter . . . 0084
Anzündmischung . . . 2086
Armee /Truppenkörper/ . . . 0213
Armeegruppe . . . 0214
ARPA . . . 0040
Array . . . 0217
Array, kreuzförmig angeordnetes . . . 0543
Array, kreuzförmiges . . . 0543
Array mit kurz- und langperiodischen seismographischen Systemen . . . 0220
Array-Systeme, gesteuerte . . . 2094
Artillerie . . . 0226
Artillerie-Feuerplan . . . 0229
Artillerie, Fla- . . . 0141
Artillerie, schwere . . . 0951
Artilleriebekämpfung . . . 0510
Artilleriefeuer . . . 0228
asymmetrische (Truppen-)Verminderungen . . . 0244
Atemreizstoff . . . 1848
Atmosphäre, radioaktive . . . 1770
Atom-U-Boot . . . 1478
Atomangriff . . . 1436
Atomangriff, massierter . . . 1227
Atomantrieb, BFK-U-Boot mit . . . 1496
Atomantrieb, Marschflugkörper-U-Boot mit . . . 1497
Atomantrieb, Schiff mit . . . 1474
Atomantrieb, U-Boot mit . . . 1478
Atomantrieb, U-Jagd-U-Boot mit . . . 1495

atomare Bedrohung . . . 1482
atomare Luftdetonation . . . 1428
atomare Reaktion, begrenzte . . . 1161
atomare Streitkräfte . . . 1456
atomarer Einsatzverband . . . 1477
atomarer Gefechtskopf . . . 1486
atomarer Schlag gegen strategische Streitkräfte . . . 0517
atomarer Zwischenfall . . . 1459
Atomartillerie . . . 0249
Atombombe . . . 0250
Atomenergiekommission . . . 0254
Atomenergiekontrolle, internationale . . . 1079
Atomexplosionstest . . . 1481
Atomgefechtskopf, taktischer Flugkörper mit . . . 2214
atomgetriebenes MFK-U-Boot . . . 1497
atomgetriebenes U-Boot . . . 1478
atomgetriebenes U-Jagd-U-Boot . . . 1499
Atomkrieg, totaler . . . 0116
Atomkriegführung . . . 1485
Atommacht . . . 1470
Atommunition . . . 1429
Atomschiff . . . 1474
Atomschirm . . . 1483
Atomschlag, erster . . . 0822
Atomschlag, Fähigkeit zum ersten . . . 0823
Atomschlag gegen Ballungsräume . . . 0525
Atomschlag gegen Bevölkerungszentren . . . 0512
Atomschlag, Strategie des ersten Atomschlags . . . 0824
auf Abruf . . . 1527
auf Anforderung . . . 1527
auf dem Luftwege befördern . . . 0104
Aufbau der Militärkraft . . . 0340
Aufbau, militärischer . . . 1276
Aufbau militärischer Waffen . . . 0341
Aufbau, strategischer . . . 2116
Aufbau strategischer Kräfte . . . 2116
Aufbau (von Kräften) . . . 0339
Auffüllung . . . 1839
Aufklärer, strategischer . . . 2131
Aufklärung . . . 1815
Aufklärungsflugzeug . . . 1931
Aufklärungssatellit . . . 1817
Auflauern . . . 1197
Auflockerungsraum . . . 1928
Auflösung . . . 0674
Auflösung /von Truppenteilen/ . . . 0670
Auflösungsschwelle . . . 0676
Auflösungsvermögen . . . 0674
Aufmarsch, strategischer . . . 2118
aufrechterhalten, das Gleichgewicht . . . 1210
Aufrichter-Starter, Transporter- . . . 2324

Aufrüstung . . . 1809
Aufschlaggebiet . . . 1015
Aufschlagzünder . . . 1016
Aufstände, Bekämpfung von Aufständen . . . 0519 0520
aufstellen . . . 0021
Aufstellung militärischer Waffen . . . 0341
Aufstellung (von Kräften) . . . 0339
Auftrieb, aerodynamischer . . . 0046
Ausbildung . . . 2318
Ausbildungszeit . . . 2320
Ausbildungszentrum . . . 2319
Ausbreitung . . . 1708
Ausbreitungsgeschwindigkeit . . . 2392
Ausbreitungsweg . . . 1710
ausfallsicheres Verfahren . . . 0784 0785
ausgebaute Stellung . . . 0733
ausgelöste Mine . . . 0028
Ausmass der Operationen . . . 1924
Ausschuss für die friedliche Nutzung des Meeresbodens und des Meeresuntergrunds ausserhalb des nationalen Hoheitsbereichs . . . 0445
Ausschuss für die friedliche Nutzung des Weltraums . . . 0444
Ausschuss zur Vorbereitung der Ausserordentlichen Tagung der Generalversammlung über Abrüstung . . . 1680
Ausschuss zur Vorbereitung der Konferenz der Nichtkernwaffenstaaten . . . 1679
Ausschuss zur Vorbereitung der Konferenz der Vertragsparteien zur Überprüfung des Vertrags über die Nichtverbreitung von Kernwaffen . . . 1681
ausser Gefecht . . . 1555
Ausserordentliche Tagung der Generalversammlung über Abrüstung . . . 2060
Aussetzung . . . 0671
Aussetzung nuklearer und thermonuklearer Versuche . . . 2202
Aussetzung von Kernsprengkörperversuchen . . . 0672
Aussetzung von Kernwaffenversuchen . . . 0672
austasten . . . 0293
Austausch seismischer Daten . . . 0772
Ausweichankerplatz . . . 0978
Ausweichen . . . 0765
Ausweichflugplatz /NATO/ . . . 0122
Ausweichflugplatz /zivil/ . . . 0121
Auswirkungen der ionisierenden Strahlung, Wissenschaftlicher Ausschuss der Vereinten Nationen für die . . . 2372
automatische Steueranlage . . . 0262
automatische Zielansteuerung . . . 0983
automatischer Alarm . . . 0261
automatisches Alarmsystem . . . 0261
automatisches Such/Stör-Gerät . . . 0263
AWACS . . . 0090
Azimut . . . 0265

Bahn . . . 1585
Bahneffekte . . . 1586
bakteriologische (biologische) Waffen . . . 0269

bakteriologische Kriegführung 0888
ballistische Flugkörper, Abwehrflugkörper gegen 0145
ballistische Flugkörper, Abwehrsystem gegen 0146 0273 2206
ballistische Flugkörper, System zur Abwehr ballistischer Flugkörper 0146 0273
ballistische Flugkörper, U-Boot mit ballistischen Flugkörpern 0274
ballistischer Flugkörper (BFK) 0271
ballistischer Flugkörper grosser Reichweite 1070
ballistischer Flugkörper, interkontinentaler 1064
ballistischer Flugkörper, luftfahrzeuggestützter 0101
ballistischer Flugkörper, seegestützter 1940
ballistischer Flugkörper, U-Boot-gestützter 2158
ballistischer Kurzstreckenflugkörper 2019
ballistischer Langstreckenflugkörper 1187
ballistischer Luft/Boden-Flugkörper 0108
ballistischer Mittelstreckenflugkörper 1248
Ballungsräume, Kampfpotential zum Einsatz in Ballungsräumen 0524
Bazooka (Panzerabwehrrakete) 0283
Bazooka-Rakete 0284
Bedrohung des Friedens 2279
befestigte Feldstellung 2147
befördern, auf dem Luftwege 0104
befreites Gebiet 1148
Befreiungskrieg 1149
Begegnungsgefecht 1251
begrenzte Abschreckung 0809
begrenzte atomare Reaktion 1161
begrenzte nukleare Vergeltung 1162
begrenzter strategischer Krieg 1163
Begrenzung der offensiven und defensiven strategischen Kernwaffensysteme 1159
Begrenzung strategischer Offensivwaffen 1523
Begrenzung strategischer Waffen 2111
Begrenzung von Kernwaffen, vereinbarte 0056
Behelfsflugplatz 1547
Behörde für Rüstungskontrolle und Abrüstung (ACDA) 0199
beiderseitig annehmbare Entscheidungen 1373
beiderseitige sichergestellte Vernichtung 1371
beiderseitige (und) ausgewogene Truppenverminderungen (MBFR) 1370
beiderseitige Verminderungen (von Truppen) 1372
Beilegung auf politischem Wege 1659
Bekämpfung 0740
Bekämpfung von Aufständen 0519 0520
Bekämpfung von Guerillas 0518
Bekämpfung von subversiven Tätigkeiten 0523
Bekämpfung von Unruhen, Reizstoff zur 1877
Bekämpfung von Untergrundtätigkeiten 0523
bemannte militärische Stellung 1218
Beobachtertruppe der Vereinten Nationen für die Truppenentflechtung (UNDOF) 2369
Beobachtung, seismische 1969
Beobachtungen an Ort und Stelle 1532
Beobachtungshubschrauber des Heeres, leichter 0215
Beratender wissenschaftlicher Ausschuss der Vereinten Nationen 2371

Beratungsgruppe von Sachverständigen über die wirtschaftlichen und sozialen Folgen des Abrüstens 0472
bereitstellen (einsatznah) 1683
Bergepanzer 1819 2452
beschiessen, ein Ziel 2005
Beschluss des Direktionsausschusses der Europäischen Kernenergie-Agentur über den Ausschluss kleiner Mengen von Kernmaterialien von der Anwendung des Übereinkommens über die Haftung gegenüber Dritten auf dem Gebiet der Kernenergie 0560
Beschuss 2007
Beschuss, unter Beschuss geraten 0438
Besetzung 1519
Bestände an konventionellen Waffen 0502
Bestandteil mit geringer Toxizität 1193
Bestandteil, nicht giftiger 1418
Bestandteil, nicht toxischer 1418
Bestrahlungsreaktor, biologisch-medizinischer 0291
Bestreichungsfeuer 0896
Betriebsstofftransporter 2231
Beurteilung der logistischen Voraussetzungen 1174
Bevölkerung, anfällige 2201
Bevölkerung, verletzbare 2201
Bevölkerungszentren, Atomschlag gegen 0512
Bevölkerungszentren, gegen Bevölkerungszentren gerichtete Strategie 0511
Bevölkerungszentren, Schlag gegen 0512
bewaffnete Neutralität 0193
bewaffneter Angriff 0186
bewaffneter Konflikt 0188
bewaffnetes Kampfflugzeug 0187
Bewaffnung, nukleare 1430
beweglich geführte Verteidigung 1324
bewegliche Bodeninspektion 1325
bewegliche vorgeschobene Radarstation 1747
beweglicher Starttisch 1326
bewegliches Ziel 1351
Beweglichkeit, strategische 2121
Bewertung des Kernbrennstoffkreislaufs, Internationale 1085
BFK 0271
BFK-U-Boot 0274
BFK-U-Boot mit Atomantrieb 1496
BFK-U-Boot mit Dieselantrieb 0645
Bildaufklärung, durch Bildaufklärung erfasster Bereich 1641
Bildaufklärung, Erkenntnisse aus der 1640
Bildauswertungsergebnisse 1640
Binnenminensuchboot 1042
biologisch-medizinischer Bestrahlungsreaktor 0291
biologische Kriegführung 0287
biologische Kriegführung, chemische und 0394
biologische Waffe 0288
biologische Waffen, chemische und 0393
biologischer Kampfstoff 0285

black box 0292
blasenziehender Kampfstoff 2402
Blast 0295
Blastwelle 0298
Blastwirkung 0296
blenden, einen Satelliten 0300
Blitzkrieg, nuklearer 1438
Blitzlichtbombe 1636
Boden/Boden-Flugkörper 0909 2191
Boden/Boden-Flugkörper, silogestützter ballistischer 0910
Boden/Boden-Flugkörper, taktischer ballistischer 0907
Boden/Boden-Lenkwaffensystem 0908
Boden-Herbizide 2044
Boden/Luft-Flugkörper 0906 2188
Boden/Luft-Lenkwaffe 2187
Boden/Luft-Waffensystem mittlerer Reichweite 1249
Bodenbewegung, initiale /seismische Wellen/ 0821
Bodendetonation 0901 2182
Bodeninspektion, bewegliche 1325
Bodenunruhe 0709
Bodenunruhe, mikroseismische 0268
Bombardierung 0318
Bombardierung des Zielgebiets 2236
Bombardierung mit Napalm 1379
Bombe, gelenkte 0303 2041
Bombe mit Detonationsdruckzündung 0458
Bombe mit verzögerter Zündung 0594
Bombenauslösepunkt 0315
Bombenausstossgerät (mit Bomben) 0416
Bombenblindwurfzone 0301
Bombenbündel 0417
Bombenteppichwurf 0362
Bombenwurf 0318
Bombenwurf aus dem Sturzflug 0686
Bombenwurffehler 0321
Bombenzielgebiet 0320
Bomber 0316
Bomber, leichter 1151
Bomber, mittlerer 1246
Bomber, schwerer 0952
Bord- 0085
Bordradar 0088
Boykott 0326
Brandbombe 1020
Brandwaffe 1021
Brandwaffen, Nichtanwendung von 1420
Brechreizstoff 2408
breitbandiges Stören 0278
Breitbandseismogramm 0333
Breitbandseismograph 0334
Brennstoff/Luftgemischsprengsystem 0859

Brennstoffkreislauf 0856
Bresche 0979
Brückenkopf 0331
Brüter, schneller 0797
Brutreaktor, industriell genutzter 0442
Brutreaktor, schneller 0797
Bugkegel 1424
Bugsonar 0325
Bunker 0344

CB-Waffen 0393
CCD 0464
CERN 0764
Chef des Stabes 0398
chemische Kampfstoffe, tödliche 1143
chemische Kriegführung 0396
chemische und biologische Kriegführung 0394
chemische und biologische Waffen (CB-Waffen) 0393
chemische Waffen 0397
chemischer Kampfstoff 0395 2415
chirurgische Einheit 2193
Chromosomenaberration 0401
Chromosomenanomalie 0401
Club der Atommächte 1441
Countdown 0509
Countercity-Atomschlag 0512
Countercity-Schlag 0512
Countercity-Strategie 0511
Counterforce-Atomschlag 0517
Counterforce-Potential 0515
Counterforce-Schlag 0517
Counterforce-Strategie 0516
Counterforce-Waffen 0149

Dauerfeuer 2203
Deeskalation 0582
defensive strategische Kernwaffensysteme 0589
Dekontamination 0574
Dekontamination, persönliche 1625
Dekontaminationsmittel 0573
Demobilisierung 0602
Demontage 0679
Depot 0609
Detektor 0627
Detektor, Aktivierungs- 0022
Detektor, akustischer 0016
Detektor, photographischer 1639
Detektor, seismischer 1962
Detonationsdruck 1566
Detonationsdruckzündung, Bombe mit 0458
Detonationshöhe, optimale 1550

Detonationshöhe, sichere . . . 1902
Detonationstrümmer (eines Kernsprengkörpers) . . . 2433
Detonationswert . . . 2454
Detonationswert (kt-Wert) . . . 1494
Dienst- und Sachleistungen, operative . . . 1545
Dienstzeit . . . 2299
Diplomatische Konferenz über die Neubestätigung und Weiterentwicklung des in bewaffneten Konflikten anwendbaren humanitären Völkerrechts . . . 0647
direkte Fernmeldeverbindung . . . 0649
direkte Kommunikationsverbindung, Vereinbarung über die Errichtung einer direkten Kommunikationsverbindung . . . 1256
Diskriminante . . . 0673
Diskriminante Oberflächenwelle/Raumwelle . . . 2184
Dislozierung . . . 0607
Dislozierung von weiteren nuklearen Gefechtsköpfen . . . 0608
Dosierung der terrestrischen Gammastrahlen . . . 2258
Dosimetrie . . . 0690
Dosisleistung . . . 1759
Dosisleistung, Linien gleicher . . . 0788
drahtgelenkter Flugkörper . . . 2446
Drehflügler . . . 1891
Drei-D-Suchradar . . . 2280
Drohne . . . 0701
Druckkabine . . . 1941
Druckwelle . . . 0298
Dunkelstoss (auf dem Strahlenspürgerät) . . . 0266
durch Bildaufklärung erfasster Bereich . . . 1641
durch Luftstrom entsicherter Anzünder . . . 0084
Durchdringungsfähigkeit . . . 1621
Durchgangsraum . . . 2078
Durchmarschrechte . . . 1875
Durchschlagsvermögen /Geschoss/ . . . 1621

EAG . . . 0762
Echoschwankung /Radar/ . . . 0234
Edelgas . . . 1403
ein Ziel beschiessen . . . 2005
Eindämmungspolitik . . . 0475
Eindringhilfen . . . 1620
Eindringvermögen /Bombe/ . . . 1621
eingebauter Flammenwerfer . . . 0732
Eingreifverband, strategischer . . . 2133
Einrichtung, militärische . . . 1282
Einsatz- . . . 1537
Einsatzauftrag . . . 1542
einsatzbereit . . . 1537
einsatzbereite Kernwaffen . . . 1543
einsatzbereiter Flugkörper . . . 1541
Einsatzbereitschaft . . . 1544 1682
einsatzfähig . . . 1537
Einsatzfähigkeit . . . 1538

Einsatzkräfte, konventionelle 0504
Einsatzmittel 0597 1236
Einsatzmittel, strategisches 2120
Einsatzverband 2242
Einsatzverband, Luftwaffen- 2241
Einschiessen 0038
einseitige militärische Vorteile 1528
Einsickern 1032
Einstellung des nuklearen Wettrüstens 0385
einstrahliger Trainer 2034
Eintreffen 0221
Eintreffzeit 0222
elektrischer Zünder 0721
elektromagnetische Welle 0722
elektronische Gegenmassnahme, aktive 0025
elektronische Gegenmassnahmen (ELOGM) 0724
elektronische Kampfführung, Gerät für 0728
elektronische Schutzmassnahmen (ELOSM) 0723
elektronische Täuschung 0725
elektronische Zündvorrichtung 0726
elektronisches Stören 0727
ELOGM 0025 0724
ELOGM, aktive 0025
ELOGM-Flugzeug 0522
ELOGM, passive 1583
ELOKA 0728
ELOKA-Gerät 0728
ELOSM 0723
Empfänger 0627
empfindlicher Punkt 1106
Empfindlichkeit 1993
Energiefreisetzung 1828
Entdeckung aufgrund seismischer Verfahren 1961
Entdeckungsreichweite 0624
Entdeckungswahrscheinlichkeit 0623
Entfernung 1794
Entfernungsauflösung 1799
Entfernungsauflösungsvermögen 1799
Entfernungsmessgerät 1797
Entfernungsmessung 1798
Entflechtung 0678
entkoppelter geheimer Versuch 0576
entkoppelter Versuch 0577
Entkopplung 0578
Entlaubungsmittel 0590
entmilitarisierte Zone 0601
Entmilitarisierung 0599
Entmilitarisierung des Meeresbodens 0600
Entsatz 1830
Entsatzkräfte 1831
entscheidender Geländeteil 1107

entscheidender Punkt . . . 1106
Entscheidungen, beiderseitig annehmbare . . . 1373
Entschliessung des Gouverneursrats über die Festlegung von Höchstgrenzen für den Ausschluss kleiner Mengen von Kernmaterialien von der Anwendung des Wiener Übereinkommens über die zivilrechtliche Haftung für nukleare Schäden . . . 1847
Entspannung . . . 0630 1827
Entspannung, militärische . . . 1278
Entwicklung, Fertigung und Bevorratung . . . 0641
Entwicklung neuer Kernwaffen . . . 0640
Entwicklung (von Waffen) . . . 0639
Entwicklungsprüfung . . . 0642
Entwicklungsstand, hoher . . . 2050
Entwurf eines Übereinkommens über das Verbot biologischer Methoden der Kriegführung . . . 0694
Entwurf eines Übereinkommens über das Verbot der Anwendung von Kernwaffen . . . 0696
Entwurf eines Übereinkommens über das Verbot der Entwicklung und Herstellung neuer Massenvernichtungswaffen und -waffensysteme . . . 0693
Entwurf eines Übereinkommens über das Verbot von Massnahmen zur Beeinflussung der Umwelt und des Klimas für militärische und sonstige Zwecke, die mit der Erhaltung der internationalen Sicherheit und des Wohlbefindens und der Gesundheit des Menschen unvereinbar sind . . . 0695
Entwurf eines Vertrags über allgemeine und vollständige Abrüstung unter strenger internationaler Kontrolle . . . 0697
Entwurf eines Vertrags über das vollständige und allgemeine Verbot von Kernwaffenversuchen . . . 0698
Entwurf eines Weltvertrags über die Nichtanwendung von Gewalt in den internationalen Beziehungen . . . 0699
Epizentralbestimmung . . . 0749
Epizentralentfernung . . . 0683 0750
Epizentren, vorläufige Bestimmung von . . . 1677
Epizentrum . . . 0751
Erdangriff /Landstreitkräfte/ . . . 0899
Erdbebenstation . . . 1972
Erdkampfflugzeug . . . 0412 0900
Erdkampfunterstützungsflugzeug . . . 0905
Ereignis . . . 0769
Erfassung . . . 0617
Erfassungsreichweite . . . 0624
Erfassungsschwelle . . . 0626
Erfassungssystem . . . 0625
Erfassungsvermögen . . . 0621
Erfassungswahrscheinlichkeit . . . 0623
Ergänzung . . . 1839
Erhaltung des Friedens . . . 1615
Erkenntnisse . . . 1054
Erkenntnisse aus der Bildaufklärung . . . 1640
Erkennungs- und Identifizierungsradar . . . 1810
Erklärung der Konferenz der Nichtkernwaffenstaaten . . . 0565
Erklärung des Indischen Ozeans zur Friedenszone . . . 0566
Erklärung über das Verbot des Einsatzes nuklearer und thermonuklearer Waffen . . . 0570
Erklärung über die Entnuklearisierung Afrikas . . . 0568

Erklärung über die Festigung der internationalen Sicherheit 0571
Erklärung über die Nutzung des wissenschaftlichen und technologischen Fortschritts im Interesse des Friedens und zum Wohl der Menschheit 0572
Erklärung über die Rechtsgrundsätze für das Verhalten von Staaten bei der Erforschung und Nutzung des Weltraums 0563
Erklärung über die Unzulässigkeit der Einmischung in die inneren Angelegenheiten von Staaten und über den Schutz ihrer Unabhängigkeit und Souveränität 0569
Erklärung über völkerrechtliche Grundsätze für freundschaftliche Beziehungen und Zusammenarbeit zwischen den Staaten im Sinne der Charta der Vereinten Nationen . 0567
Erklärung von Ayacucho 0562
Erklärung von Grundsätzen für den Meeresboden und den Meeresuntergrund ausserhalb des nationalen Hoheitsbereichs 0564
ernteschädigender Stoff 0147
Erprobungsstelle 2265
Errichtung von kernwaffenfreien Zonen 0604
Erschütterung 2013
Ersetzung 1839
Erstausstattung 1040
erster Atomschlag 0822
erster Atomschlag, Strategie des ersten Atomschlags 0824
erster Schlag 0822
erster Schlag, Strategie des ersten Schlags 0824
erstickend /Eigenschaft/ 0235
erweiterte Abschreckung 0782
erweiterte Verifizierung 0129
Erzeugnisse oder Abfälle, radioaktive 1776
Eskalation 0756
EURATOM 0762
Europäische Atomgemeinschaft (EAG/EURATOM) 0762
Europäische Kernenergie-Agentur 0763
Europäische Organisation für kernphysikalische Forschung (CERN) 0764
Explosion 0776
Explosion einer verdämmten Ladung 0468
Explosion mit Kraterbildung 0535
Explosion mit niedrigem kt-Wert 1194
Explosionen in der Atmosphäre 0247
Explosionen, Überwachung von 1336
Explosionen, verschleierte 0768
Explosionsdruck 0295
explosionsdruckerzeugende Waffe 0299
Explosionsdruckschutz 0297
Explosionsdruckwelle 0298
Explosionsdruckwirkung 0296

Fähigkeit zum ersten (Atom-)Schlag, glaubhafte 0538
Fähigkeit zum ersten Atomschlag 0823
Fähigkeit zum ersten Schlag 0823
Fähigkeit zum Gegenschlag 2145
Fähigkeit zum zweiten Atomschlag 1951
Fähigkeit zum zweiten Schlag 1951
Fahrstrecke 1794

Fahrzeug 2388
Fakultativprotokoll über die obligatorische Beilegung von Streitigkeiten 1551
Fallout-Gebiet 0789
Fallschirmjägertruppe 1573
Feind 0737
Feldposten 1559
Feldstellung, befestigte 2147
Felsgestein 0940
Fernabtastung 1834
Fernaufklärer, strategischer 1182
ferngelenktes Minensuchboot 0702
Fernlenkung 1833
Fernmeldesatellit 0448
Fernmeldeverbindung, direkte 0649
Fernmeldezentrale 0446
Fernmeldezentrum 0446
Fernsehen, Infrarot- 1037
Fernsteuerung 1833
Fernunterstützungsfeuer 0581
festigen, den Weltfrieden 2142
Feuer, konzentriertes 0455 0456
Feuer, leichtes 1152
Feuer, sporadisches 2064
Feuereinstellung 0378
Feuergeschwindigkeit 1802
Feuerkraft 0818
Feuerleitanlage 0816
Feuerleitung 0813
Feuerleitung, flugzeuggesteuerte 0094
Feuern 0820
Feuerschutz 0531
Feuersicherheitslinie 1405
Feuerstellung 2036
Feuerstellung, Flugkörper- 1138
Feuerstoss /Bordwaffen/ 2108
Feuerstoss, MG- 1202
Feuersturm 0819
Feuerunterstützung 2180
Feuerunterstützung aus der Luft 0812
Feuervorbereitung 1678
Feuerwaffe, leichte 1153
Feuerwalze 0539
Feuerwechsel 0771
FK 1314
Fla- 0140
Fla-Artillerie 0141
Fla-Feuer 0142
Fla-Flugkörper 0143
Flachbeben 2000
Flachherdbeben 2000
Flächenbombardierung 0176

Flächenfeuer . . . 0684
Flächenziel . . . 0179
Flammenwerfer . . . 0829
Flammenwerfer, eingebauter . . . 0732
Flammenwerferfüllung . . . 0831
Flankenfeuer . . . 0832
flankierende Massnahmen . . . 0428
flexible Reaktion . . . 0836
fliegende Startplattform . . . 0100
Fliegendes LA/LV-Führungs- und Überwachungssystem (AWACS) . . . 0090
fliegendes LV-Radarsystem für grosse/geringe Höhen . . . 0968
fliegendes Waffeneinsatzsystem . . . 0096
Fliegerfaust . . . 2022
Fliegerleitnetz . . . 0068
Fliegerleittrupp . . . 0067
Flottengeleitboot . . . 0834
Flottentanker . . . 0835 2364
Flugabwehr . . . 0071
Flugabwehr- . . . 0140
Flugabwehrkörper . . . 0143
Flugbahn . . . 1585
Flugbahn /FK/ . . . 2309
Flugkörper, Boden/Boden- . . . 2191
Flugkörper, Boden/Luft- . . . 0906 2188
Flugkörper, drahtgelenkter . . . 2446
Flugkörper, einsatzbereiter . . . 1541
Flugkörper-Feuerstellung . . . 1138
Flugkörper (FK) . . . 1314
Flugkörper grosser Reichweite, ballistischer . . . 1070
Flugkörper, interkontinentaler . . . 1065
Flugkörper, Luft/Boden- . . . 0109
Flugkörper, Luft/Luft- . . . 0106
Flugkörper mit Atomgefechtskopf, taktischer . . . 2214
Flugkörper, Schiff/Schiff- . . . 2191
Flugkörper, schwerer . . . 0954
Flugkörper, See/Luft- . . . 1936
Flugkörper, strategischer Unterwasser/Überwasser- . . . 2164
Flugkörper, taktischer . . . 2213
Flugkörper, Unterwasser/Boden- . . . 2363
Flugkörper, Unterwasser/Überwasser- . . . 2363
Flugkörper, Unterwasser/Unterwasser- . . . 2163
Flugkörper, von der Schulter abgefeuerter . . . 2022
Flugkörper, zweistufiger . . . 2348
Flugkörperabwehr-Flugkörper, Startgerät für . . . 0144
Flugkörperabwehr-Waffensystem . . . 0152
Flugkörperabwehrflugkörper . . . 0151
Flugkörperfregatte . . . 0926
Flugkörpergefechtskopf . . . 2419
Flugkörperkopf . . . 0946
Flugkörperschiff . . . 1317
Flugkörperschnellboot . . . 0794

Flugkörperstellung, nichtverbunkerte 2043
Flugkörperstellung, verbunkerte 0939
Flugkörperstellungsradar 1318
Flugkörpersystem grosser Reichweite, unterwassergestütztes 2360
Flugkörpersystem mit partieller Umlaufbahn 0845
Flugkörpersystem, offensives 1522
Flugkörperversuchsschiff 0775
Flugkörperzerstörer 0925
Flugregelsystem /FK/ 0489
Flugspur 2309
Flugweg 2309
Flugzeug, VTOL- 2400
Flugzeugentführer 0974
Flugzeugentführung 0042
flugzeuggesteuerte Feuerleitung 0094
Flugzeugträger 0095
Flugzeugträger-Anflugradarsystem 1743
Flusspatrouillenboot 1880
Fregatte, schnelle 0793
Fregatte, U-Boot-Abwehr- 0160
Fregatte, U-Jagd- 0160
Frequenzgangkurve 1852
Frieden, Bedrohung des Friedens 2279
Friedensbruch 0327
friedenssichernde Massnahmen 1616
friedenssichernde Massnahmen, Sonderausschuss für 2057
Friedenstruppe der Vereinten Nationen in Zypern (UNFICYP) 2370
Friedenszone 2458
friedliche Beilegung von Streitigkeiten 1568
friedliche Koexistenz 1608
friedliche Mittel 1609
friedliche Nutzung der Kernenergie 1607 1614
friedliche Nutzung des Meeresbodens 1613
friedliche Zwecke 1611
friedliche Zwecke, Verwendung der Kernenergie für 2383
friedliebende Staaten 1617
Frischwassertanker 2425
Froschmann 0854
Frühwarnflugzeug 0706
Frühwarnflugzeug, Radar- 1748
Frühwarnradar, vorgeschobenes 0039
Frühwarnsystem 0708
Frühwarnung 0705
Führungsstaffel, rückwärtige 0948
Führungsstaffel, vordere 0947
Funkerfassung 1768

Gammastrahlen 0865
Gammastrahlen, Dosierung der terrestrischen 2258
gasdicht 0871
gasförmiger Hautkampfstoff 0305

gasförmiger Lungenkampfstoff . . . 0399
Gaskrieg . . . 0870
Gasschlag . . . 0295
Gaswolke . . . 0869
GCA-Anflugsystem . . . 0902
GCI-Verfahren . . . 0903
Gebiet militärisch bedeutsamen radioaktiven Niederschlags . . . 0178
Gebiet radioaktiven Niederschlags . . . 0789
Gefährdung . . . 0943
Gefecht . . . 0740
Gefechtsfeldwaffen, nukleare . . . 0281
Gefechtskopf . . . 2419
Gefechtskopf, atomarer . . . 1486
Gefechtsverband, gemischter . . . 0435 2242
gegen Abschreckungspotential gerichtete Strategie . . . 0513
gegen Bevölkerungszentren gerichtete Strategie . . . 0511
gegen Grossstädte gerichtete Strategie . . . 0511
gegen militärische Ziele gerichtet . . . 0148
gegen Streitkräfte gerichtet . . . 0148
gegen Streitkräfte gerichtete Strategie . . . 0516
gegen Streitkräfte gerichtete Waffen . . . 0149
Gegenmassnahme /ELOKA/ . . . 0521
Gegenmassnahme, passive elektronische . . . 1583
Gegenmassnahmen, elektronische . . . 0724
Gegenschlag, Fähigkeit zum . . . 2145
Gegenschlagpotential . . . 2145
gegenseitige Hilfe . . . 1369
Gegner . . . 0737
gegnerische Partei . . . 1549
Gehäuse . . . 0370
geheime Operationen . . . 0406
geladenes Teilchen . . . 0390
Geländefahrzeug . . . 0542
Geländeteil, entscheidender . . . 1107
gelber Phosphor . . . 2445
Gelegenheitsziel . . . 1548
Geleitboot . . . 0758
Geleitboot, schnelles . . . 0792
gelenkte Bombe . . . 0303 2041
Gemeinsame Beratungskommission . . . 1104
Gemeinsame Erklärung über vereinbarte Grundsätze für Abrüstungsverhandlungen . . . 1105
gemeinsame Rüstungsproduktion, Abkommen über . . . 1103
gemischter Gefechtsverband . . . 0435 2242
gemischtes Ereignis . . . 1323
Genauigkeit des Atomschlags . . . 2144
Geneigtluftbild . . . 1515
Generalstab . . . 0879
Generalstabsausschuss . . . 1289
genetisch signifikante Dosis . . . 0882
genetische Strahlenempfindlichkeit . . . 0881
genetischer Schaden . . . 0880

Genfer Abkommen über die Behandlung der Kriegsgefangenen 0886
Genfer Abkommen von 1949 0887
Genfer Abkommen zum Schutze von Zivilpersonen in Kriegszeiten 0885
Genfer Abkommen zur Verbesserung des Loses der Verwundeten, Kranken und Schiffbrüchigen der Streitkräfte zur See 0884
Genfer Abkommen zur Verbesserung des Loses der Verwundeten und Kranken der Streitkräfte im Felde 0883
Genmutation 0874
geortetes Ziel 1168
gepanzerter Mannschaftstransportwagen 0194
gepanzerter Truppentransporter 0195
geplante Weiterversorgung 1648
Gerät für elektronische Kampfführung 0728
Geräuschempfänger 0016
geringes Risiko 1387
Gesamtdetonationswert, vorgesehener 1647
Gesamtstrategie 2298
Geschoss 0342 1702
Geschoss, kleinkalibriges 2040
Geschoss, leitwerkstabilisiertes 0810
Geschütz auf Selbstfahrlafette 1990
Geschwindigkeit, scheinbare 0174
Gespräche über die Begrenzung strategischer Waffen (SALT) 2114
gesteuerte Array-Systeme 2094
Gesundheitliche Aspekte der chemischen und biologischen Waffen 0949
Gewalt, Nichtanwendung von 1419
Gewaltandrohung 2276
Gewaltverzicht 1419
Gewehr 1865
Gewehr, halbautomatisches 1992
Gewehrfeuer 1868
Gewehrgeschoss 1867
Gewehrgranate 1869
Gewehrgranatgerät 1870
Gewehrschuss 1871
Gezeitenmine 1554
GHz 0890
Gifte, systemische 2208
giftige chemische Kampfstoffe 2301
Giftigkeit 2303
Gigahertz (GHz) 0890
Gitterkoordinaten 0898
glaubhafte Fähigkeit zum ersten (Atom-)Schlag 0538
Glaubwürdigkeit 0536
Glaubwürdigkeit der Abschreckung 0636
Gleichgewicht aufrechterhalten, das 1210
Gleichgewicht, strategisches 2115
Gleichwertigkeit, wesentliche 0760
Gleitweg 0891
Grossarray 1122
grosse Amplitude 0965

grosser ballistischer Flugkörper, moderner 1328
Grossstädte, gegen Grossstädte gerichtete Strategie 0511
Grundprinzipien der Verhandlungen über die weitere Begrenzung von strategischen Offensivwaffen 0280
Gruppe der Kerntechnik und -material exportierenden Länder 0916
Gruppenexplosion 0912
Guerilla 0918
Guerillakampf 0918 0919
Guerillas, Bekämpfung von 0518

halbaktive Zielsuchlenkung 1991
halbautomatisches Gewehr 1992
Halbwertzeit 0937
Halbzeitüberprüfung der Abrüstungsdekade 1264
Handfeuerwaffen /bis 15 mm/ 2039
Handstreich 1790
Haubitze 0990
Hauptereignis 1229
Hauptwaffen 1216
Hauptwiderstandslinie 1209
Haushaltsmittel für Verteidigungszwecke, Zuweisung von Haushaltsmitteln für Verteidigungszwecke 1269
Hautkampfstoff, gasförmiger 0305
Hautkampfstoffe 0304
Heer /Teilstreitkraft/ 0213
heimtückische Waffen 2326
heisse Stelle 0989
Herausforderung, Nachprüfung durch 2394
Herbizide 0961
Herbizide, Boden- 2044
Hertz 0963
Hertz (Hz) 0554
Hintergrundstrahlung 0267
Hinterhalt 1197
hochentwickelte Technik 0969
hochentwickelte Waffen 2049
Hochgeschwindigkeitsgeschoss 0972
Hochpass(filter) 0971
Höchstzahlen 0379
Höhenmessradar 0957
Höhenpunkt (auf der Karte) 2066
hoher Entwicklungsstand 2050
hoher Stand der Technik 0969
Hohlladungsgefechtskopf, Rakete mit 2001
horizontale Verbreitung 0987
horizontaler Seismograph 0988
Hubschrauber 0959
Hubschrauber mit Mantelstromtriebwerk 2344
Hubschrauberträger 0960
Hülle 0370
humanitäre Regeln für bewaffnete Konflikte 0994

humanitäres Völkerrecht 1082
Hz 0554 0963

IAEO 1071
IAEO-Sicherungssystem 1072
Identifizierung 1006
Identifizierungsfähigkeit 1007
Identifizierungsradar, Erkennungs- und 1810
Identifizierungsverfahren 1009
Identifizierungswahrscheinlichkeit 1008
IKRK 1075
im Tiefangriff angreifen 2107
Implosionswaffe 1017
improvisierte Verteidigung 0942
Impuls 1727
impulsförmiges Signal 2029
in der Luft befindlich 0085
in Stellung 1664
in Windzugrichtung (vom Ziel aus gesehen) 0691
Indischer Ozean, Ad-hoc-Ausschuss für den Indischen Ozean 0031
individuelle Selbstverteidigung 1026
individuelle Selbstverteidigung, Recht der individuellen Selbstverteidigung 1874
industriell genutzter Brutreaktor 0442
INFCE 1085
Infektionsdosis 1031
Infiltrant 1033
Infiltration 1032
Infrarot-Fernsehen 1037
Infrarot-Zielsuchknopf 1035
Infrarotsensor 1036
INIS 1086
initiale Bodenbewegung 0821
Inspektion 1043
Inspektion an Ort und Stelle 1531
Inspektion aus der Luft 0043
Inspektion nach Aufforderung 1045
Inspektion, offene 1535
Inspektion vor dem Start 1676
Inspektionsposten 1047
Inspektionssystem 1048
Instandsetzungstruppenteil 1215
Instellungbringen 0733 1665
Instrumentenflug 0302
Instrumentenlandesystem 1052
Intensivierung des Wettrüstens 1056
interalliierte Streitkraft 0436
interalliierter Stab 0437
Interimsabkommen über bestimmte Massnahmen hinsichtlich der Begrenzung strategischer Offensivwaffen 1069
interkontinentaler ballistischer Flugkörper 1064
interkontinentaler Flugkörper 1065

interkontinentaler Flugkörper, landgestützter 1117
interkontinentaler Flugkörper, U-Boot-gestützter 2160
Internationale Abrüstungsorganisation 1080
Internationale Arbeitsgruppe für Schnellneutronenreaktoren 1091
Internationale Atomenergie-Organisation (IAEO) 1071
internationale Atomenergiekontrolle 1079
Internationale Bewertung des Kernbrennstoffkreislaufs (INFCE) 1085
internationale Bewertung des Kernbrennstoffkreislaufs, Vorbereitungskonferenz für die 1553
Internationale Kommission für radiologische Einheiten und Strahlenmessung 1074
Internationale Konferenz über die friedliche Nutzung der Kernenergie 1078
Internationale Konferenz über die Kernkraft und ihren Brennstoffkreislauf 1077
Internationale Konferenz über die zivilrechtliche Haftung für nukleare Schäden 1076
Internationale Rechtskonferenz über die Beförderung von Kernmaterial auf See 1084
internationale Spannungen 1090
Internationale Strahlenschutzkommission 1073
internationale Streitigkeiten 1081
Internationales Institut für strategische Studien 1083
Internationales Kernenergie-Informationssystem (INIS) 1086
Internationales Komitee vom Roten Kreuz (IKRK) 1075
internationales Kontroll- und Inspektionssystem 1089
Internationales seismologisches Zentrum 1088
Internationales Stockholmer Institut für Friedensforschung 2099
Interventionspotential 1092
Invalidität, reversible 1858
ionisierende Strahlung 0256 1095
ionisierende Strahlung, Wissenschaftlicher Ausschuss der Vereinten Nationen für die
Auswirkungen der ionisierenden Strahlung 2372
Isoaktinen 0788
Isotop, radioaktives 1775

Jäger 0800
Jagdbomber 0802
Jagdflugzeug 0800
Jagdflugzeug, zweistrahliges 2347
Jagdpanzer 2224
Jagdsatellit 1109
Jagdschutz 0801

Kabine, abgedichtete 1941
Kaliber 0352
Kalibriergeräte 0351
Kalter Krieg 0426
Kaltstart /FK/ 0425
Kampf auf kurze Entfernung 0410
Kampfeinsatz 1542
Kampfflugzeug, strategisches 2117
Kampfgruppe 2242
Kampfmittel 0049
Kampfpotential zum Einsatz in Ballungsräumen 0524
Kampfsatellit 1109
Kampfschiff 0434

Kampfstand . . . 0733 1644
Kampfstoff, biologischer . . . 0285
Kampfstoff, blasenziehender . . . 2402
Kampfstoff, chemischer . . . 0395 2415
Kampfstoff, mikrobischer . . . 1260
Kampfstoff mit sofortiger Wirkung . . . 1050
Kampfstoff, radioaktiver . . . 1769
Kampfstoff, V- . . . 2384
Kampfstoffe, giftige chemische . . . 2301
Kampfstoffe, toxische chemische . . . 2301
Kampfstoffspürsatz . . . 0622
Kampftruppenteil . . . 0433
kampfunfähigmachender Stoff . . . 1019
Kanonenboot . . . 0934
Kapsel . . . 0358
Katastrophe, nukleare . . . 1440
Kennlinie (eines Seismographen) . . . 1852
Kernanlage . . . 1460
Kernbrennstoff . . . 1457
Kernbrennstoffkreislauf . . . 1458
Kernbrennstoffkreislauf, multinationales Zentrum zur Überwachung des Kernbrennstoffkreislaufs . . . 1357
Kernenergie . . . 1450
Kernenergie, friedliche Nutzung der . . . 1607 1614
Kernenergieanlage . . . 1460
Kernenergieeinrichtungen für friedliche Zwecke . . . 0404
Kernexplosionen für friedliche Zwecke . . . 1453
Kernfusion . . . 0862
Kernkraft . . . 1471
Kernmaterial . . . 1461
Kernmaterial, Lagerung von . . . 2105
Kernmaterial, Wiederaufarbeitung von . . . 1696
Kernreaktor . . . 1473 1806
Kernspaltung . . . 0825
Kernsprengkörper . . . 1454 1488 1511
Kernsprengkörper im Sub-kt-Bereich . . . 2151
Kernsprengkörper, strategischer . . . 2125
Kernsprengkörper, taktische . . . 2269
Kernsprengkörper, taktischer . . . 2215
Kernsprengkörper, unsauberer . . . 1913
Kernsprengkörper, Uran-235- . . . 2434
Kernsprengkörperversuche, Aussetzung von Kernsprengkörperversuchen . . . 0672
Kernsprengungen für friedliche Zwecke . . . 1453 1610
Kernsprengungen für friedliche Zwecke, Ad-hoc-Beratungsgruppe über . . . 0030
Kerntechnik . . . 1480
Kerntechnik und -material exportierende Länder, Gruppe der Kerntechnik und -material exportierenden Länder . . . 0916
Kernwaffe . . . 0257 1488 1511
Kernwaffen, einsatzbereite . . . 1543
Kernwaffen, Nichtverbreitung von . . . 1410 1415 1465
Kernwaffen, taktische . . . 2269

Kernwaffen, Verbreitung von . . . 1472 1706 2069
Kernwaffen, Verminderung strategischer . . . 1821
Kernwaffen, Weitergabe von . . . 2322
Kernwaffenangriff, massierter . . . 1227
Kernwaffenarsenal . . . 1492
Kernwaffenbestände . . . 1435 1466
Kernwaffeneinsatzmittel . . . 1445
Kernwaffeneinsatzmittel, offensives strategisches . . . 1524
Kernwaffeneinsatzmittel, strategische offensive . . . 2129
kernwaffenfreie Zone . . . 0605 1265 1509
kernwaffenfreie Zonen, Ad-hoc-Gruppe qualifizierter Regierungssachverständiger für die Untersuchung der Frage kernwaffenfreier Zonen . . . 0034
kernwaffenfreie Zonen, Errichtung von kernwaffenfreien Zonen . . . 0604
kernwaffenfreie Zonen, Schaffung von kernwaffenfreien Zonen . . . 0604
Kernwaffenkrieg, totaler . . . 0116
Kernwaffenstaaten . . . 1504
Kernwaffensysteme, strategische . . . 2127
Kernwaffentechnik . . . 2247
Kernwaffenträger . . . 1445
Kernwaffenunfall . . . 1502
Kernwaffenverbot . . . 1701
Kernwaffenversuch . . . 1506
Kernwaffenversuch, unterirdischer . . . 2359
Kernwaffenversuche, Aussetzung von Kernwaffenversuchen . . . 0672
Kernwaffenversuche in der Atmosphäre . . . 0248
Kernwaffenversuchsexplosion . . . 1508
Kernwaffenversuchsexplosionen . . . 0774
Kernwaffenversuchsgelände Nevada . . . 1399
Kernwaffenversuchsstopp . . . 1507
Kernwaffenvorräte, vorhandene . . . 0773
Kernwaffenvorrat . . . 1476
Kettenfahrzeug . . . 2310
Kettenfahrzeuge, Landungsboot für . . . 1241
Killersatellit . . . 1109
Kilotonne (kt) . . . 1110
Kleinbombe . . . 0323
kleinkalibriges Geschoss . . . 2040
Kleinwaffen /bis 30 mm/ . . . 2039
Köder . . . 0579
Körperzellen . . . 2045
Koexistenz, friedliche . . . 1608
kollektive Selbstverteidigung . . . 0431
kollektive Selbstverteidigung, Recht der kollektiven Selbstverteidigung . . . 1873
kollektive Sicherheit . . . 0430
Kollektivmassnahme . . . 0429
Kommando . . . 0440
Kommandounternehmen, Transportfahrzeug für . . . 0441
Kommission für die Opfer von Atombomben . . . 0251
Kommission für konventionelle Rüstung . . . 0443
Konferenz der Nichtkernwaffenstaaten . . . 0463

Konferenz der Regierungssachverständigen über die Neubestätigung und Weiterentwicklung des in bewaffneten Konflikten anwendbaren humanitären Völkerrechts 0462
Konferenz der Regierungssachverständigen über Waffen, die unnötige Leiden verursachen oder unterschiedslos wirken können 0461
Konferenz der Vertragsparteien zur Überprüfung des Meeresbodenvertrags 1860
Konferenz der Vertragsparteien zur Überprüfung des Übereinkommens über biologische Waffen 1859
Konferenz der Vertragsparteien zur Überprüfung des Vertrags über das Verbot der Anbringung von Kernwaffen und anderen Massenvernichtungswaffen auf dem Meeresboden und im Meeresuntergrund 1862
Konferenz der Vertragsparteien zur Überprüfung des Vertrags über die Nichtverbreitung von Kernwaffen 1861
Konferenz des Abrüstungsausschusses (CCD) 0464
Konferenz des Achtzehn-Mächte-Abrüstungsausschusses 0465
Konferenz über die Aussetzung von Kernwaffenversuchen 0467
Konferenz über die friedliche Nutzung der Kernenergie, Internationale 1078
Konferenz über die Kernkraft und ihren Brennstoffkreislauf, Internationale 1077
Konferenz über Sicherheit und Zusammenarbeit in Europa (KSZE) 0466
Konferenz zur Überprüfung des Nichtverbreitungsvertrags 1426
Konflikt, nuklearer 1442
Konfrontation 0470
Kontakt-Herbizide 0473
Kontamination, örtliche 2065
Kontamination, radioaktive 1771
Kontaminationsüberwachungslinie 0478
kontaminiertes Gelände 0476
kontinentaler Wellenweg /seismische Wellen/ 0479
Kontingent 0480
Kontroll- und Inspektionssystem, internationales 1089
Kontrolle, wirksame internationale 0716
Kontrollorgan 0486
Kontrollposten 0487
Kontrollpunkt 0391
Kontrollsystem 0488
konventionelle Abschreckung 0503
konventionelle Einsatzkräfte 0504
konventionelle Rüstung 0501
konventionelle Waffen 0505
konventionelle Waffen, Bestände an konventionellen Waffen 0502
konzentriertes Feuer 0455 0456
Konzeption, strategische 2119
Kopplungsfaktor, Medium mit niedrigem 1190
Kopplungswirksamkeit 0527
Krankheitserreger 1589
Kraterbildung, Explosion mit 0535
Kreuzer 0547
kreuzförmig angeordnetes Array 0543
kreuzförmiges Array 0543
Krieg durch Zufall 0011
Krieg, totaler 0117

Kriegführung, bakteriologische . . . 0888
Kriegführung, biologische . . . 0287
Kriegführung, chemische . . . 0396
Kriegführung, chemische und biologische . . . 0394
Kriegführung gegen U-Boote . . . 0163
Kriegführung, psychologische . . . 1722
Kriegführung, radiologische . . . 1785
Kriegführung, radiologische Methoden der . . . 1782
Kriegführung, strategische psychologische . . . 2130
Kriegführung, umweltbeeinflussende . . . 0748
Kriegführung, unkonventionelle . . . 2357
Kriegs- und Massenvernichtungswaffe . . . 2436
Kriegsdrohung . . . 2277
Kriegsfall, Vorbereitungen im zivilen Bereich für den . . . 0405
Kriegsgefahr . . . 1879 2277
Kriegsgefangenenlager . . . 1688
Kriegsschauplatz . . . 2270
Kriegsschiff . . . 2423
Kriegszustand . . . 2088
Krisengebiet . . . 2341
Krisenherd . . . 2341
Krisenverhütung, Strategie der . . . 0540
Kriterium . . . 0541
KSZE . . . 0466
kt . . . 1110
kt-Waffe . . . 1111
kt-Wert . . . 1494
kt-Wert, Explosion mit niedrigem . . . 1194
kt-Wert, Test mit hohem . . . 0973
Kürzung der Militärhaushalte . . . 1820
Kürzung der Militärhaushalte, Sachverständigengruppe für die . . . 0914
Küstenbatterie . . . 0420
Küstengeleitboot . . . 0421
Küstenminenleger . . . 0422
Küstenminensuchboot . . . 0423
Küstenschutzboot . . . 1944
Küstenschutzpatroler . . . 1945
Küstenwachboot . . . 1946
Kunst der Politik am Rande des Krieges . . . 0332
Kurzschuss . . . 2016
Kurzstarter . . . 2018
Kurzstartflugzeug . . . 2018
Kurzstreckenflugkörper, ballistischer . . . 2019
Kurzzeit- . . . 2017

Ladung, versteckte . . . 0324
Lafette . . . 0364 0933 1349
Lager . . . 2036
Lagerung . . . 2104
Lagerung von Kernmaterial . . . 2105
Land/See-Flugkörper . . . 2189

Land/Wasser/Luft-Systeme 1121
Landesverteidigung 1380
landgestützter interkontinentaler Flugkörper 1117
Landmine 1116
Landminen verlegen 1139
Landungs-Unterstützungsboot 0239
Landungsboot für Kettenfahrzeuge 1241
Landungsschiff 0238
Landungsverband 1118
langfristiger radioaktiver Niederschlag 1188
langperiodische Wellen 1184
langperiodischer Seismograph 1183
Langstreckenflugkörper, ballistischer 1187
Laser 1123
Laserentfernungsmessgerät 1125
Laserstrahl, Satellitenabwehr- 0156
Lasertechnik 1126
Lastenfallschirm 2173
Laufzeit /Wellen/ 2325
lebende Ziele, Waffe zur Bekämpfung lebender Ziele 0154
legen, Unterwasserminen 1139
leichte Feuerwaffe 1153
leichte Panzerabwehrwaffe 1150
leichter Beobachtungshubschrauber des Heeres 0215
leichter Bomber 1151
leichter Panzer 1156
leichtes Feuer 1152
leichtes Maschinengewehr 1154
leichtes Maschinengewehrfeuer 1155
Leichtgeschütz 1811
Leichtwasserreaktor 1157
leitwerkstabilisiertes Geschoss 0810
Lenkflugkörper 0924
Lenkgeschoss, Rohrwaffen- 0355
Lenkkreisel 0921
Lenksystem 0922
Lenkvorrichtung 0931
Lenkwaffe 0928
Lenkwaffe, Boden/Luft- 2187
Lenkwaffensystem, Boden/Boden- 0908
Leuchtbombe 0833 1014
Leuchtgeschoss 2084
Leuchtspur 2307
Leuchtspurgeschoss 2308
lineare Verteidigung 1165
Linien gleicher Dosisleistung 0788
Loch 0979
Lösung, politische 1659
Logistik 1179
logistische Kosten 1175
logistische Unterstützung 1177

logistische Voraussetzungen, Beurteilung der logistischen Voraussetzungen 1174
Londoner Club 1181
Love-Welle /angewandte Seismik/ 1731
Love-Welle /Seismik/ 1189
Lücke 0979
Lücke in einer Minensperre 1301
Lückenfüller-Radar 0867
Luft/Boden-Angriff /Luftstreitkräfte/ 0899
Luft/Boden-Flugkörper 0109
Luft/Boden-Flugkörper, aerodynamischer 0107
Luft/Boden-Flugkörper, ballistischer 0108
Luft/Luft-Flugkörper 0106
Luftangriff 0079
Luftaufklärung 0045
Luftbeobachtung 0075
Luftbild 0076
Luftbildkamera 0066
Luftbrücke 0103
Luftbrückenkopf 0099
Luftdetonation 0091
Luftdetonation, atomare 1428
Luftdetonation eines Kernsprengkörpers 1428
Luftfahrzeug mit Turbopropantrieb 2346
Luftfahrzeug mit Turbostrahlantrieb 2345
Luftfahrzeug, Radar-Picket- 1748
Luftfahrzeug, unbemanntes 1645
luftfahrzeuggestützter ballistischer Flugkörper 0101
luftfahrzeuggestützter Marschflugkörper 0102
Luftherrschaft 0081
Luftkavallerie 0087
Luftkissenfahrzeug, Patrouillen- 1594
Luftlande- 0085
Luftlandeangriffe, Minensperre gegen 0139
Luftlandekopf 0099
Luftlandetruppen 0089
Luftnahunterstützung 0409
Luftraum 0078
Luftraumfernüberwachung 1185
Luftraumfernüberwachungsradar 1186
Luftraumkontrolle 0105
Luftraumüberwachung 0083
Luftsicherung 0069
Luftstosswelle 2015
Luftstützpunkt 0065
Lufttransport 0103
Luftunterstützung 0080
Luftunterstützung durch Feuer 0812
Luftunterstützung, taktische 2212
Luftunterstützung, unmittelbare 0648
Luftverteidigung (LV) 0071
Luftwaffe 0072

Luftwaffen-Einsatzverband 2241
Luftwaffenkommando, strategisches 2110
Luftwaffenkommando, taktisches 2211
Luftwaffenverband 0082
Lungenkampfstoff, gasförmiger 0399
Lungenreizstoff 1196
LV 0071
LV-Radarsystem für grosse/geringe Höhen, fliegendes 0968

Machsche Front 1198
Machscher Stamm 1199
Magazin 1205
Magnetfeld, Scherspannung eines Magnetfeldes 2002
Magnitude 1207
Magnitudenschwelle 1208
Mann-rad 1220
Mannschaftstransportwagen, gepanzerter 0194
Mannschaftstransportwagen, ungepanzerter 2355
manövrierbarer Wiedereintrittskörper 1219
Mantel 0370
Mantelstromtriebwerk, Hubschrauber mit 2344
Marschflugkörper 0545
Marschflugkörper, luftfahrzeuggestützter 0102
Marschflugkörper, U-Boot-gestützter 2159
Marschflugkörper-U-Boot mit Atomantrieb 1497
Marschflugkörper-U-Boot mit Dieselantrieb 0646
Marschphasenlenkung 1263
Maschinengewehr, leichtes 1154
Maschinengewehr (MG) 1200
Maschinengewehr, mittelschweres 1247
Maschinengewehrfeuer, leichtes 1155
Maschinenpistole 2152 2291
Maschinenpistole, Sten- 2096
Maschinenwaffe, schwere 0953
Massenvernichtung 1225
Massenvernichtungswaffe 2435
Massenvernichtungswaffe, Kriegs- und 2436
Massenvernichtungswaffen, Verbot und Beseitigung aller Arten von 1700
massierter Atomangriff 1227
massierter Kernwaffenangriff 1227
massive Vergeltung 1228
Massnahmen für eine teilweise Abrüstung 1575
Massnahmen zur Stärkung der Sicherheit 1238
Materialerhaltungsartikel 1214
materialschädigender Stoff 0150
materielle Sicherheit 1642
MBFR 1370
mb:Ms-Methode 1233
McCloy/Zorin-Abkommen 2459
mechanisierte Infanterie 1240
mechanisierter Truppenteil 1242

Medium mit niedrigem Kopplungsfaktor . . . 1190
Medizinischer Ausschuss für interne Strahlenbelastung . . . 1245
Meeresbodenvertrag . . . 1939
Megatonne (Mt) . . . 1252
Megatonnenwert, äquivalenter . . . 0753
Megawatt (MW) . . . 1255
Mehrfacharray-Analyse . . . 1356
Mehrfachausnutzung . . . 1362
mehrfache gegen getrennte Ziele ansetzbare Wiedereintrittskörper (MIRV) . . . 1360
Mehrfachexplosionen . . . 1359
Mehrfachraketenstartgerät, tragbares . . . 1663
Mehrwegeortung . . . 1358
Mehrzweckfahrzeug . . . 0878
Mehrzweckkampfflugzeug . . . 1364
Mehrzweckradar . . . 1363
Meldedosis . . . 1232
Merkmal . . . 0541
Messfühler . . . 1994
Messgeräte . . . 1239
Messinstrumente . . . 1239
Methoden, teleseismische . . . 2251
MG-Feuerstoss . . . 1202
MG-Schuss . . . 1203
mikrobischer Kampfstoff . . . 1260
Mikroorganismus . . . 1261
mikroseismische Bodenunruhe . . . 0268
mikroseismische Unruhe . . . 1262
Militärausgaben . . . 1288
Militärausgaben und -haushalte . . . 1281
Militärblock . . . 1272
Militärbündnis . . . 1268
Militärhaushalt . . . 1274
Militärhaushalte, Kürzung der . . . 1820
Militärhilfeprogramm . . . 1270
militärisch-industrieller Komplex . . . 1293
militärische Einrichtung . . . 1282
militärische Entspannung . . . 1278
militärische Vorteile, einseitige . . . 1528
militärische Waffen, Aufbau militärischer Waffen . . . 0341
militärische Waffen, Aufstellung militärischer Waffen . . . 0341
militärische Ziele, gegen militärische Ziele gerichtet . . . 0148
militärischer Aufbau . . . 1276
militärischer Plan . . . 1273
militärisches Gerät . . . 1280
militärisches Potential . . . 1277 1287
militärisches Ziel . . . 1284
Militärkraft, Aufbau der . . . 0340
Militärpersonal . . . 1285
Militärstützpunkt . . . 1271
Mine . . . 1294
Mine, ausgelöste . . . 0028

Mine, unscharf gestellte . . . 0669
Minenabwehrschiff . . . 1297
Minenjagdboot . . . 1303
Minenleger . . . 1304
Minenräumen . . . 1296
Minensperre gegen Luftlandeangriffe . . . 0139
Minensperre, Lücke in einer . . . 1301
Minensperren, Verteidigung mit . . . 1298
Minensperrenkennzeichnung . . . 1302
Minensuchboot . . . 1307
Minensuchboot, ferngelenktes . . . 0702
Mini-Kernsprengkörper . . . 1310
Miniaturisierung . . . 1309
MIRV . . . 1360
MIRV-Gefechtskopf, Umrüstung auf . . . 1313
mittelschwerer Panzer . . . 1250
mittelschweres Maschinengewehr . . . 1247
Mittelstreckenflugkörper, ballistischer . . . 1248
mittlere tödliche Dosis . . . 1243
mittlerer Bomber . . . 1246
mittleres Risiko . . . 1327
moderne Waffen . . . 1329
moderner grosser ballistischer Flugkörper . . . 1328
Möglichkeiten des Feindes . . . 0738
Mörser . . . 1340
Mörser mit gezogenem Rohr . . . 1872
Mörserfeuer . . . 1343
Mörserortungsradar . . . 1344
Mörserpatrone . . . 1342 1346
Mörserschuss . . . 1345
Molotow-Cocktail . . . 1330
Moratorium . . . 1338
Moratorium über Erprobung und Dislozierung neuer offensiver und defensiver strategischer Kernwaffensysteme . . . 1339
MRCA /Flugzeugtyp/ . . . 1364
MRV . . . 1361
MSR-Radar . . . 1318
Mt . . . 1252
Mt-Sprengkörper . . . 1253
Mündungsgeschwindigkeit (Vo) . . . 1374
multinationales Zentrum zur Überwachung des Kernbrennstoffkreislaufs . . . 1357
Multiplextechnik . . . 1362
Munition . . . 0126
Munitionslager . . . 1365
Munitionstransporter . . . 0127
mutagen . . . 1366
Mutationen, strahlungsbedingte . . . 1766
MW . . . 1255

Nachlassen der Spannung . . . 1827
Nachprüfung durch Herausforderung . . . 2394

Nachprüfungsausschuss 2395
Nachprüfungsverfahren 2396
nachrichtendienstliche Operationen 0406
Nachschub 2171
Nachweis mit seismischen Mitteln 1961
Nachweisgrenze 1010
Nahkampf 0410
Nahunterstützung 0411
Nahunterstützungsfeuer 0413
Napalm 1376
Napalm, Bombardierung mit 1379
Napalm und andere Brandwaffen sowie alle Aspekte ihres möglichen Einsatzes 1377
Napalmbombe 1378
Nasen- und Rachenreizstoff 2408
nationale Sicherheit 1381
nationale Verteidigung 1380
NATO 1423
naturgegebenes Recht auf Selbstverteidigung 1038
Navigationsradar 1384
Nebenschaden 0427
Nebenwaffen 1311
Nephrotoxizität 1389
Nervenkampfstoff 1390
neue Urananreicherungsverfahren 1400
Neutralität, bewaffnete 0193
Neutralität, nukleare 1464
Neutronenbombe 1395
Neutronengefechtskopf 1397
neutroneninduzierte Strahlung 1398
Neutronenladung 1396
nicht druckfestes Gestein 1024
nicht einsatzfähig 1555
nicht-giftiger Bestandteil 1418
nicht ins Gewicht fallendes Risiko 1387
nicht standfestes Gestein 1024
nicht-toxischer Bestandteil 1418
Nichtangriff 1408
Nichtanwendung von Brandwaffen 1420
Nichtanwendung von Gewalt 1419
Nichtkernwaffenstaaten 1413
nichtmilitärische Zwecke 1421
Nichtnuklearstaat 1412
nichtprovozierter Angriff 2374
nichtseismische Verfahren 1417
Nichtverbreitung 1414
Nichtverbreitung von Kernwaffen 1410 1415 1465
Nichtverbreitungsvertrag (NV-Vertrag) 1416
nichtverbunkerte Flugkörperstellung 2043
nichtzentrale Systeme 1409
Niederhaltungsfeuer 1394
Niederschlag durch Regen, radioaktiver 1792

Niederschlag, radioaktiver 1773
nomineller Kernsprengkörper 1407
Nordatlantikvertrag 1422
Nordatlantikvertrags-Organisation (NATO) 1423
Notfallausbildung 0730
Notrisiko /nuklear/ 0731
nukleare Abrüstung 1449
nukleare Abschreckung 1446
nukleare Bewaffnung 1430
nukleare Gefechtsfeldwaffen 0281
nukleare Gleichwertigkeit 1452
nukleare Kampfmittel, Schutz gegen 1444
nukleare Katastrophe 1440
nukleare Neutralität 1464
nukleare Parität 1467
nukleare Parität, strategische 2123
nukleare Rüstung 1430
nukleare Rüstung, Verhandlungen über eine Begrenzung der nuklearen Rüstung 1432
nukleare Streitkräfte 1456
nukleare Überlegenheit 1479
nukleare Überlegenheit, strategische 2124
nukleare und thermonukleare Versuche, Aussetzung nuklearer und thermonuklearer Versuche 2202
nukleare Vergeltung, begrenzte 1162
nukleare Versuche, Aussetzung nuklearer und thermonuklearer Versuche 2202
nuklearer Blitzkrieg 1438
nuklearer Konflikt 1442
nuklearer Schaden 1443
nukleares Abschreckungspotential 1447 1448
nukleares Potential 1439
nukleares Wettrüsten 1433
nukleares Wettrüsten, Einstellung des nuklearen Wettrüstens 0385
Nuklearmacht 1503
Nuklearstaat 1475
Nuklearstreitmacht, strategische 2122
Nullpunkt 0911
Nullpunktverlegung 1526
Nutz/Stör-Verhältnis 2032
Nutzlast 1603
NV-Vertrag 1416

Oberbefehlshaber 0439
Oberflächenwelle 2186
Oberflächenwelle/Raumwelle, Diskriminante 2184
Oberflächenwellenstrahlung 2192
Obergrenze 0379
Objektschutz 1654
obligatorische Beilegung von Streitigkeiten, Fakultativprotokoll über die 1551
Öffnung 0979
örtliche Kontamination 2065
örtlicher radioaktiver Niederschlag 1167

offene Inspektion . . . 1535
offensive und defensive strategische Kernwaffensysteme, Moratorium über Erprobung und Dislozierung neuer offensiver und defensiver strategischer Kernwaffensysteme . 1339
offensives Flugkörpersystem . . . 1522
offensives strategisches Kernwaffeneinsatzmittel . . . 1524
offensives Waffensystem . . . 1521
Offensivwaffen . . . 1520
Offensivwaffen, Begrenzung strategischer . . . 1523
OPANAL . . . 0048
Operationen, radiologische . . . 1784
operativ . . . 1537
operative Dienst- und Sachleistungen . . . 1545
operativer Spielraum . . . 1540
optimale Detonationshöhe . . . 1550
Organ der Vereinten Nationen zur Überwachung des Waffenstillstands (UNTSO) . . . 2373
Organisation des Warschauer Vertrags . . . 2422
ortsfester Starttisch . . . 0828
Ortung . . . 0617
Ortungsfehler . . . 1170
Ortungsreichweite . . . 0624
Ortungsschwelle . . . 1172
Ortungssystem . . . 0625
Overkill-Potential . . . 1565

P-Welle . . . 1567
PAK . . . 0167
Panzer . . . 2221
Panzer, leichter . . . 1156
Panzer, mittelschwerer . . . 1250
Panzer, schwerer . . . 0955
Panzerabwehr- . . . 0164
Panzerabwehrfeuer . . . 0165
Panzerabwehrflugkörper . . . 0169
Panzerabwehrgeschoss . . . 0170
Panzerabwehrkanone (PAK) . . . 0167
Panzerabwehrlenkwaffen . . . 0166
Panzerabwehrmine . . . 0168
Panzerabwehrsprenggeschoss . . . 0970
Panzerabwehrwaffe, leichte . . . 1150
Panzerbataillon . . . 2223
Panzergeschoss . . . 2229
Panzergrenadier-Truppenteil /Bundeswehr/ . . . 1242
Panzergrenadiere /Bundeswehr/ . . . 1240
Panzerkompanie . . . 2230
Panzerlandungsboot . . . 2226
Panzerlandungsschiff . . . 2227
Panzermunition . . . 2228
Panzerschiessen . . . 2225
PAR-Radar . . . 1624
Parität, nukleare . . . 1467
Parität, strategische nukleare . . . 2123

Partei, gegnerische 1549
Passierschein 1581
passive elektronische Gegenmassnahme 1583
passive ELOGM 1583
pathogen 0677
Pathologie der Strahlenschäden 1590
Patrone für rückstossfreie Waffe 1814
Patrouille 1591
Patrouillen-Luftkissenfahrzeug 1594
Patrouillenfahrzeug 1601
Patrouillenfregatte 1598
pauschale Überfluggenehmigung 0294
Perioden, Versuchsreihe mit sehr langen 2401
persönliche Dekontamination 1625
Pfadfinder 1587
Pfadfinderflugzeug 1588
Phase 1630
Phase PP 1671
Phase Sp 2054
Phasengeschwindigkeit 1631
phasengleich 1632
Phosgen 1634
Phosphor, gelber 2445
Phosphor, weisser 2445
photogrammetrisch bestimmtes Punktsystem 1637
photographischer Detektor 1639
Picket-Luftfahrzeug 0044 0077
Pionierwesen 1279
planmässige Erfassung 1895
Planübung mit zwei Parteien 2414
Plutoniumbombe 1652
Politik am Rande des Krieges, Kunst der 0332
politische Lösung 1659
Population, strahlungsresistente 1767
Potential, militärisches 1277
Potential, nukleares 1439
Potential zur Bekämpfung von Streitkräften 0515
präemptiver Angriff 1675
präemptiver Schlag 1675
Präventivkrieg 1686
Präzisionsanflugradar 1672
präzisionsgelenkte Waffen 1673
Pro-Kopf-Dosis 1622
Probenahme 1916
Programm für Frieden und internationale Zusammenarbeit 1698
Protokoll I (Zusatzprotokoll zu den Genfer Abkommen vom 12. August 1949 über den Schutz der Opfer internationaler bewaffneter Konflikte) /angenommen von der Diplomatischen Konferenz über die Neubestätigung und Weiterentwicklung des in bewaffneten Konflikten anwendbaren humanitären Völkerrechts, 4. Tagung, 8. Juni 1977/ 1713

Protokoll II (Zusatzprotokoll zu den Genfer Abkommen vom 12. August 1949 über den Schutz der Opfer nicht internationaler bewaffneter Konflikte) /angenommen von der Diplomatischen Konferenz über die Neubestätigung und Weiterentwicklung des in bewaffneten Konflikten anwendbaren humanitären Völkerrechts, 4. Tagung, 8. Juni 1977/ . . . 1714
Protokoll über das Verbot der Verwendung von erstickenden, giftigen oder ähnlichen Gasen sowie von bakteriologischen Mitteln im Kriege . . . 1715
Protokoll zu dem Abkommen über die Verhütung von Zwischenfällen auf und über der Hohen See . . . 1716
Protokoll zu dem Interimsabkommen über bestimmte Massnahmen hinsichtlich der Begrenzung strategischer Offensivwaffen . . . 1717
Protokoll zu dem Vertrag über die Begrenzung der Systeme zur Abwehr ballistischer Flugkörper . . . 1718
Protokoll zu dem Vertrag über die Begrenzung unterirdischer Kernwaffenversuche . . . 1719
Protokoll zu dem Vertrag über unterirdische Kernsprengungen für friedliche Zwecke . . 1720
Prozessor für Seismometerarray-Messwerte . . . 1986
Prüfschuss . . . 2264
psychologische Aktion . . . 1721
psychologische Kriegführung . . . 1722
psychologische Kriegführung, strategische . . . 2130
psychologische Verteidigung . . . 1722
Pufferabstand /Kernwaffen/ . . . 0337
Pugwash-Konferenz . . . 1726
Puls . . . 1727
Punkt-Stichprobennahmegerät . . . 1655
Punkt-zu-Punkt (-Fernmeldeverbindung) . . . 1658
Punktquellen-Alarmsystem . . . 1656
Punktsystem, photogrammetrisch bestimmtes . . . 1637
Punktverteidigung . . . 1654
Punktziel . . . 1657

Rachenreizstoff, Nasen- und . . . 2408
Rad . . . 1734
Radar . . . 1735
Radar-Frühwarnflugzeug . . . 1748
Radar, Lückenfüller- . . . 0867
Radar, MSR- . . . 1318
Radar-Picket-Luftfahrzeug . . . 1748
Radar-Picket-Zerstörer . . . 1749
Radar, Schiessen nach . . . 1742
Radarbediener . . . 1746
Radarbekämpfungsflugkörper . . . 0155
Radarecho . . . 1741
Radarechos, unerwünschte . . . 1738
Radarerfassungsbereich . . . 1739
Radarfeuerleitung . . . 0815
Radarflugmelde- und -leitsystem . . . 0482
Radarlenkung . . . 1750
Radarmeilen . . . 1744
Radarnetze . . . 1745
Radarpicket . . . 1747

Radarstation, bewegliche vorgeschobene 1747
Radartarnung 1737
radioaktive Atmosphäre 1770
radioaktive Erzeugnisse oder Abfälle 1776
radioaktive Kontamination 1771
radioaktive Verschmutzung 1469
radioaktive Verseuchung 1771
radioaktive Wirkungen 1772
radioaktiver Kampfstoff 1769
radioaktiver Niederschlag 1773
radioaktiver Niederschlag durch Regen 1792
radioaktiver Niederschlag, Gebiet militärisch bedeutsamen radioaktiven Niederschlags 0178
radioaktiver Niederschlag, Gebiet radioaktiven Niederschlags 0789
radioaktiver Niederschlag im Nahbereich 0414
radioaktiver Niederschlag, langfristiger 1188
radioaktiver Niederschlag, örtlicher 1167
radioaktives Isotop 1775
Radioaktivität 1777
Radioisotop 1775
radiologische Abwehr 1780
radiologische Einheiten und Strahlenmessung, Internationale Kommission für 1074
radiologische Kriegführung 1785
radiologische Methoden der Kriegführung 1782
radiologische Operationen 1784
radiologische Überwachung 1783
Radionuklid 1786
Radom 1789
Räumen einer Gasse 0328
Rakete 1882
Rakete mit Hohlladungsgefechtskopf 2001
Rakete, ungelenkte 0852
Raketenfeuer 1885
Raketenflugzeug 1889
Raketensalve 1888
Raketenstartgerät 1886
Raketentriebwerk 1884
Rampe 1137
Raumfahrzeug 2056
Raumverteidigung 0177
Raumwelle 0311
Raumwelle, Diskriminante Oberflächenwelle/ 2184
Raumwellen-Magnitude 0312
Rayleigh-Welle 1804
Reaktion 1849
Reaktion, angemessene 1230
Reaktionszeit 1530
Reaktionszeit des Personals 1628
Reaktor 1806
Recht der individuellen Selbstverteidigung 1874
Recht der kollektiven Selbstverteidigung 1873
Rechtskonferenz über die Beförderung von Kernmaterial auf See, Internationale 1084

Reduzierung, vereinbarte . . . 0057
Reichweite . . . 1794
Reichweite, wirksame grösste . . . 1231
Reichweite, Zielerfassungsradar grosser . . . 1624
Reizstoff zur Bekämpfung von Unruhen . . . 1877
relative biologische Wirksamkeit . . . 1826
Reserve . . . 1841
Reserve, taktische . . . 2217
Reservefallschirm . . . 1842
Restkontamination . . . 1843
Restlichtkamera . . . 1191
reversible Invalidität . . . 1858
Revolutionskrieg . . . 1863
Richtlinien über Strahlungskonzentration . . . 1779
Rickettsie . . . 1864
Risiko . . . 0943
Risiko, geringes . . . 1387
Risiko, mittleres . . . 1327
Risiko, nicht ins Gewicht fallendes . . . 1387
Röntgen . . . 1890
Rohr, Mörser mit gezogenem . . . 1872
Rohrwaffe, rückstossfreie . . . 1812
Rohrwaffen-Lenkgeschoss . . . 0355
Rolle der Vereinten Nationen auf dem Gebiet der Abrüstung, Ad-hoc-Ausschuss zur Überprüfung der . . . 0032
Rückstandsstrahlung . . . 1844
rückstossfreie Rohrwaffe . . . 1812
rückstossfreie Waffe . . . 1813
rückstossfreie Waffe, Patrone für . . . 1814
rückwärtige Führungsstaffel . . . 0948
Rückzugsgefecht . . . 2448
Rüstung, nukleare . . . 1430
Rüstungs-Stillhalteabkommen . . . 0185
Rüstungsbegrenzung . . . 0204
Rüstungsbestände . . . 0224
Rüstungsindustrie . . . 0183
Rüstungskontrolle . . . 0197
Rüstungslast . . . 0345
Rüstungsniveaus, vereinbarte . . . 0055
Rüstungsprogramm . . . 0206
Rüstungsregelung . . . 1825
Rüstungsstabilität . . . 0210
Rüstungsstillstand . . . 0185
Rüstungswettlauf . . . 0207
Rundsichtradar . . . 2197

S-Welle . . . 1897
S-Welle - P-Welle . . . 1898
SAAC . . . 1958
Sachverständigengruppe für die Kürzung der Militärhaushalte . . . 0914
Sachverständigengruppe für die wirtschaftlichen und sozialen Folgen des Abrüstens . . . 0915

Sachverständigengruppe für die wirtschaftlichen und sozialen Folgen des Wettrüstens und der Militärausgaben 0913
Sachverständigenkonferenz für die Prüfung von Möglichkeiten zur Aufdeckung von Verletzungen einer etwaigen Übereinkunft über die Aussetzung von Kernwaffenversuchen 0460
Sättigungsangriff 1921
Sättigungsbombardierung 1922
Säuberungsoperation 1337
SALT 2114
SALT-Gespräche 1912
SALT I 1911
SALT-Vereinbarungen 1910
SALT-Verhandlungen 1912
Sammelraum 2078
Sanitätsdienst 1244
Satellit für Verteidigungszwecke 0586
Satellitenabwehr-Laserstrahl 0156
Satellitenabwehrwaffe 0157
Satellitenaufklärung 1920
saubere Kernwaffe 0407
Schaden, nuklearer 1443
Schaden, untragbarer 2354
Schadenswahrscheinlichkeit 1690
Schaffung von kernwaffenfreien Zonen 0604
Schallwelle 0018
scheinbare Geschwindigkeit 0174
scheinbarer Ankunftsvektor 0173
Scheinminenfeld /Unterwasserminen/ 1633
Scheinminensperre /Landminen/ 1633
Scherfestigkeit 2003
Scherspannung eines Magnetfeldes 2002
Scherungswelle 1897
Schiessen nach Radar 1742
Schiessplatz 1794
Schiff mit Atomantrieb 1474
Schiff/Schiff-Flugkörper 2191
Schiff/Unterwasser-Flugkörper 2190
Schild 2010
Schlachtschiff 0282
Schlag 2013
Schlag, erster 0822
Schlag, Fähigkeit zum ersten 0823
Schlag gegen Ballungsräume 0525
Schlag gegen Bevölkerungszentren 0512
Schlag gegen strategische Streitkräfte 0517
Schlag, präemptiver 1675
Schlag, Strategie des ersten Schlags 0824
Schlagen einer Bresche 0328
Schleichangriff 2042
Schleppsonar 2300
Schlüsselgelände 1107

Schlussakte der Internationalen Konferenz über die zivilrechtliche Haftung für nukleare Schäden 0805
Schlussakte der Internationalen Rechtskonferenz über die Beförderung von Kernmaterial auf See 0806
Schlussdokument der Konferenz der Nichtkernwaffenstaaten 0807
Schmalbandstören /ELOKA/ 2067
schmutzige Bombe 0652
Schnellboot 0795 0796
schnelle Fregatte 0793
schneller Brüter 0797
schneller Brutreaktor 0797
schnelles Geleitboot 0792
schnelles U-Abwehrgeleitboot 0791
Schnellneutronenreaktoren, Internationale Arbeitsgruppe für 1091
Schrapnell 2023
Schützenabwehrmine 0153
Schuss 1892 1894
Schuss Artilleriemunition 0230
Schuss, MG- 1203
Schutz gegen nukleare Kampfmittel 1444
Schutzbau 2009
Schutzmaske 1712
Schutzmassnahmen, elektronische 0723
Schutzraum 2009
schwarzer Kasten 0292
Schwelle 2281
Schwellenwert 2281
schwere Artillerie 0951
schwere Maschinenwaffe 0953
schwerer Bomber 0952
schwerer Fels 0940
schwerer Flugkörper 0954
schwerer Panzer 0955
Schwerwasserreaktor 0956
SEATO 2051
See/Luft-Flugkörper 1936
seegestützter ballistischer Flugkörper 1940
Seeraumüberwachung 1935
Seezielflugkörper 0158
Seismic Array Analysis Center (SAAC) 1958
seismisch aktives Gebiet 1956
seismisch inaktives Gebiet 0231
seismisch ruhige Periode 1975
seismische Aufzeichnung 1970
seismische Beobachtung 1969
seismische Daten 1960
seismische Kopplung 1959
seismische Mittel, Nachweis mit seismischen Mitteln 1961
seismische Signale 1971
seismische Station 1972
seismische Störungen 1964

seismische Unruhe . . . 1967
seismische Unterscheidung . . . 1963
seismische Verfahren, Entdeckung aufgrund seismischer Verfahren . . . 1961
seismische Vorgänge, Ad-hoc-Gruppe wissenschaftlicher Sachverständiger für die Prüfung von Massnahmen der internationalen Zusammenarbeit bei der Erfassung und Identifizierung seismischer Vorgänge . . . 0035
seismische Wellenenergie . . . 1974
seismischer Detektor . . . 1962
seismischer Vorgang . . . 1965
seismisches Array . . . 1957
seismisches Netz . . . 1966
seismisches Stationsnetz . . . 1966 1973
Seismizität . . . 1976
Seismogramm . . . 1977
Seismograph . . . 1979
Seismograph, horizontaler . . . 0988
Seismograph, langperiodischer . . . 1183
seismographische Überwachungsnetze . . . 1981
seismologische Überwachung . . . 1984
Seismometerarray-Messwerte, Prozessor für . . . 1986
Seitenwaffe . . . 2025
Seitenwinkel gegen Nord . . . 0265
Selbstfahrlafette, Geschütz auf . . . 1990
Selbstladegewehr . . . 1989
Selbstverteidigung, individuelle . . . 1026
Selbstverteidigung, naturgegebenes Recht auf . . . 1038
Selbstverteidigung, Recht der individuellen . . . 1874
Selbstverteidigung, Recht der kollektiven . . . 1873
Selbstverteidigungsrecht . . . 1876
Selektionsgüte . . . 1987
Selektionsvermögen . . . 1987
Selektivität . . . 1987
Sensitivität . . . 1993
Sensor . . . 0627 1994
sich bewegendes Ziel . . . 1351
sichere Detonationshöhe . . . 1902
sichergestellte Vernichtung . . . 0242
Sicherheit . . . 1953
Sicherheit, materielle . . . 1642
Sicherheitsradius . . . 1788
Sicherheitsrat . . . 1955
Sicherungsmassnahmen gegen die Verbreitung von Kernwaffen . . . 1904
Sicherungsmassnahmen, Ständige Beratungsgruppe für die Durchführung von . . . 2081
Sicherungsmassnahmen, wirksame . . . 0717
Sicherungssystem . . . 1905
Sicherungssystem der Internationalen Atomenergie-Organisation . . . 1072
Sicherungssystem, IAEO- . . . 1072
Siedewasserreaktor . . . 0313
Signal . . . 2027
Signal/Rausch-Verhältnis . . . 2032
Signal/Stör-Abstand . . . 2032

Signalaufbereitung . . . 2028
Signale . . . 2027
Signale, seismische . . . 1971
Signalimpuls . . . 2029
Signalstärke . . . 2030
Silo . . . 2033
silogestützter ballistischer Boden/Boden-Flugkörper . . . 0910
Sinnesreizstoff . . . 1995
somatische Zellen . . . 2045
Sonar . . . 2047
Sonderausschuss für die Verteilung der durch die Kürzung der Militärhaushalte freiwerdenden Mittel . . . 2058
Sonderausschuss für friedenssichernde Massnahmen . . . 2057
Spähpanzer . . . 1930
Spähtrupp . . . 1591
spaltbares Material . . . 0826
Spanischer Reiter . . . 1112
Spannung, Nachlassen der . . . 1827
Spannungen, internationale . . . 1090
spezielles spaltbares Material . . . 2059
Spielraum, operativer . . . 1540
Spionageabwehr . . . 0514
Spitzenüberdruck . . . 1618
Splitter . . . 2006
Splitterbombe . . . 1926
Splittergeschoss . . . 0849
Splittergranate . . . 0848
Splitterwirkung, Waffen mit . . . 0850
sporadisches Feuer . . . 2064
Sprengbombe . . . 0966
Sprenggeschoss . . . 0967
Sprengkörper, Mt- . . . 1253
Sprengkörper, thermonuklearer . . . 2274
Sprengsystem, Brennstoff/Luftgemischsprengsystem . . . 0859
Sprengtrupp . . . 0603
Springerreihe . . . 2097
Springmine . . . 1662
Spruchfreigabe, taktische Zeit der . . . 2285
Sprühangriff (auf das Ziel) . . . 2068
sprungweises Vorgehen . . . 1141
Spürsystem /ABC-Waffen/ . . . 0625
Stabilität, strategische . . . 2132
Stabschef . . . 0398
Ständige Beratungsgruppe für die Durchführung von Sicherungsmassnahmen . . . 2081
Ständige Beratungskommission . . . 2082
Stärke der Streitkräfte . . . 2141
Stärkung der Sicherheit, Massnahmen zur . . . 1238
Standardabweichung . . . 2079
Standardisierung . . . 2080
Standort . . . 1169
Startfahrzeug . . . 1128

Startgerät . . . 1129
Startgerät für Flugkörperabwehr-Flugkörper . . . 0144
Startplattform . . . 1135
Startplattform, fliegende . . . 0100
Startrampe . . . 1137
Startschiene . . . 1136
Starttisch . . . 1134
Starttisch, beweglicher . . . 1326
Starttisch, ortsfester . . . 0828
Startvorrichtung . . . 1132
Station, seismische . . . 1972
Station, vorgeschobene . . . 1560
stationieren /Streitkräfte/ . . . 2092
Stationsnetz, seismisches . . . 1973
stehendes Ziel /Gegensatz: sich bewegendes Ziel/ . . . 2093
Stellung . . . 2036
Stellung, in . . . 1664
Stellung, verbunkerte . . . 0941
Sten-Maschinenpistole . . . 2096
Steueranlage, automatische . . . 0262
Steuerungssystem /FK/ . . . 0489
Stichprobennahmegerät, Punkt- . . . 1655
Stickstofflost . . . 1401
Stillhalteabkommen . . . 2083
Stillhalteabkommen, Rüstungs- . . . 0185
Stören /ELOKA/ . . . 1100
Stören, breitbandiges . . . 0278
Stören, elektronisches . . . 0727
Störfeuer . . . 0938
Störungen, seismische . . . 1964
Stoss . . . 2013
Stossfront . . . 1684
Stosstrupp . . . 1591
Stosswelle . . . 0298 2015
Stosswelle, Ablösung der . . . 0329
Stosswellenfront . . . 2014
Strahlen, Streuung von . . . 1764
Strahlenbelastung . . . 1761
Strahlenempfindlichkeit, genetische . . . 0881
Strahlengefährdung . . . 1781
Strahlengefahren, Abwehrmassnahmen gegen . . . 1780
Strahlenkarzinogenese . . . 1753
Strahlenkrankheit . . . 1765
Strahlenmessverfahren . . . 1754
Strahlenschaden . . . 1755
Strahlenschäden, Pathologie der . . . 1590
Strahlenüberwachungsgerät . . . 1334
Strahlenwirkung, verzögerte . . . 0592
Strahlflugzeug . . . 1102
Strahlung . . . 1751
Strahlung, neutroneninduzierte . . . 1398

Strahlung, ultraviolette . . . 2352
strahlungsbedingte Mutationen . . . 1766
Strahlungsdosis . . . 1757
Strahlungsdosis, tödliche . . . 1144
Strahlungsgefahr . . . 0945
Strahlungsintensität . . . 1762
Strahlungskonzentration, Richtlinien über . . . 1779
Strahlungspegel . . . 1147 1763
strahlungsresistente Population . . . 1767
Strahlungsstärke . . . 1762
Strategie . . . 2138
Strategie der Aussparung von Bevölkerungszentren . . . 1404
Strategie der Krisenverhütung . . . 0540
Strategie des ersten Atomschlags . . . 0824
Strategie des ersten Schlags . . . 0824
Strategie des zweiten Atomschlags . . . 1952
Strategie des zweiten Schlags . . . 1952
strategische Beweglichkeit . . . 2121
strategische Kernwaffen, Verminderung strategischer Kernwaffen . . . 1821
strategische Kernwaffensysteme . . . 2127
strategische Kernwaffensysteme, Begrenzung der offensiven und defensiven strategischen Kernwaffensysteme . . . 1159
strategische Konzeption . . . 2119
strategische Kräfte, Aufbau strategischer Kräfte . . . 2116
strategische nukleare Parität . . . 2123
strategische nukleare Überlegenheit . . . 2124
strategische Nuklearstreitmacht . . . 2122
strategische offensive Kernwaffeneinsatzmittel . . . 2129
strategische Offensivwaffen, Begrenzung strategischer Offensivwaffen . . . 1523
strategische Offensivwaffen, Interimsabkommen über bestimmte Massnahmen hinsichtlich der Begrenzung strategischer Offensivwaffen . . . 1069
strategische psychologische Kriegführung . . . 2130
strategische Stabilität . . . 2132
strategische Streitkräfte, atomarer Schlag gegen . . . 0517
strategische Streitkräfte, Schlag gegen . . . 0517
strategische Triade . . . 2135
strategische Überlegenheit . . . 2134
strategische Waffen, Begrenzung strategischer Waffen . . . 2111
strategische Warnung . . . 2137
strategischer Aufbau . . . 2116
strategischer Aufklärer . . . 2131
strategischer Aufmarsch . . . 2118
strategischer Eingreifverband . . . 2133
strategischer Fernaufklärer . . . 1182
strategischer Kernsprengkörper . . . 2125
strategischer Krieg, begrenzter . . . 1163
strategischer Unterwasser/Überwasser-Flugkörper . . . 2164
strategischer Vorteil . . . 2109
strategischer Waffenträger . . . 2120
strategisches Einsatzmittel . . . 2120
strategisches Gleichgewicht . . . 2115

strategisches Kampfflugzeug 2117
strategisches Kernwaffeneinsatzmittel, offensives 1524
strategisches Luftwaffenkommando 2110
Streife 1591
Streitigkeiten, friedliche Beilegung von 1568
Streitigkeiten, internationale 1081
Streitkräfte, aktive 0023
Streitkräfte, gegen Streitkräfte gerichtet 0148
Streitkräfte, gegen Streitkräfte gerichtete Strategie 0516
Streitkraft 0190
Streitkraft, interalliierte 0436
Streitpartei 1549
Streu- 1929
Streukreisradius 0402
Streuung von Strahlen 1764
Stützpunkt 2147
stufenweiser und ausgewogener Abzug 1699
Sturmlandungsboot 0237
Sturzflug, Bombenwurf aus dem 0686
Sub-kt-Bereich, Kernsprengkörper im 2151
subversive Tätigkeit 2166
subversive Tätigkeiten, Bekämpfung von subversiven Tätigkeiten 0523
Such/Stör-Gerät, automatisches 0263
Suchkurs /Minenjagd/ 2309
Suchradar, Drei-D- 2280
Südostasienvertrags-Organisation (SEATO) 2051
Supermacht 2168
System 2204
System zur Abwehr ballistischer Flugkörper 0146 0273
systemische Gifte 2208
systemische Wirkungen 2207

Täuschantwortsender /ELOKA/ 1838
Täuschung, elektronische 0725
Täuschungsschiff 0580
Täuschziel 0579
taktisch 2210
taktische Kernsprengkörper 2269
taktische Kernwaffen 2269
taktische Luftunterstützung 2212
taktische Reserve 2217
taktische Waffen 2219
taktische Warnung 2218
taktische Zeit der Spruchfreigabe 2285
taktischer ballistischer Boden/Boden-Flugkörper 0907
taktischer Flugkörper 2213
taktischer Flugkörper mit Atomgefechtskopf 2214
taktischer Kernsprengkörper 2215
taktisches Luftwaffenkommando 2211
Tankwagen 0860
Team 1578

Technik, hochentwickelte . . . 0969
Technik, hoher Stand der . . . 0969
Teilabrüstungsmassnahmen . . . 1575
Teilchenbewegung . . . 1577
Teilstopp-Vertrag . . . 1576
Telemetrie . . . 2249
teleseismische Distanz . . . 2250
teleseismische Methoden . . . 2251
Tender . . . 1213
Tender /Wasserfahrzeug/ . . . 2253
Teppichbombardierung . . . 0362
terrestrische Gammastrahlen, Dosierung der terrestrischen Gammastrahlen . . . 2258
territoriale Unversehrtheit . . . 2259
Test mit hohem kt-Wert . . . 0973
Teststopp, umfassender . . . 0454
thermische Strahlung einer Kernsprengung . . . 2272
thermische Strahlung, wirksame . . . 2271
thermonuklearer Sprengkörper . . . 2274
Tiefangriff, im Tiefangriff angreifen . . . 2107
Tiefpass . . . 1192
Tiefpassfilter . . . 1192
Tlatelolco-Vertrag . . . 2330
TNT-Äquivalent . . . 2290
tödliche chemische Kampfstoffe . . . 1143
tödliche Dosis, mittlere . . . 1243
tödliche Strahlungsdosis . . . 1144
tödliche Waffe . . . 1145
Tödlichkeit . . . 1146
Torpedo . . . 2292
Torpedo, akustisch zielsuchender . . . 0017
Torpedoboot . . . 2294
Torpedofangboot . . . 2295
Torpedorohr . . . 2296
Torpedoschnellboot . . . 1600
totaler Atomkrieg . . . 0116
totaler Kernwaffenkrieg . . . 0116
totaler Krieg . . . 0117
toxikologische Verifizierung . . . 2305
Toxin . . . 2306
toxische chemische Kampfstoffe . . . 2301
Toxizität . . . 2303
Toxizität, Bestandteil mit geringer . . . 1193
Toxizitätsbestimmung . . . 2304
Träger . . . 2388
Trägerflugzeug . . . 0368
Trägerflugzeuggruppe . . . 0367
Trägerluftfahrzeug . . . 1131
Trägerwaffe . . . 0597
Trägheitslenksystem . . . 1028
Tränengas . . . 2245
tragbares Mehrfachraketenstartgerät . . . 1663

Tragflügel . . . 0998
Tragflügelboot . . . 0998
Trainer, einstrahliger . . . 2034
Transporter . . . 2323
Transporter-Aufrichter-Starter /FK/ . . . 2324
Transporter für allgemeine Versorgungsgüter . . . 2106
Transportfahrzeug . . . 0365
Transportfahrzeug für Kommandounternehmen . . . 0441
Transporthubschrauber . . . 0361
Transportmittel . . . 0365
Treffer . . . 0650 0976
Treffer im Ziel . . . 2237
Treffgenauigkeit . . . 0012
Treffgenauigkeit des Atomschlags . . . 2144
Treibladung . . . 1711
Treibladungspulver . . . 1711
Treibmine . . . 0700
Treibspiegel . . . 1900
Treibstoff . . . 1711
Trennschärfe . . . 1987
Triade . . . 2337
Triade, strategische . . . 2135
Trockenmittel . . . 0610
Trupp . . . 1578
Truppenkonzentration . . . 0457
Truppenstärken, vereinbarte . . . 0054
Truppenteil, mechanisierter . . . 1242
Truppenteil, Panzergrenadier- . . . 1242
Truppentransporter . . . 2339
Truppentransporter, gepanzerter . . . 0195
Turbopropantrieb, Luftfahrzeug mit . . . 2346
Turbostrahlantrieb, Luftfahrzeug mit . . . 2345

U-Abwehrgeleitboot, schnelles . . . 0791
U-Boot . . . 2153
U-Boot-Abwehr . . . 0163
U-Boot-Abwehr- . . . 0159
U-Boot-Abwehr-Fregatte . . . 0160
U-Boot, atomgetriebenes . . . 1478
U-Boot-Bekämpfungs- . . . 0159
U-Boot-Falle . . . 0580
U-Boot-gestützter ballistischer Flugkörper . . . 2158
U-Boot-gestützter Flugkörper . . . 2161
U-Boot-gestützter interkontinentaler Flugkörper . . . 2160
U-Boot-gestützter Marschflugkörper . . . 2159
U-Boot-Jäger . . . 2156
U-Boot mit Atomantrieb . . . 1478
U-Boot mit ballistischen Flugkörpern . . . 0274
U-Boot mit konventionellem Antrieb . . . 0506
U-Boot-Stützpunkt . . . 2155
U-Jagd- . . . 0159

U-Jagd-Flugkörper 0161
U-Jagd-Fregatte 0160
U-Jagd-Rakete 0162
U-Jagd-U-Boot 2157
U-Jagd-U-Boot, atomgetriebenes 1499
U-Jagd-U-Boot mit Atomantrieb 1495
U-Jagd-U-Boot mit Dieselantrieb 0644
Überblick über die grundlegenden Bestimmungen eines Vertrags über allgemeine und vollständige Abrüstung in einer friedlichen Welt 1558
Überdruck 1566
Überdruckspitze 1618
Übereinkommen über das Küstenmeer und die Anschlusszone 0498
Übereinkommen über das Verbot der Entwicklung, Herstellung und Lagerung bakteriologischer (biologischer) Waffen und von Toxinwaffen sowie über die Vernichtung solcher Waffen 0497
Übereinkommen über das Verbot der militärischen oder sonstigen feindlichen Verwendung umweltverändernder Techniken 0496
Übereinkommen über den Festlandsockel 0493
Übereinkommen über die Haftung der Inhaber von Reaktorschiffen 0495
Übereinkommen über die Haftung gegenüber Dritten auf dem Gebiet der Kernenergie 0499
Übereinkommen über die Hohe See 0494
Übereinkommen über die Rettung und Rückführung von Raumfahrern sowie die Rückgabe von in den Weltraum gestarteten Gegenständen 0062
Übereinkommen über die zivilrechtliche Haftung bei der Beförderung von Kernmaterial auf See 0500
Überfall 1790
überfallartiger Angriff 1790
Überflug 1562
Überfluggenehmigung, pauschale 0294
Überflugverbot 1564
Übergangsstelle 0544
überlagerndes Erdbeben 1068
Überleben 2199
Überlebender einer Atomexplosion 0252
Überlegenheit, nukleare 1479
Überlegenheit, strategische 2134
Überlegenheit, strategische nukleare 2124
Überraschungsangriff 2194
Überschallgeschwindigkeit 2169
überschlagender Einsatz 1141
überschüssiges Vernichtungspotential 1565
Überwachung 1331
Überwachung, radiologische 1783
Überwachung, seismologische 1984
Überwachung von Explosionen 1336
Überwachungseinrichtung 1333
Überwachungsnetze, seismographische 1981
Überwachungsradar 2197
Überwachungsradar, Überwasser- 2183
Überwachungsradargerät 2197
Überwachungssystem /FK/ 0489

Überwasser-Überwachungsradar . . . 2183
Überwasser/Unterwasser-Flugkörper . . . 2190
Überwasserkriegsschiff . . . 2185
Überwinden eines Gewässers nach Vorbereitung . . . 0596
Ultraschall-Unterwasserortungsverfahren . . . 2047
ultraviolette Strahlung . . . 2352
umfassende Abrüstung . . . 0451
umfassender Abrüstungsplan . . . 0452
umfassender Teststopp . . . 0454
umfassender Versuchsstopp . . . 0454
umfassendes Abrüstungsprogramm . . . 0453
umgehen (taktisch) . . . 1557
Umlaufbahn, Flugkörpersystem mit partieller . . . 0845
Umrüstung auf MIRV-Gefechtskopf . . . 1313
umweltbeeinflussende Kriegführung . . . 0748
Umweltkriegführung . . . 0748
Umweltveränderungsverfahren . . . 0747
unabhängiges Abschreckungspotential . . . 1025
unbemanntes Luftfahrzeug . . . 1645
unbewegliches Ziel /Gegensatz: bewegliches Ziel/ . . . 2093
Unbrauchbarmachen /Waffen, Flugkörper/ . . . 0680
UNDOF . . . 2369
unerwarteter Angriff . . . 1790
unerwünschte Radarechos . . . 1738
UNFICYP . . . 2370
ungelenkte Rakete . . . 0852
ungepanzerter Mannschaftstransportwagen . . . 2355
unkonventionelle Kriegführung . . . 2357
unmittelbare Luftunterstützung . . . 0648
unmittelbare Unterstützung . . . 0651
unsauberer Kernsprengkörper . . . 1913
Unschädlichmachung, Verfahren zur . . . 1835
unscharf gestellte Mine . . . 0669
unter Beschuss geraten . . . 0438
Unterausschuss der Abrüstungskommission . . . 2149
Unterausschuss für die Ausarbeitung eines Vertrags über die Aussetzung von Kernwaffenversuchen . . . 2150
Unterausschuss Recht . . . 1142
Untergrundtätigkeit . . . 2166
Untergrundtätigkeiten, Bekämpfung von . . . 0523
unterirdische Explosion . . . 2358
unterirdischer Kernwaffenversuch . . . 2359
Unterkalibergeschoss . . . 2148
unterkalibriges Geschoss . . . 2148
Unterschallgeschwindigkeit . . . 2162
Unterscheidung, seismische . . . 1963
Unterstützung . . . 2175
Unterstützung, unmittelbare . . . 0651
Unterstützungsfeuer . . . 2180
Unterstützungsverband . . . 2179
Unterwasser/Boden-Flugkörper . . . 2363

Unterwasser/Überwasser-Flugkörper . . . 2363
Unterwasser/Überwasser-Flugkörper, strategischer . . . 2164
Unterwasser/Unterwasser-Flugkörper . . . 2163
unterwassergestütztes Flugkörpersystem grosser Reichweite . . . 2360
Unterwasserminen legen . . . 1139
untragbarer Schaden . . . 2354
UNTSO . . . 2373
Unversehrtheit, territoriale . . . 2259
Uran-235-Kernsprengkörper . . . 2434
Urananreicherung . . . 2378
Urananreicherungsanlage . . . 2380
Urananreicherungsverfahren, neue . . . 1400

V-Kampfstoff . . . 2384
Vektor . . . 2386
VELA-Programm . . . 2390
Verbindungstrupp . . . 0474
verborgene Vorräte . . . 0964
Verbot . . . 0275
Verbot und Beseitigung aller Arten von Massenvernichtungswaffen . . . 1700
Verbreitung . . . 1704
Verbreitung, horizontale . . . 0987
Verbreitung, vertikale . . . 2398
Verbreitung von Kernwaffen . . . 0682 1472 1706 2069
Verbreitung von Kernwaffen, Sicherungsmassnahmen gegen die . . . 1904
Verbrennung zweiten Grades . . . 1950
verbunkerte Abschussbasis . . . 0941
verbunkerte Flugkörperstellung . . . 0939
verbunkerte Stellung . . . 0941
verdämmte Ladung, Explosion einer verdämmten Ladung . . . 0468
verdecktes Signal . . . 1516
vereinbarte Begrenzung von Kernwaffen . . . 0056
vereinbarte Reduzierung . . . 0057
vereinbarte Rüstungsniveaus . . . 0055
vereinbarte Truppenstärken . . . 0054
vereinbarte Verminderung . . . 0057
Vereinbarung über die Errichtung einer direkten Kommunikationsverbindung . . . 1256
Vereinbarungen über eine (die) Begrenzung strategischer Waffen . . . 2113
Verfahren zur Unschädlichmachung (von Munition) . . . 1835
Verfolgung . . . 1729
Vergeltung . . . 1855
Vergeltung, massive . . . 1228
Vergeltungskräfte . . . 1857
Vergrösserung /Seismograph/ . . . 1206
Verhandlungen über die Begrenzung strategischer Waffen (SALT) . . . 2114
Verhandlungen über eine Begrenzung der nuklearen Rüstung . . . 1432
Verhütungsmassnahme . . . 1685
Verifizierung an Ort und Stelle . . . 1533
Verifizierung, erweiterte . . . 0129
Verifizierung, toxikologische . . . 2305
Verifizierungssystem . . . 2397

Verladeplatz 1166
verlegen, Landminen 1139
verletzbare Bevölkerung 2201
Verminderung strategischer Kernwaffen 1821
Verminderung, vereinbarte 0057
Verminderungen, asymmetrische (Truppen-) 0244
vermisst 1321
Vernichtung, beiderseitige sichergestellte 1371
Vernichtung, sichergestellte 0242
Vernichtungskrieg 0616
Vernichtungspotential, überschüssiges 1565
Vernichtungswahrscheinlichkeit 1108
Vernichtungswirkung 1146
verpflichten, sich (zum Wehrdienst) 0743
verschleierte Explosionen 0768
Verschleierungsmethoden 0766
Verschleierungstaktik 0767
Verschmutzung, radioaktive 1469
Verseuchung, radioaktive 1771
Versorger 1840 2174
Versorgung 2171
Versorgung aus der Luft 0074
Versorgungsraum 1173
Versorgungsschiff 1176 1840 2174
versteckte Ladung 0324
Verstrahlung 1771
Verstrahlungsgefahr 1878
Versuchsexplosion 2263
Versuchsreihe mit sehr langen Perioden 2401
Versuchsschiessen 2264
Versuchsstart /Flugkörper/ 2264
Versuchsstopp, umfassender 0454
Verteidigung, beweglich geführte 1324
Verteidigung in der Tiefe 0585
Verteidigung mit Minensperren 1298
Verteidigung, psychologische 1722
Verteidigungsausgaben 0584
Verteidigungsgerät 0587
vertikale Verbreitung 2398
vertikaler Seismograph 2399
Vertikalstarter 2400
Vertrag über allgemeine und vollständige Abrüstung in einer friedlichen Welt, Überblick über die grundlegenden Bestimmungen eines Vertrags über allgemeine und vollständige Abrüstung in einer friedlichen Welt 1558
Vertrag über das Verbot der Anbringung von Kernwaffen und anderen Massenvernichtungswaffen auf dem Meeresboden und im Meeresuntergrund 2335
Vertrag über das Verbot von Kernwaffen in Lateinamerika 2329
Vertrag über das Verbot von Kernwaffen in Lateinamerika, Zusatzprotokoll I zu dem 0036
Vertrag über das Verbot von Kernwaffenversuchen in der Atmosphäre, im Weltraum und unter Wasser 2327
Vertrag über die Begrenzung der Systeme zur Abwehr ballistischer Flugkörper 2332

Vertrag über die Begrenzung unterirdischer Kernwaffenversuche 2333
Vertrag über die Grundsätze zur Regelung der Tätigkeiten von Staaten bei der Erforschung und Nutzung des Weltraums einschliesslich des Mondes und anderer Himmelskörper 2331
Vertrag über die Nichtverbreitung von Kernwaffen 2334
Vertrag über unterirdische Kernsprengungen für friedliche Zwecke 2336
Verwendung der Kernenergie für friedliche Zwecke 2383
verwundbarer Punkt 2412
Verwundbarkeit 2411
verzögerte Strahlenwirkung 0592
verzögerte Unterstützung 0593
verzögerte Zündung, Bombe mit verzögerter Zündung 0594
verzögerte Zündung, Waffe mit verzögerter Zündung 0595
verzögerte Zündung, Waffen mit verzögerter Zündung 2288
Verzögerung 0591
Völkerrecht, humanitäres 1082
Volltreffer 0650
vom Boden geleitetes Abfangen 0903
von der Schulter abgefeuerter Flugkörper 2022
Vorbeiflug 1580
Vorbereitungen im zivilen Bereich für den Kriegsfall 0405
Vorbereitungskonferenz für die internationale Bewertung des Kernbrennstoffkreislaufs 1553
vordere Führungsstaffel 0947
Vorgang, seismischer 1965
vorgeschobene Station 1560
vorgeschobenes Frühwarnradar 0039
vorgesehener Gesamtdetonationswert 1647
Vorhaltrechner 1674
vorhandene Kernwaffenvorräte 0773
vorläufige Bestimmung von Epizentren 1677
vorne dislozierte Waffensysteme 0843
Vorneverteidigung 0842
Vorräte anlegen 2101
Vorräte, verborgene 0964
Vorteil, strategischer 2109
VTOL-Flugzeug 2400

Wachboot 1348 1595 1599
Wärmebilddetektor 2273
Waffe 2431
Waffe, absolute 0009 2351
Waffe der zweiten Generation 1947
Waffe mit Brandwirkung 1021
Waffe mit Splitterwirkung 0850
Waffe mit verzögerter Zündung 0595
Waffe zur Bekämpfung lebender Ziele 0154
Waffen, die unnötige Leiden verursachen oder unterschiedslos wirken können 2444
Waffen, gegen Streitkräfte gerichtete 0149
Waffen, heimtückische 2326
Waffen mit verzögerter Zündung 2288
Waffen, taktische 2219

Waffenbestände . . . 0224
Waffeneinsatzsystem, fliegendes . . . 0096
Waffenembargo . . . 0201
Waffenembargo, zwingendes . . . 1217
Waffenexporte . . . 0202
Waffengewalt . . . 2381
Waffenhandel . . . 0212
Waffensystem . . . 0211 2442
Waffensystem, offensives . . . 1521
Waffensysteme, vorne dislozierte . . . 0843
Waffenträger, strategischer . . . 2120
Waffenverkäufe . . . 0209
Waffenvorräte, Anlegen von Waffenvorräten . . . 2102
wahrscheinliche Abweichung nach der Länge . . . 1796
wahrscheinliche Streuung . . . 1691
Wahrung des Weltfriedens und der internationalen Sicherheit . . . 1212
Warnung . . . 2420
Warnung, strategische . . . 2137
Warnung, taktische . . . 2218
Wartung . . . 1997
Washout . . . 1792
Wasserfahrzeug . . . 0533
Wasserstoffbombe . . . 0999
Wassertanker . . . 2425
Wehrdienstpflichtige . . . 0471
Wehrpflichtige . . . 0471
Wehrtechnik . . . 1291
weisser Phosphor . . . 2445
Weiterentwicklung . . . 2050
Weitergabe (von Kernwaffen) . . . 0682 2322
Weiterversorgung, geplante . . . 1648
Weitschuss . . . 1561
Welle . . . 2426
Welle, elektromagnetische . . . 0722
Wellen, langperiodische . . . 1184
Wellenenergie, seismische . . . 1974
Wellenform . . . 2429
Weltabrüstungskonferenz . . . 2449
Weltabrüstungskonferenz, Ad-hoc-Ausschuss für die . . . 0033
Weltfrieden festigen, den . . . 2142
Weltfrieden und internationale Sicherheit . . . 1087
Weltraum-Vertrag . . . 1556
Weltstandard-Seismographennetz (WWSSN) . . . 2450
Werkstattschiff . . . 1211 1837
wesentliche Gleichwertigkeit . . . 0760
Wettrüsten . . . 0207
Wettrüsten, Intensivierung des Wettrüstens . . . 1056
Wettrüsten, nukleares . . . 1433
Wiederaufarbeitung von Kernmaterial . . . 1696
Wiederaufrüstung . . . 1809
Wiederbewaffnung . . . 1809

Wiedereintrittsfahrzeug 1823
Wiedereintrittskörper 1823
Wiedereintrittskörper, manövrierbarer 1219
Wiedereintrittskörper mit mehreren Gefechtsköpfen (MRV) 1361
Wiener Übereinkommen über die zivilrechtliche Haftung für nukleare Schäden 2404
Windrichtung, in /vom Ziel aus gesehen/ 2377
Windvektordiagramm 0790
Windzugrichtung, in 0691
wirksam kontrollierte Abrüstung 0718
wirksame grösste Reichweite 1231
wirksame internationale Kontrolle 0716
wirksame Sicherungsmassnahmen 0717
wirksame thermische Strahlung 2271
Wirksamkeit, relative biologische 1826
Wirkung im Ziel 2238
Wirkungen, systemische 2207
wirtschaftliche Mobilisierung 0714
wirtschaftliche und soziale Folgen des Abrüstens, Beratungsgruppe von Sachverständigen über die wirtschaftlichen und sozialen Folgen des Abrüstens 0472
wirtschaftliche und soziale Folgen des Abrüstens, Sachverständigengruppe für die wirtschaftlichen und sozialen Folgen des Abrüstens 0915
wirtschaftliche und soziale Folgen des Wettrüstens und der Militärausgaben, Sachverständigengruppe für die wirtschaftlichen und sozialen Folgen des Wettrüstens und der Militärausgaben 0913
Wirtschaftskriegführung 0715
Wissenschaftlicher Ausschuss der Vereinten Nationen für die Auswirkungen der ionisierenden Strahlung 2372
Wurfgewicht 2284
Wurfkurs /Minenlegen/ 2309
WWSSN 2450

Zehn-Mächte-Abrüstungsausschuss 2254
Zeit/Distanz-Kurve 2289
Zeit im Ziel 2286
Zeit über Ziel 2287
zentrale Systeme 0381
Zerfall 0557
Zerfallskurven 0558
Zerfallsrate 0559
Zerstörer 0611
Zerstörer, Radar-Picket- 1749
Zerstörladung 0615
Ziel 2233
Ziel, bewegliches 1351
Ziel, geortetes 1168
Ziel, sich bewegendes 1351
Ziel, stehendes 2093
Ziel, unbewegliches 2093
Zielansteuerung, automatische 0983
Zieldarstellungsrakete 2240
Zielerfassungs- und -verfolgungsmittel 0619

Zielerfassungs- und -verfolgungssystem 0620
Zielerfassungsradar grosser Reichweite 1624
Zielgebiet 1514 2235
Zielgebiet, Bombardierung des Zielgebiets 2236
Zielrakete 2240
Zielspur /auf Radarschirm/ 2309
Zielsucheinrichtung 2239
zielsuchen 0980
Zielsuchgerät 0982
Zielsuchknopf, Infrarot- 1035
Zielsuchlenkung 0983
Zielsuchlenkung, aktive 0026
Zielsuchlenkung, halbaktive 1991
Zielverfolgung 2312
Zielverfolgungsgerät 2311
Zielverfolgungsradar 2313
Zielverfolgungssystem 2314
zivilrechtliche Haftung für nukleare Schäden, Internationale Konferenz über die 1076
Zivilschutz 0403
Zone 2456
Zünder, elektrischer 0721
Zündung, Waffen mit verzögerter 2288
Zündvorrichtung, elektronische 0726
Zug 1651
Zusatzprotokoll I zu dem Vertrag über das Verbot von Kernwaffen in Lateinamerika . . 0036
Zuweisung von Haushaltsmitteln für Verteidigungszwecke 1269
zweistrahliges Jagdflugzeug 2347
zweistufiger Flugkörper 2348
zweite Generation, Waffe der zweiten Generation 1947
zweiter Atomschlag 1948
zweiter Atomschlag, Fähigkeit zum zweiten Atomschlag 1951
zweiter Atomschlag, Strategie des zweiten Atomschlags 1952
zweiter Schlag 1948
zweiter Schlag, Fähigkeit zum zweiten Schlag 1951
zweiter Schlag, Strategie des zweiten Schlags 1952
zwingendes Waffenembargo 1217
Zwischenfall, atomarer 1459

à la demande . . . 1527
AAA . . . 0141
aberrations chromosomiques . . . 0401
abri . . . 2009
abri fortifié . . . 0344
accident d'arme nucléaire . . . 1502
accord de coproduction d'armements . . . 1103
Accord de Vladivostok . . . 2405
Accord intérimaire relatif à certaines mesures concernant la limitation des armes stratégiques offensives . . . 1069
Accord intérimaire relatif à certaines mesures concernant la limitation des armes stratégiques offensives, Protocole à l' . . . 1717
Accord pour la prévention des incidents en haute-mer et au-dessus de la haute-mer, Protocole à l' . . . 1716
Accord relatif à certaines mesures destinées à réduire le risque de déclenchement d'une guerre nucléaire . . . 0058
Accord sur la prévention des incidents en haute-mer et au-dessus de la haute-mer . . . 0060
Accord sur la prévention du déclenchement par erreur ou par accident d'armes nucléaires . . . 0059
Accord sur la prévention d'une guerre nucléaire . . . 0061
accord sur le désarmement . . . 0657
Accord sur le sauvetage des astronautes, le retour des astronautes et la restitution des objets lancés dans l'espace extra-atmosphérique . . . 0062
accords SALT . . . 1910
accords sur la limitation des armes stratégiques . . . 2113
accords Zorine-McCloy . . . 2459
accrochage . . . 0740
accroissement de la puissance militaire . . . 0340 1276
accroissement de la puissance stratégique . . . 2116
accroissement de l'arsenal militaire . . . 0341 1276
ACDA . . . 0199
acte d'agression . . . 0019
Acte final de la Conférence internationale sur la responsabilité civile en matière de dommages nucléaires . . . 0805
Acte final de la Conférence juridique internationale sur le transport par mer des substances nucléaires . . . 0806
action psychologique . . . 1721
action subversive . . . 2166
activer . . . 0021
activité induite par les neutrons . . . 1398
ADAC . . . 2018
ADAV . . . 2400
Advanced Research Program Agency (ARPA) . . . 0040
adversaire . . . 1549
adversaire (subst.) . . . 0737
adverse (adj.) . . . 0737
aéromobile . . . 0085

aéroporté . . . 0085
aérosol, bombe fusante à . . . 0458
affrontement . . . 0470
affût . . . 1349
affût (de canon) . . . 0364
affût (mobile) . . . 0933
Agence européenne pour l'énergie nucléaire . . . 0763
Agence internationale de l'énergie atomique (AIEA) . . . 1071
agent à effet instantané . . . 1050
agent anti-émeute . . . 1877
agent biologique de guerre . . . 0285
agent chimique . . . 0395
agent chimique antisubversif . . . 1877
agent de dissuasion . . . 0637
agent de guerre . . . 0049
agent incapacitant . . . 1019
agent microbiologique . . . 1260
agent neurotoxique . . . 2384
agent pathogène . . . 1589
agent radioactif . . . 1769
agent toxique . . . 0395
agent V . . . 2384
agents chimiques létaux . . . 1143
agents chimiques toxiques . . . 2301
agents NBC . . . 1437
agents nucléaires, bactériologiques et chimiques (agents NBC) . . . 1437
agents vésicants . . . 0304
agitation continentale . . . 0268 0709
agression, acte d' . . . 0019
agression armée . . . 0186
agression non-provoquée . . . 2374
aide militaire . . . 1267
aide mutuelle . . . 1369
aides à la pénétration . . . 1620
AIEA . . . 1071
aire de lancement . . . 1134
alerte . . . 2420
alerte à prélèvement ponctuel, dispositif d' . . . 1656
alerte aérienne avancée, avion d' . . . 0044 0077
alerte automatique . . . 0261
alerte avancée . . . 0705
alerte avancée, radar d' . . . 0039
alerte en vol . . . 0086
alerte stratégique . . . 2137
alerte tactique . . . 2218
alliance militaire . . . 1268
allumeur . . . 2085
allumeur activé par air . . . 0084
allumeur électrique . . . 0721
amplification . . . 1206
amplification, courbe d' . . . 1852

amplitude, grande . . . 0965
analyse multi-ensembles . . . 1356
Annuaire des Nations Unies sur le désarmement . . . 2368
ANT . . . 2215
antenne chirurgicale . . . 2193
anti-sous-marin (ASM) . . . 0159
antiaérien . . . 0140
antichar . . . 0164
antiforces . . . 0148
appareil de prise de vues aériennes . . . 0066
appareils de mesure . . . 1239
appareils d'étalonnage . . . 0351
applications pacifiques de l'énergie atomique . . . 1607
approvisionnements . . . 2171
appui . . . 2175
appui aérien . . . 0080
appui aérien direct . . . 0648
appui aérien feu . . . 0812
appui aérien rapproché . . . 0409
appui aérien tactique . . . 2212
appui feu en profondeur . . . 0581
appui rapproché . . . 0411
arme . . . 2431
arme à effet de souffle . . . 0299
arme à fragmentation . . . 0850
arme à implosion . . . 1017
arme à retardement . . . 0595
arme absolue . . . 0009 2351
arme antichar légère . . . 1150
arme anticultures . . . 0147
arme antimatériel . . . 0150
arme antipersonnel . . . 0154
arme antisatellite . . . 0157
arme atomique . . . 0257
arme automatique . . . 1200
arme automatique, coup d' . . . 1203
arme automatique, rafale d' . . . 1202
arme biologique . . . 0288
arme de défense . . . 2025
arme de destruction massive . . . 2435
arme de dissuasion . . . 0637
arme de guerre et de destruction massive . . . 2436
arme de la deuxième génération . . . 1947
arme de puissance nominale . . . 1407
arme dopée . . . 1913
arme explosive . . . 0299
arme incendiaire . . . 1021
arme kilotonnique . . . 1111
arme légère . . . 1153
arme mégatonnique . . . 1253
arme meurtrière . . . 1145

arme nucléaire 1488 1511
arme nucléaire, accident d' 1502
arme nucléaire, essai d'une 1506
arme nucléaire, explosion expérimentale d'une 1508
arme nucléaire, résidus d' 2433
arme nucléaire stratégique 2125
arme nucléaire tactique (ANT) 2215
arme propre 0407
arme sans recul 1813
arme subkilotonnique 2151
arme téléguidée 0928
arme thermonucléaire 2274
armée 0213
armée d'active 0023
armée de l'air 0072
armée de terre /grande unité/ 0213
armement nucléaire 1430
armement offensif 1520
armements classiques 0501
armements de type classique 0501
armements, niveaux convenus des 0055
armements nucléaires, limitations convenues des 0056
armements nucléaires, négotiations sur la limitation des 1432
armements offensifs, système d' 1521
armements, réglementation des 1825
armements stratégiques, limitation des 2111
armements stratégiques nucléaires, réduction des 1821
armes à retardement 2288
armes antichars guidées 0166
armes antiforces 0149
armes antimissiles, système d' 0152
armes atomiques, interdiction des 1701
armes bactériologiques (biologiques) 0269
armes CB 0393
armes chimiques 0397
armes chimiques et bactériologiques (armes CB) 0393
armes classiques 0505
armes d'avion, système de lancement d' 0096
armes de destruction massive, interdiction et élimination de tous les types d' 1700
Armes de nature à causer des maux superflus ou à frapper sans discrimination 2444
armes guidées sol-sol, systèmes d' 0908
armes incendiaires, non-emploi des 1420
armes individuelles 2039
armes majeures 1216
armes modernes 1329
armes nucléaires 1492
armes nucléaires, dissémination des 2069
armes nucléaires, Etats dotés d' 1504
armes nucléaires, explosions expérimentales d' 0774
armes nucléaires, non-dissémination des 1410
armes nucléaires, non-prolifération des 1415

armes nucléaires offensives stratégiques, vecteurs d' . . . 2129
armes nucléaires opérationnelles . . . 1543
armes nucléaires, prolifération des . . . 1706
armes nucléaires, puissance dotée d' . . . 1503
armes nucléaires stratégiques, limitation des systèmes offensifs et défensifs d' . . . 1159
armes nucléaires stratégiques, moratoire sur l'expérimentation et la mise en place de nouveaux systèmes offensifs et défensifs d' . . . 1339
armes nucléaires stratégiques, systèmes d' . . . 2127
armes nucléaires tactiques . . . 0281 2269
armes nucléaires, technologie des . . . 2247
armes nucléaires, transfert des . . . 2322
armes perfectionnées . . . 2049
armes perfides . . . 2326
armes secondaires . . . 1311
armes, stockage des . . . 2102
armes stratégiques offensives, Accord intérimaire relatif à certaines mesures concernant la limitation des . . . 1069
armes stratégiques offensives, limitation des . . . 1523
armes tactiques . . . 2219
Arms Control and Disarmament Agency (ACDA) . . . 0199
ARPA . . . 0040
arrêt . . . 0475 0671
arrivée . . . 0221
arroser l'objectif . . . 2068
arsenal . . . 0224
arsenal classique . . . 0502
arsenal militaire, accroissement de l' . . . 0341 1276
arsenal nucléaire . . . 1435 1466
arsenal stratégique, renforcement de l' . . . 2116
artillerie . . . 0226
artillerie antiaérienne (AAA) . . . 0141
artillerie atomique . . . 0249
artillerie guidé, projectile d' . . . 0355
artillerie lourde . . . 0951
ASM . . . 0159
asphyxiant . . . 0235
assaillant . . . 0236
assistance militaire, programme d' . . . 1270
ataque préemptive . . . 1675
atmosphère radioactive . . . 1770
attaque aérienne . . . 0079
attaque au sol . . . 0899
attaque de diversion . . . 0687
attaque nucléaire . . . 1436
attaque nucléaire massive . . . 1227
attaque par surprise . . . 2042 2194
attaque saturante . . . 1921
atterrissage aux instruments, dispositif d' . . . 1052
atterrissage par guidage radar, système d' . . . 0902
au vent de l'objectif . . . 2377
auteur du détournement . . . 0974

autodirecteur . . . 0931 0982
autoguidage . . . 0983
autoguidage par radar . . . 1750
autonomie /véhicule/ . . . 1794
autorisation générale de survol . . . 0294
avant de l'onde de choc . . . 1199
avant-poste . . . 1559
avantage stratégique . . . 2109
avantages militaires unilatéraux . . . 1528
aveugler un satellite . . . 0300
aviation . . . 0072
aviation d'accompagnement . . . 0905
avion à décollage et atterrissage courts (ADAC) . . . 2018
avion à décollage et atterrissage verticaux (ADAV) . . . 2400
avion à réaction . . . 1102
avion à turbopropulseur . . . 2346
avion à turboréacteur . . . 2345
avion à voilure tournante . . . 1891
avion d'alerte aérienne avancée . . . 0044 0077
avion d'alerte avancée . . . 0706
avion d'appui rapproché . . . 0412
avion d'armes . . . 0187
avion d'attaque au sol . . . 0900
avion de chasse . . . 0800
avion de contre-mesures . . . 0522
avion de reconnaissance . . . 1931
avion de reconnaissance stratégique . . . 2131
avion de reconnaissance stratégique à grande distance . . . 1182
avion de surveillance radar . . . 1748
avion d'entraînement monoréacteur . . . 2034
avion embarqué . . . 0368
avion-fusée . . . 1889
avion lanceur . . . 1131
avion marqueur . . . 1588
avion sans pilote . . . 0701 1645
avion stratégique de combat . . . 2117
avion tous temps . . . 0118
avion(s) d'accompagnement . . . 0905
aviso . . . 0421
avitailleur . . . 0860
AWACS . . . 0090
azimut . . . 0265

balayage . . . 1925
balle . . . 0342
balle de fusil . . . 1867
balle traçante . . . 2307
balle traceuse . . . 2307
barême de radio-concentration . . . 1779
barrage roulant . . . 0539
base . . . 0609

base aérienne 0065
base bétonnée pour missiles 0939
base de lancement de missiles non protégée 2043
base de sous-marins 2155
base militaire 1271
bâtiment base 1213
bâtiment de combat 0434
bâtiment de débarquement de chars 2227
bâtiment de soutien logistique 1176
bâtiment de surface 2185
bâtiment d'expérimentation lance-missiles 0775
bâtiment nucléaire 1474
bâtiment pour le relevage des torpilles 2295
batterie côtière 0420
bazooka (lance-roquettes) 0283
biréacteur de combat 2347
blindage 2011
Blitzkrieg nucléaire 1438
bloc de prisonniers de guerre 1688
bloc militaire 1272
blockhaus 0344
boîte noire 0292
bombardement /d'artillerie/ 2007
bombardement à orbite fractionnaire, système de 0845
bombardement (aérien) 0318
bombardement au napalm 1379
bombardement de saturation 1922
bombardement en piqué 0686
bombardement sans restriction, zone de 0301
bombardement sur cible 2236
bombardement sur zone 0176
bombarder un objectif /artillerie/ 2005
bombardier 0316
bombardier léger 1151
bombardier lourd 0952
bombardier moyen 1246
bombe à fragmentation 1926
bombe à hydrogène 0999
bombe à neutrons 1395
bombe à retardement 0594
bombe atomique 0250
bombe au napalm 1378
bombe au plutonium 1652
bombe autoguidée 2041
bombe autoguidée aveugle 0303
bombe éclairante 0833 1014
bombe explosive 0966
bombe fusante à aérosol 0458
bombe-grappe 0416
bombe incendiaire 1020
bombe photo-éclair 1636

bombe "sale" . . . 0652
bombette . . . 0323
bord, de . . . 0085
bord de l'abîme, stratégie du . . . 0332
bouclier . . . 2010
boycottage . . . 0326
brêche . . . 0979
brouillage . . . 1100
brouillage électronique . . . 0727
brouillage en barrage . . . 0278
brouillage sélectif . . . 2067
brouiller . . . 0293
brouilleur à poursuite automatique . . . 0263
brouilleur-répéteur . . . 1838
bruit de fond microséismique . . . 0268
bruit microséismique . . . 0709 1262 1967
brûlure du deuxième degré . . . 1950
budget des armées . . . 1274
budget militaire . . . 1274
budgets militaires, réduction des . . . 1820
but . . . 2233

cabine étanche . . . 1941
cadence de tir . . . 1802
cadence normale de tir . . . 2203
calibre . . . 0352
calme séismique, période de . . . 1975
caméra à bas niveau de lumière . . . 1191
camouflage, méthodes de . . . 0766
camouflage-radar . . . 1737
cancérogenèse radio-induite . . . 1753
canon antichar . . . 0167
canon automoteur . . . 1990
canon sans recul . . . 1811
canonnière . . . 0934
capacité contre-forces . . . 0515
capacité contre-valeurs . . . 0524
capacité convaincante de première frappe . . . 0538
capacité de détection . . . 0621
capacité de détection et de poursuite . . . 0619
capacité de deuxième frappe . . . 1951
capacité de dissuasion . . . 0634
capacité de dissuasion nucléaire . . . 1447
capacité de pénétration . . . 1621
capacité de première frappe . . . 0823
capacité de riposte . . . 2145
capacité de seconde frappe . . . 1951
capacité de surdestruction . . . 1565
capacité d'emport . . . 2284
capacité d'identification . . . 1007
capacité d'intervention . . . 1092

capacité dissuasive 0634
capacité nucléaire 1439
capacité opérationnelle 1538 1682
capacités de l'ennemi 0738
capsule 0358
capteur 1994
capteur infrarouge 1036
cartouches 1894
casemate 1644
catapultage 0425
catastrophe nucléaire 1440
cavalerie aéromobile 0087
cavité 0979
CCD 0464
cellules somatiques 2045
centre 0609
centre de transmissions 0446
Centre des Nations Unies pour le désarmement 2367
centre d'instruction 2319
centre multinational du cycle du combustible 1357
Centre pour le désarmement 0382
Centre séismologique international (CSI) 1088
CERN 0764
cessation 0671
cessation de la course aux armements nucléaires 0385
cessation des essais d'armes nucléaires 0672
cessez-le-feu 0378
chaland porte-chars 2226
chaland transport de matériel (CTM) 1241
champ de mines contre opérations aéroportées 0139
champ de mines, faux 1633
champ de mines, trouée dans un 1301
champ de tir 1794
champ magnétique, cisaillement du 2002
champs de mines, marquage des 1302
char 2221
char de dépannage 1819 2452
char léger 1156
char lourd 0955
char moyen 1250
charge creuse, roquette à 2001
charge de destruction 0615
charge de neutrons 1396
charge pour lance-flammes 0831
charge propulsive 1711
charge utile 1603
chargeur 1205
chasseur 0800
chasseur bombardier 0802
chasseur de chars 2224
chasseur de mines 1303

chasseur de mines de contre-mesures . . . 1297
chasseur de sous-marin . . . 2156
chasseur polyvalent . . . 1364
chef d'état-major . . . 0398
cheminement photographique . . . 1637
chenille . . . 2309
cheval de frise . . . 1112
choc . . . 2013
chute libre, largage en . . . 0851
cible . . . 2233
cible fixe . . . 2093
cible mobile . . . 1351
CICR . . . 1075
CIPR . . . 1073
circonstance, terrain de . . . 1547
cisaillement du champ magnétique . . . 2002
cisaillement, résistance au . . . 2003
CIUMR . . . 1074
Club de Londres . . . 1181
club nucléaire . . . 1441
CM . . . 0521
CMD . . . 2449
cocktail Molotov . . . 1330
coexistence pacifique . . . 1608
coiffe /de fusée-sonde/ . . . 1424
combat de rencontre . . . 1251
combat rapproché . . . 0410
combustible nucléaire . . . 1457
combustible nucléaire, cycle du . . . 1458
Comité ad hoc pour la Conférence mondiale du désarmement . . . 0033
Comité consultatif scientifique des Nations Unies . . . 2371
comité de vérification . . . 2395
Comité des dix-huit puissances sur le désarmement . . . 0720
Comité des dix puissances sur le désarmement . . . 2254
Comité des utilisations pacifiques de l'espace extra-atmosphérique . . . 0444
Comité des utilisations pacifiques du fond des mers et des océans au-delà des limites de la juridiction nationale . . . 0445
Comité d'état-major . . . 1289
Comité du désarmement . . . 0659
Comité international de la Croix-Rouge (CICR) . . . 1075
Comité médical des doses internes de rayonnement . . . 1245
Comité préparatoire de la Conférence des parties chargée de l'examen du Traité sur la non-prolifération des armes nucléaires . . . 1681
Comité préparatoire de la Conférence d'Etat non dotés d'armes nucléaires . . . 1679
Comité préparatoire de la Session extraordinaire de l'Assemblée générale consacrée au désarmement . . . 1680
Comité scientifique des Nations Unies pour l'étude des effets des rayonnements ionisants . . . 2372
Comité spécial de la répartition des fonds libérés par la réduction des budgets militaires . . . 2058
Comité spécial de l'océan Indien . . . 0031

Comité spécial des opérations de maintien de la paix 2057
Comité spécial pour l'étude du rôle de l'Organisation des Nations Unies dans le domaine du désarmement 0032
Commandant en chef 0439
commande à distance 1833
commandement aérien tactique 2211
commandement des forces aériennes stratégiques 2110
commando 0440
commerce des armes 0212
Commission consultative mixte 1104
Commission consultative permanente 2082
Commission de l'énergie atomique 0254
Commission des armements de type classique 0443
Commission des victimes des bombes atomiques 0251
Commission du désarmement 0658
Commission internationale de protection contre les radiations (CIPR) 1073
Commission internationale des unités et des mesures de radiation (CIUMR) 1074
Communauté européenne de l'énergie atomique (EURATOM) 0762
complexe militaro-industriel 1293
composé faiblement toxique 1193
composé non-toxique 1418
composition d'allumage 2086
compte à rebours 0509
concentration de feux d'artillerie 0456
concentration de troupes 0457
concentration stratégique 2118
conception stratégique 2119
conduite de tir 0813
conduite de tir, radar de 0815
conduite et pilotage automatiques 0262
Conférence des parties chargée de l'examen du Traité interdisant de placer des armes nucléaires et d'autres armes de destruction massive sur le fond des mers et des océans ainsi que dans leur sous-sol 1862
Conférence des parties chargée de l'examen du Traité sur la non-prolifération des armes nucléaires 1426 1861
Conférence d'Etats non dotés d'armes nucléaires 0463
Conférence d'Etats non dotés d'armes nucléaires, Comité préparatoire de la 1679
Conférence d'examen des parties à la Convention sur les armes biologiques 1859
Conférence d'examen des parties au Traité concernant le fond des mers et des océans 1860
Conférence d'experts chargée d'étudier la possibilité de déceler les violations d'un accord éventuel sur la suspension des essais nucléaires 0460
Conférence d'experts gouvernementaux sur la réaffirmation et le développement du droit international humanitaire applicable dans les conflits armés 0462
Conférence d'experts gouvernementaux sur les armes de nature à causer des maux superflus ou à frapper sans discrimination 0461
Conférence diplomatique sur la réaffirmation et le développement du droit international humanitaire applicable dans les conflits armés 0647
Conférence d'organisation du Programme international d'évaluation du cycle du combustible nucléaire 1553
Conférence du Comité des dix-huit puissances sur le désarmement 0465

Conférence du Comité du désarmement (CCD) 0464
Conférence internationale sur la responsabilité civile en matière de dommages nucléaires 1076
Conférence internationale sur l'énergie d'origine nucléaire et son cycle du combustible 1077
Conférence internationale sur l'utilisation de l'énergie atomique à des fins pacifiques . . 1078
Conférence juridique internationale sur le transport par mer des substances nucléaires 1084
Conférence mondiale du désarmement (CMD) 2449
Conférence mondiale du désarmement, Comité ad hoc pour la 0033
Conférence Pugwash 1726
Conférence sur la cessation des essais d'armes nucléaires 0467
Conférence sur la sécurité et la coopération en Europe (CSCE) 0466
conflit armé 0188
conflit nucléaire 1442
Conseil de sécurité 1955
conséquences économiques et sociales de la course aux armements et des dépenses militaires, Groupe d'experts consultants sur les 0913
conséquences économiques et sociales du désarmement, Groupe consultatif d'experts sur les 0472
conséquences économiques et sociales du désarmement, Groupe d'experts chargé d'étudier les 0915
consolider la paix du monde 2142
contamination locale 2065
contamination nucléaire, risque de 1878
contamination radioactive 1771
contamination résiduelle 1843
contingent 0480
contre-action circonscrite 0492
contre-contre-mesures électroniques 0723
contre-dissuasion 0513
contre-espionnage 0514
contre-guerilla, guerre 0518
contre-guerilla, opérations 0518
contre-guerilla, procédés 0518
contre-mesure (CM) 0521
contre-mesure électronique active 0025
contre-mesure électronique passive 1583
contre-mesures électroniques 0724
contre-subversion 0523
contrôle de l'espace aérien 0105
contrôle du désarmement 0485
contrôle international de l'énergie atomique 1079
contrôle international efficace 0716
contrôle, poste de 1047
Convention de Genève pour l'amélioration du sort des blessés, des malades et des naufragés des forces armées sur mer 0884
Convention de Genève pour l'amélioration du sort des blessés et des malades dans les forces armées en campagne 0883
Convention de Genève relative à la protection des personnes civiles en temps de guerre 0885
Convention de Genève relative au traitement des prisonniers de guerre 0886
Convention de Vienne relative à la responsabilité civile en matière de dommages nucléaires 2404

Convention relative à la responsabilité civile dans le domaine du transport maritime de matières nucléaires 0500
Convention relative à la responsabilité des exploitants de navires nucléaires 0495
Convention sur la haute mer 0494
Convention sur la mer territoriale et la zone contiguë 0498
Convention sur la responsabilité civile dans le domaine de l'énergie nucléaire 0499
Convention sur le plateau continental 0493
Convention sur l'interdiction de la mise au point, de la fabrication et du stockage des armes bactériologiques (biologiques) ou à toxines et sur leur destruction 0497
Convention sur l'interdiction d'utiliser des techniques de modification de l'environnement à des fins militaires ou toutes autres fins hostiles 0496
Conventions de Genève de 1949 0887
coproduction d'armements, accord de 1103
corps de rentrée 1823
corps de rentrée manoeuvrable 1219
corps de rentrée multiple 1361
coup 0976 1892
coup au but 0650 2237
coup court 2016
coup d'arme automatique 1203
coup de fusil 1871
coup de main 1790
coup de mortier 1345
coup de pièce antichar 0170
coup de pièce d'artillerie 0230
coup de pièce de char 2228
coup long 1561
coup sans recul 1814
couplage, milieu à faible 1190
couplage séismique 1959
courbe d'amplification 1852
courbe de réponse 1851 1852
courbe des durées de propagation 2289
courbes de décroissance 0558
courbes d'isointensité 0788
course aux armements 0207
course aux armements, intensification de la 1056
course aux armements nucléaires 1433
course aux armements nucléaires, cessation de la 0385
courte période 2017
coussin d'air, patrouilleur sur 1594
coût du dispositif logistique 1175
coût du soutien logistique 1175
couverture aérienne 0069
couverture complémentaire, radar de 0867
couverture de chasse 0801
couverture de reconnaissance photographique 1641
couverture radar 1739
couvrir 0293
crédibilité 0536
crédibilité de la dissuasion 0636

crédits militaires 1269
critère d'identification 0541
critère mb/Ms 1233
croiseur 0547
Croix-Rouge, Comité international de la 1075
CSCE 0466
CSI 1088
CTM 1241
cuirassé 0282
cycle du combustible 0856
cycle du combustible, centre multinational du 1357
cycle du combustible nucléaire 1458

danger 0943
danger d'irradiation 0945
danger radiologique 1781
de bord 0085
débarquement de chars, bâtiment de 2227
débarquement, force de 1118
débit de dose de rayonnement gamma terrestre 2258
déborder 1557
décalage 0591
Décennie du désarmement 0660
décentrement, distance de 1526
déception électronique 0725
déception, méthodes de 0766
déchets radioactifs, produits ou 1776
Décision du Comité de direction de l'Agence européenne pour l'énergie nucléaire portant sur l'exclusion de petites quantités de substances nucléaires du champ d'application de la Convention sur la responsabilité civile dans le domaine de l'énergie nucléaire 0560
décisions mutuellement acceptables 1373
Déclaration commune sur les principes convenus pour les négociations relatives au désarmement 1105
Déclaration d'Ayacucho 0562
Déclaration de la Conférence d'Etats non dotés d'armes nucléaires 0565
Déclaration des principes juridiques régissant les activités des Etats en matière d'exploration et d'utilisation de l'espace extra-atmosphérique 0563
Déclaration des principes régissant le fond des mers et des océans, ainsi que leur sous-sol, au-delà des limites de la juridiction nationale 0564
Déclaration faisant de l'océan Indien une zone de paix 0566
Déclaration relative aux principes du droit international touchant les relations amicales et la coopération entre les Etats conformément à la Charte des Nations Unies 0567
Déclaration sur la dénucléarisation de l'Afrique 0568
Déclaration sur le renforcement de la sécurité internationale 0571
Déclaration sur l'inadmissibilité de l'intervention dans les affaires intérieures des Etats et la protection de leur indépendance et de leur souveraineté 0569
Déclaration sur l'interdiction de l'emploi des armes nucléaires et thermonucléaires 0570
Déclaration sur l'utilisation du progrès de la science et de la technique dans l'intérêt de la paix et au profit de l'humanité 0572
décollage et atterrissage verticaux, avion à 2400

décollage immédiat, ordre de . . . 1933
décontaminant . . . 0573
décontamination . . . 0574
décontamination individuelle . . . 1625
découplage . . . 0578
décrochage . . . 0678
décroissance . . . 0557
défense aérienne . . . 0071
défense anti-missile, système de . . . 0273
défense avancée . . . 0842
défense civile . . . 0403
défense collective, droit de légitime . . . 1873
défense côtière, patrouilleur de . . . 1945
défense côtière, vedette de . . . 1944
défense de zone . . . 0177
défense en profondeur . . . 0585
défense improvisée . . . 0942
défense individuelle, droit de légitime . . . 1874
défense linéaire . . . 1165
défense mobile . . . 1324
défense nationale . . . 1380
défense nucléaire . . . 1444
défense ponctuelle . . . 1654
défense radiologique . . . 1780
déflagration . . . 0296
défoliant . . . 0590
dégagement . . . 0678
dégagement de brèche . . . 0328
dégâts par rayonnement . . . 1755
dégâts probables . . . 1690
délai . . . 0591
délai de réaction . . . 1530
demande, à la . . . 1527
démantèlement . . . 0679
démilitarisation . . . 0599
démilitarisation du fond des mers . . . 0600
déminage . . . 1296
démobilisation . . . 0602 0670
démontage . . . 0680
dénucléarisation . . . 0604
dépannage, char de . . . 2452
dépenses de défense . . . 0584
dépenses et budgets militaires . . . 1281
dépenses logistiques . . . 1175
dépenses militaires . . . 1288
déploiement des forces . . . 0607
dépôt . . . 0609
dépôt de munitions . . . 1365
désamorçage, technique de . . . 1835
désarmement . . . 0654
désarmement comportant des garanties adéquates . . . 0037

désarmement général 0451
désarmement général et complet 0875
désarmement général et complet sous contrôle international efficace 0876
désarmement général et complet sous un strict contrôle international 0877
désarmement, mesures partielles de 1575
désarmement nucléaire 1449
désarmement, problème du 1692
désarmement, processus de 1694
désarmement sous contrôle efficace 0718
désescalade 0582
désherbants 0961
désherbants appliqués au sol 2044
désherbants de contact 0473
desseins agressifs 0052
dessiccant 0610
destroyer 0611
destroyer de surveillance radar 1749
destroyer lance-missiles 0925
destruction assurée 0242
destruction massive 1225
destruction mutuelle assurée 1371
destruction, probabilité de 1108
détachement de contact 0474
détecteur 0627 1994
détecteur acoustique 0016
détecteur (de neutrons) par activation 0022
détecteur infrarouge 1036
détecteur photographique 1639
détecteur séismique 1962
détecteur thermographique 2273
détection 0617
détection, capacité de 0621
détection courante 1895
détection de la radioactivité 1783
détection des explosions 1336
détection électromagnétique, matériel de 0728
détection et poursuite, capacité de 0619
détection et poursuite, système de 0620
détection (nucléaire) 1331
détection, portée de 0624
détection, probabilité de 0623
détection radioélectrique 1768
détection séismologique 1961
détection, seuil de 0626
détection, système de 0625
détection, trousse de 0622
détente 0630
détente militaire 1278
détermination de la toxicité 2304
détermination de l'épicentre 0749
détermination préliminaire des épicentres 1677

détonateur électrique 0721
détonateur électronique 0726
détournement d'aéronef 0042
deuxième frappe 1948
deuxième frappe, capacité de 1951
deuxième frappe, stratégie de 1952
deuxième génération, arme de la 1947
DGS 0882
diagramme des retombées radioactives 0789
différends internationaux 1081
différends, règlement pacifique des 1568
diffusion du rayonnement 1764
diminution de la tension 1827
diriger (se) automatiquement sur 0980
discriminant 0673
discriminant onde de surface/onde de volume 2184
discrimination 0674 1006
discrimination séismologique 1963
disparu au combat 1321
dispositif 0607
dispositif à prélèvement ponctuel 1655
dispositif d'alerte à prélèvement ponctuel 1656
dispositif d'atterrissage aux instruments 1052
dispositif de lancement 1129
dispositif de lancement de missiles antimissiles (balistiques) 0144
dispositif électronique de mise à feu 0726
dispositif explosif nucléaire 1454
dispositif logistique, coût du 1175
dissémination 0682
dissémination des armes nucléaires 2069
dissimulation 0765
dissimulation, manoeuvres de 0767
dissuasion 0632
dissuasion active 0024
dissuasion, agent de 0637
dissuasion, arme de 0637
dissuasion classique 0503
dissuasion, crédibilité de la 0636
dissuasion définie 0809
dissuasion étendue 0782
dissuasion, force de 0637
dissuasion, force nucléaire de 1448
dissuasion graduée 0894
dissuasion indépendante, force de 1025
dissuasion nucléaire 1446
dissuasion nucléaire, capacité de 1447
dissuasion, stratégie de 1093
distance 1794
distance de décentrement 1526
distance de l'épicentre 0683
distance épicentrale 0750

distance téléséismique . . . 2250
dividende du désarmement . . . 0661
Division des affaires concernant le désarmement . . . 0656
Document final de la Conférence d'Etats non dotés d'armes nucléaires . . . 0807
dommage génétique . . . 0880
dommage nucléaire . . . 1443
dommages collatéraux . . . 0427
dommages inacceptables . . . 2354
dommages indirects . . . 0427
dommage(s) radio-induit(s) . . . 1755
données séismologiques . . . 1960
dose absorbée, intensité de la . . . 1759
dose d'irradiation . . . 1757
dose d'irradiation létale . . . 1144
dose d'irradiation mortelle . . . 1144
dose génétiquement significative (DGS) . . . 0882
dose infectante . . . 1031
dose létale moyenne . . . 1243
dose maximale acceptable . . . 1232
dose par habitant . . . 1622
dosimétrie . . . 0690
dotation initiale . . . 1040
dragueur de mines . . . 1307
dragueur de mines côtier . . . 0423
dragueur de rade et d'estuaire . . . 1042
droit de légitime défense . . . 1876
droit de légitime défense collective . . . 1873
droit de légitime défense individuelle . . . 1874
droit de passage . . . 1875
droit international humanitaire . . . 1082
droit naturel de légitime défense . . . 1038
drone . . . 0701
durée de propagation . . . 2325
durées de propagation, courbe des . . . 2289

ébranlement . . . 2013
écart probable . . . 1691
écart probable circulaire . . . 0402
écart probable en portée . . . 1796
écart-type . . . 2079
écarts de bombardement . . . 0321
échange de feux . . . 0771
échanges de données séismologiques . . . 0772
échantillonnage . . . 1916
écho radar . . . 1741
éclat d'obus . . . 2006
écoute . . . 1331
écran de protection . . . 2011
effectifs des forces armées . . . 2141
effectifs militaires . . . 2141
effectifs, niveaux convenus des . . . 0054

effet à retardement des rayonnements . . . 0592
effet parasite de fond . . . 0266
effet thermique . . . 2271
effets de trajectoire . . . 1586
effets de trajet . . . 1586
effets radioactifs . . . 1772
effets sur l'objectif . . . 2238
effets toxiques généraux . . . 2207
efficacité biologique relative . . . 1826
efforts de désarmement . . . 0662
élément infiltré . . . 1033
embarcation . . . 0533
embargo obligatoire sur les armes . . . 1217
embargo sur les armements . . . 0201
embargo sur les armes . . . 0201
embargo sur les fournitures d'armes . . . 0201
emplacement . . . 0733 1169
emploi de la force armée . . . 2381
emploi de la force, menace ou . . . 2278
emploi défensif des mines . . . 1298
en phase . . . 1632
en vol . . . 0085
ENDAN . . . 1413
énergie atomique, applications pacifiques de l' . . . 1607
énergie atomique, contrôle international de l' . . . 1079
énergie des ondes séismiques . . . 1974
énergie, libération d' . . . 1828
énergie nucléaire . . . 1450 1471
énergie nucléaire, utilisations pacifiques de l' . . . 1614
engagement . . . 0740
engin . . . 0533 1882
engin-cible . . . 2240
engin de débarquement-atelier . . . 1211
engin filoguidé . . . 2446
engin guidé sol-air . . . 2187
engin téléguidé par fil . . . 2446
ennemi (subst. ou adj.) . . . 0737
ENP . . . 1610
enregistrement séismique . . . 1970
enrichissement de l'uranium . . . 2378
enrichissement de l'uranium, nouvelles techniques d' . . . 1400
enrichissement de l'uranium, usine d' . . . 2380
ensemble . . . 0217
ensemble de séismographes . . . 1957
ensemble en croix . . . 0543
ensemble équipé de systèmes de courte et de longue période (SPLP) . . . 0220
entraînement . . . 2318
entreposage . . . 2104
entretien courant . . . 1997
entretiens SALT . . . 1912
entretiens sur la limitation des armes stratégiques (SALT) . . . 2114

enveloppe (d'une bombe) . . . 0370
envergure des opérations . . . 1924
épicentre . . . 0751
épicentre, détermination de l' . . . 0749
épicentre, distance de l' . . . 0683
épicentres, détermination préliminaire des . . . 1677
équilibre, maintenir l' . . . 1210
équilibre nucléaire . . . 1452 1467
équilibre stratégique . . . 2115
équipe . . . 1578
équipe de relève . . . 1831
équipe de saut . . . 2097
équivalence essentielle . . . 0760
équivalence TNT . . . 2290
équivalent mégatonnage . . . 0753
ergol . . . 1711
erreur de localisation . . . 1170
escadron de chars . . . 2230
escalade . . . 0756
escorteur côtier . . . 0421
escorteur d'escadre . . . 0834
escorteur-frégate . . . 0160 0793
escorteur-patrouilleur . . . 1598
escorteur rapide . . . 0792
escorteur rapide anti-sous-marin . . . 0791
espace aérien . . . 0078
essai découplé . . . 0577
essai découplé clandestin . . . 0576
essai d'une arme nucléaire . . . 1506
essai nucléaire . . . 1481
essai souterrain d'armes nucléaires . . . 2359
essai(s) dans l'atmosphère d'armes nucléaires . . . 0248
essais d'armes nucléaires, cessation des . . . 0672
essais d'armes nucléaires, interdiction des . . . 1507
essais de mise au point . . . 0642
essais nucléaires et thermonucléaires, suspension des . . . 2202
essais (nucléaires), interdiction complète des . . . 0454
essuyer un tir . . . 0438
estimation logistique . . . 1174
étalonnage, appareils d' . . . 0351
état de guerre . . . 2088
état-major . . . 0879
état-major combiné . . . 0437
état-major général . . . 0879
état-major interallié /OTAN/ . . . 0437
Etat non-nucléaire . . . 1412
Etat nucléaire . . . 1475
Etats dotés d'armes nucléaires . . . 1504
Etats non dotés d'armes nucléaires (ENDAN) . . . 1413
Etats pacifiques . . . 1617
étui (d'une cartouche) . . . 0370

EURATOM 0762
évaluation du cycle du combustible nucléaire, Conférence d'organisation du Programme international d' 1553
évaluation du cycle du combustible nucléaire, Programme international d' 1085
événement 0769
événement anormal 0136
événement de référence 1229
événement mixte 1323
événement séismique 1965
événements sismiques, Groupe spécial d'experts scientifiques chargé d'examiner des mesures de coopération internationale en vue de la détection et de l'identification d' 0035
examen à mi-parcours de la Décennie du désarmement 1264
exercice d'alerte 0730
explosif combustible-air 0859
explosion 0776
explosion aérienne 0091
explosion au sol 0901
explosion avec formation de cratère 0535
explosion contenue 0468
explosion de faible puissance 1194
explosion de forte puissance 0973
explosion expérimentale 2263
explosion expérimentale d'une arme nucléaire 1508
explosion fusante 0091
explosion groupée 0912
explosion, hauteur-type d' 1550
explosion immédiate, mine terrestre à 1662
explosion nucléaire aérienne 1428
explosion nucléaire, puissance d'une 1494
explosion percutante 0901
explosion souterraine 2358
explosions camouflées 0768
explosions dans l'atmosphère 0247
explosions, détection des 1336
explosions dissimulées 0768
explosions en surface 2182
explosions expérimentales d'armes nucléaires 0774
explosions multiples 1359
explosions nucléaires à des fins pacifiques 1453
explosions nucléaires à des fins pacifiques, Groupe consultatif ad hoc sur les 0030
explosions nucléaires pacifiques (ENP) 1610
exportations d'armes 0202

fardeau des armements 0345
faux champ de mines 1633
feux d'artillerie, concentration de 0456
filtre passe-bas 1192
filtre passe-haut 0971
fins non-militaires 1421
fins pacifiques 1611

fins pacifiques, utilisation de l'énergie nucléaire à des . . . 2383
fission . . . 0825
fluctuation d'écho . . . 0234
FNS . . . 2122
FNUOD . . . 2369
fond des mers, utilisation pacifique du . . . 1613
force armée . . . 0190
force armée, emploi de la . . . 2381
force combinée . . . 0436
force de débarquement . . . 1118
force de dissuasion . . . 0637
force de dissuasion indépendante . . . 1025
force de frappe nucléaire . . . 1477
force de frappe stratégique . . . 2133
Force des Nations Unies chargée d'observer le dégagement (FNUOD) . . . 2369
Force des Nations Unies chargée du maintien de la paix à Chypre . . . 2370
force d'intervention . . . 2242
force, non-recours à la . . . 1419
force nucléaire de dissuasion . . . 1448
force nucléaire stratégique (FNS) . . . 2122
forces aériennes . . . 0072
forces aériennes stratégiques, commandement des . . . 2110
forces classiques opérationnelles . . . 0504
forces de représailles . . . 1857
forces militaires, renforcement des . . . 0339 1276
forces nucléaires . . . 1456
formation . . . 2318
forme d'onde . . . 2429
fournitures de campagne, services et . . . 1545
franchissement préparé . . . 0596
frappe anti-cités . . . 0512
frappe contre-forces . . . 0517
frappe contre-valeurs . . . 0525
frappe contre-villes . . . 0512
frappe en premier . . . 0822
frappe en second . . . 1948
frappe en second, stratégie de . . . 1952
frégate, escorteur- . . . 0160 0793
frégate lance-missiles . . . 0926
front de choc . . . 2014
front de l'onde de surpression . . . 1684
front de Mach . . . 1198
fusée . . . 1882
fusée libre . . . 0852
fusée percutante . . . 1016
fusil . . . 1865
fusil automatique . . . 1989
fusil-mitrailleur . . . 1154
fusil mitrailleur, tir de . . . 1155
fusil sans recul . . . 1812
fusil semi-automatique . . . 1992

fusion 0862

garanties adéquates, désarmement comportant des 0037
garanties contre la prolifération des armes nucléaires 1904
garanties efficaces 0717
gaz de combat 2415
gaz irritant (pulmonaire) 1196
gaz lacrimogène 2245
gaz neurotoxique 1390
gaz rare 1403
gaz suffocant 0399
gaz (toxique) vésicant 0305
génétiquement significative, dose 0882
génie militaire 1279
GHz 0890
gigahertz (GHz) 0890
grand ensemble séismologique 1122
grand missile balistique moderne 1328
grande amplitude 0965
Grandes lignes des dispositions fondamentales d'un traité sur le désarmement général et complet dans un monde pacifique 1558
graphique de vectorisation des vents pour le calcul des retombées 0790
grenade à fragmentation 0848
grenade à fusil 1869
groupe 1578
groupe aérien embarqué 0367
Groupe consultatif ad hoc sur les explosions nucléaires à des fins pacifiques 0030
Groupe consultatif d'experts sur les conséquences économiques et sociales du désarmement 0472
Groupe consultatif permanent sur l'application des garanties 2081
groupe d'armées 0214
Groupe de consultants qualifiés chargé d'étudier la réduction des budgets militaires . . . 0914
groupe de destruction 0603
groupe de saut 2097
Groupe de travail international sur les réacteurs à neutrons rapides 1091
Groupe des pays exportateurs de techniques et matières nucléaires 0916
Groupe d'experts chargé d'étudier les conséquences économiques et sociales du désarmement 0915
Groupe d'experts consultants sur les conséquences économiques et sociales de la course aux armements et des dépenses militaires 0913
Groupe spécial d'experts gouvernementaux pour l'étude de la question des zones exemptes d'armes nucléaires 0034
Groupe spécial d'experts scientifiques chargé d'examiner des mesures de coopération internationale en vue de la détection et de l'identification d'événements sismiques . . 0035
groupe tactique aérien 2241
groupement 0417
groupement interarmes 0435
groupement tactique 2242
groupement tactique aérien 0082
guérilla 0918 0919
guérillero 0918

guerre accidentelle . . . 0011
guerre anti-force circonscrite . . . 0491
guerre anti-insurrectionnelle . . . 0520
guerre anti-sous-marins . . . 0163
guerre anti-subversive . . . 0520
guerre biologique . . . 0287
guerre chimique . . . 0396
guerre chimique et biologique . . . 0394
guerre contre-guerilla . . . 0518
guerre d'agression . . . 0053
guerre de destruction . . . 0616
guerre de libération . . . 1149
guerre de partisans . . . 0918 0919
guerre des gaz . . . 0870
guerre d'usure . . . 2416
guerre écologique . . . 0748
guerre économique . . . 0715
guerre froide . . . 0426
guerre mésologique . . . 0748
guerre microbienne . . . 0888
guerre non-classique . . . 2357
guerre non-conventionnelle . . . 2357
guerre nucléaire . . . 1485
guerre nucléaire limitée . . . 1163
guerre nucléaire totale . . . 0116
guerre préventive . . . 1686
guerre psychologique . . . 1722
guerre psychologique stratégique . . . 2130
guerre radiologique . . . 1785
guerre révolutionnaire . . . 1863
guerre, risque de . . . 1879
guerre totale . . . 0117
guet-apens . . . 1197
guidage actif . . . 0026
guidage "en vol" . . . 1263
guidage par inertie, système de . . . 1028
guidage semi-actif . . . 1991
gyroscope de guidage . . . 0921

hauteur d'éclatement de sécurité . . . 1902
hauteur-type d'explosion . . . 1550
hélicoptère . . . 0959
hélicoptère à turbine . . . 2344
hélicoptère de transport . . . 0361
hélicoptère léger d'observation de l'armée de terre (HLO) . . . 0215
herbicides . . . 0961
herbicides appliqués au sol . . . 2044
herbicides de contact . . . 0473
hertz (Hz) . . . 0554 0963
heure d'arrivée . . . 0222
heure origine . . . 2285

heure sur l'objectif . . . 2286
heure sur l'objectif (HSO) . . . 2287
HLO . . . 0215
homme-grenouille . . . 0854
homme-rad . . . 1220
hors de combat . . . 1555
HSO . . . 2287
hydroptère . . . 0998
Hz . . . 0554 0963

identificacion, techniques d' . . . 1009
identification . . . 0674 1006
identification, capacité d' . . . 1007
identification, probabilité d' . . . 1008
identification, seuil d' . . . 1010
IIES . . . 1083
imperméable aux gaz . . . 0871
implosion, arme à . . . 1017
impulsion . . . 1727 2029
incapacitant . . . 1019
incapacité réversible . . . 1858
incident nucléaire . . . 1459
incursion . . . 1790
industrie d'armement . . . 0183
industrie des armements . . . 0183
infanterie mécanisée . . . 1240
INFCE . . . 1085
infiltration . . . 1032
INIS . . . 1086
inspection . . . 1043
inspection aérienne . . . 0043
inspection avant le lancement . . . 1676
inspection du désarmement . . . 1046
inspection, libre . . . 1535
inspection mobile au sol . . . 1325
inspection sur invitation . . . 1045
inspection sur place . . . 1531
inspection, système d' . . . 1048
inspection, système international de contrôle et d' . . . 1089
installation de lancement . . . 1132
installation militaire . . . 1282
installation nucléaire . . . 1460
installation(s) de surveillance /détection/ . . . 1333
installations nucléaires civiles . . . 0404
Institut international d'études stratégiques (IIES) . . . 1083
instruction . . . 2318
instruction, centre d' . . . 2319
instruction, période d' . . . 2320
instrument de détection . . . 1334
intégrité territoriale . . . 2259
intensification de la course aux armements . . . 1056

intensité de la dose absorbée . . . 1759
intensité des signaux . . . 2030
intensité du rayonnement . . . 1762 1763
intercepteur . . . 0803 1060 1062
intercepteur tous temps . . . 0119
interception . . . 1058
interception contrôlée du sol . . . 0903
interdiction . . . 0275
interdiction complète des essais (nucléaires) . . . 0454
interdiction de survol . . . 1564
interdiction des armes atomiques . . . 1701
interdiction des essais d'armes nucléaires . . . 1507
interdiction et élimination de tous les types d'armes de destruction massive . . . 1700
interdiction, tir d' . . . 1067
interférence radar . . . 1738
intervalle d'arrivée onde P - onde S . . . 1898
invalidité réversible . . . 1858
irradiation . . . 1761
irradiation, danger d' . . . 0945
irradiation, dose d' . . . 1757
irritant des sens . . . 1995
irritant des voies respiratoires . . . 1848
irritant (pulmonaire) . . . 1196
irritant sensoriel . . . 1995
isotope radioactif . . . 1775

jeu de guerre . . . 2414

kilotonne (kt) . . . 1110
kt . . . 1110

lance-flammes . . . 0829
lance-flammes mis en position . . . 0732
lance-grenades à fusil . . . 1870
lance-roquettes . . . 1886
lance-roquettes multirampes portatif . . . 1663
lancement à froid . . . 0425
lancement, aire de . . . 1134
lancement, dispositif de . . . 1129
lancement, installation de . . . 1132
lancement, plate-forme de . . . 1134 1135
lancement, rampe de . . . 1137
lancement, table de . . . 1129
lancement, tour de . . . 1136
lanceur . . . 1128 1663
largage . . . 0097
largage en chute libre . . . 0851
laser . . . 1123
Le napalm et les autres armes incendiaires et tous les aspects de leur emploi éventuel 1377
légitime défense collective . . . 0431

légitime défense, droit naturel de 1038
légitime défense individuelle 1026
leurre 0579
libération d'énergie 1828
libre inspection 1535
licenciement 0670
lieu du tir 2021
ligne de communication directe 0649
ligne de communications directe, Mémorandum d'accord relatif à l'établissement d'une 1256
ligne de contrôle de contamination 0478
ligne de sécurité 1405
ligne principale de résistance 1209
limitation des armements 0197 0204
limitation des armements stratégiques 2111
limitation des armes stratégiques offensives 1523
limitation des armes stratégiques offensives, Accord intérimaire relatif à certaines
mesures concernant la 1069
limitation des systèmes offensifs et défensifs d'armes nucléaires stratégiques 1159
limitations convenues des armements nucléaires 0056
localisation, erreur de 1170
localisation, seuil de 1172
logistique 1179

magnitude 1207
magnitude de l'onde de volume 0312
maintenances 1214
maintenir l'équilibre 1210
maintien de la paix 1615
maintien de la paix et de la sécurité internationales 1212
maintien de la paix, opérations de 1616
maîtrise de l'air 0081
maladie des rayons 1765
manoeuvre de repli 2448
manoeuvre, profondeur de 1540
manoeuvres de dissimulation 0767
marge de sécurité 0337
marquage des champs de mines 1302
masque à gaz 1712
masque de protection 1712
masquer 0293
matériel de détection électromagnétique 0728
matériel militaire 1280
matériel, transport de matériel et de vivres 2106
matériels défensifs 0587
matières fissiles 0826
matières fissiles spéciales 2059
matière(s) nucléaire(s) 1461
matières nucléaires, stockage de 2105
matières nucléaires, traitement des 1696
MBFR 1370
mégatonnage, équivalent 0753

mégatonne . . . 1252
mégawatt (MW) . . . 1255
Mémorandum d'accord relatif à l'établissement d'une ligne de communications directe 1256
menace contre la paix . . . 2279
menace de la force . . . 2276
menace de la guerre . . . 2277
menace nucléaire . . . 1482
menace ou emploi de la force . . . 2278
mesure collective . . . 0429
mesure de désarmement . . . 0663
mesure de prévention . . . 1685
mesures anti-insurrectionnelles . . . 0519
mesures anti-subversives . . . 0519
mesures connexes . . . 0428
mesures de radiation, Commission internationale des unités et des . . . 1074
mesures partielles de désarmement . . . 1575
mesures visant à renforcer la sécurité . . . 1238
méthodes de camouflage . . . 0766
méthodes de déception . . . 0766
méthodes de mesure des radiations . . . 1754
méthodes non-séismologiques . . . 1417
méthodes téléséismiques . . . 2251
mettre en place . . . 1683
micro-organisme . . . 1261
milieu à couplage . . . 0528
milieu à faible couplage . . . 1190
milles . . . 1744
mine . . . 1294
mine antichar . . . 0168
mine antipersonnel . . . 0153
mine armée . . . 0028
mine dérivante . . . 0700
mine ludion . . . 1554
mine neutralisée . . . 0669
mine terrestre . . . 1116
mine terrestre à explosion immédiate . . . 1662
mines, emploi défensif des . . . 1298
miniaturisation . . . 1309
mininuke . . . 1310
mirvage . . . 1313
mise au point . . . 0639
mise au point de nouvelles armes nucléaires . . . 0640
mise au point, fabrication et stockage . . . 0641
mise en batterie . . . 1665
mise en batterie /canon/ . . . 0733
mise en demeure, vérification par . . . 2394
mise en garde . . . 2420
mise en place . . . 0607
mise en place de nouvelles ogives nucléaires . . . 0608
missile . . . 1314
missile aérodynamique air-surface . . . 0107

missile air-air 0106
missile air-surface 0109
missile AM 0145 0151
missile anti-sous-marins 0161
missile antiaérien 0143
missile antiaérien portatif 2022
missile antichar 0169
missile antimissile (balistique) (missile AM) 0145
missile antimissile (missile AM) 0151
missile antinavire 0158
missile antiradar 0155
missile balistique 0271
missile balistique à courte portée 2019
missile balistique à longue portée 1187
missile balistique à moyen portée 1248
missile balistique air-surface 0108
missile balistique de portée intermédiaire 1070
missile balistique intercontinental 1064
missile balistique lancé par air 0101
missile balistique lancé par mer 1940
missile balistique lancé par sous-marin 2158
missile bi-étage 2348
missile de croisière 0545
missile de croisière lancé par air 0102
missile de croisière lancé par sous-marin 2159
missile guidé 0924
missile intercepteur 1063
missile intercontinental 1065
missile intercontinental basé à terre 1117
missile intercontinental lancé par sous-marin 2160
missile lancé par sous-marin 2161
missile lourd 0954
missile mer-air 1936
missile mer-mer 2191
missile mer-sol balistique stratégique (MSBS) 2164
missile mer-surface 2363
missile nucléaire tactique 2214
missile opérationnel 1541
missile sol-air 0906
missile sol-sol 0909 2191
missile sol-sol balistique stratégique (SSBS) 0910
missile sol-sol balistique tactique (SSBT) 0907
missile sous-marin anti-sous-marin 2163
missile surface-air 2188
missile surface-anti-sous-marin 2190
missile surface-sous-marin 2189
missile tactique 2213
missiles antimissiles, dispositif de lancement de 0144
missiles balistiques, système de défense contre les 2206
missiles de croisière, sous-marin nucléaire armé de 1497
missiles offensifs, système de 1522

missiles sous-marins à longue portée, système de 2360
mission opérationnelle 1542
missions clandestines 0406
mitrailler à basse altitude 2107
mitrailler au sol 2107
mitraillette Sten 2096
mitrailleuse 1200 1247
mitrailleuse lourde 0953
mobilisation économique 0714
mobilité stratégique 2121
monitorage 1331
moratoire 1338
moratoire sur l'expérimentation et la mise en place de nouveaux systèmes offensifs et défensifs d'armes nucléaires stratégiques 1339
mortier 1340
mortier rayé 1872
moteur-fusée 1884
mouillage d'attente 0978
mouiller des mines (en mer) 1139
mouilleur de mines 1304
mouilleur de mines côtier 0422
moutarde à l'azote 1401
mouvement anaséismique (premier) 0133
mouvement anormal 0137
mouvement des particules 1577
mouvement initial 0821
moyens de guerre radiologiques 1782
moyens pacifiques 1609
MSBS 2164
multiplexage 1362
munition(s) 0126
munitions guidées avec précision 1673
munitions nucléaires 1429
mutagène 1366
mutation génétique 0874
mutations somatiques radio-induites 1766
MW 1255

napalm 1376
napalm, bombardement au 1379
napalm et autres armes incendiaires 1377
nappe 0217
nappe de grandes dimensions 1122
nappe de séismographes 1957
navire amphibie 0128
navire-atelier 1837
navire-citerne à eau 2425
navire d'assaut 0238
navire de combat 0434
navire de guerre 2423
navire de guerre de surface 2185

navire d'entretien . . . 1213
navire lance-missiles . . . 1317
navire nucléaire . . . 1474
navire-piège . . . 0580
navire ravitailleur . . . 2174
navire transport ravitailleur . . . 2323
négociations relatives au désarmement . . . 0664
négociations SALT . . . 1912
négociations sur la limitation des armes stratégiques (SALT) . . . 2114
négociations sur le désarmement . . . 0664
négotiations sur la limitation des armements nucléaires . . . 1432
néphrotoxicité . . . 1389
neutralité armée . . . 0193
neutralité nucléaire . . . 1464
niveau de radioactivité . . . 1147
niveaux convenus des armements . . . 0055
niveaux convenus des effectifs . . . 0054
non-agression . . . 1408
non-dissémination des armes nucléaires . . . 1410
non-emploi des armes incendiaires . . . 1420
non-prolifération . . . 1414
non-prolifération des armes nucléaires . . . 1415
non-prolifération nucléaire . . . 1465
non-recours à la force . . . 1419
nouvelles techniques d'enrichissement de l'uranium . . . 1400
nuage de gaz . . . 0869

objectif . . . 2233 2235
objectif inopiné . . . 1548
objectif militaire . . . 1284
objectif non-ponctuel . . . 0179
objectif occasionnel . . . 1548
objectif ponctuel . . . 1168 1657
observation aérienne . . . 0075
observation séismologique . . . 1969
observations sur place . . . 1532
obus à balles . . . 2023
obus à fragmentation . . . 0849
obus de char . . . 2229
obus de mortier . . . 1346
obus éclairant . . . 2084
obus explosif . . . 0967
obus sous-calibré . . . 2148
obus traçant . . . 2307 2308
obusier . . . 0990
occupation . . . 1519
océan Indien, Comité spécial de l' . . . 0031
ogive . . . 0946
ogive à neutrons . . . 1397
ogive atomique . . . 1486
ogive (de missile ou fusée) . . . 2419

ogive nucléaire . . . 1486
onde . . . 2426
onde acoustique . . . 0018
onde de choc . . . 0298 2015
onde de choc, avant de l' . . . 1199
onde de choc, séparation de l' . . . 0329
onde de Love (onde L) . . . 1189
onde de Rayleigh (onde R) . . . 1804
onde de surface . . . 2186
onde de surface/onde de volume, discriminant . . . 2184
onde de volume . . . 0311
onde de volume, discriminant onde de surface/ . . . 2184
onde de volume, magnitude de l' . . . 0312
onde électromagnétique . . . 0722
onde L . . . 1189
onde P . . . 1567
onde Q . . . 1731
onde R . . . 1804
onde S . . . 1897
ondes à longue période . . . 1184
ondes de surface, rayonnement des . . . 2192
ondes séismiques, énergie des . . . 1974
ONUST . . . 2373
OPANAL . . . 0048
opération de nettoyage . . . 1337
opération de ratissage . . . 1337
opérationnel . . . 1537
opérations aéroportées, champ de mines contre . . . 0139
opérations contre-guerilla . . . 0518
opérations de maintien de la paix . . . 1616
opérations de maintien de la paix, Comité spécial des . . . 2057
opérations radiologiques . . . 1784
ordre de décollage immédiat . . . 1933
organe de contrôle . . . 0486
Organisation du Pacte de Varsovie . . . 2422
Organisation du Traité de (défense collective pour) l'Asie du Sud-Est (OTASE) . . . 2051
Organisation du Traité de l'Atlantique Nord (OTAN) . . . 1423
Organisation européenne pour la recherche nucléaire (CERN) . . . 0764
Organisation internationale du désarmement . . . 1080
Organisme des Nations Unies chargé de la surveillance de la trêve (ONUST) . . . 2373
Organisme pour l'interdiction des armes nucléaires en Amérique latine (OPANAL) . . . 0048
orienteur-marqueur . . . 1587
OTAN . . . 1423
OTASE . . . 2051
ouverture de brèche . . . 0328

paix du monde, consolider la . . . 2142
paix et sécurité internationales . . . 1087
paix, menace contre la . . . 2279
panoplie nucléaire . . . 1466
parachutage . . . 0097

parachute à matériel 2173
parachute ventral 1842
parachutistes 1573
parapluie nucléaire 1483
parc nucléaire 1476
parité nucléaire 1452 1467
parité nucléaire stratégique 2123
particule chargée 0390
partie adverse 1549
partisan 0918
passage 1580
passage, droit de 1875
pathogène 0677
pathologie des radiolésions 1590
patrouille 1591
patrouille de relève 1832
patrouille d'escorte 0758
patrouilleur 1595 1599 1601
patrouilleur côtier 1945
patrouilleur de défense côtière 1945
patrouilleur fluvial 1880
patrouilleur sur coussin d'air 1594
pays exportateurs de techniques et matières nucléaires, Groupe des 0916
PC arrière 0948
PC avancé 0947
pénétration, aides à la 1620
pénétration, capacité de 1621
péniche 0533
perforation 0979
périmètre, radar d'acquisition de 1624
période de calme séismique 1975
période d'instruction 2320
période, programme expérimental à très longue 2401
période (radioactive) 0937
permission de courte durée 1581
personnel militaire 1285
perturbations séismiques 1964
pétrolier 2231
pétrolier ravitailleur d'escadre 0835 2364
PGA 0067
phase 1630
phase, en 1632
phase pP 1671
phase sP 2054
phosgène 1634
phosphore blanc 2445
photographie aérienne 0076
photographie aérienne oblique 1515
piège 0324
piqué, bombardement en 0686
piquet radar 1747

pirate de l'air 0974
piste 2309
pistolet mitrailleur 2152 2291
plafond 0379
plan de feux d'artillerie 0229
plan général de désarmement 0452
plan militaire 1273
plate-forme de lancement 1134 1135
plate-forme de lancement mobile 1326
plate-forme fixe de lancement 0828
plateforme de lancement par air 0100
pluie radioactive 1792
point chaud 0989 2341
point coté 2066
point d'appui 2147
point de contrôle 0391
point de largage de bombes 0315
point de passage 0544
point de tir 2021
point (du quadrillage) 0898
point névralgique 2341
point sensible 1106
point vulnérable 2412
point zéro 0911
pointe /charge utile/ 1424
pointeur 1674
pollution nucléaire 1469
polygone de tir 2265
polygone d'essais 2265
polygone d'essais du Nevada 1399
pont aérien 0103
population radiorésistante 1767
population réceptive 2201
population sensible 2201
porte-avions 0095
porte-hélicoptères 0960
portée /obus, missile/ 1794
portée de détection 0624
portée efficace maximale 1231
poser des mines (terrestres) 1139
position 1169
position clé 1107
position militaire armée 1218
posté 1664
poste à poste 1658
poste avancé 1560
poste de contrôle 0487 1047
poste de guidage avancé (PGA) 0067
poste d'écoute /renseignement/ 1333
potentiel militaire 1287
pourparlers SALT 1912

pourparlers sur la limitation des armes stratégiques (SALT) 2114
poursuite 1729 2312
poursuite, système de 2314
pouvoir meurtrier 1146
pouvoir séparateur en portée 1799
précision de frappe 2144
précision de tir 0012
précision du tir 0012
prélèvement 1916
prélèvement ponctuel, dispositif à 1655
premier mouvement 0821
première frappe 0822
première frappe, capacité de 0823
première frappe, stratégie de 0824
préparation 1682
préparation civile pour le temps de guerre 0405
préparation opérationnelle 1544
prévention des crises, stratégie de 0540
Principes fondamentaux régissant les négociations sur une nouvelle limitation des armements stratégiques offensifs 0280
probabilité de destruction 1108
probabilité de détection 0623
probabilité d'identification 1008
problème du désarmement 0665 1692
procédés contre-guerilla 0518
procédure fail-safe 0785
procédures de vérification 2396
processeur de station d'ensemble séismologique (SASP) 1986
processus de désarmement 1694
produits fissiles 0826
produits fissiles spéciaux 2059
produits ou déchets radioactifs 1776
profondeur de manoeuvre 1540
programme d'armements 0206
programme d'assistance militaire 1270
programme détaillé de désarmement 0453
programme expérimental à très longue période 2401
Programme international d'évaluation du cycle du combustible nucléaire, Conférence d'organisation du 1553
Programme international d'évaluation du cycle du combustible nucléaire (INFCE) . . . 1085
Programme pour la paix et la coopération internationales 1698
programme VELA 2390
progression par bonds 1141
prohibition d'emploi à la guerre de gaz asphyxiants, toxiques ou similaires et de moyens bactériologiques, Protocole concernant la 1715
projectile 1702
projectile à grande vitesse 0972
projectile d'artillerie guidé 0355
projectile de mortier 1342
projectile de petit calibre 2040
projectile de rupture 0970

projectile empenné 0810
projectile perforant 0970
projet d'accord sur l'interdiction de la mise au point et de la fabrication de nouveaux types d'armes de destruction massive et de nouveaux systèmes de telles armes 0693
projet de convention sur l'interdiction d'agir sur l'environnement et le climat à des fins militaires et autres incompatibles avec le maintien de la sécurité internationale, le bien-être et la santé de l'être humain 0695
projet de convention sur l'interdiction de l'emploi des armes nucléaires 0696
projet de convention sur l'interdiction des moyens de guerre biologiques 0694
projet de traité mondial sur le non-recours à la force dans les relations internationales 0699
projet de traité sur le désarmement général et complet sous un strict contrôle international 0697
projet de traité sur l'interdiction complète et générale des essais d'armes nucléaires . . . 0698
prolifération 1704
prolifération des armes nucléaires 1706
prolifération des armes nucléaires, garanties contre la 1904
prolifération horizontale 0987
prolifération nucléaire 1472
prolifération verticale 2398
propagation 1708
propagation, durée de 2325
propagation, vitesse de 2392
propergol 1711
propulsion nucléaire, sous-marin d'attaque à 1495
propulsion nucléaire, sous-marin de chasse à 1499
propulsion nucléaire, sous-marin lance-missiles à 1496
protection contre les effets du souffle 0297
protection contre les radiations, Commission internationale de 1073
Protocole à l'Accord intérimaire relatif à certaines mesures concernant la limitation des armes stratégiques offensives 1717
Protocole à l'Accord pour la prévention des incidents en haute-mer et au-dessus de la haute-mer 1716
Protocole additionnel I au Traité visant l'interdiction des armes nucléaires en Amérique latine 0036
Protocole au Traité sur la limitation des essais souterrains d'armes nucléaires 1719
Protocole au Traité sur la limitation des systèmes de missiles antimissiles 1718
Protocole au Traité sur les explosions nucléaires souterraines à des fins pacifiques 1720
Protocole concernant la prohibition d'emploi à la guerre de gaz asphyxiants, toxiques ou similaires et de moyens bactériologiques 1715
Protocole de signature facultative concernant le règlement obligatoire des différends . . 1551
Protocole I (Protocole additionnel aux Conventions de Genève du 11 août 1949 relatif à la protection des victimes des conflits armés internationaux) 1713
Protocole II (Protocole additionnel aux Conventions de Genève du 12 août 1949 relatif à la protection des victimes des conflits armés non-internationaux) 1714
puissance 2454
puissance de feu 0818
puissance des signaux 2030
puissance dotée d'armes nucléaires 1503
puissance d'une explosion nucléaire 1494
puissance globale prévue 1647
puissance militaire 1277

puissance militaire, accroissement de la . . . 0340 1276
puissance nucléaire . . . 1470
puissance stratégique, accroissement de la . . . 2116

question du désarmement . . . 0666

rad . . . 1734
radar . . . 1735
radar aéroporté . . . 0088
radar antimortier . . . 1344
radar, autoguidage par . . . 1750
radar, avion de surveillance . . . 1748
radar, couverture . . . 1739
radar d'acquisition de périmètre . . . 1624
radar d'alerte avancée . . . 0039
radar d'altimétrie . . . 0957
radar d'appontage . . . 1743
radar d'approche de précision . . . 1672
radar de conduite de tir . . . 0815 2313
radar de couverture complémentaire . . . 0867
radar de défense aérienne haute/basse altitude . . . 0968
radar de navigation . . . 1384
radar de poursuite . . . 2313
radar de repérage et d'identification . . . 1810
radar de site de missiles . . . 1318
radar de surveillance . . . 2197
radar de tir . . . 0815
radar de veille . . . 2197
radar de veille aérienne /grande distance/ . . . 1186
radar de veille surface . . . 2183
radar, destroyer de surveillance . . . 1749
radar, écho . . . 1741
radar, interférence . . . 1738
radar multifonctions . . . 1363
radar, piquet . . . 1747
radar, réseau . . . 1745
radar, surveillance- . . . 1747
radar, tir au . . . 1742
radar tridimensionnel . . . 2280
radariste . . . 1746
radiations, méthodes de mesure des . . . 1754
radio-concentration, barême de . . . 1779
radioactivité . . . 1777
radioactivité, détection de la . . . 1783
radioactivité, niveau de . . . 1147
radioactivité, surveillance de la . . . 1783
radiocancérogenèse . . . 1753
radiolésions . . . 1755
radiolésions, pathologie des . . . 1590
radionucléide . . . 1786
radioralliement . . . 0983

radiosensibilité génétique . . . 0881
radiotoxémie . . . 1765
radôme . . . 1789
rafale d'arme automatique . . . 1202
rafale de mitrailleuse . . . 2108
raid . . . 1790
rampe de lancement . . . 1137
rapport signal/bruit . . . 2032
ravitaillement . . . 2171
ravitaillement préorganisé . . . 1648
ravitailleur . . . 2253
ravitailleur à la mer . . . 1840
ravitailleur de munitions . . . 0127
rayon de sécurité . . . 1788
rayon laser antisatellite . . . 0156
rayonnement . . . 1751
rayonnement, dégâts par . . . 1755
rayonnement des ondes de surface . . . 2192
rayonnement, diffusion du . . . 1764
rayonnement gamma terrestre, débit de dose de . . . 2258
rayonnement initial . . . 1041
rayonnement, intensité du . . . 1762 1763
rayonnement ionisant . . . 1095
rayonnement ionisant naturel . . . 0267
rayonnement résiduel . . . 1844
rayonnement thermique d'une explosion nucléaire . . . 2272
rayonnement ultraviolet . . . 2352
rayonnements, effet à retardement des . . . 0592
rayonnements ionisants . . . 0256 1095
rayons gamma . . . 0865
rayons, maladie des . . . 1765
réacteur . . . 1806
réacteur à eau bouillante . . . 0313
réacteur à eau légère . . . 1157
réacteur à eau lourde . . . 0956
réacteur de radiobiologie . . . 0291
réacteur nucléaire . . . 1473
réacteur surrégénérateur rapide . . . 0797
réacteurs à neutrons rapides, Groupe de travail international sur les . . . 1091
réarmement . . . 1809
recomplètement . . . 1839
reconnaissance . . . 1815
reconnaissance aérienne . . . 0045
reconnaissance par satellite . . . 1920
reconnaissance photographique, couverture de . . . 1641
reconnaissance stratégique à grande distance, avion de . . . 1182
reconnaissance tous temps . . . 0120
réduction des armements stratégiques nucléaires . . . 1821
réduction des budgets militaires . . . 1820
réduction des budgets militaires, Groupe de consultants qualifiés chargé d'étudier la . . . 0914
réductions asymétriques . . . 0244

réductions convenues 0057
réductions mutuelles 1372
réductions mutuelles et équilibrées des forces (MBFR) 1370
régime des garanties 1905
régiment de chars 2223
région aséismique 0231
région séismique 1956
réglage du tir 0038
réglage du tir par avion 0094
règlement obligatoire des différends, Protocole de signature facultative concernant le . . 1551
règlement pacifique des différends 1568
règlement politique 1659
réglementations des armements 1825
règles humanitaires relatives aux conflits armés 0994
relève 1830
relève, équipe de 1831
relève, patrouille de 1832
rendement de couplage 0527
renforcement de l'arsenal stratégique 2116
renforcement des forces militaires 1276
renforcement des forces militaires (et de police) 0339
renforcer la sécurité, mesures visant à 1238
renseignement 1054
renseignement photographique 1640
réponse, courbe de 1851 1852
représailles 1855
représailles massives 1228
réseau 2204
réseau de détection et contrôle 0482
réseau de stations séismologiques 1973
réseau des PGA 0068
réseau des postes de guidage avancés 0068
Réseau mondial des stations sismologiques de premier ordre (WWSSN) 2450
réseau radar 1745
réseau séismologique 1966
réseaux de surveillance séismographique 1981
réseaux d'ensembles orientés 2094
réserve 1841
réserves tactiques 2217
résidus d'arme nucléaire 2433
résistance au cisaillement 2003
résistance, ligne principale de 1209
Résolution du Conseil des Gouverneurs concernant l'établissement de limites maxima pour l'exclusion de petites quantités de matières nucléaires du champ d'application de la Convention de Vienne sur la responsabilité civile en matière de dommages nucléaires 1847
retard 0591
retardement, armes à 2288
retombée à grande portée 1188
retombée locale 1167
retombée proche 0414

retombée radioactive d'importance militaire, zone de 0178
retombées radioactives 1773
retombées radioactives, diagramme des 0789
retrait progressif et équilibré 1699
rickettsies 1864
riposte 1849
riposte à la mesure 0836
riposte, capacité de 2145
riposte graduée 0836
riposte nucléaire 1948
riposte nucléaire limitée 1161 1162
riposte proportionnelle 1230
risque 0943
risque calculé maximum, stratégie du 0332
risque de contamination nucléaire 1878
risque de guerre 1879
risque exceptionnel 0731
risque modéré 1327
risque négligeable 1387
roche dure 0940
roche dysharmonique 1024
roentgen 1890
rôle de l'Organisation des Nations Unies dans le domaine du désarmement, Comité spécial pour l'étude du 0032
roquette 0284 1882
roquette à charge creuse 2001
roquette anti-sous-marins 0162
roquettes, salve de 1888
route effective /d'un avion, d'un navire/ 2309
rupture de la paix 0327

SAAC 1958
sabot 1900
SALT 2114
SALT, entretiens 1912
SALT I 1911
SALT, négociations 1912
SALT, pourparlers 1912
salve de roquettes 1888
SAMP 1249
Santé publique et armes chimiques et biologiques 0949
SASP 1986
satellite de communications 0448
satellite de défense 0586
satellite de reconnaissance 1817
satellite "tueur" 1109
saturation, bombardement de 1922
seconde frappe, capacité de 1951
secousse 2013
secteur 2456
section 1651

sécurité . . . 1953
sécurité collective . . . 0430
sécurité nationale . . . 1381
sécurité personnelle . . . 1642
Seismic Array Analysis Center (SAAC) . . . 1958
séismicité . . . 1976
séismogramme . . . 1977
séismogramme à large bande . . . 0333
séismographe . . . 1979
séismographe à large bande . . . 0334
séismographe de longue période . . . 1183
séismographe horizontal . . . 0988
séismographe vertical . . . 2399
séismographes, ensemble de . . . 1957
séismographes, nappe de . . . 1957
sélectivité . . . 1987
s'engager . . . 0743
senseur infrarouge . . . 1036
sensibilité . . . 1993
séparation de l'onde de choc . . . 0329
service courant . . . 1997
service de santé . . . 1244
services et fournitures de campagne . . . 1545
Session extraordinaire de l'Assemblée générale consacrée au désarmement . . . 2060
seuil . . . 2281
seuil de détection . . . 0626
seuil de discrimination . . . 0676
seuil de localisation . . . 1172
seuil de magnitude . . . 1208
seuil d'identification . . . 0676 1010
shrapnel . . . 2023
signal . . . 0221 1727
signal /détection/ . . . 2027
signal brouillé . . . 1516
signal masqué . . . 1516
signaux séismiques . . . 1971
sillage /d'une torpille/ . . . 2309
silo . . . 2033
SIPRI . . . 2099
site . . . 2036
site de lancement . . . 1138
site protégé . . . 0941
soldats de la conscription . . . 0471
soldats du contingent . . . 0471
sonar . . . 2047
sonar d'étrave . . . 0325
sonar remorqué . . . 2300
sophistication . . . 2050
souffle . . . 0295 0296
souffle, protection contre les effets du . . . 0297

Sous-Comité chargé d'étudier la question d'un traité pour la cessation des essais d'armes nucléaires . . . 2150
Sous-Comité de la Commission du désarmement . . . 2149
Sous-Comité juridique . . . 1142
sous le vent (de l'objectif) . . . 0691
sous-marin . . . 2153
sous-marin à propulsion classique . . . 0506
sous-marin (à propulsion) diesel armé de missiles balistiques . . . 0645
sous-marin (à propulsion) diesel armé de missiles de croisière . . . 0646
sous-marin armé de missiles balistiques . . . 0274
sous-marin chasseur de sous-marin . . . 2157
sous-marin d'attaque à propulsion diesel . . . 0644
sous-marin d'attaque à propulsion nucléaire . . . 1495
sous-marin de chasse à propulsion nucléaire . . . 1499
sous-marin lance-missiles à propulsion nucléaire . . . 1496
sous-marin nucléaire . . . 1478
sous-marin nucléaire armé de missiles de croisière . . . 1497
soutien . . . 2175
soutien différé . . . 0593
soutien direct . . . 0651
soutien logistique . . . 1177
soutien logistique, bâtiment de . . . 1176
soutien logistique, coût du . . . 1175
soutien logistique par air . . . 0074
soutien rapproché . . . 0411
spectre d'amplitude . . . 0131
SPLP . . . 0220
SSBS . . . 0910
SSBT . . . 0907
stabilité des armements . . . 0210
stabilité stratégique . . . 2132
stage . . . 2320
standardisation . . . 2080
station séismologique . . . 1972
stationner . . . 2092
stations séismologiques, réseau de . . . 1973
stock caché . . . 0964
stockage . . . 2104
stockage de matières nucléaires . . . 2105
stockage des armes . . . 2102
stocker . . . 2101
Stockholm International Peace Research Institute (SIPRI) . . . 2099
stocks d'armes nucléaires existants . . . 0773
stratégie . . . 2138
stratégie anti-cités . . . 0511
stratégie contre-forces . . . 0516 1404
stratégie contre-villes . . . 0511
stratégie de deuxième frappe . . . 1952
stratégie de dissuasion . . . 1093
stratégie de frappe en second . . . 1952
stratégie de guerre . . . 1093

stratégie de l'avant 0842
stratégie de première frappe 0824
stratégie de prévention des crises 0540
stratégie d'évitement 1404
stratégie du bord de l'abîme 0332
stratégie du risque calculé maximum 0332
stratégie totale 2298
suiveur 2311
super-grand 2168
super-puissance 2168
supériorité nucléaire 1479
supériorité nucléaire stratégique 2124
supériorité stratégique 2134
sur-puissance 2168
surdestruction, capacité de 1565
surpression 1566
surpression de crête 1618
surrégénérateur industriel 0442
surveillance 1331
surveillance côtière, vedette de 1946
surveillance de la radioactivité 1783
surveillance maritime 1935
surveillance-radar 1747
surveillance séismographique, réseaux de 1981
surveillance séismologique 1984
survie 2199
survivant de la bombe atomique 0252
survol 1562
survol, interdiction de 1564
suspension 0671
suspension des essais nucléaires et thermonucléaires 2202
sustentation aérodynamique 0046
système 2204
système à sûreté intégrée 0784
Système aéroporté d'alerte et de contrôle (AWACS) 0090
système AM 0146
système d'alerte avancée 0708
système d'armements offensifs 1521
système d'armes 0211 2442
système d'armes antimissiles 0152
système d'atterrissage par guidage radar 0902
système d'autoguidage 0922
système de bombardement à orbite fractionnaire 0845
système de commande 0489
système de contrôle 0488 0489
système de défense anti-missile (balistique) 0273
système de défense contre les missiles balistiques 2206
système de détection 0625
système de détection et de poursuite 0620
système de garanties de l'Agence internationale de l'énergie atomique 1072
système de guidage 0922

système de guidage par inertie 1028
système de lancement d'armes d'avion 0096
système de missiles antimissiles (balistiques) (système AM) 0146
système de missiles offensifs 1522
système de missiles sous-marins à longue portée 2360
système de poursuite 2314
système de vérification 2397
système d'inspection 1048
système international de contrôle et d'inspection 1089
Système international de documentation nucléaire (INIS) 1086
système stratégique offensif de vecteurs d'armes nucléaires 1524
système surface-air à moyenne portée (SAMP) 1249
systèmes avancés 0843
systèmes centraux 0381
systèmes d'armes guidées sol-sol 0908
systèmes d'armes nucléaires stratégiques 2127
systèmes de l'avant 0843
systèmes défensifs d'armes nucléaires stratégiques 0589
systèmes non-centraux 1409
systèmes TERMERAIR (terre-mer-air) 1121

table de lancement 1129
table d'écoute 1333
tactique 2210
tapis de bombes 0362
technique de désamorçage 1835
technique de pointe 0969
techniques de modification de l'environnement 0747
techniques d'identification 1009
technologie des armes nucléaires 2247
technologie du laser 1126
technologie laser 1126
technologie militaire 1291
technologie nucléaire 1480
télécommande 1833
télédétection 1834
téléguidage 1833
télémesure 2249
télémètre 1797
télémètre à laser 1125
télémètre laser 1125
télémétrie 1798
télépointeur 0816
télévision infrarouge 1037
tempête de feu 0819
temps de réaction du personnel 1628
temps de service 2299
tension, diminution de la 1827
tension internationale 1090
TERMERAIR, systèmes 1121
terrain de circonstance 1547

terrain de dégagement 0121
terrain de déroutement 0122
terrain de diversion 0122
terrain de recueil 0121
territoire libéré 1148
tête 2419
tête chercheuse 0931 0982 2239
tête chercheuse à infrarouge 1035
tête chercheuse acoustique, torpille à 0017
tête de missile 0946
tête de pont 0331
tête de pont aérienne 0099
tête nucléaire 1486
théâtre de guerre 2270
tir 0776
tir antiaérien 0142
tir antichar 0165
tir au radar 1742
tir, cadence de 1802
tir, cadence normale de 2203
tir clairsemé 1152
tir d'appui 2180
tir d'appui rapproché 0413
tir d'artillerie 0228
tir de char 2225
tir de contre-batterie 0510
tir de flanquement 0832
tir de fusil 1868
tir de fusil mitrailleur 1155
tir de harcèlement 0938
tir de mortier 1343
tir de neutralisation 1394
tir de préparation 1678
tir de protection 0531
tir de roquettes 1885
tir de zone 0684
tir d'interdiction 1067
tir expérimental 2264
tir par avion, réglage du 0094
tir, précision de 0012
tir, précision du 0012
tir rasant 0896
tir, réglage du 0038
tir souterrain 2358
tir sporadique 2064
tir, tirs 0820
tirs de concentration 0455
TNP 1416 2334
torpille 2292
torpille à tête chercheuse acoustique 0017
tour 2299

tour de lancement 1136
toxicité 2303
toxicité, détermination de la 2304
toxine 2306
toxiques généraux 2208
traceur (radioactif) 2307
train d'ondes 1630
Traité de l'Atlantique Nord 1422
Traité de Tlatelolco 2330
Traité d'interdiction partielle des essais nucléaires 1576
Traité interdisant de placer des armes nucléaires et d'autres armes de destruction massive sur le fond des mers et des océans ainsi que dans leur sous-sol 2335
Traité interdisant les essais d'armes nucléaires dans l'atmosphère, dans l'espace extra-atmosphérique et sous l'eau 2327
Traité relatif au fond des mers 1939
Traité sur la limitation des essais souterrains d'armes nucléaires 2333
Traité sur la limitation des essais souterrains d'armes nucléaires, Protocole au 1719
Traité sur la limitation des systèmes de missiles antimissiles 2332
Traité sur la limitation des systèmes de missiles antimissiles, Protocole au 1718
Traité sur la non-prolifération des armes nucléaires (TNP) 2334
Traité sur la non-prolifération (TNP) 1416
Traité sur l'Antarctique 0138
traité sur le désarmement général et complet dans un monde pacifique, Grandes lignes des dispositions fondamentales d'un 1558
Traité sur les explosions nucléaires souterraines à des fins pacifiques 2336
Traité sur les explosions nucléaires souterraines à des fins pacifiques, Protocole au . . . 1720
Traité sur les principes régissant les activités des Etats en matières d'exploration et d'utilisation de l'espace extra-atmosphérique, y compris la lune et les autres corps célestes 2331
Traité sur l'espace extra-atmosphérique 1556
Traité visant l'interdiction des armes nucléaires en Amérique latine 2329
Traité visant l'interdiction des armes nucléaires en Amérique latine, Protocole additionnel I au 0036
traitement des matières nucléaires 1696
traitement du signal 2028
trajectoire 1585 1710
trajectoire continentale 0479
trajectoire de descente 0891
trajet 1710
trajet continental 0479
trajet (de propagation) 1585
trajets multiples 1358
transfert des armes nucléaires 2322
transmissions 2027
transport de chalands de débarquement 0237
transport de commando 0441
transport de matériel et de vivres 2106
transport de troupes 2339
transport de troupes blindé 0195
transporter par air 0104
transporter par avion 0104

transporteur . . . 0365
transporteur-érecteur-lanceur . . . 2324
tremblement de terre à faible profondeur . . . 2000
tremblement de terre gênant la détection . . . 1068
trêve avec maintien en l'état . . . 2083
trêve des armements . . . 0185
triade . . . 2337
triade stratégique . . . 2135
trouée dans un champ de mines . . . 1301
troupe de partisans . . . 0918
troupes aéroportées . . . 0089
trousse de détection . . . 0622
tube lance-torpilles . . . 2296
turbine, hélicoptère à . . . 2344
turbopropulseur, avion à . . . 2346
turboréacteur, avion à . . . 2345
type dispersant . . . 1929

unité de combat . . . 0433
unité de maintenance . . . 1215
unité de soutien . . . 2179
unité mécanisée . . . 1242
unités en grappe . . . 0417
uranium 235 militaire . . . 2434
usine d'enrichissement . . . 0746
usine d'enrichissement de l'uranium . . . 2380
utilisation de l'énergie nucléaire à des fins pacifiques . . . 2383
utilisation pacifique du fond des mers . . . 1613
utilisations pacifiques de l'énergie nucléaire . . . 1614

vecteur . . . 0597 2386 2388
vecteur à têtes multiples indépendamment guidées . . . 1360
vecteur d'arrivée . . . 0223
vecteur d'arrivée apparent . . . 0173
vecteur nucléaire . . . 1445
vecteur stratégique . . . 2120
vecteurs . . . 1236
vecteurs d'armes nucléaires offensives stratégiques . . . 2129
vecteurs d'armes nucléaires, système stratégique offensif de . . . 1524
vectorisation des vents pour le calcul des retombées, graphique de . . . 0790
vedette . . . 1348
vedette de défense côtière . . . 1944
vedette de dragage sans pilote . . . 0702
vedette de soutien . . . 0239
vedette de surveillance côtière . . . 1946
vedette lance-torpilles . . . 1600 2294
vedette rapide . . . 0795 0796
vedette rapide lance-missiles . . . 0794
véhicule . . . 2388
véhicule blindé de reconnaissance . . . 1930
véhicule blindé de transport de troupes (VTT) . . . 0194

véhicule chenillé . . . 2310
véhicule de transport . . . 0365
véhicule non-blindé de transport de troupes . . . 2355
véhicule spatial . . . 2056
véhicule tous usages . . . 0878
véhicule tout terrain . . . 0542
veille aérienne . . . 0083
veille aérienne /grande distance/ . . . 1185
veille-air . . . 0083
vent, sous le . . . 0691
ventes d'armes . . . 0209
vérification élargie . . . 0129
vérification par mise en demeure . . . 2394
vérification, procédures de . . . 2396
vérification sur place . . . 1533
vérification, système de . . . 2397
vérification toxicologique . . . 2305
vésicant . . . 2402
vésicants . . . 0304
visées agressives . . . 0052
vitesse apparente . . . 0174
vitesse de décroissance (radioactive) . . . 0559
vitesse de phase . . . 1631
vitesse de propagation . . . 2392
vitesse initiale . . . 1374
vitesse subsonique . . . 2162
vitesse supersonique . . . 2169
vol aux instruments . . . 0302
vol, en . . . 0085
vol sans visibilité . . . 0302
vomitif . . . 2408
VTT . . . 0194
vulnérabilité . . . 2411

WWSSN . . . 2450

ypérite azotée . . . 1401

zone . . . 2456
zone chaude . . . 0989
zone contaminée . . . 0476
zone de bombardement . . . 0320
zone de bombardement sans restriction . . . 0301
zone de déploiement logistique . . . 1173
zone de dispersion . . . 1928
zone de largage . . . 0703
zone de l'objectif . . . 1514
zone de paix . . . 2458
zone de retombée radioactive d'importance militaire . . . 0178
zone de saut . . . 0703

zone de stationnement 2078
zone d'embarquement 1166
zone démilitarisée 0601
zone dénucléarisée 0605
zone d'étape 2078
zone d'impact(s) 1015
zone exempte d'armes nucléaires 1509
zone militairement dénucléarisée 1265
zones exemptes d'armes nucléaires, Groupe spécial d'experts gouvernementaux pour
l'étude de la question des 0034

a favór del viento (respecto del objetivo) 0691
a petición 1527
a prueba de gas 0871
abastecimientos de campaña, servicios y 1545
accidente de arma nuclear 1502
acción 0740
acción psicológica 1721
acción retardada, armas de 2288
acción retardada, bomba de 0594
ACDA 0199
acimut 0265
acontecimiento de referencia 1229
acoplamiento, medio de bajo 1190
acoplamiento sísmico 1959
acorazado 0282
Acta final de la Conferencia internacional sobre responsabilidad civil por daños nucleares 0805
Acta final de la Conferencia jurídica internacional sobre el transporte marítimo de sustancias nucleares 0806
activar 0021
actividad inducida por neutrones 1398
actividad subversiva 2166
acto de agresión 0019
acuerdo de coproducción de armamentos 1103
acuerdo de desarme 0657
Acuerdo de Vladivostok 2405
Acuerdo provisional sobre ciertas medidas relativas a la limitación de las armas ofensivas estratégicas 1069
Acuerdo provisional sobre ciertas medidas relativas a la limitación de las armas ofensivas estratégicas, Protocolo al 1717
Acuerdo sobre la prevención de incidentes en alta mar y sobre la alta mar . . 0060
Acuerdo sobre la prevención de incidentes en alta mar y sobre la alta mar, Protocolo al 1716
Acuerdo sobre la prevención de la guerra nuclear 0061
Acuerdo sobre la prevención del uso de armas nucleares por equivocación o por accidente 0059
Acuerdo sobre las medidas para reducir el riesgo de desencadenar una guerra nuclear 0058
acuerdos SALT 1910
acuerdos sobre la limitación de las armas estratégicas 2113
acuerdos Zorin-McCloy 2459
acumulación de armamentos 2102
acumular 2101
adiestramiento 2318
adiestramiento, centro de 2319
adiestramiento, período de 2320
Advanced Research Program Agency (ARPA) 0040
adversario 1549
aerodeslizador de patrulla 1594
aeródromo alternativo 0122

aeródromo de oportunidad . . . 1547
aeródromo eventual . . . 0121
aeromóvil . . . 0085
aeronave de alas rotatorias . . . 1891
aeronave de piquete aéreo . . . 0044
aeronave de transporte . . . 0365
aeronave para todas las condiciones meteorológicas . . . 0118
aeronave precursora . . . 1588
aerotransportado . . . 0085
afuste . . . 1349
agente biológico de guerra . . . 0285
agente de efecto instantáneo . . . 1050
agente de guerra química (AGQ) . . . 0395
agente incapacitante . . . 1019
agente infiltrado . . . 1033
agente microbiano . . . 1260
agente neurotóxico . . . 2384
agente para la represión de disturbios . . . 1877
agente patógeno . . . 1589
agente radiactivo . . . 1769
agentes NBQ . . . 1437
agentes nucleares, bacteriológicos y químicos (agentes NBQ) . . . 1437
agentes químicos letales . . . 1143
agentes químicos tóxicos . . . 2301
agentes vesicantes . . . 0304
AGQ . . . 0395
agresión, acto de . . . 0019
agresión no provocada . . . 2374
agrupación táctica aérea . . . 0082 2241
alarma automática . . . 0261
alarma de fuente puntual . . . 1656
alcance . . . 1794
alcance de detección . . . 0624
alcance eficaz máximo . . . 1231
alerta . . . 2420
alerta aérea . . . 0086
alerta avanzada . . . 0705
alerta estratégica . . . 2137
alerta temprana . . . 0705
alerta temprana, radar avanzado de . . . 0039
alianza militar . . . 1268
alistarse . . . 0743
almacenamiento . . . 2104
almacenamiento de materiales nucleares . . . 2105
alto tecnología . . . 0969
altura de explosión sin peligro . . . 1902
altura óptima de explosión . . . 1550
amenaza a la paz . . . 2279
amenaza de guerra . . . 2277
amenaza de la fuerza . . . 2276
amenaza nuclear . . . 1482

amenaza o uso de la fuerza 2278
ametralladora 1200
ametralladora, descarga completa de 1203
ametralladora ligera 1154
ametralladora ligera, fuego de 1155
ametralladora liviana 1154
ametralladora liviana, fuego de 1155
ametralladora pesada 0953
ametralladora, ráfaga de 1202
ametralladora semipesada 1247
ametrallar 2107
amplificación 1206
amplitud, gran 0965
análisis de datos obtenidos de complejos sismográficos múltiples 1356
anomalías del cromosoma 0401
antagonista 1549
antemano, tomar posiciones de 1683
anticontramedidas electrónicas 0723
antifuerza 0148
antisubmarino 0159
antitanque 0164
Anuario de las Naciones Unidas sobre Desarme 2368
aparato de interferencia automática 0263
aparato fotográfico para tomas aéreas 0066
apertura de brecha 0328
apertura de paso 0328
aplicaciones pacíficas de la energía atómica 1607
apoyo 2175
apoyo aéreo 0080
apoyo aéreo cercano 0409
apoyo aéreo directo 0648
apoyo aéreo, fuego de 0812
apoyo aéreo táctico 2212
apoyo aplazado 0593
apoyo cercano 0411
apoyo diferido 0593
apoyo directo 0651
apoyo logístico 1177
apoyo logístico aéreo 0074
apoyo logístico, buque de 1176
apoyo retardado 0593
aprovisionamiento 2171
aproximación dirigida desde tierra, sistema de 0902
área de estacionamiento 2078
área de impactos 1015
área del objetivo 1514
arma 2431
arma absoluta 0009 2351
arma antimaterial 0150
arma antipersonal 0154
arma antisatélite 0157
arma antitanque ligera 1150

arma atómica . . . 0257
arma biológica . . . 0288
arma de acción retardada . . . 0595
arma de alta radiactividad residual (salted weapon) . . . 1913
arma de cinturón . . . 2025
arma de destrucción en masa . . . 2435
arma de fragmentación . . . 0850
arma de fuego ligera . . . 1153
arma de fuego liviana . . . 1153
arma de guerra y de destrucción en masa . . . 2436
arma de implosión . . . 1017
arma de potencia nominal . . . 1407
arma de segunda generación . . . 1947
arma explosiva . . . 0299
arma incendiaria . . . 1021
arma kilotónica . . . 1111
arma letal . . . 1145
arma megatónica . . . 1253
arma mortífera . . . 1145
arma nuclear . . . 1488 1511
arma nuclear, accidente de . . . 1502
arma nuclear, desecho de . . . 2433
arma nuclear, ensayo de un . . . 1506
arma nuclear estratégica . . . 2125
arma nuclear, explosión experimental de un . . . 1508
arma nuclear "limpia" . . . 0407
arma nuclear, residuo de . . . 2433
arma nuclear táctica . . . 2215
arma para destruir cultivos agrícolas . . . 0147
arma sin retroceso . . . 1813
arma sin retroceso, descarga completa de . . . 1814
arma subkilotónica . . . 2151
arma teledirigida . . . 0928
arma termonuclear . . . 2274
armamento nuclear . . . 1430 1492
armamento ofensivo . . . 1520
armamentos, acumulación de . . . 2102
armamentos convencionales . . . 0501
armamentos convencionales, arsenal de . . . 0502
armamentos de tipo corriente . . . 0501
armamentos de tipo corriente, arsenal de . . . 0502
armamentos, niveles convenidos de . . . 0055
armamentos nucleares estratégicos, reducción de los . . . 1821
armamentos ofensivos, sistema de . . . 1521
armamentos, regulación de los . . . 1825
armas antifuerza . . . 0149
armas antimisiles, sistema de . . . 0152
armas antitanque dirigidas . . . 0166
armas atómicas, prohibición de las . . . 1701
armas bacteriológicas (biológicas) . . . 0269
armas convencionales . . . 0505
armas de acción retardada . . . 2288

armas de destrucción en masa, prohibición y eliminación de todos los tipos de 1700
armas de técnica avanzada 2049
armas de tipo corriente 0505
armas estratégicas, limitación de las 2111
armas estratégicas ofensivas, limitación de las 1523
armas incendiarias, no utilización de 1420
armas ligeras 2039
armas menores 1311
armas modernas 1329
armas nucleares 1492
armas nucleares, difusión de las 2069
armas nucleares, Estados poseedores de 1504
armas nucleares, Estados que poseen 1504
armas nucleares estratégicas, limitación de los sistemas ofensivos y defensivos de 1159
armas nucleares estratégicas ofensivas, sistema de vectores de 1524
armas nucleares estratégicas ofensivas y defensivas, moratoria sobre el ensayo y emplazamiento de nuevos sistemas de 1339
armas nucleares estratégicas, sistemas de 2127
armas nucleares, explosiones experimentales de 0774
armas nucleares, limitaciones convenidas de las 0056
armas nucleares, negociaciones sobre el control de las 1432
armas nucleares, no diséminacion de 1410
armas nucleares, no proliferación de las 1415
armas nucleares ofensivas estratégicas, vectores de 2129
armas nucleares operacionales 1543
armas nucleares, Potencia poseedora de 1503
armas nucleares, proliferación de las 1706
armas nucleares, reservas existentes de 0773
armas nucleares tácticas 0281 2269
armas nucleares, tecnología de las 2247
armas nucleares, transferencia de 2322
armas nucleares, vehículo portador de 1445
armas ofensivas estratégicas, Acuerdo provisional sobre ciertas medidas relativas a la limitación de las 1069
armas perfeccionadas 2049
armas pérfidas 2326
armas portátiles 2039
armas principales 1216
Armas que pueden causar sufrimientos innecesarios o tener efectos indiscriminados . . . 2444
armas químicas 0397
armas químicas y bacteriológicas 0393
armas tácticas 2219
armas traicioneras 2326
ARPA 0040
arreglo pacífico de controversias 1568
arreglo político 1659
arsenal 0224
arsenal de armamentos convencionales 0502
arsenal de armamentos de tipo corriente 0502
arsenal nuclear 1435 1466
arsenal oculto 0964

artefacto explosivo nuclear 1454
artillería 0226
artillería antiaérea 0141
artillería atómica 0249
artillería pesada 0951
asfixiante 0235
asistencia militar, programa de 1270
Aspectos de las armas químicas y bacteriológicas relacionados con la salud 0949
atacante 0236
ataque aéreo 0079
ataque alevoso 2042
ataque anticipado 1675
ataque armado 0186
ataque de contraciudades 0512
ataque de contrafuerza 0517
ataque de contravalores 0525
ataque de diversión 0687
ataque de saturación 1921
ataque inicial 0822
ataque nuclear 1436
ataque nuclear en gran escala 1227
ataque por sorpresa 2042 2194
ataque por tierra 0899
ataque preventivo 1675
ataque sorpresivo 2194
ataque terrestre 0899
ataques nucleares, defensa contra 1444
atmósfera radiactiva 1770
aumento de las fuerzas militares 0339
aumento del material militar 0341
aumento del poderío estratégico 2116
aumento del poderío militar 0340 1276
autodirección 0983
autodirección activa 0026
autodirección acústica, torpedo de 0017
autodirección por rayos infrarrojos, dispositivo de 1035
autodirección semiactiva 1991
autodirigirse 0980
autogiro 1891
autoprotección 0784
autorización general de sobrevuelo 0294
avería, lugar de la 2341
avión auxiliar 2253
avión birreactor de caza 2347
avión cohete 1889
avión de alerta temprana 0706
avión de apoyo a fuerzas terrestres 0905
avión de apoyo cercano 0412
avión de ataque contra blancos terrestres 0900
avión de caza 0800
avión de caza polivalente 1364

avión de combate armado 0187
avión de combate de las fuerzas aéreas estratégicas 2117
avión de contramedidas 0522
avión de defensa de radar 1748
avión de despegue y aterrizaje cortos 2018
avión de despegue y aterrizaje verticales 2400
avión de portaaviones 0368
avión de propulsión por chorro 1102
avión de reacción 1102
avión de reconocimiento 1931
avión de reconocimiento estratégico 2131
avión de reconocimiento estratégico de gran alcance 1182
avión de superficie sustentadora giratoria 1891
avión de turbohélice 2346
avión de turborreactor 2345
avión interceptor 1062
avión lanzamisiles 1131
avión monorreactor de adiestramiento 2034
avión piquete de radar 1748
avión sin piloto 1645
AWACS 0090
ayuda mutua 1369
ayudante 1267
ayudante de campo 1267
ayudas a la penetración 1620
azimut 0265

bala 0342
bala de fusil 1867
barreminas 1307
barreminas autodirigido 0702
barreminas costero 0423 1042
barreminas teledirigido 0702
barrera de fuego progresiva 0539
barrido de minas 1296
base aérea 0065
base blanda de misiles 2043
base de submarinos 2155
base dura 0941
base dura de misiles 0939
base militar 1271
base no protegida de lanzamiento de misiles 2043
base protegida de misiles 0939
batallón de tanques 2223
batería costera 0420
baterías antiaéreas 0140
bazuca (lanzacohetes antitanque) 0283
bengala 0833
bengala de estrella 2084
birreactor, caza 2347
blanco 2233

blanco de oportunidad 1548
blanco estacionario 2093
blanco móvil 1351
blanco punto 1657
blanco zona 0179
blitzkrieg nuclear 1438
bloque militar 1272
boicot 0326
boicoteo 0326
bomba atómica 0250
bomba autodirigida 2041
bomba autodirigida ciega 0303
bomba de acción retardada 0594
bomba de alto poder explosivo 0966
bomba de calibre pequeño 0323
bomba de concusión 0458
bomba de dispersión 1926
bomba de fragmentación 1926
bomba de hidrógeno 0999
bomba de iluminación 1014
bomba de napalm 1378
bomba de plutonio 1652
bomba iluminógena 1636
bomba incendiaria 1020
bomba lumínica 0833 1014
bomba Molotov 1330
bomba neutrónica 1395
bomba "sucia" 0652
bombardear un objetivo /con piezas de artillería/ 2005
bombardeo 0318
bombardeo /de artillería/ 2007
bombardeo ciego, zona de 0301
bombardeo con napalm 1379
bombardeo de área 0176 0362
bombardeo de órbita fraccionaria, sistema de 0845
bombardeo de saturación 0362 1922
bombardeo de zonas objetivos 2236
bombardeo en picada 0686
bombardero 0316
bombardero ligero 1151
bombardero liviano 1151
bombardero mediano 1246
bombardero pesado 0952
Bosquejo de las disposiciones básicas de un tratado de desarme general y completo en
un mundo pacífico 1558
brecha 0979
brecha en campos de minas 1301
brecha en terrenos minados 1301
buque cisterna 2425
buque contraminas 1297
buque de apoyo logístico 1176

buque de asalto . . . 0238
buque de combate . . . 0434
buque de desembarco de asalto . . . 0237
buque de guerra . . . 2423
buque de guerra de superficie . . . 2185
buque de reabastecimiento . . . 2174
buque de reaprovisionamiento . . . 1840
buque escolta costera . . . 0421
buque experimental lanzamisiles dirigidos . . . 0775
buque lanzamisiles . . . 1317
buque minador . . . 1304
buque nodriza . . . 2253
buque nuclear . . . 1474
buque para desembarco de tanques . . . 2227
buque patrullero . . . 1601
buque señuelo . . . 0580
buque taller . . . 1213 1837
buque transporte . . . 2323
buque transporte de municiones . . . 0127
buque transporte de tropas . . . 2339

caballería aerotransportada . . . 0087
caballo de frisa . . . 1112
cabeza . . . 2419
cabeza de misil . . . 0946
cabeza de puente . . . 0331
cabeza de puente aérea . . . 0099
cabina sellada . . . 1941
cadencia de las señales . . . 2029
cadencia de tiro . . . 1802
cadencia sostenida de fuego . . . 2203
caja negra . . . 0292
calculador de tiro . . . 1674
calibración, instrumentos de . . . 0351
calibre . . . 0352
calma sísmica, período de . . . 1975
cámara fotográfica de bajo nivel de iluminación . . . 1191
camarote estanco . . . 1941
campo de aviación alternativo . . . 0122
campo de aviación eventual . . . 0121
campo de ensayos . . . 2265
campo de prisioneros de guerra, sección de un . . . 1688
campo magnético, corte del . . . 2002
campo minado contra operaciones aerotransportadas . . . 0139
campo minado simulado . . . 1633
campos de minas, brecha en . . . 1301
camuflaje de radar . . . 1737
cañón antitanque . . . 0167
cañón automotor . . . 1990
cañón automóvil . . . 1990
cañón automóvil antitanque . . . 2224

cañón sin retroceso 1811
cañonera 0934
capa incompetente 1024
capacidad convincente de primer golpe 0538
capacidad creíble de primer golpe 0538
capacidad de contraataque 2145
capacidad de contrafuerza 0515
capacidad de contragolpe 1951 2145
capacidad de contravalor 0524
capacidad de destrucción excesiva 1565
capacidad de detección 0621
capacidad de detección y persecución 0619
capacidad de disuasión 0634
capacidad de disuasión nuclear 1447
capacidad de identificación 1007
capacidad de intervención 1092
capacidad de penetración 1621
capacidad de primer golpe 0823
capacidad de réplica 2145
capacidad de réplica (nuclear) 1951
capacidad de segundo golpe 1951
capacidad de sobredestrucción 1565
capacidad operacional 1538
capacidad operativa 1538
cápsula 0358
características de respuesta 1851
carcinogénesis radioinducida 1753
carga de demolición 0615
carga de destrucción 0615
carga de lanzallamas 0831
carga de los armamentos 0345
carga hueca, cohete de 2001
carga neutrónica 1396
carga nuclear 1486
carga útil 1603
cargador 1205
carrera de armamentos 0207
carrera de armamentos, intensificación de la 1056
carrera de armamentos nucleares 1433
carrera de armamentos nucleares, cesación de la 0385
carril 2309
cartuchos 1894
casamata 0344 1644
catástrofe nuclear 1440
cavidad 0979
caza 0800 1729
caza birreactor 2347
caza bombardero 0802
caza interceptor 0803
cazaminas 1303
cazasubmarinos 2156

CCD 0464
CDDN 0720
CEA 0254
cegar un satélite 0300
células somáticas 2045
centro de adiestramiento 2319
Centro de Análisis de los Complejos Sismográficos 1958
centro de comunicaciones 0446
centro de formación 2319
centro de instrucción 2319
Centro de las Naciones Unidas para el Desarme 2367
centro multinacional del ciclo del combustible 1357
Centro para el Desarme 0382
Centro Sismológico Internacional (CSI) 1088
CERN 0764
cesación 0671
cesación de la carrera de armamentos nucleares 0385
cesación de los ensayos con armas nucleares 0672
cesación del fuego 0378
cese del fuego 0378
choque 2013
ciclaje de los combustibles nucleares, Conferencia organizadora de la evaluación internacional del 1553
Ciclaje de los Combustibles Nucleares, Evaluación Internacional del 1085
ciclo del combustible 0856
ciclo del combustible, centro multinacional del 1357
ciclo del combustible nuclear 1458
ciclo por segundo (cps) 0554
CICR 1075
CIPR 1073
CIUMR 1074
Club de Londres 1181
club nuclear 1441
cobertura complementaria, radar de 0867
cobertura de caza 0801
cobertura de la información fotográfica 1641
cobertura de radar 1739
cóctel Molotov 1330
coexistencia pacífica 1608
cohete 1882
cohete antisubmarino 0162
cohete autónomo 0852
cohete blanco 2240
cohete de carga hueca 2001
cohete libre 0852
cohetes, fuego nutrido de 1888
cohetes, salva de 1888
colocar minas 1139
Comandante en Jefe 0439
comando 0440
comando aéreo táctico 2211

comando avanzado, puesto de 0947
comando de las fuerzas aéreas estratégicas 2110
comando de retaguardia, puesto de 0948
combate 0740
combate cuerpo a cuerpo 0410
combate de encuentro 1251
combatiente irregular 0918
combustible nuclear 1457
combustible nuclear, ciclo del 1458
comercio de armas 0212
Comisión Consultiva Mixta 1104
Comisión consultiva permanente 2082
Comisión de Armamentos de Tipo Corriente 0443
Comisión de Desarme 0658
Comisión de Energía Atómica (CEA) 0254
Comisión Internacional de Protección Radiológica (CIPR) 1073
Comisión Internacional de Unidades y Medidas de la Radiación (CIUMR) 1074
Comisión preparatoria de la Conferencia de las partes encargada del examen del Tratado sobre la no proliferación de las armas nucleares 1681
Comisión relativa a las víctimas de bombas atómicas 0251
Comisión sobre la utilización con fines pacíficos de los fondos marinos y oceánicos fuera de los límites de la jurisdicción nacional 0445
Comisión sobre la utilización del espacio ultraterrestre con fines pacíficos 0444
Comité ad hoc para el examen del papel de las Naciones Unidas en la esfera del desarme 0032
Comité ad hoc para la Conferencia Mundial de Desarme 0033
Comité científico consultivo de las Naciones Unidas 2371
Comité científico de las Naciones Unidas para el estudio de los efectos de las radiaciones atómicas 2372
Comité de Desarme 0659
Comité de Desarme de Dieciocho Naciones (CDDN) 0720
Comité de Desarme de las Diez Potencias 2254
Comité de Estado Mayor 1289
Comité especial de operaciones de mantenimiento de la paz 2057
Comité especial del Océano Indico 0031
Comité especial para la distribución de los fondos liberados como resultado de la reducción de los presupuestos militares 2058
Comité Internacional de la Cruz Roja (CICR) 1075
Comité médico sobre dosis de radiación interna 1245
Comité preparatorio de la Conferencia de Estados que no poseen armas nucleares 1679
Comité preparatorio del Período extraordinario de sesiones de la Asamblea General dedicado al desarme 1680
complejo cruzado 0543
complejo de sismógrafos 1957
complejo de sismógrafos con sistemas de período corto y largo (SPLP) 0220
complejo militar-industrial 1293
complejo (sismográfico) 0217 1957
componente levemente tóxico 1193
componente no tóxico 1418
composición del inflamador 2086
Comunidad Europea de Energía Atómica (EURATOM) 0762

concentración de tropas 0457
concentración estratégica 2118
concepto estratégico 2119
concusión, bomba de 0458
Conferencia de Estados que no poseen armas nucleares 0463
Conferencia de Estados que no poseen armas nucleares, Comité preparatorio de la . . . 1679
Conferencia de expertos gubernamentales sobre la reafirmación y el desarrollo del derecho internacional humanitario aplicable en los conflictos armados 0462
Conferencia de expertos gubernamentales sobre las armas que puedan causar sufrimientos innecesarios o tener efectos indiscriminados 0461
Conferencia de expertos para estudiar las possibilidades de descubrir las violaciones de cualquier acuerdo sobre la suspensión de pruebas nucleares 0460
Conferencia de las partes en el Tratado de los fondos marinos 1860
Conferencia de las partes en la Convención sobre armas biológicas 1859
Conferencia de las partes encargada del examen del TNP 1426
Conferencia de las partes encargada del examen del Tratado sobre la no proliferación de las armas nucleares 1861
Conferencia de las partes encargada del examen del Tratado sobre prohibición de emplazar armas nucleares y otras armas de destrucción en masa en los fondos marinos y oceánicos y su subsuelo 1862
Conferencia del Comité de Desarme (CCD) 0464
Conferencia del Comité de Desarme de Dieciocho Naciones 0465
Conferencia diplomática sobre la reafirmación y el desarrollo del derecho internacional humanitario aplicable en los conflictos armados 0647
Conferencia internacional sobre la energía nucleoeléctrica y su ciclo del combustible . . 1077
Conferencia internacional sobre la responsabilidad civil por daños nucleares 1076
Conferencia internacional sobre la utilización de la energía atómica con fines pacíficos 1078
Conferencia jurídica internacional sobre el transporte marítimo de sustancias nucleares 1084
Conferencia Mundial de Desarme 2449
Conferencia Mundial de Desarme, Comité ad hoc para la 0033
Conferencia organizadora de la evaluación internacional del ciclaje de los combustibles nucleares 1553
Conferencia Pugwash 1726
Conferencia sobre la cesación de los ensayos con armas nucleares 0467
Conferencia sobre la Seguridad y la Cooperación en Europa (CSCE) 0466
configuración de la precipitación radiactiva 0789
conflicto armado 0188
conflicto nuclear 1442
conflictos internacionales 1081
confrontación 0470
conmoción 2013
cono 2419
cono de la ojiva 1424
cono de misil 0946
cono delantero 1424
cono nuclear 1486
conscriptos 0471
consecuencias económicas y sociales de la carrera de armamentos y de los gastos militares, Grupo consultivo de expertos sobre las 0913
consecuencias económicas y sociales del desarme, Grupo consultivo de expertos sobre las 0472

consecuencias económicas y sociales del desarme, Grupo de expertos sobre las 0915
Consejo de Seguridad 1955
contaminación localizada 2065
contaminación nuclear 1469
contaminación nuclear, riesgo de 1878
contaminación radiactiva 1771
contaminación residual 1843
contención 0475
conteo de fondo 0266
contingente 0480
contingente de operaciones 2242
contornos de la precipitación radiactiva 0788
contra el viento respecto al objetivo 2377
contraataque, capacidad de 2145
contradisuasión 0513
contraespionaje 0514
contragolpe 1948
contragolpe, capacidad de 1951 2145
contragolpe, estrategia de 1952
contraguerrilla, operaciones de 0518
contraguerrillas, guerra 0518
contramedida electrónica activa 0025
contramedida electrónica pasiva 1583
contramedidas 0521
contramedidas electrónicas 0724
contraorden automática, procedimiento de 0785
contrasubversión 0523
control (de explosiones nucleares) 1331
control de tiro 0813
control de tiro mediante avión 0094
control de tiro, radar de 0815
control de tiro, sistema de 0816
control del desarme 0485
control del espacio aéreo 0105
control e inspección, sistema internacional de 1089
control fotogramétrico 1637
control internacional de la energía atómica 1079
control internacional eficaz 0716
control remoto 1833
controversias, arreglo pacífico de 1568
controversias internacionales 1081
Convención de Viena sobre responsabilidad civil por daños nucleares 2404
Convención sobre el mar territorial y la zona contigua 0498
Convención sobre la alta mar 0494
Convención sobre la plataforma continental 0493
Convención sobre la prohibición de utilizar técnicas de modificación ambiental con fines militares u otros fines hostiles 0496
Convención sobre la prohibición del desarrollo, la producción y el almacenamiento de armas bacteriológicas (biológicas) y toxínicas y sobre su destrucción 0497
Convención sobre la responsabilidad de los explotadores de buques nucleares 0495
Convenio acerca de la responsabilidad civil en materia de energía nuclear 0499

Convenio de Ginebra para mejorar la suerte de los heridos, enfermos y náufragos de las fuerzas armadas en el mar 0884
Convenio de Ginebra para mejorar la suerte de los heridos y enfermos en las fuerzas armadas en campaña 0883
Convenio de Ginebra relativo a la protección de personas civiles en tiempo de guerra 0885
Convenio de Ginebra relativo al trato de los prisioneros de guerra 0886
Convenio relativo a la responsabilidad civil en la esfera del transporte marítimo de materiales nucleares 0500
Convenio sobre el salvamento y la devolución de astronautas y la restitución de objetos lanzados al espacio ultraterrestre 0062
Convenios de Ginebra de 1949 0887
coproducción de armamentos, acuerdo de 1103
corte del campo magnético 2002
corte, resistencia al 2003
cota 2066
cps 0554
credibilidad 0536
credibilidad de disuasión 0636
criterio de identificación 0541
cromosoma, anomalías del 0401
cruce deliberado 0596
crucero 0547
Cruz Roja, Comité Internacional de la 1075
CSCE 0466
CSI 1088
cubierta 0370
cuenta atrás 0509
cuenta descendente 0509
cuenta regresiva 0509
cuerpo de sanidad 1244
cuestión del desarme 0666
cureña 0364 0933
curva de respuesta 1852
curva de tiempo-distancia 2289
curvas de desintegración 0558

daño colateral 0427
daño por radiación 1755
daños inaceptables 2354
daños nucleares 1443
daños, probabilidad de 1690
datos 1054
datos sismológicos 1960
de corto período 2017
de dispersión 1929
de punto a punto 1658
Decenio para el Desarme 0660
Decisión del Comité de dirección de la Agencia Europea para la Energía Nuclear relativa a la exclusión de cantidades pequeñas de sustancias nucleares de la aplicación del Convenio acerca de la responsabilidad civil en materia de energía nuclear 0560
decisiones mutuamente aceptables 1373
Declaración conjunta de los principios convenidos para las negociaciones de desarme 1105

Declaración de Ayacucho 0562
Declaración de la Conferencia de Estados que no poseen armas nucleares 0565
Declaración de los principios jurídicos que deben regir las actividades de los estados en la exploración y utilización del espacio ultraterrestre 0563
Declaración de principios que regulan los fondos marinos y oceánicos y su subsuelo, fuera de los límites de la jurisdicción nacional 0564
Declaración del Océano Indico como zona de paz 0566
Declaración sobre el fortalecimiento de la seguridad internacional 0571
Declaración sobre la desnuclearización de Africa 0568
Declaración sobre la inadmisibilidad de la intervención en los asuntos internos de los Estados y protección de su independencia y soberanía 0569
Declaración sobre la prohibición del uso de las armas nucleares y termonucleares 0570
Declaración sobre la utilización del progreso científico y tecnológico en interés de la paz y en beneficio de la humanidad 0572
Declaración sobre los principios de derecho internacional referentes a las relaciones de amistad y a la cooperación entre los Estados de conformidad con la Carta de las Naciones Unidas 0567
defensa aérea 0071
defensa avanzada 0842
defensa civil 0403
defensa colectiva, derecho de legítima 1873
defensa contra ataques nucleares 1444
defensa costera, embarcación de 1944
defensa costera, nave patrullera de 1945
defensa de radar 1747
defensa de zona 0177
defensa, derecho de legítima 1876
defensa en profundidad 0585
defensa improvisada 0942
defensa individual, derecho de legítima 1874
defensa individual, legítima 1026
defensa lineal 1165
defensa mediante radar aerotransportado a gran/baja altura 0968
defensa móvil 1324
defensa nacional 1380
defensa nuclear 1444
defensa puntual 1654
defensa radiológica 1780
defensa rápida 0942
defoliante 0590
demarcación de terrenos minados 1302
demora 0591
depósito 0609
depósito de municiones 1365
derecho de legítima defensa 1876
derecho de legítima defensa colectiva 1873
derecho de legítima defensa individual 1874
derecho de paso 1875
derecho internacional humanitario 1082
derecho natural de legítima defensa 1038
desacoplamiento 0578

desactivación, técnica de 1835
desaparecido en combate 1321
desarme 0654
desarme bajo control eficaz 0718
desarme con las garantías necesarias 0037
desarme eficazmente controlado 0718
desarme general 0451
desarme general y completo 0875
desarme general y completo bajo estricto control internacional 0877
desarme general y completo bajo un sistema de control internacional eficaz 0876
desarme, medidas parciales de 1575
desarme nuclear 1449
desarme, problema del 1692
desarme, proceso de 1694
desarrollo 0639
desarrollo de nuevas armas nucleares 0640
desarrollo, producción y almacenamiento 0641
desbordar 1557
descarga completa de ametralladora 1203
descarga completa de arma sin retroceso 1814
descarga completa de un arma 1892
descarga de artillería 0230
descontaminación 0574
descontaminación de personas 1625
descontaminación personal 1625
descontaminante 0573
desecante 0610
desecho de arma nuclear 2433
desechos radiactivos, productos o 1776
desembarco de tanques, buque para 2227
desembarco de tanques, embarcación para 2226
desembarco, fuerza de 1118
desescalada 0582
desintegración 0557
desmantelamiento 0679
desmilitarización 0599
desmilitarización de los fondos marinos 0600
desmontaje 0680
desmovilización 0602 0670
desnuclearización 0604
despegue inmediato, orden de 1933
despegue y aterrizaje verticales, avión de 2400
despejo de minas 1296
despliegue 0607
desprendimiento 0678
destacamento de contacto 0474
destacamento de demolición 0603
destrucción en masa 1225
destrucción excesiva, capacidad de 1565
destrucción, probabilidad de 1108
destrucción recíproca segura 1371

destrucción segura 0242
destructor 0611
destructor de defensa de radar 1749
destructor piquete de radar 1749
destructor portamisiles dirigidos 0925
desviación característica 2079
desviación típica 2079
desvío, distancia de 1526
detección 0617 1331
detección, alcance de 0624
detección, capacidad de 0621
detección de explosiones 1336
detección, equipo de 0622
detección, maniobras para eludir la 0767
detección ordinaria 1895
detección por radio 1768
detección, probabilidad de 0623
detección sismológica 1961
detección, sistema de 0625
detección, umbral de 0626
detección y persecución, capacidad de 0619
detección y rastreo, sistema de 0620
detección y seguimiento, sistema de 0620
detector 0627 1994
detector acústico 0016
detector fotográfico 1639
detector por activación 0022
detector sísmico 1962
detector termográfico 2273
determinación de la toxicidad 2304
determinación del epicentro 0749
determinación preliminar de epicentros 1677
detonador activado por aire 0084
detonador eléctrico 0721
detonador electrónico 0726
diagrama vectorial del viento radiactivo 0790
diferenciación 0674
difusión de la radiación 1764
difusión de las armas nucleares 2069
dirección "en vuelo" 1263
dirección por inercia, sistema de 1028
dirigirse (el proyectil) automáticamente hacia 0980
discriminación 0674
discriminación seismológica 1963
discriminante 0673
discriminante entre onda de superficie y onda interna 2184
diseminación 0682
disimulación, técnicas de 0767
disminución de la tirantez 1827
disparo 0820
disparo antitanque 0170
disparos, ser objeto de 0438

dispersión, de 1929
disposición (de las fuerzas) 0607
dispositivo buscablancos 2239
dispositivo de autodirección 0982
dispositivo de autodirección por rayos infrarrojos 1035
dispositivo de detección 1334 1994
dispositivo de dirección 0931
dispositivo de dirección por radar 1750
dispositivo de elaboración de datos de la estación sismográfica (SASP) 1986
dispositivo de muestreo puntiforme 1655
dispositivo de vigilancia 1334
dispositivo explosivo nuclear 1454
distancia de desvío 1526
distancia del epicentro 0683
distancia epicentral 0750
distancia neutralizadora 0337
distancia telesísmica 2250
distensión 0630
distensión militar 1278
disuasión 0632
disuasión activa 0024
disuasión ampliada 0782
disuasión antiescalada 1093
disuasión comprensiva 0782
disuasión con armas convencionales 0503
disuasión con armas de tipo corriente 0503
disuasión convencional 0503
disuasión, credibilidad de 0636
disuasión, fuerza de 0637
disuasión, fuerza nuclear de 1448
disuasión graduada 0894
disuasión limitada 0809
disuasión nuclear 1446
disuasión nuclear, capacidad de 1447
disuasivo nuclear 1448
dividendo del desarme 0661
División de Asuntos de Desarme 0656
Documento final de la Conferencia de Estados que no poseen armas nucleares 0807
dominio del aire 0081
dosimetría 0690
dosis con efecto genético 0882
dosis de radiación 1757
dosis genéticamente importante 0882
dosis infecciosa 1031
dosis letal de radiación 1144
dosis letal media 1243
dosis máxima permisible 1232
dosis per capita 1622
dosis por persona 1622
dosis radiactiva 1757
dosis radiactiva, intensidad de la 1759

dragaminas costero . . . 1042
drone . . . 0701

eco de radar . . . 1741
efectivos de las fuerzas armadas . . . 2141
efectivos, niveles convenidos de los . . . 0054
efecto de la onda de choque . . . 0296
efecto genético, dosis con . . . 0882
efecto retardado de la radiación . . . 0592
efectos de trayectoria . . . 1586
efectos en hombres y materiales . . . 2238
efectos radiactivos . . . 1772
efectos tóxicos generales . . . 2207
eficacia biológica relativa . . . 1826
eficiencia del acoplamiento . . . 0527
EICCN . . . 1085
ejército . . . 0213
El napalm y otras armas incendiarias y todos los aspectos de su eventual empleo . . . 1377
elaboración de las señales recibidas . . . 2028
elaboración de materiales nucleares . . . 1696
elemento biológico de guerra . . . 0285
elemento de guerra . . . 0049
embarcación . . . 0533
embarcación anfibia . . . 0128
embarcación auxiliar . . . 2253
embarcación de defensa costera . . . 1944
embarcación de desembarco de material . . . 1241
embarcación de transporte . . . 0365
embarcación para desembarco de tanques . . . 2226
embarcación para la recuperación de torpedos . . . 2295
embarcación-taller de mantenimiento y reparación . . . 1211
embargo de armas . . . 0201
embargo de armas obligatorio . . . 1217
emboscada . . . 1197
emético . . . 2408
emisión multiplex . . . 1362
emplazamiento . . . 0607 0733 2036
emplazamiento protegido . . . 0941
en fase . . . 1632
en servicio . . . 1537
en vuelo . . . 0085
enemigo . . . 0737
energía atómica, aplicaciones pacíficas de la . . . 1607
energía atómica, control internacional de la . . . 1079
energía de las ondas sísmicas . . . 1974
energía, liberación de . . . 1828
energía nuclear . . . 1450 1471
energía nuclear, utilización de la energía nuclear con fines pacíficos . . . 1614
energía nucleoeléctrica . . . 1471
engancharse . . . 0743
engaño electrónico . . . 0725

ENP 1610
enriquecimiento del uranio 2378
enriquecimiento del uranio, nuevas técnicas de 1400
enriquecimiento del uranio, planta de 2380
ensayo clandestino desacoplado 0576
ensayo de alarma 0730
ensayo de un arma nuclear 1506
ensayo desacoplado 0577
ensayo nuclear 1481
ensayo subterráneo con armas nucleares 2359
ensayos con armas nucleares, cesación de los 0672
ensayos de armas nucleares en la atmósfera 0248
ensayos de armas nucleares, prohibición de los 1507
ensayos de desarrollo 0642
ensayos (nucleares), prohibición completa de los 0454
ensayos nucleares y termonucleares, suspensión de los 2202
entrega inicial 1040
envergadura de las operaciones 1924
envolver 1557
envuelta 0370
epicentro 0751
epicentro, determinación del 0749
epicentro, distancia del 0683
epicentros, determinación preliminar de 1677
equilibrio estratégico 2115
equilibrio, mantener el 1210
equilibrio nuclear 1467
equipo de armas combinadas 0435
equipo de detección 0622
equipo de guerra electrónica 0728
equivalencia esencial 0760
equivalencia nuclear 1452
equivalente en megatones 0753
equivalente en TNT 2290
error circular probable 0402
error de localización 1170
error probable 1691
error probable de alcance 1796
errores de bombardeo 0321
escala de concentración radiactiva 1779
escala de las operaciones 1924
escalación 0756
escalada 0756
escolta de escuadra 0834
escolta rápida 0792
escolta rápida antisubmarina 0791
escuadrón de tanques 2230
escudo 2010
escudriñamiento electrónico 1925
esfuerzos de desarme 0662
espacio aéreo 0078

espectro de amplitud . . . 0131
espoleta activada por aire . . . 0084
espoleta de impacto . . . 1016
espoleta eléctrica . . . 0721
esquirla de obús . . . 2006
estabilidad de los armamentos . . . 0210
estabilidad estratégica . . . 2132
estación avanzada . . . 1560
estación sismográfica, dispositivo de elaboración de datos de la . . . 1986
estación sismológica . . . 1972
estacionar . . . 2092
estaciones sismológicas, red de . . . 1973
estado de guerra . . . 2088
estado de preparación . . . 1682
estado de preparación de la población civil para la guerra . . . 0405
estado de preparación operacional . . . 1544
estado mayor combinado . . . 0437
estado mayor general . . . 0879
Estado no nuclear . . . 1412
Estado nuclear . . . 1475
Estado que no posee armas nucleares . . . 1412
Estados amantes de la paz . . . 1617
Estados no poseedores de armas nucleares . . . 1413
Estados poseedores de armas nucleares . . . 1504
Estados que no poseen armas nucleares . . . 1413
Estados que poseen armas nucleares . . . 1504
estandarización . . . 2080
estrategia . . . 2138
estrategia contraciudades . . . 0511
estrategia de contrafuerza . . . 0516
estrategia de contragolpe . . . 1952
estrategia de "no ciudades" . . . 1404
estrategia de prevención de crisis . . . 0540
estrategia de primer golpe . . . 0824
estrategia de réplica (nuclear) . . . 1952
estrategia de segundo golpe . . . 1952
estrategia general . . . 2298
estrategia total . . . 2298
EURATOM . . . 0762
evaluación internacional del ciclaje de los combustibles nucleares, Conferencia organizadora de la . . . 1553
Evaluación Internacional del Ciclaje de los Combustibles Nucleares (EICCN) . . . 1085
evaluación logística . . . 1174
evasión . . . 0765
evasión, métodos de . . . 0766
evasión, técnicas de . . . 0766
examen de mitad de período del Decenio para el Desarme . . . 1264
exigencia de parte interesada, verificación por . . . 2394
exploración electrónica . . . 1925
explosión . . . 0295 0776
explosión, altura óptima de . . . 1550
explosión circunscrita . . . 0468

explosión con formación de cráter 0535
explosión de baja potencia 1194
explosión de ensayo 2263
explosión de prueba 2263
explosión en el aire 0091
explosión en tierra 0901
explosión experimental de alta potencia 0973
explosión experimental de un arma nuclear 1508
explosión inmediata, mina terrestre de 1662
explosión múltiple 0912
explosión nuclear en el aire 1428
explosión nuclear, potencia de una 1494
explosión subterránea 2358
explosiones, detección de 1336
explosiones disimuladas 0768
explosiones en la atmósfera 0247
explosiones evasivas 0768
explosiones experimentales de armas nucleares 0774
explosiones múltiples 1359
explosiones nucleares con fines pacíficos 1453
explosiones nucleares con fines pacíficos (ENP) 1610
explosiones nucleares con fines pacíficos, Grupo asesor especial sobre 0030
explosiones, protección contra 0297
explosiones sobre la superficie 2182
explosivo de combustible y aire 0859
exportaciones de armas 0202
exposición a la radiación 1761
exposición térmica 2271

fasado 1632
fase 1630
fase, en 1632
fase pP 1671
fase sP 2054
fenómeno 0769
fenómeno anómalo 0136
fenómeno mixto 1323
fenómeno sísmico 1965
fenómenos sísmicos, Grupo ad hoc de expertos científicos encargado de examinar las medidas de cooperación internacional para detectar e identificar 0035
filtro de paso alto 0971
filtro de paso bajo 1192
fines no militares 1421
fines pacíficos 1611
fines pacíficos, utilización de la energía nuclear con 2383
fisión 0825
flanquear 1557
FNUOS 2369
foco de tensión 2341
fondeadero de espera 0978
fondos marinos, utilización de los fondos marinos con fines pacíficos 1613

forma de onda . . . 2429
formación . . . 2318
formación, centro de . . . 2319
formación, período de . . . 2320
fortalecer la paz mundial . . . 2142
fósforo blanco . . . 2445
fosgeno . . . 1634
fotografía aérea . . . 0076
fotografía aérea oblicua . . . 1515
fragata antisubmarina . . . 0160
fragata de patrulla . . . 1598
fragata ligera . . . 0793
fragata portamisiles dirigidos . . . 0926
fragata rápida . . . 0793
fragmento de obús . . . 2006
frente de la onda de Mach . . . 1198
frente de la onda de presión . . . 1684
frente de onda de choque . . . 2014
fuego . . . 0820
fuego antiaéreo . . . 0142
fuego antitanque . . . 0165
fuego, cadencia sostenida de . . . 2203
fuego concentrado . . . 0455
fuego concentrado de artillería . . . 0456
fuego de ametralladora liviana . . . 1155
fuego de apoyo . . . 2180
fuego de apoyo aéreo . . . 0812
fuego de apoyo cercano . . . 0413
fuego de apoyo lejano . . . 0581
fuego de artillería . . . 0228
fuego de cobertura . . . 0531
fuego de cohetes . . . 1885
fuego de contrabatería . . . 0510
fuego de fusil . . . 1868
fuego de hostigamiento . . . 0938
fuego de interdicción . . . 1067
fuego de mortero . . . 1343
fuego de neutralización . . . 1394
fuego de preparación . . . 1678
fuego de protección de flanco . . . 0832
fuego de tanques . . . 2225
fuego distribuido . . . 0684
fuego esporádico . . . 2064
fuego nutrido de cohetes . . . 1888
fuego por radar . . . 1742
fuego, precisión del . . . 0012
fuego raleado . . . 1152
fuego, velocidad de . . . 1802
fuente puntual, alarma de . . . 1656
fuera de combate . . . 1555
fuera de servicio . . . 1555
fuerza aérea . . . 0072

fuerza armada 0190
fuerza armada, uso de la 2381
fuerza combinada 0436
fuerza de ataque nuclear 1477
fuerza de desembarco 1118
fuerza de disuasión 0637
Fuerza de las Naciones Unidas de Observación de la Separación (FNUOS) 2369
Fuerza de las Naciones Unidas para el Mantenimiento de la Paz en Chipre (UNFICYP) 2370
fuerza de tarea 2242
fuerza de tarea aérea 0082
fuerza disuasiva 0637
fuerza disuasiva independiente 1025
fuerza estratégica de ataque 2133
fuerza militar 1287
fuerza, no uso de la 1419
fuerza nuclear de disuasión 1448
fuerza nuclear estratégica 2122
fuerzas aéreas estratégicas, comando de las 2110
fuerzas armadas activas 0023
fuerzas de represalia 1857
fuerzas militares, aumento de las 0339
fuerzas nucleares 1456
fuerzas operacionales convencionales 0504
funcional 1537
fusil 1865
fusil automático 1989
fusil lanzagranadas 1870
fusil semiautomático 1992
fusil sin retroceso 1812
fusil, tiro de 1871
fusión 0862

garantías necesarias, desarme con las 0037
gas asfixiante 0399
gas lacrimógeno 2245
gas neurotóxico 1390
gas noble 1403
gas para uso de guerra 2415
gas vesicante 0305
gastos de defensa 0584
gastos logísticos 1175
gastos militares 1288
gastos y presupuestos militares 1281
genéticamente importante, dosis 0882
GHz 0890
gigahertzio (GHz) 0890
giroscopio de dirección 0921
golpe 0976
gran amplitud 0965
gran complejo sismográfico 1122

granada de alto poder explosivo 0967
granada de bazuca 0284
granada de calibre reducido 2148
granada de fragmentación 0848 0849
granada de fusil 1869
granada de mortero 1342 1346
granada de tanque 2229
granada trazadora 2308
grupo 1578
Grupo ad hoc de expertos científicos encargado de examinar las medidas de cooperación internacional para detectar e identificar fenómenos sísmicos 0035
Grupo ad hoc de expertos gubernamentales calificados para el estudio de la cuestión de las zonas libres de armas nucleares 0034
grupo aéreo de portaaviones 0367
Grupo asesor especial sobre explosiones nucleares con fines pacíficos 0030
Grupo asesor permanente sobre aplicación de salvaguardias 2081
Grupo consultivo de expertos sobre las consecuencias económicas y sociales de la carrera de armamentos y de los gastos militares 0913
Grupo consultivo de expertos sobre las consecuencias económicas y sociales del desarme 0472
grupo de armas combinadas 0435
grupo de demolición 0603
grupo de ejércitos 0214
Grupo de expertos consultores sobre la reducción de los presupuestos militares 0914
Grupo de expertos sobre las consecuencias económicas y sociales del desarme 0915
Grupo de países exportadores de tecnología y materiales nucleares 0916
grupo de paracaidistas 2097
grupo de relevo 1831
grupo de verificación 2395
Grupo internacional de trabajo sobre reactores rápidos 1091
guerra accidental 0011
guerra antifuerza restringida 0491
guerra antisubmarina 0163
guerra antisubversiva 0520
guerra biológica 0287
guerra contraguerrillas 0518
guerra de agotamiento 2416
guerra de agresión 0053
guerra de contrasubversión 0520
guerra de destrucción 0616
guerra de gases 0870
guerra de guerrillas 0918 0919
guerra de liberación 1149
guerra de tipo no tradicional 2357
guerra ecológica 0748
guerra económica 0715
guerra electrónica, equipo de 0728
guerra estratégica limitada 1163
guerra fría 0426
guerra microbiana 0888
guerra nuclear 1485
guerra nuclear total 0116

guerra preventiva 1686
guerra psicológica 1722
guerra psicológica estratégica 2130
guerra química 0396
guerra química y biológica 0394
guerra radiológica 1785
guerra radiológica, métodos de 1782
guerra revolucionaria 1863
guerra, riesgo de 1879
guerra total 0117
guerrillero 0918

hecho 0769
hecho anómalo 0136
hecho de referencia 1229
helicóptero 0959
helicóptero de carga 0361
helicóptero de turbina 2344
helicóptero ligero de observación /ejército/ 0215
helicóptero liviano de observación /ejército/ 0215
herbicidas 0961
herbicidas aplicados al suelo 2044
herbicidas de contacto 0473
hertzio (Hz) 0963
hidroplano 0998
hombre rana 0854
hora de expedición 2285
hora sobre el objetivo 2287
hostigar (desde el aire) 2107
howitzer 0990
Hz 0963

identificación 0674 1006
identificación, capacidad de 1007
identificación, probabilidad de 1008
identificación, técnicas de 1009
identificación, umbral de 1010
IIEE 1083
impacto 0976
impacto directo 0650
impacto en el blanco 2237
impacto excesivo 1561
implosión, arma de 1017
impulsión 1727
impulso 1727
impulso de las señales 2029
incapacidad reversible 1858
incidente nuclear 1459
incursión 1790
incursión aérea 0079
industria de armamentos 0183
infantería mecanizada 1240

infiltración 1032
infiltrador 1033
inflamador 2085
información 1054
información fotográfica 1640
información fotográfica, cobertura de la 1641
ingeniería militar 1279
inicio de un movimiento anasísmico 0133
INIS 1086
inspección 1043
inspección aérea 0043
inspección antes del lanzamiento 1676
inspección del desarme 1046
inspección in situ 1531
inspección, libre 1535
inspección por invitación 1045
inspección, puesto de 1047
inspección radiológica 1783
inspección, sistema de 1048
inspección sobre el terreno 1531
inspección terrestre móvil 1325
instalación 0733
instalación de control 1333
instalación de detección 1333
instalación de lanzamiento 1132 1138
instalación de nuevas ojivas nucleares 0608
instalación de vigilancia 1333
instalación militar 1282
instalación nuclear 1460
instalaciones nucleares civiles 0404
Instituto Internacional de Estocolmo para la Investigación de la Paz (SIPRI) 2099
Instituto Internacional de Estudios Estratégicos (IIEE) 1083
instrucción 2318
instrucción, centro de 2319
instrucción, período de 2320
instrumentos de calibración 0351
instrumentos de medición 1239
integridad territorial 2259
inteligencia 1054
intenciones agresivas 0052
intensidad de la dosis de radiación gamma terrestre 2258
intensidad de la dosis radiactiva 1759
intensidad de las señales 2030
intensidad de radiación 1762
intensificación de la carrera de armamentos 1056
intercambio de datos sismológicos 0772
intercambio de fuego 0771
intercepción 1058
intercepción controlada desde tierra 0903
interceptor 1060
interceptor para todas las condiciones meteorológicas 0119

interdicción, fuego de . . . 1067
interferencia . . . 1100
interferencia de canal o frecuencia . . . 2067
interferencia de radar . . . 1738
interferencia electrónica . . . 0727
interferencia en barrera . . . 0278
interferir . . . 0293
interrupción . . . 0671
intervalo de llegada onda P - onda S . . . 1898
inutilizado . . . 1555
invalidez reversible . . . 1858
irritante de las vías respiratorias . . . 1848
irritante pulmonar . . . 1196
irritante sensorial . . . 1995
isótopo radiactivo . . . 1775

jefe de estado mayor . . . 0398
juego de guerra . . . 2414
jurisdicción obligatoria para la solución de controversias, Protocolo facultativo sobre 1551

kilotón . . . 1110

lancha de vigilancia costera . . . 1946
lancha patrullera . . . 1348 1595 1599
lancha patrullera de apoyo . . . 0239
lancha patrullera fluvial . . . 1880
lancha patrullera rápida . . . 0795 0796
lancha patrullera rápida lanzamisiles . . . 0794
lancha torpedera . . . 2294
lancha torpedera de patrulla . . . 1600
lanwair, sistemas . . . 1121
lanzacohetes . . . 1886
lanzacohetes múltiple portátil . . . 1663
lanzador de misiles antibalísticos . . . 0144
lanzallamas . . . 0829
lanzallamas emplazado . . . 0732
lanzamiento aéreo . . . 0097
lanzamiento en frío . . . 0425
lanzamiento, instalación de . . . 1138
lanzamiento libre . . . 0851
lanzamiento, plataforma de . . . 1134 1135
lanzamiento, rampa de . . . 1137
lanzamiento, torre de . . . 1136
lanzamiento, vehículo de . . . 1128
lanzamisiles . . . 1129
lanzamisiles antibalísticos . . . 0144
lanzamisiles dirigidos, buque experimental . . . 0775
lanzamisiles, vehículo . . . 1128
láser . . . 1123
legítima defensa colectiva . . . 0431

legítima defensa, derecho natural de 1038
legítima defensa individual 1026
lesión colateral 0427
lesión genética 0880
lesión por radiación 1755
liberación de energía 1828
libre inspección 1535
licenciamiento 0670
limitación de armamentos 0204
limitación de las armas estratégicas 2111
limitación de las armas estratégicas ofensivas 1523
limitación de las armas ofensivas estratégicas, Acuerdo provisional sobre ciertas medidas relativas a la 1069
limitación de los armamentos 0197
limitación de los sistemas ofensivos y defensivos de armas nucleares estratégicas 1159
limitaciones convenidas de las armas nucleares 0056
límite de seguridad de fuego 1405
límite máximo 0379
línea de comunicaciones directa 0649
línea de comunicaciones directa, Memorando de entendimiento acerca del establecimiento de una 1256
línea de control de contaminación 0478
línea de seguridad 1405
línea principal de resistencia 1209
litigios internacionales 1081
llegada /de fases/ 0221
localización 1169 2312
localización, error de 1170
localización, radar de 2313
localización, sistema de 2314
localización, umbral de 1172
logística 1179
lugar 2036
lugar de la avería 2341

magnitud 1207
magnitud de ondas internas 0312
maniobra de retirada 2448
maniobras para eludir la detección 0767
mantener el equilibrio 1210
mantenimiento 1997
mantenimiento de la paz 1615
mantenimiento de la paz, operaciones de 1616
mantenimiento de la paz y la seguridad internacionales 1212
marcado de terrenos minados 1302
margen de operación 1540
margen operacional 1540
máscara protectora 1712
material militar 1280
material militar, aumento del 0341
material radiactivo precipitado 1792

material y víveres, transporte de . . . 2106
materiales de defensa . . . 0587
materiales de mantenimiento . . . 1214
materiales de reparación . . . 1214
materiales fisionables . . . 0826
materiales fisionables especiales . . . 2059
materiales nucleares . . . 1461
materiales nucleares, almacenamiento de . . . 2105
materiales nucleares, elaboración de . . . 1696
medida colectiva . . . 0429
medida de desarme . . . 0663
medida de prevención . . . 1685
medida preventiva . . . 1685
medidas antisubversivas . . . 0519
medidas conexas . . . 0428
medidas para reforzar la seguridad . . . 1238
medidas parciales de desarme . . . 1575
medio de acoplamiento . . . 0528
medio de bajo acoplamiento . . . 1190
medios pacíficos . . . 1609
megatón . . . 1252
megatones, equivalente en . . . 0753
megavatio (MW) . . . 1255
mejora . . . 2050
Memorando de entendimiento acerca del establecimiento de una línea de comunicaciones directa . . . 1256
método mb (Ms) . . . 1233
métodos de evasión . . . 0766
métodos de guerra radiológica . . . 1782
métodos no sismológicos . . . 1417
métodos telesísmicos . . . 2251
metralla . . . 2023
metralleta . . . 2152 2291
metralleta Sten . . . 2096
microorganismo . . . 1261
millas . . . 1744
mina . . . 1294
mina activada . . . 0028
mina antipersonal . . . 0153
mina antitanque . . . 0168
mina de deriva . . . 0700
mina de tipo oscilatorio . . . 1554
mina desactivada . . . 0669
mina neutralizada . . . 0669
mina terrestre . . . 1116
mina terrestre de explosión inmediata . . . 1662
minas, barrido de . . . 1296
minas, despejo de . . . 1296
minas, sistemas defensivos de . . . 1298
miniaturización . . . 1309
mininuke . . . 1310

mirvización . . . 1313
misil . . . 1314 1702
misil aerodinámico de aire a superficie . . . 0107
misil antiaéreo . . . 0143
misil antibuque . . . 0158
misil antimisil . . . 0151
misil antimisil balístico . . . 0145
misil antiradar . . . 0155
misil antisubmarino . . . 0161
misil antitanque . . . 0169
misil balístico . . . 0271
misil balístico de aire a superficie . . . 0108
misil balístico de alcance intermedio . . . 1070
misil balístico de corto alcance . . . 2019
misil balístico de gran alcance . . . 1187
misil balístico de mediano alcance . . . 1248
misil balístico de tierra a tierra lanzado desde silos . . . 0910
misil balístico intercontinental . . . 1064
misil balístico lanzado desde el aire . . . 0101
misil balístico lanzado desde el mar . . . 1940
misil balístico lanzado desde submarinos . . . 2158
misil balístico moderno de gran potencia . . . 1328
misil balístico táctico de tierra a tierra . . . 0907
misil bietápico . . . 2348
misil de aire a aire . . . 0106
misil de aire a superficie . . . 0109
misil de crucero . . . 0545
misil de crucero lanzado desde el aire . . . 0102
misil de crucero lanzado desde submarinos . . . 2159
misil de dos etapas . . . 2348
misil de mar a aire . . . 1936
misil de mar a mar . . . 2191
misil de submarino a superficie . . . 2363
misil de superficie a aire . . . 2188
misil de superficie a mar . . . 2189
misil de superficie a subsuperficie . . . 2190
misil de superficie a superficie . . . 2191
misil de superficie antisubmarino . . . 2190
misil de tierra a aire . . . 0906
misil de tierra a tierra . . . 0909 2191
misil dirigido . . . 0924
misil dirigido de superficie a aire . . . 2187
misil dirigido por sistema alámbrico . . . 2446
misil disparado desde el hombro . . . 2022
misil estratégico de subsuperficie a superficie . . . 2164
misil interceptor . . . 1063
misil intercontinental . . . 1065
misil intercontinental de base terrestre . . . 1117
misil intercontinental lanzado desde submarinos . . . 2160
misil lanzado desde submarinos . . . 2161
misil nuclear táctico . . . 2214

misil operacional . . . 1541
misil pesado . . . 0954
misil submarino antisubmarino . . . 2163
misil táctico . . . 2213
misiles antibalísticos, lanzador de . . . 0144
misiles balísticos, sistema de defensa contra . . . 0273 2206
misiles de superficie a aire de mediano alcance, sistema de . . . 1249
misiles dirigidos de tierra a tierra, sistema de . . . 0908
misiles ofensivos, sistema de . . . 1522
misiles submarinos de gran alcance, sistema de . . . 2360
misión operacional . . . 1542
moratoria . . . 1338
moratoria sobre el ensayo y emplazamiento de nuevos sistemas de armas nucleares estratégicas ofensivas y defensivas . . . 1339
mortero . . . 1340
mortero estriado . . . 1872
mostaza nitrogenada . . . 1401
motor de cohete . . . 1884
movilidad estratégica . . . 2121
movilización económica . . . 0714
movimiento anasísmico, inicio de un . . . 0133
movimiento anómalo . . . 0137
movimiento de partículas . . . 1577
movimiento inicial . . . 0821
movimiento sísmico interferente . . . 1068
muestreo . . . 1916
muestreo puntiforme, dispositivo de . . . 1655
municiones . . . 0126
municiones dirigidas con precisión . . . 1673
municiones nucleares . . . 1429
mutación genética . . . 0874
mutaciones somáticas radioinducidas . . . 1766
mutagénico . . . 1366
MW . . . 1255

napalm . . . 1376
napalm, bombardeo con . . . 1379
napalm y otras armas incendiarias . . . 1377
nave . . . 0533
nave de propulsión nuclear . . . 1474
nave patrullera de defensa costera . . . 1945
nefrotoxicidad . . . 1389
negociaciones SALT . . . 1912
negociaciones sobre el control de las armas nucleares . . . 1432
negociaciones sobre el desarme . . . 0664
negociaciones sobre la limitación de las armas estratégicas (SALT) . . . 2114
neutralidad armada . . . 0193
neutralidad nuclear . . . 1464
nitrógeno mostaza . . . 1401
nivel de radiación . . . 1763
nivel de radiactividad . . . 1147

niveles convenidos de armamentos 0055
niveles convenidos de los efectivos 0054
no agresión 1408
no diseminación de armas nucleares 1410
no proliferación 1414
no proliferación de las armas nucleares 1415
no proliferación nuclear 1465
no uso de la fuerza 1419
no utilización de armas incendiarias 1420
normas humanitarias relativas a los conflictos armados 0994
nube de gas 0869
nuevas técnicas de enriquecimiento del uranio 1400

objetivo 2233
objetivo localizado 1168
objetivo militar 1284
objetivo móvil 1351
observación 1331
observación aérea 0075
observación sismológica 1969
observaciones in situ 1532
obús 0990
Océano Indico, Comité especial del 0031
ocupación 1519
OIEA 1071
ojiva de misil 0946
ojiva (del misil) 2419
ojiva neutrónica 1397
ojiva nuclear 1486
onda 2426
onda acústica 0018
onda de choque 2015
onda de choque, efecto de la 0296
onda de choque, frente de 2014
onda de choque, protección contra la 0297
onda de choque, separación de la 0329
onda de Love (onda L) 1189
onda de Mach 1199
onda de Mach, frente de la 1198
onda de Rayleigh (onda R) 1804
onda de superficie 2186
onda de superficie y onda interna, discriminante entre 2184
onda electromagnética 0722
onda explosiva 0298
onda interna 0311
onda interna, discriminante entre onda de superficie y 2184
onda L 1189
onda P 1567
onda Q 1731
onda R 1804
onda S 1897

ondas de período largo . . . 1184
ondas de superficie, radiación de . . . 2192
ondas internas, magnitud de . . . 0312
ondas sísmicas, energía de las . . . 1974
ONUVT . . . 2373
OPANAL . . . 0048
operación de limpieza . . . 1337
operacional . . . 1537
operaciones aerotransportadas, campo minado contra . . . 0139
operaciones aerotransportadas, terreno minado contra . . . 0139
operaciones antisubversivas . . . 0520
operaciones clandestinas . . . 0406
operaciones de contraguerrilla . . . 0518
operaciones de mantenimiento de la paz . . . 1616
operaciones de mantenimiento de la paz, Comité especial de . . . 2057
operaciones radiológicas . . . 1784
operador de radar . . . 1746
orden de despegue inmediato . . . 1933
Organismo de Control de Armamentos y de Desarme (ACDA) . . . 0199
Organismo de las Naciones Unidas para la Vigilancia de la Tregua (ONUVT) . . . 2373
Organismo Europeo de Energía Nuclear (OEEN) . . . 0763
Organismo Internacional de Energía Atómica (OIEA) . . . 1071
Organismo para la Proscripción de las Armas Nucleares en la América Latina (OPANAL) . . . 0048
Organización del Tratado de Asia del Sudeste (OTASE) . . . 2051
Organización del Tratado de Varsovia . . . 2422
Organización del Tratado del Atlántico del Norte (OTAN) . . . 1423
Organización Europea de Investigaciones Nucleares (CERN) . . . 0764
Organización Internacional de Desarme . . . 1080
órgano de control . . . 0486
oruga . . . 2309
OTAN . . . 1423
OTASE . . . 2051

países exportadores de tecnología y materiales nucleares, Grupo de . . . 0916
panoplia nuclear . . . 1466
papel de las Naciones Unidas en la esfera del desarme, Comité ad hoc para el examen del . . . 0032
paracaídas de abastecimiento . . . 2173
paracaídas de reserva . . . 1842
paracaidistas . . . 1573
paridad nuclear . . . 1467
paridad nuclear estratégica . . . 2123
parque nuclear . . . 1476
partícula cargada . . . 0390
partida . . . 1578
partidas para gastos militares . . . 1269
pasada . . . 1580
pase . . . 1581
paso, derecho de . . . 1875
patógeno . . . 0677

patología de las radiolesiones 1590
patrulla 1591
patrulla de escolta 0758
patrulla de relevo 1832
paz, amenaza a la 2279
paz mundial, fortalecer la 2142
paz y seguridad internacionales 1087
PC avanzado 0947
PC de retaguardia 0948
peligro 0943
peligro de radiación 0945
peligro radiológico 1781
penetración, ayudas a la 1620
penetración, capacidad de 1621
perfeccionamiento 0639 2050
perforación 0979
perímetro, radar de adquisición de 1624
perímetro, radar de captación de 1624
período de adiestramiento 2320
período de calma sísmica 1975
período de formación 2320
período de instrucción 2320
período de semidesintegración 0937
Período extraordinario de sesiones de la Asamblea General dedicado al desarme 2060
período ultralargo, programa experimental de 2401
permiso 1581
persecución 1729 2312
persecución, sistema de 2314
perseguidor 2311
personal militar 1285
pertrechos 1280
pertrechos de defensa 0587
perturbación radárica 1738
perturbaciones sísmicas 1964
perturbador repetidor 1838
peso lanzable 2284
petición, a 1527
petrolero 2231
petrolero de escuadra 0835
petrolero de reaprovisionamiento en el mar 2364
picada, bombardeo en 0686
piquete aéreo 0077
piquete aéreo, aeronave de 0044
piquete de radar 1747
pistola ametralladora 2152 2291
pistola ametralladora Sten 2096
plan de desarme general 0452
plan de fuego de artillería 0229
plano militar 1273
planta de enriquecimiento 0746
planta de enriquecimiento del uranio 2380

plataforma de lanzamiento . . . 1134 1135
plataforma de lanzamiento desde el aire . . . 0100
plataforma fija de lanzamiento . . . 0828
plataforma móvil de lanzamiento . . . 1326
población resistente a la radiación . . . 1767
población susceptible . . . 2201
poder letal . . . 1146
poder mortífero . . . 1146
poderío estratégico, aumento del . . . 2116
poderío militar . . . 1277 1287
poderío militar, aumento del . . . 0340 1276
poderío nuclear . . . 1439
polígono de ensayos . . . 2265
polígono de ensayos de Nevada . . . 1399
política de riesgo máximo calculado (brinkmanship) . . . 0332
poner en funcionamiento . . . 0021
portahelicópteros . . . 0960
portaviones . . . 0095
posibilidades del enemigo . . . 0738
posibilidades militares . . . 1277
posición militar guarnecida . . . 1218
posición, puesto en . . . 1664
posicionamiento . . . 1665
potencia . . . 2454
potencia combinada prevista . . . 1647
potencia de fuego . . . 0818
potencia de una explosión nuclear . . . 1494
potencia nuclear . . . 1470 1503
Potencia poseedora de armas nucleares . . . 1503
precipitación radiactiva . . . 1773 1792
precipitación radiactiva, configuración de la . . . 0789
precipitación radiactiva, contornos de la . . . 0788
precipitación (radiactiva) de gran alcance . . . 1188
precipitación radiactiva de importancia militar, zona de . . . 0178
precipitación radiactiva local . . . 0414 1167
precisión de ataque . . . 2144
precisión del fuego . . . 0012
precursor . . . 1587
predictor . . . 1674
preparación de la población civil para la guerra, estado de . . . 0405
preparación, estado de . . . 1682
preparación operacional, estado de . . . 1544
presión explosiva . . . 1566
presión explosiva máxima . . . 1618
presupuesto militar . . . 1274
presupuestos militares, reducción de los . . . 1820
prevención de crisis, estrategia de . . . 0540
prevención táctica . . . 2218
primer golpe . . . 0822
primer golpe, capacidad de . . . 0823
primer golpe, estrategia de . . . 0824

primer movimiento 0821
Principios básicos de las Negociaciones sobre nuevas limitaciones de las armas ofensivas estratégicas 0280
probabilidad de daños 1690
probabilidad de destrucción 1108
probabilidad de detección 0623
probabilidad de identificación 1008
problema del desarme 0665 1692
procedimiento de contraorden automática 0785
procedimientos de verificación 2396
procedimientos para medir la radiación 1754
proceso de desarme 1694
productos o desechos radiactivos 1776
programa de armamentos 0206
programa de asistencia militar 1270
programa experimental de período ultralargo 2401
programa general de desarme 0453
programa global de desarme 0453
Programa para la paz y la cooperación internacional 1698
programa VELA 2390
progresión de escalón 1141
progresión escalonada 1141
prohibición 0275
prohibición completa de los ensayos (nucleares) 0454
prohibición de las armas atómicas 1701
prohibición de los ensayos de armas nucleares 1507
prohibición de sobrevuelo 1564
prohibición del empleo en la guerra de gases asfixiantes, tóxicos o similares y de medios bacteriológicos, Protocolo relativo a la 1715
prohibición y eliminación de todos los tipos de armas de destrucción en masa 1700
proliferación 1704
proliferación de las armas nucleares 1706
proliferación de las armas nucleares, salvaguardias contra la 1904
proliferación horizontal 0987
proliferación nuclear 1472
proliferación vertical 2398
propagación 1708
propagación, tiempo de 2325
propagación, velocidad de 2392
propulsor 1711
proscripción 0275
protección contra explosiones 0297
protección contra la onda de choque 0297
protección (mediante disuasión nuclear) 2011
Protección Radiológica, Comisión Internacional de 1073
Protocolo adicional I del Tratado para la proscripción de las armas nucleares en la América Latina 0036
Protocolo al Acuerdo provisional sobre ciertas medidas relativas a la limitación de las armas ofensivas estratégicas 1717
Protocolo al Acuerdo sobre la prevención de incidentes en alta mar y sobre la alta mar 1716

Protocolo al Tratado sobre la limitación de los ensayos subterráneos con armas nucleares . . . 1719
Protocolo al Tratado sobre la limitación de los sistemas de proyectiles antibalísticos . . . 1718
Protocolo al Tratado sobre las explosiones nucleares subterráneas con fines pacíficos 1720
Protocolo facultativo sobre jurisdicción obligatoria para la solución de controversias . . 1551
Protocolo I (Protocolo adicional a los Convenios de Ginebra del 12 de agosto de 1949 relativo a la protección de las víctimas de los conflictos armados internacionales) . . 1713
Protocolo II (Protocolo adicional a los Convenios de Ginebra del 12 de agosto de 1949 relativo a la protección de las víctimas de los conflictos armados no internacionales) . . . 1714
Protocolo relativo a la prohibición del empleo en la guerra de gases asfixiantes, tóxicos o similares y de medios bacteriológicos . . . 1715
provisiones . . . 2171
proyectil antitanque de alto poder explosivo . . . 0970
proyectil de alta velocidad . . . 0972
proyectil de artillería dirigido . . . 0355
proyectil de pequeño calibre . . . 2040
proyectil estabilizado con aletas . . . 0810
proyectiles desde aviones, sistema de lanzamiento de . . . 0096
proyecto de acuerdo sobre la prohibición del desarrollo y de la fabricación de nuevos tipos de armas de destrucción en masa y de nuevos sistemas de tales armas . . . 0693
proyecto de convención para la prohibición de los medios de guerra biológicos . . . 0694
proyecto de convención sobre la prohibición de influir en el medio ambiente y en el clima con fines militares y de otra índole que sean incompatibles con el mantenimiento de la seguridad internacional, el bienestar y la salud de los seres humanos . . . 0695
proyecto de convenio sobre la prohibición del uso de las armas nucleares . . . 0696
proyecto de tratado de desarme general y completo bajo estricto control internacional 0697
proyecto de tratado mundial sobre la no utilización de la fuerza en las relaciones internacionales . . . 0699
proyecto de tratado sobre la prohibición completa y general de los ensayos con armas nucleares . . . 0698
puente aéreo . . . 0103
puesta en posición . . . 1665
puesto avanzado . . . 1559
puesto de avanzada . . . 1559 1560
puesto de comando avanzado (PC avanzado) . . . 0947
puesto de comando de retaguardia (PC de retaguardia) . . . 0948
puesto de control . . . 0487
puesto de control aéreo . . . 0067
puesto de inspección . . . 1047
puesto en posición . . . 1664
punto cero . . . 0911
punto clave . . . 1106
punto de control . . . 0391
punto de cruce . . . 0544
punto de impacto . . . 2021
punto de lanzamiento de las bombas . . . 0315
punto de paso . . . 0544
punto, de punto a . . . 1658
punto del cuadriculado . . . 0898
punto fuerte . . . 2147

punto vulnerable 2412

quebrantamiento de la paz 0327
quemadura de segundo grado 1950

rad 1734
rad-hombre 1220
radar 1735
radar aerotransportado 0088
radar aerotransportado a gran/baja altura, defensa mediante 0968
radar altimétrico 0957
radar avanzado de alerta temprana 0039
radar, avión de defensa de 1748
radar, avión piquete de 1748
radar, cobertura de 1739
radar de adquisición de perímetro 1624
radar de altimetría 0957
radar de aproximación controlado desde portaaviones 1743
radar de aproximación de precisión 1672
radar de captación de perímetro 1624
radar de cobertura complementaria 0867
radar de control de tiro 0815
radar de exploración tridimensional 2280
radar de función múltiple 1363
radar de localización 2313
radar de localización de morteros 1344
radar de navegación 1384
radar de rastreo 2313
radar de reconocimiento e identificación 1810
radar de seguimiento 2313
radar de vigilancia 2197
radar de vigilancia aérea de gran alcance 1186
radar de vigilancia de superficie 2183
radar, defensa de 1747
radar, destructor de defensa de 1749
radar, destructor piquete de 1749
radar, dispositivo de dirección por 1750
radar, eco de 1741
radar, interferencia de 1738
radar, operador de 1746
radar para protección de emplazamientos de misiles 1318
radar, piquete de 1747
radar, red de estaciones de 1745
radiación 1751
radiación atómica 0256
radiación, daño por 1755
radiación de fondo 0267
radiación de ondas de superficie 2192
radiación, difusión de la 1764
radiación, dosis de 1757
radiación, efecto retardado de la 0592

radiación, exposición a la 1761
radiación gamma terrestre, intensidad de la dosis de 2258
radiación inicial 1041
radiación, intensidad de 1762
radiación ionizante 1095
radiación, lesión por 1755
radiación, nivel de 1763
radiación, peligro de 0945
radiación, población resistente a la 1767
radiación, procedimientos para medir la 1754
radiación residual 1844
radiación térmica de una explosión nuclear 2272
radiación ultravioleta 2352
radiactividad 1777
radiactividad, nivel de 1147
radio de acción 1794
radio de seguridad 1788
radiolesión 1755
radiolesiones, patología de las 1590
radionucleido 1786
radiopatía 1765
radiosensibilidad genética 0881
radiotoxemia 1765
radomo 1789
ráfaga de ametralladora 1202
ráfaga de ametralladora (desde el aire) 2108
rampa de lanzamiento 1137
rastreador 2311
rastreo 2312
rastreo, radar de 2313
rastreo, sistema de 2314
rastro 2309
rayo laser antisatélite 0156
rayos gamma 0865
reabastecimiento planificado 1648
reacción 1849
reacción controlada 0492
reacción limitada 0492
reacción nuclear limitada 1161
reacción proporcional 1230
reactor 1806
reactor de agua hirviente 0313
reactor de agua ligera 1157
reactor de agua ordinaria 1157
reactor de agua pesada 0956
reactor nuclear 1473
reactor radiobiológico 0291
reactor reproductor de neutrones rápidos 0797
reactores rápidos, Grupo internacional de trabajo sobre 1091
reaprovisionamiento en el mar, petrolero de 2364
rearme 1809

reclamación, verificación por 2394
reclutas 0471
reconocimiento 1815
reconocimiento aéreo 0045
reconocimiento en todas las condiciones meteorológicas 0120
reconocimiento estratégico de gran alcance, avión de 1182
reconocimiento por satélite 1920
rectificación de tiro 0038
recuento de fondo 0266
recursos militares 1277 1287
red de control e información 0482
red de estaciones de radar 1745
red de estaciones sismológicas 1973
red de puestos de control aéreo 0068
Red Mundial de Sismogramas Normalizados (WWSSN) 2450
red sismográfica 1966
redes de vigilancia por sismógrafos 1981
reducción de los armamentos nucleares estratégicos 1821
reducción de los presupuestos militares 1820
reducción de los presupuestos militares, Grupo de expertos consultores sobre la 0914
reducciones asimétricas 0244
reducciones convenidas 0057
reducciones mutuas 1372
reducciones mutuas y equilibradas de las fuerzas 1370
reducciones paralelas 1372
reducciones recíprocas 1372
reemplazo 1839
reforzar la seguridad, medidas para 1238
refugio 2009
refugio fortificado 0344
regenerador industrial 0442
régimen de salvaguardias 1905
región asísmica 0231
región sísmica 1956
registro sísmico 1970
regulación de los armamentos 1825
relación señal-ruido 2032
relajación de la tensión 1827
relevo 1830
relevo, grupo de 1831
relevo, patrulla de 1832
réplica 1849
réplica, capacidad de 2145
réplica flexible 0836
réplica (nuclear) 1948
réplica (nuclear), capacidad de 1951
réplica (nuclear), estrategia de 1952
réplica nuclear limitada 1161
réplica proporcional 1230
réplica variable 0836
reposición 1839

represalia 1855
represalia masiva 1228
represalia nuclear limitada 1162
reserva 1841
reserva táctica 2217
reservas existentes de armas nucleares 0773
resguardo aéreo 0069
residuo de arma nuclear 2433
resistencia al corte 2003
resistencia, línea principal de 1209
Resolución de la Junta de Gobernadores sobre el establecimiento de límites máximos para la exclusión de cantidades pequeñas de sustancias nucleares de la aplicación de la Convención de Viena sobre responsabilidad civil por daños nucleares 1847
resolución en distancia 1799
respuesta 1849
respuesta, características de 1851
respuesta, curva de 1852
retardo 0591
retirada gradual y equilibrada 1699
rickettsias 1864
riesgo 0943
riesgo de contaminación nuclear 1878
riesgo de guerra 1879
riesgo desdeñable 1387
riesgo excepcional 0731
riesgo insignificante 1387
riesgo máximo calculado, política de (brinkmanship) 0332
riesgo moderado 1327
roca blanda 1024
roca dura 0940
rociar el blanco 2068
roentgen 1890
rompimiento de brecha 0328
ruido microsísmico 1262
ruido sísmico 1967
ruido sísmico de fondo 0268
ruido telúrico 0709
ruido terrestre 0709

sabot 1900
sacudida 2013
SALT 2114
SALT I 1911
SALT, negociaciones 1912
salva de cohetes 1888
salvaguardias contra la proliferación de las armas nucleares 1904
salvaguardias eficaces 0717
SASP 1986
satélite de comunicaciones 0448
satélite de defensa 0586
satélite de reconocimiento 1817

satélite "matador" . . . 1109
saturación, bombardeo de . . . 1922
sección . . . 1651
sección de un campo de prisioneros de guerra . . . 1688
sector clave . . . 1107
sector crítico . . . 1107
secuestrador de aeronaves . . . 0974
secuestro de aeronave . . . 0042
seguidor . . . 2311
seguimiento . . . 2312
seguimiento, radar de . . . 2313
seguimiento, sistema de . . . 2314
segunda generación, arma de . . . 1947
segundo golpe . . . 1948
segundo golpe, capacidad de . . . 1951
segundo golpe, estrategia de . . . 1952
seguridad . . . 1953
seguridad colectiva . . . 0430
seguridad física . . . 1642
seguridad nacional . . . 1381
seguridad personal . . . 1642
selectividad . . . 1987
semivida . . . 0937
señal . . . 1727 2027
señal encubierta . . . 1516
señal interferida . . . 1516
señales . . . 2027
señales de terrenos minados . . . 1302
señales sísmicas . . . 1971
sensibilidad . . . 1993
sensor . . . 1994
sensor por rayos infrarrojos . . . 1036
señuelo . . . 0579
separación . . . 0678
separación de la onda de choque . . . 0329
ser objeto de disparos . . . 0438
servicio de sanidad . . . 1244
servicio, en . . . 1537
servicios y abastecimientos de campaña . . . 1545
siembraminas . . . 1304
siembraminas costero . . . 0422
silo . . . 2033
simulacro de alarma . . . 0730
simulacro de guerra . . . 2414
sincronización sobre el objetivo . . . 2286
SIPRI . . . 2099
sismicidad . . . 1976
sismógrafo . . . 1979
sismógrafo de banda ancha . . . 0334
sismógrafo de período largo . . . 1183
sismógrafo horizontal . . . 0988
sismógrafo vertical . . . 2399
sismógrafos, complejo de . . . 1957

sismograma . . . 1977
sismograma de banda ancha . . . 0333
sistema . . . 2204
Sistema Aerotransportado de Alerta y Control (AWACS) . . . 0090
sistema alámbrico, misil dirigido por . . . 2446
sistema de alerta temprana . . . 0708
sistema de aproximación dirigida desde tierra . . . 0902
sistema de armamentos . . . 2442
sistema de armamentos ofensivos . . . 1521
sistema de armas . . . 0211
sistema de armas antimisiles . . . 0152
sistema de aterrizaje por instrumentos . . . 1052
sistema de bombardeo de órbita fraccionaria . . . 0845
sistema de control . . . 0488 0489
sistema de control automático . . . 0262
sistema de control de tiro . . . 0816
sistema de control e información . . . 0482
sistema de defensa contra misiles balísticos . . . 0273 2206
sistema de detección . . . 0625
sistema de detección y rastreo . . . 0620
sistema de detección y seguimiento . . . 0620
sistema de dirección . . . 0922
sistema de dirección por inercia . . . 1028
sistema de inspección . . . 1048
sistema de lanzamiento de proyectiles desde aviones . . . 0096
sistema de localización . . . 2314
sistema de misiles antibalísticos . . . 0146
sistema de misiles de superficie a aire de mediano alcance . . . 1249
sistema de misiles dirigidos de tierra a tierra . . . 0908
sistema de misiles ofensivos . . . 1522
sistema de misiles submarinos de gran alcance . . . 2360
sistema de rastreo . . . 2314
sistema de salvaguardias del Organismo Internacional de Energía Atómica . . . 1072
sistema de seguimiento . . . 2314
sistema de vectores de armas nucleares estratégicas ofensivas . . . 1524
sistema de verificación . . . 2397
sistema internacional de control e inspección . . . 1089
Sistema Internacional de Documentación Nuclear (INIS) . . . 1086
sistemas centrales . . . 0381
sistemas de armas nucleares estratégicas . . . 2127
sistemas de base avanzada . . . 0843
sistemas de complejos orientables . . . 2094
sistemas defensivos de armas nucleares estratégicas . . . 0589
sistemas defensivos de minas . . . 1298
sistemas lanwair (de misiles "tierra-mar-aire") . . . 1121
sistemas no centrales . . . 1409
situación . . . 1169
sobredestrucción, capacidad de . . . 1565
sobreviviente de la bomba atómica . . . 0252
sobrevuelo . . . 1562
sobrevuelo, autorización general de . . . 0294
sobrevuelo, prohibición de . . . 1564

sombrilla nuclear . . . 1483
sonar . . . 2047
sonar de proa . . . 0325
sonar de remolque . . . 2300
sonar remolcado . . . 2300
SPLP . . . 0220
Subcomisión de asuntos jurídicos . . . 1142
Subcomisión de la Comisión de Desarme . . . 2149
Subcomité para estudiar el tratado sobre la cesación de los ensayos con armas nucleares . . . 2150
submarino . . . 2153
submarino cazasubmarinos . . . 2157
submarino con sistema ordinario de propulsión . . . 0506
submarino de propulsión corriente . . . 0506
submarino diesel de ataque . . . 0644
submarino diesel lanzamisiles balísticos . . . 0645
submarino diesel lanzamisiles de crucero . . . 0646
submarino lanzamisiles balísticos . . . 0274
submarino nuclear . . . 1478
submarino nuclear de ataque . . . 1495
submarino nuclear de caza . . . 1499
submarino nuclear lanzamisiles balísticos . . . 1496
submarino nuclear lanzamisiles de crucero . . . 1497
suceso . . . 0769
suministros . . . 2171
superioridad estratégica . . . 2134
superioridad nuclear . . . 1479
superioridad nuclear estratégica . . . 2124
superpotencia . . . 2168
supervivencia . . . 2199
supremacía aérea . . . 0081
suprimir señales electrónicas . . . 0293
suspensión . . . 0671
suspensión de los ensayos nucleares y termonucleares . . . 2202
sustancias nucleares . . . 1461
sustentación aerodinámica . . . 0046

tácticas evasivas . . . 0767
táctico . . . 2210
tanque . . . 2221
tanque de recuperación (de vehículos averiados) . . . 1819
tanque ligero . . . 1156
tanque liviano . . . 1156
tanque mediano . . . 1250
tanque pesado . . . 0955
tanque taller . . . 2452
teatro de guerra . . . 2270
teatro de operaciones . . . 2270
técnica avanzada . . . 2050
técnica de desactivación . . . 1835
técnicas de alteración ecológica . . . 0747
técnicas de disimulación . . . 0767

técnicas de evasión . . . 0766
técnicas de identificación . . . 1009
técnicas de modificación ambiental . . . 0747
tecnología avanzada . . . 0969
tecnología de las armas nucleares . . . 2247
tecnología de láser . . . 1126
tecnología militar . . . 1291
tecnología nuclear . . . 1480
teledetección . . . 1834
teleguía . . . 1833
telemetría . . . 1798 2249
telémetro . . . 1797
telémetro de láser . . . 1125
televisión infrarroja . . . 1037
tensión internacional . . . 1090
tensión, relajación de la . . . 1827
terremotos poco profundos . . . 2000
terreno minado contra operaciones aerotransportadas . . . 0139
terrenos minados, brecha en . . . 1301
terrenos minados, demarcación de . . . 1302
terrenos minados, marcado de . . . 1302
terrenos minados, señales de . . . 1302
territorio liberado . . . 1148
tiempo de iniciación . . . 1530
tiempo de llegada /de fases/ . . . 0222
tiempo de propagación . . . 2325
tiempo de reacción del personal . . . 1628
tiempo de servicio . . . 2299
tiempo-distancia, curva de . . . 2289
tipificación . . . 2080
tirantez, disminución de la . . . 1827
tirantez internacional . . . 1090
tiro . . . 0820 1892
tiro, cadencia de . . . 1802
tiro corto (de una pieza de artillería) . . . 2016
tiro de ensayo . . . 2264
tiro de fusil . . . 1871
tiro de mortero . . . 1345
tiro de prueba . . . 2264
tiro mediante avión, control de . . . 0094
tiro rasante . . . 0896
tiro, rectificación de . . . 0038
tiro, velocidad de . . . 1802
tiros de tanque . . . 2228
TNP . . . 1416 2334
tomar posiciones de antemano . . . 1683
tormenta de fuego . . . 0819
torpedo . . . 2292
torpedo de autodirección acústica . . . 0017
torre de lanzamiento . . . 1136
toxicidad . . . 2303

toxicidad, determinación de la 2304
tóxicos generales 2208
toxina 2306
tracker 2311
tráfico de armas 0212
trampa explosiva 0324
transferencia de armas nucleares 2322
transportador-erector-lanzador 2324
transportar por aire /equipos militares, tropas etc./ 0104
transporte blindado de tropas 0195
transporte (buque) 0365
transporte de comandos 0441
transporte de material y víveres 2106
transporte de personal, vehículo no blindado de 2355
Tratado Antártico 0138
tratado de desarme general y completo en un mundo pacífico, Bosquejo de las disposiciones básicas de un 1558
Tratado de prohibición parcial de pruebas 1576
Tratado de Tlatelolco 2330
Tratado del Atlántico del Norte 1422
Tratado para la proscripción de las armas nucleares en la América Latina 2329
Tratado para la proscripción de las armas nucleares en la América Latina, Protocolo adicional I del 0036
Tratado por el que se prohiben los ensayos con armas nucleares en la atmósfera, el espacio ultraterrestre y debajo del agua 2327
Tratado sobre el Espacio Ultraterrestre 1556
Tratado sobre la limitación de los ensayos subterráneos con armas nucleares 2333
Tratado sobre la limitación de los ensayos subterráneos con armas nucleares, Protocolo al 1719
Tratado sobre la limitación de los sistemas de misiles antibalísticos 2332
Tratado sobre la limitación de los sistemas de misiles antibalísticos, Protocolo al 1718
Tratado sobre la no proliferación de las armas nucleares (TNP) 2334
Tratado sobre la no proliferación (TNP) 1416
Tratado sobre las explosiones nucleares subterráneas con fines pacíficos 2336
Tratado sobre las explosiones nucleares subterráneas con fines pacíficos, Protocolo al 1720
Tratado sobre los fondos marinos 1939
Tratado sobre los principios que deben regir las actividades de los Estados en la exploración y utilización del espacio ultraterrestre, incluso la luna y otros cuerpos celestes 2331
Tratado sobre prohibición de emplazar armas nucleares y otras armas de destrucción en masa en los fondos marinos y oceánicos y su subsuelo 2335
trayecto 2309
trayectoria 1585 2309
trayectoria continental 0479
trayectoria de planeo 0891
trayectoria de propagación 1710
trayectorias múltiples 1358
trazador 2307
tregua con inmovilización de fuerzas 2083
tregua de armamentos 0185
triada 2337

triada estratégica . . . 2135
tropas aerotransportadas . . . 0089
tubo lanzatorpedos . . . 2296
turbina, helicóptero de . . . 2344
turbohélice, avión de . . . 2346
turborreactor, avión de . . . 2345
turno . . . 2299

U-235 apto para utilizaciones bélicas . . . 2434
ubicación . . . 1169
umbral . . . 2281
umbral de detección . . . 0626
umbral de diferenciación . . . 0676
umbral de discriminación . . . 0676
umbral de identificación . . . 0676 1010
umbral de localización . . . 1172
umbral de magnitud . . . 1208
UNFICYP . . . 2370
unidad de apoyo . . . 2179
unidad de bombas en haz . . . 0416
unidad de bombas en racimo . . . 0416
unidad de combate . . . 0433
unidad de mantenimiento . . . 1215
unidad de paracaidistas . . . 2097
unidad mecanizada . . . 1242
unidad quirúrgica . . . 2193
unidades en haz . . . 0417
unidades en racimo . . . 0417
Unidades y Medidas de la Radiación, Comisión Internacional de . . . 1074
uso de la fuerza, amenaza o . . . 2278
uso de la fuerza armada . . . 2381
utilización de la energía nuclear con fines pacíficos . . . 1614 2383
utilización de los fondos marinos con fines pacíficos . . . 1613
utilizaciones bélicas, U-235 apto para . . . 2434

variación de eco . . . 0234
vector . . . 0597 2386
vector de llegada aparente . . . 0173
vector de llegada (de fases de un fenómeno sísmico) . . . 0223
vector estratégico . . . 2120
vector nuclear . . . 1445
vectores . . . 1236
vectores de armas nucleares estratégicas ofensivas, sistema de . . . 1524
vectores de armas nucleares ofensivas estratégicas . . . 2129
vehículo . . . 2388
vehículo blindado de transporte de tropas . . . 0194
vehículo de aprovisionamiento de combustible . . . 0860
vehículo de lanzamiento . . . 1128
vehículo de reconocimiento . . . 1930
vehículo de reentrada . . . 1823
vehículo de reentradas múltiples . . . 1361

vehículo de reentradas múltiples dirigidas independientemente 1360
vehículo de transporte 0365
vehículo de uso general 0878
vehículo espacial 2056
vehículo lanzamisiles 1128
vehículo maniobrable de reentrada 1219
vehículo no blindado de transporte de personal 2355
vehículo todo terreno 0542
vehículo portador 0597
vehículo portador de armas nucleares 1445
vehículo sobre orugas 2310
velocidad aparente 0174
velocidad de desintegración 0559
velocidad de fase 1631
velocidad de fuego 1802
velocidad de propagación 2392
velocidad de tiro 1802
velocidad inicial 1374
velocidad subsónica 2162
velocidad supersónica 2169
ventaja estratégica 2109
ventajas militares unilaterales 1528
ventas de armas 0209
verificación 1043
verificación ampliada 0129
verificación in situ 1533
verificación por exigencia de parte interesada 2394
verificación por reclamación 2394
verificación, procedimientos de 2396
verificación, sistema de 2397
verificación sobre el terreno 1533
verificación toxicológica 2305
vesicante 2402
viento, a favor del 0691
viento, contra el viento respecto al objetivo 2377
viento radiactivo, diagrama vectorial del 0790
vigilancia 1043 1331
vigilancia aérea 0083
vigilancia aérea de gran alcance 1185
vigilancia aérea de gran alcance, radar de 1186
vigilancia costera, lancha de 1946
vigilancia del mar 1935
vigilancia marítima 1935
vigilancia por sismógrafos, redes de 1981
vigilancia sismológica 1984
vomitivo 2408
vuelo ciego 0302
vuelo, en 0085
vuelo por instrumentos 0302
vulnerabilidad 2411

WWSSN 2450

zángano 0701
zona 2456
zona contaminada 0476
zona de bombardeo 0320
zona de bombardeo ciego 0301
zona de dispersión 1928
zona de embarco 1166
zona de embarque 1166
zona de gran radiactividad 0989
zona de lanzamiento 0703
zona de paz 2458
zona de precipitación radiactiva de importancia militar 0178
zona desmilitarizada 0601
zona desnuclearizada 0605
zona libre de armas nucleares 1509
zona logística 1173
zona militarmente desnuclearizada 1265
zona objetivo 2235
zona sísmica 1956
zonas libres de armas nucleares, Grupo ad hoc de expertos gubernamentales calificados para el estudio de la cuestión de las 0034
zonas objetivos, bombardeo de 2236

АБСОЛЮТНОЕ ОРУЖИЕ 0009 2351
АВАРИЙНО-РЕМОНТНАЯ КОМАНДА 0474
АВАРИЙНО-РЕМОНТНЫЙ ТАНК 1819
АВИАБАЗА 0065
АВИАБОМБА, СВЕТЯЩАЯ 1014
АВИАНОСЕЦ 0095 0365
АВИАНОСНАЯ АВИАЦИОННАЯ ГРУППА 0367
АВИАЦИОННАЯ БАЗА 0065
АВИАЦИОННАЯ ГРУППА, ОПЕРАТИВНАЯ 2241
АВИАЦИОННАЯ ОСКОЛОЧНАЯ БОМБА С БОЛЬШОЙ ПЛОЩАДЬЮ ПОРАЖЕНИЯ 1926
АВИАЦИОННАЯ ПОДДЕРЖКА 0080
АВИАЦИОННАЯ ПОДДЕРЖКА, НЕПОСРЕДСТВЕННАЯ 0648
АВИАЦИОННАЯ ПОДДЕРЖКА, ТАКТИЧЕСКАЯ 2212
АВИАЦИОННОЕ КОМАНДОВАНИЕ, СТРАТЕГИЧЕСКОЕ 2110
АВИАЦИОННОЕ КОМАНДОВАНИЕ, ТАКТИЧЕСКОЕ 2211
АВИАЦИОННОЕ МАТЕРИАЛЬНО-ТЕХНИЧЕСКОЕ ОБЕСПЕЧЕНИЕ 0074
АВИАЦИОННОЕ ОРУЖИЕ, СИСТЕМА ДОСТАВКИ АВИАЦИОННОГО ОРУЖИЯ 0096
АВИАЦИОННОЕ ПРИКРЫТИЕ 0069
АВИАЦИЯ НЕПОСРЕДСТВЕННОЙ ПОДДЕРЖКИ 0412
АВИАЦИЯ ПОДДЕРЖКИ НАЗЕМНЫХ ВОЙСК 0905
АВТОМАТ 2152
АВТОМАТ СТЕН 2096
АВТОМАТ ТОМПСОНА 2291
АВТОМАТИЧЕСКАЯ ПОДАЧА СИГНАЛА ТРЕВОГИ 0261
АВТОМАТИЧЕСКАЯ СИСТЕМА УПРАВЛЕНИЯ 0262
АВТОМАТИЧЕСКИЙ ПЕРЕДАТЧИК ПОМЕХ СТАНЦИЯМ ОБНАРУЖЕНИЯ 0263
АВТОМОБИЛЬ ПОВЫШЕННОЙ ПРОХОДИМОСТИ 0542
АВТОПИЛОТ 0292
АВТОТОПЛИВОЗАПРАВЩИК 0860
АГЕНТСТВО ПО ЗАПРЕЩЕНИЮ ЯДЕРНОГО ОРУЖИЯ В ЛАТИНСКОЙ АМЕРИКЕ /ОПАНАЛ/ 0048
АГЕНТСТВО ПО РАЗОРУЖЕНИЮ И КОНТРОЛЮ НАД ВООРУЖЕНИЕМ . 0199
АГРЕССИВНАЯ ВОЙНА 0053
АГРЕССИВНЫЕ НАМЕРЕНИЯ 0052
АГРЕССИЯ, АКТ АГРЕССИИ 0019
АГРЕССИЯ, НЕСПРОВОЦИРОВАННАЯ 2374
АЗИМУТ 0265
АЗОТНО-ГОРЧИЧНЫЙ ГАЗ 1401
АКТ АГРЕССИИ 0019
АКТИВАЦИОННЫЙ ДЕТЕКТОР 0022
АКТИВНАЯ СТРАТЕГИЯ УСТРАШЕНИЯ 0024
АКТИВНОЕ РАДИОПРОТИВОДЕЙСТВИЕ 0025
АКТИВНОЕ САМОНАВЕДЕНИЕ 0026
АКТИВНЫЕ ПОМЕХИ /НАПР. РАДИОЛОКАЦИОННЫМ СТАНЦИЯМ/ 1100
АКУСТИЧЕСКАЯ САМОНАВОДЯЩАЯСЯ ТОРПЕДА 0017

АКУСТИЧЕСКИЙ ДЕТЕКТОР 0016
АМПЛИТУДА, БОЛЬШАЯ 0965
АМПЛИТУДНЫЙ СПЕКТР 0131
АНАЛИЗ РЯДА СЕЙСМИЧЕСКИХ ДАННЫХ 1356
АНОМАЛЬНОЕ ДВИЖЕНИЕ 0137
АНОМАЛЬНОЕ ЯДЕРНОЕ ПРЕВРАЩЕНИЕ 0136
АНТИСЕЙСМИЧЕСКИЙ РАЙОН 0231
АППАРАТУРА РАДИОПРОТИВОДЕЙСТВИЯ 0728
АРМЕЙСКИЙ ЛЕГКИЙ КОРРЕКТИРОВОЧНО-РАЗВЕДЫВАТЕЛЬНЫЙ ВЕРТОЛЕТ 0215
АРМИЯ 0213
АРСЕНАЛ 0224
АРСЕНАЛ ВООРУЖЕНИЙ ОБЫЧНОГО ТИПА 0502
АРСЕНАЛ ОБЫЧНОГО ВООРУЖЕНИЯ 0502
АРТИЛЛЕРИЙСКАЯ ДУЭЛЬ 0771
АРТИЛЛЕРИЙСКАЯ ПОДГОТОВКА 1678
АРТИЛЛЕРИЙСКИЙ ОБСТРЕЛ 2007
АРТИЛЛЕРИЙСКИЙ ОГОНЬ 0228
АРТИЛЛЕРИЙСКИЙ ОГОНЬ, СОСРЕДОТОЧЕННЫЙ 0456
АРТИЛЛЕРИЙСКИЙ СНАРЯД, УПРАВЛЯЕМЫЙ 0355
АРТИЛЛЕРИЯ 0226
АРТИЛЛЕРИЯ, ЗЕНИТНАЯ 0141
АРТИЛЛЕРИЯ, ТЯЖЕЛАЯ 0951
АСИММЕТРИЧНЫЕ СОКРАЩЕНИЯ 0244
АССИГНОВАНИЯ, ВОЕННЫЕ 1269
АТАКА НАЗЕМНЫХ ЦЕЛЕЙ 0899
АТАКОВАТЬ С БРЕЮЩЕГО ПОЛЕТА 2107
АТАКУЮЩИЙ 0236
АТМОСФЕРА, РАДИОАКТИВНАЯ 1770
АТОМНАЯ АРТИЛЛЕРИЯ 0249
АТОМНАЯ БОМБА 0250
АТОМНАЯ ПОДВОДНАЯ ЛОДКА 1478
АТОМНАЯ ПОДВОДНАЯ ЛОДКА, ВООРУЖЕННАЯ БАЛЛИСТИЧЕСКИМИ РАКЕТАМИ 1496
АТОМНАЯ ПОДВОДНАЯ ЛОДКА, ВООРУЖЕННАЯ КРЫЛАТЫМИ РАКЕТАМИ 1497
АТОМНАЯ ПОДВОДНАЯ ЛОДКА ПЛО 1499
АТОМНАЯ ПРОТИВОЛОДОЧНАЯ ПОДВОДНАЯ ЛОДКА 1499
АТОМНАЯ РАДИАЦИЯ 0256
АТОМНАЯ ТОРПЕДНАЯ ПОДВОДНАЯ ЛОДКА 1495
АТОМНАЯ ЭНЕРГИЯ, МЕЖДУНАРОДНЫЙ КОНТРОЛЬ НАД АТОМНОЙ ЭНЕРГИЕЙ 1079
АТОМНАЯ ЭНЕРГИЯ, ПРИМЕНЕНИЕ АТОМНОЙ ЭНЕРГИИ В МИРНЫХ ЦЕЛЯХ 1607
АТОМНОЕ ОРУЖИЕ 0257
АТОМНОЕ ОРУЖИЕ, ЗАПРЕЩЕНИЕ АТОМНОГО ОРУЖИЯ 1701
АЭРОДИНАМИЧЕСКАЯ ПОДЪЕМНАЯ СИЛА 0046
АЭРОДРОМ, ВРЕМЕННЫЙ 1547
АЭРОДРОМ ВЫГРУЗКИ /НА ПЛАЦДАРМЕ, ЗАХВАЧЕННОМ ВОЗДУШНЫМ ДЕСАНТОМ/ 0099
АЭРОМОБИЛЬНЫЕ ВОЙСКА 0087

АЭРОФОТОАППАРАТ 0066
АЭРОФОТОГРАФИЧЕСКОЕ ОБЕСПЕЧЕНИЕ В РАЗВЕДЫВАТЕЛЬНЫХ ЦЕЛЯХ 1641
АЭРОФОТОСНИМОК 0076

БАЗА ПОДВОДНЫХ ЛОДОК 2155
БАЗОВЫЙ МИННЫЙ ЗАГРАДИТЕЛЬ 0422
БАЗОВЫЙ ТРАЛЬЩИК 0423
БАЗУКА 0283
БАКТЕРИОЛОГИЧЕСКАЯ /БИОЛОГИЧЕСКАЯ/ ВОЙНА 0888
БАКТЕРИОЛОГИЧЕСКОЕ /БИОЛОГИЧЕСКОЕ/ ОРУЖИЕ 0269
БАКТЕРИОЛОГИЧЕСКОЕ ОРУЖИЕ, ХИМИЧЕСКОЕ И 0393
БАЛАНСИРОВАНИЕ НА ГРАНИ ВОЙНЫ, ПОЛИТИКА БАЛАНСИРОВАНИЯ НА ГРАНИ ВОЙНЫ 0332
БАЛЛИСТИЧЕСКАЯ РАКЕТА 0271
БАЛЛИСТИЧЕСКАЯ РАКЕТА БЛИЖНЕГО ДЕЙСТВИЯ 2019
БАЛЛИСТИЧЕСКАЯ РАКЕТА БОЛЬШОЙ МОЩНОСТИ, СОВРЕМЕННАЯ . . . 1328
БАЛЛИСТИЧЕСКАЯ РАКЕТА ДАЛЬНЕГО ДЕЙСТВИЯ 1187
БАЛЛИСТИЧЕСКАЯ РАКЕТА, ЗАПУСКАЕМАЯ В ВОЗДУХЕ 0101
БАЛЛИСТИЧЕСКАЯ РАКЕТА, ЗАПУСКАЕМАЯ С МОРСКОЙ ПУ 1940
БАЛЛИСТИЧЕСКАЯ РАКЕТА, ЗАПУСКАЕМАЯ С ПОДВОДНОЙ ЛОДКИ . . . 2158
БАЛЛИСТИЧЕСКАЯ РАКЕТА КЛАССА ВОЗДУХ-ЗЕМЛЯ 0108
БАЛЛИСТИЧЕСКАЯ РАКЕТА КЛАССА ЗЕМЛЯ-ЗЕМЛЯ, ЗАПУСКАЕМАЯ ИЗ ВЕРТИКАЛЬНОЙ ШАХТЫ 0910
БАЛЛИСТИЧЕСКАЯ РАКЕТА, МЕЖКОНТИНЕНТАЛЬНАЯ 1064
БАЛЛИСТИЧЕСКАЯ РАКЕТА СРЕДНЕЙ ДАЛЬНОСТИ 1070 1248
БАЛЛИСТИЧЕСКАЯ ТАКТИЧЕСКАЯ РАКЕТА КЛАССА ЗЕМЛЯ-ЗЕМЛЯ 0907
БАЛЛИСТИЧЕСКИЕ РАКЕТЫ, ОБОРОНИТЕЛЬНЫЙ БОЕВОЙ КОМПЛЕКС ОТ БАЛЛИСТИЧЕСКИХ РАКЕТ 2206
БАЛЛИСТИЧЕСКИЕ РАКЕТЫ, СИСТЕМА ОБОРОНЫ ОТ БАЛЛИСТИЧЕСКИХ РАКЕТ 0273
БАТАРЕЯ БЕРЕГОВОЙ АРТИЛЛЕРИИ 0420
БЕЗ ПОСАДКИ В ПРОМЕЖУТОЧНЫХ ПУНКТАХ 1658
БЕЗОПАСНАЯ ВЫСОТА ВЗРЫВА 1902
БЕЗОПАСНАЯ ПРОЦЕДУРА /НАПР. В УПРАВЛЕНИИ РАКЕТОЙ/ 0785
БЕЗОПАСНОСТЬ 1953
БЕЗОТКАТНОЕ ОРУДИЕ 1811 1812
БЕЗОТКАТНОЕ ОРУДИЕ, ВЫСТРЕЛ ИЗ 1814
БЕЗОТКАТНОЕ ОРУЖИЕ 1813
БЕЗЪЯДЕРНАЯ ЗОНА 0605 1509
БЕЗЪЯДЕРНАЯ ЗОНА, СОЗДАНИЕ БЕЗЪЯДЕРНОЙ ЗОНЫ 0604
БЕЛЫЙ ФОСФОР 2445
БЕРЕГОВОЙ СТОРОЖЕВОЙ КОРАБЛЬ 0421
БЕСПАРАШЮТНОЕ СБРАСЫВАНИЕ ГРУЗОВ 0851
БЕСПИЛОТНОЕ СРЕДСТВО НАПАДЕНИЯ ИЛИ РАЗВЕДКИ 0701
БЕСПИЛОТНЫЙ САМОЛЕТ 1645
БЕСПОКОЯЩИЙ ОГОНЬ 0938
БЕСПОРЯДОЧНЫЙ ОГОНЬ 2064
БИЕНИЕ 1727
БИОЛОГИЧЕСКАЯ ВОЙНА 0287
БИОЛОГИЧЕСКОЕ ОРУЖИЕ 0288

БИОЛОГИЧЕСКОЕ СРЕДСТВО ВЕДЕНИЯ ВОЙНЫ 0285
БЛИЖНИЙ БОЙ 0410
БОВ 2415
БОЕВАЯ ГОТОВНОСТЬ 1544 1682
БОЕВАЯ ЗАДАЧА 1542
БОЕВАЯ ПОДГОТОВКА 2318
БОЕВАЯ РАКЕТА 1541
БОЕВАЯ ТЕХНИКА 1280
БОЕВАЯ ТЕХНИКА, ОРУЖИЕ ДЛЯ ПОРАЖЕНИЯ БОЕВОЙ ТЕХНИКИ 0150
БОЕВАЯ ЧАСТЬ /В ОТЛИЧИЕ ОТ ЧАСТЕЙ ТЫЛА/ 0433
БОЕВАЯ ЧАСТЬ, ВХОДЯЩАЯ В ПЛОТНЫЕ СЛОИ АТМОСФЕРЫ 1823
БОЕВОЕ ОТРАВЛЯЮЩЕЕ ВЕЩЕСТВО /БОВ/ 2415
БОЕВОЕ ПОДРАЗДЕЛЕНИЕ 0433
БОЕВОЕ СРЕДСТВО ЗАМЕДЛЕННОГО ДЕЙСТВИЯ 0595
БОЕВОЙ 1537
БОЕВОЙ ЗАРЯД 1711
БОЕВОЙ ЗАРЯД /РАКЕТЫ/ 1603
БОЕВОЙ КОРАБЛЬ 0434
БОЕВОЙ САМОЛЕТ СТРАТЕГИЧЕСКОЙ АВИАЦИИ 2117
БОЕВЫЕ ВОЗМОЖНОСТИ 1538
БОЕВЫЕ ДЕЙСТВИЯ ПО ПОДАВЛЕНИЮ МЯТЕЖНЫХ ВЫСТУПЛЕНИЙ . . 0520
БОЕВЫЕ ДЕЙСТВИЯ ПРОТИВ ПАРТИЗАН 0518 0520
БОЕВЫЕ ОТПРАВЛЯЮЩИЕ ВЕЩЕСТВА 2301
БОЕВЫЕ САМОЛЕТЫ СТРАТЕГИЧЕСКОЙ АВИАЦИИ 2117
БОЕВЫЕ СИЛЫ, ОСНАЩЕННЫЕ ОБЫЧНЫМ ОРУЖИЕМ 0504
БОЕГОЛОВКА /НАПР. РАКЕТЫ/ 2419
БОЕГОЛОВКА, НЕЙТРОННАЯ 1397
БОЕПРИПАС, ЯДЕРНЫЙ 1429
БОЕПРИПАСЫ 0126
БОЕСПОСОБНОСТЬ 1538
БОЙ 0740
БОЙ С ОТХОДОМ 2448
БОЙКОТ 0326
БОЛЬШАЯ АМПЛИТУДА 0965
БОЛЬШОЙ ТАНКО-ДЕСАНТНЫЙ КОРАБЛЬ 2226
БОМБА ДИСТАНЦИОННОГО ДЕЙСТВИЯ 0458
БОМБА, ЗАЖИГАТЕЛЬНАЯ 1020
БОМБА ЗАМЕДЛЕННОГО ДЕЙСТВИЯ 0594
БОМБА МАЛОГО КАЛИБРА 0323
БОМБА, НАВОДЯЩАЯСЯ ПО ПРИБОРАМ 0303
БОМБА С БОЛЬШОЙ ПЛОЩАДЬЮ ПОРАЖЕНИЯ, АВИАЦИОННАЯ
ОСКОЛОЧНАЯ 1926
БОМБА, САМОНАВОДЯЩАЯСЯ 2041
БОМБА, ФОТОГРАФИЧЕСКАЯ АВИАЦИОННАЯ 1636
БОМБА, ФУГАСНАЯ 0966
БОМБАРДИРОВКА НАПАЛМОМ 1379
БОМБАРДИРОВКА РАЙОНА ЦЕЛИ 2236
БОМБАРДИРОВЩИК 0316
БОМБАРДИРОВЩИК, ЛЕГКИЙ 1151
БОМБАРДИРОВЩИК, СРЕДНИЙ 1246
БОМБАРДИРОВЩИК, ТЯЖЕЛЫЙ 0952

БОМБЕЖКА 0318
БОМБОВЫЙ УДАР СО СПЛОШНЫМ ПОРАЖЕНИЕМ 1921
БОМБОМЕТАНИЕ 0318
БОМБОМЕТАНИЕ ПО ПЛОЩАДИ 0176
БОМБОМЕТАНИЕ С ПИКИРОВАНИЯ 0686
БОМБОМЕТАНИЕ СО СПЛОШНЫМ ПОРАЖЕНИЕМ, ПЛОЩАДНОЕ 1922
БОМБОМЕТАНИЕ, ЧАСТИЧНАЯ ОРБИТАЛЬНАЯ СИСТЕМА
БОМБОМЕТАНИЯ 0845
БОМБОУБЕЖИЩЕ 2009
БОРТОВОЙ 0085
БОРЬБА С ПОДРЫВНОЙ ДЕЯТЕЛЬНОСТЬЮ ПРОТИВНИКА 0523
БРЕМЯ ВООРУЖЕНИЙ 0345
БРЕШЬ 0979
БРИЗАНТНАЯ ГРАНАТА 0967
БРОНЕТРАНСПОРТЕР 0194 0195
БУКСИРУЕМЫЙ ГИДРОЛОКАТОР 2300
БУНКЕР 0344
БУТЫЛКА С ЗАЖИГАТЕЛЬНОЙ СМЕСЬЮ 1330
БУФЕРНОЕ РАССТОЯНИЕ /ДЛЯ ОБЕСПЕЧЕНИЯ БЕЗОПАСНОСТИ СВОИХ
ВОЙСК ПРИ ЯДЕРНОМ УДАРЕ ПО ПРОТИВНИКУ/ 0337
БЫСТРОХОДНЫЙ СТОРОЖЕВОЙ КАТЕР 0795
БЫСТРОХОДНЫЙ СТОРОЖЕВОЙ КАТЕР, ОСНАЩЕННЫЙ РАКЕТНЫМ
ОРУЖИЕМ /ИСП. ДЛЯ МОРСКОЙ ПОГРАНИЧНОЙ ОХРАНЫ/ 0794
БЫСТРОХОДНЫЙ СТОРОЖЕВОЙ КОРАБЛЬ 0793
БЫСТРОХОДНЫЙ СТОРОЖЕВОЙ КОРАБЛЬ /США/ 0796
БЫСТРОХОДНЫЙ ФРЕГАТ 0793
БЫСТРОХОДНЫЙ ЭСКОРТНЫЙ КОРАБЛЬ 0792
БЫСТРОХОДНЫЙ ЭСКОРТНЫЙ КОРАБЛЬ ПЛО 0791
БЫСТРЫЕ РЕАКТОРЫ, МЕЖДУНАРОДНАЯ РАБОЧАЯ ГРУППА ПО
БЫСТРЫМ РЕАКТОРАМ 1091

В ГОТОВНОСТИ 1527
В ИСПРАВНОМ СОСТОЯНИИ 1537
ВАЖНЫЙ ПУНКТ 1106
ВВОДИТЬ В СТРОЙ 0021
ВЕДЕНИЕ БОЕВЫХ ДЕЙСТВИЙ С КОНТРОЛИРУЕМЫМ
ИСПОЛЬЗОВАНИЕМ КОНТРСИЛЫ 0491
ВЕДЕНИЕ ВОЙНЫ С ПРИМЕНЕНИЕМ ХИМИЧЕСКОГО И
БИОЛОГИЧЕСКОГО ОРУЖИЯ 0394
ВЕДЕНИЕ НАБЛЮДЕНИЯ ЗА ВОЗДУХОМ 0083
ВЕДЕНИЕ ОГНЯ 0740 0820
ВЕЗДЕХОД 0542
ВЕКТОР 2386
ВЕКТОР ВЕРОЯТНОГО ПРИХОДА /О ФАЗЕ/ 0173
ВЕКТОР ПРИХОДА ФАЗЫ 0223
ВЕКТОРНАЯ ДИАГРАММА НАПРАВЛЕНИЯ И СИЛЫ ВЕТРА /ДЛЯ
ПРОГНОЗИРОВАНИЯ РАДИАЦИОННОЙ ОБСТАНОВКИ/ 0790
ВЕЛИЧИНА 1207
ВЕНСКАЯ КОНВЕНЦИЯ О ГРАЖДАНСКОЙ ОТВЕТСТВЕННОСТИ ЗА
ЯДЕРНЫЙ УЩЕРБ 2404
ВЕРОЛОМНОЕ ОРУЖИЕ 2326

ВЕРОЯТНАЯ ОШИБКА 1691
ВЕРОЯТНАЯ РАДИАЛЬНАЯ ОШИБКА 0402
ВЕРОЯТНОЕ ОТКЛОНЕНИЕ 1691
ВЕРОЯТНОЕ ОТКЛОНЕНИЕ ПО ДАЛЬНОСТИ 1796
ВЕРОЯТНОСТЬ ИДЕНТИФИКАЦИИ 1008
ВЕРОЯТНОСТЬ ОБНАРУЖЕНИЯ 0623
ВЕРОЯТНОСТЬ ПОРАЖЕНИЯ 1108 1690
ВЕРОЯТНЫЕ БОЕВЫЕ ДЕЙСТВИЯ, РАЙОН ВЕРОЯТНЫХ БОЕВЫХ ДЕЙСТВИЙ 2341
ВЕРТИКАЛЬНАЯ ПОСАДКА, САМОЛЕТ ВЕРТИКАЛЬНОГО ВЗЛЕТА И ПОСАДКИ 2400
ВЕРТИКАЛЬНОЕ РАСПРОСТРАНЕНИЕ 2398
ВЕРТИКАЛЬНЫЙ ВЗЛЕТ, САМОЛЕТ ВЕРТИКАЛЬНОГО ВЗЛЕТА И ПОСАДКИ 2400
ВЕРТИКАЛЬНЫЙ СЕЙСМОГРАФ 2399
ВЕРТОЛЕТ 0959 1891
ВЕРТОЛЕТ, АРМЕЙСКИЙ ЛЕГКИЙ КОРРЕКТИРОВОЧНО-РАЗВЕДЫВАТЕЛЬНЫЙ 0215
ВЕРТОЛЕТ, ГРУЗОВОЙ 0361
ВЕРТОЛЕТ С ТУРБОВЕНТИЛЯТОРНЫМ ДВИГАТЕЛЕМ 2344
ВЕРТОЛЕТНАЯ АВИАЦИЯ 1891
ВЕРТОЛЕТОНОСЕЦ 0960
ВЕРТОЛЕТОНОСЕЦ, ИМЕЮЩИЙ НА БОРТУ ДЕСАНТНО-ДИВЕРСИОННЫЕ ЧАСТИ "КОМАНДОС" 0441
ВЕРТОЛЕТЫ 1891
ВЕТЕР, ВЕКТОРНАЯ ДИАГРАММА НАПРАВЛЕНИЯ И СИЛЫ ВЕТРА 0790
ВЕТЕР, ПО ВЕТРУ /ПО ОТНОШЕНИЮ К ЦЕЛИ/ 0691
ВЕТЕР, ПРОТИВ ВЕТРА ПО ОТНОШЕНИЮ К ЦЕЛИ 2377
ВЕЩЕСТВО, БОЕВЫЕ ОТПРАВЛЯЮЩИЕ ВЕЩЕСТВА 2301
ВЕЩЕСТВО, РАДИОАКТИВНОЕ 1769
ВЗАИМНАЯ ПОМОЩЬ 1369
ВЗАИМНОЕ И СБАЛАНСИРОВАННОЕ СОКРАЩЕНИЕ ВООРУЖЕННЫХ СИЛ 1370
ВЗАИМНОЕ ПРОТИВОПОСТАВЛЕНИЕ СИЛ 0470
ВЗАИМНЫЕ СОКРАЩЕНИЯ 1372
ВЗАИМНЫЙ ВЫВОД ВООРУЖЕННЫХ СИЛ ГОСУДАРСТВ /ИЗ ОПРЕДЕЛЕННОЙ ЗОНЫ/ 0678
ВЗАИМОДЕЙСТВИЕ РОДОВ ВОЙСК 0435
ВЗАИМОПРИЕМЛЕМЫЕ РЕШЕНИЯ 1373
ВЗВОД 1651
ВЗЛЕТ ИСТРЕБИТЕЛЕЙ-ПЕРЕХВАТЧИКОВ ПО ТРЕВОГЕ 1933
ВЗРЫВ 0295 0776
ВЗРЫВ В ВОЗДУХЕ 0091
ВЗРЫВ В ОГРАНИЧЕННОМ ПРОСТРАНСТВЕ 0468
ВЗРЫВ, ВОЗДУШНЫЙ 0091
ВЗРЫВ, ИСПЫТАТЕЛЬНЫЙ 2263 2264
ВЗРЫВ МАЛОЙ МОЩНОСТИ 1194
ВЗРЫВ, ОПТИМАЛЬНАЯ ВЫСОТА ВЗРЫВА 1550
ВЗРЫВ, ПОДЗЕМНЫЙ 2358
ВЗРЫВ С ОБРАЗОВАНИЕМ ВОРОНОК 0535
ВЗРЫВ, ФУГАСНЫЙ 0535

ВЗРЫВ ЯДЕРНОГО ОРУЖИЯ, ИСПЫТАТЕЛЬНЫЙ 1508
ВЗРЫВАТЕЛЬ /МИНЫ/ 2085
ВЗРЫВАТЕЛЬ /ЭЛЕКТРОННЫЙ/ 0726
ВЗРЫВАТЕЛЬ УДАРНОГО ДЕЙСТВИЯ 1016
ВЗРЫВНАЯ ВОЛНА 0295
ВЗРЫВЧАТОЕ ВЕЩЕСТВО, ТОПЛИВНО-ВОЗДУШНОЕ 0859
ВЗРЫВЫ В АТМОСФЕРЕ 0247
ВЗРЫВЫ, КОНТРОЛЬ НАД ПРОВЕДЕНИЕМ ВЗРЫВОВ 1336
ВЗРЫВЫ, НАЗЕМНЫЕ 2182
ВЗРЫВЫ, СКРЫТЫЕ 0768
ВЗЯТИЕ ПРОБ 1916
ВЗЯТИЕ ПРОБ, УСТРОЙСТВО ДЛЯ ВЗЯТИЯ ПРОБ В ОДНОЙ ТОЧКЕ 1655
ВИБРАЦИЯ 1727
ВИНТОВКА 1865
ВИНТОВКА, САМОЗАРЯДНАЯ 1989 1992
ВИНТОВОЧНАЯ ГРАНАТА 1869
ВИНТОВОЧНАЯ ПУЛЯ 1867
ВИНТОВОЧНЫЙ ГРАНАТОМЕТ 1870
ВКР 2449
ВЛИЯНИЕ ТРАЕКТОРИИ 1586
ВНАБРОС /НАПР. О МИНИРОВАНИИ/ 1929
ВНЕЗАПНО ВЗРЫВАЮЩАЯСЯ МИНА 1662
ВНЕЗАПНОЕ НАПАДЕНИЕ 2194
ВНЕЗАПНОЕ НАПАДЕНИЕ /УДАР, НАЛЕТ/ 2042
ВНЕПЛАНОВАЯ ЦЕЛЬ 1548
ВОДОНАЛИВНОЕ СУДНО 2425
ВОДОРОДНАЯ БОМБА 0999
ВОЕННАЯ БАЗА 1271
ВОЕННАЯ ИГРА 2414
ВОЕННАЯ МОЩЬ, НАРАЩИВАНИЕ ВОЕННОЙ МОЩИ 0340
ВОЕННАЯ РАЗРЯДКА 1278
ВОЕННАЯ СИЛА, НАРАЩИВАНИЕ ВОЕННОЙ СИЛЫ 0339
ВОЕННАЯ ТЕХНИКА 1280 1291
ВОЕННО-ВОЗДУШНЫЕ СИЛЫ 0072
ВОЕННО-ИНЖЕНЕРНОЕ ДЕЛО 1279
ВОЕННО-МЕДИЦИНСКАЯ СЛУЖБА 1244
ВОЕННО-ПРОМЫШЛЕННЫЙ КОМПЛЕКС 1293
ВОЕННО-ШТАБНОЙ КОМИТЕТ 1289
ВОЕННОЕ СООРУЖЕНИЕ 1282
ВОЕННОСЛУЖАЩИЕ 1285
ВОЕННЫЕ АССИГНОВАНИЯ 1269
ВОЕННЫЕ БЮДЖЕТЫ, СОКРАЩЕНИЕ ВОЕННЫХ БЮДЖЕТОВ 1820
ВОЕННЫЕ ПРЕИМУЩЕСТВА, ОДНОСТОРОННИЕ 1528
ВОЕННЫЕ РАСХОДЫ 1288
ВОЕННЫЕ РАСХОДЫ И БЮДЖЕТЫ 1281
ВОЕННЫЙ АДЪЮТАНТ 1267
ВОЕННЫЙ БЛОК 1272
ВОЕННЫЙ БЮДЖЕТ 1274
ВОЕННЫЙ КОРАБЛЬ 2423
ВОЕННЫЙ ОБЪЕКТ 1284
ВОЕННЫЙ ПОТЕНЦИАЛ 1277 1287

ВОЕННЫЙ ПОТЕНЦИАЛ, НАРАЩИВАНИЕ ВОЕННОГО ПОТЕНЦИАЛА . . . 1276
ВОЕННЫЙ СОЮЗ . . . 1268
ВОЗДЕЙСТВИЕ НА ОКРУЖАЮЩУЮ СРЕДУ В ВОЕННЫХ ЦЕЛЯХ . . . 0748
ВОЗДЕЙСТВИЕ, РАДИОАКТИВНОЕ . . . 1772
ВОЗДЕЙСТВИЕ ХИМИЧЕСКОГО И БИОЛОГИЧЕСКОГО ОРУЖИЯ НА ЗДОРОВЬЕ ЛЮДЕЙ /ДОКЛАД О ВОЗДЕЙСТВИИ ХИМИЧЕСКОГО И БИОЛОГИЧЕСКОГО ОРУЖИЯ НА ЗДОРОВЬЕ ЛЮДЕЙ/ . . . 0949
ВОЗДУШНАЯ ИНСПЕКЦИЯ . . . 0043
ВОЗДУШНАЯ ПОДУШКА, ПАТРУЛЬНАЯ МАШИНА НА ВОЗДУШНОЙ ПОДУШКЕ . . . 1594
ВОЗДУШНАЯ РАЗВЕДКА . . . 0045
ВОЗДУШНОДЕСАНТНЫЕ ВОЙСКА . . . 0089 1118
ВОЗДУШНОДЕСАНТНЫЕ ВОЙСКА, ПЕРЕВОЗИМЫЕ НА ВЕРТОЛЕТАХ . . . 0087
ВОЗДУШНОДЕСАНТНЫЙ . . . 0085
ВОЗДУШНОЕ НАБЛЮДЕНИЕ . . . 0075
ВОЗДУШНОЕ ПРОСТРАНСТВО . . . 0078
ВОЗДУШНЫЕ ПЕРЕВОЗКИ . . . 0103
ВОЗДУШНЫЙ ВЗРЫВ . . . 0091
ВОЗДУШНЫЙ ДОЗОР . . . 0077
ВОЗДУШНЫЙ МОСТ . . . 0103
ВОЗДУШНЫЙ РАЗРЫВ . . . 0091
ВОЗДУШНЫЙ ЯДЕРНЫЙ ВЗРЫВ . . . 1428
ВОЗМЕЩЕНИЕ ВОЙСКАМ МАТЕРИАЛЬНЫХ СРЕДСТВ . . . 1839
ВОЗМОЖНОСТИ, БОЕВЫЕ . . . 1538
ВОЗМОЖНОСТИ В ОБЛАСТИ УСТРАШЕНИЯ ПРОТИВНИКА ЯДЕРНЫМ ОРУЖИЕМ . . . 1447
ВОЗМОЖНОСТИ ОБНАРУЖЕНИЯ И ПРЕСЛЕДОВАНИЯ . . . 0619
ВОЗМОЖНОСТИ ПРОТИВНИКА . . . 0738
ВОЗМОЖНОСТИ СРЕДСТВ УСТРАШЕНИЯ . . . 0634
ВОЗМОЖНОСТЬ ДЛЯ НАНЕСЕНИЯ ПЕРВОГО УДАРА . . . 0823
ВОЗМОЖНОСТЬ ИСПОЛЬЗОВАНИЯ КОНТРСИЛЫ . . . 0515
ВОЗМОЖНОСТЬ НАНЕСЕНИЯ ОТВЕТНОГО УДАРА . . . 1951 2145
ВОЗМОЖНОСТЬ НАНЕСЕНИЯ ПЕРВОГО КОНТРУДАРА . . . 1951
ВОЗМОЖНОСТЬ НАНЕСТИ БОЛЬШЕ ПОТЕРЬ ПРОТИВНИКУ ПО СРАВНЕНИЮ С ЕГО ВОЗМОЖНОСТЬЮ ОТВЕТНОГО УДАРА . . . 0524
ВОЗМОЖНЫЕ ДЕЙСТВИЯ ПРОТИВНИКА . . . 0738
ВОЗМУЩЕНИЕ, СЕЙСМИЧЕСКИЕ ВОЗМУЩЕНИЯ . . . 1964
ВОЗНИКНОВЕНИЕ ВОЙНЫ, ОПАСНОСТЬ ВОЗНИКНОВЕНИЯ ВОЙНЫ . . . 1879
ВОЙНА, БАКТЕРИОЛОГИЧЕСКАЯ /БИОЛОГИЧЕСКАЯ/ . . . 0888
ВОЙНА НА ИСТОЩЕНИЕ . . . 2416
ВОЙНА, ПСИХОЛОГИЧЕСКАЯ . . . 1722
ВОЙНА, РАДИОЛОГИЧЕСКАЯ . . . 1785
ВОЙНА, РАЗРАЗИВШАЯСЯ ИЗ-ЗА НЕПРЕДВИДЕННОГО ИНЦИДЕНТА . . . 0011
ВОЙНА С ПРИМЕНЕНИЕМ ХИМИЧЕСКОГО И БИОЛОГИЧЕСКОГО ОРУЖИЯ . . . 0394
ВОЙНА С ПРИМЕНЕНИЕМ ЯДЕРНОГО ОРУЖИЯ . . . 1485
ВОЙНА, СЛУЧАЙНАЯ . . . 0011
ВОЙНА, ТОТАЛЬНАЯ . . . 0117
ВОЙСКА . . . 0190
ВОЙСКА, ВОЗДУШНОДЕСАНТНЫЕ . . . 0089
ВОЙСКА ВОЗДУШНОЙ РАЗВЕДКИ . . . 0087

ВОЙСКА, РЕГУЛЯРНЫЕ . . . 0023
ВОЛНА . . . 2426
ВОЛНА, ЗВУКОВАЯ . . . 0018
ВОЛНА ЛАВ . . . 1189
ВОЛНА, ОБЪЕМНАЯ . . . 0311
ВОЛНА Р . . . 1567
ВОЛНА Q . . . 1731
ВОЛНА РЕЙЛИ /ВОЛНА R/ . . . 1804
ВОЛНА S . . . 1897
ВОЛНА, ЭЛЕКТРОМАГНИТНАЯ . . . 0722
ВОЛНЫ, ДЛИННОПЕРИОДНЫЕ . . . 1184
ВООРУЖЕНИЕ ОБЫЧНОГО ТИПА, АРСЕНАЛ ВООРУЖЕНИЙ ОБЫЧНОГО ТИПА . . . 0502
ВООРУЖЕНИЕ, ЯДЕРНОЕ . . . 1430
ВООРУЖЕНИЯ, НАКОПЛЕНИЕ ВООРУЖЕНИЙ . . . 2102
ВООРУЖЕНИЯ ОБЫЧНОГО ТИПА . . . 0501
ВООРУЖЕНИЯ, РЕГУЛИРОВАНИЕ ВООРУЖЕНИЙ . . . 1825
ВООРУЖЕНИЯ, СОГЛАСОВАННЫЕ УРОВНИ ВООРУЖЕНИЙ . . . 0055
ВООРУЖЕННОЕ НАПАДЕНИЕ . . . 0186
ВООРУЖЕННЫЕ СИЛЫ ОРГАНИЗАЦИИ ОБЪЕДИНЕННЫХ НАЦИЙ ПО ПОДДЕРЖАНИЮ МИРА НА КИПРЕ /ВСООНК/ . . . 2370
ВООРУЖЕННЫЕ СИЛЫ, ПРИМЕНЕНИЕ ВООРУЖЕННЫХ СИЛ . . . 2381
ВООРУЖЕННЫЕ СИЛЫ, СОГЛАСОВАННЫЕ УРОВНИ ВООРУЖЕННЫХ СИЛ . . . 0054
ВООРУЖЕННЫЙ БОЕВОЙ САМОЛЕТ . . . 0187
ВООРУЖЕННЫЙ КОНФЛИКТ . . . 0188
ВООРУЖЕННЫЙ НЕЙТРАЛИТЕТ . . . 0193
ВОПРОС О РАЗОРУЖЕНИИ . . . 0666
ВОПРОС ПОДДЕРЖАНИЯ МИРА . . . 1615
ВОСПЛАМЕНИТЕЛЬ . . . 2085
ВОСПЛАМЕНЯЮЩИЙ СОСТАВ . . . 2086
ВОСПРЕЩЕНИЕ, ОГОНЬ НА . . . 1067
ВОСПРЕЩЕНИЕ ПЕРЕЛЕТА . . . 1564
ВОСПРИНИМАЮЩИЙ ЭЛЕМЕНТ . . . 1994
ВРАЖЕСКИЙ . . . 0737
ВРЕМЕННАЯ ОПЕРАТИВНАЯ ТАКТИЧЕСКАЯ ГРУППА . . . 2242
ВРЕМЕННОЕ ПЕРЕМИРИЕ . . . 2083
ВРЕМЕННОЕ СОГЛАШЕНИЕ О НЕКОТОРЫХ МЕРАХ В ОБЛАСТИ ОГРАНИЧЕНИЯ СТРАТЕГИЧЕСКИХ НАСТУПАТЕЛЬНЫХ ВООРУЖЕНИЙ 1069
ВРЕМЕННОЕ СОГЛАШЕНИЕ О НЕКОТОРЫХ МЕРАХ В ОБЛАСТИ ОГРАНИЧЕНИЯ СТРАТЕГИЧЕСКИХ НАСТУПАТЕЛЬНЫХ ВООРУЖЕНИЙ, ПРОТОКОЛ К ВРЕМЕННОМУ СОГЛАШЕНИЮ . . . 1717
ВРЕМЕННЫЙ АЭРОДРОМ . . . 1547
ВРЕМЯ ДО НАЧАЛА РЕАКЦИИ . . . 1530
ВРЕМЯ ОБСТРЕЛА ЦЕЛИ . . . 2286
ВРЕМЯ ПОСТУПЛЕНИЯ СИГНАЛА . . . 0222
ВРЕМЯ ПОЯВЛЕНИЯ САМОЛЕТА НАД ЦЕЛЬЮ . . . 2286
ВРЕМЯ ПРЕБЫВАНИЯ НАД ЦЕЛЬЮ . . . 2287
ВРЕМЯ ПРОИСХОЖДЕНИЯ . . . 2285
ВРЕМЯ РЕАГИРОВАНИЯ ЛИЧНОГО СОСТАВА /ПОСЛЕ ОПОВЕЩЕНИЯ О НАПАДЕНИИ/ . . . 1628

ВСЕМИРНАЯ КОНФЕРЕНЦИЯ ПО РАЗОРУЖЕНИЮ /ВКР/ 2449
ВСЕМИРНАЯ КОНФЕРЕНЦИЯ ПО РАЗОРУЖЕНИЮ, СПЕЦИАЛЬНЫЙ
КОМИТЕТ ДЛЯ ВСЕМИРНОЙ КОНФЕРЕНЦИИ ПО РАЗОРУЖЕНИЮ 0033
ВСЕМИРНАЯ СЕЙСМОГРАФИЧЕСКАЯ СТАНДАРТНАЯ СИСТЕМА /ВССС/ 2450
ВСЕОБЩЕЕ И ПОЛНОЕ РАЗОРУЖЕНИЕ 0875
ВСЕОБЩЕЕ И ПОЛНОЕ РАЗОРУЖЕНИЕ ПОД СТРОГИМ
МЕЖДУНАРОДНЫМ КОНТРОЛЕМ 0877
ВСЕОБЩЕЕ И ПОЛНОЕ РАЗОРУЖЕНИЕ ПОД ЭФФЕКТИВНЫМ
МЕЖДУНАРОДНЫМ КОНТРОЛЕМ 0876
ВСЕОБЪЕМЛЮЩАЯ ПРОГРАММА РАЗОРУЖЕНИЯ 0453
ВСЕОБЪЕМЛЮЩЕЕ ЗАПРЕЩЕНИЕ ЯДЕРНЫХ ИСПЫТАНИЙ 0454
ВСЕОБЪЕМЛЮЩЕЕ РАЗОРУЖЕНИЕ 0451
ВСЕОБЪЕМЛЮЩИЙ ПЛАН РАЗОРУЖЕНИЯ 0452
ВСЕПОГОДНАЯ РАЗВЕДКА 0120
ВСЕПОГОДНЫЙ ИСТРЕБИТЕЛЬ-ПЕРЕХВАТЧИК 0119
ВСЕПОГОДНЫЙ САМОЛЕТ 0118
ВСООНК 2370
ВСПОМОГАТЕЛЬНАЯ ПРОМЕЖУТОЧНАЯ РЛС 0867
ВССС 2450
ВСТРЕЧНЫЙ БОЙ 1251
ВТОРОЕ ПОКОЛЕНИЕ, ОРУЖИЕ ВТОРОГО ПОКОЛЕНИЯ 1947
ВТОРОЙ ЭШЕЛОН 1841
ВТОРОЙ ЭШЕЛОН ШТАБА 0948
ВТОРОСТЕПЕННЫЕ ВИДЫ ВООРУЖЕНИЯ 1311
ВЫБРОСКА /ПАРАШЮТИСТОВ/ 0097
ВЫВЕДЕННЫЙ ИЗ СТРОЯ 1555
ВЫВЕДЕННЫЙ ИЗ СТРОЯ /НА НЕКОТОРОЕ ВРЕМЯ/ 1858
ВЫВОД ВОЙСК, ПОСТЕПЕННЫЙ И РАВНОМЕРНЫЙ 1699
ВЫЖИВАНИЕ 2199
ВЫЖИДАНИЕ 1197
ВЫЗОВ, ПО ВЫЗОВУ 1527
ВЫПАДЕНИЕ РАДИОАКТИВНЫХ ОСАДКОВ 1773
ВЫПАДЕНИЕ РАДИОАКТИВНЫХ ОСАДКОВ В НЕПОСРЕДСТВЕННОЙ
БЛИЗОСТИ ОТ ЭПИЦЕНТРА ЯДЕРНОГО ВЗРЫВА 0414
ВЫСОКИЙ ТЕХНОЛОГИЧЕСКИЙ УРОВЕНЬ 0969
ВЫСОТА ВЗРЫВА, БЕЗОПАСНАЯ 1902
ВЫСТРЕЛ 1892 1894
ВЫСТРЕЛ /ИЗ АРТИЛЛЕРИЙСКОГО ОРУДИЯ/ 0230
ВЫСТРЕЛ ИЗ БЕЗОТКАТНОГО ОРУДИЯ 1814
ВЫСТРЕЛ ИЗ ПУЛЕМЕТА 1203
ВЫСТРЕЛ ИЗ ТАНКА 2228
ВЫСТРЕЛ ПО ТАНКУ 0170
ВЫСТРЕЛ, РУЖЕЙНЫЙ 1871
ВЫХОД ИЗ БОЯ 0678
ВЫХОД ИЗ-ПОД УДАРА 0766
ВЫХОДИТЬ ВО ФЛАНГ 1557

ГАЗОВОЕ ОБЛАКО 0869
ГАЗОНЕПРОНИЦАЕМЫЙ 0871
ГАЗООПРЕДЕЛИТЕЛЬ 0622
ГАММА-ИЗЛУЧЕНИЕ 0865

ГАММА-ИЗЛУЧЕНИЕ, МОЩНОСТЬ ДОЗЫ ПОЧВЕННОГО
ГАММА-ИЗЛУЧЕНИЯ 2258
ГАММА-ЛУЧИ 0865
ГАРАНТИИ НЕРАСПРОСТРАНЕНИЯ ЯДЕРНОГО ОРУЖИЯ 1904
ГАРАНТИИ, ЭФФЕКТИВНЫЕ 0717
ГАРНИЗОН, ОТДАЛЕННЫЙ 1560
ГАУБИЦА 0990
ГГ 0890
ГЕНЕРАЛЬНЫЙ ШТАБ 0879
ГЕНЕТИЧЕСКАЯ ЧУВСТВИТЕЛЬНОСТЬ К ОБЛУЧЕНИЮ 0881
ГЕНЕТИЧЕСКИЕ ИЗМЕНЕНИЯ, ДОЗА, ВЫЗЫВАЮЩАЯ ГЕНЕТИЧЕСКИЕ
ИЗМЕНЕНИЯ 0882
ГЕНЕТИЧЕСКИЙ УЩЕРБ 0880
ГЕРБИЦИДЫ 0961
ГЕРБИЦИДЫ КОНТАКТНОГО ДЕЙСТВИЯ 0473
ГЕРБИЦИДЫ, ПОЧВЕННЫЕ 2044
ГЕРМЕТИЧЕСКАЯ КАБИНА 1941
ГЕРЦ /ГЦ/ 0554 0963
ГИБКОЕ РЕАГИРОВАНИЕ /НА ДЕЙСТВИЯ ПРОТИВНИКА/ 0836
ГИГАГЕРЦ /ГГ/ 0890
ГИДРОАКУСТИЧЕСКИЙ ПРИБОР 2047
ГИДРОАКУСТИЧЕСКИЙ ПРИБОР, УСТАНОВЛЕННЫЙ В НОСОВОЙ
ЧАСТИ 0325
ГИДРОЛОКАТОР 2047
ГИДРОЛОКАТОР, БУКСИРУЕМЫЙ 2300
ГИДРОЛОКАЦИОННАЯ СТАНЦИЯ 2047
ГИРОСКОП НАВЕДЕНИЯ 0921
ГЛАВНАЯ ПОЛОСА ОБОРОНЫ 1209
ГЛАВНОКОМАНДУЮЩИЙ 0439
ГЛАЗОК 0979
ГОЛОВКА САМОНАВЕДЕНИЯ 0982
ГОЛОВКА САМОНАВЕДЕНИЯ, ИНФРАКРАСНАЯ 1035
ГОЛОВНАЯ ЧАСТЬ 1424
ГОЛОВНАЯ ЧАСТЬ РАКЕТЫ 0946
ГОНКА ВООРУЖЕНИЙ 0207
ГОНКА ВООРУЖЕНИЙ, УСИЛЕНИЕ ГОНКИ ВООРУЖЕНИЙ 1056
ГОНКА ЯДЕРНЫХ ВООРУЖЕНИЙ 1433
ГОНКА ЯДЕРНЫХ ВООРУЖЕНИЙ, ПРЕКРАЩЕНИЕ ГОНКИ ЯДЕРНЫХ
ВООРУЖЕНИЙ 0385
ГОРИЗОНТАЛЬНОЕ РАСПРОСТРАНЕНИЕ /НАПР. О ЯДЕРНОМ ОРУЖИИ/ 0987
ГОРИЗОНТАЛЬНЫЙ СЕЙСМОГРАФ 0988
ГОСПОДСТВО В ВОЗДУХЕ 0105
ГОСУДАРСТВА, НЕ ОБЛАДАЮЩИЕ ЯДЕРНЫМ ОРУЖИЕМ 1413
ГОСУДАРСТВА, ОБЛАДАЮЩИЕ ЯДЕРНЫМ ОРУЖИЕМ 1504
ГОСУДАРСТВО, НЕ ОБЛАДАЮЩЕЕ ЯДЕРНЫМ ОРУЖИЕМ 1412
ГОТОВНОСТЬ, БОЕВАЯ 1544 1682
ГОТОВНОСТЬ, В ГОТОВНОСТИ 1527
ГРАЖДАНСКАЯ ОБОРОНА 0403
ГРАЖДАНСКИЕ ЯДЕРНЫЕ УСТАНОВКИ 0404
ГРАНАТА, БРИЗАНТНАЯ 0967
ГРАНАТА, ВИНТОВОЧНАЯ 1869

ГРАНАТА, ОСКОЛОЧНАЯ 0848
ГРАНАТА, ОСКОЛОЧНО-ФУГАСНАЯ 0967
ГРАНАТОМЕТ, ВИНТОВОЧНЫЙ 1870
ГРАНИЦЫ РАЙОНА ВЫПАДЕНИЯ РАДИОАКТИВНЫХ ОСАДКОВ 0788
ГРУЗОВОЙ ВЕРТОЛЕТ 0361
ГРУЗОВОЙ ПАРАШЮТ 2173
ГРУППА 1578
ГРУППА АРМИЙ 0214
ГРУППА ВВС, ОПЕРАТИВНАЯ 0082
ГРУППА ВОЙСК, ОБЪЕДИНЕННАЯ 0436
ГРУППА НАВЕДЕНИЯ ТАКТИЧЕСКОЙ АВИАЦИИ 0067
ГРУППА ПАРАШЮТИСТОВ 2097
ГРУППА ПРОВЕРКИ 2395
ГРУППА СОПРОВОЖДЕНИЯ 0758
ГРУППА СТРАН-ЭКСПОРТЕРОВ ЯДЕРНОЙ ТЕХНОЛОГИИ И МАТЕРИАЛОВ 0916
ГРУППА ЭКСПЕРТОВ-КОНСУЛЬТАНТОВ ПО СОКРАЩЕНИЮ ВОЕННЫХ БЮДЖЕТОВ 0914
ГРУППА ЭКСПЕРТОВ-КОНСУЛЬТАНТОВ ПО ЭКОНОМИЧЕСКИМ И СОЦИАЛЬНЫМ ПОСЛЕДСТВИЯМ ГОНКИ ВООРУЖЕНИЙ И ВОЕННЫХ РАСХОДОВ 0913
ГРУППА ЭКСПЕРТОВ ПО ЭКОНОМИЧЕСКИМ И СОЦИАЛЬНЫМ ПОСЛЕДСТВИЯМ РАЗОРУЖЕНИЯ 0915
ГРУППИРОВКА 0417
ГРУППОВОЙ ВЗРЫВ 0912
ГРУППОВЫЕ ВЗРЫВЫ 1359
ГРЯЗНАЯ БОМБА 0652
ГУМАНИТАРНОЕ МЕЖДУНАРОДНОЕ ПРАВО 1082
ГУМАНИТАРНОЕ ПРАВО, ПРИМЕНЯЕМОЕ В ПЕРИОД ВООРУЖЕННЫХ КОНФЛИКТОВ 0994
ГУСЕНИЧНАЯ МАШИНА 2310
ГЦ 0554 0963

ДАЛЬНОМЕР 1797
ДАЛЬНОМЕР, ЛАЗЕРНЫЙ 1125
ДАЛЬНОСТЬ 1794
ДАЛЬНОСТЬ БЕЗОПАСНОГО УДАЛЕНИЯ 1788
ДАЛЬНОСТЬ ДЕЙСТВИТЕЛЬНОГО ОГНЯ, ПРЕДЕЛЬНАЯ 1231
ДАЛЬНОСТЬ ОБНАРУЖЕНИЯ 0624
ДАЛЬНЯЯ ОГНЕВАЯ ПОДДЕРЖКА 0581
ДАТЧИК 1994
ДАТЧИК, ИНФРАКРАСНЫЙ 1036
ДВИГАТЕЛЬ, РАКЕТНЫЙ 1884
ДВИЖЕНИЕ ЛУЧА РЛС 1925
ДВИЖЕНИЕ ЧАСТИЦ 1577
ДВИЖУЩАЯСЯ ЦЕЛЬ 1351
ДВУХСТУПЕНЧАТАЯ РАКЕТА 2348
ДЕГАЗАЦИЯ, ПРОВОДИМАЯ ОДИНОЧНЫМ СОЛДАТОМ 1625
ДЕГАЗИРУЮЩЕЕ ВЕЩЕСТВО 0573
ДЕЖУРНАЯ РАДИОЛОКАЦИОННАЯ СТАНЦИЯ ВОЗДУШНОГО НАБЛЮДЕНИЯ 1185

ДЕЖУРСТВО /САМОЛЕТОВ/ В ВОЗДУХЕ 0086
ДЕЗАКТИВАТОР 0573
ДЕЗАКТИВАЦИЯ 0574
ДЕЗАКТИВИРУЮЩИЙ АГЕНТ 0573
ДЕЗОРИЕНТАЦИЯ РАДИОТЕХНИЧЕСКИХ СРЕДСТВ ПРОТИВНИКА 0725
ДЕЙСТВИЕ УДАРНОЙ ВОЛНЫ 0296
ДЕЙСТВИЕ УДАРНОЙ ВОЛНЫ, ЗАЩИТА ОТ ДЕЙСТВИЯ УДАРНОЙ ВОЛНЫ 0297
ДЕЙСТВИЯ ПРОТИВ ПАРТИЗАН 0519
ДЕЙСТВИЯ С ПРИМЕНЕНИЕМ СПЕЦИАЛЬНЫХ ВИДОВ ОРУЖИЯ И ТАКТИКИ 2357
ДЕЙСТВУЮЩИЙ 1537
ДЕКЛАРАЦИЯ АЙЯКУЧО 0562
ДЕКЛАРАЦИЯ КОНФЕРЕНЦИИ ГОСУДАРСТВ, НЕ ОБЛАДАЮЩИХ ЯДЕРНЫМ ОРУЖИЕМ 0565
ДЕКЛАРАЦИЯ О ЗАПРЕЩЕНИИ ПРИМЕНЕНИЯ ЯДЕРНОГО И ТЕРМОЯДЕРНОГО ОРУЖИЯ 0570
ДЕКЛАРАЦИЯ О НЕДОПУСТИМОСТИ ВМЕШАТЕЛЬСТВА ВО ВНУТРЕННИЕ ДЕЛА ГОСУДАРСТВ, ОБ ОГРАЖДЕНИИ ИХ НЕЗАВИСИМОСТИ И СУВЕРЕНИТЕТА 0569
ДЕКЛАРАЦИЯ О ПРИНЦИПАХ МЕЖДУНАРОДНОГО ПРАВА, КАСАЮЩИХСЯ ДРУЖЕСТВЕННЫХ ОТНОШЕНИЙ И СОТРУДНИЧЕСТВА МЕЖДУ ГОСУДАРСТВАМИ В СООТВЕТСТВИИ С УСТАВОМ ОРГАНИЗАЦИИ ОБЪЕДИНЕННЫХ НАЦИЙ 0567
ДЕКЛАРАЦИЯ О СОЗДАНИИ БЕЗЪЯДЕРНОЙ ЗОНЫ В АФРИКЕ 0568
ДЕКЛАРАЦИЯ ОБ ИСПОЛЬЗОВАНИИ НАУЧНО-ТЕХНИЧЕСКОГО ПРОГРЕССА В ИНТЕРЕСАХ МИРА И НА БЛАГО ЧЕЛОВЕЧЕСТВА . 0572
ДЕКЛАРАЦИЯ ОБ УКРЕПЛЕНИИ МЕЖДУНАРОДНОЙ БЕЗОПАСНОСТИ . . . 0571
ДЕКЛАРАЦИЯ ПРАВОВЫХ ПРИНЦИПОВ, РЕГУЛИРУЮЩИХ ДЕЯТЕЛЬНОСТЬ ГОСУДАРСТВ ПО ИССЛЕДОВАНИЮ И ИСПОЛЬЗОВАНИЮ КОСМИЧЕСКОГО ПРОСТРАНСТВА 0563
ДЕКЛАРАЦИЯ ПРИНЦИПОВ, РЕГУЛИРУЮЩИХ РЕЖИМ ДНА МОРЕЙ И ОКЕАНОВ И ЕГО НЕДР ЗА ПРЕДЕЛАМИ ДЕЙСТВИЯ НАЦИОНАЛЬНОЙ ЮРИСДИКЦИИ 0564
ДЕЛЕНИЕ 0825
ДЕМИЛИТАРИЗАЦИЯ 0599
ДЕМИЛИТАРИЗАЦИЯ МОРСКОГО ДНА 0600
ДЕМИЛИТАРИЗОВАННАЯ ЗОНА 0601
ДЕМОБИЛИЗАЦИЯ 0602
ДЕМОНСТРАЦИЯ 0687
ДЕМОНТАЖ 0679 0680
ДЕРЖАВА, ОБЛАДАЮЩАЯ ЯДЕРНЫМ ОРУЖИЕМ 1503
ДЕСАНТ 1118
ДЕСАНТНО-ВЫСАДОЧНОЕ СУДНО 0128
ДЕСАНТНО-ДИВЕРСИОННЫЕ ВОЙСКА МОРСКОЙ ПЕХОТЫ "КОМАНДОС" 0440
ДЕСАНТНО-ДИВЕРСИОННЫЕ ДЕЙСТВИЯ 0919
ДЕСАНТНЫЙ ВЕРТОЛЕТ 2339
ДЕСАНТНЫЙ КАТЕР ДЛЯ ПЕРЕВОЗКИ БОЕВОЙ ТЕХНИКИ 1241
ДЕСАНТНЫЙ КОРАБЛЬ 0237
ДЕСЯТИЛЕТИЕ РАЗОРУЖЕНИЯ 0660

ДЕТЕКТОР 0627
ДЕТЕКТОР, АКТИВАЦИОННЫЙ 0022
ДЕТЕКТОР, АКУСТИЧЕСКИЙ 0016
ДЕТЕКТОР, СЕЙСМИЧЕСКИЙ 1962
ДЕТЕКТОР, ТЕРМОГРАФИЧЕСКИЙ 2273
ДЕТЕКТОР, ФОТОГРАФИЧЕСКИЙ 1639
ДЕТЕКТОР, ФОТОЭМУЛЬСИОННЫЙ 1639
ДЕФОЛИАНТ 0590
ДЕЭСКАЛАЦИЯ 0582
ДЕЯТЕЛЬНОСТЬ В ОБЛАСТИ РАЗОРУЖЕНИЯ 0662
ДИВЕРСИОННЫЕ ДЕЙСТВИЯ 2166
ДИЗЕЛЬНАЯ ПОДВОДНАЯ ЛОДКА, ОБОРУДОВАННАЯ ДЛЯ ЗАПУСКА КРЫЛАТЫХ РАКЕТ 0646
ДИЗЕЛЬНАЯ ПОДВОДНАЯ ЛОДКА-РАКЕТОНОСЕЦ 0645
ДИЗЕЛЬНАЯ ТОРПЕДНАЯ ПОДВОДНАЯ ЛОДКА 0644
ДИПЛОМАТИЧЕСКАЯ КОНФЕРЕНЦИЯ ПО ВОПРОСУ О ПОДТВЕРЖДЕНИИ И РАЗВИТИИ МЕЖДУНАРОДНОГО ГУМАНИТАРНОГО ПРАВА, ПРИМЕНЯЕМОГО В ПЕРИОД ВООРУЖЕННЫХ КОНФЛИКТОВ . 0647
ДИСКРИМИНАНТ 0673
ДИСКРИМИНАНТ ФУНКЦИИ ПОВЕРХНОСТНОЙ ОТ ОБЪЕМНОЙ ВОЛНЫ 2184
ДИСЛОКАЦИЯ 0607
ДИСТАНЦИОННАЯ ТРУБКА 0726
ДИСТАНЦИОННОЕ ЗОНДИРОВАНИЕ С ПОМОЩЬЮ СПУТНИКОВ 1834
ДИСТАНЦИОННОЕ УПРАВЛЕНИЕ 1833
ДИФФЕРЕНЦИРОВАННЫЙ ОТВЕТНЫЙ УДАР 0894
ДЛИННОПЕРИОДНЫЕ ВОЛНЫ 1184
ДЛИННОПЕРИОДНЫЙ СЕЙСМОГРАФ 1183
ДОВОДОЧНЫЕ ИСПЫТАНИЯ 0642
ДОГОВОР, КАСАЮЩИЙСЯ ДНА МОРЕЙ И ОКЕАНОВ 1939
ДОГОВОР О ВСЕОБЩЕМ И ПОЛНОМ РАЗОРУЖЕНИИ В УСЛОВИЯХ МИРА ВО ВСЕМ МИРЕ, КРАТКОЕ ИЗЛОЖЕНИЕ ОСНОВНЫХ ПОЛОЖЕНИЙ ДОГОВОРА 1558
ДОГОВОР О ЗАПРЕЩЕНИИ ИСПЫТАНИЙ ЯДЕРНОГО ОРУЖИЯ В АТМОСФЕРЕ, В КОСМИЧЕСКОМ ПРОСТРАНСТВЕ И ПОД ВОДОЙ 2327
ДОГОВОР О ЗАПРЕЩЕНИИ РАЗМЕЩЕНИЯ НА ДНЕ МОРЕЙ И ОКЕАНОВ И В ЕГО НЕДРАХ ЯДЕРНОГО ОРУЖИЯ И ДРУГИХ ВИДОВ ОРУЖИЯ МАССОВОГО УНИЧТОЖЕНИЯ 2335
ДОГОВОР О ЗАПРЕЩЕНИИ РАЗМЕЩЕНИЯ НА ДНЕ МОРЕЙ И ОКЕАНОВ И В ЕГО НЕДРАХ ЯДЕРНОГО ОРУЖИЯ И ДРУГИХ ВИДОВ ОРУЖИЯ МАССОВОГО УНИЧТОЖЕНИЯ, КОНФЕРЕНЦИЯ УЧАСТНИКОВ ДОГОВОРА 1862
ДОГОВОР О ЗАПРЕЩЕНИИ ЯДЕРНОГО ОРУЖИЯ В ЛАТИНСКОЙ АМЕРИКЕ 2329
ДОГОВОР О ЗАПРЕЩЕНИИ ЯДЕРНОГО ОРУЖИЯ В ЛАТИНСКОЙ АМЕРИКЕ, ДОПОЛНИТЕЛЬНЫЙ ПРОТОКОЛ 1 ДОГОВОРА О ЗАПРЕЩЕНИИ ЯДЕРНОГО ОРУЖИЯ В ЛАТИНСКОЙ АМЕРИКЕ 0036
ДОГОВОР О КОСМИЧЕСКОМ ПРОСТРАНСТВЕ 1556
ДОГОВОР О НЕРАСПРОСТРАНЕНИИ 1416
ДОГОВОР О НЕРАСПРОСТРАНЕНИИ ЯДЕРНОГО ОРУЖИЯ 2334
ДОГОВОР О НЕРАСПРОСТРАНЕНИИ ЯДЕРНОГО ОРУЖИЯ, КОНФЕРЕНЦИЯ УЧАСТНИКОВ ДОГОВОРА 1861

ДОГОВОР О ПОДЗЕМНЫХ ЯДЕРНЫХ ВЗРЫВАХ В МИРНЫХ ЦЕЛЯХ 2336
ДОГОВОР О ПОДЗЕМНЫХ ЯДЕРНЫХ ВЗРЫВАХ В МИРНЫХ ЦЕЛЯХ, ПРОТОКОЛ К ДОГОВОРУ 1720
ДОГОВОР О ПРИНЦИПАХ ДЕЯТЕЛЬНОСТИ ГОСУДАРСТВ ПО ИССЛЕДОВАНИЮ И ИСПОЛЬЗОВАНИЮ КОСМИЧЕСКОГО ПРОСТРАНСТВА, ВКЛЮЧАЯ ЛУНУ И ДРУГИЕ НЕБЕСНЫЕ ТЕЛА 2331
ДОГОВОР О ЧАСТИЧНОМ ЗАПРЕЩЕНИИ ИСПЫТАНИЙ ЯДЕРНОГО ОРУЖИЯ 1576
ДОГОВОР ОБ АНТАРКТИКЕ 0138
ДОГОВОР ОБ ОГРАНИЧЕНИИ ПОДЗЕМНЫХ ИСПЫТАНИЙ ЯДЕРНОГО ОРУЖИЯ 2333
ДОГОВОР ОБ ОГРАНИЧЕНИИ ПОДЗЕМНЫХ ИСПЫТАНИЙ ЯДЕРНОГО ОРУЖИЯ, ПРОТОКОЛ К ДОГОВОРУ 1719
ДОГОВОР ОБ ОГРАНИЧЕНИИ СИСТЕМ ПРОТИВОРАКЕТНОЙ ОБОРОНЫ . . 2332
ДОГОВОР ОБ ОГРАНИЧЕНИИ СИСТЕМ ПРОТИВОРАКЕТНОЙ ОБОРОНЫ, ПРОТОКОЛ К ДОГОВОРУ 1718
ДОГОВОР ПО МОРСКОМУ ДНУ, КОНФЕРЕНЦИЯ УЧАСТНИКОВ ДОГОВОРА 1860
ДОГОВОР ТЛАТЕЛОЛКО 2330
ДОЗА, ВЫЗЫВАЮЩАЯ ГЕНЕТИЧЕСКИЕ ИЗМЕНЕНИЯ 0882
ДОЗА ОБЛУЧЕНИЯ, ПРЕДЕЛЬНО ДОПУСТИМАЯ 1232
ДОЗА ОБЛУЧЕНИЯ, СМЕРТЕЛЬНАЯ 1144
ДОЗА РАДИОАКТИВНОГО ОБЛУЧЕНИЯ 1757
ДОЗА РАДИОАКТИВНОГО ОБЛУЧЕНИЯ, МОЩНОСТЬ ДОЗЫ РАДИОАКТИВНОГО ОБЛУЧЕНИЯ 1759
ДОЗА РАДИОАКТИВНОГО ОБЛУЧЕНИЯ НА ЧЕЛОВЕКА 1622
ДОЗВУКОВАЯ СКОРОСТЬ 2162
ДОЗИМЕТРИЧЕСКИЙ КОНТРОЛЬ 1783
ДОЗИМЕТРИЯ 0690
ДОЗОР, ВОЗДУШНЫЙ 0077
ДОЗОР, РАДИОЛОКАЦИОННЫЙ 0077
ДОЗОРНЫЙ КАТЕР 1601 1945
ДОПОЛНИТЕЛЬНЫЙ ПРОТОКОЛ 1 ДОГОВОРА О ЗАПРЕЩЕНИИ ЯДЕРНОГО ОРУЖИЯ В ЛАТИНСКОЙ АМЕРИКЕ 0036
ДОСТОВЕРНОСТЬ /НАПР. ИНФОРМАЦИИ, РАЗВЕДАННЫХ, СВЕДЕНИЙ/ 0536
ДРЕЙФУЮЩАЯ МИНА 0700

ЕВРАТОМ 0762
ЕВРОПЕЙСКАЯ ОРГАНИЗАЦИЯ ПО ЯДЕРНЫМ ИССЛЕДОВАНИЯМ /ЦЕРН/ 0764
ЕВРОПЕЙСКОЕ АГЕНТСТВО ПО ЯДЕРНОЙ ЭНЕРГИИ /ЕААЭ/ 0763
ЕВРОПЕЙСКОЕ СООБЩЕСТВО ПО АТОМНОЙ ЭНЕРГИИ /ЕВРАТОМ/ 0762
ЕЖЕГОДНИК ОРГАНИЗАЦИИ ОБЪЕДИНЕННЫХ НАЦИЙ ПО РАЗОРУЖЕНИЮ 2368

ЖЕНЕВСКАЯ КОНВЕНЦИЯ О ЗАЩИТЕ ГРАЖДАНСКОГО НАСЕЛЕНИЯ ВО ВРЕМЯ ВОЙНЫ 0885
ЖЕНЕВСКАЯ КОНВЕНЦИЯ ОБ ОБРАЩЕНИИ С ВОЕННОПЛЕННЫМИ 0886
ЖЕНЕВСКАЯ КОНВЕНЦИЯ ОБ УЛУЧШЕНИИ УЧАСТИ РАНЕНЫХ, БОЛЬНЫХ И ЛИЦ, ПОТЕРПЕВШИХ КОРАБЛЕКРУШЕНИЕ, ИЗ СОСТАВА ВООРУЖЕННЫХ СИЛ НА МОРЕ 0884

ЖЕНЕВСКАЯ КОНВЕНЦИЯ ОБ УЛУЧШЕНИИ УЧАСТИ РАНЕНЫХ И БОЛЬНЫХ В ДЕЙСТВУЮЩИХ АРМИЯХ 0883
ЖЕНЕВСКИЕ КОНВЕНЦИИ 1949 ГОДА 0887
ЖИВАЯ СИЛА, ОРУЖИЕ ДЛЯ ПОРАЖЕНИЯ ЖИВОЙ СИЛЫ 0154

ЗАВОДСКИЕ ИСПЫТАНИЯ 0642
ЗАГЛУШАТЬ 0293
ЗАГРАДИТЕЛЬНАЯ РАДИОПОМЕХА 0278
ЗАГРЯЗНЕНИЕ, РАДИОАКТИВНОЕ 1771
ЗАГРЯЗНЕНИЕ РАДИОАКТИВНЫМИ ОСАДКАМИ 1469
ЗАДАЧА 2233
ЗАДАЧА, БОЕВАЯ 1542
ЗАДЕРЖКА 0591
ЗАЖИГАТЕЛЬНАЯ БОМБА 1020
ЗАЖИГАТЕЛЬНОЕ ОРУЖИЕ 1021
ЗАЖИГАТЕЛЬНОЕ ОРУЖИЕ, НЕПРИМЕНЕНИЕ ЗАЖИГАТЕЛЬНОГО ОРУЖИЯ 1420
ЗАКЛЮЧИТЕЛЬНЫЙ АКТ МЕЖДУНАРОДНОЙ КОНФЕРЕНЦИИ ПО ГРАЖДАНСКОЙ ОТВЕТСТВЕННОСТИ ЗА ЯДЕРНЫЙ УЩЕРБ . . 0805
ЗАКЛЮЧИТЕЛЬНЫЙ АКТ МЕЖДУНАРОДНОЙ ЮРИДИЧЕСКОЙ КОНФЕРЕНЦИИ ПО МОРСКИМ ПЕРЕВОЗКАМ ЯДЕРНЫХ ВЕЩЕСТВ . . . 0806
ЗАКЛЮЧИТЕЛЬНЫЙ ДОКУМЕНТ КОНФЕРЕНЦИИ ГОСУДАРСТВ, НЕ ОБЛАДАЮЩИХ ЯДЕРНЫМ ОРУЖИЕМ 0807
ЗАКРЫТОЕ ОБОРОНИТЕЛЬНОЕ СООРУЖЕНИЕ /ДОС, ДЗОС/ 0344
ЗАКРЫТОЕ ОГНЕВОЕ СООРУЖЕНИЕ 1644
ЗАЛП, РАКЕТНЫЙ 1888
ЗАМЕДЛЕННОЕ ДЕЙСТВИЕ, БОЕВОЕ СРЕДСТВО ЗАМЕДЛЕННОГО ДЕЙСТВИЯ 0595
ЗАМЕДЛЕННОЕ ДЕЙСТВИЕ, БОМБА ЗАМЕДЛЕННОГО ДЕЙСТВИЯ 0594
ЗАМЕДЛЕННОЕ ДЕЙСТВИЕ, ОРУЖИЕ ЗАМЕДЛЕННОГО ДЕЙСТВИЯ . . . 2288
ЗАМЕДЛЕННОЕ РАДИАЦИОННОЕ ДЕЙСТВИЕ 0592
ЗАМЕНА 1839
ЗАПАЛ, СРАБАТЫВАЮЩИЙ ОТ ВОЗДЕЙСТВИЯ ВОЗДУХА 0084
ЗАПАС 1841
ЗАПАС МАНЕВРЕННОСТИ 1540
ЗАПАС ЯДЕРНОГО ОРУЖИЯ 1476
ЗАПАСНАЯ ГРУППА 1831
ЗАПАСНОЙ ДОЗОР 1832
ЗАПАСНОЙ ПАРАШЮТ 1842
ЗАПАСНЫЙ АЭРОДРОМ 0121 0122
ЗАПАСЫ, СКРЫТЫЕ 0964
ЗАПИСЬ СЕЙСМИЧЕСКИХ ДАННЫХ 1970
ЗАПРАВЩИК 1840 2253
ЗАПРЕЩЕНИЕ /ИСПЫТАНИЙ/ 0275
ЗАПРЕЩЕНИЕ АТОМНОГО ОРУЖИЯ 1701
ЗАПРЕЩЕНИЕ И ЛИКВИДАЦИЯ ВСЕХ ВИДОВ ОРУЖИЯ МАССОВОГО УНИЧТОЖЕНИЯ 1700
ЗАПРЕЩЕНИЕ ИСПЫТАНИЙ ЯДЕРНОГО ОРУЖИЯ 1507
ЗАПРЕЩЕНИЕ ПРИМЕНЕНИЯ НА ВОЙНЕ УДУШЛИВЫХ, ЯДОВИТЫХ ИЛИ ДРУГИХ ПОДОБНЫХ ГАЗОВ И БАКТЕРИОЛОГИЧЕСКИХ СРЕДСТВ, ПРОТОКОЛ О 1715

ЗАПУСК ПРОТИВОРАКЕТ, ПУСКОВАЯ УСТАНОВКА ДЛЯ ЗАПУСКА
ПРОТИВОРАКЕТ . . . 0144
ЗАПУСК, ЭКСПЕРИМЕНТАЛЬНЫЙ . . . 2264
ЗАРАЖЕНИЕ, РАДИОАКТИВНОЕ . . . 1771
ЗАРАНЕЕ РАЗМЕЩАТЬ НА ПОЗИЦИИ . . . 1683
ЗАРЯЖЕННАЯ ЧАСТИЦА . . . 0390
ЗАСАДА . . . 1197
ЗАХВАТ САМОЛЕТОВ, НЕЗАКОННЫЙ . . . 0042
ЗАХОД НА ЦЕЛЬ . . . 1580
ЗАЧИСЛЯТЬСЯ . . . 0743
ЗАЩИТА . . . 2011
ЗАЩИТА ОТ ДЕЙСТВИЯ УДАРНОЙ ВОЛНЫ . . . 0297
ЗАЩИТА ОТ РАДИОАКТИВНОГО ИЗЛУЧЕНИЯ, МЕЖДУНАРОДНАЯ
КОМИССИЯ ПО ЗАЩИТЕ ОТ РАДИОАКТИВНОГО ИЗЛУЧЕНИЯ . . . 1073
ЗАЩИТА ОТ РАДИОЛОГИЧЕСКОГО ОРУЖИЯ . . . 1780
ЗАЩИТА, ПРОТИВОРАДИАЦИОННАЯ . . . 1780
ЗАЩИТНАЯ ТОЛЩА . . . 2011
ЗВУКОВАЯ ВОЛНА . . . 0018
ЗЕМЛЕТРЯСЕНИЕ, СОЗДАЮЩЕЕ ПОМЕХИ . . . 1068
ЗЕМЛЯ-ВОДА-ВОЗДУХ, СИСТЕМЫ ТИПА ЗЕМЛЯ-ВОДА-ВОЗДУХ . . . 1121
ЗЕНИТНАЯ АРТИЛЛЕРИЯ . . . 0141
ЗЕНИТНАЯ РАКЕТА . . . 0143 0906 1060
ЗЕНИТНАЯ УПРАВЛЯЕМАЯ РАКЕТА . . . 2187
ЗЕНИТНЫЙ . . . 0140
ЗЕНИТНЫЙ БОЕВОЙ /РАКЕТНЫЙ/ КОМПЛЕКС СРЕДНЕГО ДЕЙСТВИЯ . . . 1249
ЗЕНИТНЫЙ ОГОНЬ . . . 0142
ЗНАК . . . 2027
ЗОНА . . . 2456
ЗОНА БОМБАРДИРОВКИ . . . 0320
ЗОНА ВЫБРОСКИ ДЕСАНТА . . . 0703
ЗОНА ДЕСАНТИРОВАНИЯ /ВОЙСК ИЛИ ТЕХНИКИ/ БЕСПОСАДОЧНЫМ
СПОСОБОМ . . . 0703
ЗОНА МИРА . . . 2458
ЗОНА НЕОГРАНИЧЕННЫХ ДЕЙСТВИЙ БОМБАРДИРОВОЧНОЙ АВИАЦИИ 0301
ЗОНА РАЗРЫВОВ . . . 1015
ЗОНА, СВОБОДНАЯ ОТ ЯДЕРНОГО ОРУЖИЯ . . . 0605 1265 1509
ЗОНДИРОВАНИЕ С ПОМОЩЬЮ СПУТНИКОВ, ДИСТАНЦИОННОЕ . . . 1834
ЗОНЫ, СВОБОДНЫЕ ОТ ЯДЕРНОГО ОРУЖИЯ, СПЕЦИАЛЬНАЯ ГРУППА
КВАЛИФИЦИРОВАННЫХ ПРАВИТЕЛЬСТВЕННЫХ ЭКСПЕРТОВ ПО
ИССЛЕДОВАНИЮ ВОПРОСА О ЗОНАХ, СВОБОДНЫХ ОТ ЯДЕРНОГО
ОРУЖИЯ . . . 0034

ИДЕНТИФИКАЦИЯ /ВЗРЫВОВ/ . . . 1006
ИДЕНТИФИКАЦИЯ, ВЕРОЯТНОСТЬ ИДЕНТИФИКАЦИИ . . . 1008
ИДЕНТИФИКАЦИЯ, ПОРОГ ИДЕНТИФИКАЦИИ . . . 1010
ИДЕНТИФИКАЦИЯ, СРЕДСТВА ИДЕНТИФИКАЦИИ . . . 1009
ИДЕНТИФИЦИРОВАТЬ, СПОСОБНОСТЬ . . . 1007
ИЗБИРАТЕЛЬНОСТЬ . . . 1987
ИЗБЫТОЧНОЕ ДАВЛЕНИЕ . . . 1566
ИЗЛУЧЕНИЕ . . . 1751
ИЗЛУЧЕНИЕ, ИНТЕНСИВНОСТЬ ИЗЛУЧЕНИЯ . . . 1762

ИЗЛУЧЕНИЕ, ИОНИЗИРУЮЩЕЕ 1095
ИЗЛУЧЕНИЕ ПОВЕРХНОСТНОЙ ВОЛНЫ 2192
ИЗЛУЧЕНИЕ, УЛЬТРАФИОЛЕТОВОЕ 2352
ИЗМЕНЕНИЕ ОРИЕНТАЦИИ ЦЕЛИ В ПРОСТРАНСТВЕ 0234
ИЗМЕРИТЕЛЬНЫЕ ПРИБОРЫ 1239
ИЗОТОП, РАДИОАКТИВНЫЙ 1775
ИМПЛОЗИВНОЕ ЯДЕРНОЕ ОРУЖИЕ 1017
ИМПУЛЬС 1727
ИМРУЛЬС СИГНАЛА 2029
ИМУЩЕСТВО ДЛЯ ОБОРОНИТЕЛЬНЫХ РАБОТ 0587
ИНДИВИДУАЛЬНАЯ САМООБОРОНА 1026
ИНДИВИДУАЛЬНАЯ САМООБОРОНА, ПРАВО НА ИНДИВИДУАЛЬНУЮ САМООБОРОНУ 1874
ИНДИЙСКИЙ ОКЕАН, СПЕЦИАЛЬНЫЙ КОМИТЕТ ПО ИНДИЙСКОМУ ОКЕАНУ 0031
ИНЕРТНЫЙ ГАЗ 1403
ИНЕРЦИАЛЬНАЯ СИСТЕМА НАВЕДЕНИЯ 1028
ИНИС 1086
ИНСПЕКТИРОВАНИЕ /ЯДЕРНОГО ОРУЖИЯ/ В МЕСТАХ ПРОИЗВОДСТВА И НА ПОЗИЦИЯХ 1531
ИНСПЕКЦИОННЫЙ ПОСТ 1047
ИНСПЕКЦИЯ 1043
ИНСПЕКЦИЯ В ОБЛАСТИ РАЗОРУЖЕНИЯ 1046
ИНСПЕКЦИЯ, ВОЗДУШНАЯ 0043
ИНСПЕКЦИЯ ДО ЗАПУСКА 1676
ИНСПЕКЦИЯ, ОТКРЫТАЯ 1535
ИНСПЕКЦИЯ ПУТЕМ НАПРАВЛЕНИЯ ПРИГЛАШЕНИЯ 1045
ИНСПЕКЦИЯ, СИСТЕМА ИНСПЕКЦИИ 1048
ИНТЕНСИВНОСТЬ ИЗЛУЧЕНИЯ 1762
ИНТЕНСИВНОСТЬ СИГНАЛА 2030
ИНТЕРВАЛ ПРИХОДА ВОЛНА P - ВОЛНА S 1898
ИНФЕКЦИОННАЯ ДОЗА 1031
ИНФРАКРАСНАЯ ГОЛОВКА САМОНАВЕДЕНИЯ 1035
ИНФРАКРАСНОЕ ТЕЛЕВИДЕНИЕ 1037
ИНФРАКРАСНЫЙ ДАТЧИК 1036
ИНЦИДЕНТ, ЯДЕРНЫЙ 1459
ИОНИЗИРУЮЩЕЕ ИЗЛУЧЕНИЕ 1095
ИСКУССТВЕННОЕ ОСЛАБЛЕНИЕ СЕЙСМИЧЕСКОГО СИГНАЛА 0578
ИСПОЛЬЗОВАНИЕ МЕТОДОВ РАДИОЛОГИЧЕСКОЙ ВОЙНЫ 1782
ИСПОЛЬЗОВАНИЕ ЯДЕРНОЙ ЭНЕРГИИ В МИРНЫХ ЦЕЛЯХ 1614 2383
ИСПРАВНОЕ СОСТОЯНИЕ, В ИСПРАВНОМ СОСТОЯНИИ 1537
ИСПЫТАНИЕ ОРУЖИЯ БОЛЬШОЙ МОЩНОСТИ 0973
ИСПЫТАНИЕ ЯДЕРНОГО ОРУЖИЯ 1481 1506
ИСПЫТАНИЕ ЯДЕРНОГО ОРУЖИЯ В АТМОСФЕРЕ 0248
ИСПЫТАНИЯ ЯДЕРНОГО ОРУЖИЯ, ЗАПРЕЩЕНИЕ ИСПЫТАНИЙ ЯДЕРНОГО ОРУЖИЯ 1507
ИСПЫТАНИЯ ЯДЕРНОГО ОРУЖИЯ, ПРЕКРАЩЕНИЕ ИСПЫТАНИЙ ЯДЕРНОГО ОРУЖИЯ 0672
ИСПЫТАТЕЛЬНЫЙ ВЗРЫВ 2263
ИСПЫТАТЕЛЬНЫЙ ВЗРЫВ /ЯДЕРНОГО ОРУЖИЯ/ 2264
ИСПЫТАТЕЛЬНЫЙ ВЗРЫВ ЯДЕРНОГО ОРУЖИЯ 1508

ИСПЫТАТЕЛЬНЫЙ ПОЛИГОН В ШТАТЕ НЕВАДА 1399
ИСТРЕБИТЕЛЬ 0800
ИСТРЕБИТЕЛЬ-БОМБАРДИРОВЩИК 0802 0900
ИСТРЕБИТЕЛЬ-ПЕРЕХВАТЧИК 0803 1060 1062
ИСТРЕБИТЕЛЬ-ПЕРЕХВАТЧИК, ВСЕПОГОДНЫЙ 0119
ИСТРЕБИТЕЛЬ С ДВУМЯ РЕАКТИВНЫМИ ДВИГАТЕЛЯМИ 2347
ИСТРЕБИТЕЛЬ ТАНКОВ 2224
ИСТРЕБИТЕЛЬНОЕ ПРИКРЫТИЕ 0801

КАБИНА, ГЕРМЕТИЧЕСКАЯ 1941
КАЖУЩАЯСЯ СКОРОСТЬ 0174
КАЛИБР 0352
КАНОНЕРСКАЯ ЛОДКА 0934
КАПСУЛА 0358
КАПСЮЛЬ 0358
КАССЕТНАЯ БОМБА 0416
КАТАСТРОФА, ЯДЕРНАЯ 1440
КАТЕР БЕРЕГОВОЙ ОХРАНЫ 1348
КАТЕР НА ПОДВОДНЫХ КРЫЛЬЯХ 0998
КАТЕР, РЕЧНОЙ СТОРОЖЕВОЙ КАТЕР БЕРЕГОВОЙ ОХРАНЫ 1880
КВАДРАТ КАРТЫ 0898
КИКОМЦ 0444
КИЛОТОННА 1110
КИПЯЩИЙ РЕАКТОР 0313
КЛУБ ЯДЕРНЫХ ДЕРЖАВ 1441
КОЖНО-НАРЫВНЫЕ ОВ 0304
КОЛЛЕКТИВНАЯ БЕЗОПАСНОСТЬ 0430
КОЛЛЕКТИВНАЯ МЕРА 0429
КОЛЛЕКТИВНАЯ САМООБОРОНА 0431
КОЛЛЕКТИВНАЯ САМООБОРОНА, ПРАВО НА КОЛЛЕКТИВНУЮ САМООБОРОНУ 1873
КОМАНДА 1578
КОМАНДА НАВЕДЕНИЯ ТАКТИЧЕСКОЙ АВИАЦИИ 0067
КОМАНДА ПОДРЫВНИКОВ 0603
КОМАНДНЫЙ УЧАСТОК МЕСТНОСТИ 1107
КОМАНДУЮЩИЙ 0439
КОМИССИЯ ПО АТОМНОЙ ЭНЕРГИИ 0254
КОМИССИЯ ПО ВООРУЖЕНИЯМ ОБЫЧНОГО ТИПА 0443
КОМИССИЯ ПО РАЗОРУЖЕНИЮ 0658
КОМИССИЯ ПО УЧЕТУ ПОСТРАДАВШИХ ОТ АТОМНОЙ БОМБЫ 0251
КОМИТЕТ ВОСЕМНАДЦАТИ ГОСУДАРСТВ ПО РАЗОРУЖЕНИЮ 0720
КОМИТЕТ ДЕСЯТИ ГОСУДАРСТВ ПО РАЗОРУЖЕНИЮ 2254
КОМИТЕТ ПО ИСПОЛЬЗОВАНИЮ КОСМИЧЕСКОГО ПРОСТРАНСТВА В МИРНЫХ ЦЕЛЯХ /КИКОМЦ/ 0444
КОМИТЕТ ПО МИРНОМУ ИСПОЛЬЗОВАНИЮ ДНА МОРЕЙ И ОКЕАНОВ ЗА ПРЕДЕЛАМИ ДЕЙСТВИЯ НАЦИОНАЛЬНОЙ ЮРИСДИКЦИИ 0445
КОМИТЕТ ПО РАЗОРУЖЕНИЮ 0659
КОМПЛЕКС 2204
КОМПЛЕКТ ВЫСТРЕЛА 0230 1892 1894
КОМПОНЕНТ, НЕТОКСИЧНЫЙ 1418

КОНВЕНЦИЯ О ГРАЖДАНСКОЙ ОТВЕТСТВЕННОСТИ В ОБЛАСТИ МОРСКИХ ПЕРЕВОЗОК ЯДЕРНЫХ МАТЕРИАЛОВ . . . 0500
КОНВЕНЦИЯ О ЗАПРЕЩЕНИИ БИОЛОГИЧЕСКОГО ОРУЖИЯ, КОНФЕРЕНЦИЯ УЧАСТНИКОВ КОНВЕНЦИИ . . . 1859
КОНВЕНЦИЯ О ЗАПРЕЩЕНИИ ВОЕННОГО ИЛИ ЛЮБОГО ИНОГО ВРАЖДЕБНОГО ИСПОЛЬЗОВАНИЯ СРЕДСТВ ВОЗДЕЙСТВИЯ НА ПРИРОДНУЮ СРЕДУ . . . 0496
КОНВЕНЦИЯ О ЗАПРЕЩЕНИИ РАЗРАБОТКИ, ПРОИЗВОДСТВА И НАКОПЛЕНИЯ ЗАПАСОВ БАКТЕРИОЛОГИЧЕСКОГО /БИОЛОГИЧЕСКОГО/ И ТОКСИННОГО ОРУЖИЯ И ОБ ИХ УНИЧТОЖЕНИИ . . . 0497
КОНВЕНЦИЯ О ЗАЩИТЕ ГРАЖДАНСКОГО НАСЕЛЕНИЯ ВО ВРЕМЯ ВОЙНЫ /ЖЕНЕВА/ . . . 0885
КОНВЕНЦИЯ О КОНТИНЕНТАЛЬНОМ ШЕЛЬФЕ . . . 0493
КОНВЕНЦИЯ О ТЕРРИТОРИАЛЬНОМ МОРЕ И ПРИЛЕЖАЩЕЙ ЗОНЕ . . . 0498
КОНВЕНЦИЯ ОБ ОБРАЩЕНИИ С ВОЕННОПЛЕННЫМИ /ЖЕНЕВА/ . . . 0886
КОНВЕНЦИЯ ОБ ОТВЕТСТВЕННОСТИ ОПЕРАТОРОВ ЯДЕРНЫХ СУДОВ . . . 0495
КОНВЕНЦИЯ ОБ ОТВЕТСТВЕННОСТИ ПЕРЕД ТРЕТЬЕЙ СТОРОНОЙ В ОБЛАСТИ ЯДЕРНОЙ ЭНЕРГИИ . . . 0499
КОНВЕНЦИЯ ОБ ОТКРЫТОМ МОРЕ . . . 0494
КОНВЕНЦИЯ ОБ УЛУЧШЕНИИ УЧАСТИ РАНЕНЫХ, БОЛЬНЫХ И ЛИЦ, ПОТЕРПЕВШИХ КОРАБЛЕКРУШЕНИЕ, ИЗ СОСТАВА ВООРУЖЕННЫХ СИЛ НА МОРЕ /ЖЕНЕВА/ . . . 0884
КОНВЕНЦИЯ ОБ УЛУЧШЕНИИ УЧАСТИ РАНЕНЫХ И БОЛЬНЫХ В ДЕЙСТВУЮЩИХ АРМИЯХ /ЖЕНЕВА/ . . . 0883
КОНСУЛЬТАТИВНАЯ ГРУППА ЭКСПЕРТОВ ПО ЭКОНОМИЧЕСКИМ И СОЦИАЛЬНЫМ ПОСЛЕДСТВИЯМ РАЗОРУЖЕНИЯ . . . 0472
КОНТИНГЕНТ . . . 0480
КОНТИНЕНТАЛЬНАЯ ТРАЕКТОРИЯ . . . 0479
КОНТРБАТАРЕЙНАЯ БОРЬБА . . . 0510
КОНТРМЕРА . . . 0521
КОНТРМИНОМЕТНЫЙ РАДИОЛОКАТОР . . . 1344
КОНТРОЛИРУЕМОЕ РЕАГИРОВАНИЕ . . . 0492
КОНТРОЛЬ . . . 1331
КОНТРОЛЬ В ОБЛАСТИ РАЗОРУЖЕНИЯ . . . 0485
КОНТРОЛЬ И ИНСПЕКЦИЯ, МЕЖДУНАРОДНАЯ СИСТЕМА КОНТРОЛЯ И ИНСПЕКЦИИ . . . 1089
КОНТРОЛЬ, МЕТОДЫ КОНТРОЛЯ . . . 2396
КОНТРОЛЬ НАД ВОЗДУШНЫМ ПРОСТРАНСТВОМ . . . 0105
КОНТРОЛЬ НАД ВООРУЖЕНИЯМИ . . . 0197
КОНТРОЛЬ НАД ПРОВЕДЕНИЕМ ВЗРЫВОВ . . . 1336
КОНТРОЛЬ, СЕЙСМОЛОГИЧЕСКИЙ . . . 1984
КОНТРОЛЬ, СИСТЕМА КОНТРОЛЯ . . . 2397
КОНТРОЛЬ, ЭФФЕКТИВНЫЙ МЕЖДУНАРОДНЫЙ . . . 0716
КОНТРОЛЬНАЯ АППАРАТУРА . . . 1333
КОНТРОЛЬНО-ПРОВЕРОЧНЫЙ ПУНКТ . . . 0391
КОНТРОЛЬНОЕ ОБОРУДОВАНИЕ . . . 1333
КОНТРОЛЬНЫЙ ОРГАН . . . 0486
КОНТРОЛЬНЫЙ ПОСТ . . . 0487
КОНТРОЛЬНЫЙ ПРИБОР . . . 1334
КОНТРОЛЬНЫЙ ПУНКТ . . . 0391

КОНТРРАЗВЕДКА 0514
КОНТРСРЕДСТВО УСТРАШЕНИЯ 0513
КОНТРШПИОНАЖ 0514
КОНФЕРЕНЦИЯ ГОСУДАРСТВ, НЕ ОБЛАДАЮЩИХ ЯДЕРНЫМ ОРУЖИЕМ 0463
КОНФЕРЕНЦИЯ ГОСУДАРСТВ, НЕ ОБЛАДАЮЩИХ ЯДЕРНЫМ ОРУЖИЕМ, ПОДГОТОВИТЕЛЬНЫЙ КОМИТЕТ КОНФЕРЕНЦИИ 1679
КОНФЕРЕНЦИЯ ПО ГРАЖДАНСКОЙ ОТВЕТСТВЕННОСТИ ЗА ЯДЕРНЫЙ УЩЕРБ, МЕЖДУНАРОДНАЯ 1076
КОНФЕРЕНЦИЯ ПО МОРСКИМ ПЕРЕВОЗКАМ ЯДЕРНЫХ ВЕЩЕСТВ, МЕЖДУНАРОДНАЯ ЮРИДИЧЕСКАЯ 1084
КОНФЕРЕНЦИЯ ПО ПРИМЕНЕНИЮ АТОМНОЙ ЭНЕРГИИ В МИРНЫХ ЦЕЛЯХ, МЕЖДУНАРОДНАЯ 1078
КОНФЕРЕНЦИЯ ПО ЯДЕРНОЙ ЭНЕРГЕТИКЕ И ЕЕ ТОПЛИВНОМУ ЦИКЛУ, МЕЖДУНАРОДНАЯ 1077
КОНФЕРЕНЦИЯ ПРАВИТЕЛЬСТВЕННЫХ ЭКСПЕРТОВ ПО ВОПРОСУ О ПОДТВЕРЖДЕНИИ И РАЗВИТИИ МЕЖДУНАРОДНОГО ГУМАНИТАРНОГО ПРАВА, ПРИМЕНЯЕМОГО В ПЕРИОД ВООРУЖЕННЫХ КОНФЛИКТОВ . 0462
КОНФЕРЕНЦИЯ ПРАВИТЕЛЬСТВЕННЫХ ЭКСПЕРТОВ ПО ВОПРОСУ О ПРИМЕНЕНИИ НЕКОТОРЫХ ТИПОВ ОБЫЧНОГО ОРУЖИЯ, КОТОРЫЕ МОГУТ ПРИЧИНЯТЬ ИЗЛИШНИЕ СТРАДАНИЯ ИЛИ ИМЕТЬ НЕИЗБИРАТЕЛЬНОЕ ДЕЙСТВИЕ 0461
КОНФЕРЕНЦИЯ УЧАСТНИКОВ ДОГОВОРА О ЗАПРЕЩЕНИИ РАЗМЕЩЕНИЯ НА ДНЕ МОРЕЙ И ОКЕАНОВ И В ЕГО НЕДРАХ ЯДЕРНОГО ОРУЖИЯ И ДРУГИХ ВИДОВ ОРУЖИЯ МАССОВОГО УНИЧТОЖЕНИЯ ПО РАССМОТРЕНИЮ ДЕЙСТВИЯ ДОГОВОРА 1862
КОНФЕРЕНЦИЯ УЧАСТНИКОВ ДОГОВОРА О НЕРАСПРОСТРАНЕНИИ ЯДЕРНОГО ОРУЖИЯ ПО РАССМОТРЕНИЮ ДЕЙСТВИЯ ЭТОГО ДОГОВОРА 1426 1861
КОНФЕРЕНЦИЯ УЧАСТНИКОВ ДОГОВОРА О НЕРАСПРОСТРАНЕНИИ ЯДЕРНОГО ОРУЖИЯ, ПОДГОТОВИТЕЛЬНЫЙ КОМИТЕТ КОНФЕРЕНЦИИ 1681
КОНФЕРЕНЦИЯ УЧАСТНИКОВ ДОГОВОРА ПО МОРСКОМУ ДНУ ПО РАССМОТРЕНИЮ ДЕЙСТВИЯ ДОГОВОРА 1860
КОНФЕРЕНЦИЯ УЧАСТНИКОВ КОНВЕНЦИИ О ЗАПРЕЩЕНИИ БИОЛОГИЧЕСКОГО ОРУЖИЯ ПО РАССМОТРЕНИЮ ДЕЙСТВИЯ КОНВЕНЦИИ 1859
КОНФЛИКТ 0470
КОНФЛИКТ, ЯДЕРНЫЙ 1442
КОНЦЕНТРАЦИЯ ВОЙСК 0457
КОНЦЕНТРАЦИЯ РАДИОАКТИВНОГО ЗАРАЖЕНИЯ, РАСЧЕТНАЯ ТАБЛИЦА КОНЦЕНТРАЦИИ РАДИОАКТИВНОГО ЗАРАЖЕНИЯ 1779
КОНЦЕПЦИЯ, СТРАТЕГИЧЕСКАЯ 2119
КООРДИНАТЫ /ПО КООРДИНАТНОЙ СЕТКЕ/ 0898
КОРАБЛЬ, БОЛЬШОЙ ТАНКО-ДЕСАНТНЫЙ 2226
КОРАБЛЬ, КОРАБЛИ 0533
КОРАБЛЬ-ЛОВУШКА 0580
КОРАБЛЬ ПЕРВОГО ЭШЕЛОНА ДЕСАНТА 0238
КОРАБЛЬ ПЛО 2156
КОРАБЛЬ ПЛО, БЫСТРОХОДНЫЙ ЭСКОРТНЫЙ 0791
КОРАБЛЬ-РАКЕТОНОСЕЦ 1317
КОРАБЛЬ-РАКЕТОНОСЕЦ, ЭКСПЕРИМЕНТАЛЬНЫЙ 0775
КОРАБЛЬ С АТОМНОЙ СИЛОВОЙ УСТАНОВКОЙ 1474

КОРОТКИЙ ПЕРИОД 2017
КОРПУС /ВЗРЫВНОГО УСТРОЙСТВА/ 0370
КОРРЕКТИРОВАНИЕ ОГНЯ 0038
КОРРЕКТИРОВАНИЕ ОГНЯ С ВОЗДУХА 0094
КОСМИЧЕСКИЙ КОРАБЛЬ 2056
КРАСНЫЙ КРЕСТ, МЕЖДУНАРОДНЫЙ КОМИТЕТ КРАСНОГО КРЕСТА /МККК/ 1075
КРАТКОЕ ИЗЛОЖЕНИЕ ОСНОВНЫХ ПОЛОЖЕНИЙ ДОГОВОРА О ВСЕОБЩЕМ И ПОЛНОМ РАЗОРУЖЕНИИ В УСЛОВИЯХ МИРА ВО ВСЕМ МИРЕ 1558
КРЕЙСЕР 0547
КРЕПКАЯ ПОРОДА 0940
КРЕСТООБРАЗНАЯ СЛОЖНАЯ АНТЕННА 0543
КРИВАЯ ВРЕМЕНИ РАСПРОСТРАНЕНИЯ 2289
КРИВЫЕ РАСПАДА 0558
КРИТЕРИЙ ОПОЗНАНИЯ 0541
КРЫЛАТАЯ РАКЕТА 0545 1645
КРЫЛАТАЯ РАКЕТА, ЗАПУСКАЕМАЯ В ВОЗДУХЕ 0102
КРЫЛАТАЯ РАКЕТА, ЗАПУСКАЕМАЯ С ПОДВОДНОЙ ЛОДКИ 2159
КРЫЛАТАЯ РАКЕТА КЛАССА ВОЗДУХ-ЗЕМЛЯ 0107
КРЫЛАТЫЕ РАКЕТЫ, АТОМНАЯ ПОДВОДНАЯ ЛОДКА, ВООРУЖЕННАЯ КРЫЛАТЫМИ РАКЕТАМИ 1497
КУМУЛЯТИВНЫЙ ЗАРЯД, РАКЕТА С КУМУЛЯТИВНЫМ ЗАРЯДОМ 2001
КУМУЛЯТИВНЫЙ ПРОТИВОТАНКОВЫЙ СНАРЯД 0970

ЛАГЕРЬ ВОЕННОПЛЕННЫХ, ПОЛЕВОЙ 1688
ЛАЗЕР 1123
ЛАЗЕРНАЯ ТЕХНИКА 1126
ЛАЗЕРНОЕ СРЕДСТВО 1123
ЛАЗЕРНЫЙ ДАЛЬНОМЕР 1125
ЛАЗЕРНЫЙ ЛУЧ, ПРОТИВОСПУТНИКОВЫЙ 0156
ЛАФЕТ 0364 0933
ЛЕГКИЙ БОМБАРДИРОВЩИК 1151
ЛЕГКИЙ ПУЛЕМЕТ 1154
ЛЕГКИЙ ТАНК 1156
ЛЕГКОВОДОЛАЗ 0854
ЛЕГКОЕ ОГНЕСТРЕЛЬНОЕ ОРУЖИЕ 1153
ЛЕГКОЕ ОРУЖИЕ 1153
ЛИКВИДАЦИЯ, НЕИЗБЕЖНАЯ 0242
ЛИНЕЙНАЯ ОБОРОНА 1165
ЛИНЕЙНЫЙ КОРАБЛЬ 0282
ЛИНИЯ КОНТРОЛЯ ЗАРАЖЕНИЯ РАДИОАКТИВНЫМИ ВЕЩЕСТВАМИ . . . 0478
ЛИНИЯ ПРЯМОЙ СВЯЗИ 0649
ЛИНИЯ ПРЯМОЙ СВЯЗИ, МЕМОРАНДУМ О ДОГОВОРЕННОСТИ ОБ УСТАНОВЛЕНИИ ЛИНИИ ПРЯМОЙ СВЯЗИ 1256
ЛИЦО, ПЫТАЮЩЕЕСЯ НЕЗАКОННО ЗАХВАТИТЬ САМОЛЕТ 0974
ЛИЧНЫЙ СОСТАВ, ОБСЛУЖИВАЕМАЯ ЛИЧНЫМ СОСТАВОМ ПОЗИЦИЯ 1218
ЛОВУШКА 0579
ЛОЖНАЯ ЦЕЛЬ 0579
ЛОЖНОЕ МИННОЕ ПОЛЕ 1633
ЛОЖНОЕ СООРУЖЕНИЕ 0579

ЛОНДОНСКИЙ КЛУБ . . . 1181
ЛУЧЕВАЯ БОЛЕЗНЬ . . . 1765

МАГАЗИН . . . 1205
МАГАТЭ . . . 1071
МАГНИТНОЕ ПОЛЕ, СДВИГ МАГНИТНОГО ПОЛЯ . . . 2002
МАКЕТ . . . 0579
МАКСИМАЛЬНАЯ ПОЛЕЗНАЯ НАГРУЗКА /НАПР. ПРИ ИСПЫТАНИИ РАКЕТЫ/ . . . 2284
МАКСИМАЛЬНОЕ ИЗБЫТОЧНОЕ ДАВЛЕНИЕ . . . 1618
МАЛОГАБАРИТНАЯ ПУ С НЕСКОЛЬКИМИ НАПРАВЛЯЮЩИМИ . . . 1663
МАЛОГАБАРИТНЫЙ МНОГОСТВОЛЬНЫЙ РЕАКТИВНЫЙ МИНОМЕТ . . . 1663
МАЛОРАЗМЕРНАЯ ЦЕЛЬ . . . 1657
МАЛОТОКСИЧНЫЙ КОМПОНЕНТ . . . 1193
МАЛЫЙ КОРАБЛЬ ПЛО 1599 1944
МАНЕВРЕННОСТЬ, ЗАПАС МАНЕВРЕННОСТИ . . . 1540
МАНЕВРИРУЮЩАЯ РАКЕТА С РАЗДЕЛЯЮЩИМИСЯ ГОЛОВНЫМИ ЧАСТЯМИ /РГЧ/ . . . 1219
МАСКИРОВКА, ПРОТИВОРАДИОЛОКАЦИОННАЯ . . . 1737
МАСКИРОВКА, РАДИОЛОКАЦИОННАЯ . . . 0725
МАССИРОВАННЫЙ ОТВЕТНЫЙ УДАР . . . 1228
МАССИРОВАННЫЙ ЯДЕРНЫЙ УДАР . . . 1227
МАССОВОЕ УНИЧТОЖЕНИЕ . . . 1225
МАСШТАБЫ ВЕДЕНИЯ ВОЕННЫХ ОПЕРАЦИЙ . . . 1924
МАТЕРИАЛЬНО-ТЕХНИЧЕСКОЕ ОБЕСПЕЧЕНИЕ . . . 1177 1179 1214 2175
МАТЕРИАЛЬНО-ТЕХНИЧЕСКОЕ ОБЕСПЕЧЕНИЕ, АВИАЦИОННОЕ . . . 0074
МАТЕРИАЛЬНЫЕ СРЕДСТВА, ВОЗМЕЩЕНИЕ ВОЙСКАМ МАТЕРИАЛЬНЫХ СРЕДСТВ . . . 1839
МАШИНА . . . 2388
МАШИНА ДЛЯ ЭВАКУАЦИИ ПОВРЕЖДЕННОЙ ТЕХНИКИ . . . 2452
МВТ . . . 1255
МГНОВЕННОЕ ЯДЕРНОЕ ИЗЛУЧЕНИЕ . . . 1041
МЕГАВАТТ /МВТ/ . . . 1255
МЕГАТОННА /ЕД. ИЗМЕРЕНИЯ КАЛИБРА ЯДЕРНОГО ОРУЖИЯ/ . . . 1252
МЕГАТОННА, ЭКВИВАЛЕНТ В МЕГАТОННАХ . . . 0753
МЕДИЦИНСКИЙ КОМИТЕТ ПО ДОЗАМ ВНУТРЕННЕГО ОБЛУЧЕНИЯ . . . 1245
МЕЖДУНАРОДНАЯ КОМИССИЯ ПО ЗАЩИТЕ ОТ РАДИОАКТИВНОГО ИЗЛУЧЕНИЯ . . . 1073
МЕЖДУНАРОДНАЯ КОМИССИЯ ПО РАДИОЛОГИЧЕСКИМ ЕДИНИЦАМ И ИЗМЕРЕНИЯМ /МКРЕИ/ . . . 1074
МЕЖДУНАРОДНАЯ КОНФЕРЕНЦИЯ ПО ГРАЖДАНСКОЙ ОТВЕТСТВЕННОСТИ ЗА ЯДЕРНЫЙ УЩЕРБ . . . 1076
МЕЖДУНАРОДНАЯ КОНФЕРЕНЦИЯ ПО ПРИМЕНЕНИЮ АТОМНОЙ ЭНЕРГИИ В МИРНЫХ ЦЕЛЯХ . . . 1078
МЕЖДУНАРОДНАЯ КОНФЕРЕНЦИЯ ПО ЯДЕРНОЙ ЭНЕРГЕТИКЕ И ЕЕ ТОПЛИВНОМУ ЦИКЛУ . . . 1077
МЕЖДУНАРОДНАЯ НАПРЯЖЕННОСТЬ . . . 1090
МЕЖДУНАРОДНАЯ ОРГАНИЗАЦИЯ ПО РАЗОРУЖЕНИЮ . . . 1080
МЕЖДУНАРОДНАЯ ОЦЕНКА ЯДЕРНОГО ТОПЛИВНОГО ЦИКЛА . . . 1085
МЕЖДУНАРОДНАЯ ОЦЕНКА ЯДЕРНОГО ТОПЛИВНОГО ЦИКЛА, ОРГАНИЗАЦИОННАЯ КОНФЕРЕНЦИЯ ПО МЕЖДУНАРОДНОЙ ОЦЕНКЕ ЯДЕРНОГО ТОПЛИВНОГО ЦИКЛА . . . 1553

МЕЖДУНАРОДНАЯ РАБОЧАЯ ГРУППА ПО БЫСТРЫМ РЕАКТОРАМ 1091
МЕЖДУНАРОДНАЯ СИСТЕМА КОНТРОЛЯ И ИНСПЕКЦИИ 1089
МЕЖДУНАРОДНАЯ СИСТЕМА ЯДЕРНОЙ ИНФОРМАЦИИ /ИНИС/ 1086
МЕЖДУНАРОДНАЯ ЮРИДИЧЕСКАЯ КОНФЕРЕНЦИЯ ПО МОРСКИМ ПЕРЕВОЗКАМ ЯДЕРНЫХ ВЕЩЕСТВ 1084
МЕЖДУНАРОДНОЕ АГЕНТСТВО ПО АТОМНОЙ ЭНЕРГИИ /МАГАТЭ/ . . . 1071
МЕЖДУНАРОДНОЕ ПРАВО, ГУМАНИТАРНОЕ 1082
МЕЖДУНАРОДНЫЕ СПОРЫ 1081
МЕЖДУНАРОДНЫЙ ИНСТИТУТ ПО ИССЛЕДОВАНИЮ ВОПРОСОВ МИРА В СТОКГОЛЬМЕ 2099
МЕЖДУНАРОДНЫЙ ИНСТИТУТ СТРАТЕГИЧЕСКИХ ИССЛЕДОВАНИЙ . . . 1083
МЕЖДУНАРОДНЫЙ КОМИТЕТ КРАСНОГО КРЕСТА /МККК/ 1075
МЕЖДУНАРОДНЫЙ КОНТРОЛЬ НАД АТОМНОЙ ЭНЕРГИЕЙ 1079
МЕЖДУНАРОДНЫЙ МИР И БЕЗОПАСНОСТЬ 1087
МЕЖДУНАРОДНЫЙ МИР, УПРОЧИТЬ МЕЖДУНАРОДНЫЙ МИР 2142
МЕЖДУНАРОДНЫЙ СЕЙСМОЛОГИЧЕСКИЙ ЦЕНТР 1088
МЕЖКОНТИНЕНТАЛЬНАЯ БАЛЛИСТИЧЕСКАЯ РАКЕТА 1064
МЕЖКОНТИНЕНТАЛЬНАЯ РАКЕТА 1065
МЕЖКОНТИНЕНТАЛЬНАЯ РАКЕТА, ЗАПУСКАЕМАЯ С ПОДВОДНОЙ ЛОДКИ 2160
МЕЖКОНТИНЕНТАЛЬНАЯ РАКЕТА НАЗЕМНОГО БАЗИРОВАНИЯ 1117
МЕЛКОКАЛИБЕРНЫЙ СНАРЯД 2040
МЕМОРАНДУМ О ДОГОВОРЕННОСТИ ОБ УСТАНОВЛЕНИИ ЛИНИИ ПРЯМОЙ СВЯЗИ 1256
МЕРЫ БОРЬБЫ С РАДИОРАЗВЕДКОЙ И РАДИОПРОТИВОДЕЙСТВИЕМ . . . 0723
МЕРЫ ПО РАЗОРУЖЕНИЮ 0663
МЕРЫ ПО УКРЕПЛЕНИЮ БЕЗОПАСНОСТИ 1238
МЕРЫ РАДИОПРОТИВОДЕЙСТВИЯ, ПАССИВНЫЕ 1583
МЕСТНЫЕ ПОМЕХИ 1738
МЕСТНЫЕ ПРЕДМЕТЫ, ОТРАЖЕНИЯ ОТ МЕСТНЫХ ПРЕДМЕТОВ 1738
МЕСТО РАСПОЛОЖЕНИЯ 1169
МЕСТОПОЛОЖЕНИЕ 1169
МЕТАТЕЛЬНОЕ ВЗРЫВЧАТОЕ ВЕЩЕСТВО 1711
МЕТАТЕЛЬНЫЙ ЗАРЯД 1711
МЕТОД mb (Ms) 1233
МЕТОДЫ КОНТРОЛЯ 2396
МЕТОДЫ ОБЕЗВРЕЖИВАНИЯ 1835
МЕТОДЫ, ТЕЛЕСЕЙСМИЧЕСКИЕ 2251
МЕХАНИЗИРОВАННАЯ ЧАСТЬ 1242
МЕХАНИЗИРОВАННОЕ ПОДРАЗДЕЛЕНИЕ 1242
МИКРОБИОЛОГИЧЕСКОЕ СРЕДСТВО 1260
МИКРООРГАНИЗМ 1261
МИКРОСЕЙСМИЧЕСКИЙ ШУМ 1262
МИНА 1294
МИНА, ВНЕЗАПНО ВЗРЫВАЮЩАЯСЯ 1662
МИНА, ДРЕЙФУЮЩАЯ 0700
МИНА-ЛОВУШКА 0324
МИНА, НАЗЕМНАЯ ИНЖЕНЕРНАЯ 1116
МИНА, НЕИЗВЛЕКАЕМАЯ 0028
МИНА, ОБЕЗВРЕЖЕННАЯ 0669

МИНА, ОСВЕТИТЕЛЬНАЯ 1014
МИНА, ПЛАВАЮЩАЯ НА ЗАДАННОЙ ГЛУБИНЕ 1554
МИНА, ПЛАВУЧАЯ 0700
МИНА, ПРОТИВОПЕХОТНАЯ 0153
МИНА, ПРОТИВОТАНКОВАЯ 0168
МИНА СЮРПРИЗ 0324
МИНА, УСТАНОВЛЕННАЯ В НЕИЗВЛЕКАЕМОЕ ПОЛОЖЕНИЕ 0028
МИНА, ФУГАСНАЯ 0966
МИНИАТЮРИЗАЦИЯ 1309
МИННОЕ ПОЛЕ, ЛОЖНОЕ 1633
МИННОЕ ПОЛЕ, ОБОЗНАЧЕНИЕ МИННОГО ПОЛЯ 1302
МИННОЕ ПОЛЕ, УЧАСТОК, СВОБОДНЫЙ ОТ МИН В МИННОМ ПОЛЕ 1301
МИННЫЙ ЗАГРАДИТЕЛЬ 1304
МИННЫЙ РАСКЛАДЧИК 1304
МИННЫЙ ТРАЛЬЩИК 1307
МИННЫЙ ТРАЛЬЩИК, ТЕЛЕУПРАВЛЯЕМЫЙ 0702
МИНОМЕТ 1340
МИНОМЕТ, НАРЕЗНОЙ 1872
МИНОМЕТНАЯ МИНА 1342 1345 1346
МИНОМЕТНЫЙ ОБСТРЕЛ 2007
МИНОМЕТНЫЙ ОГОНЬ 1343
МИНОНОСЕЦ, ЭСКАДРЕННЫЙ 0611
МИР, УГРОЗА МИРУ 2279
МИРВ 1360
МИРНОЕ ОСВОЕНИЕ МОРСКОГО ДНА 1613
МИРНОЕ РАЗРЕШЕНИЕ СПОРОВ 1568
МИРНОЕ СОСУЩЕСТВОВАНИЕ 1608
МИРНЫЕ СРЕДСТВА 1609
МИРНЫЕ ЦЕЛИ 1611
МИРНЫЕ ЦЕЛИ, ИСПОЛЬЗОВАНИЕ ЯДЕРНОЙ ЭНЕРГИИ В МИРНЫХ ЦЕЛЯХ 2383
МИРНЫЕ ЯДЕРНЫЕ ВЗРЫВЫ /МЯВ/ 1610
МИРОЛЮБИВЫЕ ГОСУДАРСТВА 1617
МИШЕНЬ 2233
МККК 1075
МКРЕИ 1074
МНОГОКАНАЛЬНОЕ ОБНАРУЖЕНИЕ 1358
МНОГОНАЦИОНАЛЬНЫЙ ЦЕНТР ТОПЛИВНОГО ЦИКЛА 1357
МНОГОЦЕЛЕВАЯ РЛС 1363
МНОГОЦЕЛЕВОЙ БОЕВОЙ САМОЛЕТ 1364
МОБИЛИЗАЦИЯ, ЭКОНОМИЧЕСКАЯ 0714
МОБИЛЬНАЯ ОБОРОНА 1324
МОДУЛЯТОР 0489
МОЛНИЕНОСНАЯ ЯДЕРНАЯ ВОЙНА 1438
МОНИТОР 1334
МОРАТОРИЙ 1338
МОРАТОРИЙ НА ДАЛЬНЕЙШЕЕ ИСПЫТАНИЕ И РАЗВЕРТЫВАНИЕ НОВЫХ НАСТУПАТЕЛЬНЫХ И ОБОРОНИТЕЛЬНЫХ СИСТЕМ СТРАТЕГИЧЕСКОГО ЯДЕРНОГО ОРУЖИЯ 1339
МОРСКОЕ ДНО, МИРНОЕ ОСВОЕНИЕ МОРСКОГО ДНА 1613
МОРСКОЕ НАБЛЮДЕНИЕ 1935

МОРСКОЙ ОХОТНИК . . . 2156
МОТОПЕХОТА . . . 1240
МОТОРНЫЙ КАТЕР . . . 1348
МОЩНОСТЬ . . . 2454
МОЩНОСТЬ ДОЗЫ ПОЧВЕННОГО ГАММА-ИЗЛУЧЕНИЯ . . . 2258
МОЩНОСТЬ ДОЗЫ РАДИОАКТИВНОГО ОБЛУЧЕНИЯ . . . 1759
МОЩНОСТЬ ЯДЕРНОГО БОЕПРИПАСА . . . 1494
МУТАГЕННЫЙ . . . 1366
МУТАЦИЯ ГЕНОВ . . . 0874
МЯВ . . . 1610

НАБЛЮДЕНИЕ ЗА ВОЗДУХОМ С ПОМОЩЬЮ РАДИОЛОКАЦИОННОЙ СТАНЦИИ . . . 1185
НАБЛЮДЕНИЕ, МОРСКОЕ . . . 1935
НАБЛЮДЕНИЕ, СЕЙСМИЧЕСКОЕ . . . 1969
НАБЛЮДЕНИЯ НА МЕСТЕ . . . 1532
НАВЕДЕНИЕ . . . 2318
НАВЕДЕНИЕ ИСТРЕБИТЕЛЕЙ-ПЕРЕХВАТЧИКОВ С ЗЕМЛИ . . . 0903
НАВЕДЕНИЕ НА СРЕДНЕМ УЧАСТКЕ ТРАЕКТОРИИ . . . 1263
НАВИГАЦИОННАЯ РЛС . . . 1384
НАВОДИТЬ НА ЦЕЛЬ . . . 0980
НАДВОДНЫЙ ВОЕННЫЙ КОРАБЛЬ . . . 2185
НАДЕЖНЫЙ В РАБОТЕ . . . 0784
НАЗЕМНАЯ ИНЖЕНЕРНАЯ МИНА . . . 1116
НАЗЕМНАЯ ИНСПЕКЦИЯ, ПЕРЕДВИЖНАЯ . . . 1325
НАЗЕМНАЯ РЛС ОБНАРУЖЕНИЯ . . . 2183
НАЗЕМНЫЕ ВЗРЫВЫ . . . 2182
НАЗЕМНЫЙ ВЗРЫВ . . . 0901
НАКАПЛИВАТЬ . . . 2101
НАКЛОННАЯ ПУ . . . 1137
НАКОПЛЕНИЕ ВООРУЖЕНИЙ . . . 2102
НАКОПЛЕНИЕ ОРУЖИЯ . . . 0341
НАЛЕТ . . . 1790
НАЛЕТ АВИАЦИИ . . . 0079
НАЛИВНОЕ СУДНО . . . 0835
НАНЕСЕНИЕ ОТВЕТНОГО УДАРА, ВОЗМОЖНОСТЬ НАНЕСЕНИЯ ОТВЕТНОГО УДАРА . . . 2145
НАНЕСЕНИЕ СТРАТЕГИЧЕСКИХ УДАРОВ, СИЛЫ ДЛЯ НАНЕСЕНИЯ СТРАТЕГИЧЕСКИХ УДАРОВ . . . 2133
НАНЕСЕНИЕ УДАРА ПО КРУПНЫМ ГОРОДАМ . . . 0512
НАНЕСЕНИЕ УДАРА ПО КРУПНЫМ НАСЕЛЕННЫМ ПУНКТАМ . . . 0512
НАПАДАЮЩАЯ СТОРОНА . . . 0236
НАПАЛМ . . . 1376
НАПАЛМ, БОМБАРДИРОВКА НАПАЛМОМ . . . 1379
НАПАЛМ И ДРУГОЕ ЗАЖИГАТЕЛЬНОЕ ОРУЖИЕ И ВСЕ АСПЕКТЫ ИХ ВОЗМОЖНОГО ПРИМЕНЕНИЯ . . . 1377
НАПАЛМОВАЯ БОМБА . . . 1378
НАПРАВЛЯЮЩАЯ ПУ . . . 1137
НАПРЯЖЕННОСТЬ, МЕЖДУНАРОДНАЯ . . . 1090
НАПРЯЖЕННОСТЬ, ОСЛАБЛЕНИЕ НАПРЯЖЕННОСТИ . . . 1827
НАРАЩИВАНИЕ ВОЕННОГО ПОТЕНЦИАЛА . . . 1276

НАРАЩИВАНИЕ ВОЕННОЙ МОЩИ . . . 0340
НАРАЩИВАНИЕ ВОЕННОЙ СИЛЫ . . . 0339
НАРАЩИВАНИЕ СТРАТЕГИЧЕСКИХ СИЛ . . . 2116
НАРЕЗНОЕ ОГНЕВОЕ СРЕДСТВО . . . 1865
НАРЕЗНОЙ МИНОМЕТ . . . 1872
НАРУШЕНИЕ МИРА . . . 0327
НАСЕЛЕНИЕ, ЗАЩИЩЕННОЕ ОТ РАДИОАКТИВНОГО ИЗЛУЧЕНИЯ . . . 1767
НАСТИЛЬНЫЙ ОГОНЬ . . . 0896
НАСТУПАТЕЛЬНОЕ ОРУЖИЕ . . . 1520
НАСТУПАТЕЛЬНОЕ ОРУЖИЕ, СИСТЕМА НАСТУПАТЕЛЬНОГО ОРУЖИЯ 1521
НАСТУПАТЕЛЬНОЕ СТРАТЕГИЧЕСКОЕ ЯДЕРНОЕ ОРУЖИЕ, СИСТЕМА ДОСТАВКИ НАСТУПАТЕЛЬНОГО СТРАТЕГИЧЕСКОГО ЯДЕРНОГО ОРУЖИЯ . . . 1524
НАСТУПАТЕЛЬНЫЕ И ОБОРОНИТЕЛЬНЫЕ СИСТЕМЫ, МОРАТОРИЙ НА ДАЛЬНЕЙШЕЕ ИСПЫТАНИЕ И РАЗВЕРТЫВАНИЕ НОВЫХ НАСТУПАТЕЛЬНЫХ И ОБОРОНИТЕЛЬНЫХ СИСТЕМ СТРАТЕГИЧЕСКОГО ЯДЕРНОГО ОРУЖИЯ . . . 1339
НАСТУПАТЕЛЬНЫЕ СТРАТЕГИЧЕСКИЕ ВООРУЖЕНИЯ, ОГРАНИЧЕНИЕ НАСТУПАТЕЛЬНЫХ СТРАТЕГИЧЕСКИХ ВООРУЖЕНИЙ . . . 1523
НАТО . . . 1423
НАУЧНО-КОНСУЛЬТАТИВНЫЙ КОМИТЕТ ОРГАНИЗАЦИИ ОБЪЕДИНЕННЫХ НАЦИЙ . . . 2371
НАУЧНЫЙ КОМИТЕТ ОРГАНИЗАЦИИ ОБЪЕДИНЕННЫХ НАЦИЙ ПО ДЕЙСТВИЮ АТОМНОЙ РАДИАЦИИ . . . 2372
НАХОДЯЩИЙСЯ В ВОЗДУХЕ . . . 0085
НАХОДЯЩИЙСЯ НА ВООРУЖЕНИИ . . . 1537
НАЦИОНАЛЬНАЯ БЕЗОПАСНОСТЬ . . . 1381
НАЦИОНАЛЬНАЯ ОБОРОНА . . . 1380
НАЧАЛО ВЕРТИКАЛЬНЫХ ПЕРЕМЕЩЕНИЙ /О ПОДЗЕМНЫХ ТОЛЧКАХ/ 0133
НАЧАЛЬНАЯ СКОРОСТЬ . . . 1374
НАЧАЛЬНИК ШТАБА . . . 0398
НЕБРОНИРОВАННЫЙ ТРАНСПОРТЕР ДЛЯ ПЕРЕВОЗКИ ЛИЧНОГО СОСТАВА . . . 2355
НЕВОЕННЫЕ ЦЕЛИ . . . 1421
НЕДОЛЕТ . . . 2016
НЕЗАКОННЫЙ ЗАХВАТ САМОЛЕТОВ . . . 0042
НЕЗНАЧИТЕЛЬНЫЙ РИСК . . . 1387
НЕИЗБЕЖНАЯ ЛИКВИДАЦИЯ . . . 0242
НЕИЗВЛЕКАЕМАЯ МИНА . . . 0028
НЕЙТРАЛИТЕТ, ВООРУЖЕННЫЙ . . . 0193
НЕЙТРАЛИТЕТ, ЯДЕРНЫЙ . . . 1464
НЕЙТРОННАЯ БОЕГОЛОВКА . . . 1397
НЕЙТРОННАЯ БОМБА . . . 1395
НЕЙТРОННЫЙ ЗАРЯД . . . 1396
НЕНАПАДЕНИЕ . . . 1408
НЕОБЫЧНАЯ ВОЙНА . . . 2357
НЕОГРАНИЧЕННЫЕ ДЕЙСТВИЯ БОМБАРДИРОВОЧНОЙ АВИАЦИИ, ЗОНА НЕОГРАНИЧЕННЫХ ДЕЙСТВИЙ БОМБАРДИРОВОЧНОЙ АВИАЦИИ . . . 0301
НЕОТЪЕМЛЕМОЕ ПРАВО НА САМООБОРОНУ . . . 1038
НЕПОДВИЖНАЯ ЦЕЛЬ . . . 2093
НЕПОСРЕДСТВЕННАЯ АВИАЦИОННАЯ ПОДДЕРЖКА . . . 0409 0648

НЕПОСРЕДСТВЕННАЯ ОГНЕВАЯ ПОДДЕРЖКА 0413
НЕПОСРЕДСТВЕННАЯ ПОДДЕРЖКА 0411 0651
НЕПОСРЕДСТВЕННОЕ ВЫПАДЕНИЕ РАДИОАКТИВНЫХ ОСАДКОВ /В РАЙОНЕ ЯДЕРНОГО ВЗРЫВА/ 1167
НЕПОСРЕДСТВЕННОЕ ОБЕСПЕЧЕНИЕ /СЛУЖБАМИ ТЫЛА/ 0651
НЕПОСРЕДСТВЕННОЕ ОХРАНЕНИЕ 1642
НЕПРЕРЫВНОЕ НАБЛЮДЕНИЕ 1331
НЕПРИЕМЛЕМЫЙ УРОН 2354
НЕПРИМЕНЕНИЕ ЗАЖИГАТЕЛЬНОГО ОРУЖИЯ 1420
НЕПРИМЕНЕНИЕ СИЛЫ 1419
НЕПРОЧНАЯ ГОРНАЯ ПОРОДА 1024
НЕРАСПРОСТРАНЕНИЕ 1414
НЕРАСПРОСТРАНЕНИЕ ЯДЕРНОГО ОРУЖИЯ 1410 1415 1465
НЕРАСПРОСТРАНЕНИЕ ЯДЕРНОГО ОРУЖИЯ, ГАРАНТИИ НЕРАСПРОСТРАНЕНИЯ ЯДЕРНОГО ОРУЖИЯ 1904
НЕСЕЙСМИЧЕСКИЕ МЕТОДЫ 1417
НЕСПРОВОЦИРОВАННАЯ АГРЕССИЯ 2374
НЕТОКСИЧНЫЙ КОМПОНЕНТ 1418
НЕУПРАВЛЕННАЯ РАКЕТА 1882
НЕУПРАВЛЯЕМАЯ РАКЕТА 0852
НЕФРОТОКСИЧНОСТЬ 1389
НЕЦЕНТРАЛЬНЫЕ СИСТЕМЫ 1409
НЕЯСНЫЙ СИГНАЛ 1516
НОВАЯ ТЕХНОЛОГИЯ ОБОГАЩЕНИЯ УРАНА 1400
НОВЕЙШИЕ ВИДЫ СЛОЖНОГО ОРУЖИЯ 2049
НОМИНАЛЬНОЕ ЯДЕРНОЕ ОРУЖИЕ 1407
НОСИТЕЛЬ 0597
НОСОВОЙ КОНУС 1424

ОБЕЗВРЕЖЕННАЯ МИНА 0669
ОБЕЗВРЕЖИВАНИЕ, МЕТОДЫ ОБЕЗВРЕЖИВАНИЯ 1835
ОБЕЗЗАРАЖИВАНИЕ 0574
ОБЕСПЕЧЕННЫЙ ДОЛЖНЫМИ ГАРАНТИЯМИ ПЛАН РАЗОРУЖЕНИЯ . . . 0037
ОБЛУЧЕНИЕ 1751
ОБЛУЧЕНИЕ, РАССЕЯННОЕ 1764
ОБМЕН СЕЙСМИЧЕСКИМИ ДАННЫМИ 0772
ОБНАРУЖЕНИЕ 0617
ОБНАРУЖЕНИЕ, ВЕРОЯТНОСТЬ ОБНАРУЖЕНИЯ 0623
ОБНАРУЖЕНИЕ, ДАЛЬНОСТЬ ОБНАРУЖЕНИЯ 0624
ОБНАРУЖЕНИЕ И ПРЕСЛЕДОВАНИЕ, ВОЗМОЖНОСТИ ОБНАРУЖЕНИЯ И ПРЕСЛЕДОВАНИЯ 0619
ОБНАРУЖЕНИЕ И СЛЕЖЕНИЕ, СИСТЕМА ОБНАРУЖЕНИЯ И СЛЕЖЕНИЯ ЗА ЦЕЛЬЮ 0620
ОБНАРУЖЕНИЕ, ПОРОГ ОБНАРУЖЕНИЯ 0626 1172
ОБНАРУЖЕНИЕ ПРИ ПОМОЩИ РАДИОТЕХНИЧЕСКИХ СРЕДСТВ 1768
ОБНАРУЖЕНИЕ, СИСТЕМА ОБНАРУЖЕНИЯ 0625
ОБНАРУЖЕНИЕ, СПОСОБНОСТЬ ОБНАРУЖЕНИЯ 0621
ОБОГАТИТЕЛЬНАЯ УСТАНОВКА 0746
ОБОГАЩЕНИЕ УРАНА 2378
ОБОГАЩЕНИЕ УРАНА, НОВАЯ ТЕХНОЛОГИЯ ОБОГАЩЕНИЯ УРАНА 1400
ОБОГАЩЕНИЕ УРАНА, УСТАНОВКА ПО ОБОГАЩЕНИЮ УРАНА 2380

ОБОЗНАЧЕНИЕ МИННОГО ПОЛЯ 1302
ОБОРОНА, ГЛАВНАЯ ПОЛОСА ОБОРОНЫ 1209
ОБОРОНА, МОБИЛЬНАЯ 1324
ОБОРОНА НА ПОСПЕШНО ОБОРУДОВАННЫХ ПОЗИЦИЯХ 0942
ОБОРОНА ПЕРЕДНЕГО КРАЯ 0842
ОБОРОНА, ПОЗИЦИОННАЯ 0177
ОБОРОНА ПРОТИВ ВЫСОТНЫХ/МАЛОВЫСОТНЫХ ЦЕЛЕЙ, САМОЛЕТНАЯ РАДИОЛОКАЦИОННАЯ 0968
ОБОРОНА, ПРОТИВОЛОДОЧНАЯ 0163
ОБОРОНА ПУНКТА 1654
ОБОРОНА РАЙОНА 0177
ОБОРОНА СТРАНЫ 1380
ОБОРОНА, ЭШЕЛОНИРОВАННАЯ 0585
ОБОРОНИТЕЛЬНЫЕ СИСТЕМЫ СТРАТЕГИЧЕСКОГО ЯДЕРНОГО ОРУЖИЯ 0589
ОБОРОНИТЕЛЬНЫЙ БОЕВОЙ КОМПЛЕКС ОТ БАЛЛИСТИЧЕСКИХ РАКЕТ 2206
ОБОРОНИТЕЛЬНЫЙ СОЮЗ 1268
ОБОРОТ/ОВ/ В СЕКУНДУ 0554
ОБОРУДОВАННАЯ ОП 0733
ОБРАБОТКА СИГНАЛОВ 2028
ОБРАБОТКА ЯДЕРНЫХ МАТЕРИАЛОВ 1696
ОБСЛУЖИВАЕМАЯ ЛИЧНЫМ СОСТАВОМ ПОЗИЦИЯ 1218
ОБСЛУЖИВАНИЕ 1997
ОБСТРЕЛИВАТЬ 2107
ОБСТРЕЛИВАТЬ ЦЕЛЬ /АРТИЛЛЕРИЙСКИМ ОГНЕМ/ 2005
ОБТЕКАТЕЛЬ АНТЕННЫ РЛС 1789
ОБУЧЕНИЕ, ПЕРИОД ОБУЧЕНИЯ 2320
ОБХОДИТЬ ФЛАНГ 1557
ОБШИРНЫЙ СЕЙСМИЧЕСКИЙ КОМПЛЕКС 1122
ОБЩАЯ СТРАТЕГИЯ 2298
ОБЩАЯ ЧАСТЬ ШТАБА 0879
ОБЩЕВОЙСКОВОЕ СОЕДИНЕНИЕ 0435 0436
ОБЩЕЕ РАЗРЕШЕНИЕ НА ПОЛЕТ /НАД ПРЕПЯТСТВИЕМ/ 0294
ОБЩИЙ ШТАБ 0879
ОБЫЧНОЕ ВООРУЖЕНИЕ, АРСЕНАЛ ОБЫЧНОГО ВООРУЖЕНИЯ 0502
ОБЫЧНОЕ ОРУЖИЕ 0505
ОБЫЧНЫЕ СРЕДСТВА УСТРАШЕНИЯ 0503
ОБЫЧНЫЙ СПОСОБ ОБНАРУЖЕНИЯ 1895
ОБЪЕДИНЕННАЯ ГРУППА ВОЙСК 0436
ОБЪЕДИНЕННЫЙ ШТАБ 0437
ОБЪЕКТ 2233
ОБЪЕКТ АТАКИ 1015
ОБЪЕМНАЯ ВОЛНА 0311
ОБЪЕМНАЯ ВОЛНА, ДИСКРИМИНАНТ ФУНКЦИИ ПОВЕРХНОСТНОЙ ОТ ОБЪЕМНОЙ ВОЛНЫ 2184
ОБЪЕМНАЯ ВОЛНА, РАЗМЕРЫ ОБЪЕМНОЙ ВОЛНЫ 0312
ОБЪЯВЛЕНИЕ ИНДИЙСКОГО ОКЕАНА ЗОНОЙ МИРА 0566
ОБЯЗАТЕЛЬНОЕ УРЕГУЛИРОВАНИЕ СПОРОВ, ФАКУЛЬТАТИВНЫЙ ПРОТОКОЛ ОТНОСИТЕЛЬНО ОБЯЗАТЕЛЬНОГО УРЕГУЛИРОВАНИЯ СПОРОВ 1551
ОБЯЗАТЕЛЬНОЕ ЭМБАРГО НА ПОСТАВКУ ОРУЖИЯ 1217
ОВ КОЖНО-НАРЫВНОГО ДЕЙСТВИЯ 0305 2402

ОВ МГНОВЕННОГО ДЕЙСТВИЯ 1050
ОВ НЕРВНО-ПАРАЛИТИЧЕСКОГО ДЕЙСТВИЯ 1390 2384
ОВ, ПОРАЖАЮЩЕЕ ОРГАНЫ ЧУВСТВ 1995
ОВ, ПРИВОДЯЩЕЕ К ПОТЕРЕ БОЕСПОСОБНОСТИ 1019
ОВ РАЗДРАЖАЮЩЕГО ДЕЙСТВИЯ 1196
ОВ, РАЗДРАЖАЮЩЕЕ ДЫХАТЕЛЬНЫЕ ПУТИ 1848
ОВ РВОТНОГО ДЕЙСТВИЯ 2408
ОВ СЛЕЗОТОЧИВОГО ДЕЙСТВИЯ 2245
ОВ УДУШАЮЩЕГО ДЕЙСТВИЯ 0399
ОГНЕВАЯ АВИАЦИОННАЯ ПОДДЕРЖКА 0812
ОГНЕВАЯ МОЩЬ 0818
ОГНЕВАЯ ПОДДЕРЖКА 2180
ОГНЕВОЙ БОЙ 0771
ОГНЕВЫЕ СРЕДСТВА 0818
ОГНЕМЕТ 0829
ОГНЕМЕТ, ТРАНШЕЙНЫЙ 0732
ОГНЕННЫЙ ШТОРМ /ПРИ ЯДЕРНОМ ВЗРЫВЕ/ 0819
ОГНЕСТРЕЛЬНОЕ ОРУЖИЕ, ЛЕГКОЕ 1153
ОГОНЬ, БЕСПОРЯДОЧНЫЙ 2064
ОГОНЬ ДЛЯ ПРИКРЫТИЯ ФЛАНГОВ 0832
ОГОНЬ ИЗ РУЧНОГО ПУЛЕМЕТА 1155
ОГОНЬ, КОРРЕКТИРОВАНИЕ ОГНЯ 0038
ОГОНЬ НА ВОСПРЕЩЕНИЕ 1067
ОГОНЬ НА ПОДАВЛЕНИЕ 1394
ОГОНЬ, НАСТИЛЬНЫЙ 0896
ОГОНЬ ОЧЕРЕДЯМИ С БРЕЮЩЕГО ПОЛЕТА 2108
ОГОНЬ, ПРОТИВОТАНКОВЫЙ 0165
ОГОНЬ, РЕДКИЙ 1152
ОГОНЬ, РЕЖИМ ОГНЯ 1802
ОГОНЬ С ВОЗДУХА, КОРРЕКТИРОВАНИЕ ОГНЯ С ВОЗДУХА 0094
ОГОНЬ, СОСРЕДОТОЧЕННЫЙ 0455
ОГОНЬ, ТЕМП ОГНЯ 1802
ОГОНЬ, УПРАВЛЯЕМЫЙ С ПОМОЩЬЮ РЛС 1742
ОГРАНИЧЕНИЕ ВООРУЖЕНИЙ 0204
ОГРАНИЧЕНИЕ КОНФЛИКТА, СТРАТЕГИЯ ОГРАНИЧЕНИЯ КОНФЛИКТА 1093
ОГРАНИЧЕНИЕ НАСТУПАТЕЛЬНЫХ И ОБОРОНИТЕЛЬНЫХ СИСТЕМ
СТРАТЕГИЧЕСКОГО ЯДЕРНОГО ОРУЖИЯ 1159
ОГРАНИЧЕНИЕ НАСТУПАТЕЛЬНЫХ СТРАТЕГИЧЕСКИХ ВООРУЖЕНИЙ 1523
ОГРАНИЧЕНИЕ СТРАТЕГИЧЕСКИХ ВООРУЖЕНИЙ 2111
ОГРАНИЧЕНИЕ СТРАТЕГИЧЕСКИХ НАСТУПАТЕЛЬНЫХ ВООРУЖЕНИЙ,
ВРЕМЕННОЕ СОГЛАШЕНИЕ О НЕКОТОРЫХ МЕРАХ В ОБЛАСТИ
ОГРАНИЧЕНИЯ СТРАТЕГИЧЕСКИХ НАСТУПАТЕЛЬНЫХ ВООРУЖЕНИЙ 1069
ОГРАНИЧЕНИЯ ЯДЕРНЫХ ВООРУЖЕНИЙ, СОГЛАСОВАННЫЕ
ОГРАНИЧЕНИЯ ЯДЕРНЫХ ВООРУЖЕНИЙ 0056
ОГРАНИЧЕННЫЕ СТРАТЕГИЧЕСКИЕ БОЕВЫЕ ДЕЙСТВИЯ 1163
ОДНОСТОРОННИЕ ВОЕННЫЕ ПРЕИМУЩЕСТВА 1528
ОЖОГ ВТОРОЙ СТЕПЕНИ 1950
ОККУПАЦИЯ 1519
ОКОП /ОГНЕВОГО СРЕДСТВА/ 0733
ОНВУП 2373
ОПАНАЛ 0048

ОПАСНОСТЬ 0943
ОПАСНОСТЬ ВОЗНИКНОВЕНИЯ ВОЙНЫ 1879
ОПАСНОСТЬ РАДИАЦИИ 0945
ОПАСНОСТЬ ЯДЕРНОГО ЗАРАЖЕНИЯ 1878
ОПЕРАТИВНАЯ АВИАЦИОННАЯ ГРУППА 2241
ОПЕРАТИВНАЯ ГРУППА ВВС 0082
ОПЕРАТИВНОЕ ОБСЛУЖИВАНИЕ И РЕЗЕРВ МАТЕРИАЛЬНЫХ СРЕДСТВ /НАПР. НА ТВД/ 1545
ОПЕРАТИВНЫЙ 1537 2210
ОПЕРАТОР РЛС 1746
ОПЕРАЦИИ ПО ПОДДЕРЖАНИЮ МИРА 1616
ОПЕРАЦИИ ПО ПОДДЕРЖАНИЮ МИРА, СПЕЦИАЛЬНЫЙ КОМИТЕТ ПО ОПЕРАЦИЯМ ПО ПОДДЕРЖАНИЮ МИРА 2057
ОПЕРАЦИЯ ПО ПРОЧЕСЫВАНИЮ 1337
ОПЕРЕННЫЙ СНАРЯД 0810
ОПОВЕЩЕНИЕ 2420
ОПОВЕЩЕНИЕ О НАЧАЛЕ НАПАДЕНИЯ 2218
ОПОВЕЩЕНИЕ, СТРАТЕГИЧЕСКОЕ 2137
ОПОЗНАВАНИЕ /НАПР. О РЛС/ 0674
ОПОРНЫЙ ПУНКТ 2147
ОПРЕДЕЛЕНИЕ ДАЛЬНОСТИ 1798
ОПРЕДЕЛЕНИЕ ПОЛОЖЕНИЯ, ОШИБКА В ОПРЕДЕЛЕНИИ ПОЛОЖЕНИЯ 1170
ОПРЕДЕЛЕНИЕ УРОВНЯ ТОКСИЧНОСТИ 2304
ОПРЕДЕЛЕНИЕ ЭПИЦЕНТРА ВЗРЫВА 0749
ОПТИМАЛЬНАЯ ВЫСОТА ВЗРЫВА 1550
ОПУСТОШИТЕЛЬНАЯ ВОЙНА 0616
ОРГАН ООН ПО НАБЛЮДЕНИЮ ЗА ВЫПОЛНЕНИЕМ УСЛОВИЙ ПЕРЕМИРИЯ /ОНВУП/ 2373
ОРГАНИЗАЦИОННАЯ КОНФЕРЕНЦИЯ ПО МЕЖДУНАРОДНОЙ ОЦЕНКЕ ЯДЕРНОГО ТОПЛИВНОГО ЦИКЛА 1553
ОРГАНИЗАЦИЯ ВАРШАВСКОГО ДОГОВОРА 2422
ОРГАНИЗАЦИЯ ДОГОВОРА ЮГО-ВОСТОЧНОЙ АЗИИ /СЕАТО/ 2051
ОРГАНИЗАЦИЯ СЕВЕРОАТЛАНТИЧЕСКОГО ДОГОВОРА /НАТО/ 1423
ОРГАНИЗАЦИЯ СЕТИ РЛС 1745
ОРУДИЕ, БЕЗОТКАТНОЕ 1811
ОРУДИЕ, ПРОТИВОТАНКОВОЕ 0167
ОРУДИЙНАЯ НАВОДКА, РЛС ОРУДИЙНОЙ НАВОДКИ 0815
ОРУДИЙНЫЙ СТАНОК 0364 0933
ОРУЖЕЙНАЯ ПРОМЫШЛЕННОСТЬ 0183
ОРУЖИЕ 2431
ОРУЖИЕ, АБСОЛЮТНОЕ 0009 2351
ОРУЖИЕ, ВЕРОЛОМНОЕ 2326
ОРУЖИЕ ВЗРЫВНОГО ДЕЙСТВИЯ 0299
ОРУЖИЕ ВТОРОГО ПОКОЛЕНИЯ 1947
ОРУЖИЕ ДЛЯ БОРЬБЫ СО СПУТНИКАМИ 0157
ОРУЖИЕ ДЛЯ ПОРАЖЕНИЯ БОЕВОЙ ТЕХНИКИ 0150
ОРУЖИЕ ДЛЯ ПОРАЖЕНИЯ ЖИВОЙ СИЛЫ 0154
ОРУЖИЕ ДЛЯ ПОРАЖЕНИЯ ПРОТИВОСТОЯЩИХ СИЛ 0149
ОРУЖИЕ ДЛЯ УНИЧТОЖЕНИЯ РАСТЕНИЙ 0147
ОРУЖИЕ, ЗАЖИГАТЕЛЬНОЕ 1021
ОРУЖИЕ ЗАМЕДЛЕННОГО ДЕЙСТВИЯ 2288

ОРУЖИЕ, КОТОРОЕ МОЖЕТ ПРИЧИНЯТЬ ИЗЛИШНИЕ СТРАДАНИЯ ИЛИ ИМЕТЬ НЕИЗБИРАТЕЛЬНОЕ ДЕЙСТВИЕ 2444
ОРУЖИЕ, ЛЕГКОЕ 1153
ОРУЖИЕ МАССОВОГО УНИЧТОЖЕНИЯ 2435
ОРУЖИЕ МАССОВОГО УНИЧТОЖЕНИЯ, ЗАПРЕЩЕНИЕ И ЛИКВИДАЦИЯ ВСЕХ ВИДОВ ОРУЖИЯ МАССОВОГО УНИЧТОЖЕНИЯ 1700
ОРУЖИЕ, НАКОПЛЕНИЕ ОРУЖИЯ 0341
ОРУЖИЕ, НОСИМОЕ НА ПОЯСНОМ РЕМНЕ 2025
ОРУЖИЕ ОСКОЛОЧНОГО ДЕЙСТВИЯ 0850
ОРУЖИЕ, ПОТИВОТАНКОВОЕ УПРАВЛЯЕМОЕ 0166
ОРУЖИЕ, ПРИМЕНЯЕМОЕ ДЛЯ ВОЙНЫ И МАССОВОГО УНИЧТОЖЕНИЯ 2436
ОРУЖИЕ, ПРОТИВОСПУТНИКОВОЕ 0157
ОРУЖИЕ С ИНТЕНСИВНЫМ ОБРАЗОВАНИЕМ РАДИОАКТИВНЫХ ОСАДКОВ 1913
ОРУЖИЕ, ТАКТИЧЕСКОЕ 2219
ОРУЖИЕ, ТЕРМОЯДЕРНОЕ 2274
ОСВ 2114
ОСВ, ПЕРЕГОВОРЫ 1912
ОСВ-1 1911
ОСВЕТИТЕЛЬНАЯ МИНА 1014
ОСВЕТИТЕЛЬНЫЙ СНАРЯД 2084
ОСВОБОДИТЕЛЬНАЯ ВОЙНА 1149
ОСВОБОЖДЕНИЕ ЭНЕРГИИ 1828
ОСВОБОЖДЕННАЯ ТЕРРИТОРИЯ 1148
ОСКОЛОК СНАРЯДА 2006
ОСКОЛОЧНАЯ ГРАНАТА 0848
ОСКОЛОЧНО-ФУГАСНАЯ ГРАНАТА 0967
ОСКОЛОЧНО-ФУГАСНЫЙ СНАРЯД 0967
ОСКОЛОЧНЫЙ СНАРЯД 0849
ОСЛАБЛЕНИЕ НАПРЯЖЕННОСТИ 1827
ОСЛЕПЛЯТЬ СПУТНИК 0300
ОСНОВНОЙ ЯДЕРНЫЙ ВЗРЫВ 1229
ОСНОВНЫЕ ВИДЫ ВООРУЖЕНИЯ 1216
ОСНОВНЫЕ ПРИНЦИПЫ ПЕРЕГОВОРОВ О ДАЛЬНЕЙШЕМ ОГРАНИЧЕНИИ СТРАТЕГИЧЕСКИХ НАСТУПАТЕЛЬНЫХ ВООРУЖЕНИЙ 0280
ОСТАВШИЙСЯ В ЖИВЫХ В ВОЙНЕ С ПРИМЕНЕНИЕМ АТОМНОГО ОРУЖИЯ 0252
ОСТАТОЧНАЯ РАДИАЦИЯ 1844
ОСУШИТЕЛЬ 0610
ОТ ПУНКТА ДО ПУНКТА 1658
ОТВЕРСТИЕ 0979
ОТВЕТ 1849
ОТВЕТВЛЕНИЕ 0329
ОТВЕТНЫЕ ДЕЙСТВИЯ 1855
ОТВЕТНЫЙ УДАР 1855 1948
ОТВЕТНЫЙ УДАР, ВОЗМОЖНОСТЬ НАНЕСЕНИЯ ОТВЕТНОГО УДАРА 1951
ОТВЕТНЫЙ УДАР, ДИФФЕРЕНЦИРОВАННЫЙ 0894
ОТВЕТНЫЙ УДАР, МАССИРОВАННЫЙ 1228
ОТВЕТНЫЙ УДАР, СТРАТЕГИЯ ВЫЖИДАНИЯ НАПАДЕНИЯ ПРОТИВНИКА ДЛЯ НАНЕСЕНИЯ ОТВЕТНОГО УДАРА 1952
ОТВЕТНЫЙ ЯДЕРНЫЙ УДАР ОГРАНИЧЕННОЙ МОЩНОСТИ 1161 1162

ОТВЛЕКАЮЩИЙ УДАР 0687
ОТДАЛЕННЫЙ ГАРНИЗОН 1560
ОТДЕЛ ПО ВОПРОСАМ РАЗОРУЖЕНИЯ 0656
ОТКЛОНЕНИЕ, ВЕРОЯТНОЕ 1691
ОТКЛОНЕНИЕ, СРЕДНЕЕ КВАДРАТИЧНОЕ 2079
ОТКЛОНЕНИЕ, СТАНДАРТНОЕ 2079
ОТКЛОНЕНИЕ ЭПИЦЕНТРА /ЯДЕРНОГО ВЗРЫВА/ ОТ ЦЕЛИ 1526
ОТКРЫТАЯ ИНСПЕКЦИЯ 1535
ОТМЕТКА ВЫСОТЫ 2066
ОТНОСИТЕЛЬНАЯ БИОЛОГИЧЕСКАЯ ЭФФЕКТИВНОСТЬ 1826
ОТНОШЕНИЕ СИГНАЛ-ШУМ 2032
ОТРАЖЕНИЯ ОТ МЕСТНЫХ ПРЕДМЕТОВ 1738
ОТРЫВ 0329
ОТРЫВ ОТ ПРОТИВНИКА 0678
ОТРЯД 1578
ОТСРОЧЕННАЯ ПОДДЕРЖКА 0593
ОТХОД 2448
ОТХОДЫ, РАДИОАКТИВНЫЕ ПРОДУКТЫ ИЛИ ОТХОДЫ 1776
ОХВАТЫВАТЬ ФЛАНГ 1557
ОХРАНЕНИЕ 1559
ОХРАНЕНИЕ, НЕПОСРЕДСТВЕННОЕ 1642
ОЦЕНКА СЛУЖБЫ ТЫЛА 1174
ОЦЕНКА ЯДЕРНОГО ТОПЛИВНОГО ЦИКЛА, МЕЖДУНАРОДНАЯ 1085
ОЧАГ ВОЙНЫ 2341
ОЧАГ СЕЙСМИЧЕСКОГО ВЗРЫВА 2021
ОЧЕРЕДЬ, ПУЛЕМЕТНАЯ 1202
ОШИБКА В ОПРЕДЕЛЕНИИ ПОЛОЖЕНИЯ 1170
ОШИБКА, ВЕРОЯТНАЯ 1691
ОШИБКИ В БОМБОМЕТАНИИ 0321

ПАГУОШСКАЯ КОНФЕРЕНЦИЯ 1726
ПАЛУБНЫЙ САМОЛЕТ 0368
ПАРАШЮТ, ЗАПАСНОЙ 1842
ПАРАШЮТИСТ, СБРАСЫВАЕМЫЙ В РАЙОН ДЕСАНТИРОВАНИЯ ДЛЯ
ПОДАЧИ СИГНАЛОВ 1587
ПАРАШЮТИСТЫ 1573
ПАРТИЗАН 0918
ПАРТИЗАНСКАЯ ВОЙНА 0919
ПАРТИЗАНЫ, БОЕВЫЕ ДЕЙСТВИЯ ПРОТИВ ПАРТИЗАН 0518 0520
ПАРТИЗАНЫ, ДЕЙСТВИЯ ПРОТИВ ПАРТИЗАН 0519
ПАРТИЯ 1578
ПАССИВНЫЕ МЕРЫ РАДИОПРОТИВОДЕЙСТВИЯ 1583
ПАТОГЕН /МИКРООРГАНИЗМ, ВЫЗЫВАЮЩИЙ ЗАБОЛЕВАНИЕ/ 1589
ПАТОГЕННЫЙ 0677
ПАТОЛОГИЧЕСКИЕ ИЗМЕНЕНИЯ В РЕЗУЛЬТАТЕ ПОРАЖЕНИЯ
РАДИОАКТИВНЫМ ИЗЛУЧЕНИЕМ 1590
ПАТРОН 1892 1894
ПАТРУЛЬ 1591
ПАТРУЛЬНАЯ МАШИНА НА ВОЗДУШНОЙ ПОДУШКЕ 1594
ПАТРУЛЬНОЕ СУДНО 1601
ПАТРУЛЬНЫЙ САМОЛЕТ ДАЛЬНЕГО ОБНАРУЖЕНИЯ 0706

ПВО 0071
ПЕРВОЕ ДВИЖЕНИЕ 0821
ПЕРВОНАЧАЛЬНАЯ ВЫДАЧА ИМУЩЕСТВА 1040
ПЕРВЫЙ КОНТРУДАР 1948
ПЕРВЫЙ КОНТРУДАР, ВОЗМОЖНОСТЬ НАНЕСЕНИЯ ПЕРВОГО КОНТРУДАРА 1951
ПЕРВЫЙ УДАР 0822
ПЕРВЫЙ УДАР, ВОЗМОЖНОСТЬ ДЛЯ НАНЕСЕНИЯ ПЕРВОГО УДАРА 0823
ПЕРВЫЙ УДАР, РЕАЛЬНАЯ ВОЗМОЖНОСТЬ НАНЕСЕНИЯ ПЕРВОГО УДАРА 0538
ПЕРВЫЙ ЭШЕЛОН ШТАБА 0947
ПЕРЕБИВАТЬ 0293
ПЕРЕБРОСКА ЛИЧНОГО СОСТАВА И ГРУЗОВ НА ТЕРРИТОРИЮ ПРОТИВНИКА 0406
ПЕРЕВОЗИТЬ ПО ВОЗДУХУ 0104
ПЕРЕВООРУЖЕНИЕ 1809
ПЕРЕГОВОРЫ О КОНТРОЛЕ НАД ЯДЕРНЫМ ОРУЖИЕМ 1432
ПЕРЕГОВОРЫ О РАЗОРУЖЕНИИ 0664
ПЕРЕГОВОРЫ ОБ ОГРАНИЧЕНИИ СТРАТЕГИЧЕСКИХ ВООРУЖЕНИЙ /СОЛТ, ОСВ/ 2114
ПЕРЕГОВОРЫ ОСВ 1912
ПЕРЕГОВОРЫ СОЛТ 1912
ПЕРЕГРУППИРОВКА 0607
ПЕРЕДАТЧИК ОТВЕТНЫХ ПОМЕХ 1838
ПЕРЕДАТЧИК ПОМЕХ СТАНЦИЯМ ОБНАРУЖЕНИЯ, АВТОМАТИЧЕСКИЙ 0263
ПЕРЕДАЧА ЯДЕРНОГО ОРУЖИЯ 2322
ПЕРЕДВИЖНАЯ НАЗЕМНАЯ ИНСПЕКЦИЯ 1325
ПЕРЕДИСЛОКАЦИЯ 0607
ПЕРЕДНИЙ КРАЙ, РЛС ОБНАРУЖЕНИЯ НА ПЕРЕДНЕМ КРАЕ 1624
ПЕРЕДОВАЯ РЛС ДАЛЬНЕГО ОБНАРУЖЕНИЯ 0039
ПЕРЕДОВОЙ ХИРУРГИЧЕСКИЙ ОТРЯД 2193
ПЕРЕЛЕТ 1561 1562
ПЕРЕЛЕТ, ВОСПРЕЩЕНИЕ ПЕРЕЛЕТА 1564
ПЕРЕМИРИЕ 0378
ПЕРЕМИРИЕ В ВООРУЖЕНИЯХ 0185
ПЕРЕСТРЕЛКА 0740 0771
ПЕРЕХВАТ 1058
ПЕРИОД ОБУЧЕНИЯ 2320
ПЕРИОД ПОЛУРАСПАДА 0937
ПЕРИОД РАСПРОСТРАНЕНИЯ 2325
ПЕРИСКОП 2097
ПЕРСПЕКТИВНЫЙ АЭРОФОТОСНИМОК 1515
ПИКИРОВАНИЕ, БОМБОМЕТАНИЕ С ПИКИРОВАНИЯ 0686
ПИКОВОЕ ИЗБЫТОЧНОЕ ДАВЛЕНИЕ 1618
ПИСТОЛЕТ-ПУЛЕМЕТ 2152
ПИСТОЛЕТ-ПУЛЕМЕТ СТЕН 2096
ПИСТОЛЕТ-ПУЛЕМЕТ ТОМПСОНА 2291
ПИСТОЛЕТНАЯ ОБОЙМА 1205
ПЛАВУЧАЯ БАЗА 1213 1840 2253
ПЛАВУЧАЯ БАЗА МИННОТРАЛЬНЫХ СИЛ 1297
ПЛАВУЧАЯ МИНА 0700

ПЛАВУЧАЯ СУДОРЕМОНТНАЯ МАСТЕРСКАЯ 1211 1213 1837
ПЛАВУЧЕЕ СРЕДСТВО 0533
ПЛАН ВЕДЕНИЯ АРТИЛЛЕРИЙСКОГО ОГНЯ 0229
ПЛАН ВОЕННОЙ ОРГАНИЗАЦИИ 1273
ПЛАН РАЗОРУЖЕНИЯ, ВСЕОБЪЕМЛЮЩИЙ 0452
ПЛАНИРУЕМАЯ СУММАРНАЯ МОЩНОСТЬ 1647
ПЛАНИРУЕМОЕ ПОПОЛНЕНИЕ ЗАПАСА 1648
ПЛАТФОРМА, ПУСКОВАЯ 1135
ПЛАЦДАРМ 0331
ПЛАЦДАРМ ДЕСАНТИРОВАНИЯ 0099
ПЛО 0163
ПЛОЩАДКА 2036
ПЛОЩАДНАЯ ЦЕЛЬ 0179
ПЛОЩАДНОЕ БОМБОМЕТАНИЕ СО СПЛОШНЫМ ПОРАЖЕНИЕМ 1922
ПЛУТОНИЕВАЯ БОМБА 1652
ПО ВЕТРУ /ПО ОТНОШЕНИЮ К ЦЕЛИ/ 0691
ПО ВЫЗОВУ 1527
ПО ПРЯМОЙ СВЯЗИ 1658
ПО ТРЕБОВАНИЮ 1527
ПОВЕРХНОСТНАЯ ВОЛНА 2186
ПОВЕРХНОСТНАЯ ВОЛНА, ДИСКРИМИНАНТ ФУНКЦИИ
ПОВЕРХНОСТНОЙ ОТ ОБЪЕМНОЙ ВОЛНЫ 2184
ПОВЕРХНОСТНАЯ ВОЛНА, ИЗЛУЧЕНИЕ ПОВЕРХНОСТНОЙ ВОЛНЫ 2192
ПОВЕРХНОСТНОЕ ЗЕМЛЕТРЯСЕНИЕ 2000
ПОВЫШЕНИЕ ДАВЛЕНИЯ /ПРИ ЯДЕРНОМ ВЗРЫВЕ/ 1566
ПОДВИЖНАЯ СТАРТОВАЯ ПЛОЩАДКА 1326
ПОДВИЖНОСТЬ, СТРАТЕГИЧЕСКАЯ 2121
ПОДВОДНАЯ ЛОДКА 2153
ПОДВОДНАЯ ЛОДКА, ДИЗЕЛЬНАЯ ПОДВОДНАЯ ЛОДКА,
ОБОРУДОВАННАЯ ДЛЯ ЗАПУСКА КРЫЛАТЫХ РАКЕТ 0646
ПОДВОДНАЯ ЛОДКА ПЛО, АТОМНАЯ 1499
ПОДВОДНАЯ ЛОДКА, ПРИВОДИМАЯ В ДЕЙСТВИЕ ОБЫЧНЫМИ
ДВИГАТЕЛЯМИ /Т.Е. НЕ НА ЯДЕРНОМ ТОПЛИВЕ/ 0506
ПОДВОДНАЯ ЛОДКА-РАКЕТОНОСЕЦ 0274
ПОДВОДНАЯ ЛОДКА-РАКЕТОНОСЕЦ, ДИЗЕЛЬНАЯ 0645
ПОДГОТОВИТЕЛЬНЫЙ КОМИТЕТ ДЛЯ СПЕЦИАЛЬНОЙ СЕССИИ
ГЕНЕРАЛЬНОЙ АССАМБЛЕИ, ПОСВЯЩЕННОЙ РАЗОРУЖЕНИЮ 1680
ПОДГОТОВИТЕЛЬНЫЙ КОМИТЕТ КОНФЕРЕНЦИИ ГОСУДАРСТВ, НЕ
ОБЛАДАЮЩИХ ЯДЕРНЫМ ОРУЖИЕМ 1679
ПОДГОТОВИТЕЛЬНЫЙ КОМИТЕТ КОНФЕРЕНЦИИ УЧАСТНИКОВ
ДОГОВОРА О НЕРАСПРОСТРАНЕНИИ ЯДЕРНОГО ОРУЖИЯ ПО
РАССМОТРЕНИЮ ДЕЙСТВИЯ ЭТОГО ДОГОВОРА 1681
ПОДГОТОВЛЕННОСТЬ ГРАЖДАНСКОГО НАСЕЛЕНИЯ К ВОЙНЕ 0405
ПОДДЕРЖАНИЕ МЕЖДУНАРОДНОГО МИРА И БЕЗОПАСНОСТИ 1212
ПОДДЕРЖАНИЕ МИРА, ВОПРОС ПОДДЕРЖАНИЯ МИРА 1615
ПОДДЕРЖАНИЕ МИРА, ОПЕРАЦИИ ПО ПОДДЕРЖАНИЮ МИРА 1616
ПОДДЕРЖИВАЮЩЕЕ ПОДРАЗДЕЛЕНИЕ 2179
ПОДДЕРЖКА 2175
ПОДДЕРЖКА, НЕПОСРЕДСТВЕННАЯ 0651
ПОДДЕРЖКА, НЕПОСРЕДСТВЕННАЯ АВИАЦИОННАЯ 0409
ПОДДЕРЖКА, НЕПОСРЕДСТВЕННАЯ ОГНЕВАЯ 0413

ПОДДЕРЖКА, ОГНЕВАЯ АВИАЦИОННАЯ 0812
ПОДЗЕМНОЕ ИСПЫТАНИЕ ЯДЕРНОГО ОРУЖИЯ 2359
ПОДЗЕМНЫЙ ВЗРЫВ 2358
ПОДКАЛИБЕРНЫЙ СНАРЯД 1900 2148
ПОДКОМИТЕТ КОМИССИИ ПО РАЗОРУЖЕНИЮ 2149
ПОДКОМИТЕТ ПО ДОГОВОРУ О ПРЕКРАЩЕНИИ ИСПЫТАНИЙ ЯДЕРНОГО ОРУЖИЯ 2150
ПОДРАЗДЕЛЕНИЕ, МЕХАНИЗИРОВАННОЕ 1242
ПОДРЫВНОЙ ЗАРЯД 0615
ПОДСЛУШИВАНИЕ 1331
ПОДЪЕМНАЯ СИЛА, АЭРОДИНАМИЧЕСКАЯ 0046
ПОЗИЦИОННАЯ ОБОРОНА 0177
ПОЗИЦИЯ, ОБОРУДОВАННАЯ В ПРОТИВОЯДЕРНОМ ОТНОШЕНИИ 0941
ПОИСК 1790 1925
ПОИСКОВО-РАЗВЕДЫВАТЕЛЬНЫЙ САМОЛЕТ ВМС 1931
ПОЛЕВОЙ ЛАГЕРЬ ВОЕННОПЛЕННЫХ 1688
ПОЛЕЗНАЯ НАГРУЗКА 1603
ПОЛЕЗНЫЙ ГРУЗ 1603
ПОЛЕТ ПО ПРИБОРАМ 0302
ПОЛЕТ, СЛЕПОЙ 0302
ПОЛЗУЩИЙ ОГНЕВОЙ ВАЛ 0539
ПОЛИВАТЬ СВИНЦОМ 2068
ПОЛИГОН 2265
ПОЛИТИКА БАЛАНСИРОВАНИЯ НА ГРАНИ ВОЙНЫ 0332
ПОЛИТИКА РАЗРЯДКИ 0630
ПОЛИТИЧЕСКОЕ УРЕГУЛИРОВАНИЕ 1659
ПОЛОСА 2456
ПОЛУАКТИВНОЕ САМОНАВЕДЕНИЕ 1991
ПОМЕХИ, МЕСТНЫЕ 1738
ПОПАДАНИЕ 0976
ПОПАДАНИЕ В ЦЕЛЬ 2237
ПОПАСТЬ ПОД ОБСТРЕЛ 0438
ПОПОЛНЕНИЕ /В ЛИЧНОМ СОСТАВЕ/ 1839
ПОПОЛНЕНИЕ ЗАПАСА, ПЛАНИРУЕМОЕ 1648
ПОРАЖАЕМЫЙ РАЙОН 1015
ПОРАЖАЮЩЕЕ ДЕЙСТВИЕ 1146
ПОРАЖЕНИЕ, ВЕРОЯТНОСТЬ ПОРАЖЕНИЯ 1108 1690
ПОРАЖЕНИЕ РАДИОАКТИВНЫМ ИЗЛУЧЕНИЕМ 1755
ПОРАЖЕНИЕ РАДИОАКТИВНЫМ ИЗЛУЧЕНИЕМ, ПАТОЛОГИЧЕСКИЕ ИЗМЕНЕНИЯ В РЕЗУЛЬТАТЕ ПОРАЖЕНИЯ РАДИОАКТИВНЫМ ИЗЛУЧЕНИЕМ 1590
ПОРОГ 2281
ПОРОГ ВЕЛИЧИНЫ 1208
ПОРОГ ИДЕНТИФИКАЦИИ 1010
ПОРОГ ОБНАРУЖЕНИЯ 0626 0676 1172
ПОРОГОВАЯ ВЕЛИЧИНА 2281
ПОСАДКА ПО ПРИБОРАМ, СИСТЕМА ПОСАДКИ ПО ПРИБОРАМ 1052
ПОСЛЕДНЕЕ СРЕДСТВО УСТРАШЕНИЯ 0809
ПОСТАВКИ 2171
ПОСТАНОВКА НА ЯКОРЬ 0978

ПОСТАНОВЛЕНИЕ РУКОВОДЯЩЕГО КОМИТЕТА ЕВРОПЕЙСКОГО АГЕНТСТВА ПО ЯДЕРНОЙ ЭНЕРГИИ ОБ ИСКЛЮЧЕНИИ НЕБОЛЬШИХ КОЛИЧЕСТВ ЯДЕРНЫХ ВЕЩЕСТВ ИЗ СФЕРЫ ПРИМЕНЕНИЯ КОНВЕНЦИИ ОБ ОТВЕТСТВЕННОСТИ ПЕРЕД ТРЕТЬЕЙ СТОРОНОЙ В ОБЛАСТИ ЯДЕРНОЙ ЭНЕРГИИ 0560
ПОСТЕПЕННЫЙ 1632
ПОСТЕПЕННЫЙ И РАВНОМЕРНЫЙ ВЫВОД ВОЙСК 1699
ПОСТОЯННАЯ КОНСУЛЬТАТИВНАЯ ГРУППА ПО ОСУЩЕСТВЛЕНИЮ ГАРАНТИЙ 2081
ПОСТОЯННАЯ КОНСУЛЬТАТИВНАЯ КОМИССИЯ 2082
ПОСТУПАТЬ НА ВОЕННУЮ СЛУЖБУ 0743
ПОСТУПЛЕНИЕ /СИГНАЛА/ 0221
ПОТЕНЦИАЛ, ВОЕННЫЙ 1277
ПОТЕНЦИАЛ, ЯДЕРНЫЙ 1439
ПОТОЛОК 0379
ПОЧВЕННОЕ ГАММА-ИЗЛУЧЕНИЕ, МОЩНОСТЬ ДОЗЫ ПОЧВЕННОГО ГАММА-ИЗЛУЧЕНИЯ 2258
ПОЧВЕННЫЕ ГЕРБИЦИДЫ 2044
ПОЯС 2456
ПРАВО НА ИНДИВИДУАЛЬНУЮ САМООБОРОНУ 1874
ПРАВО НА КОЛЛЕКТИВНУЮ САМООБОРОНУ 1873
ПРАВО НА САМООБОРОНУ 1876
ПРАВО НА САМООБОРОНУ, НЕОТЪЕМЛЕМОЕ ПРАВО НА САМООБОРОНУ 1038
ПРАВО ПРОХОДА 1875
ПРАВОВОЙ ПОДКОМИТЕТ 1142
ПРАКТИЧЕСКАЯ СКОРОСТРЕЛЬНОСТЬ 2203
ПРЕВЕНТИВНАЯ ВОЙНА 1686
ПРЕВЕНТИВНАЯ МЕРА 1685
ПРЕВОСХОДСТВО В ВОЗДУХЕ 0081
ПРЕВОСХОДСТВО, СТРАТЕГИЧЕСКОЕ 2134
ПРЕВОСХОДСТВО, СТРАТЕГИЧЕСКОЕ ЯДЕРНОЕ 2124
ПРЕВОСХОДСТВО, ЯДЕРНОЕ 1479
ПРЕДВАРИТЕЛЬНОЕ ОПРЕДЕЛЕНИЕ ЭПИЦЕНТРОВ 1677
ПРЕДЕЛ 0379 2281
ПРЕДЕЛЫ ДОСЯГАЕМОСТИ РЛС 1739
ПРЕДЕЛЬНАЯ ДАЛЬНОСТЬ ДЕЙСТВИТЕЛЬНОГО ОГНЯ 1231
ПРЕДЕЛЬНО ДОПУСТИМАЯ ДОЗА ОБЛУЧЕНИЯ 1232
ПРЕДМОСТНОЕ УКРЕПЛЕНИЕ 0331
ПРЕДОТВРАЩЕНИЕ КРИЗИСА, СТРАТЕГИЯ ПРЕДОТВРАЩЕНИЯ КРИЗИСА 0540
ПРЕДУПРЕЖДЕНИЕ 2420
ПРЕИМУЩЕСТВО, СТРАТЕГИЧЕСКОЕ 2109
ПРЕКРАЩЕНИЕ 0671
ПРЕКРАЩЕНИЕ ВОЕННЫХ ДЕЙСТВИЙ 0378
ПРЕКРАЩЕНИЕ ГОНКИ ЯДЕРНЫХ ВООРУЖЕНИЙ 0385
ПРЕКРАЩЕНИЕ ИСПЫТАНИЙ ЯДЕРНОГО ОРУЖИЯ 0672
ПРЕКРАЩЕНИЕ ОГНЯ 0378
ПРЕОДОЛЕНИЕ /ЗАГРАЖДЕНИЙ/ 0328
ПРЕСЛЕДОВАНИЕ 1729
ПРИБОР УПРАВЛЕНИЯ АРТИЛЛЕРИЙСКИМ ЗЕНИТНЫМ ОГНЕМ 1674

ПРИЗЫВНИКИ 0471
ПРИКРЫВАЮЩИЙ ОГОНЬ 0531
ПРИКРЫТИЕ /НАПР. ВОЙСКОВОЕ/ 2010
ПРИКРЫТИЕ С ВОЗДУХА 0069
ПРИМЕНЕНИЕ АТОМНОЙ ЭНЕРГИИ В МИРНЫХ ЦЕЛЯХ 1607
ПРИМЕНЕНИЕ БРВ 1782
ПРИМЕНЕНИЕ ВООРУЖЕННЫХ СИЛ 2381
ПРИМЕНЕНИЕ МИННОВЗРЫВНЫХ ЗАГРАЖДЕНИЙ В ОБОРОНЕ 1298
ПРИМЕНЕНИЕ РАДИОЛОГИЧЕСКОГО ОРУЖИЯ 1784
ПРИНЦИП НЕИЗБЕЖНОГО ВЗАИМНОГО УНИЧТОЖЕНИЯ 1371
ПРИНЦИПИАЛЬНОЕ РАВЕНСТВО /НАПР. В ЯДЕРНЫХ СИЛАХ И СРЕДСТВАХ/ 0760
ПРИОСТАНОВКА ЯДЕРНЫХ И ТЕРМОЯДЕРНЫХ ИСПЫТАНИЙ 2202
ПРОБЛЕМА РАЗОРУЖЕНИЯ 0665 1692
ПРОБОИНА 0979
ПРОВЕДЕНИЕ ИСПЫТАНИЙ С ПРИМЕНЕНИЕМ МЕТОДОВ ОСЛАБЛЕНИЯ ВЗРЫВНОЙ ВОЛНЫ 0577
ПРОВЕРКА 1043
ПРОВЕРКА НА МЕСТЕ 1533
ПРОВЕРКА ПО ТРЕБОВАНИЮ 2394
ПРОВЕРКА, РАСШИРЕННАЯ 0129
ПРОВОДИМАЯ ОДИНОЧНЫМ СОЛДАТОМ ДЕГАЗАЦИЯ /ДЕЗАКТИВАЦИЯ/ 1625
ПРОГРАММА ВЕЛА 2390
ПРОГРАММА ВОЕННОЙ ПОМОЩИ 1270
ПРОГРАММА ВООРУЖЕНИЙ 0206
ПРОГРАММА МИРА И МЕЖДУНАРОДНОГО СОТРУДНИЧЕСТВА 1698
ПРОГРАММА РАЗОРУЖЕНИЯ, ВСЕОБЪЕМЛЮЩАЯ 0453
ПРОДАЖА ОРУЖИЯ 0209
ПРОДВИЖЕНИЕ СКАЧКАМИ 1141
ПРОДЕЛЫВАНИЕ ПРОХОДОВ /В ЗАГРАЖДЕНИЯХ/ 0328
ПРОДУКТЫ, РАДИОАКТИВНЫЕ ПРОДУКТЫ ИЛИ ОТХОДЫ 1776
ПРОДУКТЫ ЯДЕРНОГО ВЗРЫВА 2433
ПРОЕКТ ВСЕМИРНОГО ДОГОВОРА О НЕПРИМЕНЕНИИ СИЛЫ В МЕЖДУНАРОДНЫХ ОТНОШЕНИЯХ 0699
ПРОЕКТ ДОГОВОРА О ВСЕОБЩЕМ И ПОЛНОМ РАЗОРУЖЕНИИ ПОД СТРОГИМ МЕЖДУНАРОДНЫМ КОНТРОЛЕМ 0697
ПРОЕКТ ДОГОВОРА О ПОЛНОМ И ВСЕОБЩЕМ ЗАПРЕЩЕНИИ ИСПЫТАНИЙ ЯДЕРНОГО ОРУЖИЯ 0698
ПРОЕКТ КОНВЕНЦИИ О ЗАПРЕЩЕНИИ БИОЛОГИЧЕСКИХ СРЕДСТВ ВЕДЕНИЯ ВОЙНЫ 0694
ПРОЕКТ КОНВЕНЦИИ О ЗАПРЕЩЕНИИ ВОЗДЕЙСТВИЯ НА ПРИРОДНУЮ СРЕДУ И КЛИМАТ В ВОЕННЫХ И ИНЫХ ЦЕЛЯХ, НЕ СОВМЕСТИМЫХ С ИНТЕРЕСАМИ ОБЕСПЕЧЕНИЯ МЕЖДУНАРОДНОЙ БЕЗОПАСНОСТИ, БЛАГОСОСТОЯНИЯ И ЗДОРОВЬЯ ЛЮДЕЙ 0695
ПРОЕКТ КОНВЕНЦИИ О ЗАПРЕЩЕНИИ ПРИМЕНЕНИЯ ЯДЕРНОГО ОРУЖИЯ 0696
ПРОЕКТ СОГЛАШЕНИЯ О ЗАПРЕЩЕНИИ РАЗРАБОТКИ И ПРОИЗВОДСТВА НОВЫХ ВИДОВ ОРУЖИЯ МАССОВОГО УНИЧТОЖЕНИЯ И НОВЫХ СИСТЕМ ТАКОГО ОРУЖИЯ 0693

ПРОМЕЖУТОЧНЫЕ ПУНКТЫ, БЕЗ ПОСАДКИ В ПРОМЕЖУТОЧНЫХ ПУНКТАХ . . . 1658
ПРОМЕЖУТОЧНЫЙ АЭРОДРОМ . . . 0122
ПРОМЫШЛЕННЫЙ РЕАКТОР-РАЗМНОЖИТЕЛЬ . . . 0442
ПРОНИКАЮЩАЯ РАДИАЦИЯ . . . 1041
ПРОНИКНОВЕНИЕ В РАСПОЛОЖЕНИЕ ПРОТИВНИКА . . . 1032
ПРОНИКНОВЕНИЕ, СПОСОБНОСТЬ ПРОНИКНОВЕНИЯ /НАПР. В ОБОРОНУ ПРОТИВНИКА/ . . . 1621
ПРОПАВШИЙ БЕЗ ВЕСТИ В БОЮ . . . 1321
ПРОПУСК . . . 1581
ПРОРЫВ /ОБОРОНЫ/ . . . 0328
ПРОРЫВ ПВО, СРЕДСТВА ОБЕСПЕЧЕНИЯ ПРОРЫВА ПВО . . . 1620
ПРОСОЧИВШЕЕСЯ ПОДРАЗДЕЛЕНИЕ ПРОТИВНИКА . . . 1033
ПРОСОЧИВШИЙСЯ ПРОТИВНИК . . . 1033
ПРОТИВ ВЕТРА ПО ОТНОШЕНИЮ К ЦЕЛИ . . . 2377
ПРОТИВНИК . . . 0737
ПРОТИВОБОРСТВУЮЩАЯ СТОРОНА . . . 1549
ПРОТИВОВОЗДУШНАЯ ОБОРОНА /ПВО/ . . . 0071
ПРОТИВОВОЗДУШНЫЙ . . . 0140
ПРОТИВОГАЗ . . . 1712
ПРОТИВОДЕСАНТНОЕ МИННОЕ ПОЛЕ . . . 0139
ПРОТИВОКОРАБЕЛЬНАЯ РАКЕТА . . . 0158
ПРОТИВОЛОДОЧНАЯ ОБОРОНА /ПЛО/ . . . 0163
ПРОТИВОЛОДОЧНАЯ ПОДВОДНАЯ ЛОДКА . . . 2157
ПРОТИВОЛОДОЧНАЯ ПОДВОДНАЯ ЛОДКА, АТОМНАЯ . . . 1499
ПРОТИВОЛОДОЧНАЯ РАКЕТА . . . 0161
ПРОТИВОЛОДОЧНАЯ РАКЕТА-ТОРПЕДА . . . 0162
ПРОТИВОЛОДОЧНЫЙ . . . 0159
ПРОТИВОПЕХОТНАЯ МИНА . . . 0153
ПРОТИВОРАДИАЦИОННАЯ ЗАЩИТА . . . 1780
ПРОТИВОРАДИОЛОКАЦИОННАЯ МАСКИРОВКА . . . 1737
ПРОТИВОРАДИОЛОКАЦИОННАЯ РАКЕТА . . . 0155
ПРОТИВОРАКЕТА . . . 0151
ПРОТИВОРАКЕТА /ДЛЯ БОРЬБЫ С БАЛЛИСТИЧЕСКИМИ РАКЕТАМИ/ . . . 0145
ПРОТИВОРАКЕТНАЯ СИСТЕМА ОРУЖИЯ . . . 0152
ПРОТИВОРАКЕТНЫЙ КОМПЛЕКС . . . 0146
ПРОТИВОСПУТНИКОВОЕ ОРУЖИЕ . . . 0157
ПРОТИВОСПУТНИКОВЫЙ ЛАЗЕРНЫЙ ЛУЧ . . . 0156
ПРОТИВОСТОЯНИЕ . . . 0470
ПРОТИВОСТОЯЩИЕ СИЛЫ . . . 0148
ПРОТИВОТАНКОВАЯ МИНА . . . 0168
ПРОТИВОТАНКОВАЯ ПУШКА . . . 0167
ПРОТИВОТАНКОВАЯ РАКЕТА . . . 0169
ПРОТИВОТАНКОВОЕ ОРУДИЕ . . . 0167
ПРОТИВОТАНКОВОЕ СРЕДСТВО . . . 2224
ПРОТИВОТАНКОВОЕ УПРАВЛЯЕМОЕ ОРУЖИЕ . . . 0166
ПРОТИВОТАНКОВЫЙ . . . 0164
ПРОТИВОТАНКОВЫЙ ГРАНАТОМЕТ, РУЧНОЙ . . . 1150
ПРОТИВОТАНКОВЫЙ ОГОНЬ . . . 0165
ПРОТИВОТАНКОВЫЙ СНАРЯД . . . 0170
ПРОТИВОТАНКОВЫЙ СНАРЯД, КУМУЛЯТИВНЫЙ . . . 0970

ПРОТИВОЯДЕРНАЯ ЗАЩИТА . . . 1444
ПРОТОКОЛ I /ДОПОЛНИТЕЛЬНЫЙ ПРОТОКОЛ К ЖЕНЕВСКИМ КОНВЕНЦИЯМ ОТ 12 АВГУСТА 1949 ГОДА, КАСАЮЩИЙСЯ ЗАЩИТЫ ЖЕРТВ МЕЖДУНАРОДНЫХ ВООРУЖЕННЫХ КОНФЛИКТОВ/ . . . 1713
ПРОТОКОЛ II /ДОПОЛНИТЕЛЬНЫЙ ПРОТОКОЛ К ЖЕНЕВСКИМ КОНВЕНЦИЯМ ОТ 12 АВГУСТА 1949 ГОДА, КАСАЮЩИЙСЯ ЗАЩИТЫ ЖЕРТВ НЕМЕЖДУНАРОДНЫХ ВООРУЖЕННЫХ КОНФЛИКТОВ/ . . . 1714
ПРОТОКОЛ К ВРЕМЕННОМУ СОГЛАШЕНИЮ О НЕКОТОРЫХ МЕРАХ В ОБЛАСТИ ОГРАНИЧЕНИЯ СТРАТЕГИЧЕСКИХ НАСТУПАТЕЛЬНЫХ ВООРУЖЕНИЙ . . . 1717
ПРОТОКОЛ К ДОГОВОРУ О ПОДЗЕМНЫХ ЯДЕРНЫХ ВЗРЫВАХ В МИРНЫХ ЦЕЛЯХ . . . 1720
ПРОТОКОЛ К ДОГОВОРУ ОБ ОГРАНИЧЕНИИ ПОДЗЕМНЫХ ИСПЫТАНИЙ ЯДЕРНОГО ОРУЖИЯ . . . 1719
ПРОТОКОЛ К ДОГОВОРУ ОБ ОГРАНИЧЕНИИ СИСТЕМ ПРОТИВОРАКЕТНОЙ ОБОРОНЫ . . . 1718
ПРОТОКОЛ К СОГЛАШЕНИЮ О ПРЕДОТВРАЩЕНИИ ИНЦИДЕНТОВ В ОТКРЫТОМ МОРЕ И В ВОЗДУШНОМ ПРОСТРАНСТВЕ НАД НИМ . . . 1716
ПРОТОКОЛ О ЗАПРЕЩЕНИИ ПРИМЕНЕНИЯ НА ВОЙНЕ УДУШЛИВЫХ, ЯДОВИТЫХ ИЛИ ДРУГИХ ПОДОБНЫХ ГАЗОВ И БАКТЕРИОЛОГИЧЕСКИХ СРЕДСТВ . . . 1715
ПРОХОД, ПРАВО ПРОХОДА . . . 1875
ПРОЦЕСС РАЗОРУЖЕНИЯ . . . 1694
ПРОЧНОСТЬ НА СДВИГ . . . 2003
ПРОЯВЛЕНИЕ СЕЙСМИЧЕСКИХ ЯВЛЕНИЙ . . . 1976
ПРЯМОЕ ПОПАДАНИЕ . . . 0650
ПСИХОЛОГИЧЕСКАЯ ВОЙНА . . . 1722
ПСИХОЛОГИЧЕСКАЯ ВОЙНА, СТРАТЕГИЧЕСКАЯ . . . 2130
ПСИХОЛОГИЧЕСКОЕ ДЕЙСТВИЕ . . . 1721
ПУЛЕМЕТ . . . 1200
ПУЛЕМЕТ, ВЫСТРЕЛ ИЗ ПУЛЕМЕТА . . . 1203
ПУЛЕМЕТ, ЛЕГКИЙ . . . 1154
ПУЛЕМЕТ, РУЧНОЙ . . . 1154
ПУЛЕМЕТ, СТАНКОВЫЙ . . . 1247
ПУЛЕМЕТ, ТЯЖЕЛЫЙ . . . 0953
ПУЛЕМЕТНАЯ ОЧЕРЕДЬ . . . 1202
ПУЛЬС . . . 1727
ПУЛЯ . . . 0342
ПУНКТ НАВЕДЕНИЯ . . . 0487
ПУНКТ, ОТ ПУНКТА ДО ПУНКТА . . . 1658
ПУНКТ УПРАВЛЕНИЯ /ОГНЕМ/ . . . 0487
ПУСК РАКЕТЫ . . . 1885
ПУСК РАКЕТЫ С ЗАПУСКОМ ДВИГАТЕЛЯ ПОСЛЕ ОТДЕЛЕНИЯ ОТ НОСИТЕЛЯ . . . 0425
ПУСКОВАЯ ПЛАТФОРМА . . . 1135
ПУСКОВАЯ УСТАНОВКА . . . 0283 1129 1132 1886
ПУСКОВАЯ УСТАНОВКА ДЛЯ ЗАПУСКА ПРОТИВОРАКЕТ . . . 0144
ПУСКОВОЙ КОМПЛЕКС . . . 1138
ПУТЬ . . . 1585
ПУШКА, ПРОТИВОТАНКОВАЯ . . . 0167

РАБОТА СЛУЖБ ТЫЛА, РАСХОДЫ НА ОБЕСПЕЧЕНИЕ РАБОТЫ СЛУЖБ ТЫЛА 1175
РАБОТА ТЫЛА 1179
РАВЕНСТВО, ПРИНЦИПИАЛЬНОЕ 0760
РАВЕНСТВО СИЛ В ОТНОШЕНИИ ЯДЕРНОГО ОРУЖИЯ 1452
РАВЕНСТВО, СОХРАНЯТЬ РАВЕНСТВО 1210
РАВЕНСТВО СТРАТЕГИЧЕСКИХ СИЛ 2115
РАВЕНСТВО, СТРАТЕГИЧЕСКОЕ ЯДЕРНОЕ 2123
РАВНОВЕСИЕ, ЯДЕРНОЕ 1467
РАД 1734
РАДИАЦИОННАЯ РАЗВЕДКА 1783
РАДИАЦИОННОЕ ДЕЙСТВИЕ, ЗАМЕДЛЕННОЕ 0592
РАДИАЦИЯ 1751
РАДИАЦИЯ, ОПАСНОСТЬ РАДИАЦИИ 0945
РАДИАЦИЯ, ОСТАТОЧНАЯ 1844
РАДИАЦИЯ, ПРОНИКАЮЩАЯ 1041
РАДИАЦИЯ, СПОСОБЫ ИЗМЕРЕНИЯ РАДИАЦИИ 1754
РАДИАЦИЯ, УРОВЕНЬ РАДИАЦИИ 1762 1763
РАДИОАКТИВНАЯ АТМОСФЕРА 1770
РАДИОАКТИВНАЯ ОПАСНОСТЬ 1781
РАДИОАКТИВНОЕ ВЕЩЕСТВО 1769
РАДИОАКТИВНОЕ ВОЗДЕЙСТВИЕ 1772
РАДИОАКТИВНОЕ ЗАГРЯЗНЕНИЕ 1771
РАДИОАКТИВНОЕ ЗАГРЯЗНЕНИЕ РАЙОНА БОЛЬШОГО РАДИУСА 1188
РАДИОАКТИВНОЕ ЗАРАЖЕНИЕ 1771
РАДИОАКТИВНОЕ ЗАРАЖЕНИЕ ЗА СЧЕТ ОСТАТОЧНОЙ РАДИАЦИИ 1843
РАДИОАКТИВНОЕ ЗАРАЖЕНИЕ, РАЙОН РАДИОАКТИВНОГО ЗАРАЖЕНИЯ, ИМЕЮЩЕГО ВОЕННОЕ ЗНАЧЕНИЕ 0178
РАДИОАКТИВНОЕ ЗАРАЖЕНИЕ, РАСЧЕТНАЯ ТАБЛИЦА КОНЦЕНТРАЦИИ РАДИОАКТИВНОГО ЗАРАЖЕНИЯ 1779
РАДИОАКТИВНОЕ ЗАРАЖЕНИЕ УЧАСТКА 2065
РАДИОАКТИВНОЕ ЗАРАЖЕНИЕ, ФОРМА РАЙОНА РАДИОАКТИВНОГО ЗАРАЖЕНИЯ 0789
РАДИОАКТИВНОЕ ИЗЛУЧЕНИЕ, НАСЕЛЕНИЕ, ЗАЩИЩЕННОЕ ОТ РАДИОАКТИВНОГО ИЗЛУЧЕНИЯ 1767
РАДИОАКТИВНОЕ ОБЛУЧЕНИЕ 1761
РАДИОАКТИВНОЕ ОБЛУЧЕНИЕ, ДОЗА РАДИОАКТИВНОГО ОБЛУЧЕНИЯ 1757
РАДИОАКТИВНОСТЬ 1777
РАДИОАКТИВНОСТЬ, НАВЕДЕННАЯ С ПОМОЩЬЮ НЕЙТРОНОВ 1398
РАДИОАКТИВНОСТЬ, УРОВЕНЬ РАДИОАКТИВНОСТИ 1147
РАДИОАКТИВНЫЕ ОСАДКИ, ВЫПАДЕНИЕ РАДИОАКТИВНЫХ ОСАДКОВ 1773
РАДИОАКТИВНЫЕ ОСАДКИ, ГРАНИЦЫ РАЙОНА ВЫПАДЕНИЯ РАДИОАКТИВНЫХ ОСАДКОВ 0788
РАДИОАКТИВНЫЕ ОСАДКИ, НЕПОСРЕДСТВЕННОЕ ВЫПАДЕНИЕ РАДИОАКТИВНЫХ ОСАДКОВ 1167
РАДИОАКТИВНЫЕ ОСАДКИ, ОРУЖИЕ С ИНТЕНСИВНЫМ ОБРАЗОВАНИЕМ РАДИОАКТИВНЫХ ОСАДКОВ 1913
РАДИОАКТИВНЫЕ ПРОДУКТЫ ИЛИ ОТХОДЫ 1776
РАДИОАКТИВНЫЙ ДОЖДЬ 1792
РАДИОАКТИВНЫЙ ИЗОТОП 1775 1786
РАДИОБИОЛОГИЧЕСКИЙ РЕАКТОР 0291

РАДИОЛОГИЧЕСКАЯ ВОЙНА 1785
РАДИОЛОГИЧЕСКАЯ ВОЙНА, ИСПОЛЬЗОВАНИЕ МЕТОДОВ РАДИОЛОГИЧЕСКОЙ ВОЙНЫ 1782
РАДИОЛОГИЧЕСКИЕ ЕДИНИЦЫ И ИЗМЕРЕНИЯ, МЕЖДУНАРОДНАЯ КОМИССИЯ ПО РАДИОЛОГИЧЕСКИМ ЕДИНИЦАМ И ИЗМЕРЕНИЯМ /МКРЕИ/ 1074
РАДИОЛОГИЧЕСКОЕ ОРУЖИЕ, ЗАЩИТА ОТ РАДИОЛОГИЧЕСКОГО ОРУЖИЯ 1780
РАДИОЛОГИЧЕСКОЕ ОРУЖИЕ, ПРИМЕНЕНИЕ РАДИОЛОГИЧЕСКОГО ОРУЖИЯ 1784
РАДИОЛОКАТОР 1735
РАДИОЛОКАЦИОННАЯ МАСКИРОВКА 0725
РАДИОЛОКАЦИОННАЯ СТАНЦИЯ /РЛС/ 1735
РАДИОЛОКАЦИОННОЕ КОМАНДНОЕ НАВЕДЕНИЕ 1750
РАДИОЛОКАЦИОННЫЙ БОМБАРДИРОВОЧНЫЙ ПРИЦЕЛ 0292
РАДИОЛОКАЦИОННЫЙ ДАЛЬНОМЕР, РАССТОЯНИЕ В МИЛЯХ, ОПРЕДЕЛЕННОЕ РАДИОЛОКАЦИОННЫМ ДАЛЬНОМЕРОМ 1744
РАДИОЛОКАЦИОННЫЙ ДОЗОР 0077 1747
РАДИОЛОКАЦИОННЫЙ ДОЗОР, САМОЛЕТ РАДИОЛОКАЦИОННОГО ДОЗОРА 0044 1748
РАДИОЛОКАЦИОННЫЙ ДОЗОР, ЭСКАДРЕННЫЙ МИНОНОСЕЦ РАДИОЛОКАЦИОННОГО ДОЗОРА 1749
РАДИОПЕРЕХВАТ 1058 1331
РАДИОПРОТИВОДЕЙСТВИЕ 0727
РАДИОПРОТИВОДЕЙСТВИЕ, АКТИВНОЕ 0025
РАДИОПРОТИВОДЕЙСТВИЕ, РАДИОРАЗВЕДКА И 0724
РАДИОРАЗВЕДКА И РАДИОПРОТИВОДЕЙСТВИЕ 0521 0724
РАДИОРАЗВЕДКА И РАДИОПРОТИВОДЕЙСТВИЕ, МЕРЫ БОРЬБЫ С РАДИОРАЗВЕДКОЙ И РАДИОПРОТИВОДЕЙСТВИЕМ 0723
РАДИОТЕХНИЧЕСКАЯ РАЗВЕДКА 1768
РАДИУС ДЕЙСТВИЯ /НАПР. РАКЕТЫ/ 1794
РАЗВЕДГРУППА 1591
РАЗВЕДКА 1054 1815
РАЗВЕДКА, ВОЗДУШНАЯ 0045
РАЗВЕДКА, ВСЕПОГОДНАЯ 0120
РАЗВЕДКА И ПРОТИВОДЕЙСТВИЕ 0521
РАЗВЕДКА С ПОМОЩЬЮ СПУТНИКОВ 1920
РАЗВЕДЫВАТЕЛЬНЫЕ ДАННЫЕ 1054
РАЗВЕДЫВАТЕЛЬНЫЙ АВТОМОБИЛЬ 1930
РАЗВЕДЫВАТЕЛЬНЫЙ САМОЛЕТ, СТРАТЕГИЧЕСКИЙ 2131
РАЗВЕДЫВАТЕЛЬНЫЙ СПУТНИК 1817
РАЗВЕРТКА 1925
РАЗВЕРТЫВАНИЕ 0607
РАЗВЕРТЫВАНИЕ СИСТЕМЫ МИРВ 1313
РАЗДЕЛЕННЫЙ НА ЭТАПЫ 1632
РАЗЛИЧЕНИЕ /НАПР. СЕЙСМИЧЕСКИХ ЯВЛЕНИЙ/ 0674
РАЗЛИЧЕНИЕ СЕЙСМИЧЕСКИХ ЯВЛЕНИЙ 1963
РАЗМЕРЫ ОБЪЕМНОЙ ВОЛНЫ 0312
РАЗМЕЩАТЬ 2092
РАЗМЕЩАТЬ НА ПОЗИЦИИ, ЗАРАНЕЕ 1683

РАЗМЕЩЕНИЕ 1169
РАЗМЕЩЕНИЕ БОЕВОЙ ТЕХНИКИ 1665
РАЗМЕЩЕНИЕ НА ОГНЕВОЙ ПОЗИЦИИ 1665
РАЗМЕЩЕНИЕ НОВЫХ ЯДЕРНЫХ БОЕГОЛОВОК 0608
РАЗМИНИРОВАНИЕ 1296
РАЗМИНИРОВАННЫЙ УЧАСТОК 1301
РАЗОРУЖЕНИЕ 0654
РАЗОРУЖЕНИЕ, ВСЕОБЪЕМЛЮЩЕЕ 0451
РАЗОРУЖЕНИЕ, ОБЕСПЕЧЕННЫЙ ДОЛЖНЫМИ ГАРАНТИЯМИ ПЛАН РАЗОРУЖЕНИЯ 0037
РАЗОРУЖЕНИЕ, ПРОБЛЕМА РАЗОРУЖЕНИЯ 1692
РАЗОРУЖЕНИЕ, ПРОЦЕСС РАЗОРУЖЕНИЯ 1694
РАЗОРУЖЕНИЕ, ЧАСТИЧНЫЕ МЕРОПРИЯТИЯ ПО РАЗОРУЖЕНИЮ 1575
РАЗОРУЖЕНИЕ, ЭФФЕКТИВНО КОНТРОЛИРУЕМОЕ 0718
РАЗОРУЖЕНИЕ, ЯДЕРНОЕ 1449
РАЗРАБОТКА 0639
РАЗРАБОТКА НОВОГО ЯДЕРНОГО ОРУЖИЯ 0640
РАЗРАБОТКА, ПРОИЗВОДСТВО И НАКОПЛЕНИЕ /НАПР. ЯДЕРНОГО ОРУЖИЯ/ 0641
РАЗРЕШАЮЩАЯ СПОСОБНОСТЬ ПО ДАЛЬНОСТИ 1799
РАЗРЫВ /СНАРЯДА/ 0976
РАЗРЫВ, ВОЗДУШНЫЙ 0091
РАЗРЫВ НА ПОВЕРХНОСТИ ЗЕМЛИ 0901
РАЗРЯДКА 0630
РАЗРЯДКА, ВОЕННАЯ 1278
РАЙОН ВЕРОЯТНЫХ БОЕВЫХ ДЕЙСТВИЙ 2341
РАЙОН ПОГРУЗКИ 1166
РАЙОН РАДИОАКТИВНОГО ЗАРАЖЕНИЯ, ИМЕЮЩЕГО ВОЕННОЕ ЗНАЧЕНИЕ 0178
РАЙОН РАЗБРОСА 1928
РАЙОН РАССЕЯНИЯ 1928
РАЙОН СОСРЕДОТОЧЕНИЯ ВОЙСК 2078
РАЙОН ЦЕЛИ 1514 2235
РАЙОН ЦЕЛИ, БОМБАРДИРОВКА РАЙОНА ЦЕЛИ 2236
РАКЕТА 1314 1882
РАКЕТА, БОЕВАЯ 1541
РАКЕТА БОЛЬШОЙ МОЩНОСТИ 0954
РАКЕТА ДАЛЬНЕГО ДЕЙСТВИЯ, СИСТЕМА РАКЕТ ДАЛЬНЕГО ДЕЙСТВИЯ, ЗАПУСКАЕМЫХ ИЗ ПОДВОДНОГО ПОЛОЖЕНИЯ 2360
РАКЕТА, ДВУХСТУПЕНЧАТАЯ 2348
РАКЕТА, ЗАПУСКАЕМАЯ С ПЛЕЧА 2022
РАКЕТА, ЗАПУСКАЕМАЯ С ПОДВОДНОЙ ЛОДКИ 2161
РАКЕТА, ЗЕНИТНАЯ 0143 0906 1060
РАКЕТА, ЗЕНИТНАЯ УПРАВЛЯЕМАЯ 2187
РАКЕТА КЛАССА ВОЗДУХ-ВОЗДУХ 0106
РАКЕТА КЛАССА ВОЗДУХ-ЗЕМЛЯ 0109
РАКЕТА КЛАССА ЗЕМЛЯ-ВОЗДУХ 2188
РАКЕТА КЛАССА ЗЕМЛЯ-ЗЕМЛЯ 0909 2191
РАКЕТА КЛАССА ЗЕМЛЯ-ЗЕМЛЯ, ЗАПУСКАЕМАЯ ИЗ ВЕРТИКАЛЬНОЙ ШАХТЫ, БАЛЛИСТИЧЕСКАЯ 0910
РАКЕТА КЛАССА ЗЕМЛЯ-КОРАБЛЬ 2189

РАКЕТА КЛАССА ЗЕМЛЯ-ПОДВОДНАЯ ЛОДКА 2190
РАКЕТА КЛАССА КОРАБЛЬ-ВОЗДУХ 1936
РАКЕТА КЛАССА КОРАБЛЬ-КОРАБЛЬ 2191
РАКЕТА КЛАССА КОРАБЛЬ-МОРСКАЯ ЦЕЛЬ 2189
РАКЕТА КЛАССА КОРАБЛЬ-ПОДВОДНАЯ ЛОДКА 2190
РАКЕТА КЛАССА ПОДВОДНАЯ ЛОДКА-ЗЕМЛЯ 2363
РАКЕТА КЛАССА ПОДВОДНАЯ ЛОДКА-КОРАБЛЬ 2363
РАКЕТА, КРЫЛАТАЯ 1645
РАКЕТА, МЕЖКОНТИНЕНТАЛЬНАЯ 1065
РАКЕТА МИРВ 1360
РАКЕТА НАЗЕМНОГО БАЗИРОВАНИЯ, МЕЖКОНТИНЕНТАЛЬНАЯ 1117
РАКЕТА, НЕУПРАВЛЕННАЯ 1882
РАКЕТА, НЕУПРАВЛЯЕМАЯ 0852
РАКЕТА-НОСИТЕЛЬ 1128
РАКЕТА-ПЕРЕХВАТЧИК 1060 1063
РАКЕТА, ПРИНЯТАЯ НА ВООРУЖЕНИЕ 1541
РАКЕТА, ПРОТИВОКОРАБЕЛЬНАЯ 0158
РАКЕТА, ПРОТИВОЛОДОЧНАЯ 0161
РАКЕТА, ПРОТИВОРАДИОЛОКАЦИОННАЯ 0155
РАКЕТА, ПРОТИВОТАНКОВАЯ 0169
РАКЕТА С КУМУЛЯТИВНЫМ ЗАРЯДОМ 2001
РАКЕТА С РАЗДЕЛЯЮЩИМИСЯ ГОЛОВНЫМИ ЧАСТЯМИ /РГЧ/ 1361
РАКЕТА С РАЗДЕЛЯЮЩИМИСЯ ГОЛОВНЫМИ ЧАСТЯМИ
ИНДИВИДУАЛЬНОГО НАВЕДЕНИЯ НА ЦЕЛЬ 1360
РАКЕТА ТАКТИЧЕСКОГО НАЗНАЧЕНИЯ 2213
РАКЕТА-ТОРПЕДА КЛАССА ПОДВОДНАЯ ЛОДКА-ЗЕМЛЯ 2163
РАКЕТА-ТОРПЕДА, ПРОТИВОЛОДОЧНАЯ 0162
РАКЕТА, ТЯЖЕЛАЯ 0954
РАКЕТА, УПРАВЛЯЕМАЯ ПО ПРОВОДАМ 2446
РАКЕТА-ЦЕЛЬ 2240
РАКЕТНАЯ БАЗА, ОБОРУДОВАННАЯ В ПРОТИВОЯДЕРНОМ ОТНОШЕНИИ 0939
РАКЕТНАЯ БАЗА, УЯЗВИМАЯ 2043
РАКЕТНО-ЯДЕРНОЕ СРЕДСТВО ТАКТИЧЕСКОГО НАЗНАЧЕНИЯ 2214
РАКЕТНОЕ ТОПЛИВО 1711
РАКЕТНЫЙ ДВИГАТЕЛЬ 1882 1884
РАКЕТНЫЙ ЗАЛП 1888
РАКЕТЫ ДЛЯ НАСТУПАТЕЛЬНЫХ ДЕЙСТВИЙ, СИСТЕМА РАКЕТ ДЛЯ
НАСТУПАТЕЛЬНЫХ ДЕЙСТВИЙ 1522
РАКОВЫЕ ЗАБОЛЕВАНИЯ, ВЫЗВАННЫЕ РАДИАЦИЕЙ 1753
РАННЕЕ ОБНАРУЖЕНИЕ 0705
РАННЕЕ ОПОВЕЩЕНИЕ 0705
РАСКРЫТИЕ /ПАРАШЮТА/ 0607
РАСПАД 0557
РАСПОЗНАВАНИЕ 0674 1006
РАСПОЗНАВАНИЕ, СПОСОБНОСТЬ РАСПОЗНАВАНИЯ 0621
РАСПОЛАГАТЬ 2092
РАСПОЛОЖЕНИЕ 1169
РАСПОЛОЖЕННЫЙ 1664
РАСПРОСТРАНЕНИЕ 0682 1708
РАСПРОСТРАНЕНИЕ /НАПР. ЯДЕРНОГО ОРУЖИЯ/ 1704
РАСПРОСТРАНЕНИЕ, ВЕРТИКАЛЬНОЕ 2398

РАСПРОСТРАНЕНИЕ, ГОРИЗОНТАЛЬНОЕ 0987
РАСПРОСТРАНЕНИЕ, КРИВАЯ ВРЕМЕНИ РАСПРОСТРАНЕНИЯ 2289
РАСПРОСТРАНЕНИЕ, ПЕРИОД РАСПРОСТРАНЕНИЯ 2325
РАСПРОСТРАНЕНИЕ, СКОРОСТЬ РАСПРОСТРАНЕНИЯ 2392
РАСПРОСТРАНЕНИЕ ЯДЕРНОГО ОРУЖИЯ 1472 1706 2069
РАССЕЯННОЕ ОБЛУЧЕНИЕ 1764
РАССТОЯНИЕ В МИЛЯХ, ОПРЕДЕЛЕННОЕ РАДИОЛОКАЦИОННЫМ ДАЛЬНОМЕРОМ 1744
РАССТОЯНИЕ ОТ ЭПИЦЕНТРА 0683 0750
РАССТОЯНИЕ, ТЕЛЕСЕЙСМИЧЕСКОЕ 2250
РАСФОРМИРОВАНИЕ /НАПР. АРМИИ/ 0670
РАСХОДЫ И БЮДЖЕТЫ, ВОЕННЫЕ 1281
РАСХОДЫ НА ОБЕСПЕЧЕНИЕ РАБОТЫ СЛУЖБ ТЫЛА 1175
РАСХОДЫ НА ОБОРОНУ 0584
РАСЧЕТНАЯ ТАБЛИЦА КОНЦЕНТРАЦИИ РАДИОАКТИВНОГО ЗАРАЖЕНИЯ 1779
РАСШИРЕННАЯ ПРОВЕРКА 0129
РАСЩЕПЛЯЮЩИЕСЯ МАТЕРИАЛЫ 0826
РАСЩЕПЛЯЮЩИЕСЯ МАТЕРИАЛЫ, СПЕЦИАЛЬНЫЕ 2059
РГЧ 1219 1361
РЕАКТИВНЫЕ САМОЛЕТЫ 1102
РЕАКТИВНЫЙ ГРАНАТОМЕТ 1886
РЕАКТИВНЫЙ ПРОТИВОТАНКОВЫЙ ГРАНАТОМЕТ "БАЗУКА" 0283
РЕАКТИВНЫЙ САМОЛЕТ 1102
РЕАКТИВНЫЙ СНАРЯД 1314
РЕАКТИВНЫЙ ТРЕНАЖЕР НА ОДНОГО ЧЕЛОВЕКА 2034
РЕАКТОР 1806
РЕАКТОР, КИПЯЩИЙ 0313
РЕАКТОР НА ЛЕГКОЙ ВОДЕ 1157
РЕАКТОР, РАДИОБИОЛОГИЧЕСКИЙ 0291
РЕАКТОР-РАЗМНОЖИТЕЛЬ НА БЫСТРЫХ НЕЙТРОНАХ 0797
РЕАКТОР-РАЗМНОЖИТЕЛЬ, ПРОМЫШЛЕННЫЙ 0442
РЕАКТОР, ТЯЖЕЛОВОДНЫЙ 0956
РЕАКЦИЯ 1849
РЕАКЦИЯ СООТВЕТСТВУЮЩЕЙ СИЛЫ 1230
РЕАЛЬНАЯ ВОЗМОЖНОСТЬ НАНЕСЕНИЯ ПЕРВОГО УДАРА 0538
РЕВОЛЮЦИОННАЯ ВОЙНА 1863
РЕГУЛИРОВАНИЕ ВООРУЖЕНИЙ 1825
РЕГУЛЯРНЫЕ ВОЙСКА 0023
РЕДКИЙ ОГОНЬ 1152
РЕЖИМ ГАРАНТИЙ 1905
РЕЖИМ ОГНЯ 1802
РЕЗЕРВ 1841
РЕЗЕРВ, ТАКТИЧЕСКИЙ 2217
РЕЗОЛЮЦИЯ СОВЕТА УПРАВЛЯЮЩИХ ОТНОСИТЕЛЬНО ОПРЕДЕЛЕНИЯ МАКСИМАЛЬНЫХ ПРЕДЕЛОВ ДЛЯ ИСКЛЮЧЕНИЯ НЕБОЛЬШИХ КОЛИЧЕСТВ ЯДЕРНЫХ МАТЕРИАЛОВ ИЗ СФЕРЫ ПРИМЕНЕНИЯ ВЕНСКОЙ КОНВЕНЦИИ О ГРАЖДАНСКОЙ ОТВЕТСТВЕННОСТИ ЗА ЯДЕРНЫЙ УЩЕРБ 1847
РЕЙД 1790
РЕЙДОВЫЙ ТРАЛЬЩИК 1042

РЕКОГНОСЦИРОВКА 1815
РЕЛЬСОВАЯ НАПРАВЛЯЮЩАЯ ПУ 1136
РЕМОНТНАЯ ЧАСТЬ 1215
РЕНТГЕН 1890
РЕЧНОЙ СТОРОЖЕВОЙ КАТЕР БЕРЕГОВОЙ ОХРАНЫ 1880
РЕШЕНИЯ, ВЗАИМОПРИЕМЛЕМЫЕ 1373
РИККЕТСИИ 1864
РИСК, НЕЗНАЧИТЕЛЬНЫЙ 1387
РИСК ПЕРВОЙ СТЕПЕНИ 0731
РИСК, УМЕРЕННЫЙ 1327
РЛС 1735
РЛС ДАЛЬНЕГО ДЕЙСТВИЯ 1186
РЛС ДАЛЬНЕГО ОБНАРУЖЕНИЯ, ПЕРЕДОВАЯ 0039
РЛС ДЛЯ ЗАХОДА НА ПОСАДКУ ПО СИГНАЛАМ С АВИАНОСЦА 1743
РЛС ЗАСЕЧКИ МИНОМЕТНЫХ БАТАРЕЙ ПРОТИВНИКА 1344
РЛС, МНОГОЦЕЛЕВАЯ 1363
РЛС НА СТАРТОВОЙ ПОЗИЦИИ 1318
РЛС, НАВИГАЦИОННАЯ 1384
РЛС ОБНАРУЖЕНИЯ 2197
РЛС ОБНАРУЖЕНИЯ НА ПЕРЕДНЕМ КРАЕ /ПРИ КРУГОВОЙ ОБОРОНЕ/ 1624
РЛС ОБНАРУЖЕНИЯ, НАЗЕМНАЯ 2183
РЛС ОБНАРУЖЕНИЯ, ТРЕХКООРДИНАТНАЯ 2280
РЛС, ОГОНЬ УПРАВЛЯЕМЫЙ С ПОМОЩЬЮ РЛС 1742
РЛС, ОПЕРАТОР РЛС 1746
РЛС ОПРЕДЕЛЕНИЯ ВЫСОТЫ ЦЕЛИ 0957
РЛС ОРУДИЙНОЙ НАВОДКИ 0815
РЛС, ПРЕДЕЛЫ ДОСЯГАЕМОСТИ 1739
РЛС, САМОЛЕТНАЯ 0088
РЛС СИСТЕМЫ ОПОЗНАНИЯ 1810
РЛС СЛЕЖЕНИЯ 2311
РЛС СОПРОВОЖДЕНИЯ /ЦЕЛИ/ 2313
РЛС ТОЧНОГО ОПРЕДЕЛЕНИЯ КООРДИНАТ 1672
РОГАТКА 1112
РОЛЬ ОРГАНИЗАЦИИ ОБЪЕДИНЕННЫХ НАЦИЙ, СПЕЦИАЛЬНЫЙ КОМИТЕТ ПО РАССМОТРЕНИЮ РОЛИ ОРГАНИЗАЦИИ ОБЪЕДИНЕННЫХ НАЦИЙ В ОБЛАСТИ РАЗОРУЖЕНИЯ 0032
РУБЕЖ БЕЗОПАСНОСТИ ВЕДЕНИЯ ОГНЯ 1405
РУЖЕЙНЫЙ ВЫСТРЕЛ 1871
РУЖЕЙНЫЙ ОГОНЬ 1868
РУКОПАШНЫЙ БОЙ 0410
РУЧНОЕ ОРУЖИЕ 2039
РУЧНОЙ ПРОТИВОТАНКОВЫЙ ГРАНАТОМЕТ 1150
РУЧНОЙ ПУЛЕМЕТ 1154
РУЧНОЙ ПУЛЕМЕТ, ОГОНЬ ИЗ РУЧНОГО ПУЛЕМЕТА 1155

САМОЗАРЯДНАЯ ВИНТОВКА 1989 1992
САМОЛЕТ, БЕСПИЛОТНЫЙ 1645
САМОЛЕТ ВЕРТИКАЛЬНОГО ВЗЛЕТА И ПОСАДКИ 2400
САМОЛЕТ, ВСЕПОГОДНЫЙ 0118
САМОЛЕТ-ЗАПРАВЩИК 2231
САМОЛЕТ НАВЕДЕНИЯ 1587 1588

САМОЛЕТ-НОСИТЕЛЬ . . . 1131
САМОЛЕТ РАДИОЛОКАЦИОННОГО ДОЗОРА . . . 0044 1748
САМОЛЕТ РАДИОПРОТИВОДЕЙСТВИЯ . . . 0522
САМОЛЕТ-РАЗВЕДЧИК . . . 1931
САМОЛЕТ-РАКЕТОНОСЕЦ . . . 0368 1131
САМОЛЕТ С НЕБОЛЬШИМ РАЗБЕГОМ ДЛЯ ВЗЛЕТА И ПОСАДКИ . . . 2018
САМОЛЕТ С РАКЕТНЫМ ДВИГАТЕЛЕМ . . . 1889
САМОЛЕТ-СНАРЯД . . . 1645
САМОЛЕТ-СНАРЯД КЛАССА ВОЗДУХ-ЗЕМЛЯ . . . 0107
САМОЛЕТ СТРАТЕГИЧЕСКОЙ ДАЛЬНЕЙ РАЗВЕДКИ . . . 1182
САМОЛЕТНАЯ РАДИОЛОКАЦИОННАЯ ОБОРОНА ПРОТИВ ВЫСОТНЫХ/МАЛОВЫСОТНЫХ ЦЕЛЕЙ . . . 0968
САМОЛЕТНАЯ РЛС . . . 0088 0292
САМОНАВЕДЕНИЕ . . . 0983
САМОНАВЕДЕНИЕ, АКТИВНОЕ . . . 0026
САМОНАВЕДЕНИЕ, ПОЛУАКТИВНОЕ . . . 1991
САМОНАВОДЯЩАЯСЯ БОМБА . . . 2041
САМООБОРОНА, ИНДИВИДУАЛЬНАЯ . . . 1026
САМООБОРОНА, ПРАВО НА ИНДИВИДУАЛЬНУЮ САМООБОРОНУ . . . 1874
САМООБОРОНА, ПРАВО НА КОЛЛЕКТИВНУЮ САМООБОРОНУ . . . 1873
САМООБОРОНА, ПРАВО НА САМООБОРОНУ . . . 1876
САМОСТОЯТЕЛЬНОЕ СРЕДСТВО УСТРАШЕНИЯ . . . 1025
САМОХОДНО-АРТИЛЛЕРИЙСКАЯ УСТАНОВКА . . . 1990
САМОХОДНОЕ ПРОТИВОТАНКОВОЕ ОРУДИЕ . . . 2224
СБОР, УЧЕБНЫЙ . . . 2320
СБРАСЫВАНИЕ /ГРУЗА/ . . . 0097
СБРАСЫВАНИЕ ГРУЗОВ, БЕСПАРАШЮТНОЕ . . . 0851
СВЕРХДЕРЖАВА . . . 2168
СВЕРХЗВУКОВАЯ СКОРОСТЬ . . . 2169
СВЕТЯЩАЯ АВИАБОМБА . . . 1014
СВЕТЯЩАЯСЯ БОМБА . . . 0833
СВЯЗКА ГРАНАТ . . . 2097
СВЯЗЫВАЮЩАЯ СРЕДА . . . 0528
СВЯЗЬ, ПО ПРЯМОЙ СВЯЗИ . . . 1658
СГРУППИРОВАННЫЕ СТАНЦИИ ДЛЯ РЕГИСТРАЦИИ КОРОТКИХ И ДЛИННЫХ ПЕРИОДОВ . . . 0220
СДВИГ МАГНИТНОГО ПОЛЯ . . . 2002
СДВИГ, ПРОЧНОСТЬ НА СДВИГ . . . 2003
СДЕРЖИВАНИЕ /НАПР. ВОЙСК ПРОТИВНИКА/ . . . 0475
СДЕРЖИВАЮЩИЕ ДЕЙСТВИЯ . . . 0475
СЕАТО . . . 2051
СЕВЕРОАТЛАНТИЧЕСКИЙ ДОГОВОР . . . 1422
СЕЙСМИЧЕСКАЯ ВОЛНА, ЭНЕРГИЯ СЕЙСМИЧЕСКОЙ ВОЛНЫ . . . 1974
СЕЙСМИЧЕСКАЯ СЕТЬ . . . 1966
СЕЙСМИЧЕСКАЯ СТАНЦИЯ . . . 1972
СЕЙСМИЧЕСКАЯ СТАНЦИЯ, СЕТЬ СЕЙСМИЧЕСКИХ СТАНЦИЙ . . . 1973
СЕЙСМИЧЕСКИ СПОКОЙНЫЙ ПЕРИОД . . . 1975
СЕЙСМИЧЕСКИЕ ВОЗМУЩЕНИЯ . . . 1964
СЕЙСМИЧЕСКИЕ ДАННЫЕ . . . 1960
СЕЙСМИЧЕСКИЕ КОНТРОЛИРУЮЩИЕ СЕТИ . . . 1981
СЕЙСМИЧЕСКИЕ СИГНАЛЫ . . . 1971

СЕЙСМИЧЕСКИЕ ШУМЫ 1967
СЕЙСМИЧЕСКИЕ ЯВЛЕНИЯ, ПРОЯВЛЕНИЕ СЕЙСМИЧЕСКИХ ЯВЛЕНИЙ 1976
СЕЙСМИЧЕСКИЕ ЯВЛЕНИЯ, СПЕЦИАЛЬНАЯ ГРУППА НАУЧНЫХ ЭКСПЕРТОВ ДЛЯ РАССМОТРЕНИЯ МЕР МЕЖДУНАРОДНОГО СОТРУДНИЧЕСТВА ПО ОБНАРУЖЕНИЮ И ИДЕНТИФИКАЦИИ СЕЙСМИЧЕСКИХ ЯВЛЕНИЙ 0035
СЕЙСМИЧЕСКИЙ ДЕТЕКТОР 1962
СЕЙСМИЧЕСКИЙ РАЙОН 1956
СЕЙСМИЧЕСКИЙ ШУМ 0709
СЕЙСМИЧЕСКОЕ ВЗАИМОДЕЙСТВИЕ 1959
СЕЙСМИЧЕСКОЕ НАБЛЮДЕНИЕ 1969
СЕЙСМИЧЕСКОЕ ОБНАРУЖЕНИЕ 1961
СЕЙСМИЧЕСКОЕ ЯВЛЕНИЕ 1965
СЕЙСМОГРАММА 1977
СЕЙСМОГРАММА, ШИРОКОДИАПАЗОННАЯ 0333
СЕЙСМОГРАФ 1979
СЕЙСМОГРАФ, ВЕРТИКАЛЬНЫЙ 2399
СЕЙСМОГРАФ, ГОРИЗОНТАЛЬНЫЙ 0988
СЕЙСМОГРАФ, ДЛИННОПЕРИОДНЫЙ 1183
СЕЙСМОЛОГИЧЕСКИЙ КОНТРОЛЬ 1984
СЕЙСМОПРИЕМНИК С ШИРОКИМ ДИАПАЗОНОМ 0334
СЕЙСМОПРИЕМНИК, СТАНЦИЯ ГРУППИРОВАНИЯ СЕЙСМОПРИЕМНИКОВ 1957
СЕЙСМОПРОЦЕССОР 1986
СЕЙСМОСТАНЦИЯ С ШИРОКИМ ДИАПАЗОНОМ 0334
СЕЛЕКТИВНОСТЬ 1987
СЕРИЙНОЕ БОМБОМЕТАНИЕ ПО ПЛОЩАДИ 0362
СЕРИЯ БОМБ 2097
СЕТЬ ГРУПП НАВЕДЕНИЯ ТАКТИЧЕСКОЙ АВИАЦИИ 0068
СЕТЬ РЛС, ОРГАНИЗАЦИЯ СЕТИ РЛС 1745
СЕТЬ, СЕЙСМИЧЕСКАЯ 1966
СЕТЬ СЕЙСМИЧЕСКИХ СТАНЦИЙ 1973
СИГНАЛ 2027
СИГНАЛ, НЕЯСНЫЙ 1516
СИГНАЛ, СЕЙСМИЧЕСКИЕ СИГНАЛЫ 1971
СИГНАЛ ТИПА ТОЧЕЧНЫЙ ИСТОЧНИК /О РАДИОАКТИВНОСТИ/ 1656
СИГНАЛ ТРЕВОГИ, АВТОМАТИЧЕСКАЯ ПОДАЧА СИГНАЛА ТРЕВОГИ . . . 0261
СИГНАЛ, ТРУДНОРАСПОЗНАВАЕМЫЙ 1516
СИГНАЛЫ 2027
СИЛА, НЕПРИМЕНЕНИЕ СИЛЫ 1419
СИЛА ОГНЯ 0818
СИЛА СИГНАЛА 2030
СИЛА, УГРОЗА СИЛОЙ ИЛИ ПРИМЕНЕНИЕ СИЛЫ 2278
СИЛЫ ДЛЯ НАНЕСЕНИЯ ОТВЕТНОГО УДАРА 1857
СИЛЫ ДЛЯ НАНЕСЕНИЯ СТРАТЕГИЧЕСКИХ УДАРОВ 2133
СИЛЫ ДЛЯ НАНЕСЕНИЯ СТРАТЕГИЧЕСКИХ ЯДЕРНЫХ УДАРОВ 2122
СИЛЫ ОРГАНИЗАЦИИ ОБЪЕДИНЕННЫХ НАЦИЙ ПО НАБЛЮДЕНИЮ ЗА РАЗЪЕДИНЕНИЕМ /ЮНДОФ/ 2369
СИНТЕЗ 0862
СИСТЕМА 0217 1349 2204

СИСТЕМА ГАРАНТИЙ МЕЖДУНАРОДНОГО АГЕНТСТВА ПО АТОМНОЙ ЭНЕРГИИ . . . 1072
СИСТЕМА ДАЛЬНЕГО ОБНАРУЖЕНИЯ И НАВЕДЕНИЯ . . . 0090
СИСТЕМА ДОСТАВКИ АВИАЦИОННОГО ОРУЖИЯ . . . 0096
СИСТЕМА ДОСТАВКИ НАСТУПАТЕЛЬНОГО СТРАТЕГИЧЕСКОГО ЯДЕРНОГО ОРУЖИЯ . . . 1524
СИСТЕМА ИНСПЕКЦИИ . . . 1048
СИСТЕМА КОНТРОЛЯ . . . 0488 2397
СИСТЕМА НАВЕДЕНИЯ . . . 0489 0922
СИСТЕМА НАСТУПАТЕЛЬНОГО ОРУЖИЯ . . . 1521
СИСТЕМА ОБНАРУЖЕНИЯ . . . 0625
СИСТЕМА ОБНАРУЖЕНИЯ И СЛЕЖЕНИЯ ЗА ЦЕЛЬЮ . . . 0620
СИСТЕМА ОБОРОНЫ ОТ БАЛЛИСТИЧЕСКИХ РАКЕТ . . . 0273
СИСТЕМА ОПОВЕЩЕНИЯ И НАВЕДЕНИЯ /ИСТРЕБИТЕЛЕЙ/ . . . 0482
СИСТЕМА ОРУЖИЯ . . . 0211 2442
СИСТЕМА ПОСАДКИ ПО ПРИБОРАМ . . . 1052
СИСТЕМА РАКЕТ ДАЛЬНЕГО ДЕЙСТВИЯ, ЗАПУСКАЕМЫХ ИЗ ПОДВОДНОГО ПОЛОЖЕНИЯ . . . 2360
СИСТЕМА РАКЕТ ДЛЯ НАСТУПАТЕЛЬНЫХ ДЕЙСТВИЙ . . . 1522
СИСТЕМА РАННЕГО ОПОВЕЩЕНИЯ . . . 0708
СИСТЕМА РЕГУЛИРОВАНИЯ . . . 0489
СИСТЕМА САМОНАВЕДЕНИЯ . . . 0983
СИСТЕМА СЛЕПОЙ ПОСАДКИ . . . 1052
СИСТЕМА СОПРОВОЖДЕНИЯ /ЦЕЛИ/ . . . 2314
СИСТЕМА УПРАВЛЕНИЯ . . . 0489
СИСТЕМА УПРАВЛЕНИЯ, АВТОМАТИЧЕСКАЯ . . . 0262
СИСТЕМА УПРАВЛЕНИЯ ОГНЕМ . . . 0816
СИСТЕМА УПРАВЛЕНИЯ ПОСАДКОЙ САМОЛЕТОВ С ЗЕМЛИ . . . 0902
СИСТЕМА УПРАВЛЯЕМОГО ОРУЖИЯ КЛАССА ЗЕМЛЯ-ЗЕМЛЯ . . . 0908
СИСТЕМЫ ПЕРЕДОВОГО БАЗИРОВАНИЯ . . . 0843
СИСТЕМЫ СТРАТЕГИЧЕСКОГО ЯДЕРНОГО ОРУЖИЯ . . . 2127
СИСТЕМЫ ТИПА ЗЕМЛЯ-ВОДА-ВОЗДУХ . . . 1121
СИСТЕМЫ УПРАВЛЯЕМЫХ АНТЕННЫХ РЕШЕТОК . . . 2094
СКАНИРОВАНИЕ . . . 1925
СКЛАД . . . 0609
СКЛАД БОЕПРИПАСОВ . . . 1365
СКОРОСТЬ, КАЖУЩАЯСЯ . . . 0174
СКОРОСТЬ, НАЧАЛЬНАЯ . . . 1374
СКОРОСТЬ РАСПАДА . . . 0559
СКОРОСТЬ РАСПРОСТРАНЕНИЯ . . . 2392
СКОРОСТЬ СТРЕЛЬБЫ . . . 1802
СКР . . . 0464
СКРЫТОЕ ИСПЫТАНИЕ С ПРИМЕНЕНИЕМ МЕТОДОВ ОСЛАБЛЕНИЯ ВЗРЫВНОЙ ВОЛНЫ . . . 0576
СКРЫТЫЕ ВЗРЫВЫ . . . 0768
СКРЫТЫЕ ЗАПАСЫ . . . 0964
СЛАБОСВЯЗАННАЯ СРЕДА . . . 1190
СЛЕДЯЩАЯ СИСТЕМА . . . 0489
СЛЕЖЕНИЕ /ЗА ЦЕЛЬЮ/ . . . 2312
СЛЕПАЯ ПОСАДКА, СИСТЕМА СЛЕПОЙ ПОСАДКИ . . . 1052
СЛЕПОЙ ПОЛЕТ . . . 0302

СЛИЯНИЕ 0862
СЛУЧАЙНАЯ ВОЙНА 0011
СМЕНА 1830
СМЕРТЕЛЬНАЯ ДОЗА ОБЛУЧЕНИЯ 1144
СМЕРТЕЛЬНАЯ ДОЗА, СРЕДНЯЯ 1243
СМЕРТОНОСНОЕ ОРУЖИЕ 1145
СМЕШАННАЯ ГРУППА 0435
СМЕШЕННОЕ ЯВЛЕНИЕ 1323
СНАБЖЕНИЕ 2171
СНАРЯД 1702
СНАРЯД, МЕЛКОКАЛИБЕРНЫЙ 2040
СНАРЯД, ОПЕРЕННЫЙ 0810
СНАРЯД, ОСВЕТИТЕЛЬНЫЙ 2084
СНАРЯД, ОСКОЛОЧНО-ФУГАСНЫЙ 0967
СНАРЯД, ОСКОЛОЧНЫЙ 0849
СНАРЯД, ПОДКАЛИБЕРНЫЙ 2148
СНАРЯД РЕАКТИВНОГО ПРОТИВОТАНКОВОГО ГРАНАТОМЕТА
"БАЗУКА" 0284
СНАРЯД С ВЫСОКОЙ НАЧАЛЬНОЙ СКОРОСТЬЮ 0972
СНАРЯД ТАНКОВОЙ ПУШКИ 2229
СНАРЯД, ТРАССИРУЮЩИЙ 2308
СНАРЯД, УПРАВЛЯЕМЫЙ АРТИЛЛЕРИЙСКИЙ 0355
СНАРЯДЫ ОДНОГО ЗАЛПА 2097
СНАРЯЖЕНИЕ ОГНЕМЕТОВ 0831
СОВЕТ БЕЗОПАСНОСТИ 1955
СОВЕЩАНИЕ КОМИТЕТА ВОСЕМНАДЦАТИ ГОСУДАРСТВ ПО
РАЗОРУЖЕНИЮ 0465
СОВЕЩАНИЕ КОМИТЕТА ПО РАЗОРУЖЕНИЮ /СКР/ 0464
СОВЕЩАНИЕ ПО БЕЗОПАСНОСТИ И СОТРУДНИЧЕСТВУ В ЕВРОПЕ 0466
СОВЕЩАНИЕ ПО ПРЕКРАЩЕНИЮ ИСПЫТАНИЙ ЯДЕРНОГО ОРУЖИЯ . . . 0467
СОВЕЩАНИЕ ЭКСПЕРТОВ ПО ИЗУЧЕНИЮ ВОЗМОЖНОСТИ ВЫЯВЛЕНИЯ
НАРУШЕНИЙ ВОЗМОЖНОГО СОГЛАШЕНИЯ О ПРИОСТАНОВКЕ
ЯДЕРНЫХ ИСПЫТАНИЙ 0460
СОВМЕСТНАЯ КОНСУЛЬТАТИВНАЯ КОМИССИЯ 1104
СОВМЕСТНОЕ ЗАЯВЛЕНИЕ О СОГЛАСОВАННЫХ ПРИНЦИПАХ ДЛЯ
ПЕРЕГОВОРОВ О РАЗОРУЖЕНИИ 1105
СОВМЕСТНОЕ ПРОИЗВОДСТВО ОРУЖИЯ, СОГЛАШЕНИЕ О
СОВМЕСТНОМ ПРОИЗВОДСТВЕ ОРУЖИЯ 1103
СОВРЕМЕННАЯ БАЛЛИСТИЧЕСКАЯ РАКЕТА БОЛЬШОЙ МОЩНОСТИ . . 1328
СОВРЕМЕННЫЕ ВИДЫ ОРУЖИЯ 1329
СОГЛАСОВАННОЕ СОКРАЩЕНИЕ 0057
СОГЛАСОВАННЫЕ ОГРАНИЧЕНИЯ ЯДЕРНЫХ ВООРУЖЕНИЙ 0056
СОГЛАСОВАННЫЕ УРОВНИ ВООРУЖЕНИЙ 0055
СОГЛАСОВАННЫЕ УРОВНИ ВООРУЖЕННЫХ СИЛ 0054
СОГЛАШЕНИЕ О МЕРАХ ПО УМЕНЬШЕНИЮ ОПАСНОСТИ
ВОЗНИКНОВЕНИЯ ЯДЕРНОЙ ВОЙНЫ 0058
СОГЛАШЕНИЕ О ПРЕДОТВРАЩЕНИИ ИНЦИДЕНТОВ В ОТКРЫТОМ МОРЕ
И В ВОЗДУШНОМ ПРОСТРАНСТВЕ НАД НИМ, ПРОТОКОЛ К
СОГЛАШЕНИЮ 1716
СОГЛАШЕНИЕ О ПРЕДОТВРАЩЕНИИ ИНЦИДЕНТОВ В ОТКРЫТОМ МОРЕ
И ВОЗДУШНОМ ПРОСТРАНСТВЕ НАД НИМ 0060

СОГЛАШЕНИЕ О ПРЕДОТВРАЩЕНИИ ЯДЕРНОЙ ВОЙНЫ 0061
СОГЛАШЕНИЕ О ПРЕДУПРЕЖДЕНИИ СЛУЧАЙНОГО ИЛИ НЕСАНКЦИОНИРОВАННОГО ПРИМЕНЕНИЯ ЯДЕРНОГО ОРУЖИЯ 0059
СОГЛАШЕНИЕ О РАЗОРУЖЕНИИ 0657
СОГЛАШЕНИЕ О СОВМЕСТНОМ ПРОИЗВОДСТВЕ ОРУЖИЯ 1103
СОГЛАШЕНИЕ О СПАСАНИИ КОСМОНАВТОВ, ВОЗВРАЩЕНИИ КОСМОНАВТОВ И ВОЗВРАЩЕНИИ ОБЪЕКТОВ, ЗАПУЩЕННЫХ В КОСМИЧЕСКОЕ ПРОСТРАНСТВО 0062
СОГЛАШЕНИЕ, ПОДПИСАННОЕ ВО ВЛАДИВОСТОКЕ 2405
СОГЛАШЕНИЯ В РАМКАХ ОСВ 1910
СОГЛАШЕНИЯ В РАМКАХ СОЛТ 1910
СОГЛАШЕНИЯ ЗОРИНА-МАККЛОЯ 2459
СОГЛАШЕНИЯ ОБ ОГРАНИЧЕНИИ СТРАТЕГИЧЕСКИХ ВООРУЖЕНИЙ . . . 2113
СОЗДАНИЕ АКТИВНЫХ ПОМЕХ РАДИОТЕХНИЧЕСКИМ СРЕДСТВАМ 0727
СОЗДАНИЕ БЕЗЪЯДЕРНОЙ ЗОНЫ 0604
СОЗДАНИЕ ПРИЦЕЛЬНЫХ ПОМЕХ РАДИОТЕХНИЧЕСКИМ СРЕДСТВАМ 2067
СОКРАЩЕНИЕ ВОЕННЫХ БЮДЖЕТОВ 1820
СОКРАЩЕНИЕ ВОЕННЫХ БЮДЖЕТОВ, ГРУППА ЭКСПЕРТОВ-КОНСУЛЬТАНТОВ ПО СОКРАЩЕНИЮ ВОЕННЫХ БЮДЖЕТОВ 0914
СОКРАЩЕНИЕ, СОГЛАСОВАННОЕ 0057
СОКРАЩЕНИЕ СТРАТЕГИЧЕСКОГО ЯДЕРНОГО ОРУЖИЯ 1821
СОКРАЩЕНИЯ, АСИММЕТРИЧНЫЕ 0244
СОЛДАТ ДЕСАНТНО-ДИВЕРСИОННЫХ СИЛ 0918
СОЛТ 2114
СОЛТ I 1911
СОЛТ, ПЕРЕГОВОРЫ 1912
СОМАТИЧЕСКИЕ КЛЕТКИ 2045
СОМАТИЧЕСКИЕ МУТАЦИИ, ВЫЗВАННЫЕ РАДИАЦИЕЙ 1766
СООРУЖЕНИЕ, ВОЕННОЕ 1282
СОПРОВОЖДЕНИЕ 0411
СОПРОВОЖДЕНИЕ /ЦЕЛИ/ 2312
СОПРОВОЖДЕНИЕ, СИСТЕМА СОПРОВОЖДЕНИЯ 2314
СОПУТСТВУЮЩИЕ МЕРЫ 0428
СОПУТСТВУЮЩИЕ ПОТЕРИ 0427
СОСРЕДОТОЧЕНИЕ, СТРАТЕГИЧЕСКОЕ 2118
СОСРЕДОТОЧЕННЫЙ АРТИЛЛЕРИЙСКИЙ ОГОНЬ 0456
СОСРЕДОТОЧЕННЫЙ ОГОНЬ 0455
СОСТАВ, ВОСПЛАМЕНЯЮЩИЙ 2086
СОСТОЯНИЕ ВОЙНЫ 2088
СОСУЩЕСТВОВАНИЕ, МИРНОЕ 1608
СОХРАНЯТЬ РАВЕНСТВО 1210
СПЕЦИАЛЬНАЯ ГРУППА КВАЛИФИЦИРОВАННЫХ ПРАВИТЕЛЬСТВЕННЫХ ЭКСПЕРТОВ ПО ИССЛЕДОВАНИЮ ВОПРОСА О ЗОНАХ, СВОБОДНЫХ ОТ ЯДЕРНОГО ОРУЖИЯ 0034
СПЕЦИАЛЬНАЯ ГРУППА НАУЧНЫХ ЭКСПЕРТОВ ДЛЯ РАССМОТРЕНИЯ МЕР МЕЖДУНАРОДНОГО СОТРУДНИЧЕСТВА ПО ОБНАРУЖЕНИЮ И ИДЕНТИФИКАЦИИ СЕЙСМИЧЕСКИХ ЯВЛЕНИЙ 0035
СПЕЦИАЛЬНАЯ КОНСУЛЬТАТИВНАЯ ГРУППА ПО ЯДЕРНЫМ ВЗРЫВАМ В МИРНЫХ ЦЕЛЯХ 0030

СПЕЦИАЛЬНАЯ СЕССИЯ ГЕНЕРАЛЬНОЙ АССАМБЛЕИ, ПОСВЯЩЕННАЯ РАЗОРУЖЕНИЮ . . . 2060
СПЕЦИАЛЬНАЯ СЕССИЯ ГЕНЕРАЛЬНОЙ АССАМБЛЕИ, ПОСВЯЩЕННОЙ РАЗОРУЖЕНИЮ, ПОДГОТОВИТЕЛЬНЫЙ КОМИТЕТ ДЛЯ СПЕЦИАЛЬНОЙ СЕССИИ ГЕНЕРАЛЬНОЙ АССАМБЛЕИ . . . 1680
СПЕЦИАЛЬНЫЕ РАСЩЕПЛЯЮЩИЕСЯ МАТЕРИАЛЫ . . . 2059
СПЕЦИАЛЬНЫЙ КОМИТЕТ ДЛЯ ВСЕМИРНОЙ КОНФЕРЕНЦИИ ПО РАЗОРУЖЕНИЮ . . . 0033
СПЕЦИАЛЬНЫЙ КОМИТЕТ ДЛЯ РАСПРЕДЕЛЕНИЯ СРЕДСТВ, ОТЧИСЛЯЕМЫХ ОТ СОКРАЩЕНИЯ ВОЕННЫХ БЮДЖЕТОВ . . . 2058
СПЕЦИАЛЬНЫЙ КОМИТЕТ ПО ИНДИЙСКОМУ ОКЕАНУ . . . 0031
СПЕЦИАЛЬНЫЙ КОМИТЕТ ПО ОПЕРАЦИЯМ ПО ПОДДЕРЖАНИЮ МИРА 2057
СПЕЦИАЛЬНЫЙ КОМИТЕТ ПО РАССМОТРЕНИЮ РОЛИ ОРГАНИЗАЦИИ ОБЪЕДИНЕННЫХ НАЦИЙ В ОБЛАСТИ РАЗОРУЖЕНИЯ . . . 0032
СПОРЫ, МЕЖДУНАРОДНЫЕ . . . 1081
СПОРЫ, МИРНОЕ РАЗРЕШЕНИЕ СПОРОВ . . . 1568
СПОСОБНОСТЬ ИДЕНТИФИЦИРОВАТЬ . . . 1007
СПОСОБНОСТЬ К ВМЕШАТЕЛЬСТВУ . . . 1092
СПОСОБНОСТЬ К ИНТЕРВЕНЦИИ . . . 1092
СПОСОБНОСТЬ К МНОГОКРАТНОМУ УНИЧТОЖЕНИЮ . . . 1565
СПОСОБНОСТЬ ОБНАРУЖЕНИЯ . . . 0621
СПОСОБНОСТЬ ПРОНИКНОВЕНИЯ /НАПР. В ОБОРОНУ ПРОТИВНИКА/ . . 1621
СПОСОБНОСТЬ РАСПОЗНАВАНИЯ . . . 0621
СПОСОБЫ ИЗМЕРЕНИЯ РАДИАЦИИ . . . 1754
СПУТНИК ВОЕННОГО НАЗНАЧЕНИЯ . . . 0586
СПУТНИК ДЛЯ УНИЧТОЖЕНИЯ КОСМИЧЕСКИХ АППАРАТОВ . . . 1109
СПУТНИК, РАЗВЕДЫВАТЕЛЬНЫЙ . . . 1817
СПУТНИК СВЯЗИ . . . 0448
СРАЖЕНИЕ . . . 0740
СРЕДА, СЛАБОСВЯЗАННАЯ . . . 1190
СРЕДНЕЕ КВАДРАТИЧНОЕ ОТКЛОНЕНИЕ . . . 2079
СРЕДНЕСРОЧНЫЙ ОБЗОР ДЕСЯТИЛЕТИЯ РАЗОРУЖЕНИЯ . . . 1264
СРЕДНИЙ БОМБАРДИРОВЩИК . . . 1246
СРЕДНИЙ ТАНК . . . 1250
СРЕДНЯЯ СМЕРТЕЛЬНАЯ ДОЗА . . . 1243
СРЕДСТВА ВОЗДЕЙСТВИЯ НА ОКРУЖАЮЩУЮ СРЕДУ . . . 0747
СРЕДСТВА ДОСТАВКИ /НАПР. ЯДЕРНЫХ БОЕГОЛОВОК/ К ЦЕЛИ . . . 1236
СРЕДСТВА ДОСТАВКИ СТРАТЕГИЧЕСКОГО И НАСТУПАТЕЛЬНОГО ЯДЕРНОГО ОРУЖИЯ /К ЦЕЛИ/ . . . 2129
СРЕДСТВА ИДЕНТИФИКАЦИИ . . . 1009
СРЕДСТВА ОБЕСПЕЧЕНИЯ ПРОРЫВА ПВО . . . 1620
СРЕДСТВА, СЭКОНОМЛЕННЫЕ В РЕЗУЛЬТАТЕ РАЗОРУЖЕНИЯ . . . 0661
СРЕДСТВО АКТИВНОЙ МАСКИРОВКИ . . . 0579
СРЕДСТВО ВЕДЕНИЯ ВОЙНЫ . . . 0049
СРЕДСТВО ВЕДЕНИЯ ВОЙНЫ, БИОЛОГИЧЕСКОЕ . . . 0285
СРЕДСТВО ДОСТАВКИ /БОЕПРИПАСА К ЦЕЛИ/ . . . 0597
СРЕДСТВО ДОСТАВКИ СТРАТЕГИЧЕСКОГО ОРУЖИЯ К ЦЕЛИ . . . 2120
СРЕДСТВО ДОСТАВКИ ЯДЕРНОГО БОЕПРИПАСА К ЦЕЛИ . . . 1445
СРЕДСТВО, МИКРОБИОЛОГИЧЕСКОЕ . . . 1260
СРЕДСТВО ПЕРЕДВИЖЕНИЯ . . . 2388
СРЕДСТВО, УДЕРЖИВАЮЩЕЕ ПРОТИВНИКА ОТ НАПАДЕНИЯ . . . 0632 0637

СРЕДСТВО УСТРАШЕНИЯ 0632 0637
СРЕДСТВО УСТРАШЕНИЯ, САМОСТОЯТЕЛЬНОЕ 1025
СРЕДСТВО ЯДЕРНОГО УСТРАШЕНИЯ 1448
СРОК СЛУЖБЫ 2299
СТАБИЛЬНОСТЬ ВООРУЖЕНИЙ 0210
СТАВИТЬ МИНЫ 1139
СТАНДАРТИЗАЦИЯ 2080
СТАНДАРТНОЕ ОТКЛОНЕНИЕ 2079
СТАНКОВЫЙ ПУЛЕМЕТ 1247
СТАНОК 1349
СТАНЦИЯ ГРУППИРОВАНИЯ СЕЙСМОПРИЕМНИКОВ 0217 1957
СТАНЦИЯ, СЕЙСМИЧЕСКАЯ 1972
СТАРТОВАЯ ПЛОЩАДКА 1134
СТАРТОВАЯ ПЛОЩАДКА, ПОДВИЖНАЯ 1326
СТАРТОВАЯ ПЛОЩАДКА, СТАЦИОНАРНАЯ 0828
СТАРТОВАЯ ПОЗИЦИЯ 1138
СТАЦИОНАРНАЯ ПУ 1138
СТАЦИОНАРНАЯ СТАРТОВАЯ ПЛОЩАДКА 0828
СТАЦИОНАРНЫЙ СТАРТОВЫЙ КОМПЛЕКС 1132
СТЕПЕНЬ ЭФФЕКТИВНОСТИ СРЕДСТВ, УДЕРЖИВАЮЩИХ ПРОТИВНИКА ОТ НАПАДЕНИЯ 0636
СТОЛКНОВЕНИЕ 0740
СТОРОЖЕВОЙ КАТЕР 1595 1601 1946
СТОРОЖЕВОЙ КАТЕР, БЫСТРОХОДНЫЙ 0795
СТОРОЖЕВОЙ КАТЕР, БЫСТРОХОДНЫЙ СТОРОЖЕВОЙ КАТЕР, ОСНАЩЕННЫЙ РАКЕТНЫМ ОРУЖИЕМ 0794
СТОРОЖЕВОЙ КАТЕР ПОДДЕРЖКИ МОРСКОГО ДЕСАНТА 0239
СТОРОЖЕВОЙ КОРАБЛЬ, БЫСТРОХОДНЫЙ 0793 0796
СТОРОЖЕВОЙ КОРАБЛЬ ПЛО 0160
СТОРОЖЕВОЙ ФРЕГАТ 1598
СТОРОНА, ПРОТИВОБОРСТВУЮЩАЯ 1549
СТРАНЫ-ЭКСПОРТЕРЫ, ГРУППА СТРАН-ЭКСПОРТЕРОВ ЯДЕРНОЙ ТЕХНОЛОГИИ И МАТЕРИАЛОВ 0916
СТРАТЕГИЧЕСКАЯ ДАЛЬНЯЯ РАЗВЕДКА, САМОЛЕТ СТРАТЕГИЧЕСКОЙ ДАЛЬНЕЙ РАЗВЕДКИ 1182
СТРАТЕГИЧЕСКАЯ КОНЦЕПЦИЯ 2119
СТРАТЕГИЧЕСКАЯ ПОДВИЖНОСТЬ 2121
СТРАТЕГИЧЕСКАЯ ПСИХОЛОГИЧЕСКАЯ ВОЙНА 2130
СТРАТЕГИЧЕСКАЯ РАКЕТА-ТОРПЕДА КЛАССА ПОДВОДНАЯ ЛОДКА-ПОДВОДНАЯ ЦЕЛЬ 2164
СТРАТЕГИЧЕСКАЯ ТРИАДА 2135
СТРАТЕГИЧЕСКАЯ УСТОЙЧИВОСТЬ 2132
СТРАТЕГИЧЕСКИЕ БОЕВЫЕ ДЕЙСТВИЯ, ОГРАНИЧЕННЫЕ 1163
СТРАТЕГИЧЕСКИЕ ВООРУЖЕНИЯ, ОГРАНИЧЕНИЕ НАСТУПАТЕЛЬНЫХ СТРАТЕГИЧЕСКИХ ВООРУЖЕНИЙ 1523
СТРАТЕГИЧЕСКИЕ ВООРУЖЕНИЯ, ОГРАНИЧЕНИЕ СТРАТЕГИЧЕСКИХ ВООРУЖЕНИЙ 2111
СТРАТЕГИЧЕСКИЕ НАСТУПАТЕЛЬНЫЕ ВООРУЖЕНИЯ, ВРЕМЕННОЕ СОГЛАШЕНИЕ О НЕКОТОРЫХ МЕРАХ В ОБЛАСТИ ОГРАНИЧЕНИЯ СТРАТЕГИЧЕСКИХ НАСТУПАТЕЛЬНЫХ ВООРУЖЕНИЙ 1069

СТРАТЕГИЧЕСКИЕ СИЛЫ, НАРАЩИВАНИЕ СТРАТЕГИЧЕСКИХ СИЛ 2116
СТРАТЕГИЧЕСКИЙ РАЗВЕДЫВАТЕЛЬНЫЙ САМОЛЕТ 2131
СТРАТЕГИЧЕСКОЕ АВИАЦИОННОЕ КОМАНДОВАНИЕ 2110
СТРАТЕГИЧЕСКОЕ И НАСТУПАТЕЛЬНОЕ ЯДЕРНОЕ ОРУЖИЕ, СРЕДСТВА ДОСТАВКИ СТРАТЕГИЧЕСКОГО И НАСТУПАТЕЛЬНОГО ЯДЕРНОГО ОРУЖИЯ /К ЦЕЛИ/ 2129
СТРАТЕГИЧЕСКОЕ ОПОВЕЩЕНИЕ 2137
СТРАТЕГИЧЕСКОЕ ПРЕВОСХОДСТВО 2134
СТРАТЕГИЧЕСКОЕ ПРЕИМУЩЕСТВО 2109
СТРАТЕГИЧЕСКОЕ СОСРЕДОТОЧЕНИЕ 2118
СТРАТЕГИЧЕСКОЕ ЯДЕРНОЕ ОРУЖИЕ 2125
СТРАТЕГИЧЕСКОЕ ЯДЕРНОЕ ОРУЖИЕ, ОГРАНИЧЕНИЕ НАСТУПАТЕЛЬНЫХ И ОБОРОНИТЕЛЬНЫХ СИСТЕМ СТРАТЕГИЧЕСКОГО ЯДЕРНОГО ОРУЖИЯ 1159
СТРАТЕГИЧЕСКОЕ ЯДЕРНОЕ ОРУЖИЕ, СИСТЕМЫ СТРАТЕГИЧЕСКОГО ЯДЕРНОГО ОРУЖИЯ 2127
СТРАТЕГИЧЕСКОЕ ЯДЕРНОЕ ОРУЖИЕ, СОКРАЩЕНИЕ СТРАТЕГИЧЕСКОГО ЯДЕРНОГО ОРУЖИЯ 1821
СТРАТЕГИЧЕСКОЕ ЯДЕРНОЕ ПРЕВОСХОДСТВО 2124
СТРАТЕГИЧЕСКОЕ ЯДЕРНОЕ РАВЕНСТВО 2123
СТРАТЕГИЯ 2138
СТРАТЕГИЯ ВЫЖИДАНИЯ НАПАДЕНИЯ ПРОТИВНИКА ДЛЯ НАНЕСЕНИЯ ОТВЕТНОГО УДАРА 1952
СТРАТЕГИЯ КОНТРСИЛЫ 0516
СТРАТЕГИЯ НАНЕСЕНИЯ УДАРА ПЕРВЫМ 0824
СТРАТЕГИЯ НАНЕСЕНИЯ УДАРОВ ПО КРУПНЫМ НАСЕЛЕННЫМ ПУНКТАМ 0511
СТРАТЕГИЯ ОГРАНИЧЕНИЯ КОНФЛИКТА 1093
СТРАТЕГИЯ ПРЕДОТВРАЩЕНИЯ КРИЗИСА 0540
СТРАТЕГИЯ УСТРАШЕНИЯ 1093
СТРЕЛКОВОЕ ОРУЖИЕ 2039
СТРЕЛЬБА ПО ПЛОЩАДИ 0684
СТРЕЛЬБА РАКЕТАМИ 1885
СТРЕЛЬБА, ТОЧНОСТЬ СТРЕЛЬБЫ 0012
СТЫЧКА 0740
СУДНО ПОПОЛНЕНИЯ ЗАПАСОВ 1840
СУДНО СНАБЖЕНИЯ 1176 2174
СУДНО, СУДА 0533
СУХОГРУЗНЫЙ ТРАНСПОРТ 2106
СУХОПУТНЫЕ ВОЙСКА 0213
СУЩЕСТВУЮЩИЕ ЗАПАСЫ ЯДЕРНОГО ОРУЖИЯ 0773
СЧЕТ ВРЕМЕНИ ГОТОВНОСТИ 0509
СЧЕТ, ОБУСЛОВЛЕННЫЙ ФОНОМ 0266

ТАКТИКА ВЫХОДА ИЗ-ПОД УДАРА 0767
ТАКТИЧЕСКАЯ АВИАЦИОННАЯ ПОДДЕРЖКА 2212
ТАКТИЧЕСКИЙ 2210
ТАКТИЧЕСКИЙ РЕЗЕРВ 2217
ТАКТИЧЕСКОЕ АВИАЦИОННОЕ КОМАНДОВАНИЕ 2211
ТАКТИЧЕСКОЕ НАЗНАЧЕНИЕ, РАКЕТА ТАКТИЧЕСКОГО НАЗНАЧЕНИЯ 2213

ТАКТИЧЕСКОЕ НАЗНАЧЕНИЕ, РАКЕТНО-ЯДЕРНОЕ СРЕДСТВО ТАКТИЧЕСКОГО НАЗНАЧЕНИЯ . . . 2214
ТАКТИЧЕСКОЕ НАЗНАЧЕНИЕ, ЯДЕРНОЕ ОРУЖИЕ ТАКТИЧЕСКОГО НАЗНАЧЕНИЯ . . . 2215
ТАКТИЧЕСКОЕ ОРУЖИЕ . . . 2219
ТАКТИЧЕСКОЕ ЯДЕРНОЕ ОРУЖИЕ . . . 0281 2269
ТАНК . . . 2221
ТАНК, АВАРИЙНО-РЕМОНТНЫЙ . . . 1819
ТАНК, ЛЕГКИЙ . . . 1156
ТАНК, СРЕДНИЙ . . . 1250
ТАНК, ТЯЖЕЛЫЙ . . . 0955
ТАНКЕР . . . 0835 2231
ТАНКЕР-ЗАПРАВЩИК НА ХОДУ В МОРЕ . . . 2364
ТАНКИСТ . . . 2231
ТАНКО-ДЕСАНТНОЕ СРЕДСТВО /СРЕДСТВА/ . . . 2226
ТАНКО-ДЕСАНТНЫЙ КОРАБЛЬ . . . 2227
ТАНКОВЫЙ БАТАЛЬОН . . . 2223
ТАНКОВЫЙ БАТАЛЬОН /БР./ . . . 2230
ТАНКОВЫЙ ОГОНЬ . . . 2225
ТЕАТР ВОЕННЫХ ДЕЙСТВИЙ . . . 2270
ТЕЛЕВИДЕНИЕ, ИНФРАКРАСНОЕ . . . 1037
ТЕЛЕМЕТРИЯ . . . 2249
ТЕЛЕСЕЙСМИЧЕСКИЕ МЕТОДЫ . . . 2251
ТЕЛЕСЕЙСМИЧЕСКОЕ РАССТОЯНИЕ . . . 2250
ТЕЛЕУПРАВЛЯЕМЫЙ МИННЫЙ ТРАЛЬЩИК . . . 0702
ТЕЛЕУПРАВЛЯЕМЫЙ САМОЛЕТ . . . 0701
ТЕМП ОГНЯ . . . 1802
ТЕПЛОВОЕ ИЗЛУЧЕНИЕ ЯДЕРНОГО ВЗРЫВА . . . 2272
ТЕПЛОВОЕ ОБЛУЧЕНИЕ . . . 2271
ТЕРМОГРАФИЧЕСКИЙ ДЕТЕКТОР . . . 2273
ТЕРМОЯДЕРНОЕ ОРУЖИЕ . . . 2274
ТЕРМОЯДЕРНЫЕ ИСПЫТАНИЯ, ПРИОСТАНОВКА ЯДЕРНЫХ И ТЕРМОЯДЕРНЫХ ИСПЫТАНИЙ . . . 2202
ТЕРРИТОРИАЛЬНАЯ ЦЕЛОСТНОСТЬ . . . 2259
ТЕХНОЛОГИЯ ЯДЕРНОГО ОРУЖИЯ . . . 2247
ТОКСИКОЛОГИЧЕСКИЙ КОНТРОЛЬ . . . 2305
ТОКСИН . . . 2306
ТОКСИЧНОСТЬ . . . 2303
ТОКСИЧНОСТЬ, ОПРЕДЕЛЕНИЕ УРОВНЯ ТОКСИЧНОСТИ . . . 2304
ТОЛЧОК /НАПР. ЗЕМЛИ/ . . . 2013
ТОПЛИВНО-ВОЗДУШНОЕ ВЗРЫВЧАТОЕ ВЕЩЕСТВО . . . 0859
ТОПЛИВНЫЙ ЦИКЛ . . . 0856
ТОПЛИВО, ЦИКЛ ЯДЕРНОГО ТОПЛИВА . . . 1458
ТОПЛИВО, ЯДЕРНОЕ . . . 1457
ТОРГОВАЯ ВОЙНА . . . 0715
ТОРГОВЛЯ ОРУЖИЕМ . . . 0212
ТОРПЕДА . . . 2292
ТОРПЕДА, АКУСТИЧЕСКАЯ САМОНАВОДЯЩАЯСЯ . . . 0017
ТОРПЕДНАЯ ПОДВОДНАЯ ЛОДКА, АТОМНАЯ . . . 1495
ТОРПЕДНАЯ ПОДВОДНАЯ ЛОДКА, ДИЗЕЛЬНАЯ . . . 0644
ТОРПЕДНЫЙ АППАРАТ . . . 2296

ТОРПЕДНЫЙ КАТЕР . . . 1600 2294
ТОРПЕДОЛОВ . . . 2295
ТОТАЛЬНАЯ ВОЙНА . . . 0117
ТОТАЛЬНАЯ ЯДЕРНАЯ ВОЙНА . . . 0116
ТОЧЕЧНАЯ ЦЕЛЬ . . . 1168 1657
ТОЧЕЧНЫЙ ИСТОЧНИК, СИГНАЛ ТИПА . . . 1656
ТОЧКА СБРАСЫВАНИЯ БОМБ . . . 0315
ТОЧНОСТЬ ПОПАДАНИЯ . . . 2144
ТОЧНОСТЬ СТРЕЛЬБЫ . . . 0012
ТРАЕКТОРИЯ . . . 1585
ТРАЕКТОРИЯ ПЛАНИРОВАНИЯ . . . 0891
ТРАЕКТОРИЯ ПОЛЕТА . . . 2309
ТРАЕКТОРИЯ РАСПРОСТРАНЕНИЯ . . . 1710
ТРАЛЬЩИК-ИСКАТЕЛЬ МИН . . . 1303
ТРАЛЬЩИК, РЕЙДОВЫЙ . . . 1042
ТРАНСПОРТ . . . 2323 2339
ТРАНСПОРТ БОЕПРИПАСОВ . . . 0127
ТРАНСПОРТЕР . . . 0365
ТРАНСПОРТЕР, НЕБРОНИРОВАННЫЙ ТРАНСПОРТЕР ДЛЯ ПЕРЕВОЗКИ ЛИЧНОГО СОСТАВА . . . 2355
ТРАНСПОРТЕР-УСТАНОВЩИК-ПУСКОВАЯ /СТАРТОВАЯ/ УСТАНОВКА . . . 2324
ТРАНСПОРТНО-ДЕСАНТНЫЙ САМОЛЕТ . . . 0368
ТРАНСПОРТНОЕ СРЕДСТВО . . . 0365 2388
ТРАНСПОРТНОЕ СРЕДСТВО ОБЩЕГО НАЗНАЧЕНИЯ . . . 0878
ТРАНСПОРТНОЕ СРЕДСТВО ПО ПЕРЕВОЗКЕ ЧАСТЕЙ "КОМАНДОС" . . . 0441
ТРАНСПОРТНОЕ СУДНО . . . 2323
ТРАНСПОРТНЫЙ САМОЛЕТ . . . 0365
ТРАНШЕЙНЫЙ ОГНЕМЕТ . . . 0732
ТРАССИРУЮЩАЯ ПУЛЯ . . . 2307
ТРАССИРУЮЩИЙ СНАРЯД . . . 2307 2308
ТРЕБОВАНИЕ, ПО ТРЕБОВАНИЮ . . . 1527
ТРЕБОВАНИЕ, ПРОВЕРКА ПО ТРЕБОВАНИЮ . . . 2394
ТРЕНИРОВКА . . . 2318
ТРЕХКООРДИНАТНАЯ РЛС ОБНАРУЖЕНИЯ . . . 2280
ТРЕХЭЛЕМЕНТНАЯ СТРУКТУРА . . . 2337
ТРИАДА, СТРАТЕГИЧЕСКАЯ . . . 2135
ТРОТИЛОВЫЙ ЭКВИВАЛЕНТ . . . 2290
ТРОТИЛОВЫЙ ЭКВИВАЛЕНТ, ЯДЕРНОЕ ОРУЖИЕ С ТРОТИЛОВЫМ ЭКВИВАЛЕНТОМ МЕНЬШЕ 1 КТ . . . 2151
ТРУБКА, ДИСТАНЦИОННАЯ . . . 0726
ТРУДНОРАСПОЗНАВАЕМЫЙ СИГНАЛ . . . 1516
ТУРБОВЕНТИЛЯТОРНЫЙ ДВИГАТЕЛЬ, ВЕРТОЛЕТ С ТУРБОВЕНТИЛЯТОРНЫМ ДВИГАТЕЛЕМ . . . 2344
ТУРБОВИНТОВОЙ САМОЛЕТ . . . 2346
ТУРБОРЕАКТИВНЫЙ САМОЛЕТ . . . 2345
ТЫЛ . . . 1173
ТЫЛ И СНАБЖЕНИЕ . . . 1179
ТЫЛОВОЙ РАЙОН . . . 1173
ТЯЖЕЛАЯ АРТИЛЛЕРИЯ . . . 0951
ТЯЖЕЛАЯ РАКЕТА . . . 0954
ТЯЖЕЛОВОДНЫЙ РЕАКТОР . . . 0956

ТЯЖЕЛЫЙ БОМБАРДИРОВЩИК . . . 0952
ТЯЖЕЛЫЙ ПУЛЕМЕТ . . . 0953
ТЯЖЕЛЫЙ ТАНК . . . 0955

УБЕЖИЩЕ . . . 2009
УБЕЖИЩЕ /КОТЛОВАННОГО ТИПА/ . . . 0344
УБОЙНАЯ СИЛА . . . 1146
УВЕЛИЧЕНИЕ . . . 1206
УВОЛЬНИТЕЛЬНАЯ . . . 1581
УГОНЩИК САМОЛЕТА . . . 0974
УГРОЗА ВОЙНЫ . . . 2277
УГРОЗА МИРУ . . . 2279
УГРОЗА ПРИМЕНЕНИЯ СИЛЫ . . . 0470
УГРОЗА ПРИМЕНЕНИЯ ЯДЕРНОГО ОРУЖИЯ . . . 1482
УГРОЗА СИЛОЙ . . . 2276
УГРОЗА СИЛОЙ ИЛИ ПРИМЕНЕНИЕ СИЛЫ . . . 2278
УДАР . . . 2013
УДАР ПО БАЗАМ СРЕДСТВ НАПАДЕНИЯ ПРОТИВНИКА . . . 0517
УДАР ПО КОНТРСИЛЕ . . . 0517
УДАР ПО ОСНОВНЫМ ИСТОЧНИКАМ МОЩИ ПРОТИВНИКА . . . 0525
УДАР С ВОЗДУХА . . . 0079
УДАР СО СПЛОШНЫМ ПОРАЖЕНИЕМ, БОМБОВЫЙ . . . 1921
УДАР, СТРАТЕГИЯ НАНЕСЕНИЯ УДАРА ПЕРВЫМ . . . 0824
УДАР, УПРЕЖДАЮЩИЙ . . . 1675
УДАРНАЯ ВОЛНА . . . 0295 0298 2015
УДАРНАЯ ВОЛНА /ПРИ ВОЗДУШНОМ ЯДЕРНОМ ВЗРЫВЕ/ . . . 1199
УДАРНАЯ ВОЛНА, ФРОНТ УДАРНОЙ ВОЛНЫ . . . 2014
УДУШАЮЩЕГО ДЕЙСТВИЯ . . . 0235
УЗЕЛ СВЯЗИ . . . 0446
УКЛОНЕНИЕ /НАПР. ОТ КОНТРОЛЯ/ . . . 0765
УКЛОНЕНИЕ ОТ ВСТРЕЧИ С ПРОТИВНИКОМ . . . 0766
УКЛОНЕНИЕ ОТ ПОРАЖЕНИЯ ГОРОДОВ /КАК ВИД СТРАТЕГИИ/ . . . 1404
УКРЕПЛЕНИЕ БЕЗОПАСНОСТИ, МЕРЫ ПО УКРЕПЛЕНИЮ БЕЗОПАСНОСТИ . . . 1238
УКРЫТИЕ . . . 2009
УЛЬТРАФИОЛЕТОВОЕ ИЗЛУЧЕНИЕ . . . 2352
УМЕРЕННЫЙ РИСК . . . 1327
УНИЧТОЖЕНИЕ, ПРИНЦИП НЕИЗБЕЖНОГО ВЗАИМНОГО УНИЧТОЖЕНИЯ . . . 1371
УПРАВЛЕНИЕ ОГНЕМ . . . 0813
УПРАВЛЕНИЕ ОГНЕМ, СИСТЕМА УПРАВЛЕНИЯ ОГНЕМ . . . 0816
УПРАВЛЕНИЕ ПО ПРОГРАММЕ НАЧНО-ИССЛЕДОВАТЕЛЬСКИХ РАБОТ . . . 0040
УПРАВЛЕНИЕ ПОСАДКОЙ САМОЛЕТОВ С ЗЕМЛИ, СИСТЕМА УПРАВЛЕНИЯ ПОСАДКОЙ САМОЛЕТОВ С ЗЕМЛИ . . . 0902
УПРАВЛЯЕМАЯ РАКЕТА . . . 0924
УПРАВЛЯЕМОЕ ОРУЖИЕ . . . 0928
УПРАВЛЯЕМОЕ ОРУЖИЕ, СИСТЕМА УПРАВЛЯЕМОГО ОРУЖИЯ КЛАССА ЗЕМЛЯ-ЗЕМЛЯ . . . 0908
УПРАВЛЯЕМЫЙ АРТИЛЛЕРИЙСКИЙ СНАРЯД . . . 0355
УПРАВЛЯЕМЫЙ СНАРЯД С ВЫСОКОЙ ТОЧНОСТЬЮ ПРИЦЕЛИВАНИЯ . . . 1673
УПРЕЖДАЮЩИЙ УДАР . . . 1675

УПРОЧИТЬ МЕЖДУНАРОДНЫЙ МИР 2142
УРАГАННЫЙ ОГОНЬ 0819
УРЕГУЛИРОВАНИЕ, ПОЛИТИЧЕСКОЕ 1659
УРОВЕНЬ РАДИАЦИИ 1762 1763
УРОВЕНЬ РАДИОАКТИВНОСТИ 1147
УРОН, НЕПРИЕМЛЕМЫЙ 2354
УСИЛЕНИЕ 1206
УСИЛЕНИЕ ГОНКИ ВООРУЖЕНИЙ 1056
УСИЛЕННО ОБСТРЕЛИВАТЬ ЦЕЛЬ 2068
УСИЛЕННЫЕ СРЕДСТВА УСТРАШЕНИЯ 0782
УСЛОЖНЕНИЕ ХАРАКТЕРА И КОНСТРУКЦИИ БОЕВОЙ ТЕХНИКИ 2050
УСТАНАВЛИВАТЬ /МИНУ/ В НЕИЗВЛЕКАЕМОЕ ПОЛОЖЕНИЕ 0021
УСТАНАВЛИВАТЬ НА ПОЗИЦИИ 1683
УСТАНОВИТЬ ВОЗДУШНЫЙ МОСТ 0104
УСТАНОВКА 1349
УСТАНОВКА ДЛЯ ЗАПУСКА В ВОЗДУХЕ 0100
УСТАНОВКА ДЛЯ ЗАПУСКА С САМОЛЕТА 0100
УСТАНОВКА НА ПОЗИЦИИ 0733
УСТАНОВКА ПО ОБОГАЩЕНИЮ УРАНА 2380
УСТАНОВКА, САМОХОДНО-АРТИЛЛЕРИЙСКАЯ 1990
УСТАНОВКА, ЯДЕРНАЯ 1460
УСТОЙЧИВОСТЬ, СТРАТЕГИЧЕСКАЯ 2132
УСТРАШЕНИЕ, АКТИВНАЯ СТРАТЕГИЯ УСТРАШЕНИЯ 0024
УСТРАШЕНИЕ, ВОЗМОЖНОСТИ В ОБЛАСТИ УСТРАШЕНИЯ
ПРОТИВНИКА ЯДЕРНЫМ ОРУЖИЕМ 1447
УСТРАШЕНИЕ, ВОЗМОЖНОСТИ СРЕДСТВ УСТРАШЕНИЯ 0634
УСТРАШЕНИЕ, ПОСЛЕДНЕЕ СРЕДСТВО УСТРАШЕНИЯ 0809
УСТРАШЕНИЕ ПРОТИВНИКА ЯДЕРНЫМ ОРУЖИЕМ 1446
УСТРАШЕНИЕ, СРЕДСТВО УСТРАШЕНИЯ 0632 0637
УСТРАШЕНИЕ, СТРАТЕГИЯ УСТРАШЕНИЯ 1093
УСТРАШЕНИЕ, УСИЛЕННЫЕ СРЕДСТВА УСТРАШЕНИЯ 0782
УСТРОЙСТВО ДЛЯ ВЗЯТИЯ ПРОБ В ОДНОЙ ТОЧКЕ 1655
УСТРОЙСТВО НАВЕДЕНИЯ 0931
УСТРОЙСТВО САМОНАВЕДЕНИЯ 2239
УЧАСТОК ЗАРАЖЕНИЯ /НАПР. РАДИОАКТИВНЫМИ ВЕЩЕСТВАМИ/ 0476
УЧАСТОК ПЕРЕПРАВЫ 0544
УЧАСТОК С ВЫСОКИМ УРОВНЕМ РАДИАЦИИ 0989
УЧАСТОК, СВОБОДНЫЙ ОТ МИН В МИННОМ ПОЛЕ 1301
УЧЕБНЫЙ СБОР 2320
УЧЕБНЫЙ ЦЕНТР 2319
УЧЕНИЕ ПО ТРЕВОГЕ 0730
УЩЕРБ, НАНЕСЕННЫЙ В РЕЗУЛЬТАТЕ ПРИМЕНЕНИЯ ЯДЕРНОГО
ОРУЖИЯ 1443
УЯЗВИМАЯ РАКЕТНАЯ БАЗА 2043
УЯЗВИМОЕ НАСЕЛЕНИЕ 2201
УЯЗВИМОСТЬ 2411
УЯЗВИМЫЙ ПУНКТ 2412

U-235, ПРИГОДНЫЙ ДЛЯ ИСПОЛЬЗОВАНИЯ В ВОЕННЫХ ЦЕЛЯХ 2434

ФАЗА 1630
ФАЗА pP 1671
ФАЗА sP 2054
ФАЗИРОВАННЫЙ 1632
ФАЗОВАЯ СКОРОСТЬ 1631
ФАКУЛЬТАТИВНЫЙ ПРОТОКОЛ ОТНОСИТЕЛЬНО ОБЯЗАТЕЛЬНОГО УРЕГУЛИРОВАНИЯ СПОРОВ 1551
ФИЛЬТР НИЖНИХ ЧАСТОТ 1192
ФИЛЬТР ПРОПУСКАНИЯ ВЕРХНИХ ЧАСТОТ 0971
ФОНОВОЕ ИЗЛУЧЕНИЕ 0267
ФОНОВЫЙ СЕЙСМИЧЕСКИЙ ШУМ 0268
ФОРМА ВОЛНЫ 2429
ФОРМА РАЙОНА РАДИОАКТИВНОГО ЗАРАЖЕНИЯ 0789
ФОРСИРОВАНИЕ ВОДНОГО РУБЕЖА С ПЛАНОМЕРНОЙ ПОДГОТОВКОЙ 0596
ФОСГЕН 1634
ФОСФОР, БЕЛЫЙ 2445
ФОТОГРАММЕТРИЧЕСКИЙ КОНТРОЛЬ 1637
ФОТОГРАФИЧЕСКАЯ АВИАЦИОННАЯ БОМБА 1636
ФОТОГРАФИЧЕСКИЙ ДЕТЕКТОР 1639
ФОТОКАМЕРА, РАБОТАЮЩАЯ ПРИ НЕЗНАЧИТЕЛЬНОЙ ИНТЕНСИВНОСТИ СВЕТА 1191
ФОТОРАЗВЕДКА 1640
ФОТОЭМУЛЬСИОННЫЙ ДЕТЕКТОР 1639
ФРЕГАТ, БЫСТРОХОДНЫЙ 0793
ФРЕГАТ-РАКЕТОНОСЕЦ 0926
ФРОНТ ДАВЛЕНИЯ 1684
ФРОНТ СВЕРХЗВУКОВОЙ УДАРНОЙ ВОЛНЫ 1198
ФРОНТ УДАРНОЙ ВОЛНЫ 2014
ФУГАС 1294
ФУГАСНАЯ БОМБА 0966
ФУГАСНАЯ МИНА /К МИНОМЕТУ/ 0966
ФУГАСНЫЙ ВЗРЫВ 0535

ХАРАКТЕР ДЕЙСТВИЯ НА ЦЕЛЬ ПОРАЖАЮЩИХ ФАКТОРОВ 2238
ХАРАКТЕРИСТИКА ЧУВСТВИТЕЛЬНОСТИ 1852
ХИМИЧЕСКАЯ ВОЙНА 0396 0870
ХИМИЧЕСКОЕ И БАКТЕРИОЛОГИЧЕСКОЕ ОРУЖИЕ 0393
ХИМИЧЕСКОЕ ОВ СМЕРТЕЛЬНОГО ДЕЙСТВИЯ 1143
ХИМИЧЕСКОЕ ОРУЖИЕ 0397
ХИМИЧЕСКОЕ СРЕДСТВО ВЕДЕНИЯ ВОЙНЫ 0395
ХИМИЧЕСКОЕ СРЕДСТВО, ИСПОЛЬЗУЕМОЕ ПРИ ПОДАВЛЕНИИ БЕСПОРЯДКОВ 1877
ХИРУРГИЧЕСКАЯ ЛЕТУЧКА 2193
ХОЛОДНАЯ ВОЙНА 0426
ХРАНЕНИЕ 2104
ХРАНЕНИЕ ЯДЕРНЫХ МАТЕРИАЛОВ 2105
ХРОМОСОМНЫЕ АНОМАЛИИ 0401

ЦЕЛИ, НЕ СВЯЗАННЫЕ С ПРОИЗВОДСТВОМ ОРУЖИЯ 1421
ЦЕЛОСТНОСТЬ, ТЕРРИТОРИАЛЬНАЯ 2259
ЦЕЛЬ 2233

ЦЕЛЬ, ВНЕПЛАНОВАЯ . . . 1548
ЦЕЛЬ, ДВИЖУЩАЯСЯ . . . 1351
ЦЕЛЬ, МАЛОРАЗМЕРНАЯ . . . 1657
ЦЕЛЬ, НЕПОДВИЖНАЯ . . . 2093
ЦЕЛЬ, ПЛОЩАДНАЯ . . . 0179
ЦЕЛЬ, ТОЧЕЧНАЯ . . . 1168 1657
ЦЕНТР АНАЛИЗА СЕЙСМИЧЕСКИХ ДАННЫХ . . . 1958
ЦЕНТР ОРГАНИЗАЦИИ ОБЪЕДИНЕННЫХ НАЦИЙ ПО РАЗОРУЖЕНИЮ . . . 2367
ЦЕНТР ПО РАЗОРУЖЕНИЮ . . . 0382
ЦЕНТР ТОПЛИВНОГО ЦИКЛА, МНОГОНАЦИОНАЛЬНЫЙ . . . 1357
ЦЕНТРАЛЬНЫЕ СИСТЕМЫ . . . 0381
ЦЕРН . . . 0764
ЦИКЛ ЯДЕРНОГО ТОПЛИВА . . . 1458

ЧАСТИЧНАЯ ОРБИТАЛЬНАЯ СИСТЕМА БОМБОМЕТАНИЯ . . . 0845
ЧАСТИЧНЫЕ МЕРОПРИЯТИЯ ПО РАЗОРУЖЕНИЮ . . . 1575
ЧАСТОТНОЕ УПЛОТНЕНИЕ . . . 1362
ЧАСТОТНЫЕ ХАРАКТЕРИСТИКИ /ЧУВСТВИТЕЛЬНОСТИ/ . . . 1851
ЧАСТЬ, МЕХАНИЗИРОВАННАЯ . . . 1242
ЧЕЛОВЕКО-РАД . . . 1220
ЧИСЛЕННОСТЬ ВООРУЖЕННЫХ СИЛ . . . 2141
ЧИСТОЕ ЯДЕРНОЕ ОРУЖИЕ . . . 0407
ЧРЕЗВЫЧАЙНОЕ ПРОИСШЕСТВИЕ С ЯДЕРНЫМ ОРУЖИЕМ, СОПРОВОЖДАЮЩЕЕСЯ ЧЕЛОВЕЧЕСКИМИ ЖЕРТВАМИ . . . 1502
ЧУВСТВИТЕЛЬНОСТЬ . . . 1993
ЧУВСТВИТЕЛЬНОСТЬ /ПРИБОРА/ . . . 1849
ЧУВСТВИТЕЛЬНОСТЬ К ОБЛУЧЕНИЮ, ГЕНЕТИЧЕСКАЯ . . . 0881
ЧУВСТВИТЕЛЬНОСТЬ, ХАРАКТЕРИСТИКА ЧУВСТВИТЕЛЬНОСТИ . . . 1852
ЧУВСТВИТЕЛЬНЫЙ ЭЛЕМЕНТ . . . 1994

ШАХТА /ДЛЯ ЗАПУСКА РАКЕТ/ . . . 2033
ШАШКА /ВВ/ . . . 2097
ШИРМА . . . 2010
ШИРОКОДИАПАЗОННАЯ СЕЙСМОГРАММА . . . 0333
ШКВАЛ БЕГЛОГО ОГНЯ С БРЕЮЩЕГО ПОЛЕТА . . . 2108
ШРАПНЕЛЬ . . . 2023
ШТУРМОВАЯ АТАКА . . . 0899
ШТУРМОВИК . . . 0900
ШУМ, СЕЙСМИЧЕСКИЕ ШУМЫ . . . 1967

ЩИТ . . . 2010

ЭВАКУАЦИЯ ПОВРЕЖДЕННОЙ ТЕХНИКИ, МАШИНА ДЛЯ ЭВАКУАЦИИ ПОВРЕЖДЕННОЙ ТЕХНИКИ . . . 2452
ЭКВИВАЛЕНТ В МЕГАТОННАХ . . . 0753
ЭКВИВАЛЕНТ, ТРОТИЛОВЫЙ . . . 2290
ЭКОНОМИЧЕСКАЯ МОБИЛИЗАЦИЯ . . . 0714
ЭКОНОМИЧЕСКИЕ И СОЦИАЛЬНЫЕ ПОСЛЕДСТВИЯ, ГРУППА ЭКСПЕРТОВ-КОНСУЛЬТАНТОВ ПО ЭКОНОМИЧЕСКИМ И СОЦИАЛЬНЫМ ПОСЛЕДСТВИЯМ ГОНКИ ВООРУЖЕНИЙ И ВОЕННЫХ РАСХОДОВ . . . 0913

ЭКОНОМИЧЕСКИЕ И СОЦИАЛЬНЫЕ ПОСЛЕДСТВИЯ, ГРУППА ЭКСПЕРТОВ ПО ЭКОНОМИЧЕСКИМ И СОЦИАЛЬНЫМ ПОСЛЕДСТВИЯМ РАЗОРУЖЕНИЯ . . . 0915
ЭКОНОМИЧЕСКИЕ И СОЦИАЛЬНЫЕ ПОСЛЕДСТВИЯ РАЗОРУЖЕНИЯ, КОНСУЛЬТАТИВНАЯ ГРУППА ЭКСПЕРТОВ ПО ЭКОНОМИЧЕСКИМ И СОЦИАЛЬНЫМ ПОСЛЕДСТВИЯМ РАЗОРУЖЕНИЯ . . . 0472
ЭКРАН . . . 2010
ЭКРАНИРОВКА . . . 2011
ЭКСПЕРИМЕНТ СО СВЕРХДЛИННОПЕРИОДНЫМИ СЕЙСМОГРАФАМИ . . 2401
ЭКСПЕРИМЕНТАЛЬНЫЕ ВЗРЫВЫ ЯДЕРНОГО ОРУЖИЯ . . . 0774
ЭКСПЕРИМЕНТАЛЬНЫЙ ЗАПУСК . . . 2264
ЭКСПЕРИМЕНТАЛЬНЫЙ КОРАБЛЬ-РАКЕТОНОСЕЦ . . . 0775
ЭКСПОРТ ОРУЖИЯ . . . 0202
ЭЛЕКТРОЗАПАЛ . . . 0721
ЭЛЕКТРОМАГНИТНАЯ ВОЛНА . . . 0722
ЭМБАРГО НА ОРУЖИЕ . . . 0201
ЭМБАРГО НА ПОСТАВКИ ОРУЖИЯ . . . 0201
ЭНЕРГИЯ, ОСВОБОЖДЕНИЕ ЭНЕРГИИ . . . 1828
ЭНЕРГИЯ СЕЙСМИЧЕСКОЙ ВОЛНЫ . . . 1974
ЭПИЦЕНТР . . . 0751
ЭПИЦЕНТР /ЯДЕРНОГО ВЗРЫВА/ . . . 0911
ЭПИЦЕНТР ВЗРЫВА, ОПРЕДЕЛЕНИЕ ЭПИЦЕНТРА ВЗРЫВА . . . 0749
ЭПИЦЕНТР, ОТКЛОНЕНИЕ ЭПИЦЕНТРА /ЯДЕРНОГО ВЗРЫВА/ ОТ ЦЕЛИ 1526
ЭПИЦЕНТР, ПРЕДВАРИТЕЛЬНОЕ ОПРЕДЕЛЕНИЕ ЭПИЦЕНТРОВ . . . 1677
ЭПИЦЕНТР, РАССТОЯНИЕ ОТ ЭПИЦЕНТРА . . . 0683 0750
ЭСКАДРЕННЫЙ МИНОНОСЕЦ . . . 0611
ЭСКАДРЕННЫЙ МИНОНОСЕЦ РАДИОЛОКАЦИОННОГО ДОЗОРА . . . 1749
ЭСКАДРЕННЫЙ МИНОНОСЕЦ-РАКЕТОНОСЕЦ . . . 0925
ЭСКАДРЕННЫЙ ЭСКОРТНЫЙ КОРАБЛЬ . . . 0834
ЭСКАЛАЦИЯ . . . 0756
ЭСКОРТНЫЙ КОРАБЛЬ . . . 0421
ЭСКОРТНЫЙ КОРАБЛЬ, БЫСТРОХОДНЫЙ . . . 0792
ЭСКОРТНЫЙ КОРАБЛЬ, ЭСКАДРЕННЫЙ . . . 0834
ЭТАЛОННЫЕ ИНСТРУМЕНТЫ . . . 0351
ЭТАЛОННЫЕ ПРИБОРЫ . . . 0351
ЭТАЛОНЫ . . . 0351
ЭТАП . . . 1630
ЭФФЕКТИВНО КОНТРОЛИРУЕМОЕ РАЗОРУЖЕНИЕ . . . 0718
ЭФФЕКТИВНОСТЬ, ОТНОСИТЕЛЬНАЯ БИОЛОГИЧЕСКАЯ . . . 1826
ЭФФЕКТИВНОСТЬ СОЕДИНЕНИЯ . . . 0527
ЭФФЕКТИВНЫЕ ГАРАНТИИ . . . 0717
ЭФФЕКТИВНЫЙ МЕЖДУНАРОДНЫЙ КОНТРОЛЬ . . . 0716
ЭФФЕКТЫ ОБЩЕГО ОТРАВЛЕНИЯ . . . 2207
ЭХОСИГНАЛ . . . 1741
ЭШЕЛОН, ВТОРОЙ ЭШЕЛОН ШТАБА . . . 0948
ЭШЕЛОН, ПЕРВЫЙ ЭШЕЛОН ШТАБА . . . 0947
ЭШЕЛОНИРОВАННАЯ ОБОРОНА . . . 0585

ЮНДОФ . . . 2369

ЯВЛЕНИЕ 0769
ЯВЛЕНИЕ, СЕЙСМИЧЕСКОЕ 1965
ЯДЕРНАЯ БОЕГОЛОВКА 1486
ЯДЕРНАЯ ВОЙНА 1485
ЯДЕРНАЯ ВОЙНА, МОЛНИЕНОСНАЯ 1438
ЯДЕРНАЯ ВОЙНА, ТОТАЛЬНАЯ 0116
ЯДЕРНАЯ ДЕРЖАВА 1470
ЯДЕРНАЯ КАТАСТРОФА 1440
ЯДЕРНАЯ ТЕХНОЛОГИЯ 1480
ЯДЕРНАЯ УДАРНАЯ МОЩЬ /НАПР. РАКЕТНО-ЯДЕРНОГО ОРУЖИЯ/ 1477
ЯДЕРНАЯ УСТАНОВКА 1460
ЯДЕРНАЯ ЭКВИВАЛЕНТНОСТЬ 1452
ЯДЕРНАЯ ЭНЕРГИЯ 1450 1471
ЯДЕРНАЯ ЭНЕРГИЯ, ИСПОЛЬЗОВАНИЕ ЯДЕРНОЙ ЭНЕРГИИ В МИРНЫХ ЦЕЛЯХ 1614
ЯДЕРНОЕ ВЗРЫВНОЕ УСТРОЙСТВО 1454
ЯДЕРНОЕ ВООРУЖЕНИЕ 1430
ЯДЕРНОЕ ГОСУДАРСТВО 1475
ЯДЕРНОЕ ЗАРАЖЕНИЕ, ОПАСНОСТЬ ЯДЕРНОГО ЗАРАЖЕНИЯ 1878
ЯДЕРНОЕ МИНИ-ОРУЖИЕ 1310
ЯДЕРНОЕ НАПАДЕНИЕ 1436
ЯДЕРНОЕ ОРУЖИЕ 1488 1492
ЯДЕРНОЕ ОРУЖИЕ /РАЗГ./ 1511
ЯДЕРНОЕ ОРУЖИЕ, ГОСУДАРСТВА, ОБЛАДАЮЩИЕ ЯДЕРНЫМ ОРУЖИЕМ 1504
ЯДЕРНОЕ ОРУЖИЕ, ДЕРЖАВА, ОБЛАДАЮЩАЯ ЯДЕРНЫМ ОРУЖИЕМ . . 1503
ЯДЕРНОЕ ОРУЖИЕ, ИСПЫТАНИЕ ЯДЕРНОГО ОРУЖИЯ 1506
ЯДЕРНОЕ ОРУЖИЕ МОЩНОСТЬЮ В МЕГАТОННУ 1253
ЯДЕРНОЕ ОРУЖИЕ МОЩНОСТЬЮ В ОДНУ КИЛОТОННУ 1111
ЯДЕРНОЕ ОРУЖИЕ НЕБОЛЬШОЙ МОЩНОСТИ 1310
ЯДЕРНОЕ ОРУЖИЕ, НЕРАСПРОСТРАНЕНИЕ ЯДЕРНОГО ОРУЖИЯ . . 1410 1415
ЯДЕРНОЕ ОРУЖИЕ, НОМИНАЛЬНОЕ 1407
ЯДЕРНОЕ ОРУЖИЕ ОПЕРАТИВНО-ТАКТИЧЕСКОГО НАЗНАЧЕНИЯ 1543
ЯДЕРНОЕ ОРУЖИЕ, ПЕРЕГОВОРЫ О КОНТРОЛЕ НАД ЯДЕРНЫМ ОРУЖИЕМ 1432
ЯДЕРНОЕ ОРУЖИЕ, ПЕРЕДАЧА ЯДЕРНОГО ОРУЖИЯ 2322
ЯДЕРНОЕ ОРУЖИЕ, РАСПРОСТРАНЕНИЕ ЯДЕРНОГО ОРУЖИЯ . 1472 1706 2069
ЯДЕРНОЕ ОРУЖИЕ С ТРОТИЛОВЫМ ЭКВИВАЛЕНТОМ МЕНЬШЕ 1 КТ 2151
ЯДЕРНОЕ ОРУЖИЕ, СОКРАЩЕНИЕ СТРАТЕГИЧЕСКОГО ЯДЕРНОГО ОРУЖИЯ 1821
ЯДЕРНОЕ ОРУЖИЕ, СТРАТЕГИЧЕСКОЕ 2125
ЯДЕРНОЕ ОРУЖИЕ, СУЩЕСТВУЮЩИЕ ЗАПАСЫ ЯДЕРНОГО ОРУЖИЯ . . . 0773
ЯДЕРНОЕ ОРУЖИЕ ТАКТИЧЕСКОГО НАЗНАЧЕНИЯ 2215
ЯДЕРНОЕ ОРУЖИЕ, ТАКТИЧЕСКОЕ 2269
ЯДЕРНОЕ ОРУЖИЕ, ТЕХНОЛОГИЯ ЯДЕРНОГО ОРУЖИЯ 2247
ЯДЕРНОЕ ОРУЖИЕ, ЧРЕЗВЫЧАЙНОЕ ПРОИСШЕСТВИЕ С ЯДЕРНЫМ ОРУЖИЕМ, СОПРОВОЖДАЮЩЕЕСЯ ЧЕЛОВЕЧЕСКИМИ ЖЕРТВАМИ . . 1502
ЯДЕРНОЕ ОРУЖИЕ, ЭКСПЕРИМЕНТАЛЬНЫЕ ВЗРЫВЫ ЯДЕРНОГО ОРУЖИЯ 0774
ЯДЕРНОЕ ПРЕВОСХОДСТВО 1479
ЯДЕРНОЕ ПРЕВОСХОДСТВО, СТРАТЕГИЧЕСКОЕ 2124

ЯДЕРНОЕ РАВЕНСТВО, СТРАТЕГИЧЕСКОЕ 2123
ЯДЕРНОЕ РАВНОВЕСИЕ 1467
ЯДЕРНОЕ РАЗОРУЖЕНИЕ 1449
ЯДЕРНОЕ ТОПЛИВО 1457
ЯДЕРНОЕ УСТРАШЕНИЕ, СРЕДСТВО ЯДЕРНОГО УСТРАШЕНИЯ 1448
ЯДЕРНЫЕ, БАКТЕРИОЛОГИЧЕСКИЕ И ХИМИЧЕСКИЕ СРЕДСТВА 1437
ЯДЕРНЫЕ ВЗРЫВЫ В МИРНЫХ ЦЕЛЯХ 1453 1610
ЯДЕРНЫЕ ВЗРЫВЫ, СПЕЦИАЛЬНАЯ КОНСУЛЬТАТИВНАЯ ГРУППА ПО ЯДЕРНЫМ ВЗРЫВАМ В МИРНЫХ ЦЕЛЯХ 0030
ЯДЕРНЫЕ ИСПЫТАНИЯ, ВСЕОБЪЕМЛЮЩЕЕ ЗАПРЕЩЕНИЕ ЯДЕРНЫХ ИСПЫТАНИЙ 0454
ЯДЕРНЫЕ ИСПЫТАНИЯ, ПРИОСТАНОВКА ЯДЕРНЫХ И ТЕРМОЯДЕРНЫХ ИСПЫТАНИЙ 2202
ЯДЕРНЫЕ МАТЕРИАЛЫ, ОБРАБОТКА ЯДЕРНЫХ МАТЕРИАЛОВ 1696
ЯДЕРНЫЕ МАТЕРИАЛЫ, ХРАНЕНИЕ ЯДЕРНЫХ МАТЕРИАЛОВ 2105
ЯДЕРНЫЕ СИЛЫ 1456
ЯДЕРНЫЙ АРСЕНАЛ 1435 1466
ЯДЕРНЫЙ БОЕПРИПАС 1429
ЯДЕРНЫЙ БОЕПРИПАС, МОЩНОСТЬ ЯДЕРНОГО БОЕПРИПАСА 1494
ЯДЕРНЫЙ БОЕПРИПАС, СРЕДСТВО ДОСТАВКИ ЯДЕРНОГО БОЕПРИПАСА К ЦЕЛИ 1445
ЯДЕРНЫЙ ВЗРЫВ, ВОЗДУШНЫЙ 1428
ЯДЕРНЫЙ ВЗРЫВ, ПРОДУКТЫ ЯДЕРНОГО ВЗРЫВА 2433
ЯДЕРНЫЙ ЗОНТ 1483
ЯДЕРНЫЙ ИНЦИДЕНТ 1459
ЯДЕРНЫЙ КОНФЛИКТ 1442
ЯДЕРНЫЙ МАТЕРИАЛ 1461
ЯДЕРНЫЙ НЕЙТРАЛИТЕТ 1464
ЯДЕРНЫЙ ПОТЕНЦИАЛ 1439
ЯДЕРНЫЙ РЕАКТОР 1473
ЯДЕРНЫЙ ТОПЛИВНЫЙ ЦИКЛ, ОРГАНИЗАЦИОННАЯ КОНФЕРЕНЦИЯ ПО МЕЖДУНАРОДНОЙ ОЦЕНКЕ ЯДЕРНОГО ТОПЛИВНОГО ЦИКЛА . . . 1553
ЯДЕРНЫЙ УДАР 1436
ЯДЕРНЫЙ УДАР, МАССИРОВАННЫЙ 1227
ЯДРО /АВАНГАРДА/ 1841
ЯДЫ ОБЩЕГО ДЕЙСТВИЯ 2208